# 사회투자와 한국 사회정책의 미래

## - 사회투자론의 한국적 적용 가능성 논쟁

사회투자와 한국 사회정책의 미래
- 사회투자론의 한국적 적용 가능성 논쟁

# 사회투자와 한국 사회정책의 미래

## - 사회투자론의 한국적 적용 가능성 논쟁

김 연 명 편

사회복지 전문출판 나눔의 집

# 목 차

## 제3편 영국의 사회투자정책의 성과와 한계 · 477

# 복지담론으로서의 사회투자

김대중 정부 이후 한국사회에서도 복지담론이 중요한 사회적 의미를 갖기 시작하였다. 김대중 정부는 '생산적 복지', 그리고 노무현 정부는 초기에 '참여복지', 중반 이후에는 '사회투자'를 복지담론으로 제시하였다. 하지만 '생산적 복지'나 '참여복지' 등은 견고한 학술적 기반이나 정책적 근거가 매우 빈약한 정치적 상징 정도의 성격을 갖는 반면 사회투자는 이 책에서 보는 것처럼 이론과 정책사례 양 측면에서 보다 견고한 기반을 갖고 있으며 국제적으로도 통용이 가능한 용어라는 점에서 단순한 상징을 넘어서는 것이었다. 실제 사회투자 개념은 성장과 분배의 선순환, 저출산·고령화 대비의 필요성 등 노무현 정부의 굵직한 의제들을 뒷받침하는 핵심적 논거로 사용되었다.

이 책은 노무현 정부의 핵심적 복지담론이었던 사회투자에 대한 학계의 평가와 논쟁을 한 권의 책으로 엮은 것이다. 필자가 2002년에 펴냈던 『한국복지국가 성격논쟁 I』은 김대중 정부에서 실제 시행된 복지정책들을 복지국가론의 관점에서 어떻게 평가할 것인가라는 문제의식이 담겨져 있는 반면 이 책은 노무현 정부의 사회정책 실제에 대한 평가가 아닌 노무현 정부가 내세운 사회투자담론이 한국 사회의 복지발전과 사회발전에 유용한 전략인가에 대한 학계의 논쟁을 담아낸 것이다.

## 사회투자론 수용의 두 흐름

사회투자론을 받아들이는 국내의 시각은 두 가지 흐름으로 구별할 수 있다. 첫 번째 흐름은 사회투자를 사회정책 영역에 한정된 '제한적 의미의 대안패러다임'으로 보기보다는 신자유주의체제에 대항하기 위한 정치전략, 경제·조세정책전략, 그리고 사회정책전략을 아우르는 '총체적인 대안체제패러다임'으로 받아들이는 입장이다. 이 입장에서는 소위 '신' 노동당New Labour 으로 불리게 되는 1990년대 중반 이후 영국 노동당이 추진한 '중도좌파'의 집권전략 (소위 '제3의 길')과 그 전략을 뒷받침하는 철학과 이론 그리고 토니 블레어 집권기에 시행된 경제사회정책 전반이 강력한 준거가 되는 것이다.[1] 이 입장에서는 앤서니 기든스가 자신의 저서 『제3의 길』에서 처음 사용한 '사회투자국가'라는 용어를 즐겨 사용한다.

두 번째 흐름은 '사회투자국가'라는 용어보다는 '사회투자전략' (혹은 '정책') 이라는 용어를 주로 사용하는 입장으로서 사회투자를 후기산업사회에서 발생하는 신사회위험에 대응하는 대안적 사회정책패러다임으로 '제한적'으로 수용하는 경우이다. 이 입장은 영국 신노동당의 새로운 사회정책을 중요한 전거로 수용하기는 하지만 후기산업사회와 더불어 유럽 전역에서 광범위하게 나타나는 새로운 형태의 사회정책[2]에 전반적으로 주목하고 있다. 이 입장에서는 전통적인 소득보장정책으로는 해결하기 어려운 새로운 사회적 위험에 대응하는 사회정책에 초점을 맞추기 때문에 경제, 조세정책 등 광범위한 대안체제패러다임에 대한 논의는 이루어지지 않는다.

독자들은 첫 번째 입장인 '사회투자국가'와 두 번째 입장인 '사회투자전략' (혹은 '정책')이 어떤 차이가 있는지 의문스럽다는 의견을 제시한 연구자들을 이 책에서 발견할 수 있을 것이다. 하지만 리스터가 지적했듯이(Lister, 2004: 157-158) 사회투자국가라는 용어가 여러 차원에서 맥락이 다르게 사용되기 때문에[3] 국내의 연구자들 사이에서 두 입장과 개념이 정확히 구분되지 않고 혼용됨으로써 상당한 학술적 혼란과 왜곡이 발생하고 있다는 김영순의 비판(제7장)은 설득력이 있어 보인다. 독자들은 이 책의 논쟁의 구도를 자세히 보게 되면 두 입장의 차이가 결코 작지 않음을 발견할 수 있을 것이다. 굳이 분류하자면 김연명과 윤홍식은 두 번째 입장에 기반을 두고 있으며 임채원(2006)은 첫 번째 입장으로 분류할 수 있고, 양재진의 경우는 두 시각을 모두 받아들이고 있는 것으로 보인다.

## 사회투자전략의 두 가지 목표와 수단

사회투자담론을 사회투자전략 즉, 전통적인 소득보장정책만으로는 해결되기 어려운 후기산업사회의 '새로운 사회적 위험'에 대응하는 새로운 사회정책으로 이해한다면 이 전략은 경제와 복지의 선순환, 그리고 사회통합 촉진이라는 두 가지 목표를 갖고 있다. 물론 이 목표들은 전통적 복지국가에서도 강조되었던 것으로 새삼스러울 것은 없다. 하지만 이 목표를 달성하는 수단에 대한 강조점이 상이하다. '경제와 복지의 선순환'이라는 첫 번째 목표는 사회정책을 통해 노동력의 총공급량을 늘리고 (고용률의 제고) 노동력의 질을 높임으로써 경제에 긍정적인 영향을 미치려는 것이다. "좋은 경제적 성과는 좋은 사회정책에 달려있다"(Dobrowolsky and Jenson, 2005: 203)는 진술은 사회투자정책과 경제의 관계를 압축적으로 표현해 주고 있다. 본문에서 자세히 보겠지만 사회투자정책으로 범주화할 수 있는 대부분의 정책들은 노동능력이 있는 사람들의 노동시장 진입을 최대한 촉진시키고 인적자본 축적을 통해 노동력의 질을 제고시키는 정책들과 깊숙이 연결되어 있다. 이러한 관점은 복지제도를 통해 유효수요를 창출, 유지시킴으로써 경제와 복지의 선순환을 유도한 진통적 복지국기의 케인스주의적 접근법과 구별되는 것이다. 동시에 사회정책에 대한 지출을 기본적으로 경제의 부담이자 반생산적인 것으로 인식하는 신자유주의 노선과도 구별된다.

두 번째 목표는 노동시장에의 참여를 통한 사회통합의 촉진이다. 전통적인 소득보장정책은 소득중단의 위험에 대비하여 소득을 보존해주고 소득재분배를 통해 사회통합에 기여해 왔다. 즉, 소득보장정책이 사회통합의 주요 수단이었다. 사회투자전략에서는 노동가능 인구를 최대한 노동시장에 진입시켜 유급노동에 종사하게 하는 것, 즉 유급고용을 사회통합의 주요한 수단으로 강조한다. 사회투자전략은 특정 계층의 사회적 배제의 주요 원인을 노동시장에서의 배제로 인식하기 때문에 노동시장에의 참여를 사회적 배제를 극복할 수 있는 핵심적 기반으로 강조하고 노동시장에의 진입 장벽을 없애려는 정책들에 상당한 우선권을 둔다. 그렇다고 사회투자전략이 소득보장정책의 중요성을 무시하지는 않는다. 사회투자전략은 소득보장정책의 기반 위에서 보다 더 잘 작동할 수 있다는 것이 공통된 인식이다. 하지만 사회투자정책과 소득보장정책이 대체관계인지 혹은 보완관계인지는 이 책에서 보듯이 상당한 논란을 야기하고 있다.

사회투자전략에서 이처럼 고용의 중요성이 강조되는 것은 후기산업사회의 도래, 즉 완전고용의 붕괴와 높은 실업률, 비정규직 등 다양한 고용형태의 출현 그리고 급속한 고령화의 진행과 가족 기능의 약화라는 사회구조의 변화에 전통적인 소득보장제도가 위험관리체계로써 한계를 보이고 있다는 인식에 기반을 두고 있다. 다시 말하면 흔히 신사회위험으로 규정되는 이러한 새로운 사회문제의 출현은 전통적인 소득보장제도로 해결하기 어려우며 후기산업사회에서는 개개인의 고용가능성을 최대한 높이는 전략이 필요하다는 것이 사회투자전략의 문제의식이다.

## 사회투자론의 맥락과 한국적 함의

사회투자시각에 대한 이해 그리고 논쟁의 내용을 정확하게 전달하기 위해 필자는 크게 세 주제로 나누어 관련된 논문들을 배치하였다. '사회투자론의 맥락과 한국적 함의' 라는 제목이 붙은 제1편은 사회투자론 출현의 사회경제적 배경과, 기존의 사회정책 접근방법과 구별되는 사회투자전략의 특징, 그리고 이것이 한국 사회에 주는 함의와 관련된 글들을 주로 배치하였다.

제1장에 실린 김연명의 논문은 사회투자 개념이 한국 사회에 생소했던 2007년 초반에 이를 체계적으로 정리한 글로 한국사회에서 '경제성장' 과 '복지발전' 이라는 두 과제의 조화라는 문제의식에서 사회투자론의 효용성에 주목하고 있다. 김연명은 사회투자론을 후기산업사회에서 발생되는 '신사회위험' 에 대비하는 실용적 의미의 사회투자 '전략' (혹은 '정책' )이라는 제한적 의미로 수용하면서 활성화정책, 친아동 · 여성적인 사회정책프로그램, 그리고 자산형성접근법 세 가지[1]로 사회투자프로그램을 정리하고 있다. 김연명은 사회투자전략이 외환위기 이후 급속히 나타난 신사회위험 때문에 한국에서도 적합성을 가질 뿐만 아니라 더 나아가 한국 경제에 필요한 인적자본을 중시하는 새로운 경제성장

전략과 사회투자전략이 부합될 수 있다는 점을 지적하고 있다. 그는 또한 사회
투자전략이 한국 사회에 적용될 때 나타날 수 있는 몇 가지 쟁점을 다루고 있는
데 사회투자정책이 전통적인 소득보장정책을 대체하는 것이 아닌 상호보완관계
를 유지할 수 있으며, 이 정책의 실효성을 담보하기 위해서는 일자리창출정책과
사회정책 인프라의 정비가 동시에 진행되어야 함을 강조하고 있다.

　　제2장에서 테일러-구비는 최근 유럽에서 복지를 경제적 부담이 아닌 투자로
인식하는 새로운 패러다임이 출현하고 있음을 조심스럽게 진단하고 있다. 그는
유럽에서 탈규제만으로 달성되지 않는 노동시장의 '유연안정성' 확보가 사회투
자정책과의 상호작용을 통해 달성될 가능성이 있다는 점에서 그리고 빈곤대책
으로서 고용의 가치를 강조한다는 점에서 사회투자정책의 경제적·사회적 근
거를 찾고 있는데, 이 부분에서 우리는 사회투자정책이 기존의 경제정책 및 사
회정책과 결합되는 새로운 논리구조를 파악하게 된다. 하지만 테일러-구비는 유
럽 사회투자정책의 성과에 대해서는 그리 좋은 평가를 내리지는 않고 있다. 그
는 전반적으로 유럽 각국에서 노동시장 유연화와 소극적 급여의 삭감(부정적 활
성화) 등은 강조되고 있지만 연구개발투자와 직업훈련 지원 그리고 직업이농을
촉진하는 정책들(긍정적 활성화)은 매우 느리게 진행되고 있으며 정책의 성과
역시 아직까지는 제한적이라는 평가를 내리고 있다. 한국에 대한 제언에서 테일
러-구비는 노무현정부의 야심찬 사회투자정책이 성과를 내기 위해서는 대규모
증세가 필요할 것이며, 노동시장에서 '유연안정성'의 확보와 남녀동등대우, 그
리고 일하는 어머니에 대한 지원을 강조하고 있다.

　　제3장에서 쉐라든은 자산형성접근법의 창시자답게 사회투자프로그램의 하
나인 이 접근법의 이론적 기반과 성과의 핵심을 잘 정리하고 있다. 그는 현대 노
동시장의 변화로 전통적인 소득보장제도가 한계를 드러내고 있기 때문에 개인
저축(투자)계좌 같은 형태의 자산형성제도가 이를 보완할 수 있다고 보고 있다.
하지만 쉐라든은 전통적인 자산형성제도가 중산층 이상에게 세금혜택을 집중시
킴으로써 역진적인 동시에 저소득층을 배제하기 때문에 저소득층을 포괄하는
보편적이고 누진적인 자산형성지원제도의 필요성을 역설하고 있다. 또한 그는

기존의 공공부조제도가 자산조사를 통해 저소득층의 자산형성을 촉진하기 보다
는 방해하는 측면에 주목하면서 자산형성지원제도는 이러한 단점을 보완할 수
있다고 보고 있다. 쉐라든은 자산형성제도가 단순히 물질적 자산을 축적하는 효
과를 넘어서 저소득층 부모와 자식들의 긍정적 사회태도 형성과 높은 교육성취
도 등에 영향을 미친다는 '자산효과' 를 주장하는데 이런 점에서 그는 아동저축
계좌 같은 생애주기에 기초한 자산형성제도의 중요성을 강조하고 있다. 자산형
성지원제도는 금융자본의 이해관계와 맞는 측면이 있고 또한 전통적 소득보장
제도의 부정적 측면을 보완할 수 있기 때문에 제도 확산의 가능성이 상당히 높
아 보인다.

한창근은 자산형성지원제도의 한국적 맥락에 대한 보완적 논의를 하고 있다.
그는 자산형성정책이 소비 및 소득유지에 초점을 두는 전통적 소득보장정책과
는 달리 미래투자와 발전의 기초가 되는 자산형성에 초점을 두고 있다는 점에서
두 정책의 차이점을 구분한 후 두 프로그램은 대체관계가 아닌 보완관계라는 점
을 다시 확인하고 있다. 그는 한국에서 이 제도를 도입할 경우 개별적 욕구에 대
응하는 다양한 방식의 지원제도가 우선적으로 필요하며, 특히 저소득층의 자산
형성을 방해하는 기초생활보장법의 수정을 주문하고 있다.


제4장에 실린 양재진·조아라의 글은 몇 가지 점에서 과감한 시도를 하고 있
다. 하나는 앞의 세 논문이 사회투자를 신사회위험에 대비하는 일종의 '전략'
(혹은 '정책' )의 차원에서 이해하는 경향이 있는 반면 두 저자는 90년대 중반 이
후 유럽 복지국가들의 변화를 '통화주의와 노동시장 유연화를 받아들이되, 인
적자본에 대한 사회적 투자를 통해 기회를 제공하는' 사회투자 '국가' 로의 이행
으로 과감하게 규정한 것이다. 즉 이들은 사회투자를 단순히 사회정책적 차원이
아닌 경제정책을 포함한 국가체제의 특성을 판별하는 기준으로 넓혀서 본 것이
다. 더 나아가 저자들은 이러한 인식을 근거로 서유럽의 복지국가 유형을 자유
주의형 사회투자국가(영국), 사민주의형 사회투자국가(스웨덴), 그리고 신사민
주의형 사회투자국가(덴마크)로 재정의하고 있다. 더 흥미로운 것은 실증분석
을 통해 덴마크의 경제성장 지표가 스웨덴보다는 좀 못하지만 고용률, 실업률
등 노동시장의 성과나 지니계수, 빈곤율 등 분배 지표에서 덴마크의 성과가 스

웨덴보다 좋아 사민주의모델의 선두주자가 스웨덴에서 덴마크로 바뀌고 있다는 해석이다. 아무튼 이 글은 제7장에 실린 김영순의 글에서 보듯이 사회투자 '국가'의 개념이 성립 가능한 것인지, 그리고 유럽 복지국가의 최근 변화가 사회투자 '국가'로의 수렴으로 포착할 수 있는지, 나아가 스웨덴을 사회투자국가의 범주로 설정하는 것이 타당한 것인지에 대한 논란을 불러일으키게 된다.

제5장과 6장의 글은 사회투자전략의 부상과 함께 최근 재조명을 받고 있는 여성 · 가족정책과 아동정책의 중요성을 다루고 있다. 여성 · 가족정책을 사회투자 관점에서 조명한 윤홍식은 활성화정책의 주 대상이 여성이고, 유자녀 여성의 취업이 가구빈곤 완화에 기여하며, 가족이 인지능력의 향상과 밀접하게 연관되기 때문에 여성가족정책이 사회투자전략에서 핵심적 지위를 차지한다고 인식하고 있다. 하지만 그는 가족여성정책에 대한 사회투자적 접근이 돌봄노동에 대한 젠더적 인식이 부족하고, 여성취업이 동류결혼으로 인해 가구 간 소득격차를 늘일 수 있다는 점을 비판적으로 지적하고 있다. 윤홍식은 이어서 서구에서 사회투자전략을 출현시켰던 경제 · 사회구조의 변화가 한국에서도 동일하게 나타나기 때문에 가족여성정책이 한국에서도 사회투지전략으로 기능할 수 있음을 주장하고 있다. 즉, 한국에서도 결혼제도의 불안정이 증가하고 여성의 경제활동 참여는 증가하지만 돌봄의 사회화가 더디게 진행됨으로써 여성의 일 · 가정양립이 어려워지는 상황에 직면하고 있어 여성가족정책을 사회투자적 시각에서 접근할 필요성을 강조하고 있다. 하지만 윤홍식은 한국에서 이 문제에 대한 정책적 대응이 매우 미흡한 것으로 평가하고 있다. 결론에서 윤홍식은 사회투자전략의 시행을 위한 몇 가지 방향을 제시하시만 그의 강조점은 신사회위험과 구사회위험이 병존하는 한국 사회에서 몇 가지 사회투자정책을 선별적으로 제도화시키기 보다는 다양한 복지제도의 '전방위적 제도화'가 필요하다는 점을 강조하고 있다.

사회투자정책의 일환으로서 아동정책을 다룬 제6장에서 최영은 영미권 국가에서 아동정책이 사회투자적 관점에서 어떻게 재편되고 있는지를 고찰하고 있다. 그는 여성의 노동시장 참여 증가에 따른 아동돌봄의 공백, 저출산, 그리고 아동빈곤의 세대 간 전승으로 인한 사회적 비용 유발 등의 문제가 아동을 '미래의 시민 노동자'로 보는 새로운 투자정책들을 만들어 내는 것으로 보고 있다. 최영은 사회투자관점에서 진행되어 온 최근의 영미권의 아동정책의 재편이 아동에 대한 조기개입프로그램의 강화, 아동의 자산형성지원프로그램의 도입, 그리고 아동중심의 소득보장제도 강화 등 세 가지를 축으로 이루어지고 있는 것으로 보고 있다. 최영은 이 글에서 조기개입 및 자산형성프로그램의 효과성에 많은 지면을 할애하고 있는데 아동조기개입 프로그램은 프로그램 그 자체보다 서비스의 질과 형태, 그리고 노출되는 시간에 따라 다양한 결과를 보이기 때문에 프로그램의 질과 지속성을 확보하는 것이 중요하며, 자산형성정책은 아동의 경제적 안녕은 물론 아동의 인지발달, 신체적 건강, 사회적 행동에 긍정적 효과가 있음을 여러 연구를 통해 소개하고 있다.

지금까지 살펴본 6개의 논문은 강조점의 차이는 있지만 공통적 메시지는 서구의 경제·사회적 맥락에서 출현한 사회투자전략이 후기산업사회의 경제·사회적 특징을 보이고 있는 한국사회에서도 유효한 사회정책 패러다임으로 기능할 수 있다는 점이다. 제2편에서는 제1편의 이러한 메시지에 대한 반론과 쟁점을 다룬 논문들이 배치되어 있다.

### 사회투자론 논쟁과 주요 쟁점

제2편에 실린 8개의 논문들은 이 책을 만들어낸 동력이다. 특히 "사회투자국가가 우리의 대안인가?"라는 글에서(제7장) 김영순은 제1편에 실린 사회투자에 우호적인 논문들의 이론적, 실천적 문제점을 조목조목 비판하면서 논쟁의 불길을 당기고 있다. 이 글에서 국내 연구자들에 대한 김영순의 핵심적 논점은 기든스와 영국의 '제3의 길'이 주창하는 사회투자국가 담론이 전통적 복지국가와의 단절과 대체를 꾀하는 것이라면 에스핑-안데르센이나 테일러-구비가 주장하는 사회투자(전략 혹은 정책)이라는 용어는 기존 복지국가의 가치를 보존하면서 후기산업사회에서 나타나는 새로운 위험에 대응하는 실용적 의미를 담고 있기 때문에 입장이 다른 두 시각을 구분해야 한다는 것이다. 김영순은 '제3의 길'에

서 제시한 사회투자국가 담론은 첫째, 구분이 어려운 사회복지비의 투자적 성격과 소비적 성격을 무리하게 구별하여 사회투자적 지출만이 생산적 성격을 갖기 때문에 마치 전통적 복지국가가 큰 결함이 있는 것처럼 인식하게 만들고 둘째, 기회의 평등을 강조하나 이미 기회의 평등 기회를 상실하여 인적자본을 축적하기 어려운 중년 이후 저숙련노동자에게는 의미 없는 개념이며 셋째, 여성과 아동을 지나치게 노동력이라는 도구적 관점에서 인식하기 때문에 여성이 가정 내에서 수행하는 무급 보살핌 노동의 가치를 소홀하게 다루게 된다는 점을 비판하고 있다.

이러한 일반론적인 비판에 이어 김영순은 한국에서 이 용어가 무분별하게 사용됨으로써 나타나는 문제점을 신랄하게 비판하고 있다. 비판의 핵심은 전술했듯이 맥락과 입장이 다른 사회투자국가 담론과 사회투자전략론을 구별하지 않고 혼용함으로써 서구의 모든 복지국가가 마치 근본적인 질적 변화를 겪고 있는 것처럼 오독하게 만든다는 것이다. 더 나아가 김영순은 국내 연구자들이 복지지출을 투자적 지출과 소비적 지출로 구분하여 복지국가의 변화를 인식하는 방법이 가져오는 문제점, 결과의 평등을 보장하는 소득보장 지출의 중요성과 성인지적 관점에 취약한 사회투자론을 무비판적으로 수용하는 문제섬을 지직하고 있다. 결론적으로 김영순은 사회투자국가 담론은 물론 사회투자전략론도 한국 사회에 가장 필요한 기본적 소득보장의 내실화를 방해할 가능성이 있으며 또한 전통적 복지국가를 소비적 복지국가로 낙인찍는 효과를 발휘하기 때문에 신자유주의 이데올로기를 도와줄 수 있는 위험한 복지모델로 진단하고 있다.


제8장에 실린 김연명의 글은 김영순의 사회투자론 비판(제7장)의 핵심적 논점에 대해 응답하고 있다. 우선 김연명은 사회투자국가와 사회투자전략이라는 용어가 함축하는 복지재편의 다른 입장을 구별해야 한다는 김영순의 주장이 일리가 있음을 지적하지만, 그 맥락에 대해서는 다른 해석을 하고 있다. 사회투자전략을 사회정책분야에 한정된 대안패러다임으로 이해하는 김연명은 사회투자국가 담론이 사회정책을 넘어서는 넓은 의미의 복지국가 대안패러다임으로 보기에는 이론체계가 불완전하다는 점에서 두 용어를 구별하고 있다. 두 번째로 김연명은 소득보장프로그램과 사회투자프로그램의 관계는 김영순의 비판처럼

대체관계가 아닌 보완관계라는 점을 재차 확인하면서 더 나아가 기든스의 사회투자국가 담론을 전통적 복지국가를 완전히 대체하려는 의도를 가진 것으로 해석하는 김영순의 주장에 의문을 제기하고 있다. 셋째 사회투자국가의 무분별한 확장은 주의할 필요가 있지만 양재진과 그리고 후술할 김교성의 논문(제14장)에서 시도한 것처럼 신사회위험에 대한 대처, 즉 사회투자정책을 지표로 하여 기존의 복지국가유형을 재분류하는 것이 의미 있는 시도가 될 수도 있다는 입장을 표명하고 있다. 넷째, 사회투자전략을 신자유주의의 변종으로 보는 시각에 대해서 김연명은 동의하지 않으며 오히려 신자유주의에 대응하는 측면이 있음을 강조하고 있다. 마지막으로 김연명은 김영순이 비판한 사회투자론의 여러 가지 한계점을 검토하지만 사회투자전략이 소득보장정책과 더불어 후기산업사회의 문제를 해결하는데 긍정적 측면들을 갖고 있음을 더욱 강조하고 있다.

양재진은 제9장에서 김영순이 제기한 핵심적인 쟁점인 사회투자국가와 사회투자전략의 구분 필요성에 대해서는 자세히 언급하지 않은 채 영국 사회투자국가의 성과에 대한 김영순의 평가에 주로 반론을 제기하고 있다. 먼저 양재진은 영국은 사회투자정책을 통해 '획기적 성과'를 거둔 바 없다는 김영순의 평가에 대해 영국이 스웨덴을 따라 잡는 획기적 성과를 보이지는 않았지만 다른 국가와의 상대평가를 통해서 보면 공보육의 확대, 취약계층의 고용 확대, 아동불평등의 감소 측면에서 우수한 성과를 보이기 때문에 사회투자정책이 일정한 성과를 거둔 것으로 보아야 한다는 반론을 제기하고 있다(영국 사회투자정책의 성과는 뒷부분에서 다시 논의함). 둘째로 사회투자정책이 복지지출 축소의 수단이 될 수 있다는 김영순의 비판에 대해 양재진은 영국의 사례를 보면 오히려 재정규모가 확대되고 저소득층의 가처분소득이 증가하는 현상이 나타나 사회투자가 복지지출의 축소 수단이라는 것은 지나친 비판이 될 수 있다는 점을 지적하고 있다. 셋째, 사회투자담론이 신자유주의의 헤게모니를 강화시켜 줄 것이라는 김영순의 비판에 대해서도 예단은 금물이지만 성장주의가 뿌리 깊은 한국 사회에서 반대의 가능성, 즉 오히려 복지확대에 기여할 가능성이 있다는 점을 주장하면서 한국 사회의 여러 문제점을 해결하는데 사회투자전략이 그 어떤 대안보다 균형 잡힌 해답을 줄 것이라면서 사회투자론을 적극적으로 옹호하고 있다.

제10장에서 윤홍식은 한국적 특수성이라는 지점에서 사회투자전략의 유효성을 검토하면서 김영순의 비판에 간접적으로 대답하고 있다. 그는 한국 사회는 사회정책이 정치적 의제로 작동하지 않으며, 구사회위험과 신사회위험이 병존하고 있으며, 성장 우선주의의 이념적 유산이 강력히 남아있는 특수한 성격을 갖고 있다고 진단하면서 복지확대를 위한 담론은 이러한 특수한 토대를 기반으로 설정되어야 정치적 호소력과 영향력을 담보할 수 있고 복지확대에도 기여할 수 있다는 의견을 피력하고 있다. 이런 점에서 윤홍식은 '좌파적 순수성이 아닌 좌파의 이상에 한발 더 다가설 수 있는 현실적 진전'이 필요하며, 사회투자론은 복지확대와 경제성장을 동시에 담보할 수 있는 친복지 진보진영의 유력한 대중적 담론 중의 하나가 될 가능성이 충분함을 주장하고 있다. 물론 윤홍식 역시 사회투자전략을 무조건적으로 수용하는 것은 아니며 이 전략이 갖고 있는 '몰성적' 성격 등에 대한 비판을 통해 사회투자전략의 오류를 폐기하고 핵심을 보전하는 진전된 대안을 만들어가야 함을 주문하고 있다.

"사회투자국가를 다시 생각한다"는 제11장의 글에서 김영순은 김연명, 양재진, 그리고 윤홍식의 재반론에 대해 응답하고 있다. 그녀는 사회투자(전략)와 사회투자국가 두 용어를 구분하는 것이 의미가 없다는 의견에 대해 두 용어의 구분 필요성을 재차 강조하면서 더 나아가 신사회위험에 대한 실용적 정책 대응이라는 의미로 사회투자라는 용어를 사용하는 것에 대해서도 강한 거부감을 표출하고 있다. 김영순은 사회투자라는 용어를 쓰는 즉시 복지지출이 투자와 소비로 분리되고 이는 소득보장적 지출을 소비적 지출로 공격하는 빌미가 되며, 또한 이것이 전통적 복지국가와의 단절을 의미하는 영국식 사회투자국가를 무분별하게 수용하게 되는 위험성을 강조하고 있다. 필자가 보기에 사회투자라는 용어는 긍정적 혹은 부정적 측면이 있을 수 있지만 김영순의 생각은 사회투자(국가)라는 담론과 용어는 전통적 소득보장프로그램의 확대가 필요한 한국적 상황에서 오히려 해악이 될 수 있다는 믿음에 근거한 것처럼 보인다. 김영순은 이어서 사회투자(국가)의 세 가지 쟁점을 재검토하고 있다. (첫째는 영국 사회투자정책의 성과를 어떻게 볼 것인가의 문제인데 이 쟁점은 뒤에서 상술할 것임). 둘째는 사회투자지출과 전통적 복지지출은 김연명과 양재진이 '희망'하는 것처럼 보완관계이기 보다는 대체적 경향을 가질 수밖에 없음을 영국의 사례를 들어 재차 주장하고 있다. 마지막으로 김영순은 사회투자론이 자유주의 이념이 강한 한국 사회에서 유력한 친복지 담론이 될 수 있다는 주장에 대해서도 근거가 희박한 것이며 대중들의 반복지 의식을 강화시켜 줄 수 있으며 복지담론을 '생산적 복지'라는 용어와 마찬가지로 자유주의적 틀 안에 가두는 효과를 경계해야 한다고 주장하고 있다.

성은미(제12장)는 한국에서 사회투자론이 대안 담론이 될 수 있는가라는 문제의식에서 사회투자론을 평가하고 있는데 어떤 형태의 사회투자론이든 전통적 복지의 가치를 훼손한다는 점에서 대안 담론이 될 수 없다는 것이 그녀의 논지이다. 성은미의 글에서 흥미로운 것은 사회투자를 자유주의적 시각과 사회민주주의 시각으로 구분하는 시도이다. 그녀에 의하면 사회투자라는 동일한 용어를 국내 논자들이 사용하지만 이념적 지향의 차이가 분명히 존재하며 이를 구분해야 대안담론으로서의 사회투자론의 한국적 의미를 평가할 수 있다는 것이다. 성은미는 자유주의적 사회투자론은 수급권의 기초로서 유급노동이 강조되고, 사회서비스를 시장중심적으로 제공하며, 전통적인 소득보장프로그램을 축소(혹은 대체)하려는 의도가 나타나는 반면 사회민주주의적 사회투자론은 전통적인 수급권의 기초인 시민적 권리가 여전히 강조되며, 국가중심적인 사회서비스가 제공되고, 소득보장정책과 사회투자정책을 상호 보완적인 관계로 인식하고 있다고 구분하고 있다. 이러한 구분에 따라 유시민 전 복지부장관은 자유주의적 시각에서, 윤홍식은 사민주의 시각에서 그리고 김연명은 자유주의와 사민주의의 중간 지점에서 사회투자론을 수용하고 있다고 보고 있다. 성은미도 인정했듯이 자유주의와 사민주의 사회투자론의 구분 기준이 다소 '자의적' 성격이 있지만 국내의 사회투자 옹호론자들에서 나타나는 입장의 차이를 어느 정도 드러내 주고 있다.

제13장에서 실린 우명숙의 글은 기든스의 사회투자 '국가'의 문제의식, 논리 구조를 정밀하게 추적하는 점이 눈에 띈다. 사실 기든스가 주장한 사회투자국가는 후기근대사회의 특징에 대한 포괄적 진단을 토대로 도출된 논리로써 특히 계

층이나 계급 등의 범주로 포괄되지 않는 후기근대사회에서 인간의 삶의 '개인화'를 전제로 제기된 개념이다. 즉, 기든스의 논의에서는 삶의 개인화와 개인 역량을 강화하는 사회투자국가는 강력한 논리적 인과관계를 형성하고 있는 것이다. 우명숙은 기든스의 후기근대사회의 진단의 타당성에 대해서는 검토하지 않지만 개인의 역량강화에 초점을 맞추는 사회투자에 대해 집중적으로 문제제기를 하면서 기든스의 사회투자국가 개념의 실천적 한계를 지적하고 있다. 우명숙의 논리에 의하면 개인의 인적자본 축적을 통해 시장적응력을 높이려는 전략은 불평등의 구조적 조건들을 보지 못하게 하며, 나아가 후기산업사회에서 제기되는 새로운 위험들을 집단적으로 그리고 권리적 개념으로 대응하는 방식의 중요성을 간과하게 된다. 그리고 노동시장 참여의 확대를 통해 기존의 복지국가를 재조정한다는 사회투자국가의 접근법은, 이미 이런 접근법을 사용하면서도 노동의 권리성을 강조하는 광범위한 보편주의적 복지정책을 시행하는 사회민주주의 복지체제를 본다면, 복지국가 재편의 유일한 전략이라고 보기도 어렵다는 것이다. 결론적으로 우명숙은 사회투자론을 비판적으로 보는 김영순, 성은미와 유사하게 기든스의 사회투자국가는 보편주의적 복지정책을 포괄하기 어려운 논리구조이며, 이런 의미에서 (명시적으로 쓰지는 않았지만) 적어도 한국적 상황에서는 그 한계가 명확하다는 것이다.

서구 복지국가의 사회투자 성과를 측정한 김교성(제14장)은 사회투자를 넓은 의미로 사용한 양재진(제4장)보다 엄격하게 사용하고 있다. 김교성은 양재진이 사용한 변수들이 '투자와 결과 변수'가 혼재되어 있고, 사회투자프로그램으로 보기 어려운 항목이 포함되었다고 하면서 활성화정책, 그리고 아동·여성복지 서비스정책 두 지출비용만을 사회투자의 지표로 채택하였다. 그리고 사회투자 정책을 고용가능성과 사회통합의 제고로 규정한 그는 성과변수를 고용률 및 소득분배지표 몇 개로 제한하였다. 이렇게 사회투자를 '전략'의 의미로 수용한 김교성은 군집분석을 통해 두 항목의 지출이 모두 높은 '사회투자국가'(스웨덴), 한 항목만 지출이 높은 'ALMP중심국가'(독일)와 '아동가족중심국가'(영국), 그리고 두 항목이 모두 낮은 '자유주의국가'(미국, 한국) 등 4개의 복지국가 유형을 도출해내고 있다. 사회투자정책이 서구에서 90년대 중반 이후 본격화되었다고 본 김교성은 90년대 초반 이후 10여 년간의 서구 복지국가의 변화를 추적하였는데 90년대 초에는 스웨덴만이 유일한 '사회투자국가'로 나타나나 90년대 중반 이후 덴마크, 핀란드 등에서 사회투자정책이 급증하면서 사회투자국가군의 범주로 들어왔음을 밝히고 있다. 김교성은 엄격한 의미에서 사회투자 '국가'의 전형으로 언급되어온 영국이 같은 기간에 '아동가족중심국가'에서 벗어나지 못했으며 따라서 진정한 의미의 사회투자국가로 보기는 어렵다는 메시지를 던지고 있다. 그는 이어서 사회투자국가로 분류된 스웨덴, 덴마크 등이 고용의 양과 질은 물론이고 소득분배 관련지표에서도 다른 국가군에 비해 우수한 성과를 보이고 있음을 밝히고 있다. 김교성은 또한 사회투자정책과 소득보장정책이 함께 확대되는 경우 고용률과 여성고용률을 증대시키고 실업률 감소에 영향을 준다고 하여 두 정책이 상호보완적 관계가 될 수 있음을 밝히고 있다. 그러나 사회투자정책의 소득분배 개선 효과는 크지 않은 것으로 보고하고 있다. 에스핑-안데르센이 영국의 신노동당 정권의 사회투자정책을 "북유럽 사회정책의 뒤늦은 영국적 발견"이라고 지적한 점이 김교성의 논문에서 실증적으로 드러나고 있다.

## 영국 사회투자정책의 성과와 한계

제3편은 기든스적 의미에서의 사회투자국가의 전형이라 할 수 있는 신노동당 집권기의 영국 사회투자정책의 성과를 평가하는 논문들이 배치되어 있다. 제3편의 저자들의 전체적인 논지는 영국 신노동당의 사회투자정책은 어느 정도 성과는 있었지만 그것이 눈부시거나 혹은 영국의 자유주의 복지체제의 특성을 근본적으로 변화시킬 정도는 아니라는 것이다. 하지만 저자들이 성과를 강조하느냐 아니면 한계를 강조하느냐에 따라 영국 사회투자정책에 대한 평가가 달라지는데 제9장에 실린 양재진의 논문은 확실하게 성과를 강조하는 입장, 그리고 박순우·최영(제17장), 그리고 백선희(제18장)의 논문 역시 성과를 강조하는 입장에 가까우며, 김영순(제11장, 제16장)과 이주희(제19장)는 단호한 입장에서 한계를 강조하고 있고, 테일러-구비(제15장)는 구조적 한계를 강조하는 입장에 서 있다.

제15장에 실린 테일러-구비의 논문 제목은 매우 상징적이다. 영국 내에서도 '진보적' 성향의 학자로 분류되는 테일러-구비는 영국 신노동당의 사회정책을 '시장적 수단을 이용하여 복지목적을 달성하려는 영국 복지국가의 실험'으로 규정하고 있다. 일·가정양립정책, 뉴딜정책, 그리고 연금민영화정책 등 영국 신노동당정부의 세 정책에 초점을 맞춘 테일러-구비의 평가는 성과와 한계 양 측면을 객관적으로 서술하고 있으나 전체적인 분위기는 '한계'에 무게를 둔 다소 비관적 전망으로 읽힌다. 그는 영국 신노동당 사회정책의 특징을 '가능한 한 많은 사람들을 유급노동으로 동원하는 것', '이전의 보수당 정부보다 더 강한 선별주의적 국가개입', 그리고 '정책목적을 달성하기 위해 가능한 곳에서 민간부문을 활용하는 것' 세 가지로 규정하면서 이러한 시장적 수단을 사용하여 복지 목적을 달성하려고 한 신노동당의 사회정책은 청년, 한부모, 여성의 고용기회 창출에는 상당한 성과를 보였지만 빈곤완화라는 복지목표는 제한적 성과를 보였고, 특히 노동시장 외부에 있는 사람들의 불평등완화에는 기여하지 못했다고 평가하고 있다. 그는 이러한 영국 신노동당 사회정책의 한계(혹은 부분적 성과)는 복지 목표를 달성하기 위해 시장적 수단을 사용한 결과, 즉 목적과 수단의 불일치에 기인한다고 결론을 맺고 있다. 다시 말하면 중도좌파적 목표와 시장진화적 수단의 조화를 추구해야 하는 자유주의 복지체제(영국)의 구조가 정책의 성과에도 반영되었다는 것이 테일러-구비의 전체적인 논지이다.

김영순은 제16장에서 아동 및 가족복지정책과 적극적 노동시장정책에 초점을 맞추면서 보편적 복지의 확대가 뒤따르지 않는 영국 사회투자정책의 한계를 강조하고 있다. 김영순은 공보육의 획기적 확대와 슈어스타트의 확대는 평가할 만하지만 지나치게 비싼 보육료, 보육이용의 계층 간 격차는 사회투자국가의 이상과 거리가 먼 결과이며, 아동의 현금급여의 인상으로 아동빈곤율이 줄어든 측면은 있지만 정부 목표에는 미달한 것이며 여전히 유럽 최악의 장소라는 오명을 벗기 어렵다는 평가를 내리고 있다. 뉴딜로 상징되는 적극적 노동시장정책에 대해서도 김영순은 약간의 빈곤 감소효과를 가져왔으나 전체적인 불평등을 완화시키는 효과는 매우 약한 것이었다고 평가하고 있다. 결론적으로 사회투자정책이 대처시기의 신자유주의적 폐해를 어느 정도 완화하고 신사회위험 극복의 틀을 마련했다는 점에서 의미가 있으나 영국식 자유시장경제가 만들어내는 빈곤과 양극화를 수습하기에는 역부족이라는 것이 김영순의 평가이다.

　이러한 평가에 대해 양재진(제9장)은 김영순의 평가 기준이 타당하지 못하다며 적극적인 반론을 제기하고 있다. 가령 영국 보육정책의 경우 워낙 공보육의 기반이 없는 상태에서 출발했는데 스웨덴의 보육시스템을 갖추지 못했다고 비판하는 것은 공정한 평가가 아니라고 주장하고 있다. 그리고 여성고용률의 증가나 청년실업률의 감소폭은 영국이 다른 유럽국가와 비교해서 뒤떨어지지 않으며 이것은 사회투자정책의 성과로 보아야 하며, 신노동당 집권 시 나타난 불평등의 증가는 신노동당의 정책이 잘못된 것이기 보다는 세계화된 지식기반경제를 바탕으로 하는 다른 유럽국가에서 모두 나타난 공통된 현상이며 영국은 오히려 같은 기간에 사회투자정책으로 인해 아동빈곤율이나 전체빈곤율이 감소하여 다른 유럽국가에 비해 '선방'을 한 것으로 보아야 한다는 것이다. 영국 사회투자정책의 결과에 대한 동일한 통계를 놓고 이것을 성과로 해석할 것인가 아니면 한계로 해석할 것인가는 결국 사회투자전략 자체를 우호적으로 인식하는가 아니면 부정적으로 인식하는가에 입장이 갈리고 있음을 알 수 있다.

　박순우·최영(제17장)은 영국 사회투자정책을 아동관련 급여액의 인상, 보육시설의 확충, 슈어스타트센터의 전국적 확대 등 아동정책, 청년뉴딜, 한부모뉴딜 등 적극적 노동시장정책, 그리고 일하는 사람들의 소득액을 늘리기 위한 근로세제지원의 확대 등 세 가지로 나누어 성과를 평가하고 있다. 먼저 아동정책의 성과로는 가족환경의 변화와 아동빈곤율의 변화를 보고 있는데 부모가 무직인 가정에서 생활하는 아동수와 해당 빈곤아동가구의 비율이 노동당 정부에서 상당한 폭으로 감소하여 괄목할만한 성공적 정책사례로 평가하고 있다. 그리고 상대빈곤율로 측정된 빈곤아동수도 수십만 명이 줄어드는 성과가 나타났다. 노동당 정부 시기에 고용률과 성인이 노동하는 가구의 비율 등이 전반적으로 높게 나타났는데 이는 당시 영국경제가 호전상태였음을 감안해도 사회투자전략의 긍정적 성과로 볼 수 있다. 하지만 이들 역시 종합적으로 볼 때 애초에 노동당 정부가 목표했던 바를 완전히 달성하지는 못했지만 전반적으로 빈곤의 감소나 사회평등의 수준은 향상됐다고 평가하고 있다. 그리고 이들은 장기적으로 볼 때 그 효과가 배가될 것이라는 긍정적 전망을 보이고 있다.

제18장에서 백선희는 영국의 사회투자정책 중 아동보육정책과 슈어스타트프로그램의 성과를 진단하고 있다. 그녀는 전통적으로 보육후진국이었던 영국이 '국가아동보육전략'의 활발한 추진에 힘입어 부모의 노동선택권 보장, 보육시설의 확대(특히 공공부문의 확대), 그리고 보육의 질 확보에 있어서 상당한 진전을 이룩했지만 부모의 보육비용의 부담이 과중하다는 점은 여전히 미해결의 문제로 남아있다고 평가하고 있다. 종합적 아동정책인 슈어스타트는 아동인구유지, 빈곤완화에는 어느 정도 기여하였으나 박탈이 심한 가족에 대해서는 성과가 미미한 것으로 보고하고 있다. 백선희는 영국 아동정책의 한국적 함의에 대해 보육정책을 사회투자라는 개념으로 접근할 경우 소득보장 기능, 보편주의적 복지 기능, 그리고 보육서비스의 질과 다양성이 확보되어 사회투자가 반드시 보편주의적 복지에 부정적 영향을 미치지 않는다고 주장하고 있다. 하지만 그녀는 동시에 사회투자가 아동의 권리 개념을 축소시켜 여성과 아동을 생산의 도구로 전락시킬 가능성을 경계해야 하며, 특히 사회투자가 모든 계층에게 형평성 있게 제공될 수 있도록 주의를 기울여야 한다고 결론을 맺고 있다.

제19장에서 이주희는 영국식 사회투자국가에 대해 극히 부정적인 평가를 내리고 있다. 이주희는 신노동당이 집권한 1997년 이후는 물론 그 전 기간을 포함하여 볼 때 영국식 사회투자국가는 북유럽과 중부유럽국 등 소위 '조정시장국가'와 비교할 때 성장의 측면이나 분배의 측면에서 결코 우월하지 않다고 주장하고 있다. 특히 그는 영국에서 시행된 사회투자정책으로는 노동시장 자체에서 발생하는 불평등을 치유할 수 없다며 결국 사회투자국가는 '최소한의 사회안전망'만을 추구하는 신자유주의적 접근과 다를 바 없다고 하여 신자유주의의 대안이 아닌 '확장'이라고 결론을 내리고 있다. 사회투자국가가 한국에 주는 함의에 대해서도 그녀는 극히 회의적이다. 노동시장의 유연화를 확대하면서 인적자본에 대한 투자를 확대하는 것은 결국 '낭비'가 될 수 있으며 노동시장의 평등에 훨씬 더 우선순위를 두어야 한다는 것이다. 이주희는 결국 사회투자국가가 한국

사회의 대안이 될 수 없으며 좀 더 진보적이고 평등주의적 모델을 고민할 필요가 있다는 점을 강조하고 있다.

영국 사회투자정책의 성과를 검토한 논문들의 주장을 종합해 보면 결국 사회투자정책의 어떤 측면을 강조하는가에 따라 긍정적 평가와 부정적 평가로 엇갈리는데 이는 김영순이 제16장에서 적절하게 비유했듯이 '반 컵의 물'을 어떻게 인식할 것인가의 문제로 귀착되는 듯하다. 즉, 사회투자를 우호적으로 인식하는 연구자들은 영국이 사회투자정책으로 컵의 반을 채웠으니 긍정적으로 보아야 한다는 것이고 사회투자(국가) 자체를 비판적으로 보는 입장에서는 반밖에 못 채운 물 컵을 인상적 성과나 성공으로 보기 어렵다는 것이다.

## 사회투자론에 관한 다른 서적들

사회투자시각 그리고 이 개념의 한국적 수용에 관한 다양한 입장을 폭넓게 이해하기 위해서는 기존의 다른 연구서들을 참고할 필요가 있다. 앞에서 언급한 것처럼 임채원의 책(2006)은 영국 신노동당이 주창한 사회투자국가론의 생성 배경, 철학적 근거, 그리고 각 정책 영역에 대한 세부적인 내용이 정리되어 있다. 그러나 이 책에서는 그가 '사회투자국가'로 부른 영국 신노동당의 대안체제전략을 경제·사회·정치적 토양이 근본적으로 다른 한국사회에 어떻게 수용할 수 있으며 여기서 제기될 수 있는 여러 가지 비판적 쟁점들에 대한 검토가 이루어지지 않고 있다. 본격적인 학술서적은 아니지만 유시민 전 장관의 책 『대한민국 개조론』에 나오는 사회투자 관련 부분도 일독을 권하고 싶다. 유시민의 책에서는 보수주의와 시장주의의 헤게모니가 관철되는 한국 사회에서 '중도성향'의 정권이 택할 수 있는 사회정책적 담론의 최대치가 어떤 것인지를 보여주고 있으며 왜 참여정부에서 사회투자라는 담론이 매력적으로 부각되었는지를 이해하는 데 도움이 될 것이다.[5] 양재진 등이 저술한 『사회정책의 제3의 길』은 거시적 시각에서 사회투자시각의 생성 배경을 이해하고 한국적 상황에서 복지, 교육, 노동정책 등에서 구체적으로 어떤 유형의 사회투자정책들이 구상되고 실현될 수 있는지를 이해하는데 도움을 줄 것이다.

## '능동적 복지', '휴먼뉴딜' 그리고 사회투자

이명박 정부의 복지담론은 '능동적 복지' 라는 용어이다. 이 용어는 정확히 정의되어 사용되지는 않지만 영어 표현은 'active welfare' 로 표기되고 있다. 영어표현을 그대로 옮기자면 OECD 보고서 등에서 자주 사용되는 '적극적 복지' 정도로 이해할 수 있다. OECD에서 사용하는 '적극적 사회정책' 의 프로그램이 상당부분 사회투자프로그램과 유사하다는 점(OECD, 2005)을 고려하면 참으로 아이러니한 일이다. 참여정부와는 성격이 다른 이명박 정부가 비슷한 맥락의 사회정책 용어를 사용하고 있는 것이다. 물론 정책기조와 내용이 동일하다는 것은 아니다.

최근에 이명박 정부는 '녹색뉴딜' 과 더불어 '휴먼뉴딜' 을 사회정책분야의 국정기조로 공식적으로 제시하고 있다. '중산층 키우기 휴먼뉴딜'[6]이라는 제목이 붙은 문건의 내용을 자세히 살펴보면 사용하는 어휘는 다르지만 참여정부에서 사회투자담론이 나오게 된 경제사회적 배경과 거의 유사한 문제의식을 갖고 있음을 알 수 있다. 이명박 정부의 사회정책의 성격을 평가하기에는 이직 이르고 정책의 실체도 잘 드러나지 않고 있다. 필자가 강조하고 싶은 것은 현재의 한국의 정치지형에서 어떤 정부가 들어서건 노동시장의 구조 변화와 인구구조의 변동이 가져오는 신사회위험의 증가라는 속박에서 자유로울 수 없다는 점이다. 다시 말하면 한국의 상황에서는 신사회위험의 증대라는 구조적 속박이 강력히 존재하고 있고, 어떤 사회정책도 이 속박을 피해갈 수 없다는 것이다. 즉, 사용하는 용어와 어휘는 다를 수 있지만 사회투자전략이 제기하는 문제의식과 정책 내용은 향후 상당기간 동안 한국의 사회정책을 지배하게 될 것이라는 점이다.

### 사회투자론에 대한 개인적 여정

필자가 사회정책에서 사회투자시각을 처음 접한 것은 에스핑-안데르센과 존 마일즈가 편집한 2002년 저작 『왜 새로운 복지국가가 필요한가』Why We Need a New Welfare State 에 실린 「아동중심적 사회투자전략」이라는 제목의 논문이다. 이 글에서 필자는 복지를 투자의 시각에서 조망할 수 있다는 점에서 강한 인상을 받았다. 그 후 한동안 머릿속에서 지워졌던 이 용어가 되살아난 것은 2005년 약 7개월 동안 영국 런던정치경제대학(LSE)의 아시아연구센타Asia Research Centre 에 방문연구원으로 머무를 때이다. 그 학교에서 열린 많은 공개강좌와 강의 그리고 영국 신노동당의 사회정책에 관한 글을 접하면서 사회투자라는 용어가 단순히 아동복지적 차원을 넘어서 사회정책 전 분야에 매우 광범위하게 적용되고 있음을 알게 되었다. 그때 앤서니 기든스의 저작 『제3의 길』을 다시 보게 되었고 과거에 크게 주목하지 않았던 '사회투자국가' 부분을 나름대로 '재발견' 하게 되었다.

런던생활을 끝내 후 필자는 2005년 8월부터 미국 세인트루이스에 위치한 워싱톤 대학에서 나머지 안식년을 지냈다. 우연히 이 대학의 사회복지대학원Brown School of Social Work 에는 사회투자프로그램 중의 하나인 자산형성정책의 창시자인 마이클 쉐라든 교수가 재직하고 있었고 그를 알게 되면서 이 정책에 대해 학습할 기회가 주어졌다. 그 당시는 자산형성정책이 영국, 미국, 싱가폴, 중국 등 국제적으로 확산되어가고 있었고 쉐라든 교수는 이 과정에 깊숙이 개입하고 있었다. 2006년 11월에 쉐라든 교수를 한국에 초빙하여 한국노동연구원에서 전문가 워크숍을 가졌는데 이 책의 제3장에 실린 쉐라든 교수의 논문은 그때 발표된 논문을 번역한 것이다. 미국에서 안식년을 마친 후 사회투자에 관한 글을 쓰려고 준비하던 중 영국에서 몇 번 만날 기회가 있었던 켄트대학의 테일러-구비 교수가 유럽 복지국가의 변화를 사회투자개념으로 조망한 글을 필자에게 보내주었다. 테일러-구비는 이 논문을 보완하여 2007년 2월 보건복지부와 사회복지학회 등이 주최한 국내의 사회투자 학술대회에서 발표하였고 수정된 논문이 이 책의 제2장에 번역되어 실리게 되었다. 운이 좋게도 필자는 안식년 기간 중에 두 석학을 만나 사회투자에 대한 생각을 가다듬을 수 있었다.

런던으로 안식년을 떠나기 전 참여연대에 몸담으면서 '복지운동' 의 현장에 있었던 필자의 절실한 고민 중의 하나는 사회정책의 예산배분논리를 지배하는 시장 중심적 사고방식에 대응할 수 있는 대항 담론의 필요성이었다. '인권' 과

‘사회통합’ 그리고 ‘사회적 약자의 보호’ 같은 전통적인 논리는 성장제일주의가 너무나도 강력한 한국 사회에서 예산배분을 지배하는 경제부처와 경제학자들을 설득하고 광범위한 사회적 동의를 얻기가 쉽지 않았다. 지금은 그래도 약화되었지만 당시 한국은 신자유주의적 이념이 ‘글로벌 스탠다드’로 받아들여졌던 시기였다. 사회투자 담론에는 복지를 비생산적이고 경제적 부담으로 생각하는 신자유주의의 사회복지 비판에 맞설 수 있는 나름대로의 대항 논리가 담겨져 있었고 바로 이 점 때문에 필자는 사회투자시각에 주목하게 되었다.

## 한국사회의 반응과 논쟁의 경위

안식년에서 돌아와 사회투자에 관한 글을 준비하던 2006년은 보건복지부장관으로 임명된 유시민 전 장관이 사회투자 개념을 중심으로 새로운 복지패러다임과 정책을 구상하던 시기였다. 마침 복지부 쪽에서 요청이 와 그 작업에 합류하게 되었고 그동안 축적한 문헌과 생각을 바탕으로 새로운 복지패러다임으로서의 사회투자정책의 가능성을 글로 정리할 수 있었다. 2006년 후반부와 2007년은 정부와 학계, 시민단체, 언론 등 대부분의 기관에서 사회투자론의 가능성이 본격적으로 논의되던 시기이다. 노무현 정부는 사회투자를 공식적인 복지담론으로 차용하였고 학계에서는 사회투자를 주제로 수많은 토론회가 개최되었다. 그 시기에 필자는 셀 수 없을 정도의 많은 외부 강연과 신문 칼럼 그리고 논문 발표를 통해 사회투자론의 가능성을 주장하였고 덕분에 ‘사회투자 전도사’란 별칭까지 얻게 되었다.

보건복지부와 참여정부가 사회투자를 공식적인 사회정책담론으로 사용하면서 비슷한 시기에 이 개념에 관심을 갖고 있었던 양재진, 윤홍식 교수 등도 새로운 사회정책패러다임으로써 사회투자에 관한 글을 발표하기 시작하였다. 2007년 중반쯤에는 사회투자에 관한 여러 개의 논문 그리고 정부의 정책보고서가 발간되었다. 이때까지 나온 대부분의 글은 사회투자(국가)의 소개, 한국적 적용가능성, 그리고 사회투자시각에 입각한 사회정책 대안 마련에 집중되었다. 이 과정에서 기이한 현상은 참여정부에 대한 반감 때문인지 시장주의자들과 보수 쪽에서는 사회투자 담론에 전혀 반응이 없었다는 점이다. 아니 없었던 것이 아니라 아예 '무시' 라고 표현하는 것이 더 낳을 듯하다.「비전 2030」같은 매우 중요한 참여정부의 공식보고서는 물론 대통령까지 나서서 사회투자라는 용어를 수없이 사용했음에도 불구하고 보수적인 언론의 지면에서는 사회투자라는 용어 자체를 본 기억이 없을 정도로 철저하게 외면되었다.

당시 진보·개혁 진영은 한국 사회의 미래에 대한 진보적 대안담론의 필요성을 절실하게 느끼고 있었으며 이러한 분위기 때문에 사회투자론은 진보·개혁 진영에서 상당한 관심을 유발하였다. 물론 진보·개혁진영에서는 우호적 관심과 더불어 만만치 않은 비판이 제기되었다. 진보개혁 진영에서의 비판논리의 핵심은 김영순 교수가 2007년 7월『경제와 사회』에 투고한 글로 집약되었고(이 책의 제7장) 사회투자(국가)에 대한 김영순 교수의 예리한 논평과 문제제기는 국내에서 사회투자논쟁의 불길을 당겼다. 김영순 교수는 자신의 글에 대한 반론을 필자와 양재진 교수에게 요청하였고 이 글들이 (이 책의 제8장과 9장)『경제와 사회』2007년 가을호에 게재되어 사회투자논쟁의 기본 구도가 형성되었다. 그 이후 필자는 사회투자와 관련된 글을 더 수집하고 몇몇 연구자에게 논쟁적 성격의 논문 집필을 요청하여 비교적 완성된 형태로 사회투자논쟁에 관한 책을 출간할 수 있게 되었다.

## 감사의 말

이 책이 나오기까지 여러분들의 도움이 있었다. 먼저 옥고를 번역하여 책에 수록하도록 허락해 준 켄트 대학의 피터 테일러-구비 교수와 워싱톤 대학의 마이클 쉐라든 교수에게 감사를 드리고 싶다. 테일러-구비 교수는 영국 사회투자 정책의 성과에 관한 다른 논문의 번역 게재도 흔쾌히 허락하였다. 두 석학의 호의 덕분에 이 책의 내용이 더 풍요로워질 수 있었다. 그리고 원고 게재를 기꺼이 수용해준 연세대 양재진 교수, 인하대 윤홍식 교수, 중앙대 김교성, 최영 교수, 공주대 박순우 교수, 서울신학대 백선희 교수, 이화여대 이주희 교수, 그리고 우명숙 박사에게도 감사의 말씀을 드리고 싶다. 특히 서울산업대 김영순 교수에게 감사한다. 김영순 교수의 예리한 문제제기가 없었다면 아마도 사회투자론이 논쟁의 단계까지는 나가지 못했을 것이다. 그리고 마이클 쉐라든 교수의 논문을 번역해주고 '보론'까지 집필해 준 싱가폴국립대학의 한창근 교수와 테일러-구비의 논문 번역에 수고해준 중앙대 사회복지학과 박사과정의 이성희, 김송이 양에게도 고마움을 표시하고 싶다.

　　필자는 어떻게 하다 보니 『한국복지국가성격논쟁 I 』에 이어 복지 분야의 논쟁과 관련된 책을 하나 더 묶어내게 되었다. '성격논쟁 I'은 새로운 글쓰기 시도로 학계에서 과분한 호응을 얻은바 있다. 이 책 역시 '성격논쟁 I'과 유사하게 우리 학계에서 많지 않은 학술논쟁을 담아냈고, 사회복지학, 정치학, 사회학, 행정학 등 다양한 학문적 배경을 가진 연구자들의 다학문적 접근이 이루어졌으며 다른 학자들의 논문을 꼼꼼히 읽고 비판을 하는 실명비판이 대체적으로 관철되었다. 그리고 이 책은 '비판과 대안을 위한 사회복지학회'의 한국 사회복지학 쟁점 총서 제5권으로 발간되었다. 총서의 한 부분을 담당하게 되어 비판복지학회 측에도 감사한다. 마지막으로 경제사정이 좋지 않은데도 편자의 머리말이 완성되기를 몇 달간이나 기다려서 책을 출판해 준 니눔의집 출판사에 감사의 말씀을 드리고 싶다.

중앙대학교 흑석동 연구실에서 2009년 10월 김연명 씀

**참고문헌**

양재진 · 정형선 · 김혜원 · 이종태(2008), 『사회정책의 제3의 길: 한국형 사회투자
　　　정책의 모색』, 백산서당
유시민(2007). 『대한민국 개조론』, 돌베개.
이원영(2009). 「건강투자론에 대한 비판적 고찰」, 『상황과 복지』 27호, 비판과 대안
　　　을 위한 사회복지학회.
임채원(2006). 『신자유주의를 넘어 사회투자국가로』, 한울아카데미.
Dobrowolsky, Alexander and Jane Jenson(2005). "Social Investment Perspective
　　　and Practices: a decade in British Politics", in Martin Powell, Linda
　　　Bauld et. al., (eds), *Social Policy Review 17*. The Policy Press
Lister, Ruth(2004). The Third Way's Social Investment State, in Jane Lewis and
　　　Rebecca Surender eds, *Welfare State Change; Towards a Third
　　　Way?*, Oxford University Press. pp.157-181.
OECD(2005). Extending Opportunities: How Active Social Policy Can Benefit
　　　Us All, 정영순 외 옮김(2009). 『OECD 국가들의 적극적 사회정책 동향 및
　　　도전 과제』, 학지사.

---

1) 『신자유주의를 넘어 사회투자국가로』라는 제목이 붙은 임채원의 책(2006)은 이 입장
　　을 충실히 대변하고 있다.
2) 후기산업사회의 도래와 더불어 나타나는 유럽 전역의 새로운 사회정책의 흐름과 내
　　용은 OECD(2005)의 보고서에 체계적으로 정리되어 있다. 단 OECD는 이러한 정책
　　들을 사회투자정책으로 부르지 않고 '적극적 사회정책' active social policy 으로 부
　　르고 있다.
3) 리스터가 구분한 사회투자국가 개념의 다양한 용법은 김연명(제1장)의 글을 참고하기
　　바람.
4) 김연명의 글에서는 보건의료프로그램을 사회투자정책의 범주로 다루지 않고 있다.
　　그러나 보건의료프로그램 역시 사회투자개념으로 접근할 수 있다. 이에 대한 소개와
　　비판은 이원영(2009) 참조.
5) 사회투자담론이 한국 사회에서 주목을 받게 되기까지는 유시민 장관이 상당한 기여
　　를 했으며 필자 역시 이 부분은 적극적인 동의와 지지를 하였다. 그러나 그가 추진한
　　의료급여제도에서의 수급자 책임 강화, 그리고 국민연금 급여수준의 대폭 인하는 사
　　회투자담론과 상관이 없는 정책이었고 개혁정권을 표방했던 참여정부의 노선과는 상
　　당히 배치되는 정책이었다.
6) 이 자료는 관계부처합동 명의로 발표된 「중산층 키우기 휴먼뉴딜」이며 미래기획위원
　　회 주관으로 2009년 3월 23일 발표되었다.

제1편

# 사회투자론의 맥락과
# 한국적 함의

# 사회투자론의 한국적 적용 가능성과 쟁점

김연명 | 중앙대 사회복지학과 교수

## 1. 서론: 왜 사회투자론인가?

1997년의 외환위기 이후 나타난 경제와 노동시장구조의 양극화 징후와 2000년 이후 급속히 진행되는 저출산·고령화 현상은 1960년대 이후 산업화시대에 형성된 한국사회의 모습을 크게 바꾸어 놓을 것으로 전망된다.[1] 특히 사회복지, 더 넓게는 사회정책 분야는 양극화와 저출산·고령화의 영향을 가장 직접적으로 받고 있고, 앞으로 받게 될 핵심적 영역 중의 하나이다. 한국의 사회복지가 본격적으로 시작된 1970년대와 1980년대는 경제 및 노동시장구조에서 완전고용과 비교적 균질적인 노동시장이 형성되어 있었고, 상대적으로 젊은 인구구조와 안정된 가족기능이 유지되고 있었다. 따라서 한국의 사회복지제도 역시 균질적 노동시장과 인구가족구조의 상대적 안정성을 '전제'로 설계되었으며 사회보험의 상대적 발달과 사회서비스의 낙후라는 한국 사회복지의

---

1) 경제, 노동시장의 양극화와 저출산·고령화의 특징과 이것이 한국사회의 미래와 사회복지 부문에 미칠 영향은 국민경제자문회의(2006: 제1부)와 최경수·문형표 외(2003)에 자세히 정리되어 있다.

특징은 이런 상황을 반영한 것이다. 하지만 최근의 비정규직의 급증으로 상징되는 노동시장의 양극화와 인구가족구조의 변화는 한국 복지제도의 기본틀을 재검토해야 하는 상황을 만들고 있다(정책기획위원회, 2006a: 30~83).

최근 한국에서 사회복지학계를 넘어서 행정부와 정치권에서까지 상당한 주목을 받고 있는 사회투자론[2]은 우리와 유사한 노동시장 및 인구학적 변화를 먼저 겪은 서구사회에서 새로운 경제·사회구조의 변화에 대응하기 위한 복지전략의 일환으로 출현하였다. 퍼킨스와 그의 동료들의 지적처럼 "사회투자와 관련된 모든 문헌들에서는 사회투자 전략이 급변하는 경제, 사회적 질서에 대응할 필요성에서 나온 것이라는 인식이 존재한다."(Perkins et.al., 2004: 2). 즉, 제2차 세계대전 이후 1970년대 중반까지 전성기를 구가했던 '고전적' 복지국가'[classic welfare state][3]의 토대를 이루었던 경제, 인구학적 구조가 급변하면서 변화된 환경에 대응하기 위한 새로운 형태의 복지전략의 하나로서 사회투자론이 부상하는 것이다. 사회투자론을 이처럼 변화된 경제·사회환경에 적응하기 위한 새로운 복지전략으로 이해하면 최근에 급격한 경제·사회적 변화를 겪고 있는 한국사회에도 상당한 시사점을 줄 수 있다는 것

---

2) 사회투자가 한국에서 논의되면서 사회투자 '국가' 와 사회투자 '전략' (혹은 '정책' )이라는 차원과 맥락이 다른 두 용어를 혼용해서 사용하는 것이 상당한 문제점을 불러일으킨다는 지적이 제기되었다(김영순, 2007). 이 논문의 '2)사회투자론의 개념화' 부분에서 논의하는 것처럼 사회투자국가라는 용어는 여러 가지 차원에서 사용되고 있으며, 세 용어를 구별해서 쓰는 경우도 있고 혼용되어 사용되는 사례도 다수 발견된다. 이 글에서 사용한 '사회투자론'은 사회투자국가와 사회투자전략 두 차원을 모두 포함하는 의미로 사용하되, 사회투자전략이라는 용어는 사회정책분야에 한정된 새로운 패러다임이라는 의미로 사용하기로 한다.
3) 사회투자론 주창자들의 공통적인 특징 중의 하나는 1970년대까지 서구에서 존재했던 복지국가가 어떤 형태로든 새롭게 변화해야 한다는 문제의식을 공유한다는 것이다. 따라서 변화된 경제·사회 환경 속에서 새로운 복지전략을 구상하기 위해 과거의 복지국가를 '전통적' 복지국가 혹은 '고전적' 복지국가로 상대화시킨다. 필자가 이 글에서 사용한 '고전적' 복지국가라는 용어는 포웰과 휴이트가 영국 복지국가의 변화를 정리하면서 사용한 용어를 차용한 것이다(Powell and Hewitt, 2002: 2장).

이 이 글의 기본전제이다. 즉, 아직도 선진국 '따라잡기'<sup>catch-up</sup> 전략이 유효한 한국적 상황에서 선진 복지국가에서 새롭게 부상하는 사회투자론의 타당성과 수용 가능성을 검토하는 것은 한국의 사회복지 발달전략 수립에 상당한 도움을 줄 수 있다는 점이다.

이런 배경에서 이 글의 목적은, 첫째 서구에서 사회투자론이 등장하게 된 사회경제적 배경을 신사회위험의 출현이라는 시각에서 조망하고, 둘째 기존의 전통적 복지정책 혹은 사회정책과 구별되는 사회투자전략의 주요 특징과 핵심 프로그램의 내용을 고찰하는 것이다. 이와 같은 논의를 바탕으로 이 글의 셋째 목적은 사회투자전략의 한국적 수용 가능성과 여기서 파생되는 쟁점들을 검토하는 것이다. 이 글의 핵심적 주장은 사회투자전략이 비록 서구적 맥락에서 출현한 논의이지만 우리나라 상황에서도 유용한 복지확대 전략의 가능성이 충분하다는 점을 강조하는 것이다.


## 2. 사회투자론의 등장배경과 개념화

### 1) 경제 · 사회구조의 변화와 '신' 사회위험의 출현

제2차 세계대전 이후 1970년대까지 서구의 대다수의 국가들은 지속적인 경제성장을 바탕으로 이른바 '고전적 복지국가' 체제를 만들어 냄으로써 경제성장과 사회통합이라는 두 개의 목표를 동시에 성취할 수 있었다. 테일러-구비에 의하면 이념형적으로 볼 때 서구에서 1970년대 중반까지의 '고전적 복지국가'는 다음과 같은 몇 가지의 우호적인 경제 · 정치 · 사회적 조건에서 존재할 수 있었다(Taylor-Gooby, 2004: 1).

이는 첫째, 인구의 대다수에게 높은 수준의 가족임금을 제공할 수 있는 대규모의 안정적인 제조업을 특징으로 하는 경제의 지속적 성장, 둘째 아동과 취약한 노인 그리고 여타 피부양집단에게 케어를 제공할 수 있는 안정적인 핵가족 구조, 셋째 낮은 수준의 실업률과 안정된 임금을 유지하는 신케인스주의 정책을 통해 국민경제를 관리할 수 있는 정부, 넷째 노동계급과 중간계급의 동맹이 그들의 욕구를 충족시키기 위한 복지급여와 서비스를 제공하는 데 효과적인 압력을 행사할 수 있는 정치체계로 요약된다. 테일러-구비가 지적한 이러한 요인 중 노동시장구조를 포함한 경제구조의 변화와 가족 및 인구학적 구조의 변화는 '고전적' 복지국가를 지탱했던 경제·사회적 기반에 균열을 발생시켰다는 점에서 중요한 의미를 갖는다.

그러나 1970년대 중반 이후 고전적 복지국가를 지탱하던 자본주의 경제·사회구조는 근본적인 변화를 겪게 되며 상당한 변화의 압력에 노출된다. 흔히 '후기산업사회' post-industrial society 로의 이행으로 통칭되는 이러한 경제·사회구조의 변화를 가져온 요인은 다양하게 제시되지만 (Pierson, 2001: 82~99; Esping-Andersen, 1999: 9장) 다음과 같은 몇 가지로 단순화시킬 수 있다. 첫째, 고용이 제조업 부문에서 서비스 부문으로 대량 이동하면서 생산성 하락과 경제성장의 둔화가 발생하였다. 즉, 복지재정을 뒷받침할 만한 여력이 감소한 것이다. 동시에 지식기반경제가 도래하면서 인적 자본을 축적하지 못한 일부 계층에서 만성적인 빈곤과 사회적 배제를 경험하는 현상이 나타났다. 둘째, 서비스업의 팽창으로 여성 노동력이 늘어나고 세계화 등의 영향으로 경쟁이 격화되는 상황에서 고용의 안정성이 떨어지는 등 균질적이고 안정적이던 산업사회의 노동시장구조에서 균열이 발생하기 시작했으며, 이로써 특정 계층의 사회적 배제가 구조화되는 현상이 나타났다. 셋째, 여성취업률의 상승, 저출산·고령화, 그리고 한부모 가구의 증가 등으로 전반적으로 아동, 노인 등 가족의 취약가구원 보호 기능이 현저히 떨어지게 되었다. 이러한 경제구조, 노동시장의 변화, 그리고 가족·인구학적 구조의 변화는 전통적인 산업사회에서는 크게 부각되지 않던 소위 '새로운 사회적 위험' new social risks 의 출현이라는 논의로 이어진다.

상대적으로 안정적인 경제, 인구학적 구조에서 존재하던 고전적 복지국가 프로그램의 주요 초점은 실업, 노령, 산업재해 등 소득의 중단을 가져오거나 혹은 질병이 가져오는 예외적인 지출 등 이른바 전통적 산업사회에서 발생하는 '구사회적 위험' old social risks 에 대한 대응이었고 여기서 사회정책 프로그램의 초점은 소득상실을 보존해주는 소득보장 프로그램이었다. 하지만 후기산업사회로의 이행으로 불리는 경제·사회구조의 변화는 전통적인 복지국가의 소득보장프로그램이 포괄하지 못하는 '새로운 사회적 위험'을 구조화하였다(Esping-Andersen, 1999: 8장). 신사회위험의 개념을 구체화하고 이 개념을 서구 사회정책의 변화와 연관시켜 체계적인 논의를 하는 테일러-구비는 신사회위험을 "후기산업사회로의 이행과 연관된 경제, 사회변동과 연관된 결과로서 사람들의 생애기간에 직면하는 위험들"(Talyor-Gooby, 2004: 2)로 규정하면서 신사회위험의 발생 경로를 네 측면에서 고찰하고 있다(Taylor-Gooby, 2004: 3~4).

첫째는, 맞벌이 부부의 증가와 여성교육의 향상으로 여성들의 노동시장 참여가 급증하면서 일과 가정을 양립하기 어려운 저숙련 여성층에서 신사회위험이 나타난다. 둘째는, 노인인구의 증가로 노인케어의 부담이 급증한다. 노인케어는 상당 부분 여성에게 주어져 있고 여성이 케어와 직장을 병행하기 어려워 노동시장에서 철수하면 홑벌이 부부가 되기 때문에 빈곤의 가능성이 높아진다. 셋째, 미숙련 생산직의 비중을 줄여온 생산기술의 변동, 그리고 저임금의 비교우위를 이용한 국가 간 경쟁의 격화로 발생하는 노동시장구조의 변화는 교육 수준이 낮은 사람들이 사회적으로 배제되는 위험을 발생시킨다. 즉, 교육 수준이 낮을수록 실업에 빠질 확률과 장기빈곤에 빠질 위험성이 높아진다. 넷째, 일부 국가에서 민영화된 공적연금과 의료보험 등에서 소비자가 선택을 잘못할 경우, 혹은 민영보험에 대한 규제가 잘 이루어지지 않을 경우 새로운 위험이 발생할 수 있다.

새로운 위험의 발생 경로를 네 가지로 분류한 테일러-구비는 세 영역에서 사회적 취약계층이 새로운 사회적 위험에 노출될 가능성이 높다는 점을 지적한다(Taylor-Gooby, 2004: 5). 첫째 영역은 가족과 성역할의 변화와 관련하여, ① 일과 가족의 책임, 특히 아동양육의 책임 간의 균형을 잡는 것 ② 노인 수발에 대한 요청을 받거나 혹은 수발 대상자로서 가족의 지원이 없는 경우이다. 둘째 노동시장 변화와 관련하여, ① 적절한 수준의 임금과 안정적인 직업을 얻는 데 필요한 기술이 없는 경우 ② 쓸모없게 된 기술과 훈련을 받았거나, 혹은 평생교육을 통해서도 그 기술과 훈련을 향상시킬 수 없는 경우이다. 셋째 복지국가 변동과 관련하여, 불안정하고 부적절한 연금과 불만족스러운 서비스를 제공하는 민간공급을 이용하는 경우이다. 테일러-구비가 정리한 신사회위험의 발생 영역 중 한국적인 상황에서 의미가 떨어지는 셋째 영역, 즉 국가복지의 민영화에서 발생하는 위험을 제외한다면 결국 신사회위험이 논의되는 지점은 크게 보아 노동시장과 인구가족구조의 변화가 발생되는 지점으로 볼 수 있다. 뒤에서 보겠지만 서구에서 새롭게 나타나는 핵심적인 사회투자프로그램의 대부분은 모두 노동시장과 인구가족구조의 변화에 대응하는 정책들에 집중되어 있다.

## 2) 사회투자론의 개념화: 사회투자 '전략'

사회투자에 관한 서구의 문헌에서는 '사회투자국가'<sup>social investment state</sup>, '사회투자전략'<sup>social investment strategy</sup>, 그리고 '사회투자정책'<sup>social investment policy</sup>이라는 용어가 다양하게 등장한다. 사회투자론의 큰 맥락에 포함시킬 수 있는 연구자들 내에서도 논자에 따라 사회투자국가라는 용어를 주로 사용하는가 하면(Lister, 2003, 2004), 세 용어를 모두 사용하는 경우도 있고(Perkins et. al., 2004), 사회투자전략(혹은 정책)이라는 용어를 주로 사용하고 사회투자 '국가' 라는 용어를 거의 사용하지 않는 경우 등(Esping-Andersen, 2002a, 2002b; Taylor-Gooby, 2007) 다양한 편차가 있다.[4] 이에 앞서 서술한 서구 복지국가의 경제·사회적 변화와 이에 대한 대응 전략의 일환으로서 사회투자론의 부상이라는 관점을 다양한 용어 사용의 맥락에서 좀 더 논의할 필요가 있다.

주지하듯이 최근에 한국의 사회투자론 논의와 관련하여 사주 사용되는 사회투자국가라는 용어는 영국 '신노동당' 노선의 경제·사회정책에 이론적 기반을 제공한 앤서니 기든스의 1998년 저작 『제3의 길』에서 처음 사용되었는데(Giddens, 1998: 4장)[5] 리스터는 이 용어를 다양한 수준에서 이해할 수 있다고 하며 용어 사용의 맥락을 세 가지 차원으로 구분한다(Lister, 2004: 157~158). 첫 번째 차원은, '제3의 길' 사상가와 정치인들이 사용하는 방식으로 한 사회가 지향해야 할 중요한 미래의 가치를 내세우면서 이를 총괄하는 차원에서 사회투자국가라는 용어가 사용되는 것인데 리스터는 이 경우를 '규범적 이상'<sup>normative ideal</sup>으

---

4) 물론 리스터처럼 일관되게 사회투자국가라는 용어를 사용하는 경우도 에스핑-안데르센의 사회투자전략을 인용하는 등 사회투자라는 용어와 개념을 자신의 논의에 사용하고 있다.
5) 최근 기든스는 '제3의 길' 을 '새로운 사회민주주의' new social democracy로 불러달라고 주문하고 있다(Giddens, 2004).

로 표현하였다. 두 번째 차원은, 경제적 세계화와 출산율의 저하로 인해 성숙한 복지국가가 직면하는 인지된 경제·사회적 도전에 대한 '실용적 대응'[pragmatic response]이라는 차원에서 사회투자국가라는 용어를 사용하는 경우이다. 세 번째로, '분석적 도구'[analytical tool]로서 특정 국가의 복지체제를 묘사할 때 사용되는 경우이다. 즉, 사회투자국가를 사회민주주의적 요소와 신자유주의적/자유주의적 요소가 결합된 '혼합형 복지체제'[hybrid welfare regime]로 묘사하는 차원에서 사용되는 경우이다. 사회투자국가를 복지체제 차원으로 이해하면 자유주의적 복지국가의 전통에서 최근에 사회투자정책들을 집중적으로 가미하고 있는 영국, 캐나다 정도만이 사회투자국가로 분류할 수 있다.[6]

비슷한 맥락에서 하나의 규범적 이상으로 사회투자국가라는 용어를 사용하는 경우는 국내의 논의에서도 발견되는데 대표적인 예가 임채원(2006, 2007)의 연구이다. 그는 영국 신노동당이 제시한 새로운 미래지향적 가치들을 거의 그대로 수용하면서 새로운 경제·사회 패러다임으로서 사회투자국가의 지향점이 한국에서도 필요함을 역설하고 있다. 사회투자국가를 복지체제의 유형 분석 차원에 적용하는 경우도 국내 논의에서 나타나는데 양재진 외(2007: 제3장)는 서구의 복지국가의 변화를 사회투자국가로의 전환으로 인식하면서 영국을 대표적인 자유주의형 사회투자국가로, 스웨덴을 대표적인 사민주의형 사회투자국가로 분류하고 있다. 사회투자국가를 규범적 지향점 혹은 복지체제 유형 분류를 위한 분석도구로 사용하는 것은 사회투자론을 이해하고 이를 한국사회에 적용하거나 복지체제를 연구하는 데 각각 장단점이 있을 수 있다.[7] 특히 사회투자국가라는 용어가 고전적 복지 '국가' 혹은 신

---

6) 사실 사회투자론자들이 집중적으로 분석하고 정책적 예를 들고 있는 나라는 영국과 캐나다 정도이다(Lister, 2004; Dufour and Morrison, 2005).
7) 사회투자국가를 영국식 제3의 길 노선과 동일한 경제·사회개혁 패러다임으로 인식하는 경

자유주의 '국가'라는 용어와 대등한 수준의 이론적·실천적 체계를 갖춘 독자적 패러다임인가에 대해서는 의문의 여지가 있다. 가령 사회투자국가가 실체를 갖춘 하나의 대안적 패러다임이 되기 위해서는 사회정책뿐만 아니라 경제정책, 조세·재정정책 등에 대해 다른 패러다임과 구분되는 독자적인 이론적·정책적 체계를 갖추어야 한다. 물론 경제, 조세, 재정정책 등의 분야에서 소위 '제3의 길' 노선에 따른 정책지향과 담론이 없는 것은 아니지만(Giddens, 1998, 2004) 고전적 복지국가나 신자유주의 국가와 확실하게 구별되는 독자적 패러다임으로 보기에는 한계가 있다. 하지만 다음 절에서 보겠지만 사회투자 논의를 사회정책 분야로 좁혀 보면 사회투자론은 이론적·실천적 측면에서 새로운 패러다임으로 볼 수 있을 만한 설득력 있는 실체가 있다. 필자가 이 글에서 초점을 맞춘 것도 바로 리스터가 '실용적 대응'이라고 부른 노동시장구조 및 인구가족구조의 변화로 나타나는 신사회위험에 대응히는 세로운 복지전략 혹은 사회정책전략을 의미하는 차원에서 사회투자국가라는 용어를 사용하는 경우이다. 이렇게 경제·사회구조의 변화에 대한 실용적 대응으로서 사회투자론을 수용할 경우 사회투자 '국가'라는 용어는 이런 문제의식을 수용하기에는 포괄하는 의미가 너무 넓다. 이런 이유로 이하에서는 사회복지 혹은 넓게는 사회정책 분야에서의 새로운 전략(혹은 정책)이라는 의미에서 사회투자전략(혹은 사회투자정책)이라는 용어를 사용하기로 한다. 사회투자를 사회정책 분야에 한정된 새로운 복지전략 정도의 수준으로 수용하는 연구자들은 에스핑-안데르센(Esping-Andersen, 2002a; 2002b), 테일러-구비

우와 복지체제의 새로운 유형으로 사용하는 용법이 가져오는 문제점에 대해서는 김영순(2007)의 비판이 있었다. 김영순의 이러한 비판에 대한 논의와 재반론은 『경제와 사회』 2007년 가을호(통권 75호)에 실린 김연명(2007)과 양재진(2007)의 글을 참고하기 바라며 이 글에서는 자세한 논의를 생략하기로 한다.

(Taylor-Gooby, 2007), 그리고 쉐라든(Sherraden, 2006) 등을 들 수 있다. 다음 절에서는 사회투자전략에 초점을 맞추어 이 전략의 특징과 주요 프로그램 등의 내용을 살펴보기로 한다.[8]


## 3. 사회투자전략의 특징, 프로그램 그리고 담론

### 1) 사회투자전략의 특징에 대한 논의

사회투자전략에 대한 학계의 합의된 정의를 찾기는 쉽지 않으나 나름대로 이 전략의 특징을 정리해 보려는 연구가 있다. 먼저 퍼킨스 등의 연구에 따르면, 사회투자의 기본골격framework에 대한 정밀한 정의는 없지만 이 모델에서 세 가지의 공통점을 추려낼 수 있다(Perkins, et al., 2004: 2~4). 첫 번째로 사회투자모델의 주요 관심은 경제정책과 사회정책을 통합시키는 데 있다. "사회투자는 사회적 지출을 낭비적이고 의존성의 근원으로 보는 신자유주의적 비판에 효과적으로 응답하려는 것을 목적으로 한다."(Perkins et al., 2004: 2)는 것이다. 두 번째 특징은 사회투자는 전통적인 소득재분배를 통한 평등보다 새로운 사회적 위험에 능동적으로 적응할 수 있는 능력을 길러주는 기회의 재분배에 대한 투자, 특히 인적자본에 대한 투자를 강조한다. 세 번째로 사회투자전략은 교육과 훈련을 통해 많은 사람들을 경제활동에 참여하도록 지원하는 것에 초점을 둔다(활성화 전략).

------

8) 사회투자론을 사회투자전략 수준으로 이해한다 하더라도 규범적 수준에서 사회투자국가를 주창하는 문헌과 그 논리들을 사회투자전략에서 언급하지 않을 수 없다. 리스터도 사회투자 국가를 '규범적' 차원에서 이해하는 경우와 '실용적' 차원에서 이해하는 것이 '서로 얽혀 있다'고 본다(Lister, 2004: 175).

일관되게 사회투자국가라는 용어를 즐겨 사용하는 리스터는 사회투자 '국가' 의 핵심 요소를 다음과 같은 여덟 가지로 정리하고 있다 (Lister, 2004: 160). 첫째, '세금과 지출' 을 대신하여 사회투자라는 담론이 사용되는 것. 둘째, 인적자본과 사회적 자본의 투자: 아동과 지역사회가 상징임. 셋째, 아동은 미래의 시민노동자로서 우선권이 주어지고 성인의 사회적 시민권은 노동의무에 의해 규정됨. 넷째, 미래지향적임. 다섯째, 평등을 촉진하는 소득의 재분배보다 사회통합을 촉진하는 기회의 재분배에 초점을 둠. 여섯째, 국제 경쟁력을 향상시키고 지식경제에서의 성공을 위해 개인과 사회를 적응시킴. 일곱째, 사회정책과 경제정책을 통합적으로 사고함, 그러나 사회정책은 여전히 경제정책의 시녀<sup>handmaiden</sup>임.[9] 여덟째, 표적화된 것<sup>targeted</sup>과 자산조사 프로그램을 선호함. 이러한 리스터의 정리는 사회투자국가의 핵심요소라는 표현을 사용하고 있음에도 불구하고 '실용적 차원' 의 사회투자론, 즉 사회투자선략의 득징을 상당 부분 내포하는 것으로 보인다.[10] 이러한 두 연구자의 정리는 상호 공통점을 갖고 있는가 하면 사회정책의 우위성을 강조하는 등 약간의 강조점의 차이가 보이기도 한다. 따라서 상당히 추상적 차원으로 제시된 이러한 논의들을 정책 프로그램 수준으로 낮추어 보면 사회투자전략의 특징을 좀 더 명확하게 이해할 수 있다. 다음은 구

---

9) 이 부분에 대한 보충적 이해를 위해 리스터의 다음과 같은 설명을 참고할 수 있다. "사회투자국가의 주창자들은 경제정책과 사회정책의 통합을 강조하지만, 다만 사회적인 것이 경제적인 것에 종속된 전통적인 '시녀적' 관계에 도전하지 않는다는 조건에서 그렇다" (2004: 163). 시녀모델은 티트머스가 분류한 사회정책의 세 가지 유형 중 '산업적 업적-성취모델' 이라고 일컬은 모형을 '시녀모형' 이라고 부른 것인데 이는 사회적 욕구가 업적·노동의 성과, 그리고 생산성에 기초하여 충족되어야 하는 모델임을 의미한다(Titmuss, 1974: 31). 즉, 사회복지의 제공은 개인의 시장능력에 의해 연계되어 공급된다는 의미이다.
10) 앞에서 리스터는 사회투자국가라는 용어가 '규범적' , '실용적' , 그리고 '도구적' 차원의 세 수준에서 이해되고 있다는 점을 서술하였다. 리스터는 그가 정리한 사회투자국가의 여덟 가지 요소가 어떤 차원에 속한 것인지 명확하게 밝히지 않았으나 그 내용을 보면 '규범적' 차원과 '실용적' 차원을 혼합한 것으로 보인다. 즉, 리스터의 정리를 규범적 차원의 사회투자 '국가' 의 특징으로만 볼 수 없다는 것이다.

체적인 프로그램 위주로 사회투자전략의 내용과 특징을 파악해 보기로
한다.

## 2) 사회투자전략의 주요 프로그램

최근 사회투자와 관련된 각종 문헌에서 제기하고 있는 사회투자전략
의 주요 프로그램을 몇 가지로 나누어 보면, 첫째 근로연계복지와 적극
적 노동시장정책 등을 포괄하는 '활성화정책'[activation policy], 둘째 아동과
여성친화적 정책 등의 사회복지서비스 프로그램, 그리고 셋째 자산형
성[asset-building] 접근법 등으로 분류할 수 있다.[11] 첫째로 근로연계복지나 적
극적 노동시장정책은 정책이 나온 맥락은 다르지만, 노동 가능한 실업
자나 빈곤층을 전통적인 현금수당의 지급으로써 보호하는 것이 아니라
교육훈련을 통해 노동시장 안으로 통합시키려는 공통점을 갖고 있으므
로 대부분의 사회투자 관련 문헌에서 이 정책을 사회투자전략의 주요
프로그램으로 본다(Perkins et al., 2004: 4~5; Taylor-Gooby, 2007:
14~16). 영국 노동당 정부에서 시행된 새로운 고용전략인 뉴딜프로그
램[New Deal Program]은 이의 대표적인 예로 많이 언급되는데 이 시각에서는 청
년 혹은 성인실업자에 대한 현금지원을 줄이고 직업훈련이나 평생교육
같은 능력개발 프로그램을 강조한다. 또한 근로연계복지는 미국에서
발생된 신자유주의적 정책으로 알려져 있으나 이것이 유럽적 맥락에서
변형되어 수용되면서 사회투자전략에서는 이를 노동 가능 빈곤층을 노
동시장 안으로 통합시키는 '활성화 전략'의 일환으로 인식한다.[12]

---

11) 분류의 근거가 된 문헌은 다음과 같다. Perkins 외(2004), OECD(2005), Lister(2003),
Esping-Andersen(2002b, 2002c), Sherraden(2007), Midgely(1999), Taylor-Gooby
(2007) 등이다.

테일러-구비는 1990년에 유럽 각국의 노동시장정책과 빈곤정책의 변화를 논의하면서 노동시장의 탈규제, 저임금직종에의 취업 장려, 적극적 노동시장정책, 공공부조에서의 사례관리 등을 유급노동화 전략으로 통칭하여 부르고 이것은 "노동력의 동원"으로 표현한다(Taylor-Gooby, 2007: 11). 사회투자전략에서 활성화 전략을 중시하는 이유는 노동시장구조의 변화로 저기술, 저학력의 노동자가 실업과 빈곤에 노출될 위험성이 높고 지속적인 사회적 배제를 경험하기 때문에 교육훈련 등을 통해 이들을 노동시장 안에 통합함으로써 사회적 배제를 사전적으로 예방하는 효과에 주목하기 때문이며, 이를 일종의 기회의 재분배로 인식하고 있다.

둘째로, 아동복지와 여성친화적인 정책은 에스핑-안데르센에 의해 대표적인 사회투자프로그램으로 강조되었다(Esping-Andersen, 2002b, 2002c). 사회투자전략의 상징으로 언급되는 아동복지를 강조하는 이유는 아동기에 불리한 환경에서 자라 인석사본을 축적하지 못한 경우 성인기의 실업과 빈곤으로 이어질 가능성이 높다는 인식에 근거한다. 즉, 아동기에 불리한 성장조건을 사회적 개입을 통해 해소함으로써 노동시장에서의 성공을 촉진할 수 있다는 것이다. 2020년까지 아동빈곤을 완전히 해소하겠다는 영국의 '슈어스타트 프로그램'과 캐나다의 'Campaign 2000'으로 불리는 아동빈곤해소 프로그램이 대표적인 사례로 언급된다. 이 시각에서는 아동을 보호해야 할 대상이기보다는 '미래의 시민노동자'<sup>Citizen-Workers of the Future</sup>로 규정하고(Lister, 2003) 아동의 성장·발달을 지원하는 교육, 보육, 의료 등의 프로그램이 종합적으로 주어진다. 여성 친화적인 정책은 여성고용이 증가하는 상황

---

12) 신자유주의적 색채가 강했던 미국의 근로연계복지는 유럽 각국에 수용되면서 상당한 변화를 겪게 된다. 이에 대한 자세한 내용은 김종일(2006) 참조.

에서 여성에게 일과 가정을 양립 가능하게 하여 노동력 공급을 원활하게 해주고, 여성 친화적인 고용과 직업은 아동양육 시간을 확보해 줌으로써 아동의 건전한 성장·발달에 긍정적인 영향을 미친다는 점에서 적극적으로 강조된다. 또한 맞벌이가 아닌 경우 빈곤에 빠질 확률이 높기 때문에 가구빈곤을 막기 위해서도 여성의 노동참여가 적극적으로 권장된다. 에스핑-안데르센은 여성 친화적인 정책의 핵심으로서, 첫째 적절한 가격의 보육을 제공할 것, 둘째 유급 출산휴가를 줄 것과, 더욱 중요한 것으로 유급 아동양육휴가를 줄 것, 셋째로 아동이 아플 경우 결근을 인정해줄 것 등의 세 가지를 들었다(Esping-Andersen, 2002c: 94).

세 번째로, 자산형성접근법은 미국에서 논의되어 최근 영국, 싱가포르, 캐나다 등으로 확산되고 있는 프로그램이며 최근 한국에서도 '아동발달계좌' Children Development Account 라는 형태로 제도화가 이루어지고 있다. 이 프로그램의 기본 아이디어는 단순히 저소득층이나 취약계층에게 공공부조를 통해 현금을 지원하는 것 외에, '저축' 으로 상징되는 물적 자산을 형성해줌으로써 성인 저소득층과 아동이 노동시장에 적응할 수 있는 물적 기반(주거비, 교육비 등)을 마련해주고 공공부조 수혜자의 근로의욕의 감소를 줄이자는 전략이다(Sherraden, 2006). 영국의 경우는 2002년 이후 태어난 모든 아동에게 250~500 파운드를 일시금으로 나누어주어 저축하게 하는 형태를 취하고 있으며, 캐나다와 싱가포르에서는 교육비에 충당하기 위한 별도의 교육계좌를 시행하고 있는데 이 프로그램의 대부분은 사회투자전략에 이론적 기반을 두고 있다.

지금까지 본 사회투자전략의 핵심 프로그램들은 고전적 복지국가의 핵심적 프로그램을 구성했던 소득보장제도와는 구별되는 특징을 보이고 있다. 고전적 복지국가가 소득상실 등의 위험으로 인한 구사회적 위험에 대처하는 소득보장프로그램 위주의 복지정책으로 짜여졌다면 사회투자전략에서는 시민들의 노동시장 적응을 지원하는 프로그램들이 핵심을 이루고 있다는 점에서, 전통적 복지정책과 뚜렷하게 구별되는 특징을 지닌다. 물론 노동시장 적응 프로그램들은 이미 보편적인 소득보장프로그램을 어느 정도 갖춘 고전적 복지국가의 바탕 위에서 성립되는 정책들이다. 뒤에서 논의하겠지만 사회투자전략을 우리나라에 적용할 경우 반드시 몇 가지 핵심적 프로그램만을 사회투자프로그램에 한정시키는 것보다는 좀 더 넓은 의미로 정의할 필요성이 있다.

### 3) 사회투자전략의 주요 담론

사회투자전략에서는 고전적 복지국가와 신자유주의의 복지 접근법과 구별되는 몇 가지 핵심적인 공통된 담론이 있다. 첫째, 사회투자전략에서는 사회복지 및 경제와의 관계에서 전통적 케인스주의나 신자유주의와는 다른 인식을 제시한다. 사회정책에 대하여, 경제적 '부담' 혹은 반생산적인 요소로 보는 신자유주의와는 달리, 사회투자전략은 인적자본을 강화시켜주는 투자적 기능을 하기 때문에 경제에 매우 생산적인 역할을 한다고 인식한다(Perkins et al., 2004: 2; Taylor - Gooby, 2007: 10). 사회정책의 인적자본 향상 기능에 대한 강조는 고전적 케인스주의 이론에서 강조된 사회복지의 유효수요 창출 측면과도 구별된다. 둘째, 사회복지를 배타적인 시민권의 하나로 인식한 고전적 복지국가와는 달리 사회권을 권리와 의무의 상호관계로 인식한다. 공공부조나 실업대책에서 소득보장에 대한 시민의 권리 못지않게 노동시장의 참여에 대한 시민의 의무가 강조된다. 전형적인 예가 영국의 청년

실업자를 위한 뉴딜프로그램이다. 영국의 뉴딜프로그램에서는 6개월 이상 실업수당을 받았음에도 직업을 구하지 못할 경우 'Gateway' 라는 프로그램을 통해 직업기술 평가와 면접기술 등의 훈련을 받으며, 그 이후에도 일자리를 얻지 못하는 경우, 정부에서 제공하는 직장 알선 수용, 최장 1년간 전일제 교육 또는 훈련 참여, 6개월간 자원봉사단체 참여 등의 조건을 받아들여야 하며 그렇지 않을 경우 실업수당의 지급이 중지된다(박순우, 2007: 58~59).[13] 셋째, 사회투자전략에서는 고전적 복지국가에서 강조된 소득보장제도를 통한 결과의 평등보다 인적자본 축적과 능력개발을 통한 기회의 재분배와 기회의 평등을 강조한다는 점이 기존의 접근법과 상이하다. 기회의 평등은 신자유주의에서도 강조되지만 신자유주의에서는 기회의 평등을 위한 국가의 개입이 소극적이고 형식적이라는 점에서, 인적자본 축적을 위한 적극적인 국가개입을 통해 기회의 평등을 보장하는 사회투자전략과 일정하게 구분할 수 있다. 사회투자전략에서의 기회의 평등이 소득보장을 통한 결과의 평등 추구를 완전히 배제하는 것은 아니다. 실용적 차원의 사회투자전략 이상을 주장하는 기든스는 결과의 평등과 기회의 평등이 서로를 강화시켜주는 역할을 한다는 점을 지적하고 있다(Diamond & Giddens, 2005: 107).

---

13) 사회투자전략의 실제 효과를 어떻게 평가할 것인가는 사회투자전략의 한국적 수용 여부와 직접적 관련이 있다. 그러나 사회투자프로그램을 가장 구체화한 영국 신노동당의 정책에 대해서는 국내 연구자들 사이에서 평가가 엇갈린다. 사회투자론에 대해 비판적 입장을 견지하는 김영순(2007)은 영국식 사회투자국가의 성과가 별로 인상적이지 않다고 평가하는 반면 박순우(2007)와 김윤태(2005)는 우호적인 평가를 내린다. 영국 사회투자정책의 평가에 대해서는 이 책의 제3편에 실린 논문들을 참조할 것.

## 4. 사회투자전략의 필요성과 쟁점

지금까지 살펴본 것처럼 서구에서 사회투자전략이 등장하게 된 것은 흔히 후기산업사회로의 이행으로 통칭되는 경제사회구조의 근본적 변화(Pierson, 2001)와 신사회위험의 출현이라는 구조 속에, 전통적인 복지국가와 신자유주의적 프로그램의 한계를 어떻게 극복할 것인가라는 문제의식이 들어가 있다. 따라서 사회투자정책이 한국적 맥락에서 의미를 가지려면 한국에서도 유사한 위험구조의 변화가 목격되어야 한다. 한국사회에서 사회적 위험구조의 변화를 노동시장 및 인구가족구조의 변화라는 측면에서 간단히 살펴보기로 한다.[14)]

### 1) 사회적 위험구조의 변화

외환위기 이후 한국사회는 기업 간(대기업과 중소기업), 산업구조(수출과 내수산업), 그리고 노동시장구조에서 급격한 양극화가 발생하고 있다(국민경제자문회의, 2006). 양극화의 양상은 여러 가지 지표로 확인된다. 먼저, 근로자의 임금 격차가 확대되고 있다. 1998년 72.8%이던 대기업 근로자와 중소기업 근로자의 현금급여 격차가 2003년에는 65.1%로 확대되었다(노동부, 2003). 고용구조의 양극화는 더욱 심하게 발생하고 있다. 1993년부터 2000년까지 7년간 소득 5분위와 6분위에 해당하는 중간 수준의 일자리가 27만 개 줄어든 반면에, 하위 1·2분위 일자리와 상위 9·10분위 일자리는 각각 62만 개와 56만 개가

---

14) 한국사회의 위험구조 변화는 이미 다른 보고서에서 자세히 서술되어 있으므로(정책기획위원회, 2006a: 제1장, 국민경제자문회의, 2006: 제1부; 최경수·문형표 외, 2003) 간단히 언급하고자 한다.

늘어났다(전병유 외, 2006). 특히 저임금 일자리의 상승은 대부분 여성들의 진입에 의한 것으로 보고된다. 경제와 고용구조의 양극화로 빈곤층의 규모도 늘고 있다. 소득이 최저생계비 이하인 절대빈곤층의 규모는 1996년 전체 가구의 3.1%에 불과했으나 2000년에는 8.2%로 급격히 상승하였고, 2003년에는 10.4%를 기록하였다(여유진 외, 2005: 133). 이는 10가구 중 1가구가 절대빈곤 상태에 처해 있음을 의미한다. 특히 절대빈곤층 중에서도 근로빈곤층의 증가 양상도 눈에 띈다. 근로빈곤층의 규모는 절대빈곤층의 약 50%를 점유하는 것으로 추정된다. 소득분배의 양극화는 교육기회의 격차로 이어지고 있다. 한 조사에 의하면 1998년 도시가구의 하위 10%의 대학진학률은 63%였고, 상위 10%는 68%로 약 5%의 격차를 보였으나 2003년에는 하위 10% 가구의 진학률이 73%, 상위 10%의 진학률이 81%로 격차가 8%로 벌어졌다(이영, 2005). 소득양극화에 따른 교육기회의 격차는 누구라도 교육을 통해 비교적 원활한 신분상승의 기회를 가질 수 있는 한국사회에 가장 심각한 위협이 된다. 따라서 저소득층의 인적자본 확충을 위한 적극적 사회정책 없이는 빈곤의 세습화와 저소득층의 사회적 배제 현상이 강화될 가능성이 높다.

급속한 저출산·고령화 역시 신사회위험의 가능성을 높여주고 있다. 유년인구는 2005년 924만 명으로 전체 인구 대비 19.1%를 차지했으나, 2050년에는 380만 명으로 전체 인구 대비 9.0%로 급격히 하락할 것으로 보인다. 반면 2005년 438만 명으로 총인구의 9.1%를 차지한 노인인구는 2050년에 1,579만 명으로 늘어나 전체 인구의 37.3%에 이를 것으로 예측된다. 이것이 의미하는 바는 2015년을 기점으로 생산가능 인구가 급속히 감소하는 반면, 부양을 필요로 하는 노인인구는 급속히 늘어나 노인부양 문제가 큰 사회적 문제로 부각될 것이라는 점이다. 인구구조의 변화는 잠재성장률을 크게 하락시킬 것으로 예상되며, 생산인구의 감소는 노인 인력의 적극적인 활용과, 기존 생산인구의 인적자본 향상을 통한 생산성 향상의 필요성을 더욱 증대시킬 것이다. 이처럼 인구 하나하나가 중요해지는 상황에서 노동시장정책, 교육정책, 보건복지정책 등은 개개인의 인적자본 향상에 기여할 수 있는 여건을 갖출 필요가 있다.

복지적 역할을 담당하던 전통적인 가족기능의 약화 역시 새로운 사회적 위험구조로 등장하고 있다. 1990년에 3.7명에 달하던 평균 가족원 수가 2000년 3.1명으로 떨어졌으며, 단독가구의 비율도 1990년 9.6%에서 2000년에 15.5%로 높아졌고, 여성가구주의 비율도 같은 기간에 15.7%에서 18.5%로 증가했다. 여성 경제활동 참가율은 1990년에 557만 명에서 2003년에 686만 명으로 129만 명이 증가하였다(통계청, 2004). 하지만 한국의 여성 경제활동 참여율은 OECD 평균과 비교하여 9.4%에 불과하며, 대졸 이상 고학력 여성의 경우는 20.5% 포인트가 낮은 수준에 있다. 특히 가임기 여성의 경제활동 참여율은 선진국에 비해 적게는 10%, 많게는 30%(스웨덴) 이상 낮아 여성의 경제활동인구는 더욱 늘어날 개연성이 충분하다. 이러한 가족구조와 여성 경제활동 인구의 증가는 아동과 노인에 대한 케어를 가족이 책임지던 과거와는 다른 방식의 문제 해결을 요구하고 있다.

최근의 한국사회의 경제·사회적 변화를 보면 후기산업사회의 신사회적 위험으로 볼 수 있는 다양한 위험들, 즉 여성 고용의 확대로 인한 일과 가정의 양립 문제, 노인케어의 문제, 근로빈곤층의 문제, 저출산·고령화 등의 문제가 뚜렷하게 출현하고 있다. 이러한 사회적 위험은 전통적인 소득보장프로그램으로 대처하기 어려우며 새로운 사회정책 프로그램, 즉 신사회위험에 대처하기 위한 사회투자전략이 필요하다.

## 2) 새로운 성장전략과 사회투자전략의 필요성

앞에서 서술한 한국의 경제·사회구조의 변화와 완전히 구분되는 것
은 아니지만 한국의 사회발전 단계를 고려할 때 사회투자전략의 필요
성이 높은 또 다른 이유를 발견할 수 있다. 한국은 그동안 높은 경제성
장을 통해 경제운용에 필요한 사회 간접자본 등에 대한 투자, 즉 '물적
투자'를 어느 정도 갖추어 놓았다. 하지만 물적자본량을 증가시킴으로
써 경제발전을 도모하는 '요소투입적 경제성장 전략'은 IMF 외환위기
이후 한계에 도달했다는 것이 일반적인 평가이다(국민경제자문회의,
2006). 특히 전세계적으로 지식기반사회가 도래하는 상황에서 한국이
선진경제로 진입하기 위해서는 지식기반 경제의 바탕이 되는 인적자본
에 대한 투자의 필요성이 높아지고 있다. 한국 경제의 성장 원천에 대
한 기존의 연구에 의하면 한국은 선진국 경제에 비해 총 요소생산성 향
상과 같은 질적 요소에 의한 성장 기여율은 매우 낮고 단순히 양적 요
소 투입 증대에 의존한 성장 패턴을 보여왔다. 한국 경제가 구조적인
저성장 국면으로 빠지지 않기 위해서는 양적 투입 의존형 성장에서 벗
어나 혁신과 생산성 향상이 주도하는 성장단계로 이행해가야 하는데
이러한 혁신주도형 성장단계에서는 인적자본의 향상이 핵심적인 요소
라 할 수 있다(국민경제자문회의, 2006; 최요철·김은영, 2007). 즉,
한국 경제의 성장 동력을 요소투입 중심의 물적자본에서 벗어나 인적
자본이 구현하는 기술 또는 지식을 기반으로 하는 경제로 전환시켜야
하는데 사회투자전략은 바로 이러한 인적자본 확충의 필요성을 충족시
킬 수 있는 가장 유력한 전략 중의 하나이다.

## 3) 사회투자전략 적용의 쟁점

선진국의 사회투자전략은 이미 고전적 복지국가 단계를 거치면서 기초적인 소득보장프로그램이 완비된 상태에서 나온 것이다. 한국에서 사회투자전략의 필요성을 신사회위험의 출현과 새로운 성장전략의 필요성이라는 시각에서 찾는다고 해도 기초적 사회안전망이 취약한 한국사회에 그대로 적용하기는 어렵다. 한국의 사회복지 발전 단계는 사회보험과 공공부조의 사각지대에서 보듯이 아직도 기본적인 소득보장프로그램에서 보편주의를 달성하지 못한 상태이다. 한국사회에서 사회투자전략이 신사회위험에 대처하기 위한 패러다임으로서 가능성과 유용성이 있다는 것을 인정한다 해도 고전적 소득보장프로그램이 완성되지 못한 한국의 상황에서는 논의해 보아야 할 지점이 많다. 몇 가지 핵심적인 쟁점을 짚어보자.

### (1) 소득보장프로그램의 대체물인가, 보완물인가?

고전적 복지국가를 경험하지 못한 한국 상황에 사회투자전략을 적용할 경우 가장 핵심적 쟁점은 사회투자프로그램을 고전적 소득보장프로그램과 유기적으로 결합시키는 문제일 것이다. 이는 '사회투자정책이 고전적인 소득보장프로그램을 대체하는 것인가? 아니면 상호 보완적인가?' 하는 문제이다. 기존의 사회투자 관련 문헌에서는 대체로 고전적인 프로그램과 사회투자프로그램을 대체관계가 아닌 상호보완적인 관계로 보고 있다. 예를 들어, 에스핑-안데르센과 팔리어는 아동에 대한 예방적·치료적·장기적인 사회정책 전략들에 있어서 빈곤가정에 대한 적절한 소득보장프로그램이 선결조건임을 상당히 강조하고 있다 (Esping-Andersen, 2002a: 10; 2002b: 66; Palier, 2006: 115). 즉, 사회투자전략은 고전적 소득지원프로그램이 결합되어야 효과를 발휘할 수 있다는 점을 강조하면서 사회투자전략은 고전적 프로그램의 대체물이 아니라는 점을 확실히 한다.[15] 저소득층의 자산형성 프로그램을 주장한 쉐라든 교수 역시, 빈곤층에 대한 생활지원 프로그램과 자산형성 프로그램이 상호보완적 관계에 있으며, 자산형성 프로그램은 공공부조 등의 소득보장프로그램을 완전히 대체하는 프로그램이 아니라는 점을 강조하고 있다(Sherraden, 2006: 4).

충실한 현금지급 프로그램이 사회투자전략의 전제조건이라는 주장은 한국 사회복지전략에서 여전히 타당한 주장으로 수용되어야 한다. 즉, 고전적 복지국가 혹은 사회연대적 사회복지가 갖는 의의가 부정되어서는 안 된다. 하지만 한국적 상황에서는 고전적 복지국가에서 나타난 최소한의 사회안전망(소득보장프로그램)을 보편주의적으로 갖추어야 하는 과제와 사회투자전략으로 상징되는 새로운 사회정책 흐름을 수용하는 과제가 프로그램의 개발과 사회정책 예산 배분과정에서 서로 충돌할 가능성이 높은 것이 현실이다. 물론 고전적 프로그램과 사회투자프로그램이 반드시 충돌하는 것은 아니다. 한국의 사회정책 프로그램 중 상당수가 현재까지도 확대 단계에 있기 때문에 고전적 프로그램과 사회투자프로그램을 결합시킬 가능성이 상당히 열려 있다. 가령 국민기초생활보장법을 차상위계층으로 확대하는 경우 차상위계층에게 교육훈련 프로그램이나 자산형성 프로그램, 그리고 창업 등의 자활프로그램을 적극적으로 시행함으로써 노동시장을 통한 빈곤탈출을 도와줄 수 있다. 또한 현재 확대 중인 실업 및 고용 대책을 단순히 현금지원

---

15) 사회투자로서의 복지 개념을 강조한 에스핑-안데르센의 2002년 저술의 서문을 쓴 벨기에 노동사회부장관, 반덴부로크는, "사회투자는 사회적 지출의 대체물이 아니다."라고 언급하였다(Vandenbrouche, 2002: x).

프로그램에 집중하기보다는 교육·훈련과 평생교육 확대를 통한 노동시장으로의 통합에 좀 더 역점을 둘 수 있다. 그리고 일과 가정의 양립을 위한 보육강화, 출산양육휴가 등의 복지 및 노동시장정책은 이미 김대중 정부와 노무현 정부에서 강조되어 추진된 정책들이다. 그리고 보건의료에 대한 정부 지출은 서구의 사회투자론에서 거의 언급되지 않는 프로그램이나 세계은행과 WHO 같은 국제기구에서는 이미 1990년대 중반에 보건의료 지출을 '투자'라는 개념으로 규정하고 있음을 상기할 필요가 있다(World Bank, 1993; WHO, 2001 Suhrcke, et al., 2005).[16] 한국사회에서도 노령화가 급속히 진행되는 시점에서 부족한 공공의료에 대한 투자는 미래의 막대한 의료비용을 줄일 수 있는 사회투자적 관점에 충분히 부합된다. 따라서 한국적 상황에서는 사회투자전략을 보건의료까지 포함하는 넓은 의미로 사용할 필요가 있다.

### (2) 일자리의 창출과 사회투자전략

사회투자전략은 궁극적으로 보건복지, 교육, 노동정책을 통해 일반인과 취약계층의 인적자본을 향상시켜 이들을 노동시장 안에서 원활하게 적응시키는 데 초점을 두고 있다. 즉, 사회투자전략은 일종의 노동력 공급(동원)을 통한 고용률 향상전략이다. 물론 사회투자전략이 강제적인 노동력 동원전략은 아니다. 사회투자전략은 노동시장에서의 '적응 가능성'adaptability과 '고용 가능성'employability을 최대한 높이고 고용을

---

16) 가령 세계은행이 매년 발간하는 「세계개발보고서」 World Development Report 1993년 판은 의료투자의 경제적 효과가 책의 주제이었는데 이 보고서에서는 의료에 대한 공공지출이 순전히 경제적인 이유에서 다음과 같이 정당화될 수 있다고 서술하고 있다(World Bank, 1993: 17). "건강의 증진은 다음과 같은 네 가지 방식으로 경제성장에 기여한다. 의료투자는 노동자의 질병이 야기하는 생산손실을 감소시킨다. 의료투자는 질병 때문에 전혀 혹은 거의 접근할 수 없었던 천연자원을 이용할 수 있게 한다(예, 말라리아 박멸이 토지의 이용가능성을 높임—역주). 의료투자는 아동의 학교등록률을 높여 학습능력을 배양한다. 의료투자는 질병치료에 사용될 수밖에 없는 자원을 다르게 사용할 수 있게 해준다"

통해 인간의 자아실현과 자긍심을 실현할 수 있다고 가정하며, 이는 또한 전통적인 소득보장프로그램과 구별되는 측면이기도 하다. 사회투자전략이 지식기반사회, 양극화 사회에 적응할 수 있는 양질의 노동력을 양성하는 프로그램에 초점을 두고 있기 때문에 이 정책의 효과성은 결국 적절한 일자리의 제공과 관련된다. 에스핑-안데르센은 사회투자로서의 사회복지전략에서 이 점을 강조하고 있는데, 그는 여성에게 일과 가정을 양립할 수 있는 일자리가 수반되지 않으면 공공복지제도 하나만으로 일과 직장을 양립 가능하게 하기 어렵다고 주장한다(Esping-Andersen, 2002c: 94). 노동 가능한 빈곤층이나 실업자를 노동시장 안으로 통합시키려는 활성화전략도 유사한 문제에 노출될 수 있다. 즉, 사회투자전략은 사람들에게 인적자본을 축적시켜 노동시장 안으로 보내는 것을 의미하기 때문에 노동시장 안에서 적절한 일자리가 제공되지 않으면 정책적 한계를 갖게 된다. 한국에서 사회투자정책의 대상이 되는 대부분의 인구집단은 기술과 학력 수준이 취약한 가구(또는 그 가구의 아동)일 가능성이 높기 때문에 이들이 시장을 통해 제공되는 일자리를 지속적으로 확보하는 데는 한계가 있을 것으로 보인다. 그러므로 당분간은 공공부문에서 제공하는 사회적 일자리는 사회투자전략, 특히 저소득층과 실업자들을 노동시장 안으로 통합시키는 전략에서 매우 중요한 위치를 차지할 것이며, 이런 의미에서 사회투자전략은 공공부문에서의 일자리 창출 등 국가 전반의 고용전략과의 결합성을 높여나가야 한다. 특히 공공과 민간부문 모두에서 교육, 보건의료, 보육 등 사회서비스산업의 활성화와 고용창출, 그리고 사회투자프로그램을 체계적으로 결합시키는 방향이 필요하다.

## (3) 정책인프라의 문제

　사회투자전략은 개개인의 인적자본 확충, 혹은 개인의 능력개발에 초점을 두는 프로그램이기 때문에 인적자본이 제대로 형성될 수 있는 환경조성이 매우 중요하다. 이에 따라, 노동시장에 원활히 진입·적응할 수 있도록 인적자본 축적 프로그램과 이를 가능케 하는 가정 및 지역사회 환경을 조성하는 접근이 필요하며, 이를 위해서는 직장환경, 가정환경, 지역사회환경, 교육환경 등의 제반 환경이 불리해지지 않도록 환경을 조성해주어야 한다. 사회투자정책의 핵심적 목표인 인적자본 확충의 예를 들어보자. 인적자본은 일부에서 이해하듯이 학습능력(인지능력)을 향상시키는 공교육프로그램만을 의미하지는 않는다. 인적자본의 향상은 좋은 교육프로그램뿐만 아니라 좋은 가정 및 지역사회 환경 조성과 보건의료정책은 물론, 직업능력개발 사업 등의 노동시장 정책과 문화·체육정책 등이 통합적으로 결합되어야 가능하다. 인적자본에 관한 OECD의 보고서에서는 인적자본을 "경제적 활동과 관련하여 개인들에게 내재되어 있는 지식, 기술, 역량[competence], 그리고 다른 속성들"로 정의하고 있으며 (1998: 9), "인적자본을 향상시키기 위한 어떤 전략도 인적자본이 창출되고 사용되는 사회적 환경[social settings] — 학교, 조직, 노동시장, 지역사회, 그리고 국가제도와 문화 — 의 영향력을 인식할 필요가 있다."고 서술하고 있다(1999: 10). 따라서 적절한 학교교육뿐만이 아니라 다른 사회적 환경이 갖추어지지 않을 경우[17] 모든

---

17) 인적자본의 창출과 관련된 생애에 걸친 환경을, OECD 보고서에서는 다음과 같이 다양하게 본다(1998: 12).
　① 공식교육제도: 아동조기교육, 학교의무교육, 의무교육 이후의 직업 혹은 일반 교육, 대학 등의 고등교육, 성인교육 등. ② 기업에서 행해지는 직업훈련과 공적으로 제공되는 노동시장 직업훈련 등의 비공식교육. ③ 여러 상이한 조직에서의 근무와 R&D 같은 특별한 활동을 통해 얻은 경험(직업을 통해 얻은 기술 수준은 순 인적자본 형성에 가장 강력한 영향을 미치는 요인 중의 하나가 될 수 있다). ④ 가족, 지역사회, 그리고 이해관계자 네트웍 같은 더욱 '비공식적 환경'에서 발생하는 상당한 양의 관련된 학습. 가족 내부와 영유아

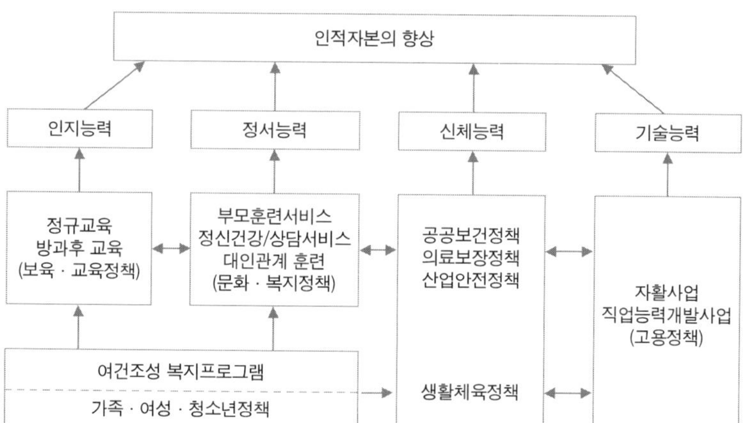


사회구성원에게 시장경제에 적응하는 기회의 평등이 제공될 수 없다. 따라서 사회투자정책은 보건복지, 교육, 고용정책, 청소년 · 가족 · 여성정책, 문화 · 체육정책 등 사회정책 프로그램간의 결합도를 높여야 소기의 목적을 달성할 수 있다.

동시에 사회투자정책은 에스핑-안데르센도 강조했듯이 성공적 발달단계 진입을 위한 생애주기별 접근이 필요하다(Esping-Andersen, 2002a: 6~7). 즉, 특정 생애주기의 결함이 그 이후의 발달단계에서 장애를 일으키지 않고 긍정적 효과를 발휘하도록 모든 사회정책 프로그램의 생애단계별 효과를 고려하여 추진되어야 한다. 특히 아동 및 청소년기에 인지, 정서, 신체 능력의 발달이 성인기의 성공적 노동시장 적응으로 나타나도록 사회정책 프로그램은 생애주기별로, 통합적으로

---

보육 환경에서 키워진 학습과 학습준비는 미래의 인적자본 형성에 중요한 기초가 된다. 가정에서의 학습은 매체와 정보 네크워크에 대한 접근이 확장됨에 따라서 잠재적으로 더욱 풍부해질 수 있다. 비공식적 환경의 중요성은 개별 국가들이 다양하고 개별화된 형태의 학습 쪽으로 이동해가면서 점점 더해지고 있다.

짜여질 필요가 있다.

사회투자정책의 대부분은 단순히 현금을 지급하는 정책이 아니라 인간 개개인의 특성 파악을 통해 인적자본 향상과 고용 가능성을 높이는 전략이기 때문에 섬세하고 세밀한 행정체계가 요구된다. 가령 노동능력이 있는 빈민에게 단순히 현금을 지급하기 위해서는 소득파악과 현금지급을 위한 전달체계만이 필요하다면, 이 사람의 기술능력을 향상시켜 노동시장 안으로 통합시키기 위해서는 개별상담 인력, 교육훈련 시설, 직업안전망 등의 인프라가 필수적이다. 즉, 한국처럼 사회복지, 사회정책의 인프라가 제대로 정비되어 있지 않은 상황에서는 사회투자정책이 제대로 된 효과를 발휘하기 어렵다. 특히 모든 서비스가 실제적으로 집중되는 지역 단위에서의 효율적인 사회정책 인프라구축이 매우 중요하다. 지역 단위에서 보건정책, 복지정책, 교육정책, 고용정책 등의 인프라가 상호 유기적으로 결합되어야 사회투자정책의 효과성이 발휘될 수 있다. 따라서 사회정책과 관련된 교육부, 복지부, 노동부, 문광부, 청소년위원회 등 중앙부처 간의 유기적 협력은 물론 지자체와 중앙정부 간에 제대로 된 정책 협력체계를 갖추는 것이 필수적이다.


## 5. 결론

사회투자론은 변화해가는 서구 자본주의의 경제·사회적 환경 속에서 고전적 복지국가체제를 공격하는 신자유주의 담론과 정책을 극복하는 과정에서 제기되었다. 물론 자본주의사회의 경제·사회구조의 변동이 사회투자론의 정당성을 부여하는 데 중요한 논거로 사용되기도 하지만 정치적 차원에서 신자유주의를 극복하기 위한 하나의 산물로 제시된 것은 부정하기 어렵다. 사회투자정책의 궁극적 목표는 국민 개개인의 인적자본을 향상시켜 고용 가능성을 높이고 이를 통해 경제의 성장 잠재력을 높이는 것이다. 신자유주의 패러다임은 사회정책을 비생산적인 지출로 인식하고 경제성장과 사회복지의 관계를 대립적인 관계로 파악했지만 사회정책이 일방적으로 경제에 부정적인 영향을 미치지는 않는다. 잘 정비된 사회정책은 지식기반사회가 작동하기 위한 전제조건이며, 최근에 OECD에서도 지적했듯이 '잘' 설계된 사회정책은 경제에 상당히 긍정적인 영향을 미치게 된다(OECD, 2005). 앞서 보았듯이 최근 한국의 경제·사회구조의 변화는 이전에 경험하지 못했던 다양한 사회적 위험들을 만들어 내고 있으며 이에 대응하기 위해서는 새로운 사회정책 패러다임이 필요하다. 이런 의미에서 신자유주의적 사회정책에 대응하기 위해 출현한 '사회투자전략'은 변화된 경제·사회적 조건에서, 경제성장과 사회복지를 결합시켜야 하는 한국의 상황에서 새로운 사회정책 패러다임으로서 추진해볼 충분한 가치가 있는 것으로 판단된다.

문제와 비판할 점은 많지만 1987년 이후 한국은 복지프로그램이 지속적으로 팽창되어 왔고, 김대중 정부를 거치면서 복지국가 초기 모습을 갖추는 데에 이르렀다고 평가할 수 있다. 하지만 고전적 복지국가를 완성하기도 전에 새로운 사회적 위험의 출현이라는 새로운 과제가 나타나고 있다. 고전적 복지국가모델은 한국사회의 미래 패러다임으로서의 필요조건은 될 수 있으나 충분조건은 되기 어렵다. 사회투자전략과 프로그램이 한국에서 본격적으로 시행되려면 상당한 시간이 걸릴 것이다. 하지만 변화하는 경제·사회적 구조 속에서 과거와는 다른 새로운 미래 지향적 사회정책이 필요하고 성장과 분배의 선순환이 필요하다는 점은 이미 정부의 문제의식 속에 어느 정도 들어 있는 것으로 보인다(정책기획위원회, 2006a, 2006b). 그리고 최근 복지부(2007)에서 추진하는 사회투자적 보건복지정책에서도, 변화하고 있는 경제·사회구조 속에서 추구해야 할 새로운 사회정책의 방향에 대한 고민을 볼 수 있다. 물론 담론 수준에서의 현 정부가 내세운 사회투자전략이 과연 어느 정도 실체를 갖고 있는 것인지, 그리고 실제 정책 내용이 과연 사회투자전략과 부합되는 것인지에 대해서는 상당한 비판의 여지가 있다. 하지만 이것이 사회투자전략의 필요성을 부정하는 근거가 될 수는 없다. 사회투자전략은 적어도 사회정책 분야에서 한국사회의 미래를 건설해가는 데 피해갈 수 없는 중요한 문제의식을 던져준다.

* 이 글은 한국사회복지정책학회에서 발간하는 『사회복지정책』 제30권에 실린 필자의 글을 수정·보완한 것임.

**참고문헌**

국민경제자문회의(2006). 『동반성장을 위한 새로운 전략과 비전: 일자리 창출을 위한 패러다임 전환』, 교보문고.
김연명(2007). 「우리나라에서 사회투자론 논의의 쟁점」, 『경제와 사회』 75호 가을, 한국산업사회학회(이 논문은 이 책의 제8장에 실려있음).
김영순(2007). 「사회투자국가가 우리의 대안인가?: 최근 한국의 사회투자국가 논의와 그 문제점」, 『경제와 사회』 74호 여름, 한국산업사회학회.(이 논문은 이 책의 제7장에 실려있음).
김윤태(2005). 「영국 복지국가의 전환: 사회정책의 가능성과 한계」, 『사회복지정책』 21권, 한국사회복지정책학회.
김종일(2006). 『서구의 근로연계복지: 이론과 현실』, 집문당.
노동부(2003). 『기업체노동비용조사보고서』.
박순우(2007). 「사회정책의 변화와 사회투자전략: 영국의 사례」, 김연명 외. 『우리나라에서의 사회투자정책 적용방안 연구』, 보건복지부 · 중앙대 사회복지학과(이 논문은 수정 · 보완되어 이 책의 제17장에 실려있음).
보건복지부(2007). 『사회투자와 보건복지정책(안)』.
신광영 옮김(2004). 『노동의 미래』 (Anthony Giddens, 2002, *Where Now for New Labour*. Polity Press), 을유문화사
양재진(2007). 「사회투자국가가 우리의 대안이다: 사회투자국가 비판론에 대한 반비판」, 『경제와 사회』 75호 가을, 한국산업사회학회(이 논문은 이 책의 제9장에 실려있음).
양재진 · 김영순 · 안재홍(2007). 『한국형 사회투자국가 모델형성을 위한 기초 연구』, 재정경제부 · 한국사회과학연구협의회.
여유진 · 김미곤 · 김태완 · 양시현 · 최현수(2005). 『빈곤과 불평등의 동향 및 요인 분해』, 한국보건사회연구원.
윤홍식(2007). 「가족 · 여성정책의 사회투자와 한국 복지국가」, 김연명 외. 『우리나라에서의 사회투자정책 적용방안 연구』, 보건복지부 · 중앙대 사회복지학과(이 논문은 수정 · 보완되어 이 책의 제5장에 실려있음).
이영(2005). 「교육이동성 측면에서 본 양극화의 실태와 해소방안: 고등교육을 중심으로」, 『교육정책포럼』 12월호 통권 118호, 한국교육개발원.
임채원(2006). 『신자유주의를 넘어 사회투자국가로』, 한울.
______(2007). 『사회투자국가: 미래한국의 새로운 길』, 한울.
전병유 외(2006). 『노동시장 양극화와 정책과제』, 한국노동연구원.
정부 · 민간합동작업단(2006). 『함께가는 희망한국 VISION 2030』.
정책기획위원회(2006a). 『선진복지한국의 비전과 전략』, 동도원.
______(2006b). 『사회비전 2030』.
최경수 · 문형표 · 신한석 · 한진희 편(2003). 『인구구조 고령화의 경제적 영향과 대응 과제 (Ⅰ)』, 한국개발연구원.
최요철 · 김은영(2007). 「산업별 인적자본의 추계와 성장요인 분석」, 『조사통계월보』, 2007년 2월호, 한국은행.
통계청(2004). 『한국의 사회지표』.
Diamond, Patrick and Anthony Giddens(2005). "The New Egalitarianism", in Patrick Diamond and Anthony Giddens(eds.), *The New Egalitarianism*. Polity Press.
Dufour, Pascale and Ian Morrison(2005). "The State of the Social Investment State in the Field of Employment Policy", *Canadian Journal of Career Development. Vol. 4(1)*, special issue - welfare to work. pp.1-9.
Esping-Andersen, Gosta(1999). *Social Foundations of Postindustrial Economies*. Oxford University Press.
______(2002c). "A New Gender Contract." in Esping-Andersen, Gosta. et al., *Why We Need a New Welfare State*. Oxford University Press.

__________________(2002a). "Towards a Good Society. Once Again?" in Esping-Andersen, Gosta. et al., *Why We Need a New Welfare State*. Oxford University Press.

__________________(2002b). "A Child-Centered Social Investment Strategy.", in Esping-Andersen, Gosta. et al., *Why We Need a New Welfare State*. Oxford University Press.

European Commission(2001). *Social Policy Agenda*.

Giddens, Anthony(1998). *The Third Way: The Renewal of Social Democracy*. Polity Press.

__________________(2000). *The Third Way and Its Critics*. Polity Press.

__________________(2004). *Where Now for New Labour*. Polity Press.

Lister, Ruth(2003). "Investing in the Citizen-Workers of the Future: Transformations in Citizenship and the State under New labour.", *Social Policy and Adminstration*. 37(5). pp.427-433.

Lister, Ruth(2004). "The Third Ways Social Investment State." in Jane Lewis and Rebecca Surender(eds.), *Welfare State Change: Towards a Third Way?*. Oxford University Press.

Midgley, James(1999). "Growth, Redistribution, and welfare: Toward Social Investment" in *Social Service Review*. March. 1999.

OECD(1998). *Human Capital Investment: An International Comparison*.

______(2005). *Extending Opportunities: How Active Social Policy Can Benefit Us All*.

Palier, Bruno(2006). "The Re-orientation of European Social Policies toward Social Investment." (unpublished paper) (www.cprn.org).

Perkins, Daniel., Lucy Nelms and Paul Smyth(2004). "Beyond neo-liberalism: the social investment state?", *Social Policy Working Paper No. 3*. Brotherhood of St. Laurence and Center for Public Policy(University of Melbourne).

Pierson, Paul(2001). "Post-Industrial Pressures on the Mature Welfare State." in Pierson, Paul ed., *The New Politics of the Welfare State*. Oxford University Press.

Powell, Martin and Martin Hewitt(2002). *Welfare State and Welfare Change*. Open University Press.

Sherraden, Michael(2003). "From the Social Welfare State to the Social Investment State" in *Shelterforce Online*. Issue #128. March/April 2003. National Housing Institute.

__________________(2006). "Asset for All: Toward Universal, Progressive, Lifelong Accounts.", 노동연구원 주최, "사회정책의 새로운 패러다임" 워크숍 발표문(이 논문은 이 책의 제3장에 번역되어 실려있음).

Suhrcke, Marc., Martin Mckee, Regina Sauto Arce, Svetia Tsolove, Jorgen Mortensen(2005). *The Contribution of Health to the Economy in the European Union*, European Communities.

Taylor-Gooby, Peter(2006). "European Welfare Reforms: The Social Investment Welfare State" (presented at) *Social Policy at a Crossroad: Trends in Advanced Countries and Implications for Korea*, Organized by the The East-West Center and KDI.

__________________(2007). "Social Investment in Europe: bold plans, slow progress and implication for Korea" 한국사회복지학회 등 주최. "한국사회의 미래와 사회투자정책" 심포지엄 발표문(2007.2). (이 논문은 이 책의 제2장에 번역되어 실려 있음)

Titmuss, Richard(1974). *Social Policy*. George Allen and Unwin.

Vandenbroucke, Frank(2002). "Foreword: Sustainable Social Justice and 'Open Co-ordination in Europe'" in Gosta Esping-Andersen et al., *Why we need a New*

*Welfare State*. Oxford University Press.
World Bank(1993). *World Development Report 1993: Investing in Health*
WHO(2001). *Macroeconomics and Health: Investing in Health For Economic Development*.

# 유럽에서의 사회투자

- 대담한 계획들, 느린 진행 그리고 한국에의 시사점 -

피터 테일러-구비 Peter Taylor-Gooby | 영국 켄트대학 교수
번역: 김연명 | 중앙대 사회복지학과 교수, 이성희 | 중앙대 박사과정

복지국가는 자원과 기회를 배분한다. 시장자본주의는 높은 경제성장을 달성하지만 조절되지 않으면 시민들이 수용하기 어려운 불평등을 초래한다. 이는 내부 갈등과 노사관계의 불안을 가져올 수 있으며 근로동기를 약화시기기도 한다. 자본주의 복지국가의 목표는 경제적 역동성과 사회결속을 결합시키는 것, 즉 사회정의와 함께하는 번영이다. 유럽 국가들은 제2차 세계대전 후 상당 기간 동안 이 목표를 달성하는데 큰 성공을 거두어 왔다. 대략적으로 보면 서유럽의 복지국가들은 다음의 세 단계를 거쳐 발전되어 왔다(Huber and Stephens, 2001; Pierson 2001; Scharpf and Schmidt, 2000; Swank, 2002).

· 제1단계: 자신에 찬 지속적인 확장기(1950년~1970년대)

· 제2단계: 불확실성과 도전의 시기(20세기 후반)

· 제3단계: 새로운 복지국가 합의로의 이동(최근)

제2단계는 경제의 주요 요소를 통제하는 정부권력의 쇠퇴가 특징적인데 이 때문에 복지국가서비스에 대한 수요는 증가하지만 이를 위한

재원조달은 더욱 어렵게 되었다.[1] 제3단계의 주요 특징은 정부 역할에 대한 관점의 변화이다. 점점 국제화되는 시장에서 국가 경쟁력을 증진시키고, 소극적으로 복지급여를 제공하는 것에서 시민들의 자활·책임을 증진시키고, 유급노동으로의 전환을 추구하는 것이 국가의 주요 역할이라는 관점의 이동이 나타났다. 사회정책은 복지급여 제공social provision에서 사회투자social investment로 전환하고 있다.

이러한 변화는 유럽과 동아시아의 복지국가를 비교하는데 흥미로운 이슈를 제기한다. 동아시아의 복지국가는 흔히 '발전주의적'developmental 혹은 '생산주의적'productivist 이라는 독특한 특징을 가진 것으로 묘사되어 왔다(Goodman and White 1998; Gough, 2001; Holliday 2000; Kwon, 2005). 서구의 복지국가 자체도 19세기와 20세기 초에 생산주의적 관심, 특히 자유로운 노동시장의 효율적 작동 그리고 제국주의 세력들 간의 투쟁에서 양질의 산업노동력과 군인들을 충원하려는 노력에서 그 기원을 찾을 수 있다(Briggs, 1961; Rimlinger, 1971). 최근에 출현하는 복지국가에 대한 새로운 합의는 경제적 목표를 달성하는데 있어서 복지국가의 기여를 다시 강조하고 있다. 이번에는 노동시장이 흡수할 수 없는 사람들을 규제하기 위한 빈민법Poor Law 조치들이 아닌 사회투자에 강조점을 두고 있다.

이 논문은 네 부분으로 구성되어 있다. 첫 번째 부분은 최근의 서구 복지국가의 복지 개혁 프로그램의 내용을 살펴보고 이것이 어떻게 이해되고 정당화되는지를 논의한다. 두 번째 부분은 사회투자논리 안에서 서로 다른 국가적 맥락에서 추구되는 최근의 복지개혁 접근법의 유래를 추적한다. 세 번째 부분은 유럽에서 사회투자전략으로의 이행이

---

1) 서구 복지국가 발전의 세 단계와 각 단계에서 나타나는 주요 특징은 테일러-구비가 정리한 이 논문의 부록 1 〈유럽복지국가의 발전〉을 참고할 것(역자 주).

갖는 성격에 대한 결론을 도출한다. 마지막 부분은 사회투자전략이 한 국적 맥락에서 갖는 타당성에 대한 잠정적 의견을 제시한다. 경험적인 측면에서 이 글은 프랑스, 독일, 폴란드, 스페인, 스웨덴, 영국 등 6개 국에서 나타난 최근의 변화에 초점을 맞출 것이다. 6개국을 택한 이유 는 이들이 큰 나라들이고, 다른 문헌에서 확인되었듯이 이들은 서구의 다양한 복지체제를 대표하기 때문이다(Abrahamson, 1999).

## 1. 복지국가에 대한 새로운 합의를 향하여?

복지국가에 대한 새로운 합의는 현재 다양한 복지국가적 맥락과 정 책결정의 맥락에서 상이한 경로와 속도로 유럽 전역에 걸쳐 나타나고 있지만 아마도 EU차원에서 보면 가장 명확해질 것이다. 새로운 합의는 기존의 복지국가가 기껏해야 부적절하고, 최악의 경우 반생산적이라 는 느슨한$^{loose}$ 통화주의적 결론을 거부한다. 새로운 합의는 비용효율성 을 계속적으로 강조하되 매우 인기가 높은 전통적 범주의 대중적 복지 서비스를 유지하려고 노력하고 있다. 이러한 상황은 신관리체계론 (Rico, Saltman and Boerma, 2003)과 지출 효율화에 대한 압력 (Hinrichs, 2000)으로 이어진다. 핵심적인 특징은 복지를 단순히 경제 의 생산적인 부분에 대한 부담으로 인식하기보다는 사회투자로서의 복 지를 강력하게 강조하는 것이다. 이는 복지국가지출을 통해 노동시장 의 유연성을 향상시키고 노동의 질, 적응력, 그리고 이용가능성을 향상 시키기 위한 노동시장정책에 초점을 맞춘다(Clasen and Clegg, 2005). 새로운 접근방법은 경제적 이익과 사회적 성과 양자를 모두 강 조하는 주장들에 의해 지지받고 있다.

## 1) 사회투자전략의 경제적 근거

1980~90년대 높은 실업률을 경험한 선진국들은 EU의 「성장경쟁력과 고용에 관한 백서」<sup>Growth Competitiveness and Employment White Paper</sup>(EU, 1993b)와 1995년 OECD의 「고용전략」<sup>Job Strategy</sup> 보고서(OECD, 1996)를 만들어냈다. 두 문서의 핵심주제는 비슷하다. 고용 및 성장의 측면에서 가장 성공적인 경제는 임금이 시장조건에 순응하도록 고용규제와 복지급여시스템을 갖추고 교육훈련의 이용가능성과 수준이 높은 곳이라는 점이다. EU의 백서는 노동시장의 규제가 매우 심한 대부분 유럽 국가들과 규제는 덜하지만 고용창출에는 분명히 효과적인 '고용창출기계'<sup>jobs machine</sup>라 할 수 있는 미국을 비우호적으로 비교하는데 강조점을 두었다(Kok, 2004: 15 참조). EU 백서와 OECD 보고서 모두 정책의 초점이 물가안정에 맞추어진 안정적인 거시경제환경의 기여와 기술적 지식<sup>know-how</sup>을 창출하고 확산시키는 것의 중요성을 강조했다(OECD, 1996: 14).

물가안정은 유럽중앙은행의 핵심 목표이며(ECB, 2004a), 경제적 이득뿐만 아니라 사회적, 정치적 이득을 가져다주는 것으로 인식되었다.

물가안정은 인플레이션과 디플레이션 상황에서 모두 발생하는 상당한 수준의 임의적인 부와 소득의 재분배를 막을 수 있다. 따라서 안정적인 물가 환경은 사회 결속과 사회 안정을 유지하는데 도움이 된다. 20세기에 나타난 몇 가지 사례는 높은 인플레이션이나 디플레이션이 사회적, 정치적 불안을 발생시키는 경향이 있다는 것을 보여주고 있다(ECB, 2004b: 42).

2000년 EU의 「고용전략」은 기존에 강조해왔던 규제완화, 복지급여제도의 활성화<sup>activation</sup>, 연구개발투자의 강화 외에 두 가지 영역을 더 많이 강조하는 쪽으로 발전되었는데, 그 두 가지는 인적 자본 향상 그리고 '유연안정성'<sup>flexi-curity</sup> 을 증진시키기 위한 교육과 직업훈련의 강화이다. 두 가지 영역을 강조한다는 것은 직업훈련과 복지급여 환경이 개인의 원활한 직업이동을 돕고 새로운 일자리로의 진입이 가능하도록 지원하는 것을 의미한다. 2000년에 개최된 리스본 유럽이사회<sup>The Lisbon European Council</sup> 에서 EU는 '향후 10년 내에 더 많고 좋은 일자리와 더 강화된 사회결속력을 동반한 지속가능한 경제성장을 할 수 있는 세계에서 가장 경쟁력 있고 역동적인 지식기반경제가 되어야 한다' 는 목표를 설정하였다. 2006년 EU의「고용전략」초안은 '기술 개발의 결정적 중요성' 을 강조하며, 다음과 같은 사항을 권고하고 있다(EU, 2006a: 2).

· 더욱 많은 사람들이 취업에 매력을 느끼게 하고 많은 사람들이 고용상태를 유지하게끔 하되 이것은 직업을 갖는 일생동안 사람들의 원활한 직업이동을 촉진할 수 있도록 생애주기적 접근법에 근거해야함.

· 근로자와 기업들의 적응력을 향상시키기 위해 다양한 조치를 취하는 것의 중요성이 흔히 무시되어 왔음. 유연안정성이 작동하기 위한 조건들을 마련하고, 조세와 복지급여체계가 잘 연계되도록 하는데 보다 많은 강조점을 둘 필요가 있으며 또한 근로자와 기업이 연결될 수 있도록 하는 것이 중요함.

· 지식기반경제에서 기술개발이 결정적으로 중요하다는 점이 인정되고 있지만 투자를 더욱 늘릴 필요성이 있음.

유연안정성으로의 이동을 지지하는 증거는 세 가지 흐름이 있다. 첫번째, 고용규제가 심한 프랑스, 독일, 스페인의 예에서 볼 수 있는 것처럼 높은 수준의 고용규제가 반드시 낮은 실업률 혹은 높은 고용률과 연

관되어 있지 않다(표 2-2, 표 2-3, 표 2-5 참조). 규제가 새로운 일자리
에 대한 접근을 지원하는 것과 결합되어 있는 스웨덴만이 예외적인 현
상을 보이고 있다. 영국에서는 상대적으로 낮은 수준의 실업이 낮은 수
준의 고용보호와 같이 나타난다. 노동자의 경험을 조사한 OECD의 한
조사에 따르면 규제 수준이 높은 국가의 노동자들이 자신의 고용에 대
해 덜 안정적으로 느끼고 있다고 보고하고 있다(OECD, 2004: 4).
OECD는 '인적자본에 대한 투자가 장기적으로 고용 전망과 직업안정
을 증진시키는데 핵심적이다' 는 결론을 내리고 있다(OECD, 2004: 5).
이러한 결론은 노동시장 유연화를 달성하는 방법으로서 단순히 탈규제
를 강조하는 인식이 바뀌고 있다는 것을 의미한다. 즉, 노동시장 유연
화는 고용 기회, 실직자들을 위한 사회보장, 인적 자본 그리고 유연화
된 경제에서 장기간의 실직 상태를 피하게 하려는 사회투자정책 등의
상호작용을 통해 달성될 수 있다는 인식으로 바뀐 것이다.

　유연안정성으로의 이동을 지지하는 두 번째 흐름은 직업 이동률이
고용률과 매우 높고 긍정적인 상관관계를 보인다는 강력한 증거에 있
다. 고용률이 매우 높은 덴마크, 영국, 그리고 네덜란드 같은 나라에서
는 낮은 고용률을 보이는 프랑스, 이태리, 그리고 벨기에 등과 비교할
때 근로자들이 매년 대략 두 배 이상 직업 이동을 할 가능성이 있다
(EU, 2004; Schmid, 2005: 17).

　세 번째 흐름의 증거는 네덜란드와 덴마크의 경험이다. 1990년대 후
반과 2000년대 초반 복지급여가 결합된 활성화 및 교육훈련과 함께 고
용안정성을 약화시킨 네덜란드와 덴마크에서 긍정적인 성과가 나타났
는데 여기에 많은 관심이 집중되었다(Visser and Hemerijck, 1999; Esping-
Andersen, 2002: 제 1장 ; OECD 2004b, 64; European Commission,
2003). 덴마크 1.4, 네덜란드 2.1로 두 국가 모두 OECD 고용보호지수

에서 매우 낮은 점수를 기록했으나 유럽연합 25개국 중 남성 실업률은 가장 낮은 4.4%, 4.5%를 각각 기록했다. 노동시장 유연화가 여전히 핵심정책으로 남아 있지만 현재는 단순하게 시장의 자유를 늘리기 보다는 부가가치가 높은 고용을 증진시키기 위해 복지급여와 교육훈련프로그램을 통합하는데 보다 많은 강조점이 주어지고 있다.

## 2) 사회투자전략의 사회적 근거

사회투자전략의 사회적 근거는 유급노동을 하지 못하는 사람들에게 빈곤이 집중적으로 나타난다는 것, 그리고 고용기회는 교육수준, 연령 및 젠더문제와 연결되어 있다는 것을 강조한다. 대부분 국가에서 빈곤율은 노인과 청년 순으로 노동시장 외부에 머물러 있는 집단에게서 가장 높게 나타난다. 그러나 빈곤층의 비중은 청년집단에게서 가장 크다. 이처럼 청년층에서 빈곤층의 비중이 높은 것은 전통적인 복지국가 틀 내에서 노인들이 자신들의 노령연금의 수준을 개선했지만 청년층은 노동시장 진입자 중에서 유급노동에 접근하는데 어려움을 겪기 때문이다.

표 2-1은 아동이 있는 가구의 빈곤과 고용과의 상관성을 보여준다. 빈곤율은 자유주의 국가와 지중해 연안 국가에서 가장 높은 반면, 사회민주주의 국가인 스웨덴의 경우 가장 낮아 국가마다 다양하게 나타난다. 어느 나라이건 일하는 사람이 없는 가구에서 빈곤율이 가장 극적으로 높게 나타난다. 가구당 근로자가 1인 이상일 경우 빈곤 완화에 긍정적인 영향을 미친다(Föster and Mira D'Ecole, 2005: 27). 이는 앞에서 논의한 유급노동으로의 동원을 합리화시키는 경제적 근거를 제공한다. 주로 여성이 가장인 한부모 가구에서 높게 나타나는 빈곤율은 고용기회 접근과 아동양육이 연관되어 있다는 점을 절실히 느끼게 한다. 여

표 2-1_아동이 있는 가족의 빈곤(2000)

| | 한부모 가족 | | 전체 가족 |
| --- | --- | --- | --- |
| | 일하지 않음 | 일을 함 | |
| 스웨덴 | 44 | 6 | 4 |
| 프랑스 | 62 | 10 | 7 |
| 독일 | 50 | 15 | 9 |
| 이탈리아 | 77 | 13 | 14 |
| 폴란드 | 69 | 12 | 11 |
| 영국 | 62 | 20 | 12 |
| OECD-24 | 58 | 20 | 10 |

* 비고: 빈곤은 전체 인구의 중위소득의 50%로 정의함.
* 자료: Förster and Mira D'Ecole (2005) Figure 18.

성가구주 가구는 노동시장에서의 여성 차별과 유급노동에 접근할 수 있는 연령 및 기술 차원, 그리고 양육과 일의 책임에 대한 갈등 등이 중복되어 나타나는 지점에 놓여있다(OECD, 2002: 105).

실업률은 그것이 단기실업이건 장기실업이건 사회민주주의 국가인 스웨덴과 자유주의 국가인 영국이 가장 낮고 주요 조합주의 복지체제 국가 그리고 특히 과거 공산주의체제이었던 국가에서 약간 높게 나타나는 등 상당한 편차가 있다(표 2-2). 모든 국가에서 교육수준은 실업의 위험과 상당히 깊은 관련을 맺고 있으며, 대학교육을 받은 사람들이 유급노동에 종사할 가능성이 2~3배 더 높다. 청년층, 특히 기술수준이 낮은 청년들은 실업상태에 있을 가능성이 매우 높다. 성별 격차가 가장 작은 스웨덴과 영국을 제외한 대부분의 국가에서 실업은 여성의 경우에 더 높게 나타난다.

고용률을 살펴보면, 표 2-3에서 보는 것처럼 청년층과 노인층에서 고용률이 매우 낮으며, 전체적인 고용률은 지중해 연안 국가들이 가장 낮고 조합주의 국가와 탈공산주의 국가는 중간정도이며, 스웨덴과 영

표 2-2_실업률

| | 실업률(2005) | | 교육 수준 (2005) | | | 12개월 이상 실업률 | 25세 이하 젊은 층 실업률 |
| --- | --- | --- | --- | --- | --- | --- | --- |
| | 여성 | 남성 | 국제표준 교육분류상 0~2 수준 | 국제표준 교육분류상 3~4 수준 | 국제표준 교육분류상 5~6 수준 | | |
| EU 25 | 9.8 | 7.9 | 11.4 | 8.1 | 4.6 | 4.1 | 18.5 |
| EU 15 | 8.9 | 7.0 | 10.3 | 7.0 | 4.7 | 3.4 | 16.7 |
| 독일 | 10.3 | 8.9 | 20.1 | 11.2 | 5.6 | 5.4 | 15.0 |
| 스페인 | 12.2 | 7.0 | 9.8 | 7.4 | 6.0 | 3.5 | 19.7 |
| 프랑스 | 10.5 | 8.7 | 11.0 | 6.5 | 5.1 | 3.9 | 22.3 |
| 이탈리아 | 10.1 | 6.2 | 7.6 | 5.2 | 5.8 | 4.0 | 24.0 |
| 폴란드 | 19.2 | 16.5 | 7.6 | 16.4 | 5.7 | 10.3 | 36.7 |
| 스웨덴 | 6.3 | 6.4 | 9.1 | 6.1 | 4.4 | 1.2 | 16.3 |
| 영국 | 4.3 | 5.1 | 6.9 | 3.5 | 2.2 | 1.0 | 12.9 |

* 자료: 성, 연령에 따른 실업, 그리고 교육수준 자료는 Population and Social Conditions (06년 5월 18일 발간)에서, 그리고 장기실업률 자료는 Population and Social conditions (06년 5월 8일 발간)에서 구함. 이 자료는 유럽통계국(Eurostat) 웹사이트를 07년 1월 9일에 방문하여 얻음.
* 비고: 국제표준교육분류상 0~2 수준은 중졸 이하 학력, 3~4 수준은 일반계, 실업계 등 고등학교 졸업, 5~6 수준은 전문대학 이상의 학력을 의미함(역자 주).

국은 가장 높은 고용률을 보여주고 있다. 독일, 영국, 그리고 스웨덴에서는 여성들이 남성보다 시간제근로를 할 가능성이 매우 높으며 지중해 국가와 폴란드는 그보다 가능성이 적다. 여성 노동력을 동원한 역사적 경험을 갖고 있는 폴란드의 여성 고용률이 인상적이지만 매우 상이한 사회체제를 갖고 있는 스웨덴과 영국이 고용률과 관련하여 상대적으로 좋은 성과를 보여주고 있다. 여기서 주목해야 할 것은 여성 고용률에서 가장 성공적인 국가에서 보이는 높은 여성 고용의 대부분은 시간제근로에 기반하고 있으며 이는 아동보육 환경의 개선이 더욱 많은 여성을 노동시장에 참여하게 한다는 것을 보여주는 것이다.

사회투자가 전 생애에 걸쳐 상당한 투자수익을 창출한다는 증거는 사회투자전략의 사회적 근거를 더욱 강화시킨다. 에스핑-안데르센과

표 2-3_고용률

표 2-3_고용률

| | 2005년 고용률 | | 15~24세 | 55~64세 | 파트타임 비율 | |
| --- | --- | --- | --- | --- | --- | --- |
| | 여성 | 남성 | | | 여성 | 남성 |
| EU 25 | 55.7 | 70.9 | 17.4 | 41.0 | 32.6 | 7.3 |
| EU 15 | 56.8 | 72.7 | 18.4 | 42.5 | - | - |
| 독일 | 59.2 | 70.8 | 14.6 | 41.8 | 44.3 | 7.7 |
| 스페인 | 48.3 | 73.8 | 20.8 | 41.3 | 24.9 | 4.7 |
| 프랑스 | 57.4 | 69.0 | 22.5 | 37.3 | 30.9 | 5.7 |
| 이탈리아 | 45.2 | 70.1 | 23.2 | 30.5 | 25.7 | 4.5 |
| 폴란드 | 60.7 | 57.2 | 38.0 | 26.2 | 14.2 | 7.7 |
| 스웨덴 | 70.5 | 73.6 | - | 69.1 | 39.9 | 11.8 |
| 영국 | 65.6 | 77.8 | 12.4 | 56.2 | 43.1 | 10.6 |

* 자료: 성, 연령에 따른 고용률은 Population and Social conditions (06년 5월 18일 발간) 유럽연합통계국 (Eurostat) 웹사이트를 07년 1월 9일 방문하여 얻음. Romans, F. and Hardarson, O. (2006), Labour Market, Population and Social conditions, 17/2006, EU

그 동료들(2002)은 한 중요한 연구에서 아동기의 투자가 중요한 두 가지 근거가 있다고 주장한다. 첫 번째 근거는 조기 투자가 성인기의 고용의 성공과 연결되어 있다는 것인데 이 주장은 조기교육 및 아동보육 개입을 주장하는 사람들이 광범위하게 사용한 것이다(예를 들어 Danziger and Waldfogel, 2000 참조). 두 번째 근거는 사회투자는 부모로서의 능력을 향상시켜 줄 수 있기 때문에 나중에 이 아동이 성인이 되었을 때 후속세대를 위해 더 좋은 결과를 낳는다는 것이다. 이런 연구는 특히 취약집단에 초점을 맞춰 어머니가 일할 수 있는 기회를 증진시킬 수 있는 아동양육을 발전시키는 것을 다시 강조하는 것이다. 에스핑-안데르센은 이런 주장들을 여성의 고용기회와 아동에 대한 투자의 사회적 근거를 만들어내는 것과 다음과 같이 연결시키고 있다. '유럽의 사회통합전략은 일과 소득보장정책의 결합에 달려있다……교육수준이 낮은 여성 예비군의 동원이 시급하다……분명히 가장 효과적인 예방 전략은 오늘날 우리세대의 자녀라는 자원에 중점적으로 투자하는 것이다.' (2002: 50).

현재 OECD와 EU 차원에서 가장 관심을 받고 있는 경제학적 주장은 노동시장 이동을 원활하게 하기 위한 규제완화와 사회보장제도의 재조정 — 그러나 단순히 시장자유의 확대를 위해 복지제도를 후퇴시키는 것이 아닌 — 과 더불어 연구·개발에 더 많은 지출을 하고 직업훈련정책과 교육정책을 결합하는 것을 지지하고 있다. 사회투자론의 사회적 측면은 빈곤을 감소시키고 삶의 기회를 증진시키는데 있어서 고용이 갖는 가치를 강조하는 것이다.

국가 경제의 경쟁력 향상과 빈곤 완화의 수단으로 취업인구 비중을 늘리기를 원하는 정책입안자의 시각에서 보면 정책대상이 되는 주요 집단은 저학력, 저숙련의 청년과 노인층 그리고 시간제 근무를 하거나 노동시장 밖에 존재하는 젊은 여성, 특히 아동양육문제로 시간제 근로를 하거나 일을 갖지 못하는 젊은 여성이 된다. 연구·개발과 인적자본에 대한 투자는 고용의 부가가치를 증진시키기 위해 고안된 것인데 이 두 영역에 대한 투자는 탈규제에 대한 지속적인 강조 그리고 소극적 정책에서 적극적 정책으로의 변화와 더불어 정책논쟁에서 매우 중요한 위치를 차지해 왔다. 다음 절에서는 이 정책들이 다양한 유럽 각국의 맥락에서 어떻게 발전되어 왔는지를 살펴보기로 한다.


## 2. 사회투자전략의 시행 상황

인플레이션을 낮게 유지한다는 전반적인 목적은 유럽중앙은행이 추구한 신케인스주의 개입방법에 반하는 정부부채와 예산적자를 엄격히

제한하는 등의 정책을 통해 달성되었다. 이러한 제한은 대부분의 유럽
연합국가에서 여러 가지 이유로 지켜지지 않았지만 전반적으로 예산적
자 규모가 줄어들었고 물가안정도 좋아졌다. 구체적인 정책을 보면 연
구개발비 지출과 인적자본의 향상은 대부분의 경우 그리 인상적이지
않았으며 국가마다 편차가 매우 컸다. 노동시장규제는 전반적으로 완
화되었으며, 더욱 많은 적극적 노동시장정책이 필요하다는 것이 강조
되었다. 그러나 가장 많이 부각되었던 주제는 직업이동을 적극적으로
지원하기 보다는 복지급여의 재설계를 통한 활성화였다. 대부분의 나
라에서 새로운 정책들이 주요 대상으로 삼은 집단은 주로 기술수준이
낮은 청년층 그리고 여성이었으며 고령노동자도 어느 정도 관심의 대
상이 되었다.

## 1) 지식기반: 연구개발과 훈련

'역동적인 지식기반경제'의 수립이라는 목표는 교육과 연구에 관심
을 집중시키게 된다. EU 국가들, 특히 스웨덴과 영국은 교육수준을 향
상시키는데 괄목할만한 진전을 보였다. 고등학교 이상의 교육을 받은
인구비율이 1995년 56%에서 2005년 66%로 증가하였다. 20~24세
연령층에서는 고졸이상의 학력이 69%에서 75%로 증가하였으며, 과거
공산주의체제에서 새로 EU 회원국이 된 국가에서는 그 수치가 90%이
상을 차지하였다. 고등교육 진학률이 1992년 이후 약 35%까지 증가하
였는데 영국과 EU 신규 회원국에서 증가율이 가장 두드러졌다. 과학기
술분야의 졸업생 비율은 특히 북유럽, 영국과 프랑스에서 급격히 증가
했는데, 1998년에 10.2%이었던 과학기술분야 졸업생이 2003년에는
13.1%로 늘어나 미국을 현저히 앞서고 있고 일본과는 비슷한 수준이

표 2-4_1995년과 2004년의 지식기반 경제

| | GDP 대비 R&D 지출비율 | | 고용률 | | | |
| --- | --- | --- | --- | --- | --- | --- |
| | | | 첨단 및 중간기술 수준의 제조업 분야 | | 지식집약적인 서비스 분야 | |
| | 1995 | 2004 | 1995 | 2004 | 1995 | 2004 |
| EU-15 | 1.85 | 1.92 | 29.9 | 34.6 | 6.3 | 5.8 |
| 독일 | 2.19 | 2.50 | 26.9 | 33.4 | 9.2 | 9.4 |
| 스페인 | 0.79 | 1.06 | 22.2 | 26.1 | 4.7 | 4.3 |
| 프랑스 | 2.29 | 2.14 | 33.5 | 36.2 | 5.7 | 5.3 |
| 이탈리아 | 0.97 | 1.10 | 24.0 | 30.2 | 6.2 | 6.4 |
| 폴란드 | 0.63 | 0.56 | - | 24.3 | - | 4.4 |
| 스웨덴 | 3.32 | 3.80 | 44.2 | 47.0 | 6.0 | 6.0 |
| 영국 | 1.95 | 1.77 | 36.8 | 42.1 | 6.0 | 4.6 |

* 자료: GDP 대비 R&D 지출비율 및 산업분야 고용률은 Science and Technology 에 수록된 자료로서 유럽통계국 (Eurostat) 웹사이트에서 구함(07년 9월 1일 방문).

되었다.

지난 10년간 평생교육의 이용이 거의 두 배로 증가하였다. 2005년에 전체 노동력의 12%가 인터뷰를 하기 전에 어떤 형태건 교육 또는 훈련을 경험하였다. 물론 국가 간의 편차가 매우 심해 영국과 북유럽 국가들의 교육훈련 경험률이 30% 수준에 육박하는 반면 주요 조합주의 복지국가들은 10% 미만의 수치를 보였다.

그러나 경제적 목표와 가장 밀접하게 연관된 조치들(응용연구 및 지식기반 분야 고용)을 보면, 좀처럼 진전이 이루어지지 않는 것으로 보인다(표 2-4 참조). EU가 목표로 설정한 GDP의 3%까지 연구개발비 투자를 증액하는 것은 느리게 진행되고 있다. 2004년 기준으로 일본은 3.15%, 미국은 2.59%를 연구개발비에 투자한 반면 EU 15개국의 평균은 1.9%에 불과하였으며, 연구개발비 연간 성장률도 EU 15개국은 1.4%이었으나 일본은 2.2%, 미국은 0.79%이었다. 유럽과 미국의 연구개발비 투자는 2000년 이후 정체되고 있다(Archibugi and Coco, 2004, 표 3). 스웨덴은 최고 수준의 응용연구비 투자를 기록하고 있으며, 조합주의 국가들이 그 다음을 차지하고 있다. 지중해 국가들과 과거 공산주의 국가들의 연구개발비 투자는 낮으며 영국은 같은 기간에 중간 정도를 차지하였지만 감소하고 있다.

표 2-4는 EU 15개국의 지식기반산업을 제조업과 서비스업으로 분류해 본 것인데 지식기반제조업분야의 고용은 증가하고 있지만 지식기반서비스분야의 고용은 1995년에 전체 노동력의 6.3%에서 2004년 5.8%로 감소하였다. 이 분야의 고용 감소는 지속적으로 나타나고 있는데 이것은 지식기반서비스산업의 고용감소가 1990년대 말에 나타난 '정보기술산업'[dot.com]의 '거품' 붕괴의 결과가 아니라는 것을 보여준다. 마찬가지로 스웨덴과 조합주의 국가들이 지식기반산업의 고용률이 가장 높고, 영국은 지식기반제조업 분야의 고용이 상대적으로 높은 편이나 서비스산업의 고용 비율은 급격히 하락하였다.

### 2) 활성화 정책: 노동력의 동원

지금까지 살펴본 이러한 주장들은 나라마다 속도와 단계는 상이하지만 동일한 방향으로 진행되는 정책발전으로 이어졌는데 이는 경제적 및 사회적 목적을 달성하기 위한 방편으로 더욱 많은 인구를 유급노동에 참여하도록 격려하고 지원하는 것이다. 활성화 정책의 세부적인 내용들은 이미 다른 문헌에서 많이 논의되었기 때문에(Taylor-Gooby, 2004, 2005; Lodomel and Trickey, 2001; Armingeon and Bonoli 2006; Barbier and Ludwig-Mayerhofer, 2004) 여기에서는 몇 가지 주요 특징만을 언급하고자 한다. 활성화 정책의 주요 특징은 탈규제,

표 2-5_OECD 주요국의 고용 규제 현황: EPL 지수

|  | 1980년대 후반 | 2003년 |
| --- | --- | --- |
| 독일 | 3.2 | 2.2 |
| 스페인 | 3.8 | 3.1 |
| 프랑스 | 2.7 | 3.0 |
| 이탈리아 | 3.6 | 1.9 |
| 폴란드 | - | 1.7 |
| 스웨덴 | 3.5 | 2.2 |
| 영국 | 0.6 | 0.7 |

* 비고: EPL 지수는 정규직근로자와 임시직근로자를 대상으로 해고절차의 규제, 해고의 직접 비용, 그리고 해고예고와 재판기간 등 세 가지를 종합적으로 측정하여 가중치를 둔 지표이다. 가중치는 요인분석을 통해 얻어진 것이다. 이 지표는 다음과 같은 사항, 즉 해고예고기간이 시작되기 전 유예기간, 부당해고의 정의와 20년 근속자의 해고의 어려움, 정리해고수당과 복직 비용, 근로자에게 귀책사유가 없는 해고의 예고기간 그리고 재판기간 동안의 해고의 어려움 등을 포괄한 것이다. 이에 대한 자세한 내용은 Nicoletti et al (2000: 40-45) 참조.
* 자료: OECD Employment Outlook, 2004, 제2장, p. 117

저임금층에게 일을 하게하는 것을 더욱 매력적으로 만드는 정책, 조기 퇴직이나 고용창출처럼 복지급여 수급자가 일을 추구하지 않아도 되는 소극적 복지급여의 삭감, 공공부조의 규제 강화와 사례관리의 강화, 저숙련 청년층과 한부모가족 같은 고위험집단을 겨냥한 특별 프로그램, 아동보육 특히 저소득층에 대한 아동보육 강화 등이다.

### (1) 좀 더 유연한 노동시장

표 2-5는 몇몇 OECD 국가의 고용보호지수$^{Employment Protection index}$를 점수화하여 보여주고 있다. 이 고용보호지수는 요인분석에 기반을 둔 복잡한 과정을 통해 가중치를 매긴 것으로 해고절차의 규제, 해고의 직접적 비용, 그리고 해고 예고와 재판기간 등과 연관된 노동자의 권리를 종합한 것이다(자세한 내용은 Niccoletti et al, 2000: 40-45쪽 참조). 전체적으로 보면 과거에 높은 고용보호기준을 갖고 있던 국가들의 점수가 하락했고, 낮은 점수를 기록했던 국가들은 약간 상승한 것으로 나타나

표 2-6_노동시장정책에 대한 지출 현황(2003년, GDP 대비 %)

| | 적극적 수단(A) | 소극적 수단(B) | (A)/(B) |
|---|---|---|---|
| EU 15 | 0.69 | 1.43 | 48 |
| 독일 | 0.95 | 2.28 | 42 |
| 스페인 | 0.56 | 1.46 | 38 |
| 프랑스 | 0.82 | 1.74 | 47 |
| 이탈리아 | 0.66 | 0.62 | 106 |
| 폴란드 | - | - | - |
| 스웨덴 | 1.04 | 1.22 | 85 |
| 영국 | 0.16 | 0.34 | 47 |

* 비고: 적극적 수단 — 직업훈련, 고용 인센티브, 장애인과 청년 등을 위한 조치, 고용창출
　　　소극적 수단 — 소득보장과 조기퇴직
* 자료: OECD(2006) Employment Outlook, Statistical Annex, 〈표 H〉 참조

고 있다. 이러한 변화와 관련된 또 다른 요인은 단기간 노동자가 늘어나면서 고용보호수준이 높은 국가들에서 많은 노동자들이 보다 허용적인 입법의 적용을 받기 때문이다. 스페인에서는 현재 노동인구의 1/3 이상이 이 적용을 받고 있다. 프랑스의 고용보호점수가 상승한 것은 지금은 상당히 약화되었지만 1990년대 후반 고용문제를 완화하기 위해 도입된 주당 35시간 노동입법의 영향인 듯하다. 영국의 점수가 올라간 것은 EU의 최소기준을 따르려는 새로운 조치를 시행한 결과이다.

### (2) 저임금층의 근로 장려

다양한 조치를 통해 사람들이 저임금 직종에 들어가도록 장려되었다. 영국은 다른 EU 회원국들과 마찬가지로 1999년 최저임금을 도입하였다. 몇몇 국가에서 특수집단의 저임금을 효과적으로 보조하기 위해 새로운 급여들이 도입되거나 강화되었다. 1999년 영국에서 도입된 세액공제[Tax Credit] 제도와 2001년 프랑스에서 도입된 부의 소득세인 NPI가 여기에 포함된다. 유연성을 증진시키기 위한 다른 조치들도 나타났

는데 독일은 1998년부터 저임금시간제 근로자를 일련의 사회보장규정에서 면제시키는 소위 '630 DM' [월소득이 630 마르크 이하 — 역자] 조치를 취하였고 프랑스에서는 2005년~2006년 사이에 나중에 소요사태를 불러일으킨 청년층의 고용보호를 완화시키는 안이 나왔다.

### (3) 소극적 정책에서 적극적 정책으로

고용상태에서 이탈한 노동력에게 단순히 소득을 제공하기 위해 설계된 소극적 제도에 대한 지출과 유급노동에의 참여를 지원하고 여기에 인센티브를 제공하는 적극적 제도에 대한 지출사이에는 두드러진 차이점이 있다. 표 2-6은 몇몇 주요 국가에서 두 제도에 대한 지출상태를 보여주고 있다. 독일과 스웨덴은 실업에 대해 가장 많은 비용을 지출하는 나라인데 두 나라 모두 적극적 노동시장정책에서 가장 높은 지출을 보이고 있다. 독일은 동독을 흡수하는 과정에서 상대적으로 높은 실업률을 보이고 있다. 스웨덴은 실업이 비교적 낮지만 잘 정비된 국가적 노동시장 활성화정책의 전통을 갖고 있다. 영국과 이탈리아는 눈에 띄게 지출 수준이 낮다. 적극적 정책과 소극적 정책의 균형을 보이고 있는 나라는 적극적 정책에 대한 지출이 낮아 균형을 보이는 이탈리아와 소극적 노동시장정책이 특히 관대하지만 적극적 노동시장정책에 대한 지출도 가장 큰 스웨덴이다.

1990년대에 주요 조합주의국가에서 조기퇴직에 대한 지출이 감소되었다. 애초에 프랑스, 독일, 이탈리아에서는 실업률 상승의 압박으로부터 조직화된 핵심노동력을 보호하기 위한 수단으로 조기퇴직제도를 활용하였다. 조기퇴직에 대한 지출이 하락하는 것은 노동조합 권력의 약화를 의미한다. 1991년에서 2003년 사이에 독일에서 조기퇴직지출이 GDP 대비 0.3%에서 0.04%로 떨어졌으며, 프랑스는 0.47%에서

0.10%, 이탈리아에서는 0.42%에서 0.28%로 떨어졌다(OECD, 1997, 2005). 전체적으로 보면 단순히 복지급여를 제공하는 소극적 프로그램을 통해 실업자의 소득을 유지시켜주는 정책이 노동인센티브를 촉진시키는 적극적인 프로그램으로 전환되는 경향이 있다.

프랑스가 1998년 주당 35시간 노동제를 도입한 것은 흥미로운 사례이다. 일부에서는 35시간 노동제를 탈규제 추세를 꺾은 것으로 인식하기도 하지만 실제로는 이 조치는 유연화를 촉진시켰다. 왜냐하면 고용주와 노동조합은 지역단위에서 노동의 조직화를 협상하지 않을 수 없었기 때문이다. 이러한 접근방식은 다른 유럽 국가들에서도 나타났던 사회적 협약을 통해 생산성, 일자리 나누기[work sharing], 유연성, 그리고 임금인하 등을 논의하는 방식을 촉진시킨 것으로 볼 수 있다(Pochet 2001; Rhodes, 2001). 2004년 이후로 이러한 입법은 효과가 약화되었다.


### (4) 공공부조와 사례관리

소극적 사회복지 급여에 내재되어 있던 권리성의 약화는 다양한 사회보험프로그램의 융합과 공공부조의 역할 강화에서 나타난다. 공공부조의 역할 강화는 프랑스에서 1989년부터 시행된 RMI와 2001년부터 시행된 RMA,[2] 그리고 1995년부터 스페인에서 시행된 Rentas

---

2) 사회통합최저수당으로 번역할 수 있는 RMI(revenu minimum d'insertion)는 프랑스 미테랑 대통령 시절에 도입된 것으로 재원이 조세에 의해 충당되는 자산조사방식의 보충급여, 즉 전형적인 공공부조이다. 25세 이상의 일정소득수준 이하 저소득자에게 주어지며, 수급기간의 제한이 없고 구직활동의 의무가 부과되지 않아 영미식의 근로연계복지와는 차이점이 있다. 프랑스에서는 RMI는 원래 사회적 배제자를 경제·사회적으로 통합하기 위해 시행되었으나 사회부조프로그램으로 변질되어가자 장기실업자의 고용촉진프로그램이라 할수 있는 RMA(revenu minimum d'activité)가 2001년부터 시행되었다. RMA는 2년 이상의 RMI 수급자를 대상으로 주 20시간 이상의 일자리가 최장 18개월 동안 제공되며 직업훈련의 기회도 제공된다. RMA 수급자를 고용한 기업주에게는 정부가 보조금을 지급한다. 이에 대한 자세한 내용은 김종일(2006), 『서구의 근로연계복지』, 집문당, pp.279-304 참조 (역자 주).

Minimas ,[3] 독일에서 시행된 Sozialhilfe [4]와 관련 급여에서 볼 수 있다. 이러한 제도에서는 급여수급 요건이 점점 더 엄격해졌고, 급여신청자들은 보다 적극적으로 일자리를 구해야 했으며, 구직제의를 거부할 수가 없게 되었다. 더욱이 급여를 탈 수 있는 기간에 제한이 가해졌고, 때로는 (프랑스의 사회보험개혁에서처럼) 인센티브를 강화하기 위해 시간이 갈수록 급여가치가 '하락되는' 것도 있었다. 사례관리체계는 프랑스의 PARE 프로그램[5]과 현재 독일에서 논란이 되고 있는 Hartz IV[6] 개혁에서 도입되었다. 사례관리체계에서는 수급자를 사례관리자와 연결시켜주는데, 사례관리자는 수급자의 상황을 평가하고, 훈련프로그램을 수립해주고, 수급자가 일에 복귀할 수 있도록 조언을 해준다. 이러한 프로그램들을 통해 수급신청자들은 그들의 상황을 사정하고 훈련프로그램을 수립해 주는 사례 관리자들을 만나게 된다. 사례관리자들은 수급 신청자들이 일터로 되돌아갈 수 있도록 조언을 해 준다. 가장 발달된 사례관리체계를 갖고 있는 영국에서는 사례관리자가 직업이 없는 사람이 얼마나 적극적으로 일자리를 찾고 고용에 대한 준비를 하는

---

3) 이 급여는 '사회통합을 위한 최저소득보장' (Rentas Minimas de Inserción)으로 번역할 수 있는데 지역단위로 시행된다. 주 대상은 사회적으로 배제된 저소득가구이며 이들에게 현금급여는 물론 고용촉진과 직업훈련 등의 프로그램이 시행된다. 제도의 목적은 프랑스와 비슷하게 복지의존을 줄이기보다는 사회통합을 촉진하는데 맞추어져 있다(역자 주).
4) Sozialhilfe는 독일의 공공부조 급여이다. 독일은 실업보험 가입자에게 우선적으로 실업급여가 지급되고 실업급여가 소진되면 실업부조가 지급된다. 실업부조의 기간이 끝난 저소득 실업자에게 주어지는 것이 공공부조 Sozialhilfe이다(역자 주).
5) PARE는 구직자의 신속한 취업 지원을 목적으로 도입된 실업급여 수급자에 대한 활성화프로그램이다. 이 프로그램의 초점은 직장탐색과 수급자의 개별적 모니터링에 맞추어져 있다(역자 주).
6) Hartz IV는 슈뢰더 정부하에서 직업훈련중심의 독일 노동시장정책을 취업우선전략으로 바꾸기 위해 설치한 하르츠위원회에서 마련한 네 번째 법률안을 의미한다. 2005년부터 시행된 이 법안은 독일의 실업부조와 공공부조를 통합하여 실업보험에서 제공되는 실업급여에 이어 실업급여 II(Arbeitslosengeld II : ALG II)를 만드는 것이다. 이 법에 의해 노동가능자는 사회부조 대신 실업급여 II를 신청해야 하는데 자산조사를 거치며, 재원이 세금으로 조달된다. 25세 이하의 대상자는 직업소개소에 등록하여 활성화프로그램의 적용을 받아야 하고 어떤 일자리든 수락해야 하며, 프로그램에서 부과한 의무를 수행하지 않을 경우 일부 급여가 삭감된다(역자 주).

지 면밀하게 모니터한다.

공공부조와 사회보험의 급여체계는 현재 더욱 밀접하게 연계되어 있다. 독일과 프랑스에서는 각각 PARE 와 ALG II[7] 개혁의 일부로서 공공부조급여와 사회보험급여의 연계를 강화하는 행정개혁을 진행하였다. 급여신청자들은 급여 수급의 한 가지 조건으로 적극적으로 직업을 찾고 있다는 것을 증명해야 한다. 또한 급여신청자가 전에 일했던 지역 혹은 전에 받았던 임금수준 등 급여신청자가 구직활동을 제한할 수 있는 권리는 약화되었다. 이것은 새로운 고용기회를 찾거나 직업훈련을 받으려는 인센티브를 약화시킨다고 인식되는 소극적인 보험급여에 대한 독립적인 수급자격을 약화시킨 것이다. 전통적으로 관대하지 않은 급여를 제공했던 자유주의 국가의 색채가 강한 영국에서 이런 정책방향은 더욱 진척되고 있다. 1996년에 보험방식으로 제공되던 실업수당이 폐지되고 새로운 '구직수당'[Job Seekers' Allowance]하에서 실업자들은 더욱 많은 규제를 받게 되었다. 사례관리는 애초에는 특수집단을 위해 개발되었으나 2002년부터 모든 급여수급자에게 확대되었다.

### (5) 고위험집단

대부분 국가에서 고위험집단들을 대상으로 한 특별프로그램이 발전되었다. 프랑스에서는 청년 실업자들을 위한 정책으로 조기퇴직이 활용되었다. 그러나 1997년부터 주로 공공부문의 일자리 창출과 직업훈련이 사용되었고 최근에는 RMA라 불리는 재취업을 강화하기 위한 공공부조 급여로 이동하였다. 2000년대 초반에 도입된 RMA 급여는 장기실업자를 위한 특별한 활성화조치가 들어가 있다. 영국에서는 6개월 이상 실업상태에 있는 25세 이하 청소년들이 유일하게 복지급여를 받

---

7) 각주 6) 참조(역자 주).

표 2-7_총 사회지출 중 가족과 아동에 대한 지출 비율

|  | 1992 | 2003 |
|---|---|---|
| EU 15개국 | 7.7 | 8.0 |
| 독일 | 8.2 | 10.5 |
| 스페인 | 1.9 | 3.0 |
| 프랑스 | 9.7 | 9.0 |
| 이탈리아 | 3.3 | 4.1 |
| 폴란드 | - | 4.7 |
| 스웨덴 | 11.9 | 9.5 |
| 영국 | 8.7 | 6.9 |

* 자료: Petrasova, A(2006) Living Conditions and Welfare, Statistics in Focus, Population and Social Conditions 14/2006, Table 4. EU (2004) European Social Statistics, Expenditure and Receipts, Data, 1992-2001, Table C 1.2.5

을 수 있는 뉴딜 '고용훈련' New Deal train-fare 프로그램[8]이 1997년부터 시행되었다. 사례관리 기법이 상당히 녹아들어간 뉴딜프로그램은 이후 한부모, 장기실업자, 조기퇴직자와 장애인에게 확대되었다.

또한 어머니와 한부모집단을 겨냥한 활성화프로그램이 다양한 방식을 통해 적용되었다. 여기서 사용된 다양한 방식은 앞에서 언급한 사례관리조치 특히, 아동보육에 대한 접근권을 높이는 특수한 사례관리와 더욱 일반적인 개혁조치, 즉 아동보육시설과 유치원시설의 이용가능성을 높이고 일·가정 양립이 가능하도록 부모의 권리를 증진시키기는 것이 포함된다. 표 2-7은 아동보육과 아동수당급여가 포함된 아동과 가족에 대한 지출 현황을 보여주고 있는데 전체 복지비 지출 중 아

---

8) 영국 노동당 정부에 의해 복지국가 현대화프로그램의 일환으로 도입된 것으로 청년실업자와 장기실업자를 겨냥한 근로연계복지프로그램을 의미한다. 청년실업자를 위한 뉴딜의 경우 6개월 이상 구직수당을 받는 18~24세의 청년층은 취업을 하거나, 환경근로를 하거나 혹은 직업훈련을 받아야 한다. 25세 이상으로 18개월 이상 실업한 사람은 임금보조금이 지급되는 일자리에 취업하거나 12개월의 교육훈련에 참여해야 한다(역자 주).

동과 가족에 대한 지출 비중이 낮았던 국가에서는 그 비중이 증가해왔고, 반대로 지출 비중이 높았던 국가에서는 독일을 제외하면 약간 하락하여 수렴되는 현상을 보이고 있다.

EU는 2002년 바르셀로나에서 3세 미만 아동들 가운데 최소 33%는 아동보육을 이용할 수 있어야 하고, 3세 이상의 아동들 중 90%는 학교교육을 받도록 하는 정책 목표를 수립하였다. 스페인은 2004년도에 24만 개의 새로운 보육시설을 만들었고, 유치원 교육은 3~6세의 모든 아동들이 이용할 수 있도록 하였다. 독일은 2010년까지 아동보육시설을 20% 증가시키겠다고 계획을 세웠으며, 3~6세의 아동들이 시간제로 이용할 수 있는 '시간제 학교' part-time schooling를 만들었다. 영국은 2001~2006년 사이에 125만 개의 새로운 아동보육 및 교육시설을 만들었으며, 학교 입학 연령을 4세로 낮추었다. 저소득층의 부모들이 보육료를 지불할 수 있도록 새로운 급여체계가 발전되었다. 프랑스와 스페인은 자산조사방식의 급여를 통해, 스웨덴은 2003년에 기존 급여를 60%까지 증가시키는 방식을 통해 저소득층의 보육료를 지원하였다. 독일은 세금감면 기준을 높이는 방식으로 그리고 영국은 2001년 이후 저임금 근로자의 세액공제제도 개편을 통해 저소득층의 보육료를 지원하였다.

더욱이 유럽의 각국들은 EU가 제정한 1993년의 '노동시간' Working Time 지침, 1999년의 '부모휴가' Parental Leave 지침, 그리고 1997년의 '시간제 노동' Part-Time Working 지침에 따라 부모들이 일·가정 양립이 가능하도록 부모들의 권리를 확대하는 다양한 조치들을 시행했다. 이러한 조치들에는 독일, 스페인, 영국에서 시행한 부모의 출산·육아휴가의 연장, 가정 내의 긴급한 일을 처리하기 위해 휴가를 신청할 수 있는 부모의 새로운 권리, 그리고 더욱 유연한 노동시간 등이 있다.

## 3) 사회투자전략의 부분적 진척?

전체적으로 보면 유럽 각국에서 나타난 새로운 정책적 지향은 EU 전략의 모든 구성요소들을 따라가는 것이 아니라 부분적으로 따라가는 것이었다. 즉, 안정적인 경제적 환경, 규제완화와 소극적 급여의 삭감, 그리고 고위험집단을 돕기 위한 새로운 프로그램 등이 시행되었다. 하지만 대부분의 경우 지식기반 강화에서는 부분적인 개선만이 이루어졌으며, 근로자의 이동을 촉진하고 지원하는 복지급여체계는 발달되지 못했다. 이런 이유로 Kok(2004: 6)은 유럽연합의 리스본전략을 평가하면서 다음과 같은 결론을 내리고 있다. 'EU와 그 회원국들은 리스본전략의 대부분을 충분히 긴급하게 시행하는데 실패함으로써 리스본전략이 느리게 진척되는데 기여하였다. …(중략)… 핵심적인 문제는 확고한 정치적 행동이 부족한 것이다' EU의 2006년 빈곤과 사회적 배제에 관한 보고서에서는 'EU 회원국늘이 약속한 공롱석 목표와 이를 십행하려는 정책노력 간에 간격이 있다는 명확한 증거'를 확인함으로써 '공개조정방식' Open Method of Co-ordination 9)에서 나타나는 일의 진척에 실망감을 표시하였다(EU, 2006b: 3.1).

새롭게 합의된 정책들 중 가장 효과적으로 추진된 정책은 탈규제 그리고 (취약집단을 겨냥한 각종 급여제공과 더불어) 유급노동에 종사하는 것에 더 강력한 인센티브를 주는 방식으로 소극적 복지급여를 전환시킨 것으로 보인다. 이러한 정책들은 1990년대 중반에 OECD와 같

---

9) 2000년 리스본 유럽연합 이사회에서 천명된 유럽연합차원에서 도입한 새로운 형태의 거버넌스구조를 지칭하는 용어이다. 유럽연합은 전통적으로 공동체방식(community method)이라 알려진 거버넌스구조를 지향했다. 공동체방식이 법적으로 구속력 있는 지침, 규제 등을 사용했으나 공개조정방식은 가이드라인, 지표, 그리고 벤치마킹, 좋은 사례의 공유 등 'soft law' 메커니즘을 활용한다. 공동체방식이 유럽연합의 규칙 이행 위반 시 제제를 가할 수 있으나 공개조정방식은 제재는 없고 준법은 자발적이다(역자 주).

은 국제기구들이 적극적으로 추진했던 것들이다. 대부분 국가들에서 지식기반 투자 그리고 새로운 정책지향 논쟁에서 초점이 되었던 직업 이동을 원활히 하기 위한 구체적인 프로그램들은 그렇게 큰 역할을 하지 못한 것으로 보인다.


## 3. 새로운 정책지향의 영향

사회투자적 복지에 대한 합의는 그 목적(성장과 사회결속)과 수단(탈규제, 복지급여 개혁, 고용률을 높이기 위한 사회 투자)을 명시하고 있다. 다음은 이러한 목표에 도달하기 위한 진척 과정을 평가하고 개혁 과정들이 나라마다 어떻게 다르게 나타나는지를 검토할 것이다.

### 1) 목적: 성장과 사회결속

표 2-8은 유럽 6개국의 경제성장률과 피고용자 일인당 생산성 증가율을 보여주고 있다. 이 표는 성장이 부진했던 1996~2005년까지의 실제 성장률을, 2005년에서 2007년까지는 예상 성장률을 보여주고 있다. 출발점에서의 성장률이 낮았던 폴란드와 스페인은 낮은 생산성 수준에도 불구하고 급속한 성장을 하고 있다. 영국과 스웨덴은 매우 상이한 경제체제를 갖고 지식기반에 대한 투자 수준이 다름에도 불구하고 2005년을 제외하면 높은 성장률을 성취한 것으로 나타난다. 가장 높은 생산성을 보인 국가는 프랑스이지만 고용과 성장 면에서는 부분적인 성공만을 거두었다. 생산성에서는 스웨덴과 영국이 프랑스의 뒤를 따르고 있다. 통일의 후유증에서 아직 완전히 회복되지 못한 독일을 제외

표 2-8_성장과 생산성: 1996~2007

|  | 경제성장 | | | 상대 생산성 | | |
|---|---|---|---|---|---|---|
|  | 1996 | 2005 | 2007 | 1996 | 2005 | 2007 |
| EU 15개국 | 1.6 | 1.5 | 2.0 | 108.1 | 105.8 | 105.4 |
| 독일 | 1.0 | 0.9 | 1.0 | 106.0 | 100.1 | 99.3 |
| 스페인 | 2.4 | 3.4 | 2.8 | 102.3 | 97.9 | 95.8 |
| 프랑스 | 1.1 | 1.4 | 2.0 | 121.4 | 118.8 | 118.6 |
| 이탈리아 | 0.7 | 0.0 | 1.2 | 122.9 | 108.8 | 107.3 |
| 폴란드 | 6.2 | 3.2 | 4.6 | 44.5 | 61.9 | 63.0 |
| 스웨덴 | 1.3 | 2.7 | 3.0 | 103.3 | 107.6 | 108.6 |
| 영국 | 2.7 | 1.8 | 2.8 | 99.8 | 105.8 | 107.2 |

* 자료: 유럽통계국 (Eurostat)
* 비고: 성장은 불변 GDP 성장률을 의미함. 상대 생산성은 피고용자 1인당 구매력기준 GDP로 EU 25개국 평균치의 상대수준임.

하면 대부분의 국가에서 생산성이 향상되고 있다.

사회결속은 빈곤과 불평등의 정도로 가장 잘 측정될 수 있다(표 2-9 참조). 표 2-9를 보면 스웨덴이 모든 집단의 빈곤율과 사회불평등 양 측면에서 가장 낮다. 보수주의 국가들의 경우 빈곤율은 중간정도이지 만 노인층에서 낮고, 반면 젊은 층에서는 오히려 높다. 빈곤은 지중해 연안 국가들과 과거 공산주의체제에 속했던 국가들 그리고 불평등의 정도가 심하고 점점 불평등해지는 영국에서 상대적으로 높다. 최근에 와서 여성, 노인층과 젊은층, 그리고 한부모들의 빈곤과 불평등에서 상 당한 진전이 이루어졌다.

지금까지 본 것처럼 스웨덴은 사회투자전략의 두 가지 목표, 즉 성장 과 사회결속을 가장 성공적으로 결합시킨 유럽의 복지국가이다. 영국 은 적당한 수준<sup>reasonable</sup>의 성장을 이루었지만 북유럽 국가들만큼 빈곤과 사회적 불평등을 완화시키지는 못했다. 조합주의 국가들은 성장에 있 어서는 덜 성공적이었지만 빈곤수준, 특히 노인들의 빈곤을 억제하였

표 2-9_성, 연령, 가구 유형에 따른 빈곤율

| | 전체 | | 남 | | 여 | | 16-24세 | |
|---|---|---|---|---|---|---|---|---|
| | 1995 | 2004 | 1995 | 2004 | 1995 | 2004 | 1995 | 2004 |
| EU 15개국 | 17 | 17 | 16 | 15 | 18 | 18 | 21 | 21 |
| 독일 | 15 | 16 | 13 | 13 | 16 | 18 | 16 | 24 |
| 스페인 | 19 | 20 | 19 | 19 | 19 | 21 | 22 | 19 |
| 프랑스 | 15 | 14 | 15 | 13 | 16 | 14 | 25 | 20 |
| 이탈리아 | 20 | 19 | 19 | 18 | 21 | 20 | 29 | 25 |
| 폴란드 | 16* | 17 | 16* | 17 | 16* | 16 | 19* | 21 |
| 스웨덴 | 8* | 11 | 10* | 10 | 12* | 12 | 18* | 26 |
| 영국 | 20 | 18 | 19 | 17 | 22 | 19 | 18 | 18 |

| | 65세 이상 | | 한부모 가구 | | 어른 2명과 3인 이상의 자녀가 있는 가구 | | 불평등 | |
|---|---|---|---|---|---|---|---|---|
| | 1995 | 2004 | 1995 | 2004 | 1995 | 2004 | 1995 | 2004 |
| EU 15개국 | 21 | 19 | 41 | 34 | 28 | 26 | 5.1 | 4.8 |
| 독일 | 15 | 15 | 55 | 38 | 23 | 24 | 4.6 | 4.4 |
| 스페인 | 16 | 30 | 37 | 40 | 31 | 39 | 5.9 | 5.1 |
| 프랑스 | 19 | 16 | 30 | 30 | 22 | 17 | 4.5 | 4.2 |
| 이탈리아 | 18 | 16 | 23 | 36 | 40 | 36 | 5.9 | 5.6 |
| 폴란드 | 8* | 6 | 26* | 24 | 30* | 33 | 4.7* | 5.0 |
| 스웨덴 | 16* | 14 | 13* | 19 | 8* | 14 | 3.1* | 3.3 |
| 영국 | 32 | 24 | 60 | 40 | 36 | 27 | 5.2 | 5.3 |

* 자료: 유럽통계국(Eurostat)
* 비고: *표는 2000년 자료임.
  빈곤율(%) = 사회적 이전지출이 포함된 균등화된 가처분소득이 전체 중위 가처분소득의 60% 이하인 사람의 비율
  불평등 = 최고 5분위 계층의 가처분소득의 최저 1분위 계층의 소득에 대한 비율

다. 지중해 국가들은 출발점에서 성장률이 낮아 높은 성장률을 기록했지만, 빈곤율이 높으며 증가하고 있다. 탈공산주의 국가인 폴란드는 노인 빈곤율은 낮지만 지중해 국가와 비슷한 양상을 보이고 있다. 스웨덴은 리스본전략의 시행이라는 측면에서 가장 앞선 국가이지만 사회투자에 대한 스웨덴의 노력은 리스본전략보다 앞서 시행된 것이며, 이것은

EU 정책방향의 결과이기 보다는 국내의 정치적 과정의 결과이다.

## 2) 새로운 합의의 경로

사회투자패러다임을 정책화하는데 유럽 국가들은 큰 차이점을 보이고 있다. 이러한 차이점은 다양한 사회체제와 정치체제 안에서 추구된 경로라는 점에서 가장 잘 이해될 수 있다. 이하에서는 사회투자패러다임에 명시된 성장과 사회결속이라는 목표에 도달하기 위한 수단들, 즉 탈규제, 인적자본의 향상, 그리고 복지급여체계의 활성화 등을 통한 높은 고용률의 달성을 검토할 것이다.

확실히 유럽 각국에서 고용률이 증가했다. 1990년대 중반부터 2004년까지를 보면 15~64세 연령층에서 여성들의 고용률은 50%에서 57%로 늘어났고, 남성들은 71%에서 73%까지 올라갔다(OECD, 1997, 2005, 표 B 참조). 시간제로 일할 가능성은 여성들이 훨씬 높아 31%의 여성이 시간제근무를 하는 반면 남성은 7%만이 시간제로 근무한다. 남성 고용률이 가장 높은 수준에 있는 국가는 영국(78%)으로 그 뒤를 스웨덴과 스페인(각각 74%) 그리고 독일(71%)이 따르고 있다. 여성들의 경우는 스웨덴(71%)과 영국(66%)의 고용률이 높았다. 흥미롭게도 스웨덴은 사회투자정책의 주요 대상으로 노인층을 유급노동으로 통합시키는 데 성공한 반면, 영국은 15~24세의 청년층을 유급노동으로 통합시키는데 더 성공적이었다. 55~64세 노인들의 경우 EU 15개국의 평균 유급고용률이 33~52%인 반면 스웨덴은 여성의 70%, 남성의 71%가 유급노동에 종사하고 있다. 15~24세 청년층의 경우 영국은 여성의 54%, 남성의 57%가 유급노동에 종사하고 있다. 보수주의 국가들은 청년층과 고령층의 유급고용률에서 영국과 스웨덴의 뒤를 따르고 있다.

물론 고용수준은 노동시장정책 뿐만 아니라 경기순환 단계, 외부 경쟁의 영향, 그리고 경제부문의 구성과 기술수준 등 다양한 요인들에 의해 영향을 받는다(Bassanini and Duval, 2006: 제1장). 하지만 새로운 정책지향이 적어도 고용성장을 방해하지 않고 그것을 꽤 증진시켰다고 결론을 내리는 것이 합리적인 것으로 보인다. 남성보다 여성의 고용이 더 빠르게 증가해왔다는 사실은 사회변화와 여성들을 겨냥한 아동보육과 동등기회정책이 효과가 있었음을 의미한다.

표 2-5가 보여주고 있는 것처럼, 고용보호조치가 대부분의 국가에서 완화되었지만 노동시장정책에서 노조와 사용자의 양방향적 참여 전통이 강한 조합주의 국가들의 고용보호조치는 높은 수준을 유지하고 있다. 영국이 특히 그러했고, 탈공산주의 국가인 폴란드에서는 규제의 정도가 더욱 낮았다. 조합주의 국가, 특히 독일은 그런대로 좋은 성과를 보여주고 있고, 스웨덴은 연구투자, 그리고 고부가가치의 지식집약산업부분의 고용에서 꽤 좋은 성적을 보이고 있다. 또한 스웨덴은 영국과 함께 교육부문, 그리고 프랑스는 과학부문에서 인상적인 성과를 유지하고 있다.

복지급여개혁의 유형은 매우 복잡하고 복지국가체제에 따라 다양하게 나타난다(Barbier, 2004). 조합주의 국가인 프랑스와 독일, 그리고 지중해국가들에서는 핵심 노동력 내의 견고한 집단, 특히 고령노동자들은 공적연금과 다른 복지급여의 혜택을 받고 있으며, 이로 인해 노인 빈곤율은 낮게 나타나지만 청년층의 고용기회 제약이라는 불이익이 나타나고 있다. 핵심 노동력 외부에 있는 사람들의 새로운 욕구를 대변할 세력이 부족하기 때문에 조합주의적 교섭에서 많은 여성들은 일자리 접근에서 상당한 어려움을 겪게 된다. 하지만 조합주의적 교섭은 경제의 핵심부문에서 높은 수준의 투자와 높은 생산성을 촉진시킨다(Hall and Soskice, 2001).

탈공산주의 국가인 폴란드는 자본주의경제로의 전환과정에서 얻은 기회를 활용하여 높은 경제성장을 이루었지만 성불평등이 커지고, 빈곤이 악화되었으며 사회적으로 안정적이지 못한 집단의 고용문제가 발생되었다. 스웨덴과 영국은 대조적인 성과를 보여주고 있다. 스웨덴과 영국 모두 높은 고용률을 달성했는데, 스웨덴은 활성화 전략에 있어서, 그리고 여성과 청년층, 노인들을 통합하는데 있어서 공인된 성공을 보여주었고 영국이 그 뒤를 따랐다. 두 국가 모두 사회적 목표를 달성하는데 진전이 있었지만, 영국의 빈곤은 유럽적 기준에서 볼 때 아주 높게 유지되고 있다. 가령 2004년을 기준으로 중위소득의 60% 이하 소득을 갖고 있는 인구가 영국은 18%이고, 스웨덴은 11%인데 영국의 수치는 유럽에서 가장 높은 것이며 스웨덴은 가장 낮은 것이다(Föster and d'Ercole, 2005). 하지만 이러한 성과를 가져온 경로는 다르다. 스웨덴이 사용한 수단은 아동보육과 다른 지원시비스뿐만 아니라 활성화 전략과 복지급여에 많은 지출을 하는 것이었다. 하지만 영국은 탈규제 그리고 자산조사 혹은 세금감면을 통해 아동보육을 지원하는 방식의 목표집단에 보다 집중하는 급여체계에 더욱 많이 의존하였다.

이런 변화를 이끌어 온 중요한 세력은 경쟁력을 유지하는데 관심이 있는 정부와 경영계, 특히 국제적인 시장 압력에 가장 많이 노출된 경제부문이었다. 기존 사회체제에서 혜택을 받지 못하는 집단들 간에 실질적인 유권자동맹*coalition of voters*의 형성이 가능한 곳에서 중앙정부는 변화의 압력에 가장 적극적으로 반응하였다. 변화에 저항하는 핵심세력은 조합주의 국가에서 가장 영향력이 있고, 지중해 국가에서는 일부산업부문에서 영향력이 있는 노동운동과 노동조합운동이었다. 이런 양상은 1990년대 중반에 몇몇 연구자들, 특히 중요하게는 에스핑-안데르센

(1996, 제1장)이 확인한 유럽 전역에서 나타난 '얼어붙은 복지 환경' frozen welfare landscape 이었다.

변화를 추구하는 정부와 기업의 영향력이 가장 큰 국가에서는 노동조합의 힘이 약화되었다. 이런 경향은 핵심노동력에 속한 조합원에게 유리한 조기퇴직지출을 지속시키는데 실패한 독일과 프랑스의 노동조합, 그리고 특정집단을 겨냥한 근로연계복지 지향적인 복지급여로의 정책 전환에 영향을 미치려 했던 영국노동조합회의 Trades Union Congress 의 실패에서 극명하게 드러난다. WRAMSOC 프로젝트[10]에 인터뷰한 노동조합 지도자들은 이런 실패에 좌절을 나타냈다(Taylor-Gooby, 2005: 제2장). 더욱이 '혁신주의자' modernisers 와 '전통주의자' traditionalists 로 나누어진 노동조합운동 내부의 분열은 친개혁적 동맹의 형성을 촉진하였다. '혁신주의자들'은 세계화 상황 속에서 노동조합은 보다 높은 수준의 부가가치 생산을 위해 노동력의 질을 향상시킬 수 있는 새로운 전략이 필요하다고 주장한 반면, '전통주의자' 들은 기존 직업과 노동관행을 방어하려고 하였다.

영국의 경우 일부 노동조합이 신노동당 New Labour 과 결합해 뉴딜 사회보장 개혁, 특히 직업훈련 요소를 촉진시켰다. 프랑스에서는 '사회재구조화' Refondation Sociale 11) 과정에서 진보적인 경영자단체인 '프랑스 기업인연합회' MEDEF: Mouvement des Entreprises de France 와 중도좌파적 입장의 노동조합단체인

---

10) 이 프로젝트는 유럽연합이 기금을 지원하여 2001년에서 2003년까지 진행한 'Welfare Reform and the Management of Societal Change' 를 의미한다. 이 논문의 저자인 테일러-구비교수가 연구책임자이었던 이 프로젝트에서는 유럽연합의 복지정책에 영향을 미치는 요인, 유럽복지국가의 개혁 진행 상황, 그리고 복지에서 유럽프로젝트를 진행시키는 최선의 방법 등이 검토되었다. 프로젝트의 결과물은 테일러-구비교수가 편집한 두 권의 책으로 발간되었는데 한 권은 신사회위험이라는 시각에서 유럽복지국가를 분석한 『New Risk New Welfare: the Transformation of the European Welfare State』 (Oxford University Press, 2005) 이며 다른 한 권은 『Ideas and Welfare State Reform in Western Europe』 (Palgrave, 2005)이다(역자 주).

'프랑스 민주노동총연맹' CFDT: Confederation Francaise Democratique du Travail 이 느슨한 동맹을 맺어 사회보험의 많은 부분의 재조직화와 새로운 조치의 도입을 가능하게 하였다. 독일에서는 사민당 정부가 '신중도 노선' Neue Mitte 12) 에서 그러한 유형의 동맹을 형성하는데 실패하였고(Busch, 1999), 현재의 중도우파 정부가 이 노선을 추진하려고 노력하고 있다. 스웨덴에서는 사회민주당과 노동조합의 오래된 연대로 인해 안정된 활성화정책이 수립될 수 있었다. 스웨덴은 정부체계가 정치인과 노동조합, 그리고 경영자 간의 유연한 연계라는 측면에서 높은 수준의 합의를 달성할 수 있는 구조이지만 특정 정치행위자들이 자신들의 기득권을 방어하기 위해 일의 진척을 방해하는 기회를 허용하지 않는다는 점에서 예외적인 국가이다.

간단히 말해, 유럽의 전반적인 상황은 고용주들의 이해관계와 관련해 노동자들의 영향력이 약화되고 있다는 것이다. 노동자들의 세력 약화가 가져오는 첫 번째 결과는 주요 정책방향이있던 노동이동을 촉진하고 연구개발에 대한 지출을 강화하는 긍정적 사회투자 positive social investment 보다는 부정적 활성화 negative activation 가 나타난다는 것이다. 하지만 두 번째 결과는 기업 혹은 지역단위에서 생산성을 향상시키고 보다 높은 수준의 유연성을 도입하기 위한 '사회적 협약' social pacts 의 발전에 있다.

로즈는 이러한 사회적 협약들은 점점 더 세계화되고 경쟁적으로 변해가는 국제적 상황에 적응해가는 과정의 일부로서 1980년대에 유럽 각국에서 출현하여 최근에 더 탄력을 받고 있는 '경쟁적 조합주의'

---

11) 사회재구조화라고 번역할 수 있는 Refondation Sociale 은 2000년 '프랑스 기업인연합회' MEDEF에서 시작한 노사관계개혁프로그램을 의미한다(역자 주).
12) 독일의 슈뢰더 정부가 내세웠던 전통적 사민주의를 넘어선 독일식 제3의 길을 의미하는 용어임(역자 주).

competitive corporatism로 부를 수 있는 것으로 발전했다고 주장하고 있다(Rhodes, 1998, 2001). 강력한 지지를 받을 수 있는 것 중 아직 출현하지 않은 정책은 연구개발과 유연안정성을 더욱 강력히 추진하는 것이다. 이런 정책들을 수립하는 것이 어려운 이유는 더욱 역동적인 지식기반경제를 발전시키거나 혹은 직업이동을 더욱 강화하려면 상당한 수준에서의 노동시장의 재조정이 필요하다는 사실과 연관되어 있다. 현재 특정 기업에서 일하고 있는 노동자들 그리고 최근의 투자유형을 유지하면서 기존 직원들을 데리고 있기를 희망하는 고용주들에게는 노동시장 재조정의 혜택이 직접적으로 흘러들어가지 않는다. 때문에 이해관계자들 사이에서의 합의가 점점 더 어려워지고 있다.

전체적으로 지금까지 살펴본 유럽의 사회정책과 노동시장정책에서의 최근 변화를 보면 사회적 목적과 경제적 목적 양자를 성취하는 방법의 하나로서 투자를 강조하는 새로운 담론이 출현하고 있다는 것을 보여준다. 유럽 전역에 걸쳐서 더욱 높은 수준의 노동시장 유연성과 교육수준의 향상을 강조하는 흐름이 존재하고 있다. 복지급여체계는 점점 더 활성화와 연관되고 있다. 하지만 대부분의 경우 긍정적 활성화positive activation 보다는 부정적 활성화에 정책의 강조점이 주어지고 있다. 연구개발 투자와 직업훈련을 지원하고 직업이동을 촉진하는 조치들은 제한적이다. 새로운 노사관계 유형은 급속한 재조정을 촉진하기 위해 고안된 정책들을 관리하기가 쉬운 지역단위협정과 기존 틀 내에서의 사회적 협약을 선호하고 있다. 상대적으로 높은 고용을 성취한 유럽 대부분의 국가들이 매우 상이한 사회복지체계를 갖고 있다는 점과 이 국가들의 접근방법이 유럽 수준의 최근정책논쟁에 의존하기 보다는 해당국의 국가적 전통에 더 의존하고 있다는 점이 인상적이다. 사회투자전략은 유럽 전역에 느리게 확산되고 있다. 정부가 노사 양측에 대해 강력한 리더쉽을 효과적으로 사용할 수 있고, 고도로 경쟁적인 국제환경에서 성공의 문제를 보다 잘 인식하고 있는 사회가 사회투자전략의 혜택을 누리기가 더욱 용이할 것이다.

## 4. 한국에의 시사점: 잠정적인 의견

동아시아 복지국가들은 급속히 발전하고 있다. 이 국가들은 경제성장률도 높고, 태국에서 시작되어 인도네시아, 그리고 1997~8년에 한국에 가장 강력한 영향을 준 금융위기 같은 예외적인 사건에도 불구하고 향후의 성장 전망도 좋다. 복지비 지출도 넓은 지지를 받고 있다. 이들 국가들은 강력한 생산주의적 전통, 즉 미래의 경제발전을 도와줄 가능성이 높은 영역(도시주택, 공공의료, 교육)에 대한 사회지출을 강조하는 지향점을 갖고 있다. 가족 산 상호원소라는 강력한 선동도 있고, 개인 저축률도 높아 가족이 개인적 복지투자의 가장 중요한 자원을 이루고 있다(Gough, 2004).

유럽 국가들과 마찬가지로 동아시아 국가들도 경제와 금융의 세계화, 저숙련 직종의 해외 이전, 그리고 인구노령화 등에서 오는 압력에 직면해 있다. 여성들이 일과 가정을 양립할 수 있고 경력을 추구할 수 있도록 지원해 주는 서비스에 대한 요구가 서구보다는 약하지만 증가하고 있다. 보다 나은 지원서비스에 대한 대중의 기대는 최근에 경쟁선거<sup>contested election</sup>를 경험한 국가들에서 강하게 나타나고 있다. 유럽 국가들이 사회지출을 하는데 있어서 의식적으로 생산주의적 지향을 함으로써 동아시아의 전통에 가깝게 이동한 반면, 동아시아 국가들은 유럽국가들이 과거에 발전시킨 사회지출을 확대해야 하는 압력에 직면하고 있

| | GDP 대비 정부 지출 | | 고용률 | | | 실업률 | |
|---|---|---|---|---|---|---|---|
| | 전체지출 | 사회보장지출 | 남성 | 여성 | 여성 파트 타임 | 남성 | 여성 |
| 일본 | 38.2 | 10.9 | 80.0 | 57.4 | 41.7 | 4.9 | 4.4 |
| 한국 | 30.9 | 2.3 | 75.2 | 52.4 | 11.9 | 3.7 | 3.1 |
| 스웨덴 | 57.3 | 18.0 | 75.0 | 71.8 | 20.8 | 7.0 | 6.2 |
| 영국 | 43.9 | 13.4 | 78.9 | 66.6 | 40.4 | 5.0 | 4.2 |
| EU 15 | - | - | 72.4 | 56.7 | 31.2 | 7.6 | 9.2 |
| G7 | - | - | - | - | 28.5 | 6.4 | 6.4 |

* 자료: OECD

다. 동시에 동아시아의 경험은 서구 복지국가의 현재의 발전에 중요한 교훈을 줄 수도 있다. 지금부터의 논의는 상당한 수준의 개발된 경제를 갖고 있는 한국과 일본에 초점을 맞출 것이다.

표 2-10은 복지체계에 대한 몇 가지 정보를 제공하고 있다. 일본의 사회지출은 대부분의 유럽 국가들보다 낮지만 영국 수준에 접근하고 있다. 한국의 사회지출은 낮은 수준이지만 급속히 확대되고 있으며 2030년에는 유럽 수준에 도달할 것으로 기대된다. 고용률은 일본과 한국 모두, 여성의 경우 다소 낮다. 시간제 여성근로자들의 비중은 한국이 낮지만 일본은 영국 수준에 가깝다. 두 국가는 현재 실업률도 매우 낮은 수준이다. 아동보육에서는 국가의 개입이 약한 상태에서 가족의 지원이 중요한 역할을 하고 있다. 두 동아시아 사회는 꽤 높은 고용률을 갖고 있는 사회지만 아동보육에 대한 투자를 통해 더 많은 여성의 유급노동을 유도할 수 있는 잠재력을 갖고 있다.

표 2-11은 경제성장과 지식기반이 경제성장에 기여한 측면을 논의하고 있다. 일본은 지난 10년 동안 낮은 경제성장을 경험했지만 최근 상

표 2-11_동아시아의 역동적인 지식기반 경제: 경제성장률, 교육, 연구개발, 산업기술(2004)

| | 성장률 | | 교육 | | 연구 · 개발 | | 수입 대비 수출 비율 | |
|---|---|---|---|---|---|---|---|---|
| | 1994 ~2004 | 2003 ~2004 | 과학교양 (PISA 2003) | 고등교육 이수율 (25~64세) | GDP 대비 지출비 | 전체지출 대비 기업지출 | 최첨단 산업 | 중간 기술 산업 |
| 일본 | 1.2 | 2.7 | 547.6 | 20.1 | 3.15 | 75.0 | 150 | 384 |
| 한국 | 4.9 | 4.6 | 538.4 | 18.5 | 2.64 | 76.1 | 156 | 144 |
| 스웨덴 | 2.8 | 3.6 | 506.1 | 17.7 | 3.98 | 74.1 | 138 | 128 |
| 영국 | 2.8 | 3.1 | - | 18.6 | 1.89 | 65.7 | 93 | 85 |
| EU 15 | 2.2 | 2.0 | - | - | 1.95 | 64.2 | - | - |
| G7 | 2.5 | 3.4 | - | - | 2.47 | 68.4 | - | - |

* 자료: OECD

황이 개선되고 있다. 한국은 낮은 시작점으로부터 높은 성장을 기록하고 있다. 두 국가 모두 과학교육 수준이 높고, 고등교육 참여율이 높으며, 민간부문의 높은 지출과 더불어 연구개발비지출이 높고(스웨덴 수준으로 접근하고 있음), 첨단기술제품과 중간기술제품의 수출에서 유럽국가들보다 훨씬 더 성공적이다. 이것이 의미하는 바는 한국은 적어도 EU가 성취하고자 하는 역동적 지식기반경제를 수립하는데 있어서 유럽의 선도국가들 못지않게 성공적이라는 것이다. 복지제도는 덜 발달되었지만 급속히 변화하고 있다.

동아시아 국가들은 유럽의 정책결정에서 명문화된 두 가지 목적(성장과 사회결속) 중 최소한 한 가지 목적을 달성하는 정책이 매우 성공한 것으로 보이며, 또한 그 목적을 달성하기 위해 명문화된 여러 가지 수단 중(탈규제, 그리고 높은 고용률을 가져오는 복지급여 개혁과 인적자본 및 연구개발에의 투자) 최소한 한 가지 수단을 추구하는데도 성공한 것으로 보인다. 유럽에서 사회복지는 사회적 결속을 증진시키는 데 중요한 역할을 하였다. 문화적인 요인들과 기존의 사회적 전통은 동아시아에서 사회적 결속이 유지되는 중요한 기반이 되었지만, 사회적 이동의 증가와 새로운 기회로 인해 결속력이 약해질 것으로 보인다. 이것이 의미하는 바는 유럽 국가들은 연구·개발과 교육투자의 중요성에 있어서 동아시아로부터 많은 것을 배워야 하며, 동아시아 국가들에게는 사회적 결속을 강화하고 새로운 집단들을 유급노동으로 전환시키는 사회지출에 대한 유럽의 경험이 상당한 함의를 줄 수 있다는 것이다.

한국은 최근에 야심찬 사회투자전략을 출범시켰다. 여기에는 인적자본과 의료, 그리고 사회보호에 대한 사회투자를 강화하는 주요 프로그램과 미래성장을 촉진하는 프로그램들이 포함되어 있다. 국제적 기준으로 보았을 때 한국의 인적자본은 이미 높은 수준을 유지하고 있다. 보건의료는 지속적인 투자프로그램을 필요로 한다. 연금지출이 증가하고 있지만 인구고령화로 연금의 안정성이 위협받을 수 있기 때문에 공공부조 사회안전망이 중요하게 될 것이다. 직업훈련을 강화하는 조치를 통해 근로가능 연령층에서 나타나는 빈곤 문제를 해결하는 것은 효과적이지 않을 수 있다. 의료산업의 성장을 위한 투자 또한 긍정적이다. 현재의 정책을 보면 이런 프로그램들의 시행에 들어가는 재원은 대규모의 증세 없이 중기적으로 성장을 통해 조달될 것으로 예측되고 있다. 하지만 대규모 증세가 필요하게 될 것이다. 따라서 이런 개혁들에 대한 강력한 대중적 지지를 확보하는 것이 핵심적인 사안이 될 것이다.

이것은 경제성장이 평등에 어떤 영향을 미치는가라는 쟁점을 제기한다. 한국은 공식부문 근로자의 상대적인 임금분포라는 측면에서 볼 때 1970년대에서 1990년대 후반까지 공평한 성장<sup>equitable growth</sup>을 달성하는데 성공한 국가로 흔히 인식되고 있다. 하지만 상당수의 노동력이 불안정한 비정규직에 종사하고 있고, 실업자와 연금수급자의 상당수도 사회복지제도에 의해 보호를 받지 못하고 있다. 소득 불평등도가 높아 스페인을 제외하면 이 글에서 언급한 나머지 유럽 5개국보다 높을 것이다. 그리고 최근에 흔히 '양극화' bipolarisation 로 불리는 급속히 악화되는 불평등에 대한 관심이 나타나고 있다. 임금불평등은 2004년에 1980년의 수준으로 악화되었다. 복지비 지출 수준도 상대적으로 낮을 뿐만 아니라 노인과 근로계층의 빈곤을 완화하는데 거의 영향을 미치지 못한다는 점이 자주 언급되고 있다.

하나의 전략으로서 사회투자는 통상 생산 잠재력이 있는 집단들 potentially productive groups 을 주요 대상으로 한다. 사회가 점점 더 부유해지고 이동성이 증가할수록 덜 생산적인 집단의 욕구는 더욱 절박해진다. 이들의 욕구는 가족을 통해 관리하기가 더 어려워진다. 더욱이 연금수급자와 장애인들의 요구는 정부정책의 인기에 영향을 줄 수 있다. 이런 맥락에서 인구고령화가 진행되는 가운데 연금이 은퇴자의 욕구를 충족시킬 수 있는 적절한 수준을 유지할 수 있는가의 문제는 더욱 쟁점이 된다.

불평등의 해소라는 시각에서 보면 사회투자전략은 근로연령중의 빈곤과 노인·장애인의 빈곤을 해소하기 위한 급여들이 존재하는 정책맥락에 위치될 필요가 있다. 이런 급여를 제공하는 가장 효과적인 방법은 자산조사를 이용하는 것이다.

## 1) 사회투자 강화를 위한 두 가지 제안

미래에 점점 악화될 불평등의 위험에 대처하기 위해서는 상당한 수준의 변화가 필요하다. 현재 한국에서 추진하는 사회투자전략 외에 한국에 시사점을 줄 수 있는 최근 정책은 몇몇 유럽국가에서 관심이 증가하고 있는 유연안정성이다. 유연안정성은 광범위한 교육훈련과 좋은 급여가 제공되는 직업을 원활하게 이동할 수 있도록 장려하는 조치를 의미한다. 이러한 접근법은 양호한 수준의 복지와 더불어 역동적인 노동시장을 지원하기 위한 것이다.

두 번째 영역은 남녀에게 좀 더 동등한 기회를 보장하는 정책 그리고 일하는 어머니에 대한 지원을 확대하는 정책에 대한 관심이다. 유럽 국가들은 동등기회를 확립하고 부모친화적인 고용관행을 만들기 위한 입법을 추진해 왔고, 최근에는 공적지원을 확대하거나 사적 지출에 보조금을 지원하는 방식으로 아동보육에 상당한 투자를 해오고 있다. 유급노동에 종사하는 여성의 비중이 증가하고 있으며 일인소득자가구와 한부모가구가 빈곤에 노출될 가능성이 감소하고 있다. 여성을 유급노동에 종사하도록 하는 투자는 다음과 같은 다섯 가지 쟁점에 대처할 수 있을 것이다.

· 인구 고령화는 노동인구 대비 피부양인구의 균형을 위협하는데 전일제 노동에 종사하는 여성의 비중이 증가하면 이 문제를 완화시키는데 도움이 될 수 있다.
· 출산율의 급격한 감소는 더 중요한 쟁점이다. 유급노동에 종사하는 어머니들의 스트레스를 낮춰주면 출산율 상승에 도움이 될 것이다.
· 인적자본에 대한 투자가 한국의 경제성장에 도움을 주었다. 계속해서 이용가능한 모든 인적자본을 활용하는 것이 바람직하다.
· 맞벌이가구가 많아지면 저임금에서 오는 빈곤을 완화시킬 수 있다.
· 평등을 요구하는 정치적 압력이 대규모의 유권자 집단인 여성에게서 증가할 것이다. 이런 방향으로 사회투자를 강화하는 움직임은 개혁의 대중성을 확보하는데 도움을 줄 수 있다.

유연안정성과 여성과 어머니들에게 동등기회를 보장하는 데는 상당한 자원을 필요로 하지만 복지급여 지출을 통해 빈곤을 감소시키는데 필요한 수준은 아니다. 이런 이유 때문에 유연안정성과 동등기회 보장은 한국적 맥락에서 특히 적합할 것이다.

* 이 논문은 2007년 2월 21일 한국사회복지학회 등 4개 학술단체가 개최하고 보건복지부가 후원한 "한국사회의 미래와 사회투자정책" 심포지엄에서 테일러-구비교수가 발표한 논문 "Social investment in Europe: bold plans, slow progress and implications for Korea" 의 수정본을 완역한 것이다.

| | 첫 번째 합의<br>(1950년대-1970년대):<br>고전적 복지국가 | 도 전 | 출현하고 있는 두 번째 합의:<br>사회투자 |
| --- | --- | --- | --- |
| **맥 락** | | | |
| 경제 | · 안정적으로 지속되는 경제성장 | · 금융의 세계화가 국민국가의 역할을 제한<br>· '경쟁력의 필요성'<br>· 후기산업화가 성장을 둔화 | · 경쟁력을 통한 경제성장: 고부가가치 노동 |
| 노동시장 | · 높은 고용률 | · 기술 변동+국제 경쟁이 직업안정성을 위협; 서비스부문으로 이동 | · '유연안정성' : 적절한 숙련도를 가진 유연한 노동력 |
| 사회 | · 안정적인 핵가족, 성별 노동분업 | · 더욱 유연화된 가족; 여성취업 증가 | · 기회평등 |
| 인구 | · 생산가능 노동력과 피부양자간의 안정적인 균형 | · 고령화가 연금의 지속가능성을 위협: 의료와 사회적 수발 | · 부양비(dependency ratio)에 대한 적응 |
| 정치세력 | · 계급에 기반: 복지국가 내에 조직화된 대중노동자와 중간계급의 이해관계 | · 파편화:<br>- 유급노동에 대한 접근성<br>- 사회적 수발<br>- 민영화된 서비스<br>- 이주(노동) | · 다층적 이해관계: 정부와의 관계에서 기업의 역할 증대 |
| 국가역할 | · 정부가 환율, 이자율, 그리고 실업률을 통제 | · 통제 수단 상실 | · 정부가 경쟁력을 향상 · 촉진 |
| **지배적인 이론적 모델** | | | |
| 정치경제 | · 신케인스주의의 수요관리 | · 통화 공급 억제를 강조하는 통화주의; 제한된 개입주의 | · '역동적인 지식기반 경제' : '제3의 길' |
| 행정 | · 관료적<br>· 전문가적 | · '예산을 극대화시키는 관료'<br>· '주인과 대리인' 문제 | · 분권화<br>· 성과관리<br>· 내부시장 |
| 시민권 | · 소극적이고 선거기간에만 참여<br>· 당국에 대한 신뢰 | · 이기적: 비판적 | · 능동적이고 책임성 있는 개인주의 |

|  | 첫 번째 합의<br>(1950년대-1970년대):<br>고전적 복지국가 | 도 전 | 출현하고 있는 두 번째 합의:<br>사회투자 |
| --- | --- | --- | --- |
| 합 의 | | | |
| 복지국가 | · 고전적 복지국가:<br>· 국가 생산에 기여:<br>- 경기변동의 안정화<br>- 노동력 향상<br>- 정부에 대한 지지 증진 | · 경제적 목표를 손상시킴:<br>- 정당화되기 어려운 제반 비용<br>- 노동시장과 자원할당의 비효율성을 유발<br>- 분배갈등을 유발+비생산적인 노력 | · '시장적 수단에 의한 복지 목적' :<br>· 아래 것을 통해 국가목표에 기여<br>- 노동력의 훈련과 동원<br>- 필수적 서비스의 효과적 공급<br>- 사회결속의 증진 |
| 쟁점 | · 생산에서 분배로 목표가 빗나감 | · 반생산적인 복지국가 | · 취약집단의 통합 문제<br>· 개인주의와 사회자본 |

## 참고문헌

Abrahamson, P.(1999). "The welfare modelling business", *Social Policy and Administration, 33(4)*, p.394-415.
Adema, W.(2000). "Revisiting real social speding across countries: a brief note", *OECD Economic Studies* No.30.
Archibugi, D. & Coco, A.(2004). "Is Europe Becoming the Most Dynamic Knowledge Economy in the World?", *CES WP 119*, University of Harvard.
Armingeon, K & Bonoli, G.(2006). *The Politics of Post-Industrial Welfare States.* Routledge, London.
Barbier, J.(2004). "Systems of social protection in Europe", in J.Lind, H Knudsen & H Jøgensen(eds.), *Labour and Employment Regulation in Europe*, Peter Lang, Brussels, pp.233-54.
Barbier, J. & Ludwig-Mayerhofer, W.(2004). "Introduction: the many worlds of activation", *European Societies 6(4)*, pp.423-36.
Bassanini, R. & Duval, R.(2006). "Employment Patterns in OECD Countries: Reassessing the Role of Policies and Institutions", *Social, Employment and Migration Working Papers 35*, OECD, Paris.
Briggs, A.(1961). "The welfare state in historical perspective", *Archives Européene de Sociologie 12*, pp.221-58.
Busch, A.(1999). *The 'Neue Mitte' in Germany*: http://users.ox.ac.uk/~busch/papers/neumitte.pdf consulted 10/5/06.
Clasen, J. & Clegg, D.(2006). "Beyond Activation: reforming European unemployment protection systems in post-industrial labour markets", *European Societies 8(4)*, pp.527-555.
Danziger, S. & Waldvogel, J.(2000). *Securing the Future*, Russell Sage, New York.
ECB(2004a). *The Monetary Policy of the ECB*, Frankfurt.
＿＿(2004b). *The ECB, History Role and Functions*, Frankfurt.
Esping-Andersen, G.(ed.)(2002). *Why We Need a New Welfare State*, Oxford University Press.
Esping-Andersen, G.(1999). *The Social Foundations of Post-industrial Economies*, Oxford University Press.
Esping-Andersen, G.(ed.)(1996). *Welfare States in Transition*, Sage, London.
EU(1993a). *European Social Policy: Options for the Union*, com(93) 551, DG for Employment, Industrial Relations and Social Affairs.
＿＿(1993b). *Growth Competitiveness and Employment*, Bulletin of the EC, supplement 6/93, CEC.
＿＿(2004). *Employment in Europe*, Luxembourg.
＿＿(2006a). *European Employment Guidelines 2006*, Com 31.
＿＿(2006b). *Joint Report on Poverty and Social Inclusion*, Com 7294/06, Brussels.
European Commission(2003). *2003 NAP — Denmark's national action plan for employment 2003*
Föster, M & Marco Mira d'Ercole, M(2005). "Income Distribution and Poverty in OECD Countries in the Second Half of the 1990s", *Social, Employment and Migration Working Papers, 22*, OECD , Paris.
George, V. & Wilding, P.(1976). *Ideology and Social Welfare*, Routledge, London.
Goodman, R & White, G.(1998). "Welfare orientalism and the search for an East Asian welfare model" in Goodman, White and Kwon(eds.), *The East Asian Welfare Model*, Routledge, London.

Gough, I.(2001). "Globalisation and regional welfare regimes: the East Asian case", *Global Social Policy 1(2)*, pp.163-189.

Gough, I.(2004). "East Asia" in Gough, I et al., *Insecurity and Welfare Regimes in Asia, Africa and Latin America*, Cambridge University Press.

Hall, P. & Soskice, D.(2001). *Varieties of Capitalism: the Institutional Foundations of Comparative Advantage*, Oxford University Press.

Hinrichs, K.(2000). "Elephants on the move", *European Review 8(3)*, pp.353-378.

Holliday, I.(2000). "Productivist welfare capitalism", *Political Studies 48(4)*, pp.706-723.

Huber, E & Stephens, J.(2001). *Development and Crisis of the Welfare State*, Chicago University Press.

Kok(2004). *Facing the Challenge: Report to the EU from the High-Level Group*, EU Commission, Brussels.

Kwon, H.(2005). *Transforming the Developmental Welfare State in East Asia*, UNRISD, Social Policy and Development programme: paper 22.

Iversen, T., & Wren, A.(1998). "Equality, Employment and Budgetary Restraint", *World Politics 50(4)*, pp.507-546.

Jessop, B.(2002). *The Future of the Capitalist State*, Polity Press, Cambridge.

Larsen, T.P., Taylor-Gooby, P. & Kananen, J.(2004). *The Myth of a Dual-Earner Society*, WRAMSOC Working Paper http://www.kent.ac.uk/wramsoc/conferencesandworkshops/berlinconference.htm, consulted 12.5.06.

Løupdemel, I.&Trickey, H.(eds)(2001). *An Offer You Can't Refuse: Workfare in international perspective*, Policy Press, Bristol.

MEDEF(2001). "Refondation Sociale" http://www.medef.fr/staging/site/page.php?pag_id=4, consulted 10.5.06

Niccoletti, G, Scarpetti, S. & Boylaud, O.(2000). "Summary Indicators of Product Market Regulation with an Extension to Employment Protection Legislation", *Economics Working papers, no 226*, OECD, Paris.

OECD(1996). *Implementing the Jobs Strategy*, OECD, Paris.

_____(1997). *Employment Outlook*, OECD, Paris.

_____(2002). "Women at work: who are they and how are they faring?", *Employment Outlook*, ch.2. pp.61-124, OECD, Paris

_____(2004). *Policy Brief on Employment Protection*

_____(2004b). "Employment protection regulation and labour market performance" *Employment Outlook*, ch.2.

_____(2005). *Employment Outlook*

Pierson, P.(ed.)(2001). *The New Politics of the Welfare State*, Oxford University Press, Oxford.

Pochet, P.(2001). *Social Pacts in Europe: New Dynamics*, ETUI/OSE.

Rhodes, M.(1998). "Globalisation, labour markets and welfare states: a future of competitive corporatism?" in Martin Rhodes & Y Mény, *The Future of European Welfare: A new social contract?*, Macmillan, London.

_______(2001). "The political economy of social pacts" in Pierson(ed.).

Rico, A., Saltman, R. & Boerma, W.(2003). "Organisational restructuring in European health care systems", in P. Taylor-Gooby(ed.), *Social Policy and Administration, special issue* vol 37, no 6.

Rimlinger, G.(1971). *Welfare Policy and Industrialisation in Europe, America and Russia,* John Wiley, New York.

Rowthorne, R & Ramaswamy, R.(1997). "Deindustrialisation: Causes and Implications", *Economic Issues paper 10,* IMF.

Scharpf. F, & Schmidt V.(eds.)(2000), *Welfare and Work in the Open Economy,* Oxford University Press.

Schmid, G.(2005). "Social risk management through transitional labour markets", *Socio-Economic Review 4(1),* pp.1-33.

Swank, D.(2002). *Global Capital, Political Institutions, and Policy Change in Developed Welfare States,* Cambridge University Press.

Taylor-Gooby, P.(ed.)(2004). *New Risks, New Welfare,* Oxford University Press.

______________(ed.)(2005). *Ideas and Welfare State Reform in Western Europe,* London, Palgrave, 2005.

Visser, J. & Hemerijck, A.(1999). *A Dutch Miracle,* Amsterdam University Press.

# 모든 시민들을 위한 자산형성지원제도

- 보편적, 누진적, 그리고 장기적인 제도를 위하여 -

마이클 쉐라든Michael Sherraden | 미국 워싱톤대학 교수
번역: 한창근 | 싱가폴국립대학 교수

　지난 20년 동안 필자는 부자뿐만 아니라 가난한 사람들도 발전할 수 있는 기본적인 토대로서 자산형성asset - building을 강조해 왔다. 1991년에 제시된 개인발달지원계좌IDAs: Individual Development Accounts는 기존의 사회보장체계 그 이상의 의미가 있다. IDAs는 모든 사람, 특히 저소득층에게 더 많은 동기부여를 제공하고, 갓 태어난 아동들에게 적용시키려는 의도에서 출발하였다. IDAs는 교육, 주택구입, 사업 창출, 그리고 퇴직 후의 연금 등으로 제공될 뿐만 아니라 생애주기 상 여러 가지의 사회적 위험으로부터 보호하려는 목적을 지닌다. 현재 IDAs는 미국을 비롯한 여러 나라에서 저소득층을 주 대상으로 한 시범사업의 형태로 운영된다. 이 시범사업들을 통해 얻은 많은 정보에 기초하여, 지금은 좀 더 보편적인 형태의 자산형성지원제도의 논의가 필요한 시점이라고 볼 수 있다.[1]

---

1) 이 글은 다음 두 개의 연설에서 일부 인용되었음. "Inclusion in Asset Building, Testimony at Hearing on Building Assets for Low-Income Families", *Subcommittee on Social Security and Family Policy*, Finance Committee, US Senate, April 28, 2005; "Assets, Poverty, and Public Policy(speech at)", Sydney Institute, Australia, 2005.

# 1. 자산형성지원제도의 역사와 맥락

많은 국가에서 지난 산업화시대에 제시되고 발전된 20세기형 복지 국가가 21세기에도 적절한지에 관하여 진지한 고민들을 하고 있다. 20세기형 복지국가 모형은 노동시장에서 실업, 장애, 퇴직 등의 이유 로 소득이 줄어들거나 없어졌을 때 이에 대한 소득보전을 기본적 틀로 하고 있다. 물론 소득보전은 중요하고 없어서는 안 될 중요한 정책이 다. 보편적인 사회정책을 제시하지 못하는 미국의 경우에도 소득보전 (현금 지원 및 건강보호)은 정부 예산의 약 절반가량을 차지한다. 이러 한 점은 재정적인 면에서 현 복지국가는 소득보전체계를 가지고 있다 고 볼 수 있다. 국방이나 국제관계에 관한 이슈들이 주요 이슈로 논의 되고 있지만, 예산 차원에서 한 국가의 주요 업무는 사회적 급여를 위 한 예산의 징수 및 지출이라고 할 수 있다.

노동시장에서 소득의 상실과 이에 대한 소득보전과 같은 아이디어가 더 이상 통하지 않는 시대에 들어서고 있다. 이제 더 이상 노동시장에 서 저숙련 노동자가 장기적이고 안정적으로 취업하는 시대가 아니다. 지식과 기술을 요구하는 직업이 증가하고 있고, 노동시장 내에서 노동 의 유연성은 더욱 더 요구되는 실정이다. 새로운 정보와 기술의 습득은 대부분의 근로자들에게 평생과제로 제시되고 있다. 게다가 전세계적 으로 자본소득이 노동소득에 비하여 점점 더 커져가는 현상을 보이고 있다. 이러한 노동시장과 자본시장의 변화에 따라, 산업화시대에 제시 된 소득보전정책은 더 이상 적절한 정책이 아닐 뿐 아니라, 이런 정책 에 대한 정치적 압박 또한 이루어지고 있다.

이러한 변화과정은 대부분 이념적 또는 정치적 관점에서 논의되고 있지만, 기본적인 쟁점은 이념적인 것이 아니다. 경제구조가 변해가고 있으며 기존의 많은 사회정책들은 이러한 현대적 맥락에 맞지 않는다. 이것과 무관하다고 볼 수 없는 것이 사회정책이 전달되는 방식에서 나타나는 최근의 혁명에 가까운 변화이다. 이런 변화는 노후소득보장정책에서 극명하게 나타난다. 개인계좌방식individual account system이 많은 국가들에서 확산되고 있다. 이 제도에서 개인들은 자신의 자산을 소유할 뿐만 아니라 그들의 "복지"를 좀 더 조절할 수 있을 것으로 기대된다.

물론, 연금제도에서 확정기여defined contribution체계도 많은 단점과 문제점이 있다. 하나의 가장 중요한 이슈는, 이 확정기여체계는 높은 행정비용(매년 약 20% 이상)이 든다는 것이고, 이는 이 체계가 비효율적이라는 의미이기도 하다. 금융시장과 정보처리기술이 발달한 현재의 상황에서 이러한 높은 비용이 정당화될 수 없다. 핵심은 제도를 단순화하고 하나 혹은 소수의 연금공급자를 두어 규모의 경제를 달성하는 것이다.

미국에서 자산형성지원제도는 주택소유자에게 제공되는 세제혜택, 투자에 대한 세제혜택, 근로시장에서 확정기여 형태의 퇴직연금 세제혜택[401(k)s, 403(b)s], 근로시장과는 별도로 개인별로 가입하는 개인퇴직금 적립계정IRAs: Individual Retirement Accounts과 '로스'라는 개인연금Roth IRAs 등이 있다. 세제혜택을 제공하는 또 다른 형태의 자산지원제도로 개인훈련계좌ITA: Individual Training Accounts, 교육지원저축예금Educational Savings Accounts, 주립대학지원저축제도State College Savings (529) Plans, 의료지원저축제도Medical Savings Plans 등이 있다. 미국에서 이러한 유형의 자산형성정책들이 급속히 팽창해 왔다. 개인계좌정책들은 모두 1970년 이후 출현하기 시작했으며 지금은 다양한 유형의 정책들이 존재한다.

이러한 새로운 제도들의 가장 큰 도전 중의 하나는 특정 집단을 배제시키는 문제이다. 확정기여제도들은 상위 소득층을 주 대상으로 하면서 저소득층을 배제하는 경향이 있다. 이러한 배제의 이유는 이 제도들이 소득에 기초하여 운영되기 때문이다. 소득이 많을수록 더 많은 돈이 개인계좌에 적립되고, 이러한 기여에 대한 세제혜택은 더욱 커지게 마련이다. 즉, 현 자산형성지원제도는 역진성을 띤다. 미국에서 자산형성 (주택, 투자, 퇴직)을 지원하기 위해 매년 3,000억 달러 이상이 세제혜택으로 지출되고 있으나, 약 90% 이상이 5만 달러 이상의 소득을 가지고 있는 중상층에게 돌아가고 있다(Corporate for Enterprise Development, 2004; Howard, 1997; Seidman, 2001; Sherraden, 1991). 빈곤층에게 제공되는 각종의 복지비용을 합한 지출보다 훨씬 많은 돈이 이미 부를 소유한 자의 자산형성에 쓰이는 것이다.

왜 이것이 문제가 되는가? 단순히 많은 수의 사람들이 빈곤하고 사회적 보호를 제대로 받지 못하고 있다는 문제점 외에 우리가 이 문제에 관심을 가져야 하는 이유는 저소득층이 자산형성과 투자를 통해 발전할 수 있는 기회가 제대로 마련되지 못하기 때문이다. 본인과 자식들의 교육에 투자하고, 주택을 구입하고, 소규모의 사업을 창출하는 등의 투자를 통해 저소득층도 그들의 환경을 변화시키고 개선시킬 기회를 가지게 되는 것이다. 이러한 자산형성은 또한 한 세대에서 다음 세대로 이전되면서 현 세대의 복지뿐만 아니라 다음 세대의 복지에도 영향을 미치게 된다.

이러한 것은 전혀 새로운 사실이 아니다. 자산의 소유는 가장 중요한 미국적 가치이다. 미국의 건립에 기초적 역할을 한 제퍼슨<sup>Thomas Jefferson</sup>은 비록 소규모일지라도 자산의 소유가 미국 민주주의와 경제 발전에 가장 중요한 요소가 된다고 믿었다. 비록 여러 이름으로 불릴지라도, 자산의 이러한 특성은 대부분의 국가에서도 받아들여지고 있다.

과거 복지국가 시기에 우리는 자산형성이 개인 및 사회발전의 필수 요소라는 점을 망각했었고 심지어 저소득층의 자산형성을 방해하는 장벽을 설치하였다. 자산조사를 기초로 제공되는 복지급여를 받기 위해서는 일정 수준 이상의 저축과 자산을 소유하여서는 안 된다. 그렇지 않으면 복지급여 자격을 상실하기 때문이다. 이것은 내가 상상할 수 있는 가장 반생산적인counter - productive 정책 아이디어이다. 자산형성과 관련된 이러한 이중성, 즉 중상층의 자산형성을 위한 세제혜택, 그리고 빈곤층의 복지수혜 자격 유지를 위해 일정 수준 이하의 자산을 소유하게 하는 것은 공평하지 않을 뿐만 아니라 비생산적인 제도이다. 개인에게, 특히 저소득층에게 경제와 사회에 기여할 수 있는 기회를 차단한다는 점에서 현 제도는 비생산적이다.

## 2. 자산형성지원제도의 의의

"자산" 이라는 용어는 다양한 의미를 지닌다. 예를 들어, 금융자산 및 부동산, 인적자본, 사회자본, 정치적 참여 및 영향력, 문화자본, 그리고 천연자원 등의 의미를 포함한다. 이러한 다양한 의미를 지닌 유형의 자산 중에서 필자는 사회정책과 직접적으로 연관되는 금융자산에 초점을 두었다.

사회정책은 단순하면서도 대규모로 실시되어야 성공할 가능성이 높다. 복잡하고 까다로운 업무들은 지역사회와 가족들이 잘 알아서 해 나간다. 금융자산을 대상으로 한 사회정책은 효율적으로 실시될 수 있을 뿐만 아니라 그 결과를 쉽게 측정할 수 있다. 이러한 점에서 필자는 다양한 자산 중에서 금융자산에 초점을 맞추었다.

사회정책에서 빈곤은 소득과 소비로 정의되어 왔다. 물론 소득과 소비는 필수적인 요소지만, 이들은 장기적 발전을 반영하지 못한다. 가족과 지역사회의 발전은 자산형성과 투자를 통해서 달성할 수 있는 것이다(Sherraden, 1991).

근래 들어 빈곤과 웰빙Well-being을 소득 및 소비 수준으로 정의하는 것에 대한 반론이 증가하고 있다. 이러한 반론의 한 예로서 센Amartya Sen을 비롯한 여러 학자들은 '능력'capabilities이라는 용어를 제시하였다. 자산은 장기적인 의미에서의 '능력'의 형성 및 증가라는 점에서, 자산형성지원제도는 넓은 의미에서 '능력'과 밀접한 관계가 있다고 할 수 있다. 사회정책으로서 자산형성은 또한 "사회투자Social investment(Sen, 1993, 1999)"의 한 형태로 간주될 수 있다. 자산형성지원제도는 사회정책이 단순히 소득보장에서 벗어나 개인, 가족, 그리고 지역사회의 발전으로 이끄는 데 기여할 것으로 여겨진다. 이러한 점에서, 자산형성지원제도는 소득보장제도와 명백한 보완적인 관계에 있다.

이러한 논의는 사회보험의 무용론을 이야기하고자 하는 것은 아니다. 정확한 의미는 자산조사에 기초한 공공부조제도와 더불어 자산형성지원제도와 사회보험의 균형점을 모색해보자는 것이다. 필자가 지난 미 대통령 사회보장위원회에서 주장하였듯이, 개인저축예금individual accounts이 도입된다면, 이것은 현 사회보장체계의 혁신으로 보아야 한다(Sherraden, 2001).

자산형성지원제도의 일차적 목표는 모든 시민들의 참여를 가능케 하는 포괄성inclusion이다. 포괄성이란 의미는 정책이 다음과 같아야 한다는 것이다. 첫째 모든 시민들이 자산형성지원제도의 수혜자가 되어야 하고, 둘째 자산형성지원제도는 생애주기에 기초하여 운영되도록 상대적으로 융통성이 있어야 하고, 셋째 적어도 저소득층에게도 평등한 공적보조금을 제공하도록 운영되어야 하며, 마지막으로 자산형성정책 목적에 따른 적절한 수준의 자산축적이 이루어져야 한다는 점이다.

## 3. 자산형성지원정책 발전 현황

자산형성지원제도에 관한 필자의 생각은 1980년대 미국의 공공부조 수혜를 받는 어머니들welfare mothers과의 대화를 통해서 구체화되었다. 그들은 주택구입, 교육, 그리고 사업창출 등을 통해 장기적으로 자산을 형성할 수 없다는 것을 가장 큰 문제의 하나로 여겼다.

이러한 논의가 개인발달지원계좌IDAs의 탄생으로 이어졌다. IDAs가 처음 도입된 이후 미국에서 이 제도는 꾸준히 확대되었다. 또한 1990년대에는 거의 모든 주에서 자산조사의 자산제한액이 증가하였다. 1996년 미국의 "공공부조개혁법안"Welfare Reform Act에서는 각 주들이 선택적으로 IDAs를 도입하게끔 제도적 개선이 이루어지기도 했다(Boshara, 2003; Cramer, Parrish, & Boshara, 2005). 법적인 차원에서도 IDAs 시범사업을 명문화한 연방독립자산법The Federal Assets for Independence Act이 1998년 입법화되었다. 이러한 과정에서 현재 미국에서는 40개 이상의 주들이 IDAs 사업을 실시하고 있다(Edwards & Mason, 2003). 이러한 모든 것은 사고의 전환을 의미하지만 정책의 근본적 변화가 이루어진 것은 아니다. 대부분의 미국의 IDAs는 규모가 작은 프로그램이다.

아마도 가장 중요한 기여는 지난 15년 동안 거의 논의되지 않던 저소득층의 자산형성 이슈를 정책적 화두로 만들었다는 점일 것이다. 정치적으로 자산형성지원제도는 민주당과 공화당 양 정당의 지지를 받고 있다. 양 정당은 최근 들어 "자산형성," "자산형성제도," "이해관계자 참여"stakeholding, 그리고 "소유의 사회"ownership society 등의 용어들을 자주 사용하고 있다. 또한 정책적 개혁으로서 보편적인 401(k)와 모든 아동들을 대상으로 한 자산형성지원제도의 도입 등이 논의되고 있다.

미국을 비롯한 전세계적으로 자산형성지원제도의 도입 및 발전은 워싱턴대학의 사회발전센터<sup>Center for Social Development</sup>의 기여를 통해 이루어졌다. 영국의 "저축예금의 길"<sup>Saving Gateway</sup>과 "아동신탁기금"<sup>Child Trust Fund</sup>(H.M. Treasury, 2001, 2003; Kempson, McKay, & Collard, 2003, 2005; Paxton, 2003; Sherraden, 2002), 대만의 "가족발달지원계좌"(Family Development Accounts: Chen, 2003), 캐나다의 IDAs와 "교육계좌"<sup>Learn$ave</sup>(Kingwell, Dowie, Holler, Jimenez, 2004)의 도입에 있어서도 그 센터의 공헌이 있었다. 또한 호주, 우간다, 페루 등의 국가들에서도 저소득층의 자산형성을 지원해주는 매칭제도를 도입하고 있으며, 인도네시아와 한국에서도 도입 논의가 이루어지고 있다.

## 4. 자산형성지원제도의 이론, 증거 그리고 정책 방향

자산형성지원제도와 관련되어 두 가지 이론적 논의가 있다. 첫 번째, 저축 및 자산형성은 개인적인 선호뿐만 아니라 제도 및 프로그램의 특징에 의해 영향을 받는다는 점이다. IDAs 참여자들을 대상으로 한 CSD의 연구에서 우리는 다음과 같은 제도적 요인들이 저축 및 자산형성에 영향을 미칠수 있음을 발견했다. 이런 요인들은 "접근기회<sup>access</sup>, 기대치<sup>expectations</sup>, 정보<sup>information</sup>, 인센티브<sup>incentives</sup>, 촉진<sup>facilitation</sup>, 제한<sup>restrictions</sup>, 안정<sup>security</sup>" 등으로 나타났다(Beverly, Sherraden, 1999; Sherraden & Barr, 2005; Sherraden, Schreiner, & Beverly, 2003). 이러한 요소들은 저축의 성과를 설명할 뿐만 아니라, 정책적으로도 중요한 의미를 지닌다.

예를 들어, 매월 저축 목표액(기대치<sup>expectation</sup>)의 1달러의 증가는 40~50센트의 저축액의 증가와 관련되어 있다. IDAs에서 제공하는 금융교육(정보<sup>information</sup>)도 저축액과 양적 관계가 있는데, 특히 10시간까지의 교육시간이 양적 관계가 있고 그 이상의 시간은 효과가 없는 것으로 나타났다. 교육 프로그램에 대한 비용이 적지 않음을 감안하면, 이 정보는 IDAs를 실시하는 데 있어서 많은 도움이 될 것으로 기대된다. 인센티브로서 매칭은 저소득층의 참여와 유지에 긍정적으로 작용하는 것으로 나타났으나, 저축액과는 양적 관계를 보이지 않았다. 매칭에 관한 이러한 결과는 401(k)에서의 연구결과와 비슷하게 나타났다. 자동이체 (촉진<sup>facilitation</sup>) 또한 매칭률과 유사한 연구결과를 나타냈다(Schreiner, Clancy, & Sherraden, 2002; Schreiner & Sherraden, 2007). 이러한 결과는 미국의 IDAs 프로그램의 시범사업인<sup>ADD: American Dream Demonstration</sup>에 기초하고 있다. ADD는 기업발전을 위한 법인<sup>CFED: Corporation for Enterprise Development</sup>에 의해 시행되었다. ADD 평가연구는 사회발전센터<sup>CSD</sup>가 맡고 있으며, 연구비는 포드<sup>Ford</sup>, 챨스 스트워트 모트<sup>Charles Stewart Mott</sup>, 헤론<sup>F.B. Heron</sup>, 메트라이프 재단<sup>MetLife Foundations</sup>의 도움으로 운영되고 있다. 이러한 연구결과는 IDAs가 어떻게 실시되어야 하는지에 대한 정책적 함의들을 지닌 것으로 나타났다.

또 다른 중요한 연구 결과는 IDAs 참여자들은 그 프로그램이 자산을 형성하는 데 중요한 기회(접근기회<sup>access</sup>)를 제공한다고 여긴다는 점이다. 초점집단을 통한 연구결과에 따르면 한 참여자는, "IDAs는 우리(저소득층)에게 제공되는 401(k)와 같은 프로그램"이라고 말한다. 저축액을 특정한 목적에만 사용하도록 하는것(제한<sup>restrictions</sup>) 또한 참여자들의 저축에 긍정적으로 작용하는 것으로 나타났다. 이러한 결과는 일반적으로 많은 기회를 제공하는 것이 바람직하다는 주류 경제학의 연구결과와는 다르다는 점이어서 주목된다(Sherraden, McBride, Johnson, Hanson, Ssewamala, & Shanks, 2005; Sherraden,

McBride, Hanson & Johnson, forthcoming).

자산형성지원제도의 이론적 논의의 두 번째 이슈는 자산형성이나 소유는 미래의 소비뿐만 아니라 여러 가지 형태의 긍정적 효과를 산출한다는 점이다. 예를 들어, 자가가구는 단지 주택소유라는 재정적 안정성뿐만 아니라 안정적인 시민권의 확립이라는 특징이 있다. 이러한 자산효과에 대한 이론이 검증된다면, 자산형성지원제도를 좀 더 정당화시킬 것으로 기대된다. 몇 가지 자산효과의 예를 들면 다음과 같다. 첫째, 가구의 안정성을 증가시킨다. 둘째, 자산을 소유하면 미래지향적인 사고를 가지게 된다. 셋째, 자산 향상을 촉진시킨다. 넷째, 자산은 집중과 특별화를 증가시킨다. 다섯째, 자산은 개인적 효율을 증가시킨다. 여섯째, 자산은 사회적 영향력을 증가시킨다. 일곱째, 자산을 소유하게 되면 위기 대처의 기초를 가지게 된다. 여덟째, 자산은 후세대의 웰빙을 향상시킨다(Sherraden, 1991). 경제학, 사회학, 정치학, 인류학, 그리고 사회복지학에서의 연구결과들은 이러한 가설들을 지지하는 연구결과들을 제시하고 있다(Page-Adams & Sherraden, 1997; Scalon & Page-Adams, 2001). 영국에서 국내아동발달연구<sup>National Child Development Study</sup>라는 데이터를 이용하여 조사한 연구결과에 따르면, 23세에 자산을 소유한 사람은 이후에 노동시장에서 좋은 결과를 나타내었을 뿐만 아니라 결혼, 건강, 그리고 정치적 관심사 등에 있어서 좀 더 좋은 결과를 나타냈다. 이는 "다양한 자산효과"를 지지하는 결과인 것 같다. 또한 같은 조사에서 자산을 소유한다는 것은 단지 물질적 의미 그 이상인 것으로 나타났다. 이러한 결과들은 자산형성과 관련된 이론적이고 정책적인 함의를 증명해준다. 가령, 주택 소유가 다양한 자산효과가 있다면, 가능한 한 일찍 주택을 소유할 수 있도록 도와주는 정책의 도입이 필요할 것이다(Bynner & Paxton, 2001).

미국의 PSID를 이용하여 자산이 어떻게 아동발달에 영향을 미치는
지 조사한 결과에 따르면, 부모의 자산은 아동의 인지발달, 신체적 건
강, 그리고 사회정서적 행동과 긍정적인 관계를 나타냈다. 이러한 결과
는 자산이 단순히 경제적 안녕뿐만 아니라 후세대의 웰빙에 영향을 미
친다는 자산효과를 입증하는 것으로 보인다. 이 조사는 극빈층에게도
나타나는 것으로 조사되었으며 아동이 성장하면서 이 자산효과는 더욱
커졌다(어린 아동의 경우에는 소득효과가 더 컸다). 이 결과는 자산효
과는 장기적이고, 단기적으로는 측정하기 어렵다는 것을 보여준다
(Williams, 2003).

미국의 가족 및 가구조사National Survey of Families and Households를 이용하여 자산,
기대, 그리고 아동의 교육 성취도와의 관계를 분석한 한 연구에서는,
한부모 저소득 가정의 자산이 아동의 교육 성취도와 정적 관계가 있는
것으로 나타났다. 또한 이러한 양적 관계는 부모의 기대에 의해 매개되
는 것으로 나타났다. 즉, 자산을 소유한 부모는 아동교육에 관해 좀 더
높은 기대를 하게 되고 이에 따라 아동의 교육 성취도가 높아진다는 것
이다. 이 결과는 자산이 사고를 바꾸고 이에 따라 행동 결과가 달라진
다는 자산효과의 인지이론을 지지하는 것이다. 주목할 점은 자산을 통
제하지 않은 모델에서 소득은 교육 성취도와 양적 관계가 있었으나, 자
산이 포함된 모델에서는 소득의 양적 관계는 사라졌다. 이 결과는 자산
을 빼고 소득만으로 웰빙에 관해 조사했던 기존의 조사들의 경우 모델
구성상 문제점under-specified이 있음을 보여준다(Zhan & Sherraden,
2003).

미국 IDAs의 대표적인 시범사업인 ADD에 관한 연구결과는 좀 더
직접적으로 자산형성지원제도가 저소득층의 저축에 어떻게 영향을 미
치는지 설명해준다. ADD는 IDAs 프로그램의 첫 시범사업이다. 미국

전역에서 14개의 IDA 프로그램들이 이 시범사업에 참여하였다. 이 사업은 1997년에 시작하여 2001까지 지속되었고, 연구는 2005년까지 시행되었다. ADD는 워싱턴에 있는 기업발전을 위한 법인[CFED]에 의해 조직되었으며 연구사업은 사회발전센터[CSD]에 의해 주도되었다.

가장 중요한 한 가지 연구결과는, 개인적이며 제도적인 특성들을 통제한 후의 소득은 저축과 그리 밀접한 관계가 없다는 것이다. 빈곤층 가구들은 차상위층과 비교하여 통계적으로 저축실적에 별 차이가 없었고, 오히려 소득비례 저축률을 볼 경우 빈곤층이 차상위층보다 저축률은 더 높게 나타났다(Schreiner et al., 2002). 이러한 결과는 극빈층도 자산형성지원정책의 적용 대상으로 인정되어야 한다는 것을 보여준다.

IDAs 프로그램 참여자들과 다른 통제집단 참여자들을 심층면접한 결과, IDAs 프로그램 참여자들이 미래를 좀 더 구체화하는 것으로 나타났다. 또한 IDAs 참여자들은 목적과 의도를 더 잘 생각해 내고 이 목적을 달성하기 위하여 좀 더 구체적인 방법들을 고안해 내는 것으로 나타났다(Sherraden et al., 2005). 이러한 결과들은 자산효과의 인지이론을 지지하는 것으로 자산의 소유가 생각하는 방식에 변화를 초래하는 것으로 보인다.

실험설계에 따른 ADD 참여자들은 통제집단에 비하여 높은 주택구입률 및 총자산을 가지는 것으로 나타났다. 이러한 양적 관계는 특히 흑인집단에서 좀 더 뚜렷하게 나타났는데, 이는 흑인집단에 대한 그동안의 차별대우를 설명하고 있으며, 기회가 주어진다면 이들도 자산형성을 할 수 있다는 것을 보여준다(Grinstein-Weiss & Wagner, 2006; Mills, Patterson, Orr, & DeMarco, 2004; Mills, Gale, Patterson, & Apostolov, 2006). IDAs가 순자산 증가에 미치는 효과는 아직은 그리 분명하지는 않지만 데이터 문제 때문에 지금은 순자산 증가 효과에 대해 판단하기는 이르다. 또한 네 번째 패널 데이터가 계획 중이며, 이 데이터를 이용한 연구결과가 좀 더 정확한 IDAs의 순자산 영향을 판별할 수 있을 것이다. 이러한 결과들은 IDAs가 참여자들의 자산 증가에 효과가 있음을 보여주고 있다. 또한 자산소유가 결혼 및 가족관계에 어떠한 영향을 미치는지에 대한 연구가 진행되고 있다. 일반적으로 자산에 관한 연구들은 자산소유는 다양한 긍정적 효과가 있음을 보여준다.

정책적인 면에 있어서, 이러한 연구결과들은 빈곤정책 및 사회정책에 있어서 많은 변화를 초래하였다. 포괄적 자산형성지원정책은 이제는 미국의 정책환경에서는 널리 받아들여지고 있다. IDAs 프로그램의 확대 및 기타 다른 종류의 자산형성지원정책의 도입 논의 등에서 우리는 자산형성지원정책에 관한 활발한 논의가 이루어지고 있음을 알 수 있다. 그러나 대규모의 자산형성 지원 프로그램이 실시되지 않고 있다는 점은 여전히 아쉬운 점이다. 다만, 미국 전 대통령인 클린턴이 1999년과 2000년에 제시하였던 포괄적 저축예금계좌USAs. Universal Savings Accounts는 대규모의 자산형성 지원 프로그램의 실시 가능성을 보여준다. 클린턴은 이 계좌에 대해 다음과 같이 설명하였다.

수천만 미국인들은 하루 벌어 하루 생활하는 삶을 살아가고 있다. 아무리 열심히 일해도, 그들에게는 저축할 기회가 주어지지 않고 있다. 따라서 모든 가정이 저축하고 자산을 형성할 수 있도록 도와주어야 한다. 이것이 IDAs 프로그램이 가지고 있는 기본 취지일 것이다. 우리는 이 IDAs를 좀 더 확대하고자 한다. 퇴직저축통장과 연계하여 모든 빈곤층 및 중산층 가구들이 퇴직, 주거구입, 의료지출, 또는 대학 학자금 마련 등의 용도로 쓸 수 있는 자산형성 지원 프로그램을 제시한다. 매년 참여자들의 저축액에 대하여 매칭을 제공할 것이다.

USAs 제시안은 미국 근로자들 대상의 '401(k)' 와 유사한 프로그램이다. 현 미국에서 논의 중인 401(k)와 IRA의 자동처리<sup>automatic</sup> 방안은 USAs 제시안과 연관되어 있다. 여기서 자동처리는 강제 가입이 아니라 가입자의 선택<sup>opt out</sup>에 의해서 운영되는 것을 의미한다. 오랫동안 중앙공제기금<sup>Central Provident Fund</sup>을 실시하고 있는 싱가포르가 이러한 가입자 선택방식을 실시하는 전형적인 국가이다.

## 5. 아동저축계좌<sup>Children's Savings Accounts</sup>의 가능성

자산형성과 관련되어 중요한 이슈는 시간이다. 자산형성지원정책은 아동기부터 시작하여 일생 동안 지속될 때 그 의미가 있는 것이다. 미국에서 아동저축계좌에 관한 논의는 부시 행정부 시기에 시작되었다. 부시 행정부의 선임 행정관인 골드버그<sup>Goldberg</sup>는 아동저축계좌의 실시를 주장하였는데, 부시 행정부의 요구에 쉐라든<sup>Sherraden</sup>은 미국 모든 아동들에게 1,000달러의 초기예금을 지급하는 안을 제시하였다. 이러한 점에서, 미국에서는 2004년과 2005년 새로 출생하는 모든 아동들에게 하나의 저축통장을 지급하도록 하는 ASPIRE 법안이 제안되었다. ASPIRE 법안의 기초적 논의는 크레이머(Reid Cramer, 2004)에 의해 자세히 이루어졌고, 뉴아메리카재단<sup>New America Foundation</sup>의 보샤라<sup>Ray Boshara</sup>와 연구원들은 이 법안의 마련에 기초적인 역할을 하였다.

영국에서도 2000년에 자산형성지원정책에 관한 많은 논의가 있었다 (Blunkett, 2000; Kelly & Lissauer, 2000; Nissan & LeGrand, 2000). 그 결과로, 2001년 4월에 블레어 총리가 모든 아동들을 대상으로 하는 아동신탁기금<sup>Child Trust Fund</sup> 안을 제시하였다. 또한 그는 저소득층을 위하여

미국의 IDAs와 유사한 'Saving Gateway' 프로그램을 제시하였다
(Blair, 2001).

아동신탁기금은 2005년 4월부터 출생한 모든 아동들을 대상으로 하
고 있으나, 2002년 9월에 출생한 아동에게까지 소급 적용하고 있다.
아동들은 250파운드를 개설예금으로 지급 받고, 특히 저소득층 아동들
은 500파운드를 받도록 되어 있다. 추가적인 정부 보조액에 대해서는
아직 구체화되지 않았다. 아동신용기금의 주요한 특징은 보편적이고
누진적이라는 것이다. 블런케트<sup>David Blunkett</sup>에 따르면, "우리는 기존의 복
지국가와는 전혀 다른 접근, 즉 자본과 자산에 초점을 둔 접근에 다가
가고 있다(H.M. Treasury, 2003)."

미국에서도 아동들을 대상으로 한 보편적인 누진적 자산형성지원정
책이 제시되어 왔다 (Boshara & Sherraden, 2003; Cramer, 2004;
Goldberg, 2005; Lindsey, 1994; Sherraden, 1991). 아동저축계좌는
미국에서 포괄적인 자산형성지원정책으로서 기대되고 있다. 미국은
경제 선진국들 중에서 아동수당이 없는 국가에 속한다. 서유럽 국가들
에서 아동수당 지출은 GDP 대비 1.8% 정도를 차지한다. 미국에서는
아동수당을 도입하기보다는 아동저축계좌의 실시가 이념적으로나 정
치적으로 좀 더 선호되는 실정이다. 미국 GDP의 0.1% 정도이면 새로
출생하는 아동들의 통장에 개시 예금으로 2,500달러를 지급할 수 있는
것으로 연구되었다(Curley & Sherraden, 2000).

현재 미국에서는 포드재단 및 여러 재단들의 재정지원을 받아서
"SEED"<sup>Saving for Education, Entrepreneurship, and Downpayment</sup>라는 이름으로 아동저축계좌
의 시범사업을 실시하고 있다. SEED는 여러 기관들(CFED, CSD,
New America Foundation, the Institute for Financial Security of
the Aspen Institute 등)이 연계되어 실시되는 시범사업이다. 특히 필

자는 이 시범사업을 재정적으로 지원해주는 포드, 챨스 스트워트 모트, 메트라이프 재단에 감사표시를 하고 싶다.

아동저축계좌는 장기적인 자산형성지원정책으로서 많은 잠재력이 있다. 아동기부터 시작하여 일생 동안 이루어지는 아동저축계좌는 좀 더 많은 자산을 형성할 수 있을 것으로 기대된다. 자산효과이론에서 살펴보았듯이 어려서부터 저축하고 자산을 형성하는 것은 부모 및 아동들에게 심리적 그리고 행동적으로 긍정적인 영향을 미칠 것으로 기대된다. 가능하면 어린 아동들에게 자산을 형성할 수 있도록 하는 아동저축계좌는 정치적으로도 설득력이 있다. 이러한 이유로 미국에서는 아동저축계좌에 대한 양당의 지지가 나타나고 있다.

전세계적으로도 아동저축계좌에 관한 관심이 증가하고 있다. 캐나다에서도 아동저축계좌와 유사한 정책을 도입하려고 논의 중이다. 싱가포르에서는 아동발달지원계좌가 도입되어 시행되고 있다. 홍콩과 한국에서도 구체적인 논의가 이루어지고 있다(Loke & Sherraden, 2006).

## 6. 더욱 포괄적인 자산형성지원제도를 위하여

자산형성지원제도에 있어서 가장 큰 도전은 포괄성[inclusion], 즉 가능한 한 많은 사람을 포함하는 것이다. 포괄적인 자산형성지원제도는 장기적으로 그리고 보편적으로 실시되어야 한다. 이것은 교통의 원활한 소통을 위하여 고속도로를 설치하는 것에 비교될 수 있다. 이러한 사회간 접자본이 설치되면 개발이 이루어질 것이다. 보편적인 자산형성제도의 의미를 공공인프라 및 공익에서 찾는 필자의 이러한 통찰은 골드버

그[Fred Goldberg]에서 비롯되었다. 정치적 지도자와 계획가들은 이러한 관점에서 자산형성지원제도를 이해해야 한다. 일단 자산형성지원제도가 실시되면 그 제도는 좀 더 많은 정치적 지지를 받게 된다. 싱가포르에서의 중앙공제기금(Sherraden, Nair, Vasoo, Ngiam, & Sherraden, 1995, Vasoo & Lee, 2001)과 영국의 아동신탁기금이 그러한 예들이다.

앞으로 자산형성지원제도는 21세기의 경제와도 잘 어울릴 것으로 기대된다. 새로운 경제체제에서는 개인의 관리와 선택이 더욱 중요한 요인으로 등장할 것으로 기대된다. 또한 정보사회의 등장으로 금융교육과 같은 서비스가 자산형성지원제도의 가능성을 증가시킬 뿐만 아니라 그 실패의 위험요소는 줄일 것으로 생각된다.

자산형성지원제도가 포괄적이기 위해서는 401(k), 403(b), 연방저축금융제도[Federal Thrift Savings Plan], 대학진학지원저축제도[College Savings (529) Plans]와 같이 일반 시민들이 참여하는 형태로 운영되어야 한다. 포괄성의 의미를 좀 더 쉽게 이해하기 위해서는 "이러한 저축 프로그램이 없을 경우 일반 시민들은 어떻게 저축하고 자산을 형성할 수 있을 것인가?"와 같은 자문을 해보면 좀 더 확연해진다. 모든 시민들이 이러한 제도적 기회를 이용할 수 있도록 하여야 하는 것이다.

포괄성과 관련하여 도입되어야 할 중요한 프로그램 특성들이 있다. 이러한 특성들은 집중화되고 효율적인 회계, 아웃리치와 교육, 제한된 저비용 투자 옵션, 낮은 개시예금과 지속적인 예금, 자동이체, 그리고 기타 관행들이 포함된다. 이러한 프로그램 특성들이 저축에 긍정적인 영향을 미치게 된다. 또한 자동가입, 매칭, 매칭 최고액 지정, 저비용 자동 펀딩, 소득의 변화에 따른 자동 이체율 조정 등도 이러한 프로그램 특성에 포함된다. 이러한 특성들은 앞에서 논의한 제도적 구성요소와 관련되어 이해하면 될 것이다. 이러한 이유로 ASPIRE 법안은 연방

저축금융제도의 프로그램 특성들을 지니고 있다.

아동저축계좌의 도입과 관련하여 각 주에서 시행하고 있는 대학진학 지원저축제도를 주목할 필요가 있다. 물론, 일부의 경우 높은 수수료와 투자비용 등의 문제점을 가지고 있으나, 일부 주에서는 비용을 낮추고 (1년에 0.65달러) 낮은 개시예금(100달러 이하)을 도입하고, 주민들에게 적극적인 홍보도 하고, 특히 저소득층에게 매칭을 제공하기도 한다. 이러한 특성을 지닌 'College Savings (529) Plans' 는 아동저축제도의 시행에 있어서 밑거름이 될 수 있다고 생각한다(Clancy & Sherraden, 2003; Clancy, Cramer, & Parrish, 2005; Clancy, Orszag, & Sherraden, 2004).

## 7. 결론

자산형성지원제도의 장점은 그 목적과 시행이 간단하고 분명하다는 점, 쉽게 의사소통할 수 있다는 점, 그 제도의 필요성이 쉽게 이해될 수 있다는 점, 융통성 있게 운영될 수 있다는 점, 정책평가가 용이하다는 점, 그리고 자산형성과 이에 따른 다양한 긍정적 효과를 가지고 있다는 점 등으로 요약될 수 있다.

포괄적 자산형성지원제도의 기본적 원칙은, 첫째 보편성[universal](모든 사람의 참여)을 갖추고, 둘째 공평[fair](저소득층에게 좀 더 많은 혜택)해야 하며,[2] 셋째 생애주기[life-long]라는 장기적인 측면에서(아동기부터 그리

---

2) 필자는 자산형성정책이 누진적 progressive 일 것, 즉 빈곤층에게 더 많은 보조금을 주는 것을 선호하지만 최소한 공평할 fair 것, 즉 모든 사람에게 동일한 보조금을 지급하는 것을 불만스럽지만 수용할 수 있다. 오늘날 미국의 자산형성정책은 공평이라는 측면과는 많이 동떨어져 있다. 하나의 예를 들면, 일부 부자들은 주택모기지 이자 세액공제를 통해 자가소유 home

고 생애주기상 융통성 있게 실시) 접근해야 하고, 마지막으로 적절성 adequate(가족의 안정과 발전에 필요한 충분한 자산)을 확보하여야 한다는 것이다.

포괄적인 저비용의 자산형성지원제도는 모든 시민들에게 많은 혜택을 제공하기 때문에 넓은 의미에서 공공의 이익이 될 수 있다고 여겨진다. 사회정책은 개인들의 자산형성을 돕고 경제발전을 야기하며, 그리고 사회적 참여가 높은 사회를 이끌어내야 한다. 자산형성지원제도는 이러한 것들을 분리해서 논하기보다는 통합적으로 본다는 장점이 있다. 많은 나라에서 여러 종류의 자산형성지원제도가 실시 및 확대되고 있다. 가장 큰 도전은 모든 사람들을 참여하게끔 하는 정책적 비전과 열정을 가지고 시행하는 것이며, 자산형성지원제도는 그 가능성이 있다고 본다.

* 이 글은 2006년 11월 한국노동연구원 주최로 열린 "사회정책의 새로운 패러다임 구축을 위한 워크샵"에서 마이클 쉐라든 교수가 발표한 논문 "Asset for All: Toward Universal, Progressive Lifelong Accounts"를 완역한 것이다.

ownership에 대한 2만달러 이상의 보조금을 받고 있지만 대부분의 빈민 가구들은 아무것도 받지 못하고 있다. 공평한 자가소유 정책은 모든 가구에게 동일한 금액을 제공할 것이다.

참고문헌

Beverly, S.G., & Sherraden, M.(1999). "Institutional determinants of saving: Implications for low-income households and public policy". *Journal of Socio-economics, 28,* pp.457-473.

Blair, T.(2001). Savings and assets for all(speech), London: 10 Downing Street, April pp.26.

Blunkett, D.(2000). On your side: The new welfare state as an engine of prosperity (speech), London: Department of Education and Employment, June 7.

Boshara, R.(2003). "Federal policy and asset building". *Social Development Issues 25(1&2),* pp.130-141.

Boshara, R., Cramer, R., & Parrish, L.(2005). *Policy options for achieving an ownership society for all Americans,* issue brief #8. Washington: New America Foundation.

Boshara, R., & Sherraden, M.(2003). "For every child, a stake in America". New York Times, July 23.

Bynner, J.B., & Paxton, W.(2001). *The asset effect.* London: Institute for Public Policy Research.

Cheng L.C. (2003). "Developing family development accounts in Taipei: Policy innovation from income to assets". *Social Development Issues 25(1&2),* pp.106-117.

Clancy, M., Cramer, R., & Parrish, L.(2005), *Section 529 savings plans, access to post-secondary education, and universal asset building.* Washington: New American Foundation.

Clancy, M, Orszag, P., & Sherraden, M.(2004). *College savings plans: A platform for inclusive savings policy?* St. Louis: Center for Social Development, Washington University in St. Louis.

Clancy, M., & Sherraden, M.(2003). *The potential for inclusion in 529 savings plans: Report of a survey of states.* St. Louis: Center for Social Development, Washington University in St. Louis.

Clinton, W.J.(2000). *State of the Union address.* Washington: U.S. Executive Office of the President.

Corporation for Enterprise Development(2004). *Hidden in plain sight: A look at the $335 billion federal asset-building budget.* Washington: Corporation for Enterprise Development.

Cramer, R.(2004). *Accounts at birth: Creating a national system of savings and asset building with children's savings accounts.* Washington: New America Foundation.

Cramer, R., Parrish, L., & Boshara, R.(2005). *Federal assets policy report and outlook.* Washington: New America Foundation.

Curley, J., & Sherraden, M.(2000). "Policy lessons from children's allowances for children's savings accounts". *Child Welfare, 79(6),* pp.661-687.

Edwards, K., & Mason, L.M.(2003). "State policy trends for Individual Development Accounts in the United States, 1993-2003". *Social Development Issues 25(1&2),* pp.118-129.

Goldberg, F.(2005). "The universal piggy bank: Designing and implementing a system of savings accounts for children". In M. Sherraden(ed.), *Inclusion in the American Dream: Assets, poverty, and public policy.* New York: Oxford University Press.

Grinstein-Weiss, M., & Wagner, K.(2006). "Using IDAs to save for a home: Are there differences by race?" (Working paper 06-06). St. Louis: Center for Social Development, Washington University.

H.M. Treasury(2001). *Saving and assets for all: The modernisation of Britain's tax and benefit system, number eight*. London: H.M. Treasury.

___________(2003). *Details of the Child Trust Fund*. London: H.M. Treasury.

Howard, C.(1997). *The hidden welfare state: Tax expenditures and social policy in the United States*. Princeton: Princeton University Press.

Kelly, G., & Lissauer, R.(2000). *Ownership for all*. London: Institute for Public Policy Research.

Kempson, E., McKay, S., & Collard, S.(2003). *Evaluation of the CFLI and Saving Gateway pilot projects*. Bristol, United Kingdom: Personal Finance Research Centre, University of Bristol.

_______________________________(2005). *Incentives to save: Encouraging saving among low-income households*. Bristol, United Kingdom: Personal Finance Research Centre, University of Bristol.

Kingwell, P., Dowie, M., Holler, B., & Jimenez, L.(2004). *Helping people help themselves: An early look at Learn$ave*. Ottawa, Canada: Social Research and Demonstration Corporation.

Lindsey, D.(1994). *The welfare of children*. New York: Oxford University Press.

Loke, V., & Sherraden, M.(2006). "Building assets from birth: A comparison of policies and proposals on Children's Savings Accounts in Singapore, the United Kingdom, Canada, Korea, and the United States" (Working paper 06-14) St. Louis: Center for Social Development, Washington University.

Midgley, J.(1999). "Growth, redistribution, and welfare: Towards social investment". *Social Service Review 77(1)*, pp.3-21.

Mills, G., Patterson, R., Orr, L., & DeMarco, D.(2004). *Evaluation of the American Dream Demonstration, final evaluation report*. Cambridge, MA: Abt Associates.

Mills, G., Gale, W.G., Patterson, R., & Apostolov, E.(2006), "What do individual development accounts do? Evidence from a controlled experiment" (Working paper). Washington: Brookings Institution.

Nissan, D., & LeGrand, J.(2000). *A capital idea: Start-up grants for young people*, policy report no. 49. London: Fabian Society.

Page-Adams, D., & Sherraden, M.(1997), "Asset building as a community revitalization strategy". *Social Work 42(5)*, pp.423-434.

Paxton, W., ed.(2003). *Equal shares? Building a progressive and coherent asset-based welfare policy*. London: Institute for Public Policy Research.

Scanlon, E. & Page-Adams, D.(2001). "Effects of asset holding on neighborhoods, families, and children". In R. Boshara(ed.), *Building assets*, Washington: Corporation for Enterprise Development, pp.25-49.

Schreiner, M., Clancy, M, & Sherraden, M.(2002). *Saving performance in the American Dream Demonstration*(Research report). St. Louis: Center for Social Development, Washington University.

Schreiner, M., & Sherraden, M.(2005). *Can the poor save? Saving and asset accumulation in Individual Development Accounts*. New York: Aldine de Gruyter.

Seidman, L.(2001). "Assets and the tax code". In T. Shapiro & E.N. Wolff(eds). *Assets for the poor: Benefits and mechanisms of spreading asset ownership*, New York: Russell Sage Foundation. pp.324-356.

Sen, A.(1993). "Capability and well-being". In M. Nussbaum & A. Sen(eds.), *The quality of life*, Oxford: Clarendon Press. pp.30-53.

______(1999). *Development as freedom*. New York: Knopf.

Sherraden, M.(1991). *Assets and the poor: A new American welfare policy*. Armonk, NY: M.E. Sharpe.

___________(1997). "Conclusion: Social security in the twenty-first century". In J.

Midgley & M. Sherraden(eds.), *Alternatives to social security: An international inquiry,* Westport, CT: Auburn House. pp.121-139.

______________(2001). *Assets and the poor: Implications for individual accounts and Social Security, invited testimony,* President's Commission to Strengthen Social Security, October 18.

______________(2002). *Opportunity and assets: The role of the Child Trust Fund,* notes for seminar organized by Prime Minister Tony Blair, 10 Downing, and dinner speech with Chancellor of the Exchequer Gordon Brown, 11 Downing, London, September 19.

Sherraden, M., & Barr, M.S.(2005). "Institutions and inclusion in saving policy". In N. Retsinas & E. Belsky(eds.), *Building assets, building credit: Bridges and barriers to financial services in low-income communities.* Washington: Brookings Institution Press.

Sherraden, M., Nair, S., Vasoo, S., Ngiam, T.L., & Sherraden, M.S.(1995), "Social policy based on assets: The impact of Singapore's Central Provident Fund", *Asian Journal of Political Science 3(2),* pp.112-133.

Sherraden, M., Schreiner, M., & Beverly, S.(2003). "Income, institutions, and saving performance in individual development accounts," *Economic Development Quarterly 17(1),* pp.95-112.

Sherraden, Margaret S., McBride, A.M, Hanson, S., & Johnson, L.(forthcoming), "The meaning of saving in low-income households", *Journal of Income Distribution.*

Sherraden, Margaret S., McBride, A.M., Johnson, E., Hanson, S., Ssewamala, F., & Shanks, T.(2005). *Saving in low-income households: Evidence from interviews with participants in the American Dream Demonstration(Research report).* St. Louis: Center for Social Development, Washington University.

Vasoo, S., & Lee J.(2001). "Singapore: Social development, housing, and the Central Provident Fund", *International Journal of Social Welfare 10(4),* pp.276-283.

Williams, T.(2003). *The impact of household wealth and poverty on child outcomes: Examining asset effects(doctoral dissertation),* Washington University in St. Louis.

Zhan M., & Sherraden, M.(2003). "Assets, expectations, and children's educational achievement in single-parent households", *Social Service Review 77(2),* pp.191-211.

# [보론] 자산형성지원정책의 한국적 함의

한창근 | 싱가폴국립대학 교수

　최근 한국사회에서 가장 자주 언급되는 키워드는 재테크이다. 재테크는 쉽게 풀이하면 가지고 있는 자산을 최대한 활용하여 그 자산을 불리는 여러 방법들이라고 정의할 수 있다. 그러나 자산이 거의 없거나 부채가 있는 저소득층에게 이러한 재테크는 머나 먼 남의 이야기로 들릴 가능성이 많다. 최근 조사된 저소득층 자활사업 실태조사에 따르면, 저소득층에게 저축은 힘겹다는 사실을 보여준다. 저소득층 가구의 30% 정도가, 특히 빈곤가구의 20.5% 정도만이 저축을 하는 것으로 나타났다. 또한 빈곤가구의 63.7%가 부채를 가지고 있는 것으로 나타났다(한국보건사회연구원, 2004).

　가난에서 벗어나는 한 가지 길은 노동시장에의 적극적인 참여를 통해 안정적인 소득을 벌어들이고 그 소득의 효율적 관리를 통해 저축하여 후에 발생할 수 있는 위험에 대비하는 것이다. 또한 저축을 통해 마련된 목돈으로 주택구입, 직업훈련, 또는 소규모 사업 창출 등 좀 더 생산적인 투자를 통해 자산을 증식하는 것이다. 이러한 자산은 후세대의 빈곤 방지에도 커다란 영향을 미치는 것으로 알려져 있다. 그러나 특히 저소득층은 저축을 할 수 있는 제도적 기반이 미비하여 빈곤의 악순환에서 벗어날 가능성이 적어지는 것이다.

　최근 들어 한국에서도 저소득층들을 대상으로 한 포괄적<sup>inclusive</sup> 자산형성지원제도<sup>asset-building policy</sup>에 관한 관심이 높아지고 있다. 미국의 개인발달지원계좌와 유사한 저소득층을 위한 자산형성지원제도와 영국의 아동신용기금<sup>CTF: Child Trust Fund</sup>을 모델로 한 아동발달지원계좌<sup>CDA</sup>의 도입 및 실시가 활발히 논의되고 있다. 현재 IDA 형태의 자산형성지원제도의 도입은 정부 차원에서 논의되다가 실시는 유보되었고, 다만 서울시에서 독자적으로 시범사업<sup>Jump Start</sup>을 계획 중이다. 아동발달지원계좌의 경우 우선 요보호 아동 및 장애인시설 아동을 대상으로 2007년 4월부터 실시될 예정이다.

자산형성지원정책은 다양한 가능성과 함께 많은 도전을 포함한다. 우선 자산형성지원정책은 사회정책적인 면에서 어떠한 함의가 있는지에 대한 논의가 필요하다고 본다. 특히 한국사회에서 부상하고 있는 사회투자적 관점과 자산형성지원정책은 어떻게 연관되고, 사회정책에 자산형성지원정책의 도입이 무엇을 의미하는지에 대한 논의가 필요하다. 이와 함께, 자산형성지원정책을 한국사회에 적용할 때 고려하여야 할 점들이 무엇인가에 대한 진지한 논의가 필요한 시점이다.


## 1. 자산형성지원정책의 사회정책적 함의 및 논의사항


지금까지 사회정책은 소득불평등의 개선에 중점을 두어 발전되었다. 노동시장의 참여를 기초로 하여 실업, 질병, 퇴직 등의 사회적 위험에 대한 대처방안으로 사회보험이 도입되었고 빈곤선 이하로 추락하는 경우에는 최저생활을 보장하기 위해 공공부조 프로그램이 시행되고 있다. 즉, 기존의 사회정책은 사회적 위험에 처한 시민들의 소득과 소비 능력을 보충하는 역할에 초점을 두어왔다. 소득과 소비 중심의 사회정책은 필요하지만, 한편으로는 개인적이고 사회적인 발전을 달성하는 데에는 한계가 있다는 비판을 받고 있다. 예를 들어, 빈곤층이 복지수혜를 남·오용한다는 복지병 논리나 사회정책이 경제발전에 저해된다는 의견들은, 비록 보수층에 의해서 확대 재생산되기는 하지만, 기존의 소득 및 소비 중심의 사회정책은 발전적 또는 사회투자적 의미로는 제한적이라는 의미이다.

개인 및 가족의 생활수준 유지 및 보존에 초점을 두는 소득보장정책에 비해 자산형성지원정책은 미래 투자와 발전의 기초가 되는 자산을 형성할 수 있도록 도와준다. 저소득층에게 자산형성의 제도적 기회가 주어진다면 그들도 저축하고 이 축적된 저축액을 교육, 주택, 창업 등의 용도로 투자할 수 있다는 것이다. 저소득층이 자발적으로 참여하여 저축을 하여야만 그에 대한 제도적 동기부여(예: 매칭)를 제공하기 때문에 공공부조에서 나타날 수 있는 복지병의 논리에서 벗어날 수 있다. 다만 저소득층의 적극적 참여를 이끌어낼 수 있는 제도적 장치(예: 교육 및 컨설팅)가 도입되어야 한다. 미국 IDA 프로그램 참여자들을 대상으로 한 연구에 따르면, 저축액을 마련하기 위하여 일부 참여자들이 노동시간을 늘리기도 한다는 점은 자산형성지원제도가 저소득층의 근로동기를 유발한다는 것을 나타내준다.

기존의 경제정책을 사회정책과 분리하여 생각하거나 사회정책이 경제발전에 부정적인 영향을 미친다는 견해에서 벗어나 최근 사회정책과 경제정책의 균형적 발전을 모색하는 시각으로 사회투자 접근법이 대두되고 있다. 사회투자 접근은 사회정책과 경제정책의 선순환적 관계를 강조함으로써, 특히 경제발전에 도움이 되는 사회정책의 개발에 초점을 맞춘다. 사회투자전략은 생산적인 사회복지정책이 인적 투자와 발전에 초점을 두어야 하며 경제발전에 기여할 수 있다는 점을 강조한다.

자산형성지원정책은 사회투자전략의 하나의 구체적인 실행방안으로 대두되고 있다 (Midgley, 1999). 소득보전을 통한 소비 보충 및 유지에 초점을 두는 이전의 사회복지제도와 다르게 자산형성지원정책은 개인 및 지역사회 자산을 중요시 여긴다. 일반 가구들은 저축을 통해 형성된 자산을 통하여 투자를 하게 되고 이러한 투자는 경제발전과 긴밀하게 연관되어 있다. 지역사회 자산이란 학교, 교량, 도로 등과 같은 경제적 및 사회적 간접자본을 의미하고 이러한 지역사회 자산은 경제발전에 중요한 기초를 제공한다. 이러한 지역사회 자산은 또한 개인 및 가족의 생활수준을 향상시키고 그들의 자산형성에도 긍정적인 영향을 미치게 된다. 따라서 사회투자 접근은 경제발전과 긴밀히 연관되어 있는 개인 및 지역사회 자산을 증가시키는 프로그램의 개발 및 시행을 강조하고 있으며 이러한 프로그램을 저소득층에게도 적용할 것을 주장한다.

자산형성지원제도는 기존의 소득보장제도를 대체하지 않는다. 오히려 자활사업에 의해 기초생계를 보장 받고 적극적인 노동시장정책에 의해 취업과 함께 안정된 소득을 유지할 수 있을 때 자산형성지원제도가 성공할 확률이 높아진다. 쉐라든 교수도 이러한 보완관계를 명시하고 있다. 소득보장제도를 통해 기초생활이 보장되어야만 저소득층 가구들이 저축할 가능성이 높아지는 것이다. 쉐라든 교수가 말하는, 소득보장제도에서 자산형성제도로의 전환transition은 사회정책의 중심축이 재편되는 것을 의미하는 것이지 완전 대체를 의미하지는 않는다. 자산형성지원제도를 기존의 3가지 사회정책의 틀에 추가하여 보는 견해도 있다. 즉, 기존의 소득보장제도, 사회복지서비스, 그리고 근로정책에 추가하여 자산형성정책을 사회복지제도의 새로운 층pier으로 보는 것이다 (Paxton, 2001). 이러한 논의는 자산형성지원제도를 보완적 제도로 보고 있음을 의미한다.

자산형성지원정책의 도입으로 사회정책의 실현수단은 좀 더 많아진 반면에, 정책비교는 좀 더 중요한 이슈로 등장하고 있다. 즉, 같은 욕구에 여러 가지 정책 수단이 있을 경우 어떠한 정책이 좀 더 효과적이고 효율적인가에 대한 논의가 더 많이 요구된다는 것이다. 예를 들어, 저소득층을 위한 주거정책의 경우 다양한 정책이 있을 수 있다. 우선적으로 저소득층에게 공공임대주택을 지급하는 방법이 있을 수 있으며, 자산형성지원정책처럼 본인이 일정 기간 동안 저축을 하게끔 도와주고 이렇게 마련된 목돈으로 주거구입을 도와주는 방법이 있다. 이러한 비교연구는 학자금, 창업지원 등에 있어서도 적용될 수 있을 것으로 보인다.

## 2. 한국에 자산형성지원제도의 적용 시 논의사항

제도적 관점에 따르면 새로운 제도의 시행 및 발전은 한 국가의 제도적 기반이나 사회정치적 환경에 의해 많은 영향을 받게 된다. 미국을 비롯한 서구국가에서 발전된 자산형성지원제도의 경우도 한국사회에 적용할 경우에는 한국형 자산형성지원제도의 개발이 필요한 것이다. 자산형성지원제도의 기본 취지는 유지하면서도 최대한의 정책적 효과를 내기 위해서는 자산형성지원제도의 어떠한 점을 수정하여 실시하여야 할 것인가에 대한 진지한 고민이 뒤따라야 할 것이다. 또한 자산형성지원제도와 연관되어 있는 사회정책들을 어떻게 수정하여야 하는지에 대한 검토가 있어야 할 것이다.

포괄적 자산형성지원제도는 자발적인 참여를 강조한다. 참여자들의 적극적이고 자발적인 참여가 이 제도의 성공 여부를 결정짓는 가장 중요한 요인이다. 이러한 점에서 적극적인 참여를 이끌어낼 수 있는 홍보 및 교육 프로그램이 중요한 역할을 한다. 미국의 IDA 및 대학진학지원저축제도<sup>College Savings (529)Plans</sup>에 관한 연구결과는 교육 프로그램과 참여율 및 기여율의 정적 관계를 보여준다. 예를 들어, 은행 및 지역사회센터에서의 다양한 홍보가 저소득층의 대학진학지원저축제도 참여율을 높이고(Clancy et al., 2006), IDA에서 실시하고 있는 교육 프로그램이 기여율을 높이는 것으로 나타났다(Schreiner et al., 2002). 한국에서도 마찬가지로 포괄적 자산형성지원제도의 도입에 있어서 어떠한 홍보 및 교육 프로그램을 도입할 것인가에 대한 더욱 많은 관심과 노력이 필요하다고 본다. 특히 양질의 홍보 및 교육 프로그램 개발과 보급에 초점을 두어야 할 것이다.

장기적으로는 하나의 통장으로 통합되어 운영되는 자산형성지원제도 모형이 바람직할 수 있지만, 지금 당장은 다양한 욕구에 따른 다양한 자산형성지원제도가 도입되는 것이 우선적으로 시급한 것 같다. 저소득층을 대상으로 한 IDA 유형의 제도뿐만 아니라 저소득층 자녀의 학자금 및 교육비 마련, 창업, 직업훈련 등을 위한 자산형성지원제도도 실시되어야 한다고 본다. 이러한 다양한 자산형성지원제도를 도입함에 있어서, 기존의 자산형성지원제도를 활용하는 것이 한 가지 방법이 될 수 있을 것이다. 미국의 대학진학지원저축제도가 하나의 예인데, 이 프로그램에서는 저소득층의 참여와 저축을 증진하기 위하여 일부 주에서는 저소득층에게만 적용되는 매칭제도를 도입하기도 하고, 자동이체 최저액을 저소득층의 소득을 고려하여 낮추고 있다. 우리나라에서도 기존의 다양한 자산형성지원제도에 저소득층의 참여를 높이는 방안들을 모색함으로써 제도적 기회를 넓히는 것도 중요하다고 보인다.

다양한 자산형성지원제도를 도입함에 있어서 우선적으로 저소득층 가구의 생활실태에 관한 조사가 필요하다. 어떤 소득을 가지고 있는지, 노동시장 참여는 어떠한지, 그리고 어떠한 소비 및 저축 욕구를 가지고 있는지 등의 조사를 통해서 한국형 자산형성지원제도를 실시하는 것이 바람직할 것이다. 이와 관련하여 저소득층 자활사업 실태조사는 우리에게 맞는 자산형성지원제도를 도입하는 데 많은 도움이 될 것으로 기대되고 있다. 저소득층 자활사업 실태조사에 따르면, 예를 들어 근로빈곤층 가구의 저축의 목적은 급한 상황에 대처(48.6%), 주택마련(14.0%), 노후대비(12.8%), 자녀교육비 마련(11.8%) 순으로 나타났다(한국보건사회연구원, 2004). 이러한 욕구조사를 기초로 하여 우리나라의 실정에 맞는 자산형성지원제도가 마련되어야 할 것이다.

저소득층이 안정된 일자리에 취직하고 일정 수준 이상의 임금을 벌어들일 때 저축할 가능성은 높아진다. 노동시장에서의 불안정성은 자활뿐만 아니라 저소득층의 저축에도 영향을 미치게 된다. 미국의 IDA 프로그램 참여자들을 대상으로 한 조사에 따르면, IDA 계좌를 개설한 후 겪게 되는 실업은 저축에 부정적 영향을 미치는 것으로 나타났다. 시범사업 기간 동안 실업을 한 번이라도 겪은 참여자들은 취업을 유지한 참여자들에 비하여 저축률이 낮았다(Han & Sherraden, 2007). 저소득층 자활사업 실태조사에 따르면, 저소득층의 상당수가 일용직(48%) 또는 임시직(28%) 등 불완전한 취업상태인 것으로 밝혀졌다(한국보건사회연구원, 2004). 불규칙적이고 불안정한 취업상태는 저소득과 밀접한 연관이 있을 뿐만 아니라 저축할 수 있는 여유자원의 부족 및 저축의 동기부여를 저하시킨다. 이러한 점은 자산형성지원제도의 성공 여부는 다른 사회정책, 특히 노동시장정책과도 밀접한 연관이 있음을 보여주는 것이다. 한국에서도 저소득층을 대상으로 한 고용창출 및 고용지원 등의 노동시장정책의 활성화가 이루어져야 할 것이다.

자산형성 과정은 그 자체로 장기적인 과정이다. 특히 안정적인 소득이 없는 저소득층의 경우 저축을 통해 미래 투자를 위한 자산을 마련하는 데 오랜 시간이 필요할 것으로 보인다. 또한 자산형성을 통해 발생하는 자산효과도 장기적인 관점에서 보아야 할 것이다. 자산을 소유하게 되었다고 해서 곧 바로 사회참여가 증가하는 것은 아니기 때문이다. 이러한 점에서 자산형성지원정책의 평가에 있어서 단기간의 결과물에 초점을 두어 조급하게 판단하기 보다는 장기적인 관점에서 판단하는 것이 바람직하다고 생각한다.

앞에서 지적하였듯이 자산형성지원제도가 어떠한 결과를 초래할지는 그 제도가 어떻게 실시되는가에 따라 다양한 차이를 보일 것이다. 자격요건은 어떻게 정할 것인가, 매칭 펀드를 어떻게 제공할 것인가, 어떤 홍보 및 교육 프로그램을 통해서 자산형성과 관련된 정보를 제공할 것인가, 자동이체를 어떻게 도입할 것인가, 어떤 저축용도가 인정될 것인가 등은 한국형 포괄적 자산형성지원제도의 중요한 이슈가 될 것이다. 포괄적 자산형성지원제도의 제도적 특성과 저축 결과의 관계를 이해하기 위해서 평가연구를 통한 제도평가가 이루어져야 할 것이며, 이러한 평가에 따른 제도 개선이 뒤따라야 할 것이다.

자산형성지원제도의 도입과 함께 주목되어야 할 점은 현행 국민기초생활보장제도는 자산을 축적하기가 어려운 구조라는 점이다. 이와 관련된 몇 가지 문제점이 지적되고 있는데, 첫째 최저생계비와 소득인정액의 차액을 지급하는 보충급여는 최저생계비 이상의 가처분 소득을 향유할 수 없게 만들고 있다. 둘째, 엄격한 자산조사의 적용은 빈민층으로부터 자산형성의 동기부여를 저하시킨다. 셋째, 재산의 소득환산제는 재산의 증가에 따라 급여액의 감소를 초래하므로, 저소득층이 근로소득이나 비정기적인 수입의 일부를 자산형성에 투자하고 이를 통해 빈곤에서 탈피하고자 하는 동기를 저하시키는 문제점이 있다(이태진 외, 2005). 특히, 엄격한 자산조사는 저소득층의 자산형성을 저해하는데, 미국의 경우 자산조사의 변경과 자산형성은 밀접한 관계가 있는 것으로 밝혀졌듯이(Nam & Kam, 2005), 한국에서도 현실적인 자산조사의 개선이 요구되며, 또한 문제가 되고 있는 현행 국민기초생활보장제도의 수정이 요구된다.

**참고문헌**

이태진 · 신영석 · 김미곤 · 노대명(2005). 「저소득층 자산형성지원 프로그램 시행방안」, 『한국보건사회연구원 정책보고서』, 43쪽.

한국보건사회연구원(2004). 「2003년도 저소득층 자활사업 실태조사」

Clancy, M., Han, C. K., Mason, L. R., & Sherraden, M.(2006). *Inclusion in college savings plan: Participation and saving in Maine's matching grant program*, The CSD Research Report 06-03, St. Louis: Washington University, Center for Social Development.

Han, C. & Sherraden, M.(2007). "Unemployment, financial affordability, and saving in IDAs", *The CSD Working Paper*, St. Louis: Washington University, Center for Social Development.

Midgley, J.(1999). "Growth, redistribution, and welfare: Toward social investment", Social Service Review.

Nam, Y. & Kam, C. D.(2005). "Welfare reform and asset accumulation: Asset limit changes, financial assets, and vehicle ownership", *CSD Working Paper 05-04*. St. Louis, MO: Washington University, Center for Social Development.

Paxton, W.(2001). "Assets the third pillar of welfare", in S. Regen(ed.), *Assets and progressive welfare*, London: Institute for Public Policy Research, pp.17-33.

Schreiner, M., Clancy, M., & Sherraden, M.(2002). *Saving performance in the American Dream Demonstration: A national demonstration of Individual Development Account*. St. Louis, MO: Washington University, Center for Social Development.

Sherraden, M.(1991). *Assets and the Poor: A New American Welfare Policy*. Armonk, NY: M. E. Sharpe, Inc.

# 사회투자국가론과 경제 · 사회적 성과분석

- 영국, 스웨덴, 그리고 덴마크의 비교분석과 한국에의 함의 -

양재진 | 연세대 행정학과 교수
조아라 | 연세대 행정학과 대학원생

## 1. 들어가며

최근 '사회투자국가' 혹은 '사회투자정책' 이라는 표현이 자주 논의 되고 있다. 노무현 정부가 추진하는 '동반 성장전략' 이나 '비전 2030' 의 핵심 목표도 사회정책의 사회투자적 성격의 강화라고 할 수 있다. 예를 들어, 정부는 '비전 2030' 을 국민에게 제시하면서, "이제 복지가 제대로 되지 않으면, 지속 가능한 성장도 어려운 시대로 접어들었습니다. 성장과 복지가 함께 가는 동반 성장의 국가발전 패러다임이 필요합니다. 무엇보다 복지는 소비가 아니라 미래를 위해 사람을 키우는 투자라는 인식 전환이 중요합니다."라고 역설하였다(정부 · 민간 합동작업단, 2006: 서문). 명시적으로 논하고 있지는 않으나, 본 연구의 주제어라고 할 수 있는 사회투자국가[Social Investment State]의 핵심 정책목표를 지향하고 있는 것이다.

그러나 아직 우리 사회에서 사회투자국가 논의는 기초적인 개념 정의와 케인스주의 복지국가와의 차이점을 이론적으로 정리하는 단계에 머물고 있고(양재진, 2006; 김연명, 2007; 신광영, 2007; 정형선,

2007), 정부에서 마련한 '비전 2030' 등의 사회투자정책들 또한 아직 통일된 경제사회발전모델의 한 차원으로 승화되지 못하고 있다. 이 논문은 이론적 차원에서 논의되어 오던 사회투자국가 연구를 사회투자국가 유형별, 실증적인 차원으로 확장하고자 하는 목적으로 쓰여졌다. 따라서 사회투자국가로 분류될 수 있는 영국, 덴마크, 그리고 스웨덴의 경제·사회적 성과를 비교평가하고 한국에 주는 함의를 정리하고자 한다. 물론 지면관계 상 비교대상 국가별 사회투자정책의 내용은 자세히 다루지 않았고(재정경제부, 2007), 사회투자정책과 경제·사회적 성과 사이의 인과관계를 밝혀내는 작업까지도 이르지 못한 한계가 있다. 이는 후속연구에서 진행되기를 기대한다.

본문은 다음과 같이 크게 3절로 구성되어 있다. 첫째 절은 사회투자국가의 개념과 등장배경을 경제, 사회, 정치적인 측면에서 밝히고, 사회투자국가의 유형을 자유주의형(영국)과 사민주의형(스웨덴/덴마크)으로 구분한다. 둘째 절은 각 국가의 사회경제적 성과를 5개 부문(경제성과, 노동시장성과, 거시경제 안정, 분배성과, 인적자원 개발성과)으로 나누어 살펴본다. 셋째 절은 한국에 대한 함의로 한국에 필요한 사회투자형 정책과 사회투자국가 건설 시 유의해야 할 점에 대해 논한다.


## 2. 사회투자국가의 개념, 등장배경, 그리고 유형화

### 1) 사회투자국가의 개념과 주요정책

일찍이 에스핑-안데르센(Esping-Andersen, 1992, 1999)은 생산적 productivistic 혹은 예방적preventive 이라는 개념을 통해 스웨덴 복지국가의 특징을 규정하면서 사회투자국가의 원형적인 모습을 그렸다. 그는 스웨덴을 위시한 북유럽의 사민주의국가들은 완전고용을 목표로 적극적 노동시장정책을 통한 직업훈련과 고용서비스의 제공, 교육, 보육 등 이미 인적자원에 대한 적극적인 투자를 특징으로 하고 있어 영미의 잔여적 복지국가는 물론 독일 등 다른 유럽의 복지국가와는 차원이 다르다는 점을 부각시킨 바 있다.

최근 학계에서 논의되고 있는 사회투자국가라는 개념은 기든스가 좁게는 영국 노동당과, 넓게는 유럽 사민당의 '제3의 길' 전략을 논하면서, 그리고 사회투자국가를 신자유주의의 작은 정부와 전후 전통적인 복지국가를 극복하는 제3의 대안으로 사용하면서 주목받고 있다 (Giddens, 1998: Chap. 4). 기든스의 사회투자국가는 세계화시대에 사민주의의 이상인 완전고용과 평등을 달성함에 있어서 전통 좌파와는 달리 새로운 전략을 구사하는 국가를 의미한다. 즉, 사회투자국가는 자유시장경제의 혁신과 생산력을 최대한 증대시키기 위해 통화주의와 노동시장의 유연화전략을 받아들이되, 인적자원에 대한 '사회적' 투자를 통해 중산층은 물론 시장에서 낙오된 시민과 그 자식에게 제2의 도약이 가능한 기회를 적극적으로 제공하는 국가다. 이를 통해 국가 전체적으로 지식기반경제에서 필요한 우수한 노동력이 확보되고, 시민 개개인의 삶의 질이 높아지는 효과를 기대할 수 있다. 사회투자국가가 시장력을 제어하기보다는 시장경쟁의 효율을 중시하며 통화주의와 노동시장의 유연화를 받아들인다는 점에서 우파와 다를 바 없다고 비판받기도 한다. 하지만 사회투자국가는 우파가 상정하는 작은 정부는 아니다. 국가의 역할을 생산부문에서는 축소하고 시장의 영역을 넓혀주되, 공급부문에 국가의 역할을 집중하기에 결코 작은 정부가 될 수는 없다. 사회투자국가는 시장 참여자들이 자유경쟁의 시장에 그대로 방치되었을 경우 부딪치게 되는 위험의 요인들을, 시장의 공급부문에 개입하여 제거하고자 하기 때문이다. 위험 요인의 제거 전략은 시장참여 능력, 즉 인적자원을 개발함으로써 '사회적 배제'social exclusion를 최소화하고 더 나아가 위험 발생의 가능성을 사전에 예방하자는 것이다. 시장참여의 확대와 위험 예방을 위한 사회정책의 대표적인 예로는 적극적 노동시장정책과 가족정책(공공보육 및 육아휴가)을 들 수 있다. 실업보험, 연금, 산재보험 등의 정책으로 실업자들을 노동시장 밖으로 퇴출시키는 대신, 적극적 노동시장정책을 통해 실업자들을 노동시장에 (재)진입시킴으로써 고용 참여율을 높이고자 한다. 공공보육정책을 통하여 어린이들의 지적 능력을 향상시켜 미래의 위험에 스스로 대처할 능력을 높이는 동시에 여성의 육아 부담을 덜어줌으로써 노동시장 참여율을 높이고자 한다. 이 밖에도 치료보다는 예방을 강조하는 건강보장시스템, 사회적 투자의 효과가 가장 크며 확실한 아동에 대한 다양한 정책들이 개발되어 시행 되고 있다(Perkins, Nelms & Smyth, 2004; Jenson and Saint-Martin, 2003; Esping-Andersen, 2005).

## 2) 사회투자국가의 등장배경

### (1) 경제 · 재정적 배경

현대적 의미의 사회투자국가는 전통적인 케인스주의 복지국가의 위기 속에서 등장했다고 볼 수 있다. 1960년대에는 대개의 유럽국가들이 실질적으로 완전고용을 달성했다. 그러나 1970년대 오일쇼크 이후 총수요관리정책을 써도 실업률이 줄어들지 않자 케인스주의에 입각한 거시경제 관리정책의 실효성에 의문이 가해졌다. 고실업은 유럽국가들의 최대 문제였다. 유럽연합 15개국의 실업률을 보면 1961~1973년에는 2.3%에 불과했으나, 1974~1985년에는 6.4%로 크게 높아졌고, 1993년에 10.0%, 1994년에는 10.4%까지 높아진 후 1997년 이후 다소 낮아졌으나, 2003, 2004년에 각각 8.0%, 8.1%를 기록하고 있다. 실업과 불평등을 동시에 해결할 수 없다는 것은, 전후 복지국가를 건설해온 유럽의 좌파 정부에 커다란 위기를 의미했다. 복지국가란 완전고용과 사회보장제도라는 두 축을 통해 유지되어 온 체제이기 때문이다(정이환, 2006).

현대 복지국가의 유지와 성장에 필요한 부의 창출을 전적으로 기업에 의존하고 있는 자본주의체제에서 세계화는 완전고용과 높은 수준의 고용보호, 그리고 소득평등이라는 복지국가의 목표를 달성하기 어렵게 만들었다. 특히 상품경쟁이 치열해지는 상황에서 시장 상황에 신속하고 유연한 대응이 기업의 생존 여부를 결정하게 되자 노동시장의 유연화는 피할 수 없는 과제로 등장하고, 이에 따라 고용보호 수준을 낮추지 않을 수 없는 상황에 직면하게 되었다. 여기에 후기산업사회가 도래하면서 제조업 분야의 고용흡수력은 한계에 다다르고 팽창하는 서비스산업은 낮은 생산성 증가로 노동시장 내 임금격차는 벌어져만 갔다. 한편 지식기반경제의 진전은 지식과 기술의 변화에 부응하지 못하는 근로자의 도태를 불러오고, 장기실업의 증가를 가져왔다.

이러한 환경변화는 렌마이드너 모델로 대표되는 스웨덴의 사민주의 국가에도 경제관리의 어려움을 야기하였다. 연대임금제와 일국 국민경제에 기초한 렌마이드너 모델은 환경변화 속에서 한계를 드러내기 시작한 것이다(정이환, 2006).[1] 렌마이드너 모델로 제조업분야에 세계적인 경쟁력을 갖는 대기업이 육성되었으나, 자동화로 인해 고용 흡수

---

1) 연대임금제에 기초한 렌마이드너 모델은 중위 수준의 임금을 지불하지 못하는 한계기업과 한계산업의 구조조정을 촉진하는 효과가 있었으나, 이로부터 불가피하게 대량 실업이 야기

력이 기대에 미치지 못했다. 반면 연대임금제로 상향 평준화가 이루어져 저임금구조는 탈피되었으나, 고용 흡수력이 큰 저임금산업, 특히 서비스산업의 발전을 지나치게 억제하는 결과를 낳았다. 게다가 세계화의 진전으로 대기업 투자가 국내에만 한정되지 않게 되자, 빈약해진 제조업의 고용창출 능력은 저하되었다. 따라서 북유럽의 사민당정부는 공공부문 고용을 증대시킴으로써 완전고용의 이상을 실현하는 전략을 구사하게 되었다. 하지만 이는 생산성 증가 없이 국가재정의 지나친 확대를 가져오는 결과를 낳아 경제에 무거운 짐을 안겼다(Iversen, 2001).

따라서 1990년대에 본격적으로 등장한 사회투자국가는 서구 사민주의국가가 전통적인 복지국가의 재정적 위기를 극복하기 위한 노력의 산물이기도 하다. 앞서 지적했듯이, 유럽 사민주의국가들은 1970년대 오일쇼크 이후 재정적 위기를 맞이한다. 세계화와 제조업의 위축, 그리고 지식기반경제의 확대로 고용의 위기도 심화되었다. 공공부문의 팽창이 한계를 맞이한 상황에서, 공공부문 고용을 축소하고 복지제도를 과감하게 재편했다. 그 방향은 비효율적인 부분을 과감히 축소하여 복지지출의 효율성을 높이고, 시장참여의 확대와 인적개발을 위한 사회적 투자는 증대시키는 것이었다(Levy, 1999). 따라서 전반적으로 복지지출은 억제되지만 사회서비스지출은 확대되고, 현금급여 중 연금이 차지하는 비중은 줄이지만 대신 근로계층에 대한 지원은 늘리는 방향으로 개혁이 이루어졌다. 동일한 복지비라도 사회투자적 지출의 비중

---

되었다. 하지만 장기적으로는 연대임금정책과 조세정책의 혜택을 입는 고수입기업과 성장산업이 국내에 활발하게 투자함으로써 고용 증대가 기대되었다. 그리고 한계기업(혹은 산업)으로부터 성장기업(혹은 산업)으로 인력 이동이 원활하게 이루어질 수 있도록, 국가는 직업훈련과 고용서비스를 골간으로 하는 적극적 노동시장정책에 많은 투자를 하여 노동자의 능력개발과 구직을 도왔다(신정완, 2000).

을 높여 고용을 늘리고 생산성을 증대시켜 경제성장을 견인하고 복지 재정을 확충하는 선순환구조의 형성을 도모하였기 때문이다.[2]

## (2) 새로운 사회적 위험New Social Risks과 새로운 사회적 수요New Social Needs의 등장

경제 · 재정적 위기뿐만 아니라 가족구조의 변화와 인구고령화의 충격이 서구 복지국가에 가해졌다. 전후 복지국가는 안정적인 포디즘적 노동시장의 남성생계부양자모델에 입각한 안정적인 가족구조를 기반으로 하고 있었다. 국가는 남성가장의 은퇴, 실업, 질병, 장애 등이 발생하는 경우, 각각 연금, 실업수당, 의료보험과 질병수당, 그리고 산재보험이나 장애연금(혹은 장애수당)으로 대처하였고, 아동과 노인에 대한 보살핌은 여성의 몫이었다. 그러나 여성의 사회진출로 전통적인 가정 내 여성과 남성의 역할분담은 사라지고, 저출산과 양육 그리고 전후 베이비붐 세대의 은퇴로 늘어만 가는 노인부양 문제가 사회적 과제로 등장하였다. 나아가 무자녀가족, 동거가정, 한부모가족 등 가족구조 자체가 변화하였고 혼전 · 혼외 출산 등도 확산되었다. 나라마다 차이는 있으나, 1980년대 복지국가의 재정위기 속에서 단행된 축소 지향의 복지개혁으로 인해 빈곤은 확대되고 여기에 신자유주의적 노동시장 개혁으로 인해 양산된 비정규직 노동의 근로빈곤working poor 문제까지 더해지는

---

2) GDP 대비 공공사회 지출은 스웨덴(29.78%), 덴마크(24.8%), 독일(27.39%), 프랑스(28.45%), 이탈리아(24.45%)로 유럽국가의 경우, 큰 차이를 보이지 않는다. 하지만 이 중 사회서비스 관련 지출은 스웨덴(13.58%), 덴마크(12.48%), 독일(10.63%), 프랑스(9.22%), 이탈리아(6.91%)로 사민주의 국가가 사회서비스에 대한 투자도가 높음을 알 수 있다. 그리고 현금급여를 노인층에 대한 소득지원과 근로계층에 대한 소득지원으로 나누어 GDP 대비 %로 비교해보면, 스웨덴(7.63% vs 7.17%), 덴마크(8.02% vs 7.33%), 독일(11.19% vs 4.46%), 프랑스(11.95% vs 6.0%), 이탈리아(13.78% vs 3.29%)로서 사민주의 국가는 노인에 대한 소득지원 못지않게 근로계층에게 소득지원을 하거나 아니면 오히려 더 많은 자원을 근로계층에게 투자하는 것을 알 수 있다. 반면에 독일 등 대륙계와 이탈리아 등 남부유럽형은 근로계층보다는 노인층에 대한 소득지원이 훨씬 많이 이루어지고 있다(OECD, Social Expenditure Database, SOCX) - 각 국가별 원자료 재분석, 정경희 외 (2007)에서 재인용.

등 새로운 사회적 위험이 증가하였다(Surender, 2004; Taylor-Gooby, 2006). 이는 과거 전통적인 복지국가시대에 접해보지 못한 복잡한 양상으로서 사회적 위험들이 전일적으로 나타나게 된 것이다.

한편, 현대사회에 살고 있는 개인들은 일과 가정생활, 그리고 사회활동의 영역에서 다양한 욕구를 표출하고 있다. 개인과 가족의 필요에 따라, 또 생애주기에 따라 다양한 형태로 노동시장에 참여하고 싶어한다. 과거와 같이 정형화된 노동시장이 아닌, 소위 (전환적)이행노동시장<sup>Transitional Labor Markets</sup>이 점차 일반화된 표준으로 자리잡고 있는 것이다. 예를 들어, 육아기간에는 주당 10시간의 노동을 원하고, 새로운 직장이나 업종으로 이전하기 위한 재교육이나 훈련을 받기 위해 자발적으로 실업을 선택하고, 학업과 근로를 병행하기를 원하기도 하며, 고령이 되어서는 주당 3일만 일하기를 원할 수도 있다. 이런 상황에서 실업과 비활동은 취업과 마찬가지로 노동시장 참여의 한 형태가 되고 있다. 이와 같이 개인들의 욕구가 다양해진 것에 비해, 과거 패러다임에 근거한 노동시장정책과 사회정책들은 이에 적절한 대응책을 찾지 못했다. 따라서 노동자들이 일과 교육 및 가정생활과 기타 사회생활들을 좀 더 균형있게 조합시킬 수 있게 도와주는 사회정책이 필요한 상황이 되었다(정희정, 2005).

### (3) 정치적 배경

사회투자국가 혹은 사회투자정책은 유럽의 좌파 정당들이 1980년대 이후 맹위를 떨친 신자유주의 우파 정치세력에 대항하여 국민에게 제시한 새로운 국가운영전략이다. 1970년대 스태그플레이션과 고실업 문제를 해결하지 못하자 서구 복지국가의 건설에 앞장섰던 좌파 정당들은 정치적 영향력을 상실하고, 결국 1980년대 신자유주의 우파 정치

세력이 득세하는 상황을 맞이하게 되었다. 영국의 대처리즘으로 대표
되는 신보수주의 정치세력은 시장력의 회복, 노동시장의 유연화, 민영
화, 규제완화, 통화주의에 입각한 보수적 재정운영과 완전고용의 포기,
복지삭감 등을 추진하였다. 거대한 복지국가대신에 작은정부를 지향
한 것이다.[3] 나라마다 편차는 있으나, 대처리즘의 영국보수당 정부
(1979～1997), 레이건 이후 미국 공화당 정부(1981～1993), 헬무트
콜의 독일 기민당 정부(1982～1999)는 물론 좌파의 헤게모니가 강한
노르딕 국가들에서조차 우파 정부가 들어서는 상황이었다. 스웨덴의
보수 빌트내각(1991～1994), 덴마크의 보수연립 정부(1982～1993),
노르웨이의 보수당 정부(1981～1986) 등이 그것이다.

1970～1980년대 경제문제를 해결하지 못하여 정권을 내어놓아야
했던 유럽의 좌파 정당들은 이제 민간과 공공부문의 조직 노동을 중심
으로 한 전통적인 노동계급의 숫자가 줄어들고 중산층 노동자들의 보
수화가 이루어시는 상황에서, 노동계급을 넘어신 새로운 지지 기반을
창출해야 할 과제를 안게 되었다. 결국, 이념적 스펙트럼에서 다수를
차지하는 중도의 지지를 얻기 위해, 신자유주의를 대폭 수용하여 복지
국가를 개혁하되, 좌파 정당의 이념적 지향을 담아낼 수 있는 새로운
개념의 국가전략을 구상하지 않을 수 없게 된 것이다.

소위 '제3의 길'로 명명되는 좌파의 새로운 국정 운영전략은 다양한
변이를 보이지만, 다음과 같은 핵심 사안에 대해서는 공통된 인식을 보
인다. 첫째, 국가 - 시장관계에 대한 새로운 접근이다. 전통적으로 좌파
는 시장보다는 국가를 신뢰하고 어떻게 하면 시장력[market force]을 제어할

---

3) 하지만 국가의 권위를 줄이는 것은 아니었다. 시민의 권리에 앞서 책임과 의무를 강조하고,
기독교적 가치와 가족의 복원, 질서와 근로규범 등 전통적인 사회규범과 가치를 함양하는
주체로서 국가의 역할은 축소되지 않았다.

것인가에 관심을 가져왔다. 하지만 블레어와 슈뢰더가 선언하듯이, 신사회민주주의자들은 "상품시장의 경쟁과 자유무역은 생산성과 성장을 촉진하는 핵심기제"라고 본다. 따라서 시장의 핵심기능은 반드시 보완되고 개선되어야지, 정치적 행위에 의해 훼손되어서는 안 된다는 입장이다(Blair and Schröder, 1999). 그렇다고 제3의 길 논자들이 자유방임시장을 추구하는 것은 아니다. 이보다는 한 사회의 문화, 법질서, 그리고 신뢰체계에서 배태된 시장을 지향한다. 이러한 시장은 경쟁시장의 실험정신과 활력이 살아있되, 공식적·비공식적 제도가 경제주체들 간의 협력과 조정을 가능하게 하는 '훈련된 다원주의'[disciplined pluralism]가 작동하는 시장을 의미한다(Giddens, 2003).

둘째, 국가 - 시민 관계에 대한 새로운 인식이다. 그동안 사민주의는 시민의 권리향상에 매진하여 왔으나 상대적으로 시민의 책임과 의무에 대해서는 논의하지 않았다. 그러나 신사회민주주의자들은 공동체주의[communitarianism]의 사회철학을 일정 부분 수용하여, 시민사회는 권리에 상응하는 책임과 의무를 다하는 시민적 덕성[civic virtue]을 갖춘 자유시민으로 구성되어야 한다고 본다. 따라서 사회적 위험은 모두 자본주의사회의 구조적인 결과물만은 아니며, 개인이 책임질 부분이 분명히 존재한다고 본다. 사회투자국가의 복지정책이 기회의 평등을 추구하되, '기회의 평등'을 보장해주는 재분배정책의 설계와 시행에 있어서, '기회'는 반드시 '책임'을 동반하도록 하고, 재분배는 나태함을 보상하는 것이 아니라 근로[work]를 보상하는 원칙을 세우고 있다.

셋째, 평등주의에 대한 새로운 접근이다. 제3의 길 사회민주주의는 '사후적 평등'보다는 '기회의 평등'을 추구한다. 복지국가의 목표는 사후적으로 불평등을 완화시키기보다는, 사전적으로 '기회의 평등'을 보장하여 국민 개개인이 타고난 재능을 발현하여 자아를 성취하는 데 있다고 보는 것이다. 그러나 사회민주주의자들의 기회의 평등은 자유주의자들이 묘사하는 기회의 평등과는 본질적인 차이가 있다.

우리는 불평등의 원인으로, ① 사회적 차별discrimination, ② 사회경제적 여건의 불평등social background inequality, ③ 자연적 우발성에 따른 불평등natural endowment inequality, ④ 성실성과 삶의 방식의 차이differences in effort and lifestyle choice를 들 수 있다. 이 중 전통적인 자유주의자들은 ①만을 제거하여 소극적인 기회의 평등을 실현하려는 데 반해, 신사회민주주의자들은 ②에 개입하여 저소득가정의 아동과 청년, 그리고 여성의 기회의 평등 기반을 확대하려 한다. 그리고 ③까지 개입하여 장애인 등에게 좀 더 적극적인 삶의 기회를 보장하는 것도 목표로 삼는다. 여기까지는 고전적 사민주의자와 차이가 없다. 그런데 전통적인 좌파적 이념에서 '결과의 평등'을 주장하는 경우 ④로 인한 불평등도 보정해줘야 하지만, 제3의 길 좌파들은 이제 더 이상 ④로 인한 불평등은 국가적 책임이 아니라 개인의 책임이라고 본다(White, 2004). 결과의 평등이 아닌 기회의 평등을 강조하는 것은 복지국가의 이상인 탈상품화를 포기하고, 오히려 재상품화를 추구하는 것이라고 볼 수 있다. 즉, 더 많은 시민들을 시장으로부터 보호하려는 것이 아니라, 시장에서 좀 더 성공적으로 경쟁할 수 있도록 개개 시민들의 능력을 배양해주는 데 국가의 역할이 집중됨을 뜻한다. 이를 위해 교육과 직업훈련 등 인적자원 개발에 대한 사회적 투자가 강조된다(Schmidtke, 2002; Hall, 2002).

이와 같이 신자유주의와 전통 좌파 이데올로기 모두를 비판적으로 극복하는 새로운 중도좌파 이념을 바탕으로 한 좌파 정당들이 1990년대에 다시 집권에 성공하게 되었다. 그리고 새로운 사회정책들을 추진하게 된다. 영국 신노동당New Labor의 '제3의 길'에 입각한 사회투자정책들, 독일 슈뢰더 사민당정부가 신중도Neue Mitte에 입각하여 추진한 복지노동개혁정책 패키지인 'Vision 2010', 1999년 유연안정성의 이정표를 세운 빔콕, 네덜란드 노동당<sup>PvdA</sup> 정부의 '유연안정법'<sup>Flexibility and Security Act</sup>, 그리고 EU 노동시장정책의 모델이 되고 있는 황금삼각형<sup>Golden Triangle</sup> 모형을 완성한 덴마크 사민당 정부의 적극적 노동시장법<sup>Act on an Active Labor Market Policy</sup>(1994)과 근로활성화법<sup>Act on Municipal Activation</sup>(1995) 등은 '우경화된' 정책들이지만, 신좌파의 수권능력을 재확인하게 해준 사회투자정책의 대표작들이 되었다.

하지만 이러한 사회투자정책들이 단순히 선거전략의 필요에 따라 방어적으로 신자유주의를 수용한 결과만은 아니다. 앞서 지적했듯이, 세계화와 가족 및 인구구조의 변화로 나타나는 새로운 사회적 위험과 개인의 다양한 형태의 노동참여 욕구를 '유연안정성'이라는 패러다임을 통해 적극적으로 충족시킨 창조적인 측면도 강하다고 할 수 있겠다.

## 3) 사회투자국가의 유형화

### (1) 자유주의형(영국) vs 사민주의형(스웨덴/덴마크)

1990년대에 서유럽에서는 좌파 정부들이 다시 집권하기 시작했다. 이들은 영국처럼 명시적으로 '제3의 길'을 표방하지 않았다 하더라도 1970년대와는 다른 거시경제 관리전략과 새로운 노동·복지정책을 구사하기 시작했다. 이들은 모두 케인스주의대신 통화주의에 입각한 거시경제 관리정책을 받아들였다. 균형예산과 물가안정을 우선시하여 완전고용정책은 포기되었다. 그렇다고 유럽 좌파의 전통적인 정책목표인 완전고용의 이상을 저버린 것은 아니었다. 단지, 남성가장노동자<sup>male breadwinner</sup>를 주 정책대상으로 삼거나 인위적인 개입을 통해 노동공급을 늘리는 전략은 더 이상 사용하지 않았다. 대신에 비고용 상태에 있는 남성과 여성의 근로유인체계를 재구축하는 데 초점을 두었다. 이를 위해 실업수당의 수급요건을 강화하고, 구직·직업훈련을 조건부로 지급하며, 급부 수준과 지급 기간을 하향 조정하는 조치를 취하였다. 그리고 고용보조금 지급, 고용보호 수준의 완화, 직업훈련의 강화, 공공고용서비스의 확대 등 적극적 노동시장정책의 확대를 통해 고용가능성을 높이는 데에도 중점을 두어, 높은 고용률을 달성하였다. 앞서 지적했듯이, 재정 통제를 위해 소득이전 지출을 줄여나갔다. 가장 큰 사회지출 항목인 연금이 주요 대상이었으며, 이 외 실업수당과 장애보험 등도 삭감의 대상이 되었다. 결국, 연금 등 소득이전 지출 수준을 독일·프랑스 등 유럽대륙 국가보다 낮은 수준에서 통제할 수 있게 되었다. 그러나 투자적 성격의 복지지출은 강화하였다. 고용증대전략과 연맥되어 있는 기술훈련, 교육, 의료 등 사회적 서비스에 대해서는 재정적 투자를 확대한 것이다. 일과 가정생활을 병행할 수 있도록 보육·육아휴직 등도 확대하여 여성고용을 촉진하였다(Bonoli & Powell, 2004; 정원호, 2005). 소위 사회투자국가로의 전이를 이루고 있는 것이다.

그러나 그 길은 매우 다양한 양상을 보인다. 이를 이념형적으로 단순화할 경우, 자본주의의 다양성 논의대로 영미형의 자유시장경제[LMEs: Liberal Market Economies]에서 나타나는 자유주의형 사회투자국가(영국)와 노르딕국가의 조정시장경제[CMEs: Coordinated Market Economies]에서 나타나는 사회민주주의형 사회투자국가(스웨덴/덴마크)로 구분해 볼 수 있다.

주요한 차이점을 정리해 보면, 첫째 노동시장 유연화의 정도에 있어 아직 상당한 격차를 보인다. 사회민주주의 국가인 스웨덴의 경우 OECD 평균보다 고용보호 수준이 높은 편이다. 덴마크의 경우는 OECD 평균을 밑돌며 자유주의형 국가에 근접한 노동시장 유연화를 보인다. 하지만 여전히 자유주의 국가인 영국과 비교해 볼 때는 고용보호 정도가 높은 편이다.

둘째, 적극적 노동시장정책 등 사회지출에서 자유주의형과 사민주의형 국가 사이에 상당한 격차가 남아 있다. 영국이 다른 자유주의 국가보다는 적극적 노동시장정책에 대한 정부 지출 수준이 높은 편이나, 덴마크나 스웨덴 등과는 커다란 차이를 보이고 있다.

셋째, 교육, 직업훈련, 보육 등의 사회투자 대상 선택에 있어서 보편성의 차이이다. 영국형 사회투자국가에서는 보편주의보다는 선택주의가 일반적이며 투자 대비 효과가 클 것으로 예상되는 취약계층과 취약집단의 아동과 여성이 주 목표집단이 된다. 반면에 스웨덴과 덴마크 등의 경우는 보편주의에 입각해 사회투자가 이루어지고 있다. 이러한 차이는 보편주의가 적용될 수 있는 전달체계와 재정적 인프라의 구축 여부와 관련이 크다(Hall, 2002). 신사민주의형 사회투자국가의 경우 일찍이 전체 노동자를 상대로 산업별로 특화된 직업훈련체계와 공공고용서비스망, 그리고 보편주의적인 공교육과 공보육시스템, 그리고 이를 위한 복지재정의 조달 능력이 이미 갖추어져 있다. 반면에, 복지재정이 상대적으로 취약하고 인프라 구축이 이루어지지 않은 영국 등 자유주의 국가에서 사회투자는 재정 효율성이 높고 집행 가능성이 높은 선별적인 프로그램(예를 들어, 영국의 뉴딜과 아동 세금공제제도 등)일 수밖에 없는 것이다(김영순, 1999).

넷째, 노동시장의 유연화와 복지개혁 등의 과정에서 노사정의 협의주의의 가동 여부이다. 덴마크의 경우, 노동시장 유연화의 시발이 된 1994년 노동법 개정은 노사의 합의와 정부의 지원으로 이루어진 조정된 유연화이다. 반면에 대처정부에서부터 시작된 영국의 노동시장 유연화와 각종 개혁조치는 노동이 배제된 상태에서 이루어지고 있다. 따라서 홀이 적절히 지적하듯이(Hall, 2002), 노르딕을 위시한 조정시장 경제에서는 수량적 유연화보다는 기능적 유연화가, 고용과 해고의 급격한 유연화보다는 일자리나누기와 근로시간 단축이, 그리고 노동시장 유연화에 부응하는 안정성의 강화가 이루어진다고 볼 수 있다.

마지막으로, '제3의 길' 혹은 '사회투자' 개념의 정치화<sup>politicization</sup> 정도이다. 영국 등 자유주의 국가에서 상대적으로 제3의 길이 좌파 정당의 정치적 수사로서 강하게 부각되었고, 사회투자 개념이 복지국가의 개혁과 재구조화에 있어 중요한 화두로 등장하였다. 이는 1980년대에 접어들면서 서구 선진국 중 가장 강력하게 신보수주의의 공격을 받은 영국 등 자유주의 국가는 역사적으로 자유주의의 이념이 강한 사회이므로 복지에 대한 정치적 지지는 약하였고, 세계화와 더불어 그 지지기반의 침식은 점차 가속화되어 잔여주의적 복지국가마저 축소되는 위기 상황을 맞이하였기 때문으로 보인다. 즉, 자유주의의 이념이 강하고 복지국가에 대한 정치적 지지 기반이 약한 상황에서, 좌파 정당은 친복지정책을 정당화할 수 있는 새로운 복지패러다임을 절실하게 필요로 하였고, 이는 복지를 '사회투자'라는 개념으로 재탄생시키는 것으로 분석된다.


### (2) 사민주의형(스웨덴) vs 신사민주의형(덴마크)

스웨덴과 덴마크는 동일한 사민주의 시장경제이면서도 사회투자전략에 있어 차이를 보인다. 이러한 차이를 가져오는 주요 변수 중 하나는 노동시장의 유연화 정도이다. 스웨덴의 고용보호 수준을 보면, 비정규직<sup>temporary employment</sup>은 OECD 20개국 평균 수준을 보이고 있으나, 정규직<sup>regular employment</sup>의 경우 고용보호가 강하다고 여겨지는 독일이나 프랑스는 물론 스페인보다도 높아, 전체적으로 볼 때 노동 경직성이 높은 편이라고 할 수 있다. 반면에 덴마크는 고용보호 수준만을 놓고 보면 앵글로 색슨 국가에 좀 더 가깝다고 할 수 있을 정도로 정규직과 비정규직의 법적 고용보호 수준이 공히 OECD 평균을 하회하며 낮다. 고용보호만큼은 아니지만, 노동시장정책 지출의 차이도 스웨덴과 덴마크를 차별짓는 요인이라 할 수 있다.

적극적 노동시장정책의 경우, 덴마크와 스웨덴은 OECD평균을 훨씬 상회하며 매우 높은 지출을 보이는 두 나라이다. 하지만 스웨덴과 덴마크는 동일한 사민주의형에 속하면서도 실업급여 지출은 큰 차이를 보인다. 2001년의 경우 GDP 대비 실업급여 지출 수준을 보면, 스웨덴이 OECD 평균 정도인 반면, 덴마크는 OECD 평균의 3배에 이르는 지출 수준을 보이고 있다. 두 나라 모두 OECD 평균을 하회하는 실업률을 보이고 실업급여의 수준과 기간, 그리고 수급조건을 개혁한 사실을 감안할 때, 덴마크의 관대한 실업급여정책은 이례적이라 할 수 있다. 종

그림 4-1_GDP 대비 실업급여 지출 비교

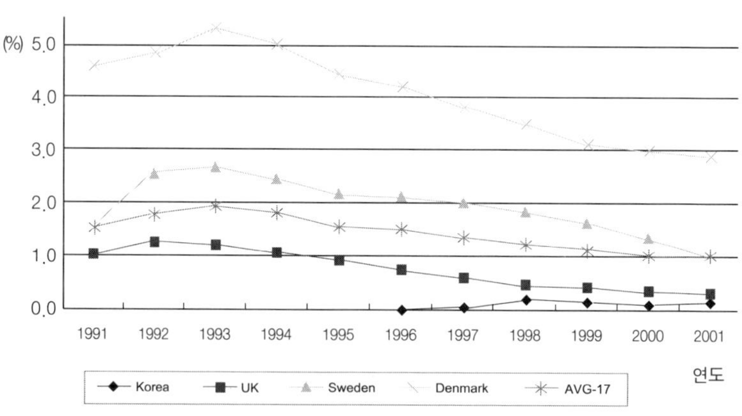


* 자료: OECD(2004), "Social Expenditure Database"
　　주) AVG - 17은 미국, 캐나다, 뉴질랜드, 호주, 오스트리아, 벨기에, 프랑스, 독일, 핀란드, 아일랜드, 네덜란드, 노르웨이, 그리스, 이탈리아, 포르투갈, 스페인, 그리고 일본의 단순평균이다.

그림 4-2_군집분석 결과 I

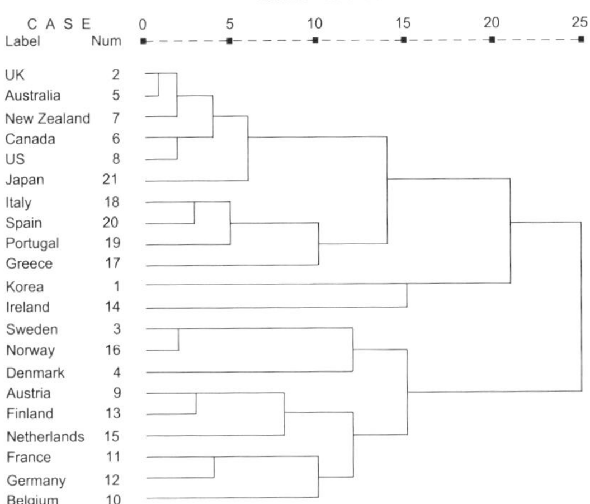
HIERARCHICAL CLUSTER ANALYSIS
Dendrogram using Average Linkage (Between Groups)
Rescaled Distance Cluster Combine
C A S E
Label    Num    0    5    10    15    20    25
UK             2
Australia      5
New Zealand    7
Canada         6
US             8
Japan         21
Italy         18
Spain         20
Portugal      19
Greece        17
Korea          1
Ireland       14
Sweden         3
Norway        16
Denmark        4
Austria        9
Finland       13
Netherlands   15
France        11
Germany       12
Belgium       10

그림 4-3_군집분석 결과 II (고용보호 지수와 실업급여 지출은 제외)

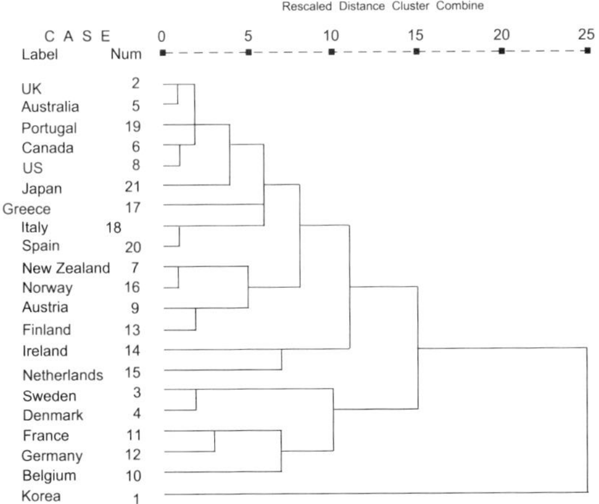
HIERARCHICAL CLUSTER ANALYSIS
Dendrogram using Average Linkage (Between Groups)
Rescaled Distance Cluster Combine
C A S E
Label    Num    0    5    10    15    20    25
UK             2
Australia      5
Portugal      19
Canada         6
US             8
Japan         21
Greece        17
Italy         18
Spain         20
New Zealand    7
Norway        16
Austria        9
Finland       13
Ireland       14
Netherlands   15
Sweden         3
Denmark        4
France        11
Germany       12
Belgium       10
Korea          1

합하면, 덴마크는 영국과 미국 등 자유주의 국가에 버금가는 높은 수준의 노동시장 유연화를 단행하는 대신 스웨덴보다 높은 수준의 사회적 안전망을 구비하고 있는 것이다. 이 사회적 안전망은 단순히 높은 수준의 실업급여만을 의미하는 것은 아니며, 스웨덴에 버금가는 적극적 노동시장정책과 결합되어 있다. 두 개의 군집분석의 결과 (그림 4-2, 그림 4-3)는 위의 논의를 뒷받침해준다.[4]

영국은 양 모델에서 공히 자유주의국가들과 동일한 군집을 이루고 있고, 스웨덴과 덴마크는 사민주의 국가군을 형성하고 있다. 그리고 첫 번째 군집분석에서 실업급여와 고용보호 수준 변수를 제거한 두 번째 군집분석의 경우, 스웨덴과 덴마크의 거리가 더욱 가까워지는 것을 확인할 수 있다.

---

4) 군집분석은 계층적 군집분석 방법을 사용하였고, 각 변수는 표준화하였다. 사용된 변수는 GDP 대비 사회복지 지출 1999~2001 평균값, GDP 대비 노동시장정책 지출 2002~2004 평균값, GDP 대비 ALMPs 지출 2002~2004 평균값, GDP 대비 PLMPs 지출 2002~2004 평균값, EPL(ver 2) 2003년, 고용률 2003~2005 평균값, GDP 대비 공공의료비 지출 1999~2001 평균값, GDP 대비 공교육비 지출 2001~2003 평균값, GDP 대비 무역 규모 2002~2004 평균값, GDP 대비 가족(family) 지출 1999~2001 평균값, 3~5세 영유아보육 기대연수이다. 각 변수의 출처는 다음과 같다. GDP 대비 사회복지 지출, GDP 대비 공공의료비 지출, GDP 대비 가족(family service)지출은 OECD(2004), Social Expenditure Database(SOCX, www.oecd.org/els/social/expenditure); EPL (ver 2)은 OECD Statistics; 고용률, GDP 대비 무역 규모는 OECD Factbook 2006: Economic, Environmental and Social Statistics; GDP 대비 노동시장정책 지출, GDP 대비 ALMPs 지출, GDP 대비 PLMPs 지출은 OECD(2006) Employment Outlook: Active measures(1-7), Passive measures(8-9); GDP 대비 공교육비 지출은 OECD, Education at a Glance 각 년도; 3~5세 영유아 보육 기대연수는 OECD Family Database(www.oecd.org/els/social/family/database).

# 3. 사회투자국가(영국, 스웨덴, 덴마크)의 성과 비교분석

## 1) 분석방법론

본 논문에서는 OECD 상위 21개국(대한민국, 영국, 스웨덴, 덴마크, 미국, 독일, 일본, 호주, 캐나다, 뉴질랜드, 오스트리아, 벨기에, 프랑스, 핀란드, 아일랜드, 네덜란드, 노르웨이, 그리스, 이탈리아, 포르투갈, 스페인)의 5개 부문(경제성장, 거시경제 안정, 노동시장, 분배, 인적자원 개발)의 종합지표<sup>Composite Index</sup>를 작성하고, 이를 토대로 영국, 스웨덴, 덴마크의 5개 부문 성과를 방사형 그림으로 나타내 비교 평가하고자 한다. 한국적 함의를 도출하고 비교 평가의 적실성을 높이기 위해 한국은 물론, 3대 경제대국이며 자본주의 유형의 대표국가격인 미국(자유주의형), 독일(유럽대륙형,) 그리고 일본(동아시아형)의 성과도 함께 방사형 그림으로 표현하였나.

국가 간 비교를 위한 종합지표의 작성을 위해서는 변수 간의 표준화가 필요한 바, 여러 가지 표준화 방법론 중, 세계경제포럼<sup>WEF: World Economic Forum</sup>에서 채용하고 있는 등 비교적 가장 널리 사용되는 '최대 · 최소 방법' 을 따랐다. 최대 · 최소 방법론은 항목별 1위 국가는 1점, 항목별 최하점수를 받은 국가는 0점으로 처리되고 나머지 국가들은 그 사이에 위치하게 된다. 따라서 극단치<sup>extreme value</sup>의 영향을 크게 받는 단점이 있으나, 모든 변수들이 동일한 기준에 의해 0부터 1 사이의 값을 가지도록 되어 있어 비교평가가 용이하다는 장점이 있다. 5개 부문별 지수를 구성하는 하위지표들은 표 4-1과 같다. 부문별 하위지표 간 가중치는 동일한 값을 부여하였고, 표준화방법<sup>minimum-maximum method</sup>에 따라 계산된 세부 항목들의 값을 단순 평균하여 각 분야별 지수를 계산하였다.

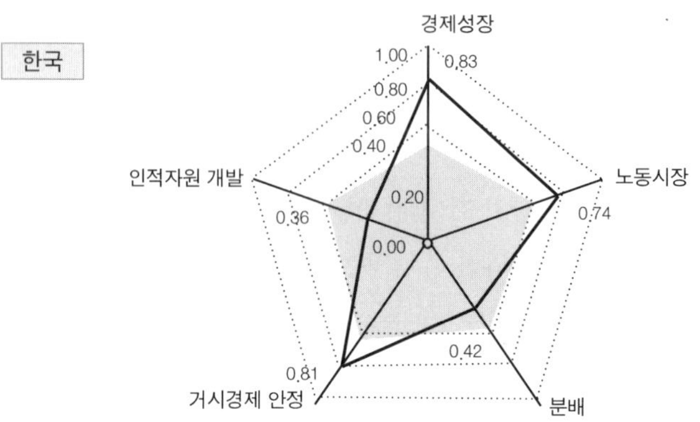


* 최대 · 최소 방법론

$$= \frac{\text{실제값 - 최소값}}{\text{최대값 - 최소값}}$$

표 4-1의 부문별 지수를 바탕으로 작성한 방사형 그림은, 각 부문의 성과가 좋을수록 1에 근접하고, 따라서 면적이 넓어지도록 만들어져 있다. 5개 부문별로 균형잡힌 성과를 보이는 국가는 스웨덴과 덴마크 라고 할 수 있겠다. 주목할 것은 덴마크의 경제성장 성과는 스웨덴보다 낮지만, 노동시장성과와 분배성과가 스웨덴을 앞지르고 있다는 점이 다. 완전고용과 평등을 중시하는 사민주의의 입장에서 볼 때, 사민주의 모델의 선두주자가 스웨덴이 아닌 덴마크로 바뀌고 있다는 증거라 할 수 있으며, 세계화시대 덴마크의 노동시장 개혁이 주목받는 이유로 보 인다. 덴마크의 노동시장성과가 우수한 것은 고용률이 비교 대상국 중 가장 높고, 실업률도 낮은 수준이지만 청년실업률은 비교국 중 가장 낮 은 수준이기 때문이다. 소득평등의 경우도 스웨덴과 덴마크 공히 비교 국가에 비해 크게 우수한 성과를 보이고 있지만, 1990년대를 지나 2000년대에 들어서면 덴마크가 스웨덴보다 우수한 성과를 보이는 것 으로 나타난다.

표 4-1_5개 부문별 종합성과 지수의 구성

| 지표 | 항목 | 출처 |
| --- | --- | --- |
| 경제 성장 | 1인당 실질소득 증가율<br>(2003~2005년 3개년 평균) | IMF, World Economic Outlook (WEO) database |
| | GDP 실질 성장률<br>(2003~2005년 3개년 평균) | OECD Economic Outlook(2006) |
| 노동 시장 | 고용률(2003~2005년 3개년 평균) | OECD Employment Outlook (2006) |
| | 실업률(2003~2005년 3개년 평균) | OECD Employment Outlook (2006) |
| | 청년 실업률<br>(2003~2005년 3개년 평균) | OECD Employment Outlook (2006) |
| 분배 | Gini계수(2000년) | OECD Society at a Glance (2005), 통계청. |
| | 빈곤율(2000년) | OECD Society at a Glance (2005), 통계청.<br>김미곤 · 김태완(2004) |
| | 아동빈곤율(2000년) | OECD Society at a Glance (2005),<br>류연규 · 최현수(2003) |
| 거시 경제 안정 | 인플레이션<br>(2003~2005년 3개년 평균) | OECD Factbook(2006) |
| | GDP 대비 재정수지<br>(2003~2005년 3개년 평균) | OECD Economic Outlook(2006) |
| | GDP 대비 정부부채 | OECD Economic Outlook(2006) |
| 인적 자원 개발 | 3~5세 아동의 보육 기대 연한(2000) | OECD Family Database |
| | PISA(OECD' Programme for International Student Assessment) 점수 | OECD Education at a Glance (2004, 2005) |
| | 고등교육 진학률<br>(2003~2004년 2개년 평균) | OECD Education at a Glance (2005) |
| | 직업훈련 참여율(2003년) | OECD Education at a Glance(2002, 2005),<br>OECD(2005) Promoting Adult Learning, 통계청(2004)<br>사회통계조사 |
| | 평생학습 참여율(2003년) | OECD Education at a Glance (2002, 2005),<br>OECD(2005) Promoting Adult Learning, 통계청(2004)<br>사회통계조사 |

영국의 성과 또한 다른 대표적 선진자본주의 국가인 미국, 독일, 그
리고 일본과 비교할 때 긍정적으로 평가할 수 있겠다. 영국은 덴마크에
버금가게 노동시장 성과가 우수하고 경제 성과를 포함한 다른 4개 지
표에서 OECD 상위 21개국의 평균을 웃도는 성과를 보인다. 비록 영국

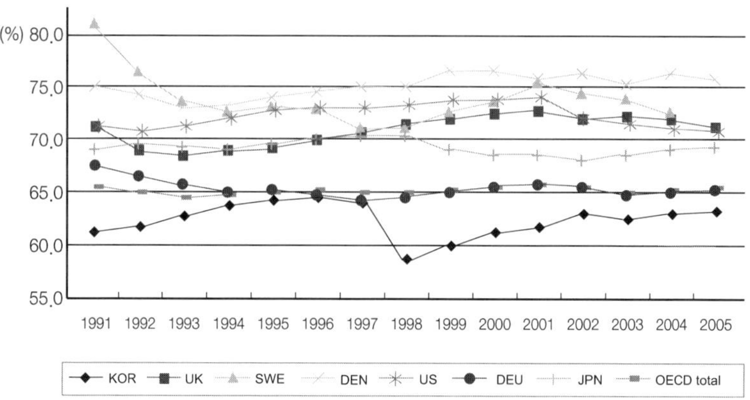



* 자료: OECD(2006b), *OECD Factbook 2006: Economic, Environmental and Social Statistics.* 2001~2005 자료는 OECD(2006a), *Employment Outlook.*



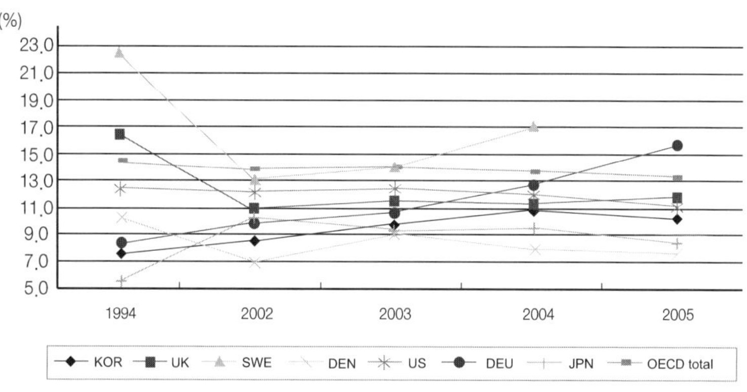



* 자료: OECD(2006a), *Employment Outlook.*

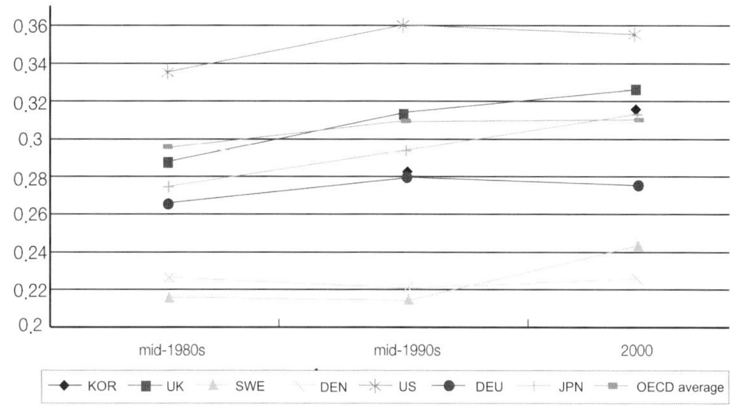



* 자료: OECD(2005a), *Society at a Glance*. 한국자료: 통계청.

의 분배성과는 해당 부문 18개 비교국의 평균에도 못 미치고 있으나, 동일한 자본주의 모델로 종종 분류되는 미국보다는 나은 성과를 보인다. 향후 노동당 정부의 사회투자전략과 아동빈곤 해소 노력이 결실을 맺으면, 좀 더 균형잡힌 성과를 보일 것으로 예상된다.

이들 3개 사회투자국가를 제외한 다른 주요 선진자본주의 국가들은, '균형발전'이라는 측면에서 문제점이 드러나고 있다. 미국의 경우, 경제성장, 노동시장, 인적자원 개발 지표에서 비교적 우수한 성과를 보이고 있지만, 분배항목의 경우 모든 지표에서 최하위를 기록하고 있다. 일본의 경우 버블경제의 붕괴 이후 최악의 거시경제 성과를 내고 있고 분배도 평균 이하로 뒤처지고 있다. 독일의 경우는 전통적으로 강했던 분배와 거시경제 안정에서 비교 대상국의 평균 정도의 성과를 보일 뿐 노동시장, 거시경제, 경제성장 부문에서 평균 이하의 좋지 않은 성과를 보여준다. 통일비용 문제를 감안해야겠지만, 세계화시대에 국가경쟁력을 유지하는 데는 어려움이 있다고 평할 수 있겠다.

그림 4-8_6개국의 5개 부문 성과

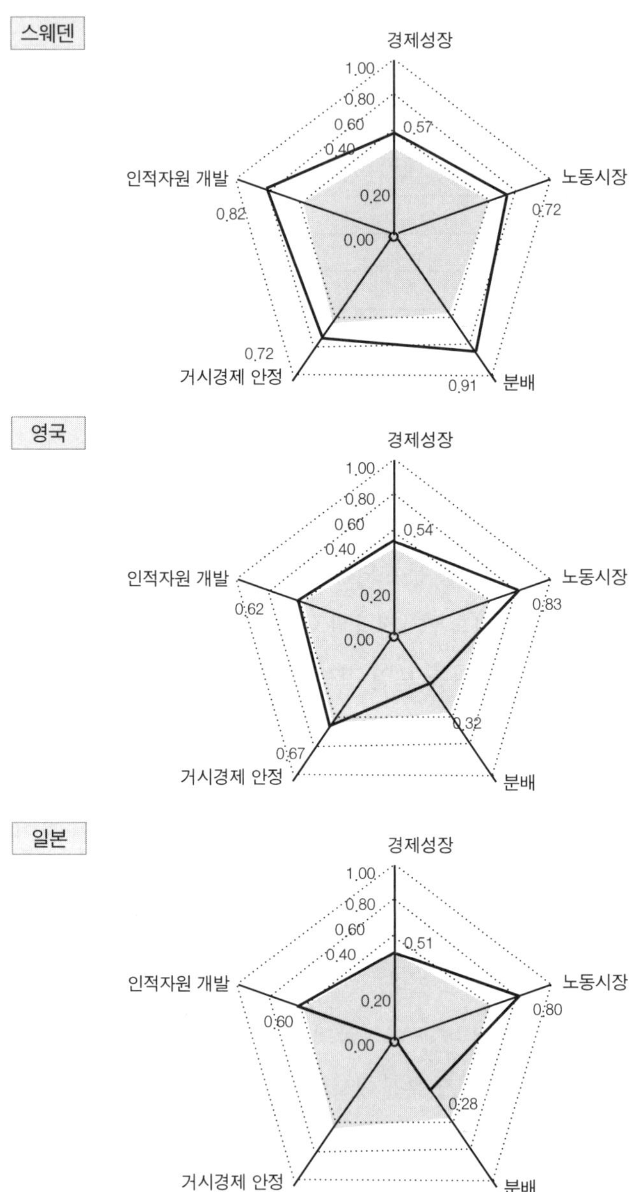
스웨덴
경제성장
1.00
0.80
0.60
0.40
0.57
0.20
노동시장
0.72
인적자원 개발
0.82
0.00
0.72
거시경제 안정
0.91
분배

영국
경제성장
1.00
0.80
0.60
0.40
0.54
0.20
노동시장
0.83
인적자원 개발
0.62
0.00
0.32
0.67
거시경제 안정
분배

일본
경제성장
1.00
0.80
0.60
0.40
0.51
0.20
노동시장
0.80
인적자원 개발
0.60
0.00
0.28
거시경제 안정
분배

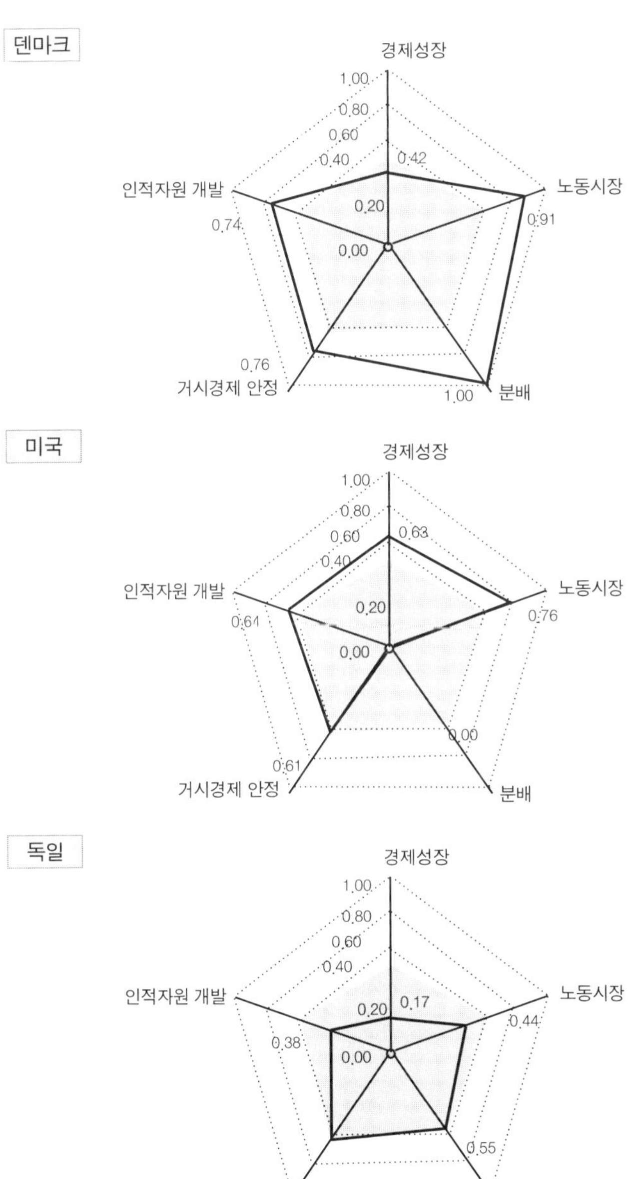

덴마크
경제성장
1.00
0.80
0.60
0.40
0.42
0.20
0.00
노동시장
0.91
인적자원 개발
0.74
분배
1.00
거시경제 안정
0.76

미국
경제성장
1.00
0.80
0.60
0.40
0.63
0.20
0.00
노동시장
0.76
인적자원 개발
0.64
분배
0.00
거시경제 안정
0.61

독일
경제성장
1.00
0.80
0.60
0.40
0.20
0.17
0.00
노동시장
0.44
인적자원 개발
0.38
분배
0.55
거시경제 안정

한국은 어떠한가? 한국은 5개 부문별 균형 발전을 이루고 있지 못하며, 인적자원 개발과 분배 성과가 평균 이하로 좋지 않은 것으로 나타나고 있다. 향후 인적자원 개발정책과 분배정책에 역점을 두면 균형잡힌 발전이 가능함을 보여준다. 하지만 성과분석 시 유의해야 할 점들이 있다. 첫째, 경제성장은 평균 이상으로 높은 성과를 보이고 있으나, 1인당 국민소득이 다른 비교 대상국의 1/2 수준인 것을 감안할 때, 그리 놀라운 일이 못 되며 앞으로 좀 더 높은 경제성장이 요구된다는 점이다.[5] 둘째, 거시경제 안정성과도 연금지출이 본격화되기 이전의 지표이기에, 다른 비교 대상국보다 유리한 위치에서의 비교였다는 점에 유의해야 한다. 셋째, 분배 성과도 한국의 경우 자료 부족으로 지수 작성에 투입된 데이터가 상대빈곤율이 아닌 절대빈곤율이었다. 따라서 타 비교 대상국처럼 상대빈곤율 자료를 사용한다면, 분배 성과가 영국보다 훨씬 나빴을 것으로 보인다. 최근 양극화가 심화되고 있는 현실을 감안할 때, 분배 성과가 우수한 덴마크와 스웨덴의 사회투자형 사회정책의 장점들을 한국적 현실에서 접목하는 노력이 필요하다 하겠다.


## 4. 한국의 사회투자전략의 적용과 보완과제

### 1) 적용 전략과 정책과제

앞서 살펴본 대로 동일하게 사회투자전략을 구사한다 하더라도, 나라별로 산업구조의 차이, 인프라 구축 여부의 차이, 재정 규모의 차이

---

5) 참고로 21개국 비교 대상국 중에 최근 3년간 경제 성과가 가장 좋은 국가는 그리스와 아일랜드였고 한국은 3위를 기록했다.

등으로 동일한 성과를 내지는 못하고 있다. 하지만 사회투자국가는 부문별 성과가 타 OECD 국가에 비해 상대적으로 우수하고, 특히 균형잡힌 성장이라는 측면에서 볼 때 주목할 만하다. 덴마크는 경제성과가 상대적으로 뒤떨어지지만 매우 우수한 노동시장성과와 분배 성과를 바탕으로 사민주의형 사회투자국가의 대표주자로 부상한 것을 확인할 수 있고, 스웨덴은 비록 노동시장성과에서 덴마크에 뒤져 있지만, 경제 성과가 우수하고 분배 등 다른 부문에서도 매우 우수한 성과를 낳고 있다. 영국의 경우도 노동시장성과가 매우 우수하고 미국이나 독일 그리고 일본과 비교했을 때 다른 부문에서도 비교적 성과가 우수한 것으로 나타나, 사회투자국가를 표방하는 블레어의 노동당 정부가 장기집권하는 이유를 확인할 수 있었다.

한국은 후발주자로서 서구 선진국의 발전전략을 우리의 현실에 부합하게 수정·변형하여 적용시킬 수 있는 이점을 가지고 있다. 사회투자국가로 분류되는 덴마크, 스웨덴, 그리고 영국의 경제사회성과가 우수한 것으로 나타나는 이상, 우리는 좀 더 적극적으로 사회투자전략을 한국사회에 적용하는 노력이 필요할 것으로 보인다. 경제성장 없이 복지국가 건설이 있을 수 없고, 최고의 복지는 노동시장에 누구나 참여해 정당한 몫을 배분 받는 것이라는 점, 그리고 공급 측면에서 고용 가능성<sup>employability</sup>을 높이는 정책은 세계화시대 경제성장과 사회정의를 조화시킬 수 있는 합리적인 정책 방향이라는 점을 수긍해야 할 것으로 보인다.

미국도 경제 성과가 매우 우수하고 노동시장의 성과도 비교적 좋으며 인적자원 개발 성과도 높은 편이다. 하지만 분배 관련 모든 지표에서 최하위를 기록하는 등 분배를 희생한 경제성과라는 문제가 너무나 크다. 따라서 장기적인 시계는 덴마크와 스웨덴 등 사민주의형 사회투자국가에 두고 단계적으로 인프라 구축에 나서되, 단기적으로는 영국형 사회투자국가를 지향하는 것도 한국에 적용 가능한 방향 선택일 것이다. 이때, 한국의 산업구조와 재정문제, 그리고 인프라 존재 여부 등 현실적 여건을 감안하여 전략을 마련해야 할 것이다.

이를 위해서는, 첫째 우리나라 대기업과 대기업의 내부 노동시장의 존재를 인정하고 이들을 자율적 성장 영역으로 하며, 국가의 공공적 역할을 중소기업과 중소기업 노동자에게 집중하는 이원화 전략을 취할 필요가 있다. 대기업의 투자를 저해하는 규제조치, 예를 들어 수도권 규제나 기업 지배구조 개선정책 등은 전향적으로 재검토할 필요가 있다. 다른 한편, 거래와 회계의 투명성을 증진하고 하도급 관행의 개선, 대기업·중소기업 협력증진 등을 위한 실질적인 노력이 이루어져야 할 것이다.

둘째, 직업교육과 훈련체제의 대대적인 정비와 공공 고용서비스의 대폭적인 개선이 필요하다. 특히 지역과 산업적 특성을 감안해 중소기업에 특화된 인력개발과 고용서비스 등을 제공하여 중소기업의 경쟁력을 높이는 데 도움을 주어야 할 것이다. 참고로, 덴마크의 적극적 노동시장정책은 과거의 유산이 아닌 1993년에 집권한 사민당 정부의 새로운 작품임을 우리나라 노사정 공히 되새겨야 할 것이다. 지역 균형발전에 대한 노무현 정부의 대대적인 관심과 투자의욕 정도라면 한국에서도 지금보다 훨씬 선진화되고 효과적인 직업훈련과 고용서비스체제를 갖출 수 있을 것이다.

셋째, 공보육과 공교육에 대한 투자 확대와 현존 시스템의 질적인 업그레이드가 필요하다. 사회투자전략에서 인적자원의 개발은 절대적인 과제이다. 적어도 우리 사회는 '교육'에 관한 한 투자를 아끼지 않으며 공적인 역할도 인정한다. 기존 공교육시스템에 경쟁의 원리를 도입하고 수월성 교육도 강화하여, 세계화시대의 인력 양성에 기여할 수 있게 하여 공교육의 효과성에 대한 국민적 신뢰를 회복하는 게 필요하다. 그리고 지식기반경제의 도래로 그 중요성이 매우 큰 대학교육의 혁신 또한 중요한 과제이다. 질적인 향상 없이 대학 진학률만 세계 최고인 양적 팽창은 이제 의미가 없다. 서울대학교부터 지방의 중소 사립대까지 모두가 연구 중심 대학을 지향하는 것은 낭비며 산업인력의 양성이라는 측면에서 시급히 바로 잡아야 한다. 저출산·고령화시대에 여성의 경제활동을 증진함과 동시에 출산력을 유지하게 하는 것은 국가적 과제이다. 공보육의 확대, 취학연령의 하향은 여성의 경제활동을 돕는 효과뿐만 아니라 아동기에 형성되는 학습능력의 배양에 절대적으로 긍정적인 영향을 미친다. 이는 기회의 공정한 분배에 기여하는 바, 사회정의의 측면에서도 바람직하다.

좀 더 구체적으로 한국에서 사회투자국가 건설을 위한 정책목표와 정책과제를 제시하면 다음과 같다. 먼저, 정책의 목표는 ① 고용률의 증대와 인적자원의 고도화, ② 실질적 기회의 평등을 위한 기초보장의 체계화, ③ 사회투자 인프라의 구축에 두어야 할 것이다. ①의 달성을 위해서는 여성과 노인의 고용률 향상(공보육, 모성보호정책, 적극적 노동시장정책, 장기요양제도의 실시), 인적자원의 고도화(공교육의 경쟁체제 도입, 고등교육의 연구 중심과 직업교육 중심으로의 이원화, 사회적 숙련 형성체제의 형성, 평생학습체제의 구축), 건강사회의 실현(예방적 건강서비스의 강화)이 요청된다. ②를 달성하기 위해서는 취약계층/취약지역 아동 및 청소년복지 강화(보육센터, 유치원, 방과후 프로그램, 공부방, 학자금융제도 확대, 재무관리 교육, 이주노동 정착 프로그램)와 기초보장의 합리화 및 자활지원(욕구별 보장, 자활지원서비스 강화, EITC 확대)이 필요하다. 그리고 ③을 달성하기 위해서는 사회지출 구조의 합리화(연금개혁을 통해 비근로세대에 대한 지나친 소

표 4-2_생애주기별 사회투자정책의 대상과 목표 및 정책과제

| 대상 | | 아동 / 청소년 | 근로세대 | 노인 |
|---|---|---|---|---|
| 목표 | | · 보육/교육 | · 고용 가능성 증대<br>· 기초보장 | · 고용 가능성 증대<br>· 노후보장 |
| 정책<br>과제 | 기존<br>제도<br>보완 | · 공교육 내실화와 경쟁력 강화(수월성 교육, 선택권 보장, 직업교육 내실화, 방과후 교육)<br>· 공보육 확대<br>· 고등학교 의무교육<br>· 예방적 건강서비스 강화 | · 적극적 노동시장정책의 내실화 및 확대(청년/비정규직/장애인)<br>· 양성평등에 입각한 모성보호<br>· 산재예방<br>· 예방적 건강서비스<br>· 학자금 융자제도 확충<br>· 기초보장과 자활프로그램의 내실화 | · 고령자 직업훈련 및 고용촉진<br>· 공적연금 개혁<br>· 예방적 건강서비스 |
| | 제도<br>신설 | · 보육원 및 유치원<br>· 저소득가정 아동지원<br>· 이주민 2세 포용정책 | · 평생학습체제 구축<br>· 이주노동자 정책 | · 장기요양서비스 구축<br>· 기초소득보장연금 |

* 자료: 양재진, 2006.

득이전의 방지, 사회서비스 분야 지출 확대)와 복지전달체계와 거버넌스의 개선(복지부 · 노동부 · 교육부 정책협조 거버넌스 구축, 서비스 전달 시 최소한 30% 공공성 확보, 바우처제도와 평가시스템의 강화, 민간위탁과 지자체로 복지사무 위임 등)이 요청된다.

이러한 정책들을 생애주기별(혹은 세대별)로 배열하면 표 4-2와 같다. 사회투자국가의 건설에 있어 가장 중요한 단계는 아동/청소년을 대상으로 한 생애주기의 앞 단계이다. 지식기반경제에서 평생학습과 다양한 근로능력의 배양이 필요한 바, 이는 취학전 아동기 학습 능력의 배양이 결정적인 것으로 연구 결과 나타났다. 그런데 학습 능력은 가정의 소득 수준과 문화적 수준에 크게 영향을 받는다. 따라서 빈곤의 대물림과 사회 이동성의 고착을 막기 위해서는 저소득가정의 아동들에 대해 취학전 적정 수준의 보육과 교육을 사회적으로 제공할 필요가 있다(Esping-Andersen, 2006: 31-36). 이런 관점에서 사회적 보육은 중장기적으로 보편주의적 사회서비스를 구축함에 있어서, 다른 정책 영

역보다 가장 높은 우선순위를 부여받아야 할 것이다. 생애주기의 두 번째 단계에서는 유연 안정성을 확보하는 정책들이 우선적으로 시행되어야 할 것이고, 생애주기의 마지막 단계에서는 고령화사회에서 고령자의 고용 촉진과 재정 효율성이 높은 기초보장제도의 구축에 강조점을 두어야 할 것이다.

## 2) 한국형 사회투자국가 건설 시 보완과제

사회투자정책이 목표하는 바를 되도록 많이 성취하기 위해서는 다음과 같은 좀 더 근본적인 사안들에 대한 고려가 함께 있어야 한다(양재진 외, 2008: 결론 참조).

### (1) 산업정책의 필요성

사회투자정책에 의해 인적자원이 고도화된다 하더라도, 이를 흡수할 고용 수요가 창출되지 않으면 그 성과는 반감될 수밖에 없다. 따라서 사회투자국가를 지향하는 정부는 거시경제의 안정적 운용과 더불어 신성장동력을 지속적으로 확충하고 기업환경을 개선하는 노력을 등한히 해서는 안 된다. 일자리 창출을 위해 공공부문을 확대하는 것은 쉬운 길이다. 그러나 이는 경제 전반의 효율적 자원배분에 문제를 낳을 수 있으므로, 우선적으로는 민간부문에서 일자리가 창출되도록 노력해야 할 것이다. 이는 세계화시대에도 거시경제의 안정적 관리를 넘어서는 좀 더 적극적인 산업정책이 필요함을 뜻하며, 사회투자정책의 형성 시 산업정책과 연계되어 시너지 효과를 발휘할 수 있도록 해야 한다. 특히 고용흡수력이 큰 사회서비스와 우리나라가 동아시아에서 기술적으로 잠재적 우위를 점하고 있는 의료와 교육 및 금융서비스 등의 경쟁력을 키우는 데 힘을 쏟아야 한다. 한편, 고용흡수력이 큰 중견기업들이 다수 창업되고 글로벌 경쟁력을 갖출 수 있도록 공공재(공동훈련, 공동복지, 근로환경 개선 지원, 공동 R&D)를 지원해야 한다. 수도권 규제의 완화, 기업상속의 원활화를 위한 세제 개편, 국내기업에 대한 역차별 등을 해소하는 것도 전향적으로 검토해야 할 것이다. 공공부문에서의 고용확대는 사회투자형 사회정책이 확충되면 자연스럽게 이루어질 것이나, 사회서비스 공급주체 간 경쟁을 촉발하고 정부의 지속적인 평가와 모니터링을 통해 효율적인 운영을 기해야 할 것이다.

### (2) 생활보장과 여성고용의 중요성

자칫, 기회평등에 입각한 사회투자를 강조하는 것이 경쟁에 나설 수 없는 장애인과 노인 등 근로 무능력자들, 그리고 경쟁의 결과 나타나는 빈곤의 문제를 방치하는 것으로 이해되어서는 곤란하다. 사회투자정책이 실효를 발휘하기 위해서는 소득보장, 주거, 의료, 지역사회 등의 광범위한 차원에서의 기초보장이 전제되어야 한다. 특히 아동이 있는 가정의 경우 빈곤의 해소는 사회투자국가 전략의 성패를 가르는 핵심적 정책과제가 된다. 지식기반경제에서 가장 중요한 자원인 학습 능력의 배양은 인지 능력에 좌우되며 이는 3~5세에 형성된다. 그리고 이는 가족의 사회경제적 지위에 가장 크게 영향을 받는 것으로 나타났다. 빈곤은 아이들에게 충분한 지적 능력을 키울 수 있는 환경을 제공해 주지 못하기 때문이다. 따라서 아동기 빈곤의 해소 없이는 사후적인 직업훈련과 평생학습의 성과가 클 수 없고 비용 효과적이지 못한 결과를 낳게 될 것이다. 따라서 생활보장의 우선순위는 아동이 있는 가정이 되어야 할 것이다.

이때, 가구빈곤을 해소·완화하기 위한 유력한 대안은 여성(어머니)

의 노동시장 참여이다. 사후적인 정부의 개입으로 빈곤을 완화할 수도 있으나, 홑벌이가 아닌 맞벌이(2인 생계부양자모델<sup>dual income earner system</sup>)로 가는 경우 가구당 소득이 증가해 빈곤탈출을 돕는다. 따라서 국가의 역할은 직접적인 빈곤 구제자이기 이전에 조세정책, 고용정책, 사회정책을 통해 2인 생계부양자모델이 정착될 수 있도록 하여야 한다. 일례로, 스웨덴의 경우 2인 생계부양자 가구의 빈곤율은 1.1%에 그치는 데 반해 1인 생계부양자 가구의 빈곤율은 7배 이상 높은 8.2%를 기록한다. 여성 취업으로 인한 가구소득의 향상은 일반적으로 주거, 의료 등 가구원의 기본적 생활수준의 향상을 가져온다는 점을 고려했을 때 여성 고용, 특히 아동이 있는 여성의 고용 증대는 사회투자국가의 핵심적 전제가 될 것이다(윤홍식, 2007). 이때 저소득가구의 근로유인을 높이고 이들의 가처분 소득을 높이기 위한 조치가 병행되어야 한다. EITC의 확대, 최저임금의 상향, 각종 사회보험료의 면제 혹은 지원 등이 그것이다.

### (3) 소득정책과 사회적 조정의 필요성

사회투자전략에 의해 노동공급이 많아지면 이는 시장임금의 하락으로 나타나게 된다. 특히 노동공급이 주로 늘어나게 될 중저임금 부분은 더욱 그렇다. 물론 당장 2009년부터 재직자 연령대 인구가 줄어드는 등, 중장기적으로는 저출산으로 인해 노동력풀 자체가 줄어 사회투자 정책으로 인한 노동력 공급 증가는 문제되지 않을 것이다. 그리고 한편으로 인적자원의 고도화가 이루어져 전반적인 소득 상승이 예견된다. 하지만 적어도 단기적으로는, 고임금 부분과 중저임금 부분 간의 소득 격차가 예상된다.

게다가 2인 생계부양자모델로의 전환은 가구당 소득을 증대시켜 절대빈곤으로부터의 탈출과 중산층의 삶의 질을 높이는 데 도움을 줄 것으로 기대되지만, 동류결혼이 일반화되어 있는 사회에서 2인 생계부양자모델은 가구당 소득의 격차를 확대시킬 가능성이 크다. 교육을 많이 받은 중산층 부부의 합산 소득이 그렇지 못한 중하위층 가정의 합산소득을 크게 웃돌 것이기 때문이다. 결국, 맞벌이 모델은 가구빈곤 해소에 절대적인 역할을 하겠지만, 상대적 의미에서 보았을 때 가구당 소득분배는 악화될 가능성이 크다(Esping-Andersen, 1992).

따라서 사회투자전략만으로 양극화를 해소하겠다거나 분배 문제를 완화하겠다는 목표는 한계가 있기 마련이다. 그렇다면 어떻게 해야 하는가? 덴마크의 경험이 시사적이다. 이들 사민주의 국가에서는 전보다 엄격성이 떨어지긴 하였어도 사회적 임금 결정의 메커니즘이 작동하여 노동시장 내 임금격차가 다른 선진 자본주의에 비해 크지 않다. 또 공공서비스 부분의 양질의 일자리로 인해 적정 임금이 보장되고 있다. 만약 국가가 임금결정을 시장과 기업 내부의 노사관계에만 맡길 경우, 숙련과 기술 차에 따른 임금격차가 커지고 기업 간 지불력의 차이로 기업 규모별 격차는 확대될 것이다. 그리고 대기업 노조 간 임금 경쟁으로 인해 생산성 증가를 넘는 임금 상승은 물론 노사관계의 불안 요인으로 작용할 가능성이 크다(양재진, 2005). 우리는 소득정책이 현재 전무하다 해도 과언이 아니다. 하루속히 노사정위원회를 통해서 사회투자정책에 의해 지급되는 사회적 임금(각종 실업수당, 공교육, 의료, 연금 등 실질적 임금보전분)과 시장임금의 배분관계를 조율하여 임금인상을 자제하고 임금격차를 줄이는 노력을 해나가야 한다. 즉, 자유방임형 임금정책에서 사회적 임금 결정체제로 점진적으로라도 전환해가는 노력이 필요한 것이다. 이때 정부는 복지정책은 물론 조세정책을 통해 사회적 임금 결정이 노사간에 합의될 수 있도록 지원하는 역할을 맡아야 할 것이다.

그리고 가구당 소득격차가 커지는 사회에서 사회적 안정을 이루기 위해서는, 적극적 의미의 '기회의 평등이 작동하는 사회'라는 사회구성원의 동의가 필수적이다. 따라서 국가가 기초보장을 약속하고 유아기부터 성인기에 이르기까지의 인적자원 개발에 적극적으로 개입하는 것은 경제성장의 잠재력 확충은 물론 사회적 정의감을 확산시키는 데 절대적으로 기여할 것임을 잊지 말아야 할 것이다.

### (4) 노동력 질의 제고와 비활성화된 노동력의 활성화에 역점

산업화된 서구 복지국가에서 사회투자전략은 높은 실업률에 대한 정책 대안의 성격이 강하다. 그러나 우리의 경우, 2006년 현재 한국의 실업률은 남성이 3.5%, 여성이 2.9%로 유럽연합 15개국의 절반에도 미치지 못한다. 실업률 통계로 보면 거의 완전고용에 가깝다고 할 수 있다. 따라서 한국적 상황에서 사회투자전략은 (재)교육과 훈련강화를 통해 노동력의 질을 높임으로써 고용의 질을 높이고, 세층간 상향 이동을 가능하게 만드는 것에 역점을 두어야 한다(윤홍식, 2007).

그러나 고령화가 급속하게 진행되는 한국에서 2009년부터 재직자 연령대 인구가 감소하고 2016년부터 생산 가능인구의 감소가 예견되는 바 잠재실업, 실망실업, 반실업 등 기존의 실업 개념으로는 잡히지 않는 비활성화된 노동력을 활성화시키는 과제에 대비해야 한다. 그리고 앞서 지적했듯이 2인 생계부양자모델에 입각해 여성고용을 늘리고, 고령자의 경제활동을 촉진하는 데 정책적 역점을 두어야 할 것이다.

* 이 글은 2007년에 『시민과 세계』 11호에 실린 논문을 수정한 것이다. 사회투자국가에 대한 좀 더 자세한 이론과 정책적 논의는 단행본으로 출간된 양재진 외(2008)를 참고하기 바란다.

**참고문헌**

김연명(2007). 「사회투자정책과 한국 사회정책의 미래」, 『한국사회의 미래와 사회투자정책』, 한국사회복지학회 · 한국사회정책학회 · 한국행정학회 · 한국산업사회학회 공동 주최 토론회 발표문(2007.2.21). (이 논문의 수정본이 이 책의 제1장에 실려 있음)
김미곤 · 김태완(2004). 「우리나라의 빈곤현황 및 정책과제」, 『사회보장연구』 20(3)
김영순(1999). 「제3의 길: 인간의 얼굴을 한 대처리즘? 혹은 사민주의 부활의 유일한 길?」, 『국제정치논총』 39(3)
류연규 · 최현수(2003). 「우리나라 아동빈곤율 수준과 변화경향: 1982~2002년 도시근로자가구를 중심으로」, 『한국아동복지학』 제16권.
신광영(2007). 「복지레짐(welfare regime)과 사회투자국가」, 『한국사회의 미래와 사회투자정책』, 한국사회복지학회 · 한국사회정책학회 · 한국행정학회 · 한국산업사회학회 공동 주최 토론회 발표문(2007.2.21).
신정완(2000). 『임노동자기금 논쟁과 스웨덴 사회민주주의』, 여강출판사.
양재진(2006). 「사회투자국가론과 한국에의 적용가능성 검토」, 2006년도 한국행정학회 동계 학술대회(한국행정학 50년: 연구와 교육의 적실성, 정부혁신: 쟁점과 과제), 발표문(2006. 12. 8).
양재진 · 정형선 · 김혜원 · 이종태(2008). 『사회정책의 제3의 길: 한국형 사회투자정책의 모색』, 백산서당.
윤홍식(2007), 「사회투자국가와 한국복지국가의 과제」, 참여연대 사회복지위원회/참여사회연구소 주최 토론회(사회투자국가의 의미와 한국적 적용 가능성에 관한 토론회) 발표자료(2007. 2. 15). (이 논문의 수정본이 이 책의 제5장에 실려 있음)
재정경제부(2007). 『한국형 사회투자국가 모델형성을 위한 기초연구』
정경희 · 이현주 · 김영순 · 최은영 · 박세경(2007). 『한국의 사회서비스 발전 기반과 쟁점분석』, 한국보건사회연구원.
정부 · 민간 합동작업단(2006). 『함께하는 희망한국 Vision 2030』
정원호(2005). 「덴마크의 유연안정성 정책에 관한 고찰」, 『EU학 연구』 10(2)
정이환(2006). 『현대노동시장의 정치사회학』, 후마니타스.
정형선(2007). 「사회투자정책의 방향 및 주요과제」, 『한국사회의 미래와 사회투자정책』, 한국사회복지학회 · 한국사회정책학회 · 한국행정학회 · 한국산업사회학회 공동 주최 토론회 발표문(2007.2.21).
정희정(2005). 「유럽노동시장의 새로운 대책: 전환기 노동시장」, 『국제노동브리프』 3(2)
Blair & Schröder(1999). "Europe: The Third Way/Die Neue Mitte", *Joint Statement*, June 8.
Bonoli, Giuliano & Powell, Martin(2004). "One Third Way or Several?" in Jane Lewis & Rebecca Surender(eds.), *Welfare State Change: Towards a Third Way?* London: Oxford University Press.
Esping-Andersen(1992). "The making of a social democratic welfare state" in Karl Molin, Klaus Misgeld, & Klas Amark(eds.), *Creating Social Democracy: A Century of the Social Democratic Party in Sweden*. Pennsylvania State University Press, University Park, Pennsylvania.
__________(1999). *Social Foundations of Postindustrial Economies*. Oxford: Oxford University Press.
__________(2005). "Education and Equal Life-Chances: Investing in Children", in O Kangas and Palme(eds.), *Social policy and economic development in the Nordic countries*, Palgrave.
__________(2006). "Inequality of incomes and opportunities" in Anthony Giddens & Patrick Diamond, *The New Egalitarianism*, Cambridge: Polity Press.
Giddens, A.(1998). *The Third Way*. Cambridge: Polity Press.

__________(2003). *The Progressive Manifesto.* London: Policy Network.

Hall, Peter A.(2002). "The Comparative Political Economy of the 'Third Way' ", in Oliver Schmidtke, *The Third Way Transformation of Social Democracy,* Ashgate Publishing Company.

IMF(2006). *World Economic Outlook Database*(September).

Iversen, Torben(2001). "The Choices for Scandinavian Social Democracy in Comparative Perspective" in Andrew Glyn(2001), *Social Democracy in Neoliberal Times: The Left and Economic Policy since 1980,* NY: Oxford University Press.

Jenson, J. & D. Saint-Martin(2003). "New Routes to Social Cohesion? Citizenship and the Social Investment State", *Canadian Journal of Sociology,* Winter.

Levy, Jonah(1999). "Vice into Virtue? Progressive Politics and Welfare Reform in Continental Europe", *Politics and Society 27,* June.

OECD(2001~2006). *Education at a Glance.* 각 연도. Paris: OECD.

__________(2004). *Social Expenditure Database,* SOCX, www.oecd.org/els/social/expenditure)

__________(2005a). *Employment Outlook.* Paris: OECD.

__________(2005b). *Society at a Glance,* Paris: OECD.

__________(2006a). *Employment Outlook.* Paris: OECD.

__________(2006b). *OECD Factbook 2006: Economic, Environmental and Social Statistics.* Paris: OECD.

__________(2006c). *Economic Outlook.* Paris: OECD.

Perkins, Daniel, Lucy Nelms & Paul Smyth(2004). "Beyond neo-liberalism: the social investment state?", *Social Policy Working Paper No.3,* The Center for Public Policy, University of Melbourne.

Schmidtke, Oliver(2002). "Transforming the Social Democratic Left: the Callenges to Third Way Politics in the Age of Globalization", in Oliver Schmidtke, *The Third Way Transformation of Social Democracy,* Ashgate Publishing Company.

Surender, Rebecca(2004). "Modern Challenges to the Welfare State and the Antecedents of the Third Way" in Jane Lewis and Rebecca Surender(eds.), *Welfare State Change: Towards a Third Way?* London: Oxford University Press.

Taylor-Gooby, Peter(2006). "European Welfare Reforms: The Social Investment Welfare State" (이 논문의 수정본이 이 책의 제2장에 번역되어 실려 있음)

White, Stuart(2004). "Welfare Philosophy and the Third Way", in Jane Lewis & Rebecca Surender(eds.), *Welfare State Change: Towards a Third Way?* London: Oxford University Press.

# 가족·여성정책의 사회투자와 한국의 복지국가

윤홍식 │ 인하대학교 행정학과 교수

## 1. 문제제기

권위주의적 발전국가는 경제성장만이 한국사회의 모든 모순과 문제를 해소할 수 있는 유일한 대안이라는 집단적 믿음을 갖게 했다. 하지만 복지정책의 확대·발전이 농반되지 않은 압축적 경제성장은 시민들을 굶주림에서 벗어나게 했을지 모르지만 불평등, 소외 등의 심각한 사회위험을 확대했다. 최근 목격되는 사회·경제 전 분야에 걸친 양극화와 불평등, 완화되지 않는 빈곤, 급격한 출산율 감소와 노령화 현상은 이러한 압축적 경제성장과 지체된 복지 간의 간극이 확대된 결과라고 할 수 있다. 특히 1997년 경제위기는 경제성장과 사회정책 간의 괴리로부터 야기되는 모순을 증폭시켰고, 이를 계기로 복지정책은 비로소 한국사회정책의 중요한 영역으로 등장하게 되었다.

그러나 권위주의적 발전국가의 경제성장 제일주의에서 벗어나 복지 확대를 고민하던 한국사회는 서구 국가와 달리 이중적 과제에 직면해 있다. 서구 복지국가의 역할은 노동시장에서 발생하는 사회위험에 대한 대응에서, 노동시장과 가족의 변화로 인한 새로운 사회위험의 출현에 대한 대응을 중심으로 재편되고 있다. 반면 한국은 복지국가의 전통적 과제와 재편의 과제를 동시에 풀어야 하는 상황에 직면하고 있다. 노동시장에 참여하는 정규직 남성생계부양자 가구를 전제한 사회보장의 사각지대가 광범위하게 존재하는 가운데 제조업의 쇠퇴와 서비스산업의 확대, 여성의 노동시장 참여와 가족의 변화, 저출산과 고령화 등 노동시장과 가족을 둘러싼 새로운 사회위험의 증대로 인해 한국 복지국가는 전통적 사회위험과 함께 새로운 사회위험에 대한 대응을 제도화할 것을 요구받고 있다. 그리고 많은 학자들이 주장하듯이 그 중심에 가족과 여성이 자리하고 있다.

실제로 복지국가의 새로운 비전으로 제시되고 있는 사회투자전략은 가족여성정책과 밀접히 연관되어 있다. 사회투자전략(국가)[1]의 성패는 기본적인 소득, 건강, 주거 보장 등의 결과의 평등에 기반한 기회의 평등을 통해 비활성화된 노동력을 활성화하는 과제에 달려 있기 때문이다. 왜냐하면 남성 노동력의 대다수가 활성화되어 있는 반면 여성은 가족 내 돌봄 책임으로 인해 노동시장에 참여하지 못함으로써 비활성화된 노동력으로 남아있기 때문이다. 이러한 측면에서 사회투자전략을 이해한다면 가족 내 돌봄노동의 책임을 사회화시켜 여성의 노동권을 보장하는 동시에 아동의 인적자원 발달에 복무하는 보육정책과 육아와 관련된 휴가정책, 가족의 소득보장을 위한 아동수당 등 가족여성정책은 사회투자전략의 핵심적 정책과제라고 할 수 있다.

이러한 문제의식을 바탕으로 본 글에서는 사회투자전략의 원칙과 방향에 근거해 한국사회의 사회투자전략에 대한 논의를 전개하고자 한

---

1) 본 글에서는 사회투자전략과 사회투자국가를 필요에 따라 함께 사용하고 있다. 이는 아직까지 사회투자국가, 사회투자전략, 사회투자 등의 개념을 둘러싼 합의된 정의가 없기 때문이고 무엇보다도 필자의 입장에서는 사회투자국가·전략을 구분할 뚜렷하고 객관적인 준거를 제시할 수 없기 때문이다.

다. 특히 사회투자전략의 핵심 과제가 가족여성정책과 밀접히 연관되어 있다는 점을 주장하면서 사회투자전략에 대한 논의를 가족여성정책 영역을 중심으로 검토하고자 한다. 먼저 다음 절에서는 사회투자전략의 핵심논리를 한국사회와 연관지어 개략할 것이다. 이를 통해 본 글은 사회투자전략의 기본적 문제의식과 이를 한국사회에 적용하기 위한 접점을 찾고자 한다. 이어서 "사회투자전략과 가족여성정책"에서는 현재 산업화된 서구 복지국가에서 논의되는 사회투자전략을 젠더관점에서 접근함으로써 사회투자전략이 가족여성정책에서 가지는 논점을 정리하고자 한다. 산업화된 복지국가의 사회투자전략의 다양성과 관련해서는 가족여성정책과 관련된 서구 복지국가의 사회투자전략의 다양성에 대한 논의를 전개할 것이다. 여기서는 어떠한 사회적 변화로 인해 가족여성정책에서 사회투자전략이라는 새로운 사회정책의 패러다임을 요구하게 되었는지, 이 새로운 정책 패러다임이 개별 복지국가의 특성에 따라 어떻게 다양하게 전개되고 있는지에 대한 논의에 집중할 것이다. 마지막 절에서는 한국가족여성정책에 있어서 사회투자전략의 실천적 원칙과 방향을 제시함으로써 본 논의를 정리하고자 한다.


## 2. 사회투자국가(전략)

### 1) 사회투자전략에 관한 일반적 개괄

사회투자전략, 제3의 길, 서비스국가로의 전환 등 복지국가 재편을 둘러싼 다양한 담론이 제기되고 있지만 정작 이에 대한 합의된 정의는 존재하지 않는 듯하다.[2] '사회투자전략' 이라는 개념을 제기한 기든스Giddens는 사회투자전략은 제3의 길의 다른 표현이며 이는 전후 복지국가와 신자유주의에 대한 새로운 사회민주주의 복지국가의 전망을 내온 것이라고 주장하였다[3](Giddens, 2000[1998]). 신자유주의가 단순히 일에 대한 강조를 통해 일자리라면 무조건 좋다Any job is good job는 정책적 신념에 근거한 것이라면 사회투자전략은 일에 대한 강조와 함께 일을 가능하게 하는 사회서비스 지원을 통한 국가의 개입을 강조한다(Jenson, 2006). 사회투자전략에서 사회정책은 단순히 불행에 대한 사후적 대응이기보다는 반드시 미래를 위한 투자(교육과 훈련)를 포함함으로써 새로운 사회건설의 불이익이 다음 세대로 이어지는 것을 막는 것임을 밝히고 있다. 또한 OECD(2005)는 사회투자전략, 제3의 길, 사회서비스국가라는 개념 대신 적극적 사회정책Active Social Policy이라는 개념을 통해 산업화된 복지국가의 재편과제를 제기하였다. 반면 제3의 길의 비판논자들은 사회투자전략은 기존의 보수주의적 전제를 그대로 계승하고 있으며 결과적 평등에 대한 좌파 전통을 부정하는 신자유주의의 아류라고 평가절하하고 있다(Hobsbawm, 1999). 예를 들어, 노동시장의 구조적인 문제에 대한 근본적 대안 없이 단지 교육훈련을 통해 제조업에 종사하는 반숙련 노동자에게 IT기술 등을 교육·훈련시키는 것으로는 현재의 사회배제와 불평등을 해결할 수 없다는 것이다.

다른 측면에서의 비판을 보면, 많은 비평가들이 제기한 것과 같이 영국 신노동당을 중심으로 제기되는 제3의 길, 또는 사회투자전략은 전

---

2) 미르켈은 유럽연합 사민주의 국가들의 제3의 길(사회투자전략의 형태로 이해해도 좋다)을, '영국의 신노동당 모형, 네덜란드의 폴더형 모형, 스웨덴의 개혁복지국가의 길, 프랑스의 국가주의 길' 과 같이 4가지 형태로 구분한다(Giddens, 2004[2002]: 23-26).
3) "제3의 길은 '정부를 적이라고 말하는' 우파와 '정부가 해답이라고 말하는' 좌파를 넘어서서 국가를 재구성할 필요가 있다고 주장한다." (Giddens, 1998: 127).

후 노르딕 사민주의 복지국가가 지향했던 복지체제를 이들 국가들이 뒤늦게 따라가는 것일 뿐이라고 평가절하한다[4](Esping-Andersen, 2002). 새로운 것이 아닌데 마치 새로운 길을 제시한 양 호들갑을 떨고 있다는 비판으로 이해될 수 있다. 즉, 사회투자전략은 복지국가를 둘러싼 새로운 패러다임의 제기라기보다는 상대적으로 (비활성화된 노동력이 많기 때문에)노동시장의 참여율이 낮고,[5] (공적 서비스의 미발달로 인해)사회서비스가 취약한 서구 복지국가들이 사민주의 복지국가들과 같이 고용률을 높이고 사회적 불평등을 완화하기 위해, 교육 · 훈련 · 돌봄으로 대표되는 사회서비스를 강화하고자 하는 전략적 시도라고 이해될 수 있을 것이다. 실제로 스웨덴, 덴마크 등 북유럽 복지국가들은 1970년대부터 교육 · 훈련 · 돌봄에 대한 공적 사회서비스를 강화함으로써 이미 성별, 나이, 자녀유무, 가족형태와 관계없이 모든 시민의 노동권 보장(현재 자유주의 및 보수주의 국가에서 활성화정책이라고 일컬어시는)을 복시의 근간으로 삼고 있다(Liljestrom, 1978; Vedel-Petersen, 1978; Lindgren, 1978). 그러므로 현상적으로 현재 영국, 호주, 캐나다 등 자유주의 복지국가를 중심으로 제기되는 사회투자전략은 분명 북유럽 사민주의국가들의 복지국가 발전 궤적을 따라가는 것일 수도 있다. 왜냐하면 자유주의와 유럽대륙의 복지국가에서 사회투자전략은 퍼킨스 등(Perkins, Nelms, & Smyth, 2004)의 주장과 같이 신자유주의와 다른 새로운 정책적 시도일 수 있지만 북유럽 복지

---

4) 투오미오자(Tuomioja)는 핀란드의 예를 들면서 북유럽국가들은 이미 많은 부분에서 제3의 길(사회투자전략) 국가임을 지적하였다(Giddens, 2002[2000]: 67-69). 즉, 영미권 국가들이 뒤늦게야 '일 찾는 복지'를 추구하고 있다는 주장이다 .
5) 영국과 미국의 경우 단순한 여성의 노동시장 참여율은 북유럽 사민주의 국가들보다 조금 낮은 수준이다. 그러나 그 내용을 보면 대부분이 비정규직이라는 점에서 북유럽 사민주의 국가들에서 여성의 노동시장 참여율과 단순 비교할 수 없다. 예를 들어, 아동양육에 대한 보편적 지원이 결여된 영국의 경우, 유자녀 여성들의 고용상태는 시간제 일자리로 제한되어 있는 것이 현실이다.

국가들에게 사회투자전략은 기존 정책 방향의 근본적 수정을 요구하지 않는 것처럼 보이기 때문이다. 그러므로 사회투자전략은 산업화된 복지국가에 대한 새로운 패러다임을 보편적으로 제기한 것이라고 보기 어려울 수도 있다.

그러나 유효수요정책에 근거한 완전고용을 전제로 하는 북유럽 사민주의 복지국가들에서 고용의 불안정성이 증대되고, 최근에 이민자와 저숙련·저학력 노동자 등 특정집단이 노동과 사회서비스로부터 배제되는 등 새로운 신신사회위험<sup>New New Social Risk 6)</sup>이 출현·확대되고 있는 것이 현실이다. 또한 새롭게 나타나는 사회위험에 대해 기존의 복지체제가 적절히 대응하지 못하고 있다는 점에서 노르딕 국가들 역시 새로운 복지국가의 패러다임을 요구받고 있다는 사실은 부정할 수 없다. 이처럼 모든 산업화된 서구국가에서 복지국가 재편을 둘러싼 다양한 논의가 전개되고 있다는 사실은 전후(1945~1970년대) 복지국가의 기본 전제가 변화했고, 현재 체제로는 변화된 환경에 적절히 대응할 수 없다는 것을 역설하는 것이다. 실제로 복지국가 유형에 관계없이 전후 복지국가의 기본 전제이자 성별분업에 근거한 남성 일인생계부양자가구, 완전고용, 경제적 필요에 근거한 결혼 등과, 이를 뒷받침하던 케인스주의의 유효수요정책으로는 더 이상 이들 국가들이 직면한 새로운 변화에 대해 적절히 대응할 수 없다.

---

6) 유럽사회에서는 임신, 출산, 양육 등과 같이 사적영역에서 발생하는 돌봄의 문제와 노동시장의 유연화, 세계화 등으로 발생하는 사회적 배제문제를 신사회위험으로 인식하는(Taylor-Gooby, 2004) 반면, 스웨덴, 덴마크와 같은 노르딕 국가들에서는 이러한 사회위험에 대한 대응이 이미 오래전부터 사회정책을 통해 이루어져 왔고, 상대적으로 다른 유럽 국가들에 비해 적절하게 대응하고 있는 것으로 평가되고 있다. 이와 같은 이유로 노르딕 국가들에서 사회적 배제는 저학력과 고령의 실업자 및 이민자 집단 등이 고용과 서비스전달에서 배제되는 현상을 가리키며 이를 신신사회위험(new new social risk)으로 정의하고, 특히 돌봄과 관련된 사회적 위험은 구신사회위험(old new social risk)으로 간주된다(Timonen, 2004).

비록 사회투자전략에 대한 좌파진영의 비판이 여전히 건재하지만 우리 스스로에게 되물어야 하는 것은 현재의 세계화와 신자유주의(의 부정적 결과를 완화할 수 있는)의 실제적 대안이 우리에게 있는가에 대한 문제로부터 출발해야 한다. 반숙련 노동력의 완전고용이라는 전제에 기반한 케인스적 유효수요정책은 지식기반사회에 더 이상 유효한 선택이 될 수 없다는 점을 받아들여야 한다. 결국 시민의 삶의 질을 높이고 사회적 배제를 최소화하기 위해 복지국가의 역할은 단순히 소득이전과 수요창출에 한정될 수 없다. 시민의 삶의 시작인 영유아기부터 미래의 생활과 삶의 질을 높이기 위한 국가의 정책개입이 요구된다. 이를 통해 복지국가는 세계화와 지식기반사회로의 이전 속에서 시민의 복지를 보장하기 위한 적극적인 역할을 수행하는 것이며 이것이 바로 사회투자전략의 핵심이라고 할 수 있다. 더 나아가 비판자들의 주장과 달리, 기회의 평등을 강조하는 것은 현재의 결과적 평등에 대해 국가의 역할이 필요하지 않다는 뜻이 아니다(Giddens, 2000[1998]; 2002[2000]). 왜냐하면 기회의 평등이야말로 결과의 평등을 전제로 달성할 수 있는 과제이기 때문이다. 에스핑-안데르센(Esping-Andersen, 2002: 5)의 지적처럼 사회투자전략이 가족에 대한 소득보장과 건강에 대한 지원과 같은 기본적인 사회보장을 결여한다면 사회투자전략에서 강조하는 기회의 평등은 달성될 수 없기 때문이다.[7] 이러한 측면에서 보면 비판자들의 논의와는 상반되게 사회투자전략이야말로 결과의 평등을 적극적으로 실현해야 하는 사회적 정당성을 강조하는 것으로 이해할 수 있을 것이다. 더불어, 사회투자전략은 완전고용에 대한 전통적 좌파의 정책

---

7) 에스핑-안데르센의 주장에 대한 해석에 있어서, 김영순은 의역을 통해 다른 의미를 부여했지만, 필자는 그의 주장이 사회투자전략의 성패는 시민의 복지에 대한 기본적 보장을 전제할 때 가능하다는 것을 강조하고 있다고(그래서 이러한 기본적 보장이 이루어지지 않는다면 사회투자전략은 실패할 수밖에 없다고) 이해하는 것이 적절하다고 판단한다.

목표를 포기하는 것이 아닌, 새로운 정의가 필요하다. 사회투자전략은 일하고 싶은 모든 시민들에게 적절한 생활이 보장되는 일자리를 제공해야 한다는 완전고용의 목표를 폐기하지 말아야 한다. 또한 어떤 일이든지 일만 하면 된다는, 신자유주의 논자들의 일에 대한 접근에 대해서도 단호히 거부해야 하고, 완전고용의 문제는 지속적인 교육·훈련을 통해 시민의 인적자본을 유지·발전시킴으로써 다양한 일터에서 연속적인 고용을 효율적으로 보장해야 한다.

## 2) 사회투자전략과 한국사회

그렇다면 현재 산업화된 서구 복지국가가 직면한 새로운 사회적 위험에 대한 대응으로서 제기된 사회투자전략은 한국사회에 어떠한 의미와 적용성을 가지는 것일까? 사회투자전략은 사회·경제·문화적으로 서구사회에 기반한다. 하지만 한국사회는 산업화된 서구 복지국가와는 다른 현실에 놓여 있다는 점을 분명히 해야 한다. 첫째, 기든스(Giddens, 2000[1998]: 127)는 현재 자유민주주의가 위기에 처한 것은 적대적 경쟁자가 없기 때문이라고 주장한다. 동서냉전의 시대가 끝나고 대부분의 (서구)국가들이 명백한 적이 없는 상황에서 정부의 정당성을 과거와는 다른 것에서 찾아야 하고 그것이 바로 복지국가를 새롭게 하는 것, 즉 사회투자전략(제3의 길)이라고 주장한다. 그러나 한국사회는 여전히 분단국가이고 이념적 대립이 건재한다. 이러한 객관적 조건에서 적이 없는 사회를 상정하고 국가의 역할을 냉전이 종식된 산업화된 서구 복지국가와 같이 민주적으로 새롭게 정의한다는 것은 한국사회에서 분명히 넘어서기 힘든(그러나 넘어서야 할) 과제임이 분명해 보인다.

둘째, 사회투자전략은 (다양한 형태이지만)1970년대 이후 복지국가를 경험한 산업화된 서구국가의 현실적 과제로부터 출발했다는 점이다. 사회투자전략을 개혁적이라고 부를 수 있는 것은 기존의 사회가 복지국가라는 전제에 근거하며, 이러한 복지국가의 지속 가능한 발전을 위한 개혁의 전략으로서 사회투자전략은 제 위치를 찾을 수 있는 것이다. 또한 '제3의 길'이라는 이념에 근거한 사회투자전략은 신자유주의에 대한 대안이라는 점도 염두에 둘 필요가 있다. 서구 복지국가들 중에서도 1970년대 이후 1990년대까지 신자유주의적 복지정책에 경도된 국가는 영미권 국가들을 제외하고는 찾아보기 힘들다. 특히 대부분의 보수주의 복지국가들은 신자유주의 노선을 취하지 않았다(Giddens, 2002[2000]). 예를 들어, 프랑스가 취했던 실업에 대한 대응(조기퇴직을 통한 고용문제 완화와 육아휴직 확대 등)은 신자유주의 정책이라고 볼 수 없다(Palier, 2006). 비록 논란의 여지가 있지만 이러한 문제의식은 한국사회에노 그대로 적용될 수 있다. 한국 복지국가 성격을 둘러싼 다양한 논쟁들이 존재하지만(김연명, 2002) 분명한 것은 한국복지의 수준은 소위 신자유주의 국가들의 복지 수준에도 미치지 못한다는 데는 이론의 여지가 없다. 더욱이 한국사회에서 사회투자전략은 기존의 복지제도를 개혁하는 것이 아니라 무복지에서 복지를 창출하는 문제로 이해되어야 한다. 외환위기 이후 4대 보험 대상의 전국민 확대와 국민기초생활보장제도의 도입을 통해 복지국가의 기본 밑그림이 그려진 것은 사실이다. 그러나 한국 사회보장체제의 사각지대가 매우 넓고, 그 수준이 심각하다는 것은 공지의 사실이다. 또한 산업화된 서구에서 전통적인 복지국가의 역할에 있어 재편을 요구하게 한 실업급여, 연금, 공공부조의 과다한 지출은 한국사회에서 복지의존과 재정압박을 야기할 정도의 수준으로 보기 어렵다(물론 미래의 가능성마저 배제하는 것은 아니다). 예를 들어, 2005년 12월을 기준으로 했을 때 국민기초생활보장수급자는 약 142만 4천 명으로 전체인구 대비 2.9%가 수급자인 것으로 나타났다(보건복지부, 2006b). 2003년 현재 절대빈곤 비율(가구소득이 최저생계비 이하)이 10.0%에 이르고 있다는 사실(이현주 외, 2005)을 고려한다면 절대 빈곤층의 70% 이상이 사각지대에 방치되었다는 추론이 가능하다. 이러한 광범위한 사각지대 문제는 전통적 사회보장의 핵심인 고용보험과 국민연금에서도 나타나고 있다. 즉, 전통적 복지국가가 야기한 재정 불균형과 복지의존에 대한 대안으로서 제기된 사회투자전략을 이제 복지국가의 초입에 들어선 한국사회에 적용하는 것에 대해서는 신중한 검토가 요구된다.

셋째, 산업화된 서구 복지국가에서 사회투자전략은 높은 실업률에 대한 정책 대안의 성격이 강하다. 2005년 현재 유럽연합 15개국(신규 가입국을 제외한)의 평균 실업률은 남성이 7.0%, 여성이 8.9%이다(OECD, 2005; Taylor-Gooby, 2006 재인용). 프랑스와 독일의 실업률은 남성이 8.7%, 8.9%, 여성이 10.5%, 10.3%로 유럽연합 15개국 평균 수준을 넘고 있다. 상대적으로 실업률이 낮은 스웨덴도 실업률은 남녀 모두 6%를 넘었다. 이러한 문제로 인해 실업자들의 고용률을 높이기 위해 사회보험료를 지원하여 노동의 고정비용을 낮추는 등 노동시장의 규제완화를 통해 일자리를 만들고, 실업자들에 대한 교육훈련을 강화함으로써 고용률을 높이고자 하는 것이 서구 복지국가의 핵심적 과제인 것이다. 또한 이러한 정책으로 고용률을 높임으로써 실업급여, 공공부조 등 복지급여의 지출을 완화시켜 정부재정의 균형을 도모하고자 한 것이다. 즉, 복지국가 재편 전략의 핵심으로서 실업 완화를 위한 활성화정책이 사회투자전략을 자리하게 한 배경이다. 반면 2006년 현재 한국의 실업률은 남성이 3.5%, 여성이 2.9%로 유럽연합 15개국의 절반에도 미치지 못한다(통계청, 2006b). 실업률 통계로만 보면 거의 완전고용에 가깝다. 이러한 상이성은 한국사회의 불평등, 양극화, 사회적 배제 등에 대한 복지국가의 역할을 단순히 실업률을 낮추기 위한 일자리 창출의 문제로 접근할 수 없게 한다. 굳이 사회투자전략의 필요성을 정당화하자면 잠재실업, 실망실업, 반실업 등 기존의 실업 개념으로는 잡히지 않는 비활성화된 노동력을 활성화시키는 과제와 (재)교육과 훈련강화를 통한 노동력의 질을 높임으로써 고용의 질을 높이는 것이라고 할 수 있을 것이다. 즉, 실업에 대한 정책적 대안과, 노동시장에 참여하지 않는(못하고 있는) 집단에 대한 활성화 정책, 그리고 기 참여자들의 고용의 질을 높이는 것은 각기 다른 정책수단을 필요로 할 가능성이 높다.

마지막으로 사회투자전략은 산업화된 서구 복지국가의 변화된 계급구조를 반영하고 있다. 전통적 좌파(사민주의)가 의존하던 자본가와 노동자(제소업 노동자 중심)의 대립적 계급구조는 더 이상 유용하지 않으며 지식기반 경제에 조응하는 새로운 계급 기반을 요구하고 있는 것이다. 그리고 사회투자전략을 지지하는 자들은, 계급구조 중심에 중간계급이 위치한다는 관점을 사회적 역관계를 바라보는 기본적 전제인 동시에 전통적 사민주의와 신자유주의를 넘어서는 좌파적 대안이라고 주장한다(Giddens, 2000[1998]: 270). 그렇다면 한국사회에서 사민주의 이념과 신자유주의 이념을 대변하는 좌파와 우파가 존재했는가와 이를 넘어서는 좌파적 대안이라고 지칭되는 사회투자전략을 뒷받침하는 정치세력이 존재하는가에 대한 의문을 갖지 않을 수 없다. 사회정책에 있어서 좌파적 전통이 일천한 한국사회에서 좌파적 대안을 갖는다는 것이 무엇을 의미하는 것일까? 즉, 한국사회는 사회투자전략에 대한 논의와 더불어 사회투자전략을 복지국가 발전의 기본 원칙과 방향으로 지지할 수 있는, 또는 지지하는 사회세력이 존재하는가에 대한 질문에 답할 필요가 있다.

이렇듯 사회투자전략은 서구적 사회·경제 조건에서 도출된 개념이기 때문에 한국사회에 이 개념을 적용하는 것은 많은 논란을 불러올 수 있다. 그럼에도 불구하고 가족의 소득보장, 의료보장, 주택보장 등이 사회투자전략 실현의 기본 전제(Esping-Andersen, 2002; Taylor-Gooby, 2006; Giddens, 2004[2002])라는 점을 고려한다면 구사회위험과 신사회위험에 대한 동시적 대응이 요구되는 한국사회의 필요와 사회투자전략의 지향점에는 상당한 공통분모가 존재한다고 할 수 있다. 사회투자전략에서 복지는 소득분배와 함께 지속 가능한 성장을 위한 투자이기 때문이다. 그러므로 사회투자전략에 대한 논의는 지금 당장 한국사회를 위해 어떠한 성과를 낼 것인가의 문제이기보다는 장기적으로 한국사회를 어떤 사회로 만들어 나갈 것인가에 대한 비전과 관련 있다. 이후의 절에서는 이러한 문제의식을 바탕으로 이를 사회투자전략의 구체적 과제와 직접적 관련성이 있는 가족여성정책과 어떻게 연관시킬 것인지에 대해 비판적으로 검토할 것이다.


## 3. 사회투자전략에서 가족여성정책의 지위와 역할

가족여성 영역과 관련된 국가의 역할은 신자유주의 논자들의 일반적 기대와 모순되게 나타나고 있다. 시장 중심의 신자유주의는 국가에 의한 재분배와 개인의 재산권에 대한 개입에 반대한다. 신자유주의적 담론은 국가의 개입이 시장의 결과를 개선할 수 없기 때문에 시장이야말로 사회적으로 가장 적합한 결과를 내올 수 있는 유일한(또는 유력한)

대안이라고 주장한다.[8] 이러한 일반적 기대가 신자유주의자들의 본질적 주장과 일치하는지 여부를 떠나 신자유주의는 국가 개입의 최소화를 주장한다. 그러나 신자유주의자들은 가족과 관련해서는 모순적이게도 돌연 국가의 개입과 역할을 강조한다. 현대사회가 직면한 빈곤, 범죄 등 주요한 문제들이 전통적 가족해체와 관련 있다는 것이다(Giddens, 2000[1998]). 그러므로 가족해체를 예방하고 1950년대의 이상화된 가족으로 돌아가기 위해 적극적인 국가의 역할을 주문한다. 더 나아가 남자들은 아동과 가족을 돌보는 데 적절하지 않고 도덕적으로 무책임하므로 결혼에 묶어 두어야 한다고 주장함으로써 전통적 결혼과 성별분업을 지지한다. 실제로 개인책임을 강화한 미국의 1996년 복지개혁법안(Personal Responsibility and Work Opportunity Reconciliation Act of 1996: PRWORA: Public Law 104-193)은 명시적으로 복지개혁의 주요한 목적의 하나로 양부모가족의 유지 강화formation and maintenance of two-parent families를 적시하고 있다(The U.S. House of Representatives, 2000: 354). 그러나 이는 어디까지나 시민의 복지에 대한 가족의 책임을 강화해서 국가의(재정적 문제와 관련된) 직접적 역할을 최소화하기 위한 수사일 뿐이다. 그러므로 신자유주의의 가족에 대한 개입은 주로 가족의 가치 등과 관련된 분야에 한정된다. 영국 보수당의 경우를 보면 수사적 수준에서 국가가 전통적 가족 가치를 강조하기 위해 개입하는 것처럼 보이지만 가족 문제는 보수당 집권기간 동안 주요한 정책의제가 아니었다(Taylor-Gooby & Larsen, 2004). 이렇듯 신자유주의는 경제에서 자신들의 주장과 달리 사적 영역으로

---

8) 이러한 우리의 일반적 믿음에 대해 장하준(2006[2003]: 117-118)은 국가의 개입이 없는 자유시장이란 존재할 수 없다고 주장하며, 아동노동에 대한 규제, 환경에 대한 규제를 대표적인 예로 들고 있다.

간주되는 가족 영역에서는(비록 수사적이지만), 강력한 국가 개입의 필요성을 강변하고 있다.[9] 신자유주의와 같이 사회투자전략에서도 가족 영역에 대한 국가의 개입은 중요한 정책과제이다. 그러나 가족여성 영역과 관련된 쟁점은 국가의 개입 여부가 아니라 어떠한 방식으로 국가가 개입할 것인가에 달려 있다. 신자유주의적 개입방식이 전통적 가족형태와 가치를 강조하는 것이라면, 가족 내 성별분업의 해체를 전제하고 가족의 다양성은 인정하는 좌파의 새로운 대안이라고 주장되는 사회투자전략에서 가족여성정책이 갖는 지위와 역할은 무엇일까?

사회투자전략에 대한 합의된 정의가 존재하지 않는 가운데 가족여성 정책을 사회투자전략의 관점에서 접근하는 것 역시 논쟁적일 수 있다. 그럼에도 불구하고 사회투자전략을 둘러싼 기존의 논의들을 종합해 볼 때 가족여성정책과 관련된 사회투자전략은 세 가지 측면에서 검토할 수 있다. 첫째, 고용은 사회투자전략의 근본적 토대로서 사회적 결속력과 경쟁력Economic compatibility강화를 위한 유력한 대안이라는 점이다(Perkins et. al., 2006). 또한 고용정책의 핵심인 활성화정책Activation Policy은 가족형태, 성별, 연령 등에 관계없이 (일할 수 있는)모든 시민의 노동시장 참여를 전제하고 있다는 점을 인식할 필요가 있다. 그러나 활성화의 주된 대상은 상대적으로 특정 인구집단에 집중될 수밖에 없다.

1970년대 이후 전체 산업에서 남성 중심의 반숙련 제조업이 차지하는 비중의 감소와 점증하는 서비스산업에서 여성노동력에 대한 수요가 증가하고 있다는 사실로부터 출발하자(Taylor-Gooby, 2004, 2006; Esping-Andersen, 2005; Surender, 2004). 실제로 OECD 자료에 따

---

9) 이러한 논란은 한국사회에서도 그대로 재현되고 있다. 2003년 말 법제화된 건강가정기본법을 둘러싼 논란이 현재까지 이어지고 있으며 그 대립의 기본 축은 특정 가족형태와 가치를 실현하기 위한 국가의 개입을 법제화한 것이다.

르면 1970년 거의 대부분의 산업화된 복지국가에서 남성(25-54세)의 고용률은 90%를 상회했지만(Algan & Cahuc, 2005: 5) 2005년 현재 유럽연합 15개국의 남성 고용률은 70.9%에 불과하다(Taylor-Gooby, 2006: 30). 이러한 산업구조의 변화에 근거한 노동수요의 변화는, 왜 여성이 사회투자전략에서 핵심적 정책대상이 되어야 하는지를 역설한다. 다음은 대부분의 산업화된 국가에서 남성의 노동시장 참여율은 상대적으로 높은 수준을 유지하고 있다는 점을 고려한다면 활성화정책의 주 대상은 성별분업에 근거해 가족 내 돌봄의 주체로 간주되었던 여성들의 노동시장 참여를 어떻게 이루어낼 것인가와 밀접한 관련이 있다고 할 수 있다. OECD 자료에 따르면 2005년 현재 유럽연합 25개국 남성의 고용률은 70.9%에 이르는 반면 여성의 고용률은 남성의 78.6% 수준인 55.7%에 그친다(Taylor-Gooby, 2006: table 4). 더욱이 남성의 시간제 고용 비율이 7.3%에 그치는 데 반해 여성은 32.6%에 이르러 전일제 고용 가능성까지 고려한다면 (유자녀)여성은 (높은 실업률을 보이는 청년들과 함께)고용정책의 핵심 대상일 수밖에 없다. 결국 노동시장의 거시적 변화에 근거한다면 사회투자전략의 성패는 비활성화된 여성의 노동력을 얼마나 활성화시킬 수 있는지와 관련되기 때문에 가족여성정책은 사회투자전략의 성패를 좌우하는 핵심적 사안이 되는 것이다.

둘째, 복지국가의 재편 과제로서 사회투자전략을 주장하는 대부분은 경제적 차원의 소득보장, 주거, 의료, 지역사회 등 광범위한 차원에서의 생활보장이 사회투자전략의 기본 전제임을 강조하고 있다(Giddens, 2000[1998], 2002[2000]; Esping-Andersen, 2002, 2005; Taylor-Gooby, 2006; Jenson, 2006; Perkins et al, 2004; Palier, 2006). 특히 아동빈곤의 해소는 사회투자전략의 성패를 가르는 핵심적

정책과제로 자리하고 있다. 미국의 경우를 보면 아동빈곤은 성인들의 알코올중독, 빈곤, 범죄, 실업 등 다양한 사회문제와 연관된 것으로 밝혀졌다(Heckman & Lochner, 2000; Esping-Andersen, 2002 재인용). 그리고 가구빈곤을 해소·완화하기 위한 유력한 대안은 여성(어머니)의 노동시장 참여라는 것에 대해서 일치된 견해를 보이고 있다. 에스핑-안데르센(2002)에 따르면 산업화된 서구 복지국가에서 남성 일인생계부양자가구의 빈곤율은 이인생계부양자가구에 비해 2배에서 6배가량 높은 것으로 나타났다. 복지국가의 초입에 들어섰다고 할 수 있는 한국의 경우 서구 복지국가들과 똑같은 차이는 보이지 않지만 남성 일인생계부양자가구의 빈곤율(9.2%)이 이인생계부양자가구(6.3%)에 비해 1.5배 높은 것으로 조사되었다(윤홍식·조막래, 2007).[10] 이처럼 여성의 노동시장 참여는 가구빈곤의 가장 효과적인 대응책이다. 더불어 여성 취업으로 인한 가구소득의 향상은 일반적으로 주거, 의료 등 가구원의 기본적 생활 수준의 향상을 가져온다는 점을 고려했을 때 여성고용, 특히 아동이 있는 여성의 고용 증대는 사회투자전략의 핵심적 전제가 될 것이다.

셋째, 산업화와 후기산업사회를 거치면서 교육, 경제 등 가족의 주요한 기능들이 다른 사회기관에 이전되었다는 것은 (반론이 여전히 존재하지만)일반적으로 동의하는 사실이다(Elliot, 1992[1986]). 가족 기능의 약화는 일견 가족이 개별 시민의 복지에서 차지하는 비중과 영향이 감소한 것처럼 이해될 수도 있다. 그러나 모순되게도 가족의 역할이 시민의 복지에서 차지하는 비중은 더욱더 중요해지고 있다. 왜냐하면 지식기반사회에 가장 중요한 자원으로 간주되는 인지능력으로 대표되는

---

10) 한국의 자료는 임금소득자가 있는 가구만을 대상으로 분석한 것으로 서구의 통계수치와 직접적으로 비교할 수 없으나 현재로서는 대체 자료를 찾을 수 없었다.

인적자원은 가족의 사회경제적 지위에 큰 영향을 받는다는 연구가 있기 때문이다(Esping-Andersen, 2002b: 29). 또한 아동발달과 관련된 것으로 알려진 가족의 양육문화와 안정성 정도도 부모의 학력이나 노동시장에서의 지위 등과 밀접한 관련이 있기 때문이다(Esping-Andersen, 2005). 즉, 사회적 불평등과 출신 가족의 경제·사회적 조건(인적 관계망을 포함해서)이 밀접히 연관됨으로써 우리의 일반적인 기대와 달리 가족은 시민의 복지에 더욱더 밀접히 결합되는 것이다. 기든스(2000[1998])의 지적과 같이 전통적 가족으로 돌아가는 것은 재고의 가치가 없지만 가족은 (전통적 역할과는 상이한 측면에서)여전히 시민의 복지와 관련해 핵심적 역할을 담당하고 있다. 그러므로 사회투자전략에서 가족정책은 경제, 노동정책과 함께 핵심적 정책분야가 될 수밖에 없다. 더욱이 앞서 언급한 여성의 노동시장 참여를 위한 일과 가족생활 양립정책과 가구의 소득보장 등이 가족여성정책의 핵심적 과제라면 가족여성정책은 사회투자전략을 실현하기 위한 실천적 정책수단을 제공하는 장이 될 것이다.[11] 실제로 여성의 취업은 아동빈곤을 막는 최선의 안전망이기 때문에 사회가 여성의 일과 가족생활을 양립시킬 수 없다면 우리에게 사회투자전략의 실현은 불가능하다. 이러한 의미에서 에스핑-안데르센(2002a: 9)은 가족정책을 사회투자로 간주해야 한다고 주장하고 있다.

넷째, 사회투자전략과 가족여성정책과의 관련성을 젠더적 관점에서 비판적으로 정리할 필요가 있다. 사실 사회투자전략을 주장하는 대부

---

11) 일반적으로 OECD 가족정책의 핵심적 영역으로 일과 가족생활의 양립정책이 제기되는데, 일과 가족생활 양립정책의 핵심은 아동보육정책과 양육과 관련된 휴가정책에 집중된다(윤홍식, 2006). 더욱이 최근 OECD 자료에 따르면 아동보육과 양육에 관련된 휴가급여는 아동이 있는 가구의 경제적 지위와 밀접한 연관성을 가지고 있는 것으로 보고되었다(OECD, 2005).

분은 사회투자전략이 가족 친화적 또는 여성 친화적 이어야 한다는 데
동의한다지만(Giddens, 2000[1998], 2002[2000]; Esping-Andersen,
2002a), 고용을 사회투자전략의 근본적 토대라고 강조하는 이면에는
가족 내에서 (주로 여성에 의해)수행되는 양육과 돌봄과 같은 무급노
동을 직접적 정책대상에 포함하지 않는다는 함의가 있다. [12] 투자$^{investment}$
란 수익$^{return}$을 기대하는 개념이다 (Perkins et al., 2004: 133). 구체적
으로 사회투자전략에서 투자는 경제적 수익과 연관되는, 시민의 인적
자본의 향상으로 되돌아 올 것을 기대한다. 그러나 베커(Becker,
1991)의 주장과 같이 가족 내 돌봄노동은 노동시장에서 요구하는 인적
자본의 축적을 유발하지 않으며 잉여가치 또한 창출하지 않는다. 즉,
가족 친화적, 여성 친화적 정책이라고 일컬을 수는 있지만 이러한 정책
은 어디까지나 노동시장 참여에 장애가 되는 요인을 제거함으로써 (주
로 돌봄의 책임이 있다고 간주되는)여성이 노동시장에서 생산노동에
참여할 수 있도록 하기 위한 것이지 무급 돌봄노동에 대한 사회적 가치
를 투자에 대한 수익으로 간주한다는 것을 의미하지는 않는다. 리스터
(Lister, 2002)의 주장처럼 모든 시민이 유급노동을 해야 하는 사회투
자전략에서 무급 돌봄노동에 대한 가치를 고려할 여지는 거의 없기 때
문이다. 젠더관점에서 성 평등은 보편적 생계부양과 함께 보편적 돌봄
노동을 통해서만이 달성될 수 있다는 점을 고려한다면 사회투자전략에
서 보편적 돌봄노동에 대한 논의는 단지 추상적 수준에 그친다. 사회투
자전략은 여성의 고용증대를 위해서는 효과적인 정책대안일 수 있지만

---

12) 가족 내에서 수행되는 무급 돌봄노동과, 보육과 같은 돌봄노동의 사회화는 구분해서 고찰
되어야 한다. 보육과 같은 사회화된 돌봄노동은 직접적으로 남성과 여성의 젠더관계를 반
영하지 않지만 가족 내에서 수행되는 돌봄노동은 대부분을 여성이 담당함으로써 가족 내
젠더관계를 명시적으로 반영하기 때문이다. 이러한 의미에서 본다면 윤홍식(2005)이 주장
한 것과 같이 가족정책에서 노동을 행하는 장소는 젠더관계가 반영된 노동의 성격을 결정
하는 데 중요한 역할을 한다.

남성의 돌봄 책임 강화를 위해서는 매우 모호한 담론을 생산할 뿐이다.[13] 즉, 사회투자전략이 지나치게 여성, 특히 자녀가 있는 여성에 대한 고용문제에 집중함으로써 여성을 남성 임금노동자의 기준에 끼어 맞추는 오류를 범할 수 있다. 좋은 지역사회, 범죄 등의 예방이 사회투자전략의 성공적 전제라는 점을 지적한다는 점에서(Giddens, 2000[1998], 2002[2000]) 브러시(Brush, 2002)의 주장처럼 사회투자전략은 강간, 성폭력 등 섹슈얼리티 문제를 완전히 간과한다고 주장할 수는 없다. 그러나 기든스(2000[1998]: 157)와 에스핑-안데르센(2002)처럼 남성의 양육분담을 언급했다고 해서 사회투자전략이 남성 임금노동자의 생활준거에 모든 시민을 맞추려 한다는 비판을 피할 수는 없을 것이다. 또 다른 측면에서 보면 라쉬(Lasch, 1998)의 비판처럼(본래 라쉬는 여성의 노동시장 참여를 강조하는 페미니스트들을 향해 비판을 가했지만) 사회투자전략의 유급노동에 대한 강조는 모든 시민들에게 한 가지 생세부양 형태만을 강제하는 시도 모른다. 즉, 전통적으로 가족 내 부급노동에 종사했던 여성적 가치를 어떠한 형태로 사회투자전략에서 발현시킬 것인가는 사회투자전략과 이를 지지하는 페미니스트들이 풀어야 할 중요한 숙제이다. 젠슨과 생-마르탱(Jenson & Saint-Martin, 2001; Lister, 2003: 436 재인용)은 현재 서구 복지국가들이 사회투자전략을 지향함으로써 미래의 젠더평등 과제가 간과되는 결과를 초래할 수도 있음을 지적하였다.

마지막으로 사회투자전략은 역설적이게도 사회적 불평등을 강화시킬 수 있다. 사회투자전략의 기본 토대는 앞서 언급한 것과 같이 고용

---

13) 에스핑-안데르센은 이를 남성의 여성화, 여성의 남성화로 지칭하였고, 김인숙, 정재훈, 윤홍식은 여성의 시장화, 남성의 가족화로 언급하였다. 이는 모두 가족정책의 지향점인 보편적 생계부양과 돌봄 모형이라고 할 수 있다(Fraser, 2000).

이다. 모든 시민이 일하는 사회가 사회투자전략의 지향점이라 할 수 있고, 현재의 고용률을 보았을 때 그 주요 대상은 남성에 비해 상대적으로 여성일 개연성이 높다. 그러나 문제는 남녀간의 결합은 결혼이든 동거이든, 사회적 지위가 유사한 사람들끼리 이루어진다는 사실이다(Becker, 1991).[14] 동류혼으로 인해 후기산업사회의 승자와 패자는 가족과 관련되며, 더 이상 계급은 문제가 되지 않는 것처럼 보이지만 역설적이게도 계급의 중요성은 더욱 강해지고 있다(Esping-Andersen, 2002a). 상식적으로 교육 수준이 높은 사람은 교육 수준이 높은 배우자와 관계를 형성할 가능성이 높다. 만약 이들이 모두 취업한다면 한 사람이 취업했을 때보다 가구소득의 차이는 더 증가할 수밖에 없다. 왜냐하면 지식기반사회로의 전환은 일자리의 양극화를 수반하는데, 한편에서는 고도의 기술을 요구하는 높은 임금의 일자리가 만들어지는 반면 다른 한편에서는 서비스 산업의 확대와 함께 식당종업원, 돌봄 서비스 등과 같은 저임금 일자리가 확대되고 있기 때문이다(Esping-Andersen, 2005: 147). 즉, 비활성화되었던 여성의 노동시장 참여로 인한 이인생계부양자가구의 확대는 가구 간 소득 불평등을 더욱 확대시킴으로써 사회투자전략의 목적과는 상반되게 사회적 불평등을 확대 강화할 수 있다. 그러므로 가족여성정책 영역에서 사회투자전략의 과제는 노동시장에 참여하는 여성 내 불평등을 완화하는 효과적인 대안을 만들어 내는 것이다.


## 4. 가족여성정책과 사회투자전략 유형

복지국가의 재편전략으로서 사회투자전략의 출현은 전후 복지국가

---

14) 가구주와 배우자의 학력은 상관관계가 매우 높은 것으로 조사되었다(r=.778, p 〈 .001).

| | 자유주의 복지국가 | 보수주의 복지국가 | 사민주의 복지국가 |
|---|---|---|---|
| 사회투자<br>전략의 배경:<br>신사회위험 | 유자녀여성의 비활성화<br>재정적자 증대<br>다양한 가족의 출현<br>여성·아동의 높은 빈곤율 | 노동시장 변화로 인한 높은 실업률<br>재정적자 증대<br>남성생계부양자가구에 대한 노전 | 1990년대 이후 실업률 급증<br>경기둔화<br>재정적자 확대<br>다양한 가족의 출현 |
| 젠더<br>이데올로기 | 노동시장: 성별분업 해체<br>가족: 성별분업 존치 | 노동시장: 부분적 성별분업 해체(여성의 노동은 부차적)<br>가족: 강한 성별분업 존치<br>(국가에 의한 성별분업 강화) | 노동시장: 성별분업 해체<br>가족: 약한 성별분업 존치<br>(남성의 가족화, 정책화 시도) |
| 사회투자<br>전략 | 교육훈련 강화(부분적)<br>복지급여 삭감<br>일에 대한 책임 강화<br>근로동기 강화<br>저임금 고용확대 민영화 | 교육훈련강화: 활성화 계층별로 차별화된 보육지원정책<br>저임금일자리 창출<br>노동시간 단축 | 보편적 소득보장<br>교육훈련(활성화)<br>사회서비스 강화 |
| 가족여성<br>정책특성 | 돌봄 과제: 명목적 자유선택<br>일과 가족양립: 시장에 의존 | 돌봄 과제: 명목적 자유선택<br>일과 가족양립: 순차적, 계층적 분화 | 돌봄 과제: 일과 가족 양립(스웨덴, 덴마크), 실질적 자유선택(핀란드, 노르웨이)<br>일과 가족 양립: 가족과 일, 사회활동, 교육과 훈련의 양립 시도 |
| 정책<br>성과 | 균형예산, 빈곤 감소, 청년실업 감소 | 시간제와 단기고용의 급격한 증대.<br>3-6세 보육비율 증대<br>복지의존 감소 | 계층간 불평등 완화<br>인적자원 향상<br>출산율 회복 |
| 현 단계의<br>정책과제 | 여성 고용률 답보<br>여성(가족) 간의 불평등 확대<br>불충분한 보육지원<br>불평등 강화 | 여성의 저임금노동자화<br>가족 간 불평등 확대<br>사회보험의 사각지대 확대<br>전통적 이해집단과 새로운 이해집단의 대립 | 노동시장의 성별분리<br>여성의 시간제 노동<br>남성의 가족화 미약<br>질 높은 공적 서비스의 고비용<br>민영화 증대 |
| 대표적<br>국가 | 영국, 호주, 캐나다, 미국 | 프랑스, 독일 | 스웨덴, 덴마크, 노르웨이, 핀란드 |

성립과 확대의 이론을 제공하던 기존의 논의들이 현재 복지국가가 직면한 새로운 사회위험의 원인을 적합하게 설명하지 못하는 데에 기인한다(Bonoli et al., 2001). 더욱이 현재 복지국가가 직면한 새로운 사회적 위험의 상당수가 가족과 여성의 지위·역할 변화와 밀접히 관련되어 있다는 것은 공지의 사실이다. 예를 들어, 여성의 노동시장 참여의 증대, 전통적 가족의 기능과 형태의 변화, 저출산과 고령화는 가족여성과 관련된 대표적 변화인 동시에 사회투자전략이 대응해야 할 핵심적 과제로 부각되고 있다. 본 절에서는 표 5-1에서와 같이 복지체제 유형에 따라 가족여성정책 관점에서 사회투자전략의 특성에 관한 논의를 전개하고자 한다.

### 1) 자유주의 복지국가의 사회투자전략

변화된 노동시장, 높은 실업률, 가족의 변화, 여성과 아동의 높은 빈곤율 등은 자유주의 복지국가가 직면한 공통의 위기이다. 특히 보육서비스 등 많은 서비스가 시장을 통해 공급되는 국가에서 새롭게 등장한 사회적 위험에 대해 국가의 적극적인 대응을 기대하기는 어려울 것으로 보인다. 그러나 가족여성정책의 관점에서 보면 취약한 공적서비스에도 불구하고 자유주의 국가들에서 여성은 높은 취업률을 유지하고 있다. OECD 자료를 보면 2005년 현재 영국여성의 고용률은 65.6%로 남성 77.8%의 84.3%에 이른다(Taylor-Gooby, 2006). 이러한 수치는 북유럽 국가들[15]에는 미치지 못하지만 독일여성의 고용률 59.2%, 프랑스 여성의 고용률 57.4% 등 보수주의 복지국가들에 비해서는 상대적

---

15) 스웨덴 여성과 남성의 고용률은 각각 70.5%, 73.6%이다.

으로 높은 수치라고 할 수 있다. 이러한 현실을 고려한다면 자유주의 복지국가의 기본 문제는 노동시장에 참여하지 못해서 발생하는 문제라기보다는 노동시장 참여의 질이 될 가능성이 높다. 상대적으로 높은 여성의 취업률과 이인생계부양자가구의 비율에도 불구하고 자유주의 국가들에서 여성과 아동의 빈곤율은 매우 높은 편이다. 아동의 빈곤율은 영국과 미국이 각각 16.2%, 21.7%로 북유럽국가들은 물론이고 보수주의 국가인 프랑스 7.3%, 독일 12.8%에 비해서도 높다(Taylor-Gooby, 2006). 특히 영국과 미국의 여성 한부모가구 빈곤율은 각각 20.6%, 40.3%로 산업화된 복지국가들 중 가장 높은 수준을 기록하고 있다. 더불어 돌봄 책임에 대한 공적 서비스 지원 없이 이루어진 유자녀 여성의 노동시장 참여는 돌봄과 관련된 사회적 위험을 증대시킬 개연성이 높다(윤홍식, 2006d).

　돌봄에 대한 공적 서비스의 증대 없이 이루어진 여성의 높은 고용률은 이처럼 바람직하지 않은 결과를 초래한다. 영국의 경우를 보면 1997년 신노동당이 집권하기 전까지 보육은 여전히 사적인 문제로 간주되었다(Taylor-Gooby & Larsen, 2004). 영국은 유럽연합에서 부모휴가를 가장 늦게 도입한 국가 중 하나이며(Kilkey, 2003), 돌봄의 사회화 과제에 대해 대처정부는 공적 서비스 확대보다 비용이 적게 들어가는 현금지급을 선호함으로써 서비스의 시장의존성을 강화시켰다(Ungerson, 2000). 1997년 신노동당의 집권으로 사회투자전략이 영국 복지국가의 재편 전략으로 자리하면서 아동보육이 중요한 정책과제가 되었지만 아동보육은 제한적 범위 내의 지원이 이루어졌다. 대표적인 예로 2003년 현재 3∼4세 아동의 대부분은 보육시설을 이용하고 있지만 이용시간은 반일제에 그치고 있고, 3세 미만 아동에 대한 보육서비스는 여전히 미흡한 실정이다(Taylor-Gooby & Larsen, 2004). 이로 인해 여성의 노동시장 참여는 시간제 일자리로 제한되며, 이는 여성의 높은 노동시장 참여율에도 불구하고 여성과 아동의 빈곤율이 높은 원인 중 하나로 지적되고 있다. 더욱이 상대적으로 높은 여성의 노동시장 참여율로 인해 영국에서 여성은 사회투자전략의 핵심대상으로 간주되지 않았으며 독일에서와 같이 여성 노동자의 지위는 여전히 부차적이다(Taylor-Gooby, 2004). 대표적 사회투자전략이라고 일컬을 수 있는 뉴딜프로그램(영국식 근로복지연계 프로그램)에 대한 정부지출을 보면 한부모와 배우자뉴딜은 1997년부터 2002년까지 총 집행 예산 중 7.9%(1억 6천4백만 파운드)에 불과했다(House of Commons, 2002). 더욱이 배우자뉴딜은 2000년 전까지 신노동당 정부의 정책 대상조차 되지 못했다. 이로 인해 신노동당의 사회투자전략에도 불구하고 유자녀여성의 전일제 고용 비율, 비경활인구, 성간 임금격차 등은 거의 변화하지 않은 것으로 나타났다(Taylor-Gooby & Larsen, 2004).

여성노동력의 활성화를 위해 영국이 아동보육(3~4세)의 부분적인 제도화와 노동연계복지를 강화시킴으로써 당근과 채찍을 함께 사용했다면 미국은 여성한부모를 복지의존자로 단죄해 공적 서비스의 확대 없이 노동에 대한 책임을 강제했다고 할 수 있다(윤홍식, 2006d). 조세지원(EITC 등)을 통해 취업동기를 높이는 동시에 복지급여를 삭감하거나 자격을 제한함으로써 한부모들을 노동시장에 참여하도록 강제하고 있다(Ozawa & Yoon, 2005; Taylor-Gooby & Larsen, 2004). 서비스 측면에서 보면 빈곤층을 제외한 대부분은 보육서비스를 시장을 통해 구입하지만, 문제는 보육서비스가 가장 필요한 취약계층은 정작 보육서비스를 시장에서 구매할 능력이 되지 않는다는 데에 있다. 앞서 언급했지만 저소득층 아동의 10%가 돌보는 사람 없이 집에서 방치되거나 낮은 질의 보육서비스를 이용함으로써 아동을 단순히 TV앞에 앉혀놓고 있는 실정이다(Esping-Andersen, 1999). 이러한 문제에도 불구하고 미국의 대표적 공공부조 프로그램인 TANF의 수급자 비율은 복지개혁 직후인 1997년 11,423,000명에서 2001년 1월 현재 5,567,000명으로 불과 4년만에 절반 가까이 감소했다(U.S. DHHS, 2001; Pandey, Porterfield, & Choi-Ko Yoon, 2003 재인용). 그러나 수급 탈피가 탈빈곤으로 이어지지 않고, 탈수급자의 소득 수준이 수급자의 소득 수준에 미치지 못함으로써 미국의 복지개혁은 시민의 삶의 질에 심각한 위해를 가한다(Ozawa & Yoon, 2005). 더욱이 적합한 일자리 창출에 대한 고민 없이 강제된 근로복지는 저임금 일자리의 확대를 가져왔다. 가구주가 전일제로 일하는 한부모가구의 절대 빈곤율이 16.9%에 이른다는 현실은 이러한 문제의 심각성을 보여준다(Rank, Yoon, & Hirschl, 2003).

그러나 이러한 자유주의 복지국가의 사회투자전략에 대한 성과는 논란의 여지가 있다. 자유주의 국가에서 복지급여 축소, 일에 대한 강조, 서비스의 민영화는 정부의 재정 건전성에는 도움이 되었을지 모른다. 그러나 에스핑-안데르센(2002)의 지적과 같이 자유주의 복지국가는 소득과 보육서비스 등 가족에 대한 포괄적 지원의 부재로 인해 저임금의 함정에 빠져있는 듯하다. 높은 노동시장 참여율에도 불구하고, 아동이 있는 가구의 빈곤율은 높고, 서비스 지원이 미비하고 시장화로 인해 계층적 차이가 확대되는 현실을 고려한다면 자유주의 국가에서 사회투자전략의 성과는 계층적일 수밖에 없다. 지불능력이 있는 계층에게는 현재와 미래세대에 대한 지속적인 인적자본의 향상을 통해 유연하고 안정적인 고용이라는 사회투자전략의 목표가 실현되겠지만 지불능력이 없는 계층에게 자유주의 복지국가의 미래는 불평등과 양극화의 확대재생산과 빈곤의 대물림만이 기다리고 있을지 모른다.

## 2) 보수주의 복지국가의 사회투자전략

가족여성정책과 관련된 보수주의 복지국가 재편의 필요성은 남성 일인생계부양자가구의 약화에 근거한다. 대표적 보수주의 복지국가이자 최근까지 가족 내 성별분업이 완고히 남아있는 독일사회에서 가족과 젠더 역할의 변화는 독일 복지국가에 대한 가장 중대한 도전으로 간주된다(Aust & Bönker, 2004). 남성 임금과 취업률의 경향적 저하로 인해 가족이 적절한 수준의 생활을 유지하기 위해서는 여성의 노동시장 참여가 필수적(Cancian & Reed, 2001)임에도 불구하고 여성은 여전히 부차적 노동자로 간주되고 있다(Lewis, 1998; Taylor-Gooby, 2004 재인용). 더욱이 이탈리아 등에서는 사회적으로 여성의 노동시장 참여를 가시적 · 비가시적으로 단념시키기까지 한다. 남성 생계부양자에 근거한 복지국가에서 여성의 노동권 보장과 밀접하게 관련된 서비스의 확대 대신 소득이전이 복지체제의 중심이 된 것은 어찌보면 너무나 당연한 결과일 수 있다(김종일, 2006: 257). 이로 인해 보수주의 국가에서 (자녀가 있는)여성의 노동시장 참여는 상대적으로 저조할 수밖에 없다. 실제로 자녀가 있는 여성과 무자녀 여성의 고용률은 이들 보수주의 국가들에서 가장 큰 차이가 있다. 사민주의 국가인 스웨덴에서 두 집단 간 고용률의 차이가 1%포인트 정도인 것에 반해 독일에서는 21.0%포인트, 프랑스에서는 14.5%포인트에 이른다(OECD, 2005a; Sleebos, 2003; Ferrarini, 2003). 즉, 보수주의 국가에서 여성에게 돌봄이 필요한 자녀가 있다는 것은 노동시장의 참여를 포기하는 동시에 경제적 어려움을 감내해야 한다는 것을 의미한다. 이러한 변화로 정규직 남성 생계부양자가구에 근거한 사회보장체제는 더 이상 이들 국가의 경제·사회적 변화를 수용하지 못한다.

이렇듯 가족여성 영역과 관련된 새로운 사회적 위험의 출현으로 인해 보수주의 복지국가에서 복지국가의 재편은 선택의 문제가 아닌 당위적 과제로 제기되기에 이르렀고, 그 주요한 대안으로 사회투자전략이 등장하게 되었다. 1986년 콜(Khol) 정부의 개혁조치로 부모의 고용 여부와 관계없이 보편적 급여가 지급되기 시작했으며, 부모휴가도 3년으로 확대되었다(Aust & Bönker, 2004). 그러나 보편적 수당의 지급은 전통적 젠더역할을 강화했고, 모의 노동권은 시간제 취업이라는 형태로 부분적으로 지원되었다. 1980년대까지 독일에서 아동보육시설에 대한 국가의 지원은 주요한 정책 대상으로 등장하지 못했다. 본격적으로 보육시설이 확대된 것은 1996년 3~6세 아동의 보편적 유치원 이용 권리를 보장하면서부터이다. 이를 통해 3~6세 자녀를 둔 여성의 취업률은 1996년 이후 7.5%나 증가한 것으로 나타난다(BMFSFJ, 2003; Aust & Bönker, 2004, 재인용). 그러나 3세 미만 아동에 대한 공적 보육 비율은 2000년 현재 9.0%에 불과하다(윤홍식, 2006b). 또한 새롭게 만들어진 일자리의 다수가 저임금 일자리였고, 사회보험 기여금을 면제받는 일자리들은 기혼여성들에게 선호되었다(Aust & Bönker, 2004). 더불어 부모휴가의 확대는 일과 가족생활의 양립을 위한 가족 여성 친화적 정책이라기보다, 오히려 대체인력 수요로 인한 고용창출에 대한 기대와 휴직 후 직장으로 복귀하지 않음으로써 반실업정책으로 간주되었다(Morgan & Zippel, 2003). 2002년 적녹연합정권(사민당과 녹색당)의 출범으로 아동양육 시설의 확대가 가족여성정책의 가장 핵심적 과제로 등장함으로써 전통적 독일복지국가의 궤도로부터 이탈하기 시작했다(Aust & Bönker, 2004). 그러나 독일에서 3세 미만의 자녀가 있는 여성의 노동시장 참여는 여전히 장려되지 않고 있으며 (Morgan & Zippel, 2003), 보육시설 확대는 3~6세 아동에 제한되고 있다. 또한 여성의 비전형적 고용에 대한 근본적인 대책을 마련하지 못하고 있다.

독일과 달리 프랑스는 가족여성정책 영역에서는 북유럽사민주의 국가들에 비견될 만한 가족여성 친화적 국가로 알려져 있다. 실제로 1970년대 이전까지 프랑스의 아동보육정책은 공적 보육시설의 확대를 충실히 진행했고, 표면적으로 이인생계부양자가구의 보편적 확대에 성공한 것으로 비춰졌다(Gregory & Windebank, 2000; Lewis, 1992). 그러나 1970년대 이후, 정확히 1980년대 이후 실업률의 증가는 이전의 프랑스의 정책방향을 전환시키는 계기가 된다(Morgan, 2002). 예를 들어, 보수당 정부에 의해 도입된 양육수당[APE]제도는 반숙련·저임금 여성노동자들에게 전통적 성별분업을 강화하는 역할을 수행하게 되었다(Fagnani, 1999). 이는 프랑스에서 부모휴가 등 가족여성정책이 일과 가족생활 양립을 통한 여성의 노동권 보장정책이기보다는 실업정책으로 배치되었음을 반증하고 있는 것이다(Morgan & Zippel, 2003). 결국, 프랑스에서는 중상층 이상의 여성들은 등록보육사[AFEAMA]를 고용해 가정에서 아동을 양육함으로써 노동시장에 지속적으로 참여하는 반면 저소득 여성들은 양육수당을 대가로 비활성화되었다(Morgan, 2002). 프랑스에서 자유선택은 1970년대 이전에는 스웨덴, 덴마크와 같이 여성의 완전한 노동시장 참여로 이해되었지만 1980년대 이후에는 실질적 자유선택으로 전환되었다. 이로 인해 가족여성정책은 계층에 따라 이원화되는 경향을 보이게 되었다.

사회투자전략과 관련된 가족여성정책이 가족생활과 일, 교육과 훈련, 사회활동 참여의 양립을 가능하게 하는 정책이라고 이해할 때 보육정책은 핵심적 지위를 갖는다고 할 수 있다. 이러한 관점에서 보수주의 국가들의 사회투자전략의 전망을 낸다면 정책대응과 그 성과에 대한 판단은 현재로서는 유보적일 수밖에 없다. 왜냐하면 시간제와 단기고용의 증가로 인해 여성의 노동시장 참여는 증가했지만 저임금 일자리에 대한 구조적 대안(저임금 일자리에서 벗어날 수 있는 정책대안)을 제시하지는 못하고 있기 때문이다. 독일에서 한부모가구의 빈곤율은 무려 31.4%에 이른다(Taylor-Gooby, 2006). 더 나아가 독일의 경우 3~6세 아동양육정책은 북유럽식 모형을 선호하는 반면 노동시장은 저임금 일자리를 대량 양산함으로써 영미식 신자유주의 모형을 뒤따라가고 있어 독일 복지국가의 지향점은 어디로 향하는지 모호하다(Morgan & Zippel, 2003). 특히 3세 미만의 아동양육은 프랑스나 독일 모두에서 공적 보육시설 대신 개별 가족의 자유선택에 맡겨지고 있다. 즉, 사회투자전략의 기본 전제라고 할 수 있는 가족생활과 일, 교육과 훈련, 사회활동 참여의 양립조건들은 부분적으로 충족되고 있는 실정이다. 정리하면 보수주의 국가들에서 사회투자전략은 3세 미만의 아동에 대한 보편적 보육확대가 지연되고, 노동시장에서 교육훈련과 가족생활의 양립이 가능한 일자리 창출에 실패함으로써 종국적으로 사회투자전략에서 활성화의 주요 대상인 유자녀 여성노동자를 저임금 노동자화하고 있다. 이는 이인생계부양자가구가 보편적으로 확대되는 것과 함께 가족 간 불평등을 확대시킨다. 더욱이 비전형적 일자리들은 독일의 저임금 일자리들Mini-job과 같이 사회보험 기여금을 면제받아 보수주의 복지국가의 가장 중요한 사회보장체제로부터 저임금 노동자들을 배제함으로써 사회투자전략의 기본 전제인 소득보장, 건강 등 필수적 조건을 충족시키지 못할 가능성이 매우 높다고 할 수 있다.

### 3) 사민주의 복지국가의 사회투자 전략[16]

사회투자전략이 여러 비판자들의 지적과 같이 북유럽식 복지국가의 길을 모방한 것이라면 사회투자전략은 북유럽 사민주의 복지국가들에는 새로울 것이 없을 수도 있다. 실제로 스웨덴 등 북유럽 복지국가들은 1970년대 이후 서비스 확대에서 활성화정책으로, 복지정책의 중심이 옮겨갔다(Liljestrom, 1978; Vedel-Petersen, 1978). 이로 인해 1970년대와 1980년대 대부분의 유럽 복지국가들이 고실업과 성장둔화로 곤경에 처했을 때도 북유럽 복지국가들은 안정적 경제성장과 복지 확대를 이루어냈다. 스웨덴의 경우, 1970년 경제 성장률은 무려 6.5%에 이르렀다(Mishra, 1990). 그러나 1980년대 말 자본 개방으로 인한 과잉투자로 인해 1990년 경제성장률은 0.7%로 급감했다(장하준·정승일, 2005; Bonoli et al., 2000). 1990년부터 1997년 사이의 경제적 불황기간 동안 공적 부분의 일자리는 무려 10만 개 가까이 줄어들었으며(Esping-Andersen, 2002c), 부모휴가 등 가족여성정책과 관련된 급여율은 90%에서 75%로 축소되었다(Leria, 2002). 이로 인해 실업률과 빈곤율은 증가하고 합계 출산율은 1990년 2.1에서 1996년 1.6으로 떨어졌다. 그러나 모든 북유럽 국가들이 동일한 경험을 한 것은 아니다. 실업과 복지급여의 축소는 주로 핀란드와 스웨덴에서 발생했으며, 스웨덴은 1990년 말 경제회복으로 충분하지는 않지만 실업률을 낮추고, 복지급여 수준을 예전 수준으로 회복했다(윤홍식, 2006a). 또한 노르웨이는 북해산 원유로 인해 복지급여의 재정적 압박을 받지 않아 여성가족과 관련된 복지급여는 오히려 확대되었다(Ellingsæter,

---

16) 북유럽국가에 대한 논의는 윤홍식(2007)의 「노르딕 4개국 가족정책의 보편성과 상이성」(『한국사회복지학』, 59(2): 327-354)을 중심으로 정리하였다.

2000; Hiilamo & Kangas, 2003). 덴마크는 보수주의 국가로 분류되는 네덜란드와 마찬가지로 적극적인 일자리 창출을 통해 복지국가의 위기를 성공적으로 극복하였다고 평가된다(Bonoli et al., 2000). 덴마크는 경제위기를 경험했음에도 불구하고 2000년 초 모성휴가와 부모휴가 등 가족여성과 관련된 정책들을 지속적으로 확대해 나갔다(LIS, 2003; OECD, 2002). 사회투자전략의 핵심이라고 할 수 있는 아동보육은 3~5세는 물론이고 0~2세에 대해서도, 경제적 위기를 경험한 시기에도 지속적으로 확대되었다. 예를 들어, 덴마크의 경우 0~2세 아동 보육률은 1993년 47.0%에서 2002년 64.0%로, 불과 10년만에 36.1%나 증가했다(Knudsen, 1997; OECD, 2002; Sainsbury, 1999). 가장 심각한 경제위기를 겪었던 스웨덴도 동기간 동안 32.0%에서 65.0%로, 무려 103.1%나 증가했다(OECD, 2005, Sainsbury, 1999; Leria, 2002).

이렇듯 북유럽 복지국기의 지난 30여 년간의 과징은 사회투사전략의 중요한 사례로 이야기될 수 있다. 실제로 티모넨(Timonen, 2004)은 가족여성 영역에서 발생하는 임신, 출산, 양육 등과 서비스와 관련된 사회적 위험은 다른 유럽 복지국가들과 달리 북유럽 복지국가에서는 새로운 위험이라 말할 수 없다고 주장한다. 그래서 가족여성정책과 관련된 사회투자전략을 논의하는 데 있어 북유럽 복지국가에 대한 검토는 중요한 의미를 가진다. 비북유럽 복지국가들은 현재의 북유럽국가들의 정책과제를 살펴보면서 사회서비스 확대를 통한 사회투자전략의 다양한 성과와 문제점에 대한 추론과 대응을 준비할 수 있을 것이다.

가족여성정책과 관련된 공통적인 특징은 앞서 언급했듯이 보편적 보육시설의 확대와 관대한 양육과 관련된 휴가이다. 이로 인해 북유럽국가는 서구 복지국가들 중 여성노동력의 활성화와 미래세대에 대한 투자를 가장 효과적으로 이루어낸 국가들로 평가되고 있다. 그러나 북유럽 국가들의 특성을 구체적으로 살펴보면 다양한 차이가 목격된다.[17] 먼저 자녀양육과 관련된 ‘자유선택’ 의 과제를 살펴보면 앞서 언급했듯이 자유선택에 대한 이해는 북유럽 국가들의 서비스정책을 구분하는 핵심적 준거가 된다. 스웨덴과 덴마크에서 아동양육과 관련된 자유선택은 부·모의 완전한 노동시장 참여를 보장하는 보편적 공적보육(시설)으로 이해된다[18](Borchorst, 2002; Hiilamo & Kangas, 2003). 반면 핀란드와 노르웨이는 상대적으로 영아에 대한 모의 직접 돌봄을 강조함으로써 아동양육의 다양한 형태에 대한 국가의 지원(실질적 자유선택)을 자유선택으로 이해하고 있다. 특히 1980년과 1998년 핀란드와 노르웨이에서 도입한 아동양육 수당은 부·모의 자녀양육 형태의 실질적 자유를 증대시켰다고 할 수 있다(Ellingsæter. 2000; Hiilamo & Kangas, 2003).  예를 들어, 핀란드에서는 아동양육 수당의 수급조건이 부·모의 취업 여부가 아닌 공적 보육시설을 이용하지 않는 조건에서 수급자격이 부여된다는 점(Borchorst, 2002; Hiilamo & Kangas,2003)은 부·모에게 국가가 다양한 자녀양육 형태에 대한 선택권을 보장하는 것으로 이해될 수 있다. 이러한 차이는 표 5-2에서 보는 바와 같이 공적 아동보육 비율의 차이로 나타난다. 사회투자전략의 중요한 과제 중에 하나가 아동에 대한 보편적 보육서비스 지원을 통해 인적자본을 확대하는 것이라 했을 때 덴마크와 스웨덴은 노르웨이와 핀란드에 비해 보편적 사회투자가 이루어지고 있다고 평가할 수 있을 것이다.

---

17) 북유럽 4개국의 가족여성정책의 동질성과 상이성은 윤홍식의 「노르딕 4개국 가족정책의 보편성과 상이성의 동학: 1980년부터 2002년까지」(2006)를 참고하라.
18) 구체적으로 보면, 스웨덴과 덴마크의 자유선택에는 차이가 있다. 역사적으로 일과 가족생활의 양립에서 덴마크는 스웨덴과 비교했을 때 적극적으로 일에 대한 선택 조건을 제공하지 않았다(Ellingsæter, 2000).

표 5-2_노르딕 4개국의 (공적)아동보육 비율: 1981-2002

| | 덴마크 | | 핀란드 | | 노르웨이 | | 스웨덴 | |
| --- | --- | --- | --- | --- | --- | --- | --- | --- |
| | 0-2세 (%) | 3-5세 (%) | 0-2세 (%) | 3-5세 (%) | 0-2세 (%) | 3-5세 (%) | 0-2세 (%) | 3-5세 (%) |
| 1981 | 37 | 47 | 17 | 37 | 5 | 35 | 24 | 65 |
| 1993 | 47 | 74 | 16 | 51 | 20 | 63 | 32 | 76 |
| 1995 | 48 | 83 | 18 | 55 | 22 | 61 | 37 | 74 |
| 2002 | 64 | 91 | 25 | 68 | 37 | 78 | 65 | 90 |
| 1981-2002 변화율 | 73.0 | 93.6 | 47.1 | 83.8 | 640.0 | 122.9 | 170.8 | 38.5 |

* 자료: 윤홍식, 2007. 〈표-3〉

　일과 가족생활 양립을 넘어 가족여성정책이 가족생활과 일, 교육과 훈련, 사회활동의 양립으로 확대되고 있는가는 사회투자전략에서 매우 중요한 과제라고 할 수 있다. 이러한 측면에서 북유럽 국가는 우선 양립의 대상을 여성에 한정하지 않고 남성으로 확대했다는 점에서 젠더 통합의 토대를 마련했다고 할 수 있다(윤홍식, 2006c; 2007). 상징적으로 언급할 수 있는 제도는 스웨덴, 노르웨이에서 실시 중인 육아휴직제도 내의 아버지 할당제와 상대적으로 관대한 부성휴가라고 할 수 있다(윤홍식, 2006c). 더욱이 아동보육정책이 단순히 양적 확대에 머무르지 않고 질적인 측면을 고려하고, 부모휴가의 대상에 비취업자를 포괄하고 있다는 것(Duvander, Ferrarini, & Thalberg, 2005)은 북유럽 가족여성정책이 단순히 가족생활과 일의 양립으로 제한되지 않는다는 것을 보여준다.

　이러한 선진화된 정책적 대응에도 불구하고 북유럽사회에는 여전히 중요한 사회적 과제들이 남아 있는데, 첫째 높은 여성의 노동시장 참여에도 불구하고 노동시장의 성별분리는 자유주의 국가들보다도 높다. 둘째는 OECD 자료에 따르면 취업여성 중 시간제 일자리에 종사하는 비율이 남성의 1.9배에서 4.5배까지 높다는 점이다(Kjeldstad, 2001:

88). 실제로 여성의 시간제 비율이 가장 낮은 핀란드의 시간제 비율은 13.0%로 남성의 7.0%에 비해 1.9배이고, 노르웨이 취업여성의 시간제 비율은 36.0%로 남성의 8.0%에 비해 4.5배나 높다. 셋째, 아버지 할당제와 새로운 아버지상에 대한 공적 교육과 캠페인이 수십 년간 진행되었음에도 불구하고 남성의 양육 참여는 여전히 미흡한 실정이다. 아버지 할당제를 실시하고 있는 스웨덴과 노르웨이의 경우 남성의 육아휴직 참여율은 70%를 넘었지만 전체 기간 중 남성이 이용하는 비율은 10%에 미치지 못한다(Leria, 2002). 아버지 할당제를 실시하지 않는 핀란드와 덴마크의 경우 남성의 육아휴직 참여율은 4%에 불과하다 (Rantalaiho, 1997; Haas, 2003 재인용; Rostgaard, Christoffersen, & Weise, 1999). 마지막으로 공적 서비스의 고비용 문제를 어떻게 해소할 것인가와 현재 서비스 분야에서 진행되는 민간부분의 역할 확대도 중요한 정책과제로 부상하고 있다. 북유럽의 보편적이고 질 높은 서비스는 분명 사회투자전략을 실현하는 데 있어서 강점이지만 에스핑-안데르센(2002a)의 지적처럼 높은 세율은 북유럽 복지국가의 아킬레스건이기 때문이다. 서비스의 민영화도 스웨덴의 경우를 보면 아동 보육시설에서 민간부분이 차지하는 비율이 1990년 5%에서 1999년 15%로 불과 10년 만에 3배 가까이 증가했다(Bergqvist & Nyberg, 2002). 물론 민간부문이 공적인 통제 안에 있고 이윤을 목적으로 하는 양육시설은 전체의 3.8%에 불과하다는 점을 고려하면 우려할 만한 수준은 아니다. 그러나 민영화가 서비스 선택의 폭을 넓힘으로써 구매력이 있는 집단의 이해와 요구에 복무한다는 점을 고려한다면, 다른 복지국가들과 같이 민영화도 이원적 복지체계를 강화함으로써 계층적 불평등을 강화시킬 개연성이 상존하고 있음을 부정할 수는 없다.

# 5. 한국 가족여성정책에 있어서 사회투자전략

형식적 민주주의의 틀을 갖추고 시민의 복지에 대한 국가의 책임을 확대하기 위한 논의가 시작된 지 얼마 되지 않은 시점에서 복지국가 재편을 논의하는 것은 어쩌면 매우 난감한 상황일 수 있다. 더욱이 복지국가 재편의 과제로서 사회투자전략이 돌봄과 교육훈련 등 사회서비스 확대를 통해 시민의 인적자본을 강화하는 과제임을 고려했을 때 사회서비스 인프라가 매우 취약한 한국 상황에서 사회투자전략은 일견 현실을 고려하지 않은 이상적·학술적 논의일 수도 있다. 그러나 분명한 것은 노동시장의 유연화, 세계화, 가족의 변화, 여성의 노동시장 참여, 지식기반사회의 도래 등 서구 복지국가 재편의 근거가 되었던 사회경제적 변화는 서구사회가 직면한 특수한 현상이 아니라 한국사회에서도 발현되는 보편적 변화라는 것이다. 즉, 한국사회가 직면한 사회경제적 변화에 대한 현실적이고 적합한 대안을 내오지 못한다면 한국 복지국가의 미래는 없다. 그리고 그 대안의 중심에 사회정책과 경제정책의 선순환적 관계를 강화하려는 사회투자전략이 자리하고 있다. 본 절에서는 이러한 문제의식에 근거해 한국 가족여성정책의 과제에서 사회투자전략의 의미와 가능성을 짚어보고자 한다.

## 1) 한국사회가 직면한 현실

한국사회에서 사회투자전략의 필요성은 현재 한국사회가 직면한 현실이 가족여성정책 영역에서 당연하게 받아들여졌던 기본 전제들과는 달라졌다는 점에서 출발해야 한다. 첫째는 전통적 가족형태의 근간이 되는 제도결혼의 불안정성이 높아지고 있다는 점이다. 결혼 건수 대비 이혼 건수 비율은 지난 1991년 11.8%에서 2005년 현재 40.6%로 불과 15년 만에 3.4배나 증가했다(통계청, 2006). 이혼의 급격한 증가로 인해 평생 계약관계인 제도결혼이 한시적 계약관계로 대체되고 있는 것이다. 제도결혼의 불안정성은 전통적 복지국가의 기본 전제인 남성 생계부양자와, 피부양자인 여성과 아동으로 구성된 전형적 핵가족의 해체를 의미한다. 더욱이 이혼은 양육 여부와 관계없이 여성의 경제적 지위를 심각하게 위협하는 것으로 조사되었다. 여성개발원 보고서에 따르면 양육자 여성의 경우 욕구 대비 소득 비율[income-to-needs ratios]로 본 경제적 지위는 이혼 전 2.40에서 이혼 1년 후 1.60으로 35.3% 급락하는 것으로 분석되었다(변화순 · 김혜영 · 윤홍식, 2006). 비양육자도 4.12에서 3.78로 소득 수준은 33.5% 낮아졌다. 이는 결혼해체의 증가가 단순히 가족구성의 변화로 끝나지 않고, 시민들의 경제적 삶을 위협하는 중요한 요인으로 등장하고 있음을 보여준다. 이렇듯 한국사회는 복지국가의 초입에 들어섰지만 전후 서구 복지국가의 출발점과는 상이한 사회경제적 조건에 놓여있다.

둘째는 점증하는 여성의 경제활동 참여로 인해 남성의 생계부양 기능이 약화되고 있다는 점이다. 한국사회에서 가구의 생계부양 형태는 남성 일인생계부양자가구에서 서구 복지국가들과 같이 빠른 속도로 이인생계부양자가구(보편적 생계부양자가구)로 전환되고 있다. 가계 조사자료를 분석한 것에 따르면 임금소득자가 있는 가구 중 이인생계부양자가구의 비율은 1999년 20.7%에서 2004년 49.4%로 138.6%나 증가한 것으로 나타났다(윤홍식 · 조막래 · 윤성호, 2006). 그러나 여성 노동력의 대부분이 비정규직과 같은 저임금 일자리에 집중되면서 서구 복지국가와 달리 이인생계부양자로의 전환이 빈곤탈피의 유력한 대안이 되지 못하고 있다. 실제로 윤홍식과 조막래(2007)에 따르면 다른 변수들을 통제했을 때 이인생계부양자가구가 빈곤에 처할 가능성은 일인 생계부양자가구에 비해 4.8배 가까이 높은 것으로 분석되었다. 한국사회에서 단순히 일자리 창출과 여성의 노동시장 참여만으로는 사회투자 전략의 기본전제라고 할 수 있는 가구의 안정적 소득보장을 달성할 수 없다는 현실을 반증한다. 이러한 현상은 한국사회에서 비활성화된 노동력을 활성화시키는 사회투자전략의 핵심적 과제가 서구와는 다른 새로운 정책대응이 필요하다는 것을 보여준다.

셋째, 성별분업에 근거한 가족은 해체되고 있고, 여성의 노동시장 참여는 지속적으로 증가하는 데 반해 돌봄의 사회화는 매우 더디게 진행되고 있다. 이로 인해 개인의 생애주기에서 소득 수준이 가장 낮은 미성년 자녀가 있는 가구가 경제적 위험에 처할 가능성이 증대하고 있다. "2005년도 전국 결혼 및 출산동향 조사" 자료에 따르면 소득 부족과 자녀양육비 부족 등 경제적 이유로 비취업 기혼여성(20~44세)의 66.2% 가 취업을 희망하고 있음에도 불구하고 절대 다수인 89.0%가 가족 내 돌봄 책임으로 인해 취업하지 못하는 것으로 드러났다 (이삼식 외, 2005). 돌봄 책임의 사회화가 미흡한 상황에서 기혼여성은 일과 돌봄이 양자택일의 문제로 다가옴으로써 가족의 안정적인 소득보장을 위협하고 있는 것이다(윤홍식, 2006d).

## 2) 한국사회의 정책 대응

사회비전 2030, 새싹플랜, 새로마지플랜 2010, 가족정책기본계획 등 가족·여성과 관련된 영역에서 발생하는 새로운 사회적 위험의 대응을 위해 참여정부는 다양한 정책을 쏟아냈다. 또한 보건복지부는 "미래지향적 보건복지정책 방향과 역점 과제"에서 사회투자전략을 한국 복지의 미래지향적 발전 방향으로 지적하였다(보건복지부, 2006a). 아동, 건강, 노후에 대한 투자를 통해 다가오는 지식기반사회에 조응하는 복지체제를 만들어 나간다는 야심찬 계획이다. 사회서비스 확충 또한 중요한 정책과제로 제시되었다. 그러나 현재 우리 앞에 놓인 정책현실은 미래에 대한 비전과 계획을 현실화하기에는 너무나 취약하다.

구체적으로 가족여성과 관련된 사회투자정책들을 살펴보면 다음과 같다. 첫째, 가족생활과 일, 교육훈련, 사회활동 참여의 양립을 위한 적절한 지원이 이루어지고 있는지에 대해 살펴볼 필요가 있다. 이들 양립은 아동보육 및 양육과 관련된 휴가정책에 의한 지원을 통해 결정된다. 먼저 아동보육의 실상을 살펴보면 6세 미만 아동에 대한 보육 비율은 1990년 1.2%에서 2006년 6월 현재 32.1%로 17년 만에 26.8배나 증가한 것으로 보고되었다(여성가족부 2006; 통계청, 2006). 그러나 이러한 비약적인 성장에도 불구하고 6세 미만 아동의 절대 다수인 67.9%가 보육의 사각지대에 놓여있는 것이 현실이다. 비록 정확한 추론이 곤란하지만 2004년 기준 기혼여성의 경제활동 참여율이 44.1%에 비해서도 현격히 낮은 수준이다(통계청, 2006). 더욱이 전체 보육시설 중 공적 부문(법인 운영 포함)의 비율이 (아동 수 대비)1990년 50.0%에서 2006년 6월 현재, 23.7%에 그쳐 아동보육의 공공성에 대한 문제가 지속적으로 제기되는 형편이다. 부모가 일을 일시 중단하고 집에서 직접 아동을 돌볼 수 있도록 지원하는 산전후휴가와 육아휴직도 전체 (출산한)취업여성의 극소수만 제도를 이용하고 있는 형편이다. 추정된 수치에 따르면 산전후휴가는 2004년 현재 출산한 취업여성의 18.4%, 육아휴직은 3.9%만이 제도를 이용하고 있어 심각한 배제문제를 야기한다(윤홍식, 2006e). 더불어 육아휴직급여는 2007년부터 월 50만 원이 지급되고 있지만 임금노동자의 월평균 임금의 1/3수준에 불과한 실정이다.

이렇게 낮은 수준의 임금대체율은 결국 육아휴직을 이용할 수 있는 대상을 자신의 임금소득이 없더라도 안정적 생활에 지장이 없는 (남성의 소득만으로도 생활이 가능한)소수계층으로 제한하는 것과 같다. 예를 들어, 생계문제로 부·모 모두 노동시장에 참여해야 하는 가구의 경우 임금이 보존되지 않는 육아휴직은 현실적 대안일 수 없다. 이처럼 가족생활과 일, 교육훈련, 사회활동 양립을 위한 핵심적 제도인 아동보육과 양육과 관련된 휴가는 그 대상이 제한되어 있고, 임금 보존 수준이 매우 낮아 현실적으로 시민들을 노동시장에 참여하게 하고, 인적자원을 개발하게 할 보편적 기회를 제공하지 못하고 있다. 이러한 문제를 자유선택의 관점에서 본다면 한국사회에서 자유선택은 철저히 개별 가족의 지불능력과 연결망에 의존한다고 볼 수 있다. 가시적 논의는 존재하지 않지만 암묵적으로 시장에 의한 명목적 자유선택을 아동양육과 관련된 정책의 기조로 삼고 있다고 보아야할 것이다. 정리하면 사회투자전략의 핵심적 선략은 보편적이고 질 높은 아동보육(육아 관련 휴가 포힘)을 통해 미래의 인적자본에 대한 보편적 투자를 증대시킴으로써 해당 사회의 인적자본의 질을 배가하는 것임을 고려한다면 한국 가족여성정책은 이러한 사회투자전략에 부응한다고 보기 어렵다.

둘째는 가족의 소득보장과 관련된 문제이다. 가족의 소득보장은 시민들의 주거와 의료보장과 함께 사회투자전략을 실현하기 위한 기본 전제라고 할 수 있다. 그러나 앞서 살펴보았듯이 한국사회의 사회안전망은 가족이 안정적 경제생활을 영위하기 위한 기본조건을 제시하고 있다고 보기 어렵다. 가족에 대한 보편적 지원은 차치하고서라도 주 생계부양자의 상실로 경제적 어려움에 처할 가능성이 가장 높은 여성 한부모가구에 대한 경제적 지원조차 적절히 이루어지지 못하는 형편이다. 예를 들어, 이혼 또는 별거를 경험한 여성이 있는 가구의 빈곤율은 소득이전 전 44.3%에서 공·사적 소득이 이전된 후 35.4%로 불과 20.0% 감소한 수준이다(윤홍식, 2004). 구체적으로 보면 공공부조의 빈곤 감소율은 0.7%, 사회보험의 빈곤 감소율은 2.9%에 그치고 있다. 특히 가족의 경제적 안정에 중요한 기능을 한다는 아동(가족)수당이 도입되지 않고 있다. 가계조사를 이용한 분석에 따르면 2004년 현재 개인 균등화한 중위소득의 50%를 빈곤선으로 설정했을 때 아동 빈곤율은 14.4%에 이르는 것으로 분석되었다(김수정, 2006). 이때 18세 이하 아동에게 월 10만 원씩을 지급하면 빈곤율은 29.9% 감소한 10.4%로 낮아지는 것으로 추계되었다. 물론 가족수당의 도입이 빈곤 문제에 대한 유일한 대안은 아니고, 막대한 재원의 소요를 요구하지만 아동이 있는 가족에 대한 유력한 반빈곤정책임은 분명해 보인다. 더욱이 아동수당은 단순한 소득재분배정책이 아니라 사회투자전략 실현을 위한 기본 전제를 뒷받침하는 동시에 아동이 있는 가구에게 아동에 대한 추가적 투자 여력을 확대시킴으로써 사회투자전략의 목적인 인적 자본 향상에 기여할 수 있는 핵심적 제도가 된다. 정리하면 현재 가족과 아동에 대한 경제적 지원에 관한 여러 정책들이 논의되고 있지만 지엽적이고 전시적 정책만이 난무할 뿐 가족의 경제적 안정을 위한 보편적이고 가시적 지원정책은 예산제약의 이유로 실현되지 못하는 형편이다.

셋째, 현재 경제활동을 하지 않는 여성을 경제활동에 참여시키기 위한 활성화정책을 검토할 필요가 있다. 가족여성 관련 주무부처라고 할 수 있는 여성가족부(현재 여성부의 전신)의 2006년도 예산 집행계획을 보면 '여성 인적자원 활용 기반 구축' 사업에 할당된 예산이 2,919백만 원으로 이중 2,500백만 원이 사회적 일자리 취업지원과 지역사회 맞춤형 취업지원을 위한 예산으로 책정되어 있다(여성가족부, 2005). 그러나 이러한 지원 규모로는 대상이 너무 협소해 현재 비활성화된 여성들을 활성화시킬 수 있는 교육훈련을 전면적으로 실시한다고 보기 어렵다. 특히 육아와 가사에 대한 책임으로 인해 노동시장에 참여하지 못했던 여성에 대한 활성화정책은 단기간의 교육훈련을 통해서는 불가능하며 좀 더 중장기적인 안목에서 지속적인 재교육과 훈련이 필요하다고 할 수 있다. 즉, 비활성화상태에 있는 노동력의 활성화를 통해 고용률을 높이는 것이 사회투자전략의 핵심적 목표 중에 하나라는 점을 고려한다면 여성, 특히 유자녀 여성을 대상으로 한 보편적이고 중장기적인 재교육·훈련에 대한 정책 대응이 시급히 요구된다고 하겠다.

　마지막으로는 사회투자전략을 뒷받침할 정치세력이 존재하는가에 대한 판단이 필요하다. 산업화된 서구 복지국가에서 복지국가 재편의 과제로서 사회투자전략의 핵심 과제 중에 하나는 소득이전 중심의 복지자원을 어떻게 기회의 평등을 확대하기 위한 정책으로 이전시킬 것인가의 문제이다. 이러한 과제의 성패는 복지자원 이동에 대한 광범위한 사회적 지지계층이 존재할 때 가능하다. 다만 서구사회는 자원의 이동문제가 핵심적 쟁점이 됨으로써 기존 제도의 수혜계층과 새로운 수혜계층 간의 대립이 심각한 사회문제가 되고 있다(Aust & Bönker, 2004). 반면 한국은 복지자원의 확대를 통한 구사회위험과 신사회위험에 대한 동시적 대응을 요구하기 때문에 현상적으로는 복지자원을 둘러싼 대립이 발생할 여지가 적어 보인다. 왜냐하면 신·구사회위험에 대응하기 위한 사회투자전략은 복지 수혜계층을 절대적으로 확대시킴으로써 사회투자전략에 대한 정치적 지지 세력을 확대할 수 있기 때문이다. 그러나 현실은 이론적 기대와 달리 복지 확대에 대한 보편적 동의를 얻기 힘든 형편이다. 오히려 재원 확대를 위한 조세정책들이 반복지진영의 '세금폭탄' 과 같은 논리를 통해 광범위한 시민적 반대에 직면하고 있다.

### 3) 한국에서 사회투자전략의 원칙과 방향

이상의 논의를 통해 사회투자전략의 원칙과 방향을 살펴보면 다음과
같다. 첫째, 가족의 소득보장, 의료보장, 주거보장 등 시민들의 기본적
인 복지욕구를 적합한 수준에서 충족시킬 필요가 있다. 앞서 언급했듯
이 이러한 기본 조건의 충족이 사회투자전략 실현의 기본 전제라는 점
을 고려한다면 기본보장과 관련된 과제는 선택의 문제가 아니라 당위
적 과제가 될 것이다. 가장 유력한 대안으로는 보편적인 아동수당의 도
입을 통해서 가족의 경제적 안정을 지원할 필요가 있다.

둘째는 가족여성정책을 가족생활과 일의 양립에서 가족생활과 일,
교육훈련, 사회활동 참여로 확대할 필요가 있다. 이러한 관점에 근거한
다면 아동보육 및 양육과 관련된 산전후휴가와 육아휴직정책 등은 단
순히 부·모(특히 여성)가 노동시장에 참여할 수 있도록 돌봄노동을
사회화시키는 수준을 넘어 부모의 교육훈련과 사회활동 참여를 위한
목적으로 확대되어야 한다. 그러므로 아동보육의 대상은 부·모의 취
업 여부와 관계없이 보편적으로 확대되어야 하며, 육아휴직의 대상은
비정규직, 자영업자, 실업자, 학생(직업 훈련자 포함) 등으로 확대될
필요가 있다. 이를 통해 아동양육과 관련된 자유선택이 아동양육 형태
를 둘러싼 선택 문제로 국한되지 않고 모든 시민이 일하는 사회라는 사
회투자전략의 기본 전제에 복무할 수 있도록 해야 한다. 즉, 모든 시민
이 일하는 사회를 위해서는 모든 시민들에게 가족생활과 일, 교육훈련,
사회활동의 양립을 위한 실질적 지원이 필요하다.

셋째는 이렇게 대상을 보편적으로 확대하기 위해서는 새로운 사회보

험체제에 대한 고려가 필요하다. 현재와 같이 정책 대상이 협소한 고용보험체제로는 이와 같은 사회적 필요를 담당할 수 없다. 새로운 사회보험 방식에는 다양한 가능성이 논의될 수 있지만 몇 가지 주요한 원칙은 다음과 같다(윤홍식, 2006d). 첫째, 재생산 영역에서 발생하는 임신, 출산, 양육 등의 과제가 특정한 성에 국한되지 않고 남녀 모두에게 보편적으로 적용된다는 사회적 합의가 필요하다. 이를 기반으로, 둘째 정책대상을 보편적으로 확대할 필요가 있고, 셋째 국가의 책임을 강화하는 방안으로 설계될 필요가 있다. 국민연금 등과 같이 국가가 단순히 관리운영비를 담당하는 수준을 넘어 재정문제와 관련해 적극적 역할이 필요하다.

넷째, 일반적으로 사회서비스의 확대가 지방정부의 역할 확대를 동반한다는 점에 주목할 필요가 있다. 그러나 문제는 서구의 경험을 보았을 때 사회서비스의 지방정부 이전은 사회서비스의 확대와 공공성 강화에 장애요인으로 등장할 수도 있다는 점을 고려할 필요가 있다(Kröger, 1997). 예를 들어, 스웨덴에서 1990년대 많은 자치단체들이 보육비용을 부모에게 전가하려고 하자 중앙정부에서 부·모가 부담하는 비율의 상한선<sup>maximum parental fee</sup>을 마련해 지방정부가 아동양육 시설운영 비용을 부모에게 전가하는 것에 관한 중앙정부의 통제장치를 마련했다(Bergqvist & Nyberg, 2002; Hoorens, Parkinson, & Grant, 2005). 또한 자치단체가 공적 보육시설 확대에 소극적인 정책을 일관함으로써 국가적 목표 달성(1991년 전까지 모든 일하는 부모, 학교에 다니는 부모, 특별한 도움이 필요한 자녀를 둔 부모에게 공적 보육시설 이용자격을 부여하려는 목표)에 실패하자 1995년 법률을 통해 지방정부의 의무와 책임을 제도화했다(Nyberg, 2004). 한국에서도 사회서비스 확대를 위한 지방정부의 소극적인 역할이 문제가 되고 있기 때문에 이를 효과적으로 제어해 지방정부가 사회서비스 확대의 주체가 될 수 있는 제도적 방안을 마련하는 것이 시급히 요구된다.

다섯째, 사회서비스정책은 보편주의에 근거해야 한다(윤홍식, 2006d). 북유럽국가들이 1990년 초·중반 경제적 위기에도 불구하고 사회서비스와 관련된 급여를 회복하고 이후 더욱 확대할 수 있었던 기저에는 북유럽 사회정책이 지닌 보편성이 존재한다. 특히 보편성의 확대는 해당 정책에 대한 지지 세력의 확대를 동반할 수 있기 때문에 복지국가의 유지, 확대에 핵심적 역할을 한다. 특히 한국과 같이 진보와 보수의 대립과 정책을 둘러싼 이해집단의 대립이 첨예한 사회에서 정책의 보편성 확대는 역설적이게도 정책의 유지와 성패를 좌우하는 중요한 토대가 될 것이다(윤홍식, 2006d). 결국 한국사회에서 공적 사회서비스의 확대가 저출산 문제 등 일회적 문제를 완화하는 임시방편이 아니라 지속 가능한 복지국가가 되기 위한 토대를 쌓는 것이라는 데 동의한다면 질이 담보되는 공적 사회서비스의 보편적 확대는 반드시 실현해야 할 과제임에 분명하다.

여섯째, 현재 가족여성과 관련된 사회서비스 확대는 현상적으로 한국사회가 직면한 저출산 현상과 밀접한 관련성이 있다. 다시 말해 급격한 출산력의 감소는 한국사회에서 사회서비스의 확대에 유리한 환경을 제공하고 있는 것이 사실이지만 반대로 이야기하면 한국 사회서비스정책은 저출산 정책의 영역을 벗어나지 못할 수도 있다는 점이다. 사회투자전략이 한국복지 패러다임 전체를 새롭게 하는 것이라면 사회서비스의 확대는 단순히 현상적인 저출산 현상을 극복하기 위한 정책 대안이 아니라 한국 복지국가가 지속적으로 발전하기 위한 토대가 되어야 한다. 이를 위해서 사회서비스정책의 필요는 저출산, 고령화 등 현상적 문제를 넘어 모든 시민이 일할 수 있는 사회투자전략 실현이라는 좀 더 거시적 목적에 복무할 필요가 있다. 그러나 이러한 필요성에도 불구하고 사회투자전략으로의 전환이 반드시 가족여성과 관련해 긍정적이지 않을 수 있다는 점을 기억할 필요가 있다. 무한경쟁과 장시간 노동으로 인해 가족의 안정성이 위협받는 상황에서 모든 시민이 일하는 사회를 전제한 사회투자전략은 노동과 고용의 강도를 강화할 수 있는 개연성이 충분히 있기 때문이다. 임금노동에 대한 강도가 점차 강화되는 조건에서 노동에 대한 강조는 시민들을 더 일하게 만들기에 임금노동이 가족생활에 우선하는 사회를 유지·강화할 수도 있다. 또한 사회투자전략의 주 대상이 비활성화된 여성임에도 불구하고 사회투자전략에서 무급 돌봄노동의 정책적 지원에 대한 고려가 거의 없다는 것은 사회투자전략의 미래가 몰성적 복지국가가 될 수 있음을 의미한다. 이러한 우려에 근거한다면 사회투자전략에서 활성화는 여성의 노동시장 참여와 함께 남성의 돌봄노동 참여를 동시에 지원하는 사회투자전략이 되어야 한다.

마지막으로 관념적인 이해에 그치고 있을지 모르지만 후기산업사회로의 변화는 특정 사회적 과제에 대한 대안이 개별정책의 완성도와 현실성 여부로 해소되지 않는다는 점을 이해할 필요가 있다(윤홍식, 2006d: 132). 사회투자전략의 실현은 다층적이며 다양한 정책들과 유기적 연관관계 속에서 성취될 수 있음을 받아들여야 한다. 왜냐하면 사회투자전략의 필요성이 하나의 원인에 근거하는 것이 아니라면 그것의 실현도 다양한 정책 대안 없이는 성취될 수 없기 때문이다. 만약 예산상의 제약과 현실성을 이유로 주요한 정책들을 하나 둘씩 내려놓는다면 한국사회는 지속 가능한 복지국가를 만들어낼 수 없을 것이다. 그리고 이러한 부분적인 시도들은 한국사회가 직면한 사회문제를 완화시켜 내지 못함으로써 시민들에게 정책실패로 받아들여질 것이다. 이러한 결과는 결국 복지정책에 대한 부정적 인식을 확대시킬 뿐이며 복지확대를 반대하는 정당성만을 확대시켜줄 뿐이다. 그러므로 사회적 투자의 확대를 통한 사회적 위험의 해소는 특정한 몇 가지 정책을 선별적으로 제안하고 제도화하는 노력을 기울이기보다는 사회적 과제와 관련된 복지정책들의 전방위적 제도화를 요구해야 하며 한국사회는 이를 현실적으로 견인해내야 하는 과제를 안고 있다. 결론적으로 한국사회에 놓여있는 과제는 복지자원의 이전이 아니라 복지자원의 확대에 있음을 분명히 인식해야 한다.

**참고문헌**

김수정(2006). 「아동수당의 도입 필요성과 도입방안」, 『더 나은 미래를 위한 사회적 투자: 사회적 돌봄을 위한 정책 토론회』, 참여연대. 한국보건복지인력개발원 국제회의실(2006. 9. 29).

김연명 편(2002). 『한국복지국가 성격논쟁 I』, 인간과 복지.

김종일(2006). 『서구의 근로연계복지: 이론과 현실』, 집문당.

변화순 · 김혜영 · 윤홍식(2006). 『이혼 후 여성의 사회경제적 지위변화 연구』, 한국여성개발원.

보건복지부(2006a). 「미래지향적 보건복지정책방향과 역점과제」(내부자료)

__________(2006b). 「2005년 국민기초생활보장 수급자 현황」, 보건복지부.

안병철 · 서동인 옮김(1992). 『가족사회학』, (F. Elliot. 1986. *The family: Change or continuity*), 을유문화사

여성가족부(2005). 「2006년도 예산안 개요」(내부자료).

__________(2006). 「보육시설 및 보육아동 현황: 보육아동현원현황」(2006. 6. 30. 기준).

오정화 옮김(2004). 『여성과 일상생활』(C. Lasch. 1998. *Women and the common life*, 문학과 지성사

윤홍식(2004). 「결혼해체를 경험한 여성의 소득수준 및 빈곤실태와 공사적 소득이전의 역할」. 『한국사회복지학』, 56(2): 5-27.

______(2005). 「가족정책의 성통합적 재구조화: 노동 주체의 관점에 근거한 일과 가족의 양립을 중심으로」, 『한국사회복지학』 57(4): 291-319.

______(2006b). 「일-가족양립정책을 통해본 OECD 21개국의 가족정책: 부모휴가와 아동보육을 중심으로」, 『한국사회복지학』, 58(3): 341-370.

______(2006c). 「부모 · 부성휴가를 통해본 남성 돌봄노동참여 지원정책 비교: 경제협력개발기구 15개국을 중심으로」, 『한국사회복지학』 58(2): 223-249.

______(2006d). 「새로운 사회적 위험과 한국사회복지의 과제」, 『한국사회복지학회 2006년도 추계학술대회』 자료집, 청주대학교/라마다 플라자 청주호텔.

______(2006e). 『한국가속정책의 농학, 1990-2004: 노동권과 부모권을 중심으로」, 『제2회 사회보장국제학술대회(第二回社會保障國際論壇)」 발표문. 중국 북경인민대학교. 주최: 중국인민대학교중국사회보장연구중심(中國人民大學校中國社會保障研究中心)(2006. 9. 9-10).

______(2007). 「노르딕 4개국 가족정책의 보편성과 상이성」, 『한국사회복지학』 59(2): 327-354.

윤홍식 · 조막래(2007). 「남성일인생계부양자가구와 이인생계부양자가구의 소득특성과 빈곤실태」, 『가족과 문화』 19(4): 131-162

윤홍식 · 조막래 · 윤성호(2006). 『정보화로 인한 미래의 가족의 경제적 기능 변화에 대한 전망』, 한국정보통신정책연구원.

이삼식 · 신인철 · 조남훈 · 김희경 · 정윤선 · 최은영 · 황나미 · 서문희 · 박세경 · 전광희 · 김정석 · 박수미 · 윤홍식 · 이성용 · 이인재(2005). 『저출산 원인 및 종합 대책 연구』, 저출산 · 고령사회위원회, 보건복지부, 한국보건사회연구원.

이현주 · 백화종 · 신영석 · 김안나 · 박능후 · 이선우 · 홍경준 · 황덕순 · 유진영 · 김계연 · 이승경 · 황정하 · 임완섭 · 전혜숙 · 정순영 · 박신영(2005). 「차상위계층 실태분석 및 정책제안」, 한국보건사회연구원.

장하준 · 정승일(2005). 『쾌도난마 한국경제』, 부 · 키.

통계청(2006). 「시도별 인구동태건수」

통계청(2006b). 「연령 · 성별 실업률」(경제활동인구조사 메타DB).

Algan, Y. & Cahuc, P.(2005). "The roots of low European employment: Family culture?" *2005 International Seminar on Macroeconomics in Budapest.*

Aust, A. & Bönker, F.(2004). "New social risks in a Conservative welfare state: the Case of Germany." in Taylor-Gooby, P.(ed.), *New Risks, New Welfare.* New York:

Oxford University Press, pp.29-53.

Becker, G.(1991). *A treaties on the family*. Cambridge, MA: Harvard University Press.

Bergqvist, C. & A. Nyberg(2002). "Welfare state restructuring and child care in Sweden." in S. Michel & R. Mahon(ed.), *Child care policy at the crossroads: Gender and welfare state restructuring*. New York: Routledge, pp.287-307.

Bonoli, G., George, V. & Taylor-Gooby, P.(2000). *European welfare futures: Towards a theory of retrenchment*. Great Britain: Polity Press.

Borchorst, A.(2002). "Danish child care policy: Continuity rather than radical change." in S. Michel & R. Mahon(ed.), *Child care policy at the crossroads: Gender and welfare state restructuring*. New York: Routledge, pp.267-286.

Cancian, M. and D. Reed.(2001). "Changes in Family Structure: Implications for Poverty and Related Policy." in S. H. Danziger & R. H. Haveman(ed.), *Understanding Poverty*. New York: Russell Sage Foundation, pp.69-96.

Ellingsæter. A.(2000). "Welfare states, labour markets and gender relations in transition" in Boje, T. & A. Leria(ed.), *Gender, welfare state and the market: Towards a new division of labour*. London: Routledge, pp.89-110.

Esping-Andersen, G.(1999). *Social foundations of postindustrial economics*. New York: Oxford University Press.

________________(2002a). "Towards the good society, once again." in Esping-Andersen(ed.), *Why we need a new welfare state?*, pp.1-25.

________________ (2002b). "A child-centred social investment strategy." in Esping-Andersen, G., D. Gallie, A. Hemerijck, & J. Myles(ed.), *Why we need a new welfare state*. New York: Oxford University Press, pp.26-67.

__________________(2005). "Education and equal life-chances: Investing in children." in Kangas, O. & J. Palme(ed.), *Social policy and economic development in the Nordic countries*. England: Palgrave Macmillan, pp.147-163.

Fagnani, J.(1999). "Parental leave in France" pp.69-84. in P. Moss & F. Deven(ed.), *Parental leave: Progress or pitfall*. Brussels: NIDI/CBGS Publications.

Ferrarini, T.(2003). "Parental leave institutions in eighteen post war welfare states." *Swedish Institute for Social Research Doctoral Dissertation Series no. 58*.

Giddens, A.(1998). *The Third Way: The Renewal of Social Democracy*(한상진 · 박찬욱 옮김, 2000. 『제3의 길』 생각의 나무).

__________(2000). *The Third Way and Its Critics*(박찬욱 · 구자선 · 전진영 · 홍운기 옮김, 2002. 『제3의 길과 그 비판자들』, 생각의 나무).

__________(2002). *Where now for New Labour*(신광영 옮김, 2004. 『노동의 미래』, 을유문화사).

Gregory, A. & Windebank, J.(2000). *Women's work in Britain and France: Practice, theory and policy*. Great Britain: MaCmillan Press LTD.

Hiilamo, H. & O. Kangas(2003). "Trap for women or freedom to choose?: Child home care allowance in Finnish and Swedish political rhetoric." (Paper for) the inaugural ESPAnet conference 'Changing European Societies-The role for social policy', organized by the Danish National Institute of Social Research Copenhagen, 13-15 November 2003.

Hobsbawm, E.(1999). *The Third Way is Wrong*(노대명 옮김, 1999. 『제3의 길은 없다』, 당대).

Hoorens, S., A. Parkinson, & J. Grant(2005). "Sweden's varying success in offsetting low fertility" *International Conference on low fertility and effectiveness of policy measures in OECD*. Korea Institute for Health and Social Affairs, pp. 207-256.

House of Commons(2002). "Daily Debates" (Dec. 9. c140w).

Kilkey, M.(2003). "Dual-earning couples in Europe: Towards gender equality?" (Paper for) the session 'Work and family arrangements in a flexible economy', ESPAnet conference, 'Changing European Societies-The role for social policy', organized by the Danish National Institute of Social Research Copenhagen, 13-15 November 2003.

Knudsen, L.(1997). "Denmark: the Land of the Vanishing Housewife" in Kaufmann, F-X., A. Kuijsten, H-J. Schulze, & K. Strohmeier(ed.), *Family life and family policies in Europe Volume 1: Structures and trends in the 1980s*, New York: Oxford University Press, pp.12-48.

Kröger, T.(1997). "Parental leave and gender equality: Lessons from the European Union.", *Review of Policy Research, 20(1)*, pp.89-114.

Jenson, J.(2006). "Social investment for new social risks: Consequences of the LEGO paradigm for children." (Paper prepared for), Jane Lewis(ed.), *Children in context: Changing families and welfare states*. The United Kingdom: Edward Elgar Publishing.

Jenson, J. & M. Sineau(2003). "France: Reconciling Republican Equality with 'Freedom of Choice'" in *Who Cares? Women's work, childcare, and welfare state redesign*. Toronto: University of Toronto Press, pp. 88-117.

Leria, A.(2002). *Working parents and the welfare state: Family change and policy reform in Scandinavia*. NY: Cambridge University Press.

Lewis, J.(1992). "Gender and the development of welfare regimes", *Journal of European Social Policy, 2(3)*, pp.159-73.

Liljestrom, R.(1978). "Sweden" in Kamerman, S. B. & A. J. Kahn(ed.), *Family policy: Government and families in fourteen countries*. New York: Columbia University Press, pp. 19-48.

Lindgren, J.(1978). "Finland" in Kamerman, S. B. & A. J. Kahn(ed.), *Family policy: Government and families in fourteen countries*. New York: Columbia University Press, pp.267-294.

Lister, R.(2002). "Toward a new welfare settlement?", in C. Hay(ed.), *British Politics Today*. Cambridge: Polity Press.

________(2003). "Investing in the Citizen-workers of the Future: Transformations in Citizenship and the State under New Labour", *Social Policy and Administration*, 37(5), pp.427-433.

Luxemburg Income Study(2003). "Family Policy Database, Version 2: Family Leave Policies." http://www.lisproject.org

Mishra, R.(1990). *The welfare state in capitalist society: Policies of retrenchment and maintenance in Europe, North America and Australia*. Great Britain: University of Toronto Press.

Morgan, K.(2002). "Dose anyone have a 'Libre Choix'? Subversive liberalism and the politics of French child care policy" in Miche, S. & R. Mahon(ed.), *Child care policy at the crossroads: Gender and welfare state restructuring*. New York: Routledge, pp.143-167.

Morgan, K. & K. Zippel(2003). "Paid to care: the Origins and effects of care leave policies in Western Europe", *Social Politics* 10, pp.49-85.

Nyberg, A.(2004). "Parental leave, public childcare and the dual earner/dual carer-model in Sweden." (Discussion Paper). *Peer Review Program of the European Employment Strategy*. April 19-20, 2004. Stockholm, Sweden.

OECD(2002). *Babies and Bosses: Reconciling work and family life, Volume 1: Australia, Denmark and the Netherlands*. Paris, France: OECD.

______(2005a). "Extending opportunities: How active social policy can benefit us all"

(Summary Report), OECD.

______(2005b). *Babies and Bosses: Reconciling work and family life, Volume 4: Canada, Finland, Sweden and the United Kingdom.* Paris, France: OECD.

Ozawa, M. N. & Yoon, H. S.(2005). "Leaver from TANF vs. AFDC: How do they fare economically", *Social Work, 50(3),* pp.239-249.

Palier, B.(2006). "The re-orientation of European social policies toward social investment", *International Politics and Society,* Jan. 2006. pp.105-116.

Pandey, S., Poeterfield, S. Choi-Ko, H., & Yoon, H. S.(2003). "Welfare reform in rural Missouri: the Experience of families", *Journal of Poverty, 7(3),* pp.113-138.

Perkins, D., L. Nelms, & P. Smyth(2004). "Beyond neo-liberalism: the social investment state?", *Social Policy Working Paper, 3.* The Centre for Public Policy.

Rank, M., Yoon, H. S., & Hirschl, T.(2003). "American poverty as a structural failing: Evidence and arguments", *Journal of Sociology and Social Welfare, 30(4).* pp.3-29.

Rostgaard, T., M. Christoffersen, & H. Weise(1999). "Parental Leave in Denmark", pp. 25-44. in Moss, P. and F. Deven(ed.), *Parental Leave: Progress or Pitfall? Research and Policy Issues in Europe volume 35,* The Hague, Brussels: CBGS Publications.

Sainsbury, D.(1999). "Taxation, family responsibilities, and employment", pp.185-209. in D. Sainsbury(ed.), *Gender and welfare state regimes.* New York: Sage Publication.

Sleebos, J.(2003). "Low fertility rates in OECD countries: Facts and policy responses", *OECD social employment and migration working paper.*

Surender, R.(2004). "Modern challenges to the welfare state and the antecedents of the third way" in Lewis, J. & R. Surender(ed.), *Welfare state change: Towards a third way?* New York: Oxford University Press, pp.3-24.

Taylor-Gooby, P.(2004). "New Risks and Social Change" in P. Taylor-Gooby(ed.), *New Risks, New Welfare.* New York: Oxford University Press, pp.1-28.

______________(2006). "European Welfare Reforms: the Social Investment Welfare State" (2006 EWC/KDI Conference), *Social policy at a crossroad: Trends in Advanced Countries and Implications for Korea.* Honolulu on July 20-21, 2006. (이 논문의 수정본이 이 책의 제2장에 번역되어 실려 있음)

Taylor-Gooby, P. & Larsen, T.(2004). "The UK-A Test Case for the Liberal Welfare State?" in P. Taylor-Gooby(ed.), *New Risks, New Welfare.* New York. Oxford University Press, pp.55-82.

Timonen, V.(2004). "New risks-Are they still new for the Nordic Welfare States?", in P. Taylor-Gooby(ed.), *New Risks, New Welfare.* New York: Oxford University Press, pp.83-110.

Ungerson, C.(2000). "The Commodification of Care: Current Policies and Future Politics" in B. Hobson(ed.), *Gender and Citizenship in Transition.* Great Britain: MaCmillan Press, pp.173-200.

U.S. House of Representative(2000). *2000 Green book: Background material and data on programs within this jurisdiction of the Committee on Ways and Means.* Washington DC: U.S. Government Printing Office.

Vedel-Petersen, J.(1978). "Denmark" in Kamerman, S. B. & A. J. Kahn(ed.), *Family policy: Government and families in fourteen countries.* New York: Columbia University Press, pp.295-327.

# 사회투자전략으로서의 아동정책의 변화 양상

- 영미권 국가를 중심으로 -

최영 | 중앙대 사회복지학과 교수

## 1. 문제제기

1950~1970년대의 서구 복지국가는 대규모의 안정적인 제조업 중심의 경제구조와 낮은 노인인구율 및 적정 출산율로 인해 안정적인 인구가족구조를 갖추었고 전통적인 남성생계부양자모델에 기초하여 발달하였다. 그런데 최근 유럽을 비롯한 선진 각국에서는, 이러한 복지국가는 1970년대 중반 이후 나타난 경제·사회구조의 변화와 이에 따른 새로운 위험에 대처하는 데 많은 한계점을 노출한다는(Esping-Andersen, 2002; Midgley, 1999; Taylor-Gooby, 2004, 2006) 인식이 증가하고 있으며, 이에 따라 새로운 복지정책 패러다임의 변화의 필요성에 대하여 다양한 담론이 제기되고 있다.

후기산업화시대의 특성으로 요약되는 저성장의 지속, 서비스 경제의 도래, 노동시장의 양극화, 여성 경제활동인구의 증가 등으로 인해 경제구조가 변화하고, 노인인구의 급속한 증가, 낮은 출산율 등으로 인해 한부모와 노인가구가 급증하는 등 인구사회학적 구조 및 가족구조가 변화함으로써 고전적 복지국가에서 다루던 사회적 위험과는 상이한 위

험들이 출현하게 되었다. 고령자가 급증함으로써 노인수발과 아동양
육의 문제가 나타났고, 노동시장이 변화하면서 저학력 · 저숙련 노동
자의 실업, 근로빈곤문제, 여성과 아동의 빈곤문제 등이 새로운 위험으
로 급부상하였다. 따라서 이러한 위험에 대한 효과적인 대응으로 기존
의 복지국가의 한계를 극복하기 위한 새로운 사회정책의 패러다임으로
서 최근 영미권 국가들을 중심으로 사회투자전략에 따른 사회정책 혹
은 '사회투자전략'에 관한 논의가 활발히 진행되고 있다.

이러한 논의의 주안점은 경제정책과 사회정책의 상호보완적 역할 강
화와 아동 및 여성친화적인 복지정책의 사회투자적 기능 강화, 더불어
경제활동 참여에 있다고 할 수 있다. 즉, 사회투자정책은 인적자본과
사회자본에 대한 투자확대를 통해 시민들의 경제활동 참여 기회를 극
대화하여 빈곤을 예방하고, 기회의 평등을 제공함으로써 경제성장과
사회발전을 동시에 추구하는 것을 목표로 한다(보건복지부, 2006).

이러한 사회투자정책의 핵심 중 한 부분은 미래의 시민 · 근로자인
아동에 대한 투자일 것이다. 아동에 대한 투자 프로그램은 아동수당과
같은 기본적인 소득보장 프로그램뿐 아니라 초기 아동교육 개입, 아동
발달 지원, 영유아보육, 방과후 보육, 자산형성 지원 프로그램 등을 포
괄하는 것으로, 최근 영국과 캐나다를 중심으로 한 영미권 국가에서 사
회복지 전반의 개편 전략에 핵심적인 프로그램으로 자리잡고 있다.[1]

본 연구는 경제 · 사회구조 변화에 따른 새로운 위험에 대처하기 위
한 사회투자전략의 일환으로서 최근에 제기되고 있는, 아동과 관련된

---

[1] 사회투자국가에 대한 개념은 학자들 간에 다소 견해 차이가 존재한다. 최근 영국을 중심으
로 나타나는 사회정책의 변화를 기존 복지국가의 틀과는 다른 형태로 분류하는 경우
(Giddens, 1998; Lister, 2003)와, 이러한 변화는 근본적으로 기존 스웨덴 등과 같은 사민주
의 복지국가들에서 실시하고 있는 프로그램의 핵심전략과 어느 정도 비슷한 경향이므로 이
들을 모두 포함하는 폭넓은 개념으로 정의하고 각 국의 특성에 따라 자유주의 사회투자국가
와 사회민주주의 사회투자국가로 분리해서 바라보는 관점(신광영, 2007)이 있다.

사회복지제도의 변화 양상을, 영미권 국가들을 중심으로 살펴봄으로써 한국적 상황에 적합한 사회투자전략의 가능성을 타진해보고자 하는 데 목적이 있다.

## 2. 경제 · 사회구조의 변화와 새로운 사회적 위험

### 1) 고전적 복지국가의 경제 · 사회적 기반과 구사회적 위험

기존의 복지국가는 안정적인 경제 · 사회적 환경을 배경으로 성립되었고 당시의 구사회적 위험에 대한 고전적 복지국가의 대응 양식은 주로 소득보장 프로그램에 초점이 있었다. 1950~1970년대의 서구경제는, 대규모의 제조업 부문을 바탕으로 안정적인 성장을 이루었고, 이러한 경제성장은 고전적 복지국가의 재정적 기반을 마련하는 바탕이 되었으며, 또한 복지는 사회통합을 제공하는 기제로 작동하였다. 더불어, 이러한 경제구조는 대규모의 표준화된 육체노동자와 높은 수준의 가족임금을 제공하는 남성생계부양자모델이 가능토록 하였다. 또한, 가족인구학적 구조 측면에서도 상대적으로 낮은 노인인구율 및 유지 가능한 출산율 수준을 확보함으로써 안정적인 가족구조가 형성되었고 이를 통해 아동과 노인에 대한 보호<sup>care</sup>가 기존의 가족구조 내에서 가능했다. 따라서 시장을 통해 해결되지 않은 욕구(예: 소득의 중단)나, 생애주기 중에 소득과 욕구의 불일치, 높은 공급가격으로 시장공급의 비효율성이 나타나는 부분(예: 의료와 교육), 노인과 아동의 케어 등과 같은 구사회적 위험<sup>Old Social Risk</sup>은 복지국가의 연금보험, 실업보험, 상병수당, 장애연금(또는 수당), 아동수당, 의료보험, 무상교육 등을 통해 어느 정도 해결이 가능하였다(김연명, 2007; Taylor-Gooby, 2004).

## 2) 경제 · 사회적 기반의 변화와 '새로운 사회적 위험' 의 출현

1970년대 이후 후기산업화사회 또는 지식기반사회로 진척됨에 따라 나타나고 있는 경제구조의 변화와 인구사회학적인 변화 및 가족구조의 변화는 전통적인 복지국가에서 대처하고자 했던 사회적 위험과는 상이한, 새로운 형태의 사회적 위험을 야기하고 있다.

먼저, 후기산업화시대의 변화의 핵심은 제조업 부문의 고용 감소와 서비스산업으로 경제구조의 전환, 여성의 경제적 참여 확대 등으로 요약할 수 있다. 첫째로, 제조부문의 고용 감소와 서비스산업으로의 경제구조 변화는 전통산업에서 퇴직한 노인인구와 새롭게 신규 시장에 진입하는 저학력 · 저기술 청년층 인구를 새로운 산업구조의 변화에 적응하기 어렵게 만들어 노동시장에서의 배제를 가져오게 된다. 즉, 제조업 부문에서 고용의 감소는 안정된 임금과 고용을 보장하던 숙련공 중심의 산업의 후퇴를 의미하는 반면, 새롭게 창출되고 있는 서비스업 분야의 경우 많은 부분이 파트타임과 계약제 등의 불안정한 고용과 기존 숙련 노동자보다 낮은 수준의 임금 등이 보편화되고 있다. 또한, 임금이 높고 안정적인 직장의 경우 대부분 높은 수준의 교육을 요구하기 때문에 기존 제조업 중심의 산업구조에서 나타났던 남성 위주의 안정적인 고용과 임금은 더 이상 유효하기 힘들게 되었다. 특히, 숙련 노동자에 대한 노동시장의 수요 증가와 미숙련 노동자에 대한 수요 감소는 여성, 장애인, 고령노동자 등 상대적으로 낮은 경쟁력을 가진 사람들의 고용상태의 불안정 및 이로 인한 소득의 감소를 가져오고 있다(Jenson, 2007; Taylor-Gooby, 2004; 2005; 2006; 임채원, 2006).

또한, 이러한 경제구조의 변화는 가족 내 각 구성원들의 역할 조정과 같은 가족관계의 변화를 유발하게 된다. 전통적으로 가족의 부양을 담당했던 남성의 경우 가장의 역할을 점차 여성과 나누게 되고, 이는 또한 자녀부양에 대한 가족 내 역할의 분담을 의미한다. 즉, 새로운 경제환경에 적응하기 위해 남성뿐 아니라 여성의 노동시장 참여가 강화되고 이에 따라 가족관계에서 어머니와 아버지, 그리고 자녀 사이의 관계에서 각 역할에 대한 재조정이 일어나며, 경제구조의 변화에 따라 선호되는 유연한 고용패턴에 적응하기 위해 전통적으로 가족 내 문제로 간주되던 육아나 노인부양 등에 대한 지원이 필요하게 되었다. 이러한 변화는 기존 전통적인 복지국가의 사회보장 시스템과 육아, 노인부양 등과 같은 사회적 서비스의 근본적 검토의 필요성을 증가시키고 있다(임채원, 2006; OECD, 2006; Taylor-Gooby, 2004).

이와 같은 경제구조의 변화와 더불어 최근에 나타나는 인구사회구조의 변화도 새로운 사회적 위험을 유발시킨다. 먼저 생명과학과 의하기술의 발달로 인한 평균수명의 증가로 인해 노인인구가 급증하고 있으며, 이로 인해 노인의료비 지출의 증가와 고령인구에 대한 요양보호의 욕구도 증대되고 있다. 반면, 출산율은 감소되는 경향이 있어 노령인구에 대한 경제활동인구가 상대적으로 감소하면서 사회적 부양부담은 증가되는 추세에 있다(Esping-Andersen, 2002; 2005).

한편, 결혼율의 감소 및 별거나 이혼 등의 확대로 인한 한부모가족 및 동거가족 등 새로운 형태의 가족단위가 증가하고, 여성 경제활동인구의 증가에 따라 맞벌이 가족이 많아지면서 기존 가족의 잠재역량은 크게 약화되어 아동양육이나 노인수발의 문제가 발생하고 있다. 그 결과 보육이나 노인수발과 같은 가족 지원 및 가족 대체를 위한 사회복지 서비스에 대한 사회적 욕구가 증가하고 있다(Taylor-Gooby, 2004).

## 3. 새로운 사회적 위험과 아동정책

후기산업화시대의 경제구조의 변화, 인구사회구조의 변화, 그리고 가족구조의 변화로 인해 야기되는 새로운 위험은 아동의 삶과 복리[Well-Being]와도 밀접하게 관련되어 있으며, 따라서 이러한 변화는 아동정책에 있어서도 새로운 도전을 야기하고 있다.

먼저, 산업구조가 서비스 경제로 전환되고, 더불어 여성의 노동시장 참여가 증가함에 따라 새로운 아동복지서비스의 요구가 나타나고 있다. 기존의 산업구조가 서비스와 지식에 기초한 경제구조로 변화하는 과정에서 경제적 성장과 번영을 지속적으로 유지하기 위해서는 경제활동에 참여하는 인구의 비율이 높아져야 하는데, 이를 만족시키기 위해 여성의 노동시장 참여가 필수적이다. 이러한 여성의 노동시장 참여는 높은 교육성취도와 상대적으로 낮은 임금으로 인해 경제성장에 도움을 준다. 하지만 이로인해 기존에 여성이 가족 내에서 수행하던 아동보호[care]의 역할에 대한 욕구는 더욱 증가하게 되었고, 이를 위해 노동시장의 변화 양상에 적합한 전문적인 아동보육서비스의 필요성이 필연적으로 나타나게 된 것이다(OECD, 2006).

다음으로 현재 심각하게 대두되고 있는 저출산의 문제는 미래의 노동공급과 경제성장을 유지하는 문제와 직접적으로 관련되어 있다. 즉, 고령화와 이에 따른 노인부양문제는 점차 사회적 부담을 증가시키게 될 것으로 예상되며, 이러한 문제를 해결하기 위해서는 아동출산율 향상을 위한 폭넓은 가족 및 아동정책이 필수적이다. 특히, 여성이 가사와 노동을 병행할 수 있도록 출산휴가, 아동급여, 아동보육서비스, 조기아동교육 및 아동방과후 교육 등과 같은 정책의 필요성이 대두되고 있다(Esping-Andersen, 2005; OECD, 2006).

마지막으로 아동빈곤과 교육 불이익에 관련된 문제이다. 세계화 및 지식기반 경제구조에 적응할 수 있는 기술을 습득하지 못한 가정의 경우 부모가 근로를 하는 경우에도 부족한 임금 때문에 빈곤으로 추락할 가능성이 점차 높아지고 있다. 또한 인구사회구조 변화에 따라 증대되는 여성 한부모가정의 경우, 파트타임 고용이나 안정성이 낮은 직업에 종사함으로 인해 빈곤에 빠질 가능성은 더욱 증가하고 있으며, 이러한 가정에 속한 아동들 또한 빈곤의 위험성에 노출되게 된다. 더욱이 이러한 근로빈곤층 및 여성빈곤층과 같은 저소득가구가 접근 가능한 양질의 아동보육제도가 완비되지 않은 경우 빈곤의 악순환은 지속적으로 나타날 수 있다(Bergmann, 1996; Horgan, 2005; OECD, 2006).

아동빈곤의 경우 좀 더 적극적인 관심과 대책이 요구되는데, 이는 아동빈곤이 아동발달을 비롯한 여러 측면에서 아동의 복리를 위협하는 위험요소로 작용하며, 나아가 이러한 위험이 세대간 전승됨으로써 사회적으로 막대한 비용의 지출을 유발하기 때문이다. 기존 연구에 의하면 아동빈곤은 학업의 중단이나 비행, 다양한 심리적 병리현상 유발 등과 더불어 아동이 성인이 되었을 때 소득의 감소와 연관되어 아동의 복지에 부정적 영향을 미치는 것으로 보고되고 있다(Brooks-Gunn & Duncan, 1999). 특히, 어린 아동의 경우 빈곤을 경험하면서 나타날 수 있는 부정적인 효과는 상대적으로 더욱 오랫동안 지속된다고 한다. 또한, 아동기의 빈곤의 경험은 성인기에 낮은 수준의 인지적 능력을 유발하며, 이와 같은 낮은 학업성취와 인지적 능력은 높은 실업 가능성과 밀접하게 연관되어 있다고 한다(Vonnie & McLoyd, 1998). 이로 인해 빈곤한 가정의 아동들은 이후 빈곤한 부모가 될 가능성이 높고 따라서 세대간 빈곤의 전승을 유발할(Brooks-Gunn & Duncan, 1999; Gottschalk, McLanhan, & Sandefur, 1996) 위험성이 증가한다고 한다.

아동기의 빈곤이 이후 성인기에 저학력, 낮은 인지발달, 범죄, 낮은 생활수준 등으로 전이된다면, 이는 결국 대규모의 낮은 생산성을 가진 노동자, 저임금 노동자, 실업에 취약한 노동자 등을 양산하는 이차적 효과를 가져오게 된다. 이러한 노동자들은 건강한 시민으로서 세금을 납부하기보다는 오히려 정부의 공적 지출을 증가시키는 요보호집단으로 전락할 가능성이 높고 이러한 문제를 해결하기도 쉽지 않다(Esping-Andersen, 2002). 따라서 이러한 아동빈곤을 해결하기 위한 소득보장, 아동보육, 조기 아동개입 서비스 등 다양한 대책들이 새롭게 요구되고 있다.

## 4. 새로운 위험과 사회투자전략

앞에서 살펴본 바와 같이 최근 몇십년간 나타난 경제구조의 변화, 노동시장 구조의 변화, 가족 인구학적 구조 변화 등으로 인해 야기된 새로운 위험은, 기존의 복지국가가 사후적 사회안전망을 중심으로 마련한 대책의 한계를 가져왔다. 그리고 이러한 위험에 대해 효과적으로 대응하기 위해서 선진 각국에서는 새로운 형태의 담론들이 등장하였고, 더불어 사회정책의 패러다임의 전환이 시도 중인데, 그중 일부는 '사회투자국가'로의 전환으로 규정할 수 있다.

사회투자(국가)라는 용어는 영국 '신노동당' 노선의 경제·사회정책에 이론적 기반을 제공한, 앤서니 기든스의 1998년 저작인 『제3의 길』에서 처음 사용된 이래, 1990년대 중반 이후 제3의 길과 맥락을 같이하는 유럽의 정치가들과 유럽연합 등에서 사회투자전략으로 개념화할 수 있는 용어로 사용되고 있다(김연명, 2007).

테일러-구비(Taylor-Gooby, 2006)에 따르면, 1990년대 중반에 유럽 각 지역과 유럽연합 차원에서 복지에 대한 새로운 합의들이 출현하였으며, 이러한 합의의 핵심적 특징은 복지를 단순히 경제의 생산적인 부분에 부담이 되는 것으로 보기보다는 사회적 투자로서의 복지를 강조하는 것이라고 한다. 같은 맥락에서 에스핑-안데르센(Esping-Andersen, 2002)은 최근 서비스 경제의 출현으로 인한 노동시장 양극화와 근로빈곤문제, 여성취업률의 증가와 가족구조의 불안정성으로 야기되는 가족보호care의 문제를 해결하기 위해서는 기존의 사회적 지출 중심의 복지국가에서 사회적 투자로 자원의 이동이 반드시 이루어져야 한다고 주장하였다. 또한 이러한 사회투자정책의 예로, 첫째 모든 아동에게 동등한 기회를 제공하고 아동의 인적자본을 향상시키는 아동복지정책과, 둘째 여성 고용이 늘어난 상황에서 일과 가정을 양립할 수 있는 여성 친화적 정책을 제시하였다.

미즐리(Midgley, 1999)는 사회복지에서 생산주의Productivism와 이러한 사회투자의 개념이 실현되기 위해서는 다음과 같은 개선이 이루어져야 함을 주장하였다. 첫째는, 사회복지정책의 비용 효과성을 증진시키기 위해 모든 사회적 프로그램은 평가되어야 하며, 이러한 프로그램이 얼마나 경제발전에 기여할 수 있는지를 비용 효과성 측면에서 평가할 수 있어야 한다고 하였다.

둘째, 인적자본에 대한 투자를 강조하였다. 사회투자적 관점에서 교육, 건강, 그리고 보건 등의 인적자본에 대한 투자는 바로 경제발전에 기여한다는 점에서 이러한 인적자본을 증가시키는 사회정책에 대해 좀 더 많은 투자가 필요하다는 것이다. 특히, 지식기반사회에서 경쟁력은 물질적 기반이나 부존자원이 아니라 사람의 경쟁력 확보에 달려 있다고 할 수 있다. 따라서 기술 변화와 사회환경 변화에 유연하게 적응할 수 있는 평생학습과 개인의 생애주기에 따른 적절한 교육투자를 강조하고 있다.

셋째, 사회자본<sup>social capital</sup> 형성의 촉진을 주장하였다. 사회자본은 공동체 내의 협조적인 사회적 관계의 크기와 밀도를 의미하는 것이며, 높은 수준의 사회적 자본은 높은 경제성장률과 관련되어 있기 때문에 사회적 자본이 풍부한 지역사회 건설을 강조한다. 이는 곧 가족뿐 아니라 이웃, 공동체, 지역사회 등의 네트워크 활성화를 통해 상호간의 신뢰와 조정 및 협력을 강화할 수 있는 강한 지역공동체 건설, 지역민주주의와 시민적 리더십, 자원봉사 공동체 서비스 등을 의미하는 것이기도 하다. 예를 들면, 성공적인 학교는 학교 내 교사뿐 아니라 관련 부모 및 지역사회 자원과의 상호작용을 통해 이루어질 수 있으며, 직업훈련의 경우도 지역사회 조직을 통한 사회 네트워크와 연결될 경우 그 효과를 발휘할 수 있다고 한다(임채원, 2006).

넷째, 사회투자 접근은 개인 및 지역사회 자산을 중요시 여긴다. 개인의 자산형성 과정은 자산 투자와 관련이 있어서 경제발전과 긴밀하게 연관되며, 지역사회 주민의 지역경제 인프라(도로, 상하수도, 학교, 의료시설 등)와 같은 지역사회 자산은 경제발전에 중요한 기초를 제공한다. 따라서 사회투자 접근은 경제발전과 긴밀한 관계에 있는 개인 및 지역사회 자산을 증가<sup>Asset-Building</sup>시키는 프로그램의 개발 및 시행을 강조하며, 이러한 프로그램을 저소득층에게도 적용할 것을 주장한다.

다섯째, 생산적 고용이나 자영업을 통하여 저소득층의 경제활동 참여를 촉진할 것을 주장한다. 사회투자 관점으로는 일을 통한 빈곤탈출과 함께 경제발전 기회의 확대가 중요한 정책 목표로 여겨진다. 따라서 복지수혜자를 대상으로 한 다양한 고용프로그램이 개발 및 시행되도록 추진해야 하고, 또한 이러한 프로그램 평가에 대해 좀 더 많은 관심이 주어져야 한다고 주장한다.

여섯째, 경제 참여를 저해하는 장애요인 제거를 주장한다. 경제 참여에 장애요인으로 작용할 수 있는 교통과 같은 통근시설과 아동보육에도 관심을 기울이며, 채용에서의 차별 등을 제거할 것을 주장한다.

끝으로 경제발전에 기여하는 사회적 분위기 조성의 필요성을 주장한다. 경제발전은 자본과 노동의 투자뿐만 아니라, 사회적·정치적 환경에 의해 영향을 받는다. 따라서 정치적 불안정, 부패, 사회적 갈등, 범죄와 폭력, 그리고 약물중독 등의 사회문제에 대한 적극적 대처와 함께 경제발전에 이로운 사회분위기 조성을 이루는 데 노력하여야 한다고 한다.

결과적으로 '사회투자(적) 관점' 혹은 '사회투자국가' 는 기존 복지국가모델 혹은 신자유주의적 복지접근과는 구분되는 독특한 특성이 있다고 볼 수 있다(김연명, 2007; Perkins, et al., 2004). 첫째로는 사회복지를 생산적 요소의 하나로 봄으로써 경제와 사회정책의 상호보완적 관점을 유지하고, 둘째로 아동복지 및 여성 친화적 정책의 사회투자적 기능을 강조하며, 셋째로 빈곤·실업정책과 노동시장정책의 결합과 이에 대한 적절한 수준의 국가개입이 필요함을 주장하고, 마지막으로 사회정의와 사회복지의 권리 및 평등 등의 인식에서 고전적 복지국가의 주류적 담론 또는 신자유주의적 담론과는 구분되는 관점을 가져야 한다는 점을 강조한다. 이러한 특성에 따른 사회투자국가의 주요한 전략은 인적자본과 사회적 자본에 대한 투자, 미래에 대한 시민-노동자로서의 아동 우선, 미래 지향성, 평등을 위한 소득의 재분배보다는 사회적 포용<sup>social inclusion</sup>을 위한 기회의 재분배, 국제 경쟁력 강화를 위한 개인과 사회의 적응, 사회정책과 경제정책의 통합 등으로 요약할 수 있다(Lister, 2003).

사회투자정책을 적극적으로 실행하고 있는 영국의 경우, 최근 몇 년간 나타난 신노동당 정책의 주 내용은, 경제상태 유지를 위한 직접적인 급여의 제공보다는 가능한 한 교육과 평생학습 증진에 역점을 두고 개인의 인적자본에 대한 투자를 지원하는 데 국가의 역할을 재정립함으로써 개인의 고용기회와 노동시장의 참여를 확대하는 것이었다(Giddens, 1998; Lister, 2003). 기든스(Giddens, 1998)는 이러한 투자를 통해 경제정책과 사회정책의 상호 순환적인 연결고리를 완성할 수 있다고 보았는데, 여기서 투자란 기술, 연구, 과학기술, 아동보육, 지역사회 개발 등을 의미한다고 하였다. 이는 단순히 소득의 재분배가 아니라 기회의 재분배, 또는 기회에 대한 투자로써 경제적 번영과 안정의 성취, 사회정의의 측면에서 '경제적 기회' 의 보장 등을 추구하는 정책으로의 변화로 요약될 수 있다(Lister, 2003). 이러한 정책 내용은 기존의 복지국가 레짐으로 설명하는 것보다는(Lister, 2003; Dobrowolsky & Saint-Martin 2002; Jenson & Saint-Martin, 2003), 앞에서 언급한 새로운 형태의 '사회투자국가' 또는 '사회투자전략' 으로 설명하는 것이 훨씬 더 적절한 것 같다.[2]

## 5. 아동정책과 사회투자전략

영국과 캐나다 등 기존 신자유주의 노선을 걸어왔던 국가들에서 나

---

2) 예를 들어, 영국의 경우 최근에 나타난 복지제도의 변화를 살펴보면, 한편으로는 자산조사에 근거하거나 사적인 형태의 복지급여 제공이 확대되는 자유주의 형태로 복지제도의 재편을 도모하는 한편, 다른 한편에서는 좀 더 제도적인 형태(예를 들면, 아동보육제도의 경우)의 복지급여를 확대함으로써 유럽대륙의 보수주의 또는 북유럽의 사민주의 형태로 변화하고 있다.

타나는 사회투자전략의 핵심적 정책 대상은 아동이다. 아동에 대한 투자는 세계화 시대에 미래의 국가 경쟁력을 좌우할 수 있는 높은 인적자원을 소유한 미래의 노동자를 양성하는 것이며, 미래에 사회적 배제로인해 나타날 수 있는 사회적 위험을 예방함으로써 비용을 절감하고 장기간의 투자전략으로 볼 때 가장 효율적이라는 인식 때문이다(Lister, 2003). 또한, 아동에 대한 투자는 곧 아동뿐만 아니라 부모를 개조시키는 수단으로 작용할 수도 있기 때문이다. 즉, 보육제도나 아동세제지원 Child Tax Benefit, 출산휴가 등과 같이 아동을 양육하기 위해 투입되는 자원에 대한 제도적 지원은 아동 부모의 노동시장 진입을 가로막는 장애를 제거함으로써 노동시장으로 유인하는 효과를 거둘 수 있으며(Clarke, 2006; Horgan, 2005; OECD, 2006), 더불어 부모의 아동양육비용을 감소시켜 출산율을 증대시키는 효과를 거둘 수 있다(Esping-Andersen, 2005).

따라서 이러한 국가에서 사회투자전략에 따라 나타나는 아동과 관련된 정책변화는 크게 인적자본에 대한 투자전략으로서 조기 아동개입 프로그램의 강화, 아동의 자산형성을 지원하기 위한 아동저축계좌 CSA: Children's Saving Accounts의 도입, 아동 유무에 따른 아동 중심의 사회부조 급여 제공과 이를 위한 조세제도의 활용 등으로 요약할 수 있다.


## 1) 조기 아동개입 프로그램의 강화


사회투자전략에서 가장 중요한 것은 바로 사람에 대한 투자이다. 지식기반사회에서는 일자리의 유동성이 증가하고 평생직장의 개념이 사라지는 한편, 기술변화와 사회환경의 변화에 적응할 수 있는 학습 및 교육훈련의 중요성이 증가되고 있다. 지식기반사회에서 경쟁력은 다른 물질적 기반이나 부존자원이 아니라 인적자본의 향상을 통해 이루어질 수 있으며 세계화 시대의 국가 경쟁력은 높은 인적자본을 가진 개인의 경쟁력 확보에 달려 있다고 해도 과언이 아닐 것이다(임채원, 2006). 따라서 인적자본에 대한 투자는 사회투자국가 아젠다의 핵심이라고 할 수 있다.

일반적으로 인적자본에 관한 이론은 베이커(Baker, 1962)와 슐츠(Schultz, 1961) 등과 같은 경제학자들에 의해 제기되었는데, 이들에 의하면 인적자본도 실물자본과 같은 특성을 지니며 투자에 의해 축적이 가능하다고 한다. 여기서 인적자본에 대한 투자의 대표적인 방법으로서 교육과 훈련을 꼽을 수 있다. 교육과 훈련을 통한 인적자본의 투자는 개인의 생산성 향상을 통해 소득증대를 가져오며, 따라서 인적자본에 대한 투자는 소비가 아니라 미래의 생산성을 향상시키기 위한 경제적 투자로 간주되기 때문이다(보건복지부, 2006).

이 이론에 따르면, 교육과 훈련에 대한 투자는 개인의 전 생애주기에 따라 축적되고 각 시기에 적합한 프로그램으로 제공되어야 한다고 한다. 즉, 3~4세 유아에 대한 보편적인 유아교육 및 보육에 대한 투자, 7세 어린이들의 수리 및 문자습득 능력 향상을 위한 기초교육, 청소년들을 대상으로 한 높은 학습성취 실현, 성인들을 대상으로 한 직업훈련에 대한 투자 및 대학교육의 확대 등의 프로그램들이 제공되어야 함을 주장한다. 이러한 교육훈련 관련 정책들은 결국 사회경제적 위치에 상관없이 모든 사람에게 동등한 기회를 부여하고 가능성을 재분배하는 가장 핵심적인 정책이라고 볼 수 있다(임채원, 2006).

하지만 생애에 걸친 인적자본의 투자 중 가장 중점적으로 강조하는 것은 바로 아동을 대상으로 한 투자이다. 비록 교육훈련 프로그램은 전 생애에 걸쳐 제공되어야 하지만, 인적자본에 대한 투자 회수율이 가장 높은 분야는 바로 아동기이기 때문이다. 헤크만과 로체너(Heckman & Lochner, 2000)는 연령대별 인적자본 투자전략의 효과성을 비교한 연구에서 학령전기 아동에 대한 인적자본 투자가 가장 효과적임을 강조하고 있는데, 이는 어린 시기의 인적자본에 대한 투자는 그 효과를 얻을 수 있는 기간이 길게 나타나고, 어린 시기에 보강된 인적자본을 바탕으로 다시 자생적으로 인적자본을 축적할 수 있는 능력이 배양되므로 인적자본 축적의 시너지 효과를 기대할 수 있기 때문이라고 한다(보건복지부, 2006; Heckman & Lochner, 2000). 물론 헤크만(Heckman, 2000)의 경우 이와 더불어 생애주기 각 단계별로 지속적인 인적자원개발의 필요성 또한 강조하고 있으나, 조기개입이 부적절할 경우 이후 인적자본에 대한 투자에 좀 더 많은 비용이 들어간다는 점에서 되도록이면 어린 시기에 인적자본개발을 시작하는 것이 더욱 효과적임을 강조하였다. 따라서 인적자본개발 전략에서 학령전기의 조기개입 프로그램이 가장 우선적으로 고려되고 있다(보건복지부, 2006; Karoly et al, 1998; Karoly, 2000; Karoly & Bigelow, 2005).

조기 아동개입 프로그램의 대표적인 프로그램은 아동보육 및 교육제도라고 할 수 있다. 조기 아동보육 및 교육 프로그램은 부모의 아동교육이나 보호의 역할을 지원하고, 모든 아동의 영유아기의 적절한 발달을 도모할 수 있게 하여 개인의 생애 전반에 걸친 교육이나 학습에 대한 기초를 강화하는(Koroly & Bigelow, 2005) 한편, 부모의 노동시장 참여를 가능케 함으로써 한부모가정의 부 또는 모가 노동을 통해 빈곤에서 탈출할 수 있도록 도와주며, 이를 통해 빈곤으로 인한 범죄에 빠지는 위험성을 감소시키는 예방기능을 수행할 수 있다(Clark, 2004; Karoly, 2000; Jenson, 2007; OECD 2006).

이러한 프로그램의 전형적인 예는 1998년에 실시된 영국의 슈어스타트[Sure Start]라고 할 수 있다. 슈어스타트 프로그램의 경우 영국 신노동당 정부의 사회적 배제를 극복하기 위한 장기 전략의 핵심 프로그램으로 아동에 대한 사회투자전략을 잘 보여주고 있다. 이 프로그램은 미국의 저소득층 조기 아동보육 및 교육 프로그램인 헤드스타트[Head Start]에 자극 받아 도입된 것으로, 조기 아동보육 및 교육을 하나의 통합된 장소인 아동 슈어스타트센터에서 보육, 보건, 교육, 부모지원, 고용 등의 다양한 서비스를 통합적으로 제공함으로써 어린 시기부터 아동이 동일한 출발선상에서 성장할 수 있도록 하고 있다(Jenson, 2007). 특히, 이 프로그램은 경제적으로 소외된 지역의 아동들에게 국가가 교육제도를 통해 아동의 잠재력을 개발하고 교육 실패로 인해 나타날 수 있는 여러 부정적 결과들(예: 청소년범죄, 실업, 10대 임신 등)을 예방함으로써 이들이 성인이 되었을 때 경험할 수 있는 사회적 배제를 극복하도록 하는 예방적 차원의 프로그램으로서 기능하고 있다(Clark, 2006; 백선희, 2006).

캐나다의 경우에도 저소득층 아동의 건전한 발달을 위해 지역사회 중심의 프로그램을 실시하고 있는데, 원주민 헤드스타트[AHS: Aboriginal Head Start]와 지역사회액션 프로그램[CAPC: Community Action Program for Children] 등이 그 예이다. 원주민 헤드스타트 프로그램[AHS]의 경우, 캐나다 인디언 원주민의 아동들에게 자신의 문화를 유지하고 배울 수 있도록 장려하고, 자존감 향상, 학습의지 고취, 성공적인 청소년으로서 성장할 수 있는 기회제공 등을 위한 지역사회 중심의 아동조기개입 프로그램 중 하나이다. 이 프로그램은 정규 학교교육에 원활히 적용할 수 있도록 반일 유치원 프로그램을 제공하고, 교육과 학업준비, 원주민문화 및 언어, 부모참여, 건강증진, 영양, 사회적 지원 등의 서비스를 제공하고 있다(Public Health Agency of Canada, 2002a).

지역사회액션 프로그램[CAPC]은 위험지역에 거주하는 0~6세의 아동들의 건강과 발달을 유도하기 위해 여러 가지 프로그램들을 실시하는 지역사회 기관들에게 장기간 재정적 지원을 제공하는 것으로서, 지역사회를 중심으로 아동의 욕구를 파악하고 그러한 욕구에 적절히 대응할 수 있도록 지역사회 역량과 협력관계를 강화시키고자 기획된 프로그램이다. 이 프로그램의 주 대상은 저소득가구 아동, 10대 미혼모 아동, 발달장애, 사회/정서/행동장애 아동, 학대 및 방임 아동 등이며, 가족지원센터, 부모교실, 부모/아동 집단활동, 가정방문 등과 같은 서비스를 지역사회기관을 통해 제공하고 있다(Public Health Agency of Canada, 2002b).

호주의 경우 연방정부 차원보다는 주정부 차원에서 사회투자전략의 일환으로 볼 수 있는 조기 아동서비스에 대한 관심이 고조되고 있다. 특히, 빅토리아주의 경우 최근 양질의 교육기회 제공, 일자리 제공, 보건 능에 대한 투자를 새로운 성책 방향으로 제시하고 있으며, 이러한 정책 방향을 가장 잘 보여주는 것이 아동에 대한 조기개입 서비스 프로그램인 베스트스타트[Best Start]이다. 이 프로그램은 아동의 출생부터 취학 전인 8세까지 건강, 개발, 학습, 복지 전반을 증진시키기 위해 가족, 지역사회, 정부가 함께 임산부서비스, 산모와 아동에 대한 건강서비스, 아동보육, 유치원, 학교와 가족지지서비스 등의 프로그램을 통합적으로 제공하고 있다(Perkins, Nelms, & Smyth, 2004; Victorian Government DHS, 2005).

## 2) 개인 및 지역사회 자산 강화 - 아동 자산형성 지원 프로그램 도입

사회투자전략의 한 방편으로 최근에 제기되고 있는 프로그램 중 하나는 자산형성 지원 프로그램이다. 자산형성 지원 프로그램은 저소득층이나 취약계층에게 단순히 현재 소비할 수 있는 현금을 지원하는 대신 저축으로 상징되는 물적 자산을 형성시켜줌으로써 이들이 노동시장에 적응하고 사회적 배제로부터 탈출할 수 있도록 고안된 프로그램이다. 일반적으로 저소득층의 개인계좌에 저축된 금액에 대해 정부가 일정액을 매칭<sup>matching</sup> 방식에 의해 지원함으로써 개인의 저축을 장려하고 이를 통해 교육이나 주택구입 등 노동시장 적응에 필요한 물적 기반을 형성하는 데 사용하도록 운영되고 있다. 이러한 프로그램을 고안한 쉐라든(Sherraden, 1991)에 의하면, 가난한 사람들에게 저축을 통해 자산을 축적하도록 하는 것이 단순히 기본적인 소비 수준을 유지하도록 지원하는 소득 지원 프로그램보다 빈곤탈출에 효과적이라고 한다. 즉, 자산지원형성 프로그램의 경우 사람들이 빈곤에서 탈출하는 데 필요한 물질적 자원을 만들어 내고, 참여자들로 하여금 성공에 대한 확신이나 결심을 갖도록 그들의 태도나 행동을 변화시키는 역할을 수행함으로써 빈곤에서 탈출할 가능성을 증가시킨다고 한다(Midgley, 1999). 또한, 자산은 개인의 미래 지향적인 태도를 함양하고, 여러 다른 형태의 자산 형성을 자극함으로써 가구의 재정 안정성을 증진하고, 위험을 감수할 수 있는 토대를 마련해줄 수 있다고 한다. 더불어 자산을 개인의 효능감을 증대하는 것은 물론, 개인의 사회적 영향력과 정치적 참여를 증대시키고 자녀의 복지도 강화하는 등 다양한 방면에서 긍정적인 효과를 가져온다고 한다.

이 중 아동과 관련된 '자산' 형성의 효과는 몇 가지 이론적 측면에서 다음과 같이 논의될 수 있다(Sherraden, 1996). 먼저, 자산의 경우 소득의 경우와 비교해서 부모로부터 자녀로의 세대간 이전이 좀 더 안정적으로 수행될 수 있다. 즉, 부모가 자녀에게 영향을 미칠 수 있는 여러 형태 중 재정적 자산은 가장 손쉽게 자녀들에게 전승될 수 있고 이는 세대간에 지속적인 재정적 안정을 유지시킴으로써 아동의 복리증진에 기여할 수 있다. 다음으로, 자산은 많은 가족들이 경제적 위험에 대처할 수 있는 완충제 역할을 수행할 수 있다. 즉, 자산 소유를 통해 예상치 못한 소득의 감소로 인해 나타날 수 있는 아동에게 미치는 부정적 영향을 감소시킬 수 있다. 마지막으로, 자산 축적은 개인의 효능감을 강화하고 미래 지향적인 사고를 만들어낼 수 있다. 즉, 자산은 미래에 대한 기대와 확신에 긍정적인 영향을 미치며 가족이나 일에 대한 구체적인 계획을 세우는 데도 도움을 준다. 예를 들면, 자가 소유자의 경우 상대적으로 높은 생활 만족도와 자존감 등을 보이며(Rossi & Weber, 1996), 지역사회 활동에 좀 더 적극적으로 참여한다(Dipasquale & Glaeser, 1999; Rossi & Weber, 1996)고 한다. 또한, 자산을 소유한 부모의 경우 미래 지향적이고 자녀의 미래를 긍정적으로 인식하는 경향이 상하며, 이러한 경향은 결국 아동에게 긍정적인 사회·경세적 결과로 나타난다고 한다.

현재 아동과 관련된 자산형성 지원 프로그램은 영국, 캐나다, 싱가포르 등에서 실시되는 아동저축지원계좌<sup>CSA: Children's Saving Accounts</sup>이며, 우리나라에서도 아동발달지원계좌라는 명칭으로 실시되고 있다.

아동저축지원계좌는 일반적으로 모든 아동을 대상으로 자산축적과 저축을 장려하기 위해 공적자원을 지원하는 형태로, 기존의 아동수당이나 소득지원 프로그램과 같이 현재 소비에 필요한 소득을 지원하는 방식과는 달리, 장기간의 저축을 통해 아동에게 미래에 필요한 자산을 축적하도록 지원하는 프로그램(Curley & Sherraden, 2000)으로서 국가에 따라 운영 방식, 매칭 비율<sup>matching rate</sup>, 지원 대상, 지원 기간, 지원 내용 등에서 차이가 있다.

　영국의 경우, 저축과 자산형성 프로그램은 근로, 기술, 소득, 공공서비스 등과 같은 복지전략들을 보완하는 한 축으로서 신노동당 초기부터 중요한 사회투자전략의 하나로 간주되고 있다(Jenson, 2007). 이 중 아동을 대상으로 2005년에 도입된 자산형성 지원 프로그램인 아동신용기금<sup>Child Trust Fund</sup>은 저축과 투자의 이점에 대한 이해를 증진하고, 부모와 아동의 저축습관을 강화하며, 모든 아동이 미래에 성인이 되었을 때 어느 정도의 자산을 보유한 상태로 시작할 수 있도록 보장하고, 재정교육을 통해 금융 및 재정 관련 사항을 선택할 시 필요한 정보를 제공하는 등의 정책목표를 달성할 수 있도록 설계되었다. 아동신용기금<sup>CTF</sup>은 2002년 9월 이후 태어난 모든 아동들을 대상으로 하는 보편적 프로그램으로 대상아동이 최초 계좌개설 시 정부가 250파운드의 지원금을 제공한다. 이러한 지원금은 저소득층 아동에게는 추가적으로 더 많은 매칭을 제공하도록 설계하여 누진적인 요소를 도입하고 있다. 더불어 아동들의 저축을 유도하기 위해 아동신용기금에서 발생하는 이자소득은 면세되며, 자산축적의 목적을 달성하기 위해 18세 이후에만 인출이 가능하도록 규정하고 있다(Lock & Sherraden, 2006).

　캐나다의 경우 현재 대학 이상의 고등교육을 위해 저축을 장려하는 연방정부 차원의 자산형성지원 프로그램으로 캐나다 교육저축프로그램<sup>CESP: Canada Education Saving Program</sup> 내의 캐나다 교육저축교부금<sup>CESG: Canada Education Saving Grant</sup>과 캐나다학습채권<sup>CLB: Canada Learning Bond</sup>을 운영하고 있다. 캐나다교육저축프로그램은 각 아동이 17세가 되기까지 공인된 교육저축계획<sup>RESP: Registered Education Savings Plan</sup>에 가입한 경우 정부가 초기 저축액에 대해 매칭펀드로 지원하고 있으며, 저소득 가정의 저축을 촉진하기 위해 가구소득에 따라 추가적으로 10~20%의 적립금을 지원토록 하고 있다. 2005년부터 실시되고 있는 캐나다학습채권은 중간소득 가정 자녀들의 고등교육을 위한 저축을 도와주기 위해 만들어진 프로그램으로 2003년 12월 이후 출생하였고 국가아동보조급여<sup>National Child Benefit Supplement</sup> 프로그램의 대상이 되는 아동들을 대상으로 15세까지 매년 정부의 보조금을 지급하고 있다.

그 밖에 싱가포르 정부의 경우, 2001년에 출생률 감소와 더불어 인적자원개발에 대한 투자의 중요성을 높이기 위해 출산보너스제도<sup>Baby Bonus Scheme</sup>를 도입하였다. 이 제도는 크게 2층으로 구성되는데, 1층은 무제한적인 현금급여<sup>cash gift</sup> 형태로 아기 출생 시 정부가 출생보너스를 제공하며, 2층은 둘째 아이부터 넷째 아이를 위한 아동발달계좌 형태로 최대 6년 동안 부모의 일정 예금에 대해 1 : 1 매칭펀드를 제공하고 있다. 아동발달계좌에 적립된 금액은 아동의 출생부터 6세 이하까지에 소요되는 보육, 유치원, 특수교육 또는 초기개입 프로그램, 의료보험 등에 사용되도록 하고 있으며, 기타 국가와 달리 출생아동 순서에 따라 보조금의 액수를 달리힘으로써 아동의 출산을 유도하고 있다(Lock & Sherraden, 2006).


## 3) 아동 중심의 소득보장제도로의 전환

영미권 국가의 사회투자전략에 따른 소득보장제도의 변화는 아동 중심으로 기존의 사회급여를 재조정하고, 급여 형태에 있어서 조세제도를 활용하여 부모의 노동시장 참여를 촉진하는 것으로 요약할 수 있다.

영국의 경우 아동에 대한 기본적인 소득보장 형태로 아동수당과 비슷한 아동급여<sup>CB: Child Benefit</sup> 제도를 시행하고 있다. 아동급여는 16세 이하 아동[3]을 양육하는 모든 사람에게 주어지는 보편적인 형태의 급여로 부

---

3) 16세 이상 19세 이하의 아동도 일정 기준(가령, 종일반 학생이거나 승인된 교육훈련 프로그

모의 소득이나 저축 등에 상관없이 지급된다. 2006~2007년의 경우, 첫째 아동 1명당 주당 17.45파운드(한부모가정의 경우 17.55파운드), 이후 출생 아동에게는 주당 11.7파운드의 급여를 통해 아동의 기본적인 경제적 욕구를 반영하고 있다.

이에 더하여 1999년부터 운영되던, 노동빈곤계층 대상의 자산조사에 기초한 근로가구보전세제<sup>WFTC: Working Family Tax Credit</sup>와 기존의 공공부조 프로그램인 소득지원<sup>IS: Income Support</sup>프로그램을 2003년에 아동세액공제<sup>CTC: Child Tax Credit</sup>와 근로보전세제<sup>WTC: Working Tax Credit</sup>의 형태로 변환하여 아동과 노동빈곤계층을 분리하고 양 집단을 좀 더 합리적이며 적극적으로 지원하도록 하고 있다(정원오, 2006; 김재진, 2005).

아동세액공제는 16세 이하의 아동을 양육하는 가구의 소득이 일정 기준 이하인 경우 정부에서 소득과 아동수 및 자녀의 장애 여부 등에 따라 차등적으로 급여를 지급하고 있다.[4] 이러한 아동세액공제의 도입은 부모의 근로능력에 상관없이 아동부양 유무에 따라 급여를 제공함으로써 아동 중심의 급여체제로의 변환을 의미하며, 아동이 있는 저소득층 및 중산층 가족에게 급여를 제공함으로써 아동양육에 대한 사회적 책임의 증가와 이를 통해 아동빈곤에 좀 더 적극적으로 대처하고자 하는 것을 의미한다고 볼수 있다(Lister, 2003; 정원오, 2006)

이 외에도 근로빈곤층의 근로의욕 저하를 방지하기 위해 도입된 근로보전세제에 아동보육 비용을 추가적으로 도입하여 아동양육에 대한 지원을 강화하고 있고, 저소득층 자녀들에게 학교교육을 지속할 수 있도록 지원하기 위해 자산조사에 기초한 교육유지수당<sup>Educational Maintenance</sup>

---

램에 참여하는 경우)을 만족시키는 경우 급여대상이 된다.
4) 아동세액공제의 경우 가족요소(유아가 아닌 경우), 가족(1살 미만의 유아가 있는 여부), 자녀요소(자녀수), 자녀의 장애 여부, 자녀의 중증장애 여부 등에 따라 급여가 차등적으로 지급된다.

Allowances을 제공함으로써 저소득층 아동에 대한 균등한 교육기회 강화를 도모하고 있다(Lister, 2003).

캐나다에서 사회투자전략에 따른 아동 중심의 사회부조제도의 개혁의 핵심은 국가아동급여<sup>NCB: National Child Benefit</sup>의 설립이다. 캐나다의 경우 사회부조로부터 아동을 떼어내어 아동만을 지원하기 위한 프로그램인 국가아동급여를 설립함으로써 아동 중심의 복지제도의 변화와 더불어 부모의 노동시장 참여를 장려하고 있다(Jenson, 2004; 2007; Boychuk, 2004). 1996~1998년 동안 설계된 국가아동급여는 일종의 준 보편적 프로그램인 캐나다 아동세제급여제도<sup>CCTB: Canada Child Tax Benefit</sup>와 저소득층을 대상으로 한 국가아동보조급여<sup>National Child Benefit Supplement</sup>로 구성되어 있다. 이 중 캐나다 아동세제급여는 기존의 가족수당과 1978년 도입된 아동지원세제, 이어 1993년에 도입된 아동세제급여를 대체하기 위해 1998년에 도입된 것으로 가구소득과 아동수에 따라 차등적으로 지급되고 있으며 비록 전 국민을 내상으로 한 보편주의적 형태로 운엉되지는 않지만 도입 이후 점차 그 대상이 확대되어 2004년의 경우 약 95% 이상의 가정이 혜택을 받고 있으므로 준 보편주의 프로그램이라 할 수 있다(Boychuk, 2004; Government of Canada, 2005). 2006년을 기준으로 최대 두 번째 아동까지는 아동 1명당 약 1,255달러, 세 번째 이후 아동부터는 1,343달러를 지급하고 있다.

국가아동보조급여는 저소득층 가구의 소득을 추가적으로 지원하기 위해 만들어진 프로그램으로 소득 기준은 아동수에 따라 차등적으로 적용되며 첫 번째 아동의 경우 최대 1,945달러를 기점으로, 이후 출산 아동의 경우 급여액을 점차 감소시키는 형태로 설계되어 있다(Government of Canada, 2005).

이러한 국가아동급여에 깔려있는 근본 원칙은 더 많은 소득과 복지제도 밖에 가용한 서비스 및 급여를 가능한 한 아동을 가진 가족에게 돌아가도록 함으로써, 많은 저소득 가족들의 부모가 노동시장에 참여하는 동안 아동을 지원할 수 있도록 하는 것이며 이를 통해 아동의 빈곤 감소 및 부모들의 노동시장 참여를 촉진시키고자 하는 데 있다. 즉, 기존 사회부조 급여에서 나타난 근로를 통해 저소득층 부모가 빈곤에서 탈출하려는 의지를 약화시키고, 또한 이미 노동시장에 참여하고 있는 저소득 근로층을 복지급여에 의존토록 유인하는 '복지장벽'<sup>welfare wall</sup>을 최소화함으로써 근로를 통한 빈곤탈출을 돕고자 하는 정책의지가 담겨있다(Jenson, 2004; 2007). 더불어 연방정부의 국가아동급여의 강화로 인해 나타나는 지방정부의 저소득층 대상 사회부조 지출의 절감분을 아동서비스나 다른 급여에 재투자할 수 있도록 유도함으로써 저소득층 가족에게 필요한 아동보육과 추가적인 아동급여를 제공하고, 조기 아동개입서비스와 위기아동개입서비스, 건강급여 보조 등의 서비스를 제공하도록 유도하고 있다(Government of Canada, 2005).

결과적으로 이러한 이러한 국가아동급여제도는 먼저 영국의 사례와 마찬가지로 부모의 노동력 유무에 따르는 것이 아니라 가족 내 아동 유무에 따라 지급하는 아동 중심의 급여로 설계되어 있고, 부모의 근로소득에 따른 급여 제공 방식으로 노동시장의 참여를 강조한다. 또한 국가아동보조급여 및 소득에 따른 아동세제급여의 차등지급을 통해 저소득 근로계층의 노동시장 참여를 강화하고 있고, 지방정부의 재투자전략을 도입하여 아동에 대한 서비스를 강화(Jenson, 2004; Boychuk, 2004)하는 방향으로 설계되어 있어 사회투자적 특성을 잘 보여주고 있다고 할 수 있다.

## 6. 아동 관련 사회투자전략의 효과성

### 1) 아동 조기개입 프로그램

아동 조기개입 프로그램의 효과성을 평가한 결과들은 주로 미국을 중심으로 상당히 많은 연구가 진척되었다. 학령전기 개입 프로그램은 주로 아동보육 및 교육에 초점이 맞추어져 있는데, 프로그램 효과성에 대한 평가는 대체적으로 아동발달뿐만 아니라 사회적, 경제적, 노동시장적 측면에서 긍정적인 효과가 있다고 보고되고 있다.

먼저 아동 조기개입 프로그램에 대한 투자가 사회적, 경제적, 노동시장 측면에서 나타나는 결과들을 조사한 연구로는 패리 학령전 프로그램<sup>Perry Preschool Program</sup>이나 미국 노스캐롤라이나주에서 실시된 초보교사<sup>Abecedarian</sup> 조기개입 프로그램에 대한 평가 등이 있다. 패리 학령전 프로그램은 저소득 지역의 아동들을 대상으로 하는 양질의 학령전 교육 프로그램으로 가정방문을 통해 교육 및 경제적 성과를 증진시키는 것을 목적으로 한다. 현재 1962~1965년 동안 이 프로그램에 입학한 아동들을 대상으로 평가가 진행되고 있다. 현재까지 진행된 패리 프로그램의 효과를 보면 비슷한 아동들로 구성된 통제집단과 비교해서 실험집단 아동의 경우 학교성적이 향상되었고, 이후 노동시장 참여율과 소득이 증대되는 등 긍정적인 결과가 나타났으며, 27세까지의 결과를 근거로 본 비용편익성은 1.0달러를 투자할 경우 약 5.7달러의 사회적 이익을 산출한 것으로 보고되고 있다(보건복지부, 2006; Heckman, 2000).

1972년부터 미국 노스캐롤라이나에서 실시된 초보교사 조기 아동개입 프로그램의 경우, 양질의 종일반 영유아보육/교육 프로그램을 1년 이상 지속적으로 시행한 경우 1달러를 투자할 때마다 5달러 이상의 이익을 아동과 가족 및 납세자들에게 가져다준 것으로 나타났다. 또한, 프로그램 참가 아동과 그 어머니의 경우 평생 동안 참가한 적이 없는 자와 비교했을 때 좀 더 높은 소득을 획득한 것으로 나타났고, 학교의 경우 아동에게 필요한 특수교육이나 치료적 교육의 필요성이 감소함으로써 비용절감 효과가 높은 것으로 보고되고 있다(Masse & Barnett, 2002).

한편, 이러한 아동 조기개입 프로그램에 대한 아동발달 및 아동의 교육적 효과성을 증명하는 연구도 상당히 진행되고 있다. 스웨덴 아동들을 대상으로 한 앤더슨(Andersson, 1992)의 연구에 따르면, 아동이 아동센터나 가족보육 관련 서비스를 받을 경우 아동의 학업성취향상이 나타나는데, 이 시기가 빠를수록 영향력도 강화된다고 한다.

또한, 미국의 "모든 이에게 성공을" Success for All 이라는 프로그램 (Borman & Hewes, 2002)에 대한 평가도 비슷한 결과를 보여준다. 이 프로그램은 위험요인에 노출된 아동의 초기 학교 적응을 성공적으로 수행하도록 고안된 초등학교 개선 프로그램으로 약 2,000개의 학교와 1백만 명의 아동에게 수행되었는데, 취학전 프로그램의 강화와 더불어 가정과 학교의 연계를 강조하며, 사회성과 행동 및 건강의 이슈를 개선하는 데 초점을 두었다. 이 프로그램의 평가에 의하면 통제집단과 비교해서 같은 비용을 투입한 경우 프로그램 수행 아동이 조기에 초등학교 과정을 이수하고, 향상된 학습 성취를 보이며, 낮은 유급률 또는 낮은 특수교육 참가율을 나타냈다.

1967년에 3~9세 저소득층 아동에게 교육 및 가족 지지서비스를 제공하기 위해 설립된 시카고 아동부모센터 The Chicago Child-Parent Centres Study 에 관한 레이놀즈 등(Reynolds et al., 2002)의 연구에서는 센터에 참가한 아동의 경우 높은 학업 성취 및 학교과정 이수율을 기록했고, 더불어 청소년 범죄율 및 치료적 교육 프로그램 참가율은 모두 낮은 것으로 나타났다.

하지만 이러한 아동에 대한 조기개입 프로그램의 긍정적 효과와 더불어 최근 연구에서는 아동 조기개입의 이러한 효과는 제공되는 서비스의 질과 프로그램 형태, 그리고 프로그램에 노출되는 시간 등에 의해 다소 상이한 결과들이 나타남을 지적하고 있다.

즉, 벨스키(Belsky, 2006)의 연구에 의하면 아동보육서비스의 질과 센터 형태의 보육서비스의 노출이 아동의 인지발달과 언어발달에 영향을 미치는 것으로 나타난 반면, 얼마나 많은 시간을 소비했는지는 큰 영향력이 없는 것으로 나타났다. 한편, 영국의 3~7세의 아동발달에 대한 종단적 연구인 학령전 교육제공의 효과성프로젝트<sup>EPPE: Effective Provision of Pre-School Project</sup>의 결과에 따르면, 전반적으로 학령전 교육은 아동발달을 강화시키는 데 도움을 주는 것으로 나타났으나, 프로그램의 시기, 기간, 실, 형태에 따라 아동발달에 미치는 영향은 다양한 것으로 평가되었다. 양질의 프로그램이 제공되는 통합센터나 보육학교에서 빠른 시기라고 할 수 있는 3세 이전에 장기간 지속적으로 노출될 경우 아동의 지적 발달과 더불어 사회성 및 행동발달은 강화된다(Sylva et al., 2004).

따라서 이러한 연구결과들을 종합해보면, 아동 초기보육 및 교육은 아동의 발달 및 사회, 경제, 노동시장 등 여러 측면에서 매우 긍정적인 결과들을 가져오지만 중요한 것은 조기 아동개입에 있어 적절한 수준의 서비스 질과 지속성 등의 확보가 필수적이며, 이를 위해서는 개인이나 가족뿐 아니라 지역사회 및 국가의 적극적인 투자와 참여가 필요하다고 할 수 있다(OECD, 2006).

## 2) 자산형성 지원 프로그램

가족의 경제적 자원이 아동의 복리에 영향을 미친다는 것은 대부분의 기존 연구에서 나타났다. 이러한 연구의 대부분은 경제적 자원을 측정하는 도구로서 주로 '소득'에 초점을 두고 진행되었고, '자산'의 효과를 검증한 연구는 그리 많지 않다(Williams, 2003; 2004; Zhan & Sherraden, 2002). 그런데 소비 수준이나 소득과 같이 현재 소비를 중심으로 경제적 자원을 평가하기보다는 좀 더 폭넓은 의미에서, 경제적 자원 축적으로서 '자산'의 중요성을 강조한 연구가 최근에 나타나고 있다.

영국, 미국, 캐나다 등 영미권 국가를 중심으로 나타나는 새로운 형태의 아동 자산형성 지원 프로그램이 아동에 미치는 영향에 관한 연구는 아직까지 제도가 시행 초기인 관계로 체계적으로 진행되지는 않았지만, 앞에서 언급한 이론적 논의를 바탕으로 일반적 자산형성 프로그램이 아동에게 미치는 영향을 여러 부분에 걸쳐 살펴볼 수 있다.

기존 연구에 의하면, 부모의 자산은 자녀에게 경제적 복지뿐 아니라 부모의 기대 등을 통해 아동의 발달에 긍정적인 영향을 미친다고 한다. 자산과 아동발달의 관련성에 대해서는 윌리암스(Williams, 2003)의 연구가 있는데, 부모의 자산은 아동의 인지발달, 신체적 건강, 사회정서적 행동 등에 긍정적으로 작용하고, 이러한 효과는 저소득 빈곤가구에서도 동일하게 발생하며, 아동이 성장함에 따라 그 영향력은 더욱 커진다고 한다. 즉, 자산의 소유는 경제적 측면에서의 긍정적 효과를 넘어서 궁극적으로 자녀들의 복지에도 기여한다는 것이다.

저소득 모자가정의 자산과 아동의 교육성취의 긍정적인 관련성을 보여준 연구도 있다(Zhan & Sherraden, 2003). 이러한 연구결과에 따르면, 자산은 부모의 높은 교육 기대와 연관되어 있고, 이는 결국 자녀의 높은 교육성취로 귀결된다고 한다. 또한 자산의 한 형태라 할 수 있는 투자소득과 상속소득이 가족소득보다 아동의 교육성취에 좀 더 긍정적으로 작용한다는 연구결과도 보고되고 있다(Mayer, 1997).

이러한 아동의 높은 교육성취는 결국 학업을 완수하는 데 도움을 주는 것으로 보인다. 알윈과 손턴(Alwin & Thornton, 1984)은 디트로이트 지역의 백인 가족과 아동을 대상으로 한 18년 동안의 종단적 연구에서 소득과 자산은 학업을 완성하는 데 긍정적으로 작용했다고 보고했고, 힐과 덩컨(Hill & Duncan, 1987)의 연구에서는 부모의 자산으로부터 나오는 소득이 아동의 학업 완성에 긍정적으로 작용했다고 보고하고 있다.

한편, 자산의 형태 중 자가 소유와 학업성취에 관한 연구가 다수 존재하는데, 케인(Kane, 1994)의 연구에서는 교육과 소득을 통제한 후, 자가를 소유한 가구의 17~18세 아동의 경우는 임대주택 거주 아동보다 학교를 중도에 포기하는 비율이 낮은 것으로 나타났다. 아론슨(Aaronson, 2000)의 연구도 비슷한 결과를 보여주는데, 자가 소유는 아동의 고등학교 졸업에 긍정적인 영향을 미치고 이는 부분적으로 거주의 안정성에 기인한 것으로 나타났다.

이외에 부모의 자산은 아동의 사회, 경제적 발달에도 크게 기여하며 이는 안정적으로 세대 간에 전승되는 것으로 보고되었다. 영국의 바이너와 팍스톤(Bynner & Paxton, 2001)의 자산효과에 관한 연구에 따르면, 23세에 자산을 소유하면 이후 노동시장 경험, 결혼, 건강, 건강 관련 행동, 정치적 관심 등 다양한 측면에서 긍정적인 결과가 도출되며, 더불어 이후 자산의 증대에도 많은 영향이 있는 것으로 나타났다.

이와 더불어 자산을 소유한 가구의 아동의 경우 성장한 후 자가 구입

가능성이 높으며(Axinn, Duncan & Thornton, 1997), 부모의 자산은 아동의 저축습관에 긍정적인 영향을 미치는 것으로 보인다. 또한, 부모의 자산은 아동의 10대 임신의 위험을 감소시키는 데 기여하고(Green & White, 1997; Scheuler-Whitaker & Pandey, 1998), 더 나아가 모자가구 아동의 빈곤위험을 감소시키는 것으로 나타났다(Cheng & Page-Adams, 1996).

## 7. 결론: 아동에 대한 사회투자전략의 한국적 함의

1970년대 중반 이후 전통적 복지국가를 지탱했던 경제사회구조의 변화는 이전 사회에서 볼 수 없었던 새로운 사회적 위험을 양산하였으며, 1990년대 이후 이러한 사회적 위험에 대처하기 위해 최근 영미권 국가들을 중심으로 사회정책의 변화를 꾀하고 있다.

우리나라의 경우도 1997년 외환위기 이후 급속한 경제 · 사회구조의 변화로 인해 경제구조의 양극화의 진전, 근로빈곤층의 확대, 급속한 노령화와 저출산의 위기, 가족해체의 증가 등과 같은 새로운 사회적 위험의 확산을 겪고 있다. 이러한 사회적 위험에 대한 대처에 있어 우리의 경우 전통적인 복지제도를 완비한 서구 복지국가들과는 다소 상이한 접근이 필요하겠으나, 시장 중심의 자유주의 복지국가로 통칭되는 영미권 국가들의 사회투자전략으로 대변되는 사회정책의 변화 양상은 국가복지가 취약한 우리에게도 많은 시사점을 제공할 것으로 생각된다.

본 고에서 살펴본 영국과 캐나다 등 영미권 국가의 사회투자전략의 핵심은 인적자본 및 사회적 자본에 대한 투자 강화를 통해 개인의 고용기회를 증진하고 노동시장의 참여를 확대하는 등 경제적 기회의 재분배와, 이를 통한 경제정책과 사회정책의 상호 순환적인 역할 정립으로 새로운 사회적 위기를 극복하자는 것으로 요약할 수 있다. 이는 곧 아동복지 및 여성 친화적 정책의 강화, 빈곤·실업정책과 노동시장정책에 대한 적절한 국가개입 등과 같은 복지 프로그램의 변화로 나타나고 있다.

특히 이러한 사회투자전략에서 주요 대상으로 자리잡고 있는 아동을 위한 사회복지제도의 변화 양상은, ① 인적자본에 대한 투자전략으로서 조기 아동개입 프로그램의 강화 ② 아동의 자산형성을 지원하기 위한 아동저축계좌<sup>CSA: Children's Saving Accounts</sup>의 도입 ③ 기존의 부모의 노동능력 유무에 따른 사회부조 급여에서 아동 유무에 따른 아동 중심의 급여제공으로의 전환 ④ 이를 위한 조세제도의 활용 등으로 나타나고 있고, 이는 우리나라 아동정책에 있어 다음과 같은 함의를 제공할 수 있을 것으로 사료된다.

먼저, 보육서비스의 공공성 확보가 필요하다. 최근 정부에서는 아동의 건전한 발달을 위해 다양한 프로그램을 도입하고 있고 예산도 점차 증대하고 있지만, 외국에 비해 정부에 의한 적극적인 개입은 아직도 미흡한 실정이다. 2005년 현재 영유아 조기발달을 위한 보육과 교육에 대한 정부 재정분담률은 38%로 OECD 국가의 평균 60%에 비해 매우 낮은 수준이다(보건복지부, 2006). 또한 IMF 경제위기 이후 보육아동 수의 급증에 따른 보육시설 확충 계획에 따라 양적으로 전체 보육시설은 증가하였으나, 전체 보육아동 중 국공립 보육시설을 이용하는 아동의 비율이 2003년 기준으로 약 12.1%에 지나지 않아 보육의 공공성은 오히려 약화되고 있다(이선애, 2005). 다행히 최근 여성가족부는 제1차 보육발전종합계획인 '새싹플랜' 및 '새로마지플랜 2010' 등을 통해 2010년까지 보육료 지원 대상 아동을 확대하여 부모의 보육부담을 경감하고, 보육의 공공성 강화와 보육서비스의 질적 수준 향상을 꾀하고 있다.

더불어 저소득층 아동들을 위한 조기개입 프로그램의 도입이 필요하다. 빈곤의 세대간 전이에서 비롯되는 인적자본의 불평등을 해결하기 위한 사회투자전략의 가장 중요한 전략은 아동에 대한 조기개입 프로그램의 강화이다. 영국의 슈어스타트의 예에서도 보았듯이 저소득층 아동에 대한 복지, 건강, 교육 등의 통합적 서비스의 제공을 통하여 빈곤아동에게 인적자본을 개발할 수 있는 균등한 기회를 제공함으로써 빈곤의 대물림을 차단할 수 있을 것이다. 현재 우리나라에서 위스타트<sup>We Start</sup> 운동본부와 경기도가 함께 시행하고 있는 위스타트사업은 이러한 저소득층 아동에 대한 한국적 조기개입 프로그램의 가능성을 보여준다. 하지만 민간단체 중심의 사업에서 벗어나 국가의 적극적인 개입을 통해 전체 빈곤아동을 대상으로 한 전국적 프로그램으로의 확대와 재정지원 및 체계적인 관리운영시스템의 확보가 필요하다.

세 번째로, 아동을 중심으로 한 소득보장제도의 개편 혹은 새로운 제도의 도입이 필요하다. 사회투자전략에 따른 영국과 캐나다의 소득지원제도 개편의 핵심은 기존의 부모의 노동능력 유무에 따른 지원을 아동 유무에 따른 지원으로 전환하는 것과 조세제도의 활용이다. 우리나라의 경우 공적부조제도에 의한 빈곤가구 아동 및 요보호대상 아동의 소득 지원 외에 아동을 대상으로 한 소득지원제도는 거의 전무한 실정이다. 최근 도입이 검토되고 있는 아동수당제도는 아동 중심의 소득보장제도 개편의 한 방편이 될 수 있을 것이다. 또한 조세제도의 활용을 통한 아동세액공제<sup>Child Tax Credit</sup> 등의 도입도 검토할 필요가 있을 것으로 생각된다. 이러한 아동 중심의 소득지원제도는 결과적으로 자녀양육에 필요한 일정 비용을 정부가 지원함으로써 아동의 발달상 위험을 줄이고 최소한의 양육조건을 담보할 수 있도록 해주어 모든 아동들에게 공평한 출발의 기회를 부여하며, 더불어 아동양육에 대한 책임을 사회가 나누어 가지게 되어 출산율 증대의 효과를 가져올 수도 있다.

다음으로 아동에 대한 자산형성 지원 프로그램의 도입을 검토할 필요성이 있다. 아동에 대한 사회투자전략의 핵심 프로그램으로서 자산형성 지원 프로그램은 '저축'으로 상징되는 물적 자산을 통해 아동이 성장했을 때 노동시장의 변화에 좀 더 쉽게 적응할 수 있도록 도와줌으로써 빈곤의 악순환을 차단할 수 있게 한다. 최근 정부에서는 자산형성 지원 프로그램으로 약 41천 명의 요보호아동을 대상으로 아동들이 성인이 된 후 고등교육, 주택구입, 또는 소규모 사업 등을 위해 사용될 수 있도록 지원해주는 아동발달지원계좌<sup>CDA: Child Development Account</sup>를 실시하고 있으며, 2008년 현재 보호아동 약 3만 6천 명을 대상으로 프로그램을 제공하고 있고, 이후 2010년까지 전체 출생아동의 약 50%까지 지원할 예정이다. 하지만 보편주의적 제도를 선택한 외국의 사례와는 달리, 기본적으로 대상자 선정에 있어 선별주의를 선택함으로써 대상자 선정 및 관리에 어려움이 예상되며 이를 극복할 인력과 관리운영시스템의 확보가 요구된다.

* 이 글은 비판과 대안을 위한 사회복지학회 2007년 춘계학술대회(2007년 6월)에서 발표한 '아동과 사회투자전략' 발표문을 수정·보완한 것임.

**참고문헌**

김연명(2007). 「사회투자정책과 한국 사회정책의 미래」, 『한국사회의 미래와 사회투자정책 심포지엄』 자료집, 보건복지부·중앙일보. (이 논문의 수정본이 이 책의 제1장에 실려 있음)
김재진(2005). 「근로빈곤층을 위한 선진국의 조세제도: 영국사례(Working Tax Credit 및 Child Tax Credit 제도)」, 『재정포럼』 12월호, 6-27쪽.
대통령자문정책기획위원회(2006). 『선진복지한국의 비전과 전략』, 동도원.
대한민국정부(2006). 「제1차 저출산 고령사회 기본계획: 새로마지플랜 2010」.
백선희(2006). 「영국의 국가아동보육전략 연구를 통한 우리나라 보육정책의 발전방안 모색: 슈어스타트를 중심으로」, 『사회복지정책』 27: 79-143. (이 논문의 수정본이 이 책의 제18장에 실려 있음)
보건복지부(2007). 「사회투자와 보건복지정책」(2006. 12. 워크숍 토론자료).
보건복지부(2006). 「중장기 아동정책과 국가행동계획」
이선애(2005). 「저소득가정과 영아보육지원정책에 대한 고찰」, 『한국영유아보육학』 41: 63-86.
정원오(2005). 「영국의 빈곤정책」, 보건복지부·서울대학교 사회복지연구소, 『외국의 빈곤정책: 동향 및 비교분석』, 63-113쪽. 보건복지부.
저출산고령화사회정책본부(2007). 「2007년도 주요업무 추진계획」, 저출산고령화사회정책본부 인구아동정책관.
Aaronson, D.(2000). "A note on the benefits of homeownership", *Journal of Urban Economics 47(3)*, pp.356-369.
Andersson, B.E.(2002). "Effects of day care on the cognitive and socio-emotional competence of thirteen-year-old Swedish school children", *Child Development 63*, pp.20-36.
Alwin, D.F., & Thornton, A.(1984). "Family origins and the schooling process: Early versus late influence of parental characteristics", *American Sociological Review 49(6)*, pp.784-802.
Axinn, W.G., Duncan, G.J., & Thornton, A.(1997). "The effects of parents' income, wealth and attitudes on children's completed schooling and self-esteem" in Greg J. Duncan & Jeanne Brooks-Gunn(eds.), *Consequences of Growing Up Poor*, pp.518-540. New York: Russell Sage Foundation.
Belsky, J.(1988). "The effects of infant day care reconsidered", *Early Childhood Research Quarterly 3*, pp. 235-272.
__________(2001). "Developmental Risks (still)associated with early child care", *Journal of Child Psychology and Psychiatry, Vol. 42*.
__________(2006). "Early child care and early child development: Major findings of the NICHD study of early child care", *European Journal of Developmental Psychology 3*.
Bergmann, B.R.(1996). "Child care: The key to ending child poverty" in Garfinkel, I.(ed.), *Social Policy for Children*, pp.112-135. Washington, D.C.: The Brookings Institution.
Bernheim, B. D. & Garrett, D.M.(1996). *The determinants and consequences of financial education in the workplace: Evidence from a survey of households*(Working paper no. 5667). National Bureau of Economic Research, Cambridge, Mass.
Borman, G.D., and Hewes, G.(2002). "The long-term effects and cost-effectiveness of success for all", *Educational Evaluation and Policy Analysis 24*, pp.243-266.
Boychuk, G.W.(2004). *The Canadian Social Model: The Logics of Policy Development* (CPRN Research Report F|36). Canadian Policy Research Networks Inc.
Brooks-Gunn, J. & Duncan, G.J.(1999). "The effects poverty on children", *The Future of Children 7(2)*, pp.55-71.
Bynner, J.B., & Paxton, W.(2001). *The Asset Effect*. London: Institute for Public Policy

Research.

Cheng, L, & Page-Adams, D.(1996). *Education, assets, and intergenerational well-being: The case of female-headed familes*(Working paper no. 96-3). Washington University in St. Louis, Center for Social Development.

Clarke, K.(2006). "Childhood, parenting and early intervention: A critical examination of the Sure Start national programme", *Critical Social Policy 26(4)*, pp.699-721.

Curley, J., & Sherraden, M.(2000). "Policy lessons from Children's Allowances for Children's Savings Accounts", *Child Welfare 79(6)*, pp.661-687.

DiPasquale, D., & Glaeser, E.L.(1999). "Incentives and social capital: Are homeowners better citizens?", *Journal of Urban Economics 45(2)*, pp.354-384.

Dobrowolsky, A., & Jenson, J.(2004). "Shifting representations of citizenship: Canadian politics of 'women' and 'children'", *Social Politics 11(2)*, pp.154-180.

Esping-Andersen, G.(2002). *Why We Need a New Welfare State*. Oxford: University Press.

__________________(2005). *Children in the Welfare State. A Social Investment Approach*(DemoSoc Working Paper #2005-10). Universitat Pompeu Fabra.

Essen, J., Fogelman, K., & Head, J.(1978). "Childhood housing experiences and social achievements", *Child Care, Health, and Development 4(1)*, pp.41-58.

Finer, C.J.(2004). "Putting a positive gloss on welfare state de-structuring?: Recent British Experience", *Social Policy Working Paper No.2*. Center for Public Policy, University of Melbourne.

Giddens, A.(1998). *The Third Way: The Renewal of Social Democracy*. Polity Press.

Gottschalk, P., McLanhan, S., & Sandefur, G.D.(1996). "The dynamics and intergenerational transmission of poverty and welfare participation", in Sheldon H. Danziger, Gary D. Sandefur, & Daniel H. Weinberg(eds.). *Confronting Poverty: Prescriptions for Change*. NY: Russell Sage Foundation.

Government of Canada.(2005). *The National Child Benefit: Progress Report, 2004*, Government of Canada, Department of Social Services.

Green, R.K., & White, M.J.(1997). "Measuring the benefits of homeowning: Effects on children", *Journal of Urban Economics 41(3)*, pp.441-461.

Henretta, J.C.(1984). "Parental status and child's home ownership", *American Sociological Review 49(1)*, pp.131-140.

Hecakman, J.J. & Lochner(2000). "Rethinking myths about education and training: Understanding the sources of skill formation in a modern economy", in Sheldon Danziger & Jane Waldfogel(eds.), *Securing the Future: Investing in Children from Birth to College*. NY: Russell Sage.

Heckman, J.J.(2000). "Policies to foster human capital", *Research in Economic 54*, pp.3-56.

Hill, M.S., & Duncan, G.J.(1987). "Parental family income and the socioeconomic achievements of children", *Social Science Research 16(1)*, pp.39-73.

Horgan, G.(2005). "Child poverty in Northern Ireland: The limits of welfare-to-work policies", *Social Policy and Administration 39(1)*, pp.49-64.

Jenson, J.(2004). "Changing the paradigm: Family responsibility or investing in children", *Canadian Journal of Sociology 29(2)*, pp.169-192.

_________(2007). "Social Investment for New Social Risks: Consequences of the LEGO Paradigm for Children", in Jane Lewis(ed.), *Children in Context: Changing Families and Welfare States*. NY: Edward Elgar Publishing.

Jenson, J. & Saint-Martin, D.(2003). "New routes to social cohesion: Citizenship and the social investment state", *Canadian Journal of Sociology 28(1)*, pp.77-79.

Kane, T. J.(1994). "College entry by Blacks since 1970: The role of college costs, family background, and the returns to education", *Journal of Political Economy 102(5)*, pp.878-907.

Karoly, L.A., Greenwood, P.W., Everingham, S.S., Hoube, J., Kilburn, M.R., Rydell, C.P., Sanders, M., & Chiesa, J.(1998). "Investing in our children: What we know and don't know about the costs and benefits of early childhood intervention", MR-898-TCWF(Summary I-xxii), pp.37-44. Santa Monica, CA: RAND.

Karoly, L.A.(2000). "Investing in the future: Reducing poverty through human capital investments", *FOCUS 21(2)*, pp.38-43.

Karoly, L.A. & Bigelow, J.H.(2005). *Early Childhood Interventions: Proven Results, Future Promise.* RAND Corp, Santa Monica.

Lister, R.(2003). "Investing in the citizen-workers of the future: Transformations in citizenship and the state under new labor", *Social Policy and Administration 37(5)*, pp.427-443.

________(2006). "Children (but not women)first: New labour, child welfare and gender", *Critical Social Policy 26(2)*, pp.315-335.

Masse, L.N., & Barnett, S.(2002). *A Benefit Cost Analysis of the Abecedarian Early Childhood Intervention,* NIEER, NJ.

Mayer, S.E.(1997). *What Money Can't Buy: Family Income and Children's Life Chances.* Cambridge, Mass. Harvard University Press.

McCartney, K.(2003). "Child Care and Behaviour: Findings from the NICHD Study of Child Care and Youth Development". Havard Graduate School of Education, Boston.

OECD.(2006). *Starting Strong II: Early Childhood Education and Care.* Paris: OECD.

Olk, T.(2006). "Children in the social investment state" (Presented at) the WELLCHI Network Conference, Centre for Globalisation and Governance, University of Hamburg, March 31-April 1, 2006.

Paxton, W. & Maxwell, D.(2006). "Asset-based policy in the United Kingdom", *Social Development Issue 28(2)*, pp.11-22.

Paxton, W.(2001). "Assets - the third pillar of welfare", in S. Regen(ed.), *Assets and progressive welfare,* pp.17-33. London: Institute for Public Policy Research.

Perkins, D., Nelms, L., & Smyth, P.(2004). *Beyond neo-liberalism: The social investment state?,* Social Policy Working Paper No. 3. The Centre for Public Policy, University of Melbourne.

Pritchard, M.E., Mayers, B.K., & Cassidy, D.J.(1989). "Factors associated with adolescent saving and spending patterns", *Adolescence 24(95)*, pp.711-723.

Public Health Agency of Canada(2002a). *Aboriginal Head Start: Program and Participants 2001.* Public Works and Government Services Canada.

________________________(2002b). *Health Canada: Community Action Program for Children(CAPC)*(National Program Profile(NPP) Cycle 3). Public Works and Government Services Canada.

Reynolds, A.J., Temple, J.A., Robertson, D.L., & Mann, E.A.(2002). "Age 21 cost-benefit analysis of the Title I Chicago Child-Parent Centres", *Educational Evaluation and Policy Analysis 24(4)*, pp.267-303.

Rossi, P.H., & Weber, E.(1996). "The social benefits of homeownership: Empirical evidence from national surveys", *Housing Policy Debate 7(1)*, pp.1-35.

Scheuler-Whitaker, L., & Pandey, S.(1998). *Individual, Family, and Neighborhood Influences on Teen Childbearing: A Life Options Approach.* Washington University in St. Louis, Center for Social Development.

Sherraden, M.(1991). *Assets and the Poor: A New American Welfare Policy.* Armonk, NY: M. E. Sharpe, Inc.

__________(2003). "From the social welfare to the social investment state, Shelterforce Online", National Housing Institute, issue #128, March/April, 〈http://www.nhi.org/online/issues/128/socialinvest.html〉

__________(2005). *Assets for All: Toward Universal, Progressive, Lifelong Accounts.* Center for Social Development, Washington University in St. Louis. (이 논문은 이 책의 제3장에 번역되어 실려 있음)

Sylva, K., Melhuish, E., Sammons, P., & Siraj-Blatchford, I.(2004). *The Effective Provision of Pre-School Education(EPPE) Projct*(Final Report).

Taylor-Gooby, P.(ed.)(2004). *New Risk, New Welfare.* Oxford: Oxford University Press.

Taylor-Gooby, P.(2005). *Welfare Reform and the Management of Societal Change*(WRMSC project final report).

__________(2006). "European Welfare Reforms: The Social Investment Welfare State", The East-West Center. (이 논문의 수정본이 이 책의 제2장에 번역되어 실려 있음)

Victorian Government Department of Human Services(2005). *Best Start in Action: Project Guidelines*

Vonnie C. McLoyd(1998). "Socioeconomic disadvantage and child development", *American Psychologist*, pp.185-204.

Williams, T.(2003). *The impact of household wealth and poverty on child outcomes: Examining asset effects*(Doctoral dissertation), Washington University in St. Louis.

__________(2004). *The impact of household wealth on child development*(Center for Social Development Working Paper No. 04-07), Washington University in St. Louis.

Zhan M., and Sherraden, M.(2003). "Assets, expectations, and children's educational achievement in single-parent households", *Social Service Review 77(2)*, pp.191-211.

제2편

# 사회투자론의
# 주요 쟁점과 논쟁

# 사회투자국가가 우리의 대안인가?

- 최근 한국의 사회투자국가 논의와 그 문제점 -

김영순 | 서울산업대 교양학부 교수

## 1. 머리말

얼마 전부터 이른바 '진보·개혁진영' 의 학계 및 정치권을 중심으로 사회투자국가론 바람이 제법 강하게 일고 있다. 이 글에서는 최근 한국에서 성장산업이 되어가고 있는 사회투자국가 social investment state 논의를 비판적으로 검토하고, 왜 그것이 우리의 대안적 복지모델이 될 수 없는지 논하고자 한다.

사회투자국가는 1998년 영국의 사회학자 기든스가 지구화시대 사회민주주의 소생의 유일한 길로 '제3의 길' 을 제시하면서 이 길의 새로운 복지국가 비전 내지 새로운 사회경제정책 패러다임으로 제창한 개념이다. 사회투자국가론의 핵심은 복지가 갖는 투자적 성격, 생산적 성격을 강조하며 복지와 성장, 사회정책과 경제정책의 상호보완성을 강조한다는 것이다. 사회투자국가론은 소비적 지출보다 투자적 지출, 결과의 평등보다는 기회의 평등, 시민의 복지권(사회적 시민권)보다 그에 상응하는 의무를 강조한다는 점에서 구좌파의 복지국가론과 다르지만, 여전히 시장의 부작용 교정과 평등화를 위해 국가 개입의 필요성을 인정한다는 점에서 신자유주의와도 다르다.

사회투자국가론은 1996년 블레어 정부의 등장과 더불어 대대적으로 주창되었고 블레어 정부 2기에 들어서면서부터는 오히려 기세가 수그러들었다. 그렇다면, 지금, 왜 한국에서 사회투자국가인가? 두 가지 경로가 있는 것으로 보인다. 하나는 새로운 사회적 위험$^{new\ social\ risks}$에 대한 대응이라는 기능적 필요성이다. 복지의 투자적 성격을 강조하는 사회투자국가론은 논리상 보육, 교육 등 미래세대에 대한 지출과, 여성이나 실업자 등 비경제활동인구를 활성화$^{activation}$시키는 적극적 노동시장정책을 강조하는데, 이런 프로그램들은 탈산업사회의 새로운 문제점들, 이른바 새로운 사회적 위험들을 수습할 수 있는 프로그램들과 거의 일치한다. 이에 따라 선진 복지국가 일반, 그리고 이들을 회원국으로 하는 국제기구들에서는 사회투자국가가 제기했던 것과 유사한 사회정책의 확대 필요성을 강조해 왔는데, 우리 사회에서도 노동시장 유연화와 저출산·고령화사회의 도래에 따른 새로운 위험의 징후가 뚜렷해지면서 사회투자국가/사회투자적 복지정책에 대한 논의가 확산되고 있는 것이다.

다른 하나의 경로는 이런 기능적 필요를 넘어서 영국식 제3의 길과 사회투자국가론 혹은 그 변종을 우리의 대안적 복지모델로 차용하고자 하는 입장의 명시적, 묵시적 대두이다. 영국식 사회투자국가가 꼭 바람직한 것은 아니지만 우리의 재정적 능력과 취약한 복지동맹을 고려할 때, 아쉬운 대로 이 정도가 한국에 실현 가능한 복지모델이 아니냐는 판단이 이런 주장의 근저에 깔려 있는 것 같다.

나는 첫 번째 입장, 즉 한국사회가 최근 심각해진 새로운 사회적 위험들을 수습하기 위해 사회투자적 복지정책의 강화가 필요하다는 주장에 동의한다. 그러나 이런 기능적 필요성에서라면 굳이 사회투자국가론을 끌어들일 필요가 없다. 사실 사회투자적 복지정책은 매우 오래전부터 북구국가들이 모범적으로 실천해왔던 것이고 지금도 여전히 가장 잘하고 있지만 이들은 굳이 이런 정책들을 사회투자정책이라고 강조하지 않는다. 그것은 그저 보편적·제도적 복지국가의 구성요소이자 중요한 구성요소였을 뿐이다. 또 이들은, OECD나 EU 등의 국제기구들과 더불어, 사회투자국가론이라는 말은 더더욱 쓰지 않으며, 오히려 이 용어에 대해 경계의 양상을 보이고 있다. 이는 영국, 캐나다 등 명시적으로 사회투자국가를 천명하는 나라들이 기본적으로 잔여적 복지국가 모델 위에 서 있고 평등과 보편적 복지의 이념으로부터 벗어난 측면이 있기 때문이다.

두 번째 입장, 즉 영국식 사회투자국가를 우리의 대안적 복지모델로 상정하고 이 담론을 유포하는 것에 대해서는 바람직스럽지 않으며, 위험하다고까지 생각한다. 보편적·제도적 복지국가 건설을 위한 우리의 여건이 열악하다는 것은 인정힌다 해도, 그렇다고 해서 그 대안이 사회투자국가일 필요는 없다. 그것은 신자유주의적 경제정책의 폐해를 거의 시정할 수 없는 복지모델이다. 이미 10년 동안 이 비전을 실천에 옮긴 영국의 경험이 이를 보여주었다. 이제 최근 한국에서 유포되고 있는 사회투자국가론의 문제점을 살펴보고, 한국에서 사회투자국가론의 적용 가능성을 비판적으로 검토해 보도록 하겠다.

## 2. 두 개의 사회투자론: 사회투자국가인가, 사회투자전략인가?

### 1) 사회투자국가 vs 사회투자전략

사회투자국가라는 이름을 만들어낸 것은 앤서니 기든스이지만 생산적, 혹은 투자적 사회정책이라는 사고[idea]의 등장은 적어도 스웨덴에서는 1930년대로 거슬러 올라간다. 경제학자 군나르 뮈르달[Gunnar Myrdal]은 사회정책을 지출이 아닌 투자로 규정했는데, 이런 사고는 복지는 노동능력 없는 사람에게 주는 시혜적, 가부장적, 비생산적인 것이며, 노동능력이 있는 사람들은 복지 수혜대상에서 제외해야 한다는 20세기 초반의 자유주의적 복지관을 정면으로 뒤집는 혁명적인 것이었다. 곧 스칸디나비아 노동운동은 이런 뮈르달의 혁명적인 이상을 자신의 이념으로 껴안았다. 제2차 세계대전 이후 케인스주의의 흥기와 더불어 복지가 유효수요의 창출수단으로서 생산의 중요한 축으로 자리잡자, 사회정책과 경제정책은 밀접히 연관될 수 있으며, 평등과 효율은 양립할 수 있다는 사고가 확립되었다. 그리고 북구에서 대륙유럽으로 퍼져나갔다. 그러나 영국과 미국에서는 이런 아이디어가 끝내 뿌리내리지 못했고 사회정책을 비용이자 부담으로 보는 관점이 끈질기게 유지되었다(Socialdemokraterne, Denmark).

어쨌든 북구국가들은 예전이나 지금이나 자신들의 복지체제를 사회투자국가로 칭한 바 없다. '사회투자국가'라는 이름이 전통적 복지국가를 대체하는 새로운 이름으로 떠오른 것은 1990년대 후반 영국에서 지구화시대 사민주의 소생의 유일한 길로 '제3의 길'이 주창되면서부터이다. 기든스는 대량생산의 종언 및 기술 변화, 그리고 지구화의 과정 속에서 자본주의가 역전 불가능한 변화를 겪었으며, 이에 따라 기존의 케인스주의적 복지국가는 더 이상 유지될 수 없다고 주장했다. 따라서 지구화시대에도 국가는 여전히 평등과 민주주의의 증진을 위해 개입해야 하지만, 그것은 재래식 복지국가와는 다른 새로운 형태의 복지국가를 요구한다고 보았다. 이 새로운 복지국가 ― 소득보장보다는 인적자본과 사회적 자본의 투자에 집중함으로써 복지가 갖는 생산주의적 성격을 극대화하고자 하는 복지국가 ― 가 바로 사회투자국가이다(Giddens, 1994; 1997; 1998).[1] 오랜 전통을 갖는 북구적 의미의 투자로서의 사회정책이라는 사고와 최근 앵글로-색슨 나라들에서 대두한 사회투자국가론의 차이는, 전자가 소득보장을 포함한 모든 사회정책을 투자적인 것으로 보는 데 비해 후자는 특정의 정책들만 그렇다고 규정한다는 것이다.

그렇다면 사회투자국가는 제2차 세계대전 이후 서구에 뿌리내린 전통적 의미의 복지국가와는 어떤 점에서 다른가?(Giddens, 1994; 1997; 1998; Blair, 1997; 1998). 첫째, '과세와 지출'[tax and spending] 대신 사회투자를 강조한다. 투자는 수익[return]을 상정하는 개념이므로(Perkins et al., 2004: 33), 이제 복지지출은 명확한 수익을 낳는 것이어야 한다.

둘째, 사회투자국가는 경제정책과 사회정책의 통합성을 강조한다.

---

1) 영국에서 이 아이디어의 직접적 기원은 1994년 노동당 사회정의위원회의 보고서, "Social Justice: Strategies for National Renewal"이다. 1992년, 오랜 야당생활 끝에 마침내 권력이 눈앞에 다가온 것 같았으나 노동당은 다시 총선에서 패했고 14년차(!) 야당생활에 들어갔다. 그리고 이제 영영 수권 가능성이 없어진 것 아닌가라는 당 안팎의 의구와 우려 속에서 당의 이념과 노선에 대한 고통스러운, 근본적 재검토에 착수했다. 그중 복지부문에 대한 결론이 바로 베버리지보고서 50주년을 기념해 만들어진 1994년 사회정의위원회 보고서이다. 사회정의보고서의 새로운 복지관은 1996년 선거강령에 이르기까지의 일련의 당 문건들을 거치면서 사회투자국가론으로 구체화되었다. 사회정의위원회보고서는 "경제정책과 사회정책이 불가결하게 연결되는 것은 바로 투자를 통해서"이며, "숙련, 연구, 기술, 보육, 그리고 커뮤니티의 발전 등에 대한 높은 수준의 투자야말로", "지속 가능한 발전의 선순환 구조의 첫걸음이자 마지막 걸음"이라고 주장했다(Commission on Social Justice, 1994).

사회지출은 수익을 창출할 투자이기 때문에 곧바로 경제정책의 한 요소가 된다. 그런데 국내 문헌에서 종종 간과되는 것은, 양자와의 관련에서 명백히 우위에 놓이는 것은 경제정책이라는 점이다. 즉, 사회정책은 성장과 효율에 복무할 때 의미를 갖게 되며 사회정책과 경제정책이 충돌할 때 전자는 후자에 맞춰 조정되어야 한다(Lister, 2004: 163).

셋째, 사회투자의 핵심은 인적자본 및 사회적 자본에 대한 투자이다. 인적자본에 투자하는 것과, 투자의 핵심대상인 아동의 중요성에 대한 강조는 이미 국내 논의에서 많이 언급되었다. 사회투자국가론은 또한 좋은 인적자원을 만들어내는 사회적 맥락이자 경제활동의 포괄적 기반으로서 사회적 자본을 강조한다. 커뮤니티가 어린이와 더불어 사회투자국가의 또 다른 표장<sup>emblem</sup>이 되는 것은 이 때문이다(Lister, 2002: 163). 사회투자국가론은 강한 가족과 강한 커뮤니티는 강한 사회의 기본(Williams & Roseneil, 2004: 185)이라고 본다.

넷째, 이 역시 국내의 사회투자국가 논의에서는 잘 지적되지 않지만, 사회투자국가론에서는 사회지출을 소비적 지출과 투자적 지출로 이분하기 때문에 소비적 지출을 가능한 한 억제하려 하며, 자산조사를 동반하는 표적화된 프로그램<sup>targeted program</sup>을 선호한다. 즉, 소득보장성의 소비적 지출은 보편적으로가 아니라 선별적으로 제공함을 원칙으로 한다. 단, 신자유주의 정부들보다는 표적집단을 조금 더 넓게 잡으며 급여도 좀 더 관대해진다. 영국의 경우 이는 '진보적 보편주의'<sup>progressive universalism</sup>라는 이름으로 정당화되었다(Lister, 2004: 168).

다섯째, 시민권을 주로 권리의 측면에서 바라봤던 구좌파와 달리 신노동당은 시민의 권리는 의무와 균형을 이루어야 한다고 주장한다. 경제적 기회의 제공, 복지의 제공이 국가의 의무라면, 유급노동을 통해 스스로를 부양하는 것은 시민의 의무라는 것이다(Lister, 2002: 2-4;

Williams & Roseneil, 2004: 185-187). 복지를 대가로 근로의무를 부과하고 불응하면 급여를 삭감 혹은 박탈하는 근로연계복지[workfare]는 이를 대표하는 정책이다.

여섯째, 사회투자국가는 결과의 평등보다는 기회의 평등에 관심을 가지며 불평등의 해소보다는 사회적 포섭[social inclusion]에 더 많은 관심을 갖는다. 기든스는 이제 복지국가는 소득이 아니라 '기회를 재분배' 하는 존재가 되어야 한다고 본다. 국가는 이제 시장의 실패자들에게 사후적으로 소득을 보장[passive risk system]해주기보다는 인적자원에 투자함으로써 사람들이 새로운 지식기반경제에 적응하여 시장에서 승리자가 될 수 있게 도와주는 적극적 복지[positive welfare]의 제공자가 되어야 한다는 것이다 (Giddens, 1998). 이것이 평등에 대한 현대적 사민주의자들의 역동적인, 생애기회적 관점에서의 접근이다(Giddens, 2000: 86; Lister, 2004: 162에서 재인용). 이렇게 기회를 재분배함으로써 경쟁지반을 평평하게[levelling] 하기 때문에, 결과의 불평등은 받아들일 수 있는 것이 된다. 국가는 경쟁의 패자들이 사회 밖으로 튕겨져 나가 사회적 배제[social exclusion]

**표 7-1_사회투자국가의 특징들**

- '과세와 지출' 대신 사회투자의 담론
- 인적자본 및 사회적 자본에의 투자: 어린이와 커뮤니티가 그 표장
- 어린이는 미래의 시민-노동자로 우선적 관심대상
- 성인의 사회적 시민권은 노동의무에 상응해 주어짐
- 미래지향적
- 평등의 증진을 위한 소득 재분배보다는 사회적 포섭의 증진을 위한 기회 재분배
- 사회정책과 경제정책의 통합, 그러나 후자의 명백한 우위
- 표적화된, 때로는 자산조사를 동반한 프로그램들의 선호

* 자료: Lister, 2004, p.160.

상태에 빠지는 것은 막아야 하지만, 일단 사회 내로 포섭된[social inclusion] 사람들 사이의 불평등은 그리 중요한 문제가 아니다.

이상에서 드러나듯 기든스가 애초에 제기한 사회투자국가 개념은 매우 이데올로기적이고 정치적인 것이었다. 그는 지구화시대의 사민주의 소생의 유일한 길로 전통적 사민주의와 신자유주의의 사잇길인 제3의 길을 제시했다. 이 사잇길은 이제 영영 집권 가능성이 없어진 것이 아닌가 의심받게 된 영국 노동당이 중간층의 표를 얻기 위해 당을 환골탈태하고, 중도로 변환시키는 과정에서 제시된 길이었다(김영순, 1999a; 1999b). 그리고 사회투자국가는 이런 영국 노동당이 중도로 전환했음을 대변한 아이콘이었다. 따라서 기든스에게, 그리고 영국의 신노동당에게 사회투자국가는 기존 복지국가의 기능적 조정이나 적응이 아니라 기존 복지국가와의 단절을 의미하는 복지국가의 새로운 단계이다. 기든스는 사회투자국가의 지침에 대하여, "가능한 모든 부문에서 경제적으로 직접적인 소득보장을 하기보다는 '*인적자본*'에 투자하는 것이다. 복지국가가 차지하고 있는 자리에 우리는 '*사회투자국가*'를 놓아야 한다."(Giddens 1998: 117. 강조는 원저자의 것)라고 주장함으로써 사회투자국가가 전통적 복지국가의 보완재가 아닌 대체재임을 분명히 했다. 제2차 세계대전 중 복지국가라는 용어를 만들어 세계에 선물한 영국은, 다시 이의 대체물로 사회투자국가라는 이름을 주조해낸 것이다.

한편, 이런 사회투자국가론과 구분되면서 사회투자 담론의 또 하나의 축을 이루는 것은, 좀 더 기능주의적·실용주의적 입장의 새로운 사회적 위험[new social risks]에 대한 대응으로 복지지출의 사회투자적 성격 강화를 주장하는 것이다. 연구자들 중에서는 에스핑-안데르센(2001; 2002a; 2002b)이나 테일러-구비(2004; 2007) 등이, 현실 정치세력으

표 7-2_새로운 사회적 위험과 새로운 복지국가의 역할

| 사회경제적 변화 | 새로운 사회적 위험 | 새로운 복지국가의 역할 |
|---|---|---|
| 인구고령화 | - 취약한 노인을 보살피는 것<br>- 취약한 노인이 되는 것 | - 노인서비스 |
| 가족 내 성역할의 변화 | - 일과 가족 내 책임의 균형잡기, 특히 보육 | - 보육서비스 |
| 노동시장 변화 | - 입직의 어려움<br>- 적절한 일자리의 확보와 유지의 어려움<br>- 적절한 일자리를 확보할 만한 숙련기술이 결여됨<br>- 확보한 숙련기술의 빠른 부식 | - 교육, 훈련<br>- 적극적 노동시장정책 |
| 복지국가의 변화<br>(민영화) | - 부적절한 급여(특히 연금)<br>- 불만족스런 서비스 | - 적절한 급여와 서비스체계의 직접제공(특히 취약층)<br>- 민간복지에 대한 적절한 규제 |

* 자료: Taylor-Gooby, 2004; Huber & Stephens, 2004.

로는 대륙유럽의 정부들이나, 2000년 EU의 리스본 정상회담 이후의 EU 집행위(European Commission, 2000; 2001; 2004) 및 OECD(OECD, 2005a; 2005b) 등이 이런 입장이다. 이 입장은 복지정책의 투자적 성격을 중시하고 사회투자, 사회투자정책, 사회투자전략이라는 용어를 간간이 사용하지만 사회투자국가라는 용어는 기피하며, 기든스나 영국의 블레어 정부가 폄하하는 전통적 복지국가의 가치들을 여전히 옹호한다는 점에서 영국식 사회투자국가론과 구분된다. 이런 의미에서 이들을 사회투자전략론, 적극적 사회정책론[active social policy](OECD, 2005a; 2005b), 혹은 적극적 복지국가론[active welfare state](Vandenbroucke, 2002)이라고 부를 수 있을 듯하나 이런 표현이 일반화된 것은 아니다. 이 글에서는 이러한 입장을 편의상 사회투자국가론과 구분하는 의미에서 '사회투자전략론'으로 지칭하였다.

사회투자전략론에서는 지구화와 탈산업사회로의 이행에 따른 사회경제적 변화들, 즉 노동시장, 가족, 인구구조의 변화들이 새로운 사회

표 7-3_유럽 좌파정당들의 공통된 복지국가 쇄신 전략

- 고용확대가 복지개혁의 핵심문제이다.
- 복지국가는 전통적 사회적 위험들(실업, 질병과 장애, 노령, 아동) 뿐만 아니라 새로운 사회적 위험들(숙련기술 결여, 질 낮은 고용, 한부모됨)과 새로운 사회적 욕구들(일-가족 병행, 평생에 걸친 일-교육 조화)에 대응해야 한다.
- 사회지출과 사회투자를 병행하는 적극적이고 예방적인 '지능적 복지국가' intelligent welfare state가 필요하다.
- 적극적 노동시장정책의 질적, 양적 강화가 필요하다.
- 저숙련노동자의 임금보조금 지급과 적정 수준의 최저임금제가 필요하다.
- 노동유인을 강화하는 방향으로 조세와 급여제도를 개편하여 빈곤의 덫을 제거해야 한다.
- 비정규노동자들을 사회보장체계 내로 포섭하여 보호해야 한다.
- 국제시장의 경쟁으로부터 보호되며 저숙련노동자들에게 고용기회를 제공할 수 있는 민간서비스 부문을 더 발전시켜야 하며, 필요한 경우 임금보조금제도를 활용할 수 있다.
- 급여의 선별성과 보편성은 그 자체가 원칙이 아니며 장·단기적 효율성의 관점에서 선택적으로 이용 가능한 방법론에 불과하다. 이 경우 선별성은 빈곤자를 가려내는 것poverty test이 아니라 부유한 자를 가려내는 것affluence test이 되어야 한다.

* 출처: Vandenbroucke, 2001. pp.161-162.

적 위험과 새로운 사회적 욕구new social needs를 만들어냈고 이에 따라 기존의 복지국가들은 새로운 대응을 요구받고 있다고 진단한다(표 7-2). 이러한 새로운 도전들은 기든스가 정리한 사회경제적 변화들과 크게 다르지 않다. 이에 따라 사회투자전략론은 사회투자국가론과 상당 정도 같은 정책적 지향을 공유한다. 사회정책의 투자적 성격의 강화, 사회정책과 경제정책의 통합, 그리고 사회구성원들의 경제활동 향상이 그것이

2) 이 중 특히 경제활동 향상, 즉 비경제활동인구의 활성화를 위한 정책들에 대한 강조가 두드

다.[2] 이들 EU국 일반에 나타나는 새로운 대응전략은 표 7-3과 같다.

그러나 양자 사이의 중대한 차이점 역시 존재한다. 적정임금, 소득보장의 강조, 취약노동자 층의 사회적 보호 등이 그것으로 이 역시 표 7-3에 잘 드러난다. 한편 벨기에 사회연금부장관으로서 벨기에가 EU 의장국이던 2000년, 리스본 EU 정상회담을 주도했던 반덴브로크(Vandenbroucke, 2002: xiv)는 사회투자국가가 아니라 적극적 복지국가가 필요하다고 주장하면서 사회투자국가와 구분되는 적극적 복지국가의 조건으로 다음 네 가지를 지적한다.

첫째, 사회정의를 위해 진보적 조세체계와 소득재분배가 필요하다. 기회 평등과 업적주의는 이상적 목표일 수 없으며 정부는 사람들이 시장에서 뛸 수 있도록 무장시키기 위해 투자하는 것 이상의 역할을 해야 한다. 둘째, 노동시장이 실질적으로 충분한 기회(일자리)를 제공할 수 있도록 정부를 포함한 사회 전체가 책임을 져야 한다. 셋째, 활성화-참여의 강조는 개인과 가족의 욕구를 고려하는 좀 더 넓고 유연한 맥락의 것이어야 한다. 넷째, 빈자와 권력 없는 자들의 도덕적 책임뿐만 아니라 부자들과 권력 있는 자들의 사회적 의무를 강조해야 한다. 요컨대 사회투자전략론은 이데올로기적 전환의 색채가 약하고, 구사민주의의 가치를 유지하는 가운데 새로운 사회적 위험과 사회적 욕구에 대한 기능적 대응으로 투자적 복지정책들을 얘기한다는 점에서 사회투자국가론과 다르다.

러지는데, 이는 앞에 제시한 항목들의 절반이 고용 확대와 직접적으로 연관되어 있다는 점에서 잘 드러난다. 물론 이는 높은 청년실업률과 조기퇴직률, 낮은 여성 경제활동 참가율로 사회적 위험들에 매우 취약한 구조를 가진 대륙유럽의 딜레마(continental dilemma)를 반영하는 것이다. 사실상 활성화, 나아가 사회투자적 복지정책은 사회투자국가론이 제기된 영국보다는 대륙유럽에 훨씬 절박한 과제라고 할 수 있다.

## 2) 사회투자국가론의 문제점

사회투자국가라는 용어는 개념 탄생의 정치적 맥락과 앵글로-색슨적인 기원으로 인해 대부분의 여타 유럽 사민주의자들에게, 그리고 진보적 성향의 연구자들에게 과히 긍정적인 의미로 받아들여지지 않았다. 그것은 원래 자유주의의 헤게모니가 강했던 데다 오랜 신자유주의 정부의 지배를 경험하면서 사회민주주의의 기반이 크게 침식된 나라에서, 신자유주의의 이론과 정책적 요소를 수용하면서 중도로 선회한 사민주의자들이 제시한, 잔여주의 복지국가의 수정 모델 정도로 받아들여졌다. 당연히 좀 더 진보한 복지모델을 가졌다고 자부하는 다른 유럽 국가들이 수용하거나 따라할 만한 모델은 아니었다.

이는 사회투자국가론에 대한 여러 비판적 평가에서 잘 드러난다. 에스핑-안데르센(Esping-Andersen, 2002: 5)은 제3의 길은 '북구 사민주의에 대한 매우 뒤늦은 영국인들의 발견에 불과하며' little more than a very belated British discovery of Nordic social democracy, 그것의 '부적절한 선택적인 전유' unduly selective appropriation에 불과하다고 비꼰 바 있다. 반덴브로크(Vandenbroucke, 2002: x) 역시 사회투자전략이 과거의 복지국가기능을 대체할 수 있다고 생각하는 것은 비현실적이며, 이런 이유에서 '사회투자국가' 보다 '적극적 복지국가' 가 더 바람직한 개념이라고 지적했다. 리스터(Lister, 2004: 164)는 사회투자에 대한 강한 개입은 항상 북구 사민주의체제의 간판상표였지만, 그렇다고 북구나라들이 최근 회자되는 의미의 '사회투자국가' 는 아니라고 주장한다. 제3의 길 식의 사회투자국가를 특징짓는 것은 사민주의와 자유주의 · 신자유주의가 배합된 독특한 정책 면모, 그리고 사회투자에 대한 유난히 도구주의적인 담론의 지배이기 때문이다.

그렇다면 이들에게 사회투자국가론은 구체적으로 어떤 문제점이 있는가? 첫째, 사회지출social spending과 사회투자social investment의 이분법적 구분과, 후자로 전자를 대치하려는 경향이다. 사회투자국가론은 제한된 자원의 효율적 이용을 위해 사회지출 '대신' 사회투자를 강조한다. 과거의 복지가 소비적인 것이었다면 이제 그것은 투자가 되어야 한다는 것이다. 반면 사회투자전략론은 사회적 소비와 사회적 투자가 이분법적으로 분리될 수 없다고 보며 복지국가의 소득보장 기능을 여전히 중시한다. 반덴브로크(Vandenbroucke, 2001: 166-167)는 사회투자 - 사회지출의 이분법은 두 개의 재분배 트랙 간의 상쇄관계를 강조하지만 다음 두 가지 측면에서 오류라고 지적한다. ① 사회투자가 결코 돈이 덜 들지 않으며 특히 단기적으로는 더 그렇다. 장기적으로도 어떤 사람에 대한 투자는 투자라는 관점에서는 헛된 것이 될 수도 있다. ② 어떤 정책은 이 분류법으로 구분하기 어렵다. 예컨대 임금보조금은 투자이면서 지출이다. 나아기 그는 사회투자 담론의 위험성을 지적한다. 세상의 변화는 복지국가의 변화를 요구하지만, 그러나 사회투자가 총 사회지출의 감소를 가져올 거라는 주장은 현실적으로 복지공여와 사회보장의 감소를 통해서만 이루어질 수 있다는 것이다. 영국의 제3의 길 초기단계처럼 사회지출을 비효율적인 것으로 치부하는 것은 모든 복지국가를 결함 있는 것으로 묘사하는 것이고, 의미 있는 사민주의자 간 대화를 가로막는다는 것이 그의 주장이다.

리스터(2004: 158-164) 역시 사회지출-사회투자의 이분법은 정치적으로는 편리할지 몰라도 잘못된 이분법이며, 제3의 길 논자들은 사회투자를 마치 비용이 아닌 것처럼cost-free 얘기하지만 그렇지 않다고 비판한다. 에스핑-안데르센(2001: 147)도 투자적 지출과 소극적 소득보장 지출의 구분은 항상 애매모호하다면서, 실업급여까지도 일견 '소극적'인 것으로 보이나 노동자들에게 새로운 일자리를 찾도록 도와주고 일자리와 노동자들의 연결<sup>labor-matching</sup>을 돕는다는 의미에서는 투자적인 것이며, 아동급여는 아동의 미래의 삶의 기회를 확대한다는 의미에서 투자적이지만 이 역시 가계의 소비능력을 증대시킨다고 지적한다. 그리고 영국식 사회투자국가론에서 특히 문제가 되는 것은 활성화에 기반한 사회투자적 접근이 전통적인 소득보장의 '대체물'이 될 수 있다고 생각하며 복지지출의 축소 수단으로 생각하는 경향이라고 비판한다. 이는 순진한 낙관주의일 뿐만 아니라 심지어 비생산적일 수 있다는 것이다. 그리고 빈곤과 소득 불안정의 최소화야말로 효과적인 사회투자전략의 전제조건이라고 주장한다(Esping-Andersen, 2002: 5). 실제로 표 7-3에 제시된 사회투자전략의 정책목록들도 사회투자의 강화와 더불어 소득보장이 여전히 중요함을 강조하고 있다.

둘째, 사회투자국가론은 결과의 평등이 아닌 기회의 평등을 강조하는데 이는 기회의 평등에도 불구하고 경쟁에서 패배하고 밀려날 수밖에 없는 사람들의 문제를 도외시하는 것이다. 일반적으로 교육과 훈련·재훈련 등의 사회투자는 아동이나 청년층에게는 효과적일 수 있지만, 탈산업화과정에서 잉여노동력이 된 중년 이후 (남성)저숙련노동자들에게는 별 효과가 없는 경우가 많다. 생애 초기단계에서 인지적 능력을 적절히 개발하지 못한 저학력 노동자들도 마찬가지이다. 이들에게는 저임금 서비스 일자리의 확대와 기술에 대한 강력한 투자를 병행하는 것이 기본적 해결책이지만, 그래도 따라올 수 없는<sup>untrainable</sup> 사람들에게는 소득보장이 대책이 될 수밖에 없다. 학습전략은 기본 소득보장전략과 병행되어야만 하는 것이다(Esping-Andersen, 2001: 152). 이는 '지금 당장 여기서의 평등'<sup>here-and-now equality for all</sup>이 아니라 '전 생애에 걸친 기회의 보장'<sup>life chance guarantee</sup>을 통한 사회적 이동성의 증대가 중요하다

하더라도, 이 전략에는 명백히 한계가 있으며, 결국 결과의 평등에 대한 배려가 필요함을 의미한다.

셋째, 아동과 여성에 대한 강조에도 불구하고 시민권이라는 견지에서 볼 때 사회투자국가론은 이들에게 매우 도구적인 접근을 하고 있다. 사회투자국가론에서 아동은 하나의 인격체가 아니라 사회투자국가의 자산$^{asset}$이기 때문에 중요하게 취급된다는 것이다(Lister, 2004: 171). 여성 역시 마찬가지이다. 사회투자국가론은 보육서비스와 적극적 노동시장정책의 확대를 통해 여성의 유급노동에 대한 접근권을 강화하는 측면이 있고, 이는 여성의 사회적 시민권을 강화하는 의미가 있다. 그러나 사회투자국가론은 가족 내 남녀의 평등한 보살핌의 참여를 고무하는 정책에는 미온적이다. 가족 내에서 보살핌에 대한 책임과 의무가 균등히 분배될 때만 여성이 일터에서 온전한 노동자로 개별화될 수 있음에도 불구하고 이 부분에 대해서는 유급노동의 고무만큼 적극적 조치들이 행해지지 않는 것이다.[3] 또한 사회투자국가론은 여성이 가정에서 수행하는 무급 보살핌노동의 가치와 그에 기반한 시민권의 문제에 침묵한다. 여성의 노동시장 참여 확대는 사회 전체로 보면 수익을 낳는 것이고, 그래서 공공 보육서비스의 확대는 인적자본의 형성을 위한 사회투자정책으로 간주된다. 그러나 똑같이 인적자본의 축적에 기여함에도 불구하고 가족 내 무급 보살핌 노동은 투자로서 간주되지 않는다. 게다가 사회투자국가의 시민권 개념은 시민의 권리와 의무의 균형을 강조하며 복지가 권리라면 유급노동은 시민의 의무임을 강조하고 있는

---

3) 이런 점에서 블레어 정부 이후의 영국의 젠더정책 레짐은 남녀 모두가 생계부양과 보살핌에 보편적으로 관여하는 개별화된 부양자-보살핌제공자 레짐(individual earner-carer regime, Sainsbury, 1999) 혹은 성인 노동자모델(adult worker model, Lewis 2001)이 아니라 '완전한 한 사람의 성인과 반쪽자리 성인의 결합을 전제한 모델'(one and half adult worker model)에 가까운 것으로(Lewis, 2001, Rake, 2001) 비판 받는다.

| |
| --- |
| · 일자리 창출에 대한 강조의 결여 |
| · 신자유주의적인 거시경제 프레임워크의 계승 |
| · 핵심적 조직화 원칙으로서의 시장에 대한 의존 역시 계승 |
| · 사회지출 총량의 증대 회피, 지출 효율화 강조 |
| · 환경적 유지 가능성에 대한 고려 결여 |

* 자료: Perkins et al., 2004. p.7.

데, 이는 시민-노동자로서의 여성의 사회권은 강화하지만 보살핌 제공자로서 유급노동에 참여하지 않는 여성이 시민으로서의 권리를 주장하기는 더욱 어렵게 만든다(김영순, 2006). 이 외에도 사회투자국가론은 표 7-4와 같은 문제점을 가지고 있다고 지적된다.

## 3. 한국의 사회투자국가론의 문제점들

### 1) 개념의 과잉확장과 혼란: 사회투자국가인가, 사회투자전략인가?

이제 한국에서 진행된 사회투자국가 논의의 문제점을 정리해 보자. 한국의 사회투자국가 논의에서 나타나는 첫 번째 문제점은 사회투자국가 개념의 과잉 확장definitional overstretching과 그에 따른 혼란이다. 앞서 지적한 바와 같이 영국의 제3의 길의 정치적 지향이 깊이 각인된 '사회투자국가'와, 새로운 사회적 위험에 대한 성숙한 복지국가 일반의 기능주의적, 실용주의적 대응인 '사회투자전략'은 여러 면에서 크게 다르다. 그리고 후자의 경우 사회투자국가라는 용어를 회피한다. 그러나 한국에서의 논의는 대부분 이 둘을 구분하지 않는다. 신광영(2007)은 사회투자정책과 사회투자국가라는 용어를 구분하지 않고 호환적으로 쓰고 있다. 그리고 영국과 북구를 모두 사회투자국가의 하위 유형으로 보고 있다. 김연명(2007)은 사회투자국가라는 용어를 거의 쓰지 않으며, 테일러-구비의 논의를 준거로 새로운 사회적 위험에 대응할 사회투자정책·사회투자전략의 필요성을 일관되게 주장하고 있다. 이 글의 제2절에서 언급한 두 번째 입장, 즉 기능적이고 실용주의적 입장의 사회투자전략론에 가까운 것이다.[4] 그러나 그 역시 사회투자전략의 이름으로 기든스의 사회투자국가론을 끼워 넣기도 하고[5] 사회투자정책을 논의하는 와중에 리스터의 논의를 인용하면서 사회투자 '국가'의 특징을 정리하기도 한다.[6]

윤홍식(2007)의 용어법도 혼란스럽다. 그는 "사회투자국가는 복지국가를 둘러싼 새로운 패러다임을 제기하는 것이라기보다는 상대적으로 (비활성화된 노동력이 많음으로써)노동시장 참여율이 낮고, (공적 서비스의 미발달로 인해)사회서비스가 취약한 서구 복지국가들이 사민주의 복지국가들과 같이 고용률을 높이고 사회적 불평등을 완화하기 위해 교육·훈련·돌봄으로 대표되는 사회서비스를 강화하고자 하는

---

4) 사실 김연명의 경우 2006년 작성된 글(「사회투자국가의 이해와 한국적 적용의 가능성과 쟁점」(2006. 11. 6. 사회정책연구회 월례발표회 발표문)과 2007년 심포지움 『한국사회의 미래와 사회투자정책』에서 발표된 글(「사회투자정책과 한국 사회정책의 미래」)은 상당한 입장 차이를 보인다. 제목에서 드러나듯 전자는 사회투자국가론이라는 용어를 사용하며, 영국 제3의 길론(주의)의 주장들을 광범위하게 인용한다. 그리고 이들의 주장이 담긴 사회투자국가론은 우리의 복지국가모델로 유용성이 있으며, 특히 복지 확충에 기여할 수 있는 매력적 담론으로 보았고, 개별 정책보다 담론적 중요성이 크다고 판단한다(2006: 21-22). 후술할 양재진(2006; 2007)의 입장과 여러 모로 유사한 것이다. 그러나 2007년 글에는, 역시 제목에서 알 수 있듯, 사회투자국가라는 용어가 사라지고 제3의 길 쪽 문헌들이 거의 인용되지 않으며, 사회투자 '전략'과 '정책'을 강조한다. 이 글에서는 2007년 글이 좀 더 공식적인 장에서 피력되었고, 시기적으로도 나중에 발표된 글이라는 점에서 전자와는 입장의 변화가 있는 최종적인 입장으로 보고 후자만을 논의 대상으로 삼았다.
5) '평등과 시민권'에 대한 논의(김연명, 2007: 120)가 그러한데, 실용주의적 사회투자전략론은 이런 식의 '새로운 평등관'을 주장하지 않는다.
6) 여기(김연명, 2007: 116)에 나타난 사회투자국가의 특징에는 실용적 사회투자전략론에는 해당되지 않는 것들이 많이 있다.

전략적 전환"(윤홍식, 2007: 3)이라고 정의한다. 앵글로-색슨국가들이 북구 복지국가의 궤적을 따라가려 하는 것이 사회투자국가라는 것이다.[7] 그러나 앵글로-색슨국가들, 특히 사회투자국가의 대표 격인 영국은 "(비활성화된 노동력이 많음으로써) 노동시장 참여율이 낮"은 나라가 아니라, 국제 비교상 미국과 더불어 노동시장 참여율이 높고 실업률은 낮은 편에 속한다. 또 영국이 지향하는 사회투자국가는 북구를 따라가는 것이기보다는 정치적 필요에 따라 북구 복지국가모델에서 입맛에 맞는 것만을 골라 낸 것[pick and mix]이며, 북구의 제도적 · 보편적 복지국가에 반하는 내용들도 많이 가지고 있다.

양재진의 연구(2006)는 개념의 과잉 확장이 가장 심한 경우이다. 그는 1990년대를 거치면서 세계화의 압력과 새로운 사회적 위험의 대두를 계기로 대부분의 서구 복지국가가 사회투자국가로 '수렴' 했다고 보았다.

"……위와 같이 신자유주의와 전통좌파 이데올로기 모두를 비판적으로 극복하는 새로운 중도좌파 이념을 바탕으로 좌파정당들이 다시 1990년대에 집권에 성공하게 되었다. 나라마다 강조점과 성과는 다르나 제3의 길의 전략에 입각한

---

7) 그는 에스핑-안데르센(2002)을 인용하면서 이런 주장을 하였는데(윤홍식, 2007: 3), 이는 그에 대한 오독이거나 최소한 독자로 하여금 에스핑-안데르센의 진의를 오해하게 할 소지를 안고 있다. 에스핑-안데르센(2002: 5)은 영국 노동당의 제3의 길을 가리켜, "북구 사민주의에 대한 매우 뒤늦은 영국적 발견에 불과하다" 고 하였다. 북구의 사회투자정책은 늘 거기에 그렇게 있었는데 이제 와서 갑자기 웬 소동이냐는 뉘앙스를 강하게 풍기는 것이다. 그리고 곧 뒤이어 제3의 길은 '사민주의 정책에 대한 부적절한 선택적 전유' (unduly selective appropriation of social democratic policy)라고 쓰고 있다. 즉 제3의 길의 사회투자국가론과 북구의 사회투자정책들은 다른 것이며 전자는 후자에서 자신의 입맛에 맞는 것만 골라 가졌다는 것이다. 말할 것도 없이 이 입맛에 맞는 것은 신자유주의와 화해할 수 있는 요소들이다. 그는 '부적절하다' 고 보는 이유로 ① 활성화가 전통적 소득보장의 대체물이라고 생각하는 것, ② 활성화정책이 지닌 예방이 아닌 사후적 치료책으로서의 편향을 든다. 요컨대 에스핑-안데르센은 영국식 사회투자국가가 긍정적 혹은 중립적 의미에서 북구 사민주의 복지를 시차를 두고 따라가는 것으로는 결코 보지 않으며, 후자와 전자는 완전히 다른 것이라고 보고 있다.

경제, 노동, 복지개혁이 이루어지고 그 결과는 사회투자국가의 부상이었다."
(2006: 5).

그에게 있어 신자유주의의 헤게모니가 동요하면서 1990년대 중반
이후 재집권한 좌파정당의 수정주의적 노선, 제3의 길, 사회투자국가,
그리고 때로는 유연 안정성모델까지도 서로 긴밀히 연관된 거의 호환
적인 개념이다. 다만 이런 여러 이름으로 불릴 수 있는 수렴된 모델 속
에 자유주의형, 신사민주의형 등의 변이가 존재할 뿐이다. 이런 관점에
서 그는 이 용어들을 호환하여 쓰고 있는데 이는 심각한 문제를 낳는
다. 국외 텍스트 중 실용적 의미의 사회투자전략론에만 해당하는 논의
들과, 그야말로 '좌파 신자유주의적'인 강한 이념적·규범적 정향을
갖는 영국식 제3의 길 및 사회투자국가론에만 해당하는 논의들을 모두
한 자루에 쓸어 넣고 논하기 때문이다.[8] 그러나 1990년대 재집권한 좌
파정당의 정책 지향과 이념을 모두 제3의 길로 묶기도 어렵거니와(영
국 노동당이 스웨덴 사민당, 덴마크 사민당과 함께 제3의 길로 묶일 수
있을까?),[9] 제3의 길을 표방하는 정부의 복지국가 비전이 전부 사회투
자국가인지도 의문이다(슈뢰더 정부의 독일 복지국가를 사회투자국가
라고 할 수 있을까?)

사회투자국가 개념의 과잉 확장은 자연스럽게 복지국가 유형론 문제

---

8) 실제로 양재진(2006: 1)은 테일러-구비(2006)가 사회투자국가라는 용어를 쓰지 않았음에
   도 불구하고 "……이런 새로운 개념의 복지국가를 사회투자국가라고 명명하고 있다."라고
   한 다음 인용의 출처로 기든스(Giddens, 1998)와 테일러-구비(Taylor-Gooby, 2006)를 나
   란히 적었다.
9) 물론 이런 입장을 취하는 연구자들이 없는 것은 아니다. 기든스(2001), 머켈(Merkel,
   2001), 드라이버와 마텔(Driver & Martell, 2002) 등은 1990년대 유럽의 사민당들의 새로
   운 노선들을 모두 제3의 길의 하위 유형으로 볼 수 있다고 주장한다. 그러나 이런 지나친 개
   념 정의의 확장은 사르토리가 말하는 비교정치에서 개념정립 오류(concept mis-
   formation: Sartori, 1970)에 가깝다.

로 연결된다. 테일러-구비(2007)는 서구 복지국가의 발전단계를 1950~1970년대의 '전통적 복지국가기' traditional welfare state 와 1990년대 중반 이후의 '사회투자기' social investment 로 구분한다. 김연명(2007)은 테일러 구비의 논의를 받아들여 서구 복지국가의 발전을 1950~1970년대의 '고전적 복지국가기' classic welfare state 와 1990년대 중반 이후의 '사회투자국가기' social investment 로 구분한다. 양재진(2006: 1)도 1990년대를 거치면서 전통적 복지국가가 사회투자국가로 이행했다고 본다. 즉, 이들은 모두 1990년대 이후 모든 서구 복지국가가 패러다임적 전환을 했으며 그 결과 사회투자국가라는 새로운 단계의 복지국가시대로 접어들었다고 파악한다. 그리고 여전히 존재하는 복지체제들 간의 차이는 사회투자국가라는 동일한 사회정책 패러다임의 변이, 즉 다양한 하위 유형으로 받아들인다.

그러나 과연 1990년대를 기점으로 모든 서구 복지국가가 이런 질적 전환을 했다고 볼 수 있을까? 모두가 인정하듯 북구 복지국가들은 예전부터 사회투자적 사회정책들을 실시해왔다. 최근 새로운 사회적 위험의 대두 속에서 이런 속성을 더 강화하긴 했지만 영국처럼 소득보장을 '대신할' 기회보장을 위한 사회투자를 주장하지는 않았으며, 그런 급격한 정책 선회도 없었다. 이들은 소득보장의 골격을 유지하면서, 다만 활성화를 위해 노동유인을 높일 방향으로 급여와 조세체계, 그리고 적극적 노동시장정책을 '손질' 했을 뿐이다. 그 결과 소득보장 지출과 투자적 성격의 사회서비스 지출들은 거의 균형을 이루고 있다(김영순, 2007: 표 2-3, 표 2-6). 즉 북구 복지국가들은 질적 단절을 경험했다기보다는 여전히 과거 복지국가의 연속성에 놓여있는 것이다. 또 영국부터 덴마크, 스웨덴까지를 하나의 새로운 정책 패러다임으로 묶기엔 이 두 극단들 사이의 거리가 너무 멀다. 양재진은 사회투자국가의 두 이념

형으로 자유주의형과 신사민주의형을 들었고, 영국과 덴마크를 각각
의 대표 나라로 꼽았다. 그러나 그 역시 양자 간의 차이를 지적하고 있
다(양재진, 2006: 6). 이런 커다란 차이에도 불구하고 이 두 유형이 모
두 사회투자국가라고 주장하는 것은 자유시장경제<sup>Liberal Market Economies</sup>나 조
정시장경제<sup>Coordinated Market Economies</sup>나 모두 시장경제이고 모두 자본주의라고
하는 것과 다름없다. 그렇게 얘기한다면 그럴 수 있겠으나 공허한 얘기
가 되는 것이다.

　사회투자국가를 복지국가 유형론 속으로 좀 더 유용하게 포섭해 들
이는 방법은 리스터(2004) 또는 젠슨과 생-마르탱(Jensen & Saint-
Martin, 2001; 2003)처럼 그것을 자유주의적 복지국가의 현대적 발전
태의 하나로 파악하는 것이다. 이들은 사회투자국가를 영국과 캐나다
등 장기간 신자유주의 정부의 지배를 경험한 잔여주의적 복지국가에서
좌파가 중도로 이동하면서 제기한 새로운 복지국가, 전통적 사민주의
와 신자유수의적 이념을 혼합한 혼성적 복지국가<sup>hybrid welfare regime</sup>로 한정하
였다. 이 복지국가는 당연히, 과거 신자유주의 정부의 잔여적 복지국가
와는 다르지만, 어떤 관점에서도 도저히 북구 복지국가와 하나의 용어
로 묶어버릴 수 없는 자유주의적 속성 역시 가지고 있다. 리스터는 영
국과 캐나다 같은 복지국가에서는 점점 더 강해진 복지체제의 자유주의
적 성격을 '잔기적인 사민주의적 정열'이 누그러뜨려왔는데, 사회투자
국가는 이런 현상의 최근 버전이라고 해석하고 있다(Lister, 2004: 158).

　나는 이 입장이 현실을 제대로 파악하고 이론적 혼란을 방지하는 타
당한 시각이라고 생각한다. 그리고 새로운 사회적 위험에 대한 기능적,
실용적 대응전략으로 사회정책의 투자적 측면을 강화하고 있는 여타
국가들은 사회투자국가의 범주에서 제외해야 한다고 본다. 또 이런 사
회투자적 측면의 강화는 기존 복지국가의 질적 변화를 의미하기보다는

기존의 복지체제의 유형이 손상되지 않는 가운데 일어나는 새로운 도전들에 대한 경로 의존적 대응 정도로 파악해야 한다고 본다. 적어도 아직까지는 그렇다. 만일 북구나 대륙유럽국가에서 기존의 복지국가의 보편성이나 소득보장정책의 근간을 흔드는 큰 변화가 나타난다면 그때 우리는 패러다임의 변화와 사회투자국가의 하위 유형을 논할 수 있을 것이다.

## 2) 서구 사회투자국가론의 문제점 재생산

사회투자국가론과 사회투자전략론이 혼란스럽게 섞여 쓰이는 가운데 국내의 사회투자국가 논의는 사회투자국가론이 지닌 문제점이 그대로, 혹은 더 왜곡된 형태로 재생산되기도 했다.[10] 몇 가지를 지적해 보겠다.

첫째, 소비적 지출과 투자적 지출의 이분법 문제이다. 양재진(2006: 6)은 이런 이분법을 전제로, 북구 신사회주의형 복지국가에서도 연금·실업수당, 장애보험 등 소득이전 지출을 삭감하고 훈련·교육·보육 등 사회투자적 지출은 늘렸다고 주장한다. 그러나 북구 복지국가들이 과연 영국에서 주장하는 이분법에 입각해 현금이전 지출을 줄였다고 할 수 있는지 의문이다. 북구국들의 현금급여는 부분적으로 삭감되었지만 그 수준은 미미하며 보편적·제도적 복지국가의 근간을 건드릴 만큼은 아니다. 훈련·교육·보육에 대한 지출은 원래 타국보다 비중

---

10) 영국식 사회투자국가론의 문제점을 가장 많이 보여주는 것은 거의 비판적 거리를 두지 않은 채 영국 사회정의위원회의 보고서를 요약하여 우호적으로 소개한 임채원의 연구들(2006a; 2006b)이다. 그는 보고서에 그려진 청사진들이 실제로 영국에서 어떻게 실천되어 어떤 결과를 냈는지는 평가하지 않으며, 이런 영국적 모델을 한국에 적용하려 할 때 어떤 가능성과 한계를 가지고 있는지도 언급하지 않았다.

이 높긴 했지만 좀 더 강화했을 뿐이다(김영순, 2007: 표 2-6). 즉 예나 지금이나 이들 나라들은 소득보장이나 사회서비스를 모두 중요하다고 보고 고른 지출을 해왔을 뿐이며 하나를 희생해 다른 하나를 강화하지는 않았고, 바로 그렇기 때문에 투자적 지출의 수익이 클 수 있었다. 최근 스웨덴의 연금제도에 커다란 변화가 일어난 것은 사실이나 이 역시 '투자적 지출과 상쇄관계에 있는 이전지출의 억제'라는 맥락에서 해석하기는 어렵다. 투자적 지출의 확대 필요와 무관하게, 다른 이전지출을 위해서라도 연금은 그 자체로서 개혁되어야 한다는 합의가 스웨덴 연금개혁의 배후에 자리 잡고 있었다.

김연명(2007: 11)은 사회투자정책의 주요 프로그램으로 활성화정책<sub>activation policy</sub>, 아동 및 여성 친화적 정책 등의 사회복지서비스 프로그램, 자산형성 프로그램 등을 들었다. 그러나 그는 동시에 사회투자정책이 고전적인 소득보장 프로그램을 대체하는 것은 아니며, 충실한 현금지급 프로그램이 사회투자전략의 선결조건이라는 주장을 수용해야 한다고 주장했다. 그렇다면 그의 주장은 개념상의 약간의 혼란에도 불구하고, 소득보장 프로그램의 상당 부분을 사회투자로 대체하고자 하는 영국식 사회투자국가론과는 다르며 기능적, 실용적 사회투자전략에 가까운 셈이다. 결국 그의 주장은 소득보장과 사회투자 둘 다에 상당한 지출이 필요하다는 얘기인데, 이는 그의 우려대로 비용문제를 둘러싼 갈등을 유발할 소지가 크다. 이 문제는 뒤에서 재론한다.[11]

둘째는 평등의 문제이다. 윤홍식(2007: 23)은 "사회투자국가는 가족에 대한 소득보장과 건강에 대한 지원을 사회투자전략의 핵심적 전제로 강조한다는 점을 고려한다면(Esping-Andersen, 2002: 5), 사회투

---

11) 대조적으로, 우천식(2007: 72)은 사회투자적 지출을 기술적으로 확정하려는 과정에서 오히려 모든 복지지출은 궁극적으로는 투자적이라는 결론에 도달하고 있어 흥미롭다.

자국가야말로 결과의 평등을 적극적으로 실현해야 하는 사회적 정당성을 강조하는 것이다."라고 쓰고 있다. 그러나 그가 인용한 에스핑-안데르센의 말을 잘 살펴보면 에스핑-안데르센은 사회투자국가가 '가족에 대한 소득보장과 건강에 대한 지원을 사회투자전략의 핵심적 전제'로 한다고 인정해주는 것이 아니라 오히려 그 반대이다. 그는 빈곤 및 소득불안의 최소화가 사회투자전략의 전제조건임에도 불구하고 사회투자국가(론자들)는 이를 무시하고 있으며 사회투자로 소득보장을 대신하려 한다는 점을 비판하기 위해 이런 얘기를 하고 있는 것이다. 윤홍식(2007: 1)은 또한 "사회투자국가의 핵심적 전략은 기본적인 소득, 건강, 주거보장 등과 '결과의 평등에 기반한 기회의 평등을 통해'······ 모든 시민이 일하는 사회를 구현하는 것"(강조는 필자의 것)이라고 주장하나, 실제로 기든스나 사회투자국가론자들은 이런 주장을 하지 않는다. 그들은 결과의 평등보다 기회의 평등을 강조하며 기회의 평등이 결과의 평등을 달성할 최선의 길이라고 주장할 뿐이다.

윤홍식(2007)보다는 양재진이 인용하는 사회투자국가의 평등관이 원래 사회투자국가론자들의 주장에 가깝다. 양재진은 사회투자국가가 "······결과의 평등이 아니라 기회의 평등을 실질적으로 보장하고자 한다."(2006: 2)고 주장한다. 사회투자국가의 평등이란 "복지국가의 이상인 탈상품화를 포기하고 재상품화를 추구하는 것이며 시장으로부터 보호하는 것이 아니라 시장에서 좀 더 성공적으로 경쟁할 수 있도록 능력을 배양"하는 것이고, "급여와 권리에 초점을 둔 사후적, 재분배적, 소비적인 사회복지를 뛰어넘어 국가가 실질적인 기회의 평등을 온 국민에게 부여하는 것"이다(양재진, 2007: 13). 기든스는 자유주의의 기회평등 개념이 법적, 형식적인데 비해 새로운 사민주의의 기회평등은 사회투자를 통해 경쟁지반을 고르게 만드는 것이기 때문에 실질적인 것이라고 주장한다. 양재진은 이런 기든스의 논지를 받아들여 실질적 기회보장을 사회권의 확대 적용이라고 보았다. 그러나 이런 그의 주장은 복지권이라고 불리는 사회적 시민권 자체가 자본주의적 민주주의 democratic capitalism 사회에서 공민권이나 정치권이 제공하는 기회의 평등만으로는 인간다운 삶을 누리기 어려운 사람들을 위한 결과의 평등을 보장하는 장치였음을 고려할 때 납득하기 어렵다. 그것은 형식적 기회평등보다는 진전된 것인지 몰라도 사회적 시민권으로부터의 후퇴이고 결국 시민권의 후퇴이다. 국가가 실질적 기회보장을 위해 노력해도 이 기회를 이용하여 빈곤에서 탈출할 수 없는 사람들이 세상에는 존재한다. 이들에게 필요한 것은 결과의 평등의 관점에서 기본소득을 보장하는 것이다. 물론 기든스의 말처럼 평등과 공정성은 '지금 당장, 여기에서 모두에게 평등'이라는 기계적, 정태적 관점보다는 생애 기회 life chance 라는 관점에서 해석되어야 하고, 이런 의미에서 적극적 기회보장 조치들은 중요하다. 그러나 이는 일자리 창출(저임금 일자리라 할지라도) 및 수련에 대한 집중적 투자와 더불어 반드시 기본소득 보장전략을 결합한 것이어야 한다(Esping-Andersen, 2001: 152).

셋째, 사회투자국가에 대한 성인지적 관점의 취약성이다. 국내의 사회투자국가에 대한 논의는 저출산·고령화사회에 대응하기 위한 여성의 노동시장 참여 지원, 이를 위한 보육 관련 복지확대에 초점이 맞춰지고 있다. 이에 따라 여성친화적, 가족친화적 정책이 사회투자정책이며 일-가족 양립 지원이 필요하다는 말만 기계적으로 되풀이될 뿐, 우리에게 적합한 젠더정책 레짐이 어떤 것이며 그것이 사회투자정책과 어떤 연관이 있는가라는 관점에서 가족형성과 부모됨 partnering and parenting 의 젠더적 차원, 노동시장과 가족 간의 관계설정, 여성의 사회적 시민권 문제 등에 대한 깊이 있는 천착과 고민은 거의 보이지 않는다. 영미의 사회투자국가론보다 훨씬 더 도구주의적 관점을 취하고 있는 것이다. 명확히 가족 및 여성정책을 중심으로 사회투자국가의 과제를 논하면서 그 안의 논리적, 현실적 모순과 충돌에 대한 서구의 논의와 경험을 폭넓게 소개하는 윤홍식(2007)의 작업이 이런 일반적 경향의 거의 유일한 예외가 아닌가 싶다.

## 4. 맺음말: 사회투자국가가 우리의 대안인가?

이상에서 사회투자국가에 관한 한국에서의 논의가 갖는 문제점을 살펴보았다. 이런 문제점들을 일일이 지적하는 것은 학문적 정확성을 기하기 위해서라기보다는 그것의 현실적 위험성을 경계하기 위해서이다. 한국의 사회투자국가 논의에서 많은 연구들은 저출산·고령화 사회와 새로운 사회적 위험에 대한 대응의 필요성으로 문제제기를 한 다음, 기능적·실용적 처방으로서의 '사회투자전략'과 잔여적 복지국가의 최근 형태로서의 '사회투자국가'의 규범적 지향들을 함께 뒤섞어 얘기한다. 이는 앵글로-색슨형 사회투자국가를 필요한 것, 바람직한 것으로 명시적·묵시적으로 옹호하는 결과를 초래한다. 아예 명시적으로 영국식 사회투자국가가 우리의 대안이라고 주장하는 경우는 훨씬 낫다. 그게 정말 우리의 대안인가라는 논의로 넘어갈 수 있기 때문이다. 그러나 대부분의 연구들은 그렇지 않다. 많은 연구들이 이미 서구 논의에서 제기된 사회투자국가에 대한 비판을 거론하지 않고 사회투자국가의 이념적·정치적 성격에 대해 침묵하면서, 그리고 모든 서구 복지국가의 현 단계를 사회투자국가라고 개념화하는 과정에서 결과적으로 사회투자국가에 대한 긍정적 환상('선진복지국가들이 다 하고 있는 것!')을 부추기는 것이다.

그렇다면 사회투자국가라는 비전이 왜 문제인가? 무엇보다도 이런 영국식 사회투자국가론의 성과는 그것이 애초에 제시했던 '멋진 신세계'와는 거리가 멀기 때문이며, 이런 전략으로는 우리가 당면한 극도의 사회적 불안전social insecurity과 양극화, 불평등의 문제를 해결할 수 없을 것으로 보이기 때문이다. 사회투자국가론이 실행에 옮겨진 지 10년이 되어가는 영국의 경우 그 성과는 그리 인상적이지 못하다. 공공 보육서비스의 확대는 보육시설의 대부분이 민영인 상태에서 비싼 보육료 문제 때문에 진척이 매우 느리다(김영순, 2006). 뉴딜(근로연계복지적 요소를 갖는 적극적 노동시장정책)의 효과는 일차적 표적집단이던 청년층보다 독신모와 장애인집단에서 더 두드러졌으나, 전체적으로 보면 초기의 반짝 증가 후 곧 완만해졌다(Taylor-Gooby & Larsen, 2004: 74, 그림 3.1). 빈곤문제 해결에는 큰 진전이 없고 불평등은 오히려 증대했다.[12]

요컨대 영국 사회투자국가는 그리 '효과적'이지 않은데, 이는 기본적으로 기존 복지국가의 잔여주의적 속성 때문이다. 즉 사회투자정책들이 적절한 기초적 소득보장과 보편적 서비스로 뒷받침되지 않기 때문인 것이다. 부모가 적절한 일자리를 찾을 수 없는 상태에서, 혹은 탈규제화된 노동시장에서 불안정한 저임금 일자리에 종사하며 기본적인 생활을 위한 소득을 얻지 못하는 상태에서 아동에게 부여되는 몇 가지

---

12) 블레어 정부 10년 동안(1996/7-2005/6) 영국의 빈곤율(중위소득 60% 이하 인구 기준)은 약간 내려가거나(주거비용 합산 이후 기준 약 25%에서 23%로), 거의 변화가 없고(주거비용 합산 이전 기준 약 17.5%), 불평등은 심화되었다(지니계수 0.33에서 0.35로). 아동 빈곤율(중위소득 60% 이하 소득가구 거주 아동비율)만은 34.1%에서 29.8%(주거비용 합산 이후), 혹은 26.7%에서 22.1%로 크게 줄었다. 그러나 이 수치는 이 시기 아동빈곤이 급격히 심화된 이탈리아, 스페인과 더불어 여전히 유럽 최고 수준의 것이다(Brewer et al., 2007).

급여나 혜택을 늘린다고 아동빈곤이 사라지는 것은 아니다. 일자리 창출을 철저히 시장에 맡긴 상태에서, 노동력의 공급 측면만을 개선해서는 고용 증가에 한계가 있다. 대처시기 공공 보육시설을 신설하는 대신 민영 보육시설을 대폭 늘린 결과 보육료는 통제 불가능하게 높아졌고, 이는 보육료 지원을 통한 공공 보육서비스 확대라는 블레어 정부의 정책에 경로제약 효과를 발휘하고 있다(김영순, 2006).

이런 복지국가가 우리의 비전이 되어야 하는지 진지하게 생각해볼 필요가 있다. 게다가 영국은 그래도 여전히 우리보다 튼튼한 소득보장 체계를 가지고 있다. 반면 우리는 이제 겨우 복지국가의 기본틀이 정비되었으나 소득보장 프로그램들에 광범위한 사각지대가 있는 '공동화된 복지국가' a hollow welfare state (Kim, 2007)이다. 이런 상태에서 소득보장 대신 사회투자라는 담론은 복지국가의 내실화라는 절박한 과제를 달성하기 어렵게 하는 매우 위험한 결과를 가져올 수 있다.

양재진(2006: 8-9)은 한국사회가 부딪힌 여러 사회문제의 해결을 위해 사회투자국가로의 전환이 시급하다고 주장한다. 뿐만 아니라 사회적 수용성을 고려할 때 사회투자국가 담론은 정치적으로도 매우 유용할 수 있다고 주장한다. 그는 한국이 영국보다도 보수주의가 더 우세하고, 성장과 복지의 이분법이 팽배하며, 공공복지에 대한 저항이 큰 나라이기 때문에, 신자유주의적인 반복지담론에 전통좌파적인 국가복지 전략으로 대응하는 것은 정치적 '패배'의 가능성이 매우 높다고 진단한다. 따라서 신자유주의와 성장 담론을 적극적으로 수용하되, 그 안에서 사회복지적 이상을 실현하는 사회투자 개념의 복지 패러다임을 형성하는 것이 국민적 수용 가능성이 높고 정치적으로 유용할 것이라고 주장한다. 그리고 궁극적으로는 신사회주의형 사회투자국가가 바람직하지만, 여러 가지 여건이 미비한 우리 상황에서는 당장은 자유주의형 사회투자국가를 목표로 하고 이를 기반으로 신사회주의형 사회투자국가로 옮아가야 한다고 주장한다. 사회투자국가론에 호의적인 국내 다른 연구자들이 애매하게 넘어가는 부분들에 대해 그는 매우 분명하게 자신의 입장을 밝히고 있는 셈이다.

우선, 사회투자국가 담론의 정치적 유용성에 대해 나는 동의하기 어렵다. 물론 신자유주의가 지배적인 우리의 담론지형에서 사회투자국가론은 전통적 복지국가론보다 더 쉽게 수용될 것이다. 그러나 이는 궁극적으로 복지담론에서 신자유주의의 헤게모니를 더욱 강화시키는 역할을 할 것이며, 보편적·제도적·연대적 복지국가정책과 그 담론의 설 자리를 좁힐 것이다. 즉 사회투자국가 담론은 전통적 복지국가=소비적=낭비적=나쁜 복지국가, 사회투자국가=투자적=생산적=좋은 복지국가라는 이분법을 유포시킬 수 있다. 이는 그렇지 않아도 취약한 우리 사회의 친복지국가적 담론을 약화시키고 복지동맹의 형성을 저해하며, 복지국가를 '퍼주기식 복지', '복지병'의 근원으로 매도하는 신자유주의 이데올로기를 강화할 위험이 있다. 영국식 사회투자국가라는 '정거장'을 거쳐 북구식 사회투자국가로 가자는 주장은 논리적으로도 여러 문제를 안고 있지만, 현실적으로 매우 중대한 문제점이 있다. 바로 '경로 의존성'의 문제이다. 사실상 영국의 사회투자정책이 밑 빠진 독에 물 붓기가 되는 것도 이런 잔여주의 복지국가의 부실한 기초 때문이다. 우리는 아직도 제도형성<sup>institution building</sup> 단계에 있고 첫 단추를 잘 꿰어 경로를 바람직한 방향으로 뻗게 하는 게 중요하다.

그럼 어떤 대안이 있는가? 그 이름은 '새로운 사회적 시민권국가'가 될 수도 있고, '적극적 복지국가'가 될 수 있을 것이나, 그 내용은 사각지대 해소를 통한 소득보장체계의 내실화와 보편적 사회서비스를 결합하는 것이라고 할 수 있다. 진부해 보일지 모르지만 이렇게 '기본'에서 출발해야 한다고 본다. 영국이 아닌 대륙유럽 맥락에서 "사회지출에서 사회투자로"라고 얘기할 때는 우리와 비교하기 힘든 높은 수준의 소득 보장을 전제로 한 주장이며, 영국마저도 우리보다 훨씬 높은 수준의 소득보장체계를 가지고 있다. 사회투자 얘기를 하러 한국 심포지움에 온 테일러-구비는 유럽은 한국으로부터 인적자본과 R&D에 대한 고투자를 배우고, 한국은 유럽으로부터 양성 평등정책과 더불어, 역동적 노동시장과 '높은 수준의 복지' a good level of welfare 를 결합하는 유연 안정성을 배워야 한다고 주장했다. 필자에겐 이 얘기가 한국은 인적자본 육성이나 사회투자보다 소득보장에 더 신경 써야 하지 않느냐는 얘기로 들렸다.

사실 사회투자국가 건설의 필요성을 주장하는 국내의 많은 논의들 역시, 우리의 소득보장체계의 부실함이 마음에 걸리는 듯, 우리의 입장에서는 소득보장도 중요하다고 사족처럼 덧붙인다. 결과적으로 이런 입장들은 현실의 대안을 놓고는 이 글의 입장과 크게 다르지 않은 것으로 보인다. 그런데 이런 입장들은 소득보장과 사회투자, 이 두 가지를 대등한 수준에서 말하기를 꺼리고 사회투자국가 논의의 말미에 소득보장 얘기를 슬쩍 덧붙인다. 이는 아마도 비용문제 때문일 것이다. 물론 비용문제를 감안하지 않는 어떤 복지국가 대안도 무책임한 것이 될 것이다. 전통적인 사회적 위험에 포개어지는 새로운 사회적 위험의 확대 속도, 특히 급속한 인구고령화 추세를 감안할 때 재정적 지속 가능성 문제는 우리에게 매우 심각한 압박으로 다가온다.

그러나 사회 자체의 지속 가능성은 재정적인 지속 가능성 못지않게, 아니 그보다 더 중요하다.[13] 필자는 우리 사회의 사회적 불안전[social]

---

13) 반덴브로크(2002)는 '지속 가능한 사회정의'(sustainable social justice)를 이야기하는데 이는 효율적인 생산적 복지의 필요성뿐만 아니라 동시에 사회가 건강하게 유지되기 위한 수준의 복지의 필요성도 함께 강조하는 개념이다.

insecurity은 재정적 지속 가능성 논리를 내세워 방관하기 어려운 수준, 그야말로 위험 수위에 이르렀다고 생각한다. 급속히 심화되는 저출산 경향, 빈곤으로 인한 가족 해체, OECD 자살률 1위, 그리고 그 원인으로서 빈곤과 생활고 비관이 차지하는 높은 비중, 일자리 및 생계와 관련된 높은 스트레스 수준 등은 우리 사회가 과연 지속 가능한 사회인지를 되묻게 한다. 사회가 병들고 황폐해져 그 지속 가능성이 걱정될 정도라면, 재정의 수지균형을 달성한다는 것이 무슨 의미가 있는가? 세계를 놀라게 한 압축적 경제성장은 사회적 위험도 압축 성장시켰다. 그리고 이는 압축적 복지지출의 성장을 요구하고 있다. 그리고 복지재정은 처음부터 한계가 정해져 있는 것이 아니라 납세자들을 설득해 정치적 합의를 이룰 수 있다면 조달될 수 있는 것이다. 또 이런 우리 사회의 유지 가능성에 대한 우려를 사회구성원들이 공감할 수 있다면 복지재정의 확충을 위한 정치적 합의도 아주 불가능한 것은 아닐 것이다. 낮은 수준에서이기는 하지만, 그리고 여러 문제점들을 안고 있지만, 최근 저출산·고령화 문제에 대한 인식과 대응은 이런 사회 자체의 유지 가능성에 대한 우려의 사회적 공감과 확산, 그리고 자원동원의 가능성을 보여준다고 생각한다.

지금 우리에게 절박하게 필요한 것은 사회투자국가의 건설이 아니라 소득보장과 사회서비스체계의 확립이라는 복지국가의 기본을 내실화하는 것이다. 또 복지제도들의 설계에서는 성장과 고용과 복지가 선순환하도록, 생산적인 측면이 극대화되도록 유의해야 하지만, 담론상으로는 소득보장을 사회투자적 지출 못지않게 강조해야 하며, 복지지출을 소비적/투자적인 것으로 나누기보다는 모든 복지지출이 생산적이며, 투자적임을 강조해야 한다. 우리의 맥락에서는 활성화, 근로윤리, 빈자와 복지수급자의 의무가 아니라 충분한 일자리, 사회적 시민권, 국가의 책임과 가진 자의 책임이 강조되어야 한다. 김대중 정부 초기를 달구었던 생산적 복지국가 담론이 가져온 폐해를 반복하지 말아야 할 것이다.

* 이 글은 『경제와 사회』 2007년 여름호(제74호)에 수록된 논문을 수정한 것이다. 이 글을 준비하면서, 이 글에서 가장 많이 비판하고 있는 저자인 양재진 교수(연세대 행정학과)로부터 기존 연구에 대한 정보와 자료수집에 있어 많은 도움을 받았다. 그의 지원에 감사하며 생산적 토론을 기대한다.

# 참고문헌


김연명(2006). 「사회투자국가의 이해와 한국적 적용의 가능성과 쟁점」 2006년 11월 사회정책
　　　연구회 월례발표회 발표문. 한국보건복지인력개발원(2006. 11. 6).
　　　(2007). 「사회투자정책과 한국 사회정책의 미래」, 한국사회복지학회 · 한국사회정책학
　　　회 · 한국행정학회 · 한국산업사회학회 공동 심포지움. 『한국사회의 미래와 사회투자정
　　　책』 발표문. 한국프레스센터 국제회의장(2007. 2. 21). (이 논문의 수정본이 이 책의 제
　　　1장에 실려 있음)
김영순(1999a). 「제3의 길: 인간의 얼굴을 한 대처리즘? 혹은 사민주의 부활의 유일한 길?」,
　　　『국제정치논총』 39(3)
　　　(1999b). 「제3의 길 위의 복지국가: 블레어 정부의 '일을 위한 복지' 프로그램」, 『한국
　　　정치학회보』 33(4)
　　　(2006). 「블레어 정부 이후 영국 여성 사회권의 권리자격 변화: 보육지원제도를 통해 본
　　　노동자로서의 사회권을 중심으로」, 『한국정치학회보』 40(2)
　　　(2007). 「사회서비스체제의 발전과정과 현황」, 정경희 · 이현주 · 박세경 · 김영순 · 최
　　　은영 · 이윤경 · 최현수 · 방효정, 『한국의 사회서비스 쟁점 및 발전전략』, 한국보건사
　　　회연구원.
신광영(2007). 「복지레짐과 사회투자국가」, 한국사회복지학회 · 한국사회정책학회 · 한국행
　　　정학회 · 한국산업사회학회 공동 심포지움, 『한국사회의 미래와 사회투자정책』 발표문,
　　　한국프레스센터 국제회의장(2007. 2. 21).
양재진(2006). 「사회투자국가론과 한국에의 적용가능성 검토」, 한국행정학회 동계학술대회
　　　발표문, 서울대학교 행정대학원(2006. 12. 8).
　　　(2007). 「제2장 사회투자국가의 개념과 등장배경」, 양재진 · 김영순 · 안재홍, 『한국형
　　　사회투자국가 모델형성을 위한 기초연구』, 재정경제부 · 한국사회과학협의회.
우천식(2007). 「사회투자정책의 경제성장 효과: 전망과 과제」, 한국사회복지학회 · 한국사회
　　　정책학회 · 한국행정학회 · 한국산업사회학회 공동 심포지움, 『한국사회의 미래와 사회
　　　투자정책』 발표문, 프레스센터 국제회의장(2007. 2. 21).
윤홍식(2007). 「사회투자국가와 한국복지국가의 과제」, 참여연대 사회복지위원회, 참여사회
　　　연구소 주최, 「사회투자국가의 이해와 한국적 적용가능성에 관한 토론회」(2007. 2).
　　　(이 논문의 수정본이 이 책의 제5장에 실려 있음)
임채원(2006a). 「사회투자국가에 대한 역사적 접근과 이해」, 『정책과 지식』 제311호.
　　　(2006b). 『신자유주의를 넘어 사회투자국가로』, 한울아카데미.
Blair, Tony(1997). "Welfare Reform: Giving People the Will to Win", Vital Speeches of
　　　the Day. 63: 18. http://gw4.global.ebscohost.com
　　　(1998). *The Third Way: New Politics for the New Century*. The Fabian
　　　Society.
Brewer, Mike, A. Goodman, A. Muriel, & L. Sibieta(2007). *Poverty and Inequality in the
　　　UK: 2007*. London: The Institute for Fiscal Studies(IFS Briefing Note No. 73).
Commission on Social Justice, IPPR(1994). *Social Justice: Strategies for National
　　　Renewal*. London: Vintage.
Dobrowolsky, A & D. Saint-Martin(2002). "Agency and Actors, and Change in a Child-
　　　focus Future", *Canadian Political Sciences Association Annual Meeting*. University
　　　of Toronto. May 29-June 1.
Driver, S. & Martell, L.(2002). "Third Ways in Britain and Europe", in O, Schmidtke(ed.),
　　　*The Third Way Transformation of Social Democracy*. Aldershot: Ashgate.
Esping-Andersen, G.(1996). "After the Golden Age? Welfare State Dilemmas in a Global
　　　Economy" in G. Esping-Andersen(ed.), *Welfare States in Transition: National
　　　Adaptation in Global Economies*. London: Sage.
　　　(2001). "A Welfare State for the 21st Century", in Anthony Giddens(eds.),

*The Global Third Way Debate*. Cambridge, UK: Polity

________________(2002). "Towards the Good Society, Once Again?" in G. Esping-Andersen(ed.), *Why We Need a New Welfare State*. London: Oxford University Press.

European Commission(2000). *Social Policy Agenda*. European Commission: Brussels.

________________(2001). *Employment and Social Policies: A Framework for Investing in Quality*. EC: Brussels.

________________(2004). *Report of the High Level Group on the Future of Social Policy in an Enlarged European Union*. EC: Brussels.

Finch, N.(2003). "Family Policy in the UK", *Social Policy Research Unit, York*. (http://www.york.ac.uk/inst/spru/research/summs/welempfc.htm. 2002/2001).

Giddens, Anthony(1994). *Beyond Left and Right: The Future of Radical Politics*. Cambridge: Polity.

________________(1997). "Center Left at Center Stage", *New Statesman*. May. Special edition.

________________(1998). *The Third Way: The Renewal of Social Democracy*. Cambridge: Polity.

________________(2001). "Introduction", *The Global Third Way Debate*. Cambridge: Polity.

________________(2002). *Where Now for New Labour*(신광영 옮김, 2004, 『노동의 미래』, 을유문화사).

Huber, Evelylne & John D. Stephens(1999). "Welfare State and Production Regime in the Era of Retrenchment" (Occasional Papers). *Institute for Advanced Studies*. Princeton, NJ.

Jensen J. & D. Saint-Martin(2001). "Changing Citizenship Regime: Social Policy Strategies in the Investment State" (Paper prepared for workshop) on 'Fostering Social Cohesion: A Comparison of New Political Strategies', University of Montreal. 21-2 June.

________________(2003). "New Routes to Social Cohesion? Citizenship and the Social Investment State", *Canadian Journal of Sociology*. Winter.

Kim, Yeong-Soon(2007). "How Politics Matters: Institutions of Interest Representation and Welfare Politics in South Korea since Democratization" (고려대학교 아세아문제연구소 50주년 기념 국제학술대회 발표문. 고려대학교 인촌기념관. 2007. 3. 16).

Lewis, Jane(2001). "The Decline of Male Breadwinner: Implications for Work and Care", *Social Politics Vol. 8*.

Lister, Ruth(2002a). "The Third Way's Social Investment State", in Jane Lewis & Rebecca Surender(eds.), *Welfare State Change: Towards a Third Way?* Oxford: OUP.

___________(2002b). "Investing in the Citizen-Workers of the Future: New Labour's 'Third way' in Welfare Reform", *The 2002 Annual Meeting of APSA*. Boston. August.

Merkel, Wolfgang(2001). "The Third Ways of Social Democracy", *The Global Third Way Debate*. Cambridge: Polity.

Midgley, J.(1999). "Growth, Redistribution, and Welfare: Toward Social Investment?", *Social Service Review 73(1)*

OECD(2005a). *How Active Social Policy Can Benefit Us All*. Paris: OECD.

______(2005b). *The Active Social Policy Agenda*(www.oecd.org/dataoecd/39/10/ 34485709.pdf).

Perkins, Daniel, Lucy Nelms & Paul Smyth(2004). "Beyond Neo-liberalism: the Social Investment State?" (Social Policy Working Paper No. 3), The Center for Public Policy. University of Melbourne.

Rake, K.(2001). "Gender and the New Labour's Social Policies", *Journal of Social Policy*

       *Vol. 30.*

Sainsbury, Diane(1999). "Gender and Social-Democratic Welfare State" in D. Sainsbury(ed.), *Gender and Welfare State Regime.* Oxford: OUP.

Sartori, Giovanni(1970). "Concept Misformation in Comparative Politics", *American Political Science 64(4)*

Socialdemokraterne. Denmark. "The Productive Model" (http://soc: aldemokraterne.dk/download. as px doc Id=161809).

Taylor-Gooby, Peter(2004). "New Risks and Social Change", in Peter Taylor-Gooby(ed.), *New Risks, New Welfare: The Transformation of the European Welfare State.* Oxford: OUP.

Taylor-Gooby, Peter & Trine P. Larsen(2004). "The UK-A Test Case for the Liberal Welfare State?" in Peter Taylor-Gooby(ed.), *New Risks, New Welfare: The Transformation of the European Welfare State.* Oxford: OUP.

Taylor-Gooby, Peter(2007). "Social Investment in European: Bold Plans, Slow Progress and Implications for Korea" 한국사회복지학회 · 한국사회정책학회 · 한국행정학회 · 한국산업사회학회 공동 심포지움, 『한국사회의 미래와 사회투자정책』 발표문(한국프레스센터 국제회의장. 2007. 2. 21). (이 논문의 수정본이 이 책의 제2장에 번역되어 실려 있음)

Vandenbroucke. Frank(2001). "European Social Democracy and the Third Way: Convergence, Divisions and Shared Questions" in Stuart White(ed.), *New Labour: The Progressive Future?* New York: Palgrave.

__________________(2002). "Foreword: Sustainable Social Justice and Open Co-ordination in Europe" in G. Esping-Andersen(ed.), *Why We Need a New Welfare State.* Oxford: Oxford University Press.

Williams, Fiona & Sasha Roseneil(2004). "Public Values of Parenting and Partnering: Voluntary Organizations and Welfare Politics in New Labour's Britain", *Social Politics 13(2)*

# 우리나라에서 사회투자론 논의의 쟁점

김연명 | 중앙대 사회복지학과 교수

## 1. 서론

2006년 후반기부터 한국사회에서 사회투자론[1]에 대한 관심이 급증하고 있다. 대통령을 비롯한 보건복지부 등 행정부처에서 사회투자, 사회투자국가 등의 용어를 빈번하게 사용하기 시작하였으며, 참여연대 같은 주요 시민단체와 한겨레신문사에서도 이 주제와 관련된 세미나를 개최하였고, 최근에는 학술단체에서도 본격적으로 사회투자론을 주제로 학술대회를 개최하기 시작하였다.[2] 이처럼 사회투자론에 대한 소개가 활성화되면서 이해와 탐색단계를 지나 이 개념이 과연 한국사회에

---

1) 이 글에서는 사회투자 '국가'와 사회투자 '전략'(혹은 '정책') 두 용어를 포함하는 의미로 사회투자론이라는 용어를 쓰기로 한다. '국가'와 '전략'(혹은 '정책) 두 용어를 엄격히 구분해서 쓰는 것이 장단점을 모두 내포할 수 있으나 한국적인 상황에서 사회투자론의 문제의식을 정확하게 수용하고 오해를 줄이기 위해 두 용어를 구분해서 쓰기로 한다.

2) 보건복지부와 한국사회복지학회 등이 2007년 2월 "한국사회의 미래와 사회투자정책"이라는 제목의 심포지움을 개최하였고, 같은 달에 참여연대에서 "사회투자국가의 의미와 한국적 적용 가능성에 관한 토론회"를 개최하였으며, '07년 4월에 한겨레신문사 주최의 "사회개혁 대안모델 토론회"에서 사회투자론이 주요 주제 중의 하나로 발표되었고, 한국사회복지정책학회와 비판과대안을 위한 사회복지학회가 춘계 정기학술대회 주제로 사회투자론을 다루었다. 사회투자론에 대한 국내의 주요 문헌은 김연명 외(2007), 양재진 외(2007), 임채원(2006, 2007)이 있으며 비판적인 문제제기는 김영순의 글(2007)이 대표적이며 이 외에도 이주희(2007)의 글이 참조된다.

서 수용할 만한 가치가 있는지에 대한 논의가 서서히 나타나고 있다. 물론 사회투자론에 대한 학술적 논의나 문헌은 찬반양론을 떠나 양적으로 절대적으로 적기 때문에 쟁점에 대한 논의가 시기상조일 수 있으나 본격적인 학술적인 비평(김영순, 2007)이 제기된 이상 사회투자론에 대한 생산적 토론이 필요한 단계에 온 것으로 보인다. 이 글은 한국에서 사회투자론을 둘러싸고 벌어지는 핵심적 쟁점과 다양한 비판적 문제제기를 검토하는 것을 목적으로 한다.[3]

## 2. 사회투자론이 '대안 패러다임' 이 될 수 있는가?

최근 한국사회에서 사회투자론이 주목 받는 이유 중의 하나는 산업화, 민주화 이후 한국사회의 미래 전망에 대한 '진보·개혁진영' 의 설득력 있는 대안 패러다임이 없다는 점과 연관되어 있다. 즉, 사회투자론은 진보·개혁진영의 검토 가능한 대안 패러다임 중의 하나로서 주목받고 있다. 대안 패러다임은 경제, 정치, 사회를 포괄하는 전체적 차원과 이보다 좁은 사회정책 차원의 대안 패러다임으로 나누어 볼 수 있다. 한국사회의 미래 패러다임으로서 사회투자론을 수용하는 전자의 입장은 임채원(2006, 2007)이 대표적이고 필자는 후자의 입장, 즉 사회정책 차원의 대안 패러다임으로서 사회투자론을 수용하는 입장에 있다(김연명 2007). 따라서 전자의 입장에서는 사회투자 '국가' 라는 용

---

3) 필자는 2006년 후반기부터 여러 차례의 학술 발표와 강연, 그리고 언론 기고를 통해 사회투자론이 한국사회에서 갖는 의미에 대해 사회적 발언을 할 기회가 있었고 다양한 사회적 반응을 접할 수 있었다. 하지만 우리 사회에서 사회투자론에 대한 논의는 최근의 일이기 때문에 이에 대한 '문서화' 된 문제제기는 김영순(2007)의 글 등 극히 소수만이 존재한다. 이 글에서는 필자가 접한 다양한 사회적 반응 중 정책적이고 실천적인 쟁점보다는 학술적인 논의가 필요한 부분에 집중하여 필자의 생각을 정리하고자 한다.

어를 주로 사용하고, 후자의 입장에서는 사회투자 '전략'(혹은 사회투자 '정책')이라는 용어를 즐겨 사용하게 된다. 두 입장의 차이점은 전자가 경제, 정치, 조세·재정정책 그리고 사회정책에 이르기까지 사회투자론(특히 영국의 제3의 길에서 제시한 사회투자국가론)의 정치, 경제 담론이나 정책적 지향점 등 전반적인 것을 수용하는 반면, 후자는 사회투자론을 사회정책 분야에 한정하여 이와 관련된 정책, 담론, 문제의식을 수용하려 한다는 점이다.

필자는 사회투자 '국가'를 한국사회의 새로운 경제·사회정책 패러다임으로 수용하는 것은 상당히 정밀한 검토가 필요하다고 생각한다. '고전적 복지국가'나 신자유주의가 하나의 경제사회 패러다임이 될 수 있었던 것은 경제·재정정책과 사회정책 분야에서 짝을 이룬 독자적 모델이 있었기 때문이다. 즉, 고전적 복지국가는 경제정책에서 케인스주의와 복지정책에서 소득보장정책이 짝을 이루었고, 신자유주의는 통화주의와 소득보장의 축소(와 시장을 통한 복지공급)라는 두 축이 확실하게 존재했다. 하지만 사회투자국가는 사회정책에서 과거의 소득보장 위주의 사회정책 대신 사회투자전략이라는 확실한 대안적 틀이 있지만 경제, 재정정책 전반에서 아직 독자적 모델을 구축했다고 보기 어렵다. 이런 이유에서 사회투자국가론을 대안적 경제·사회 패러다임으로 수용하기에는 한계가 있다.

한국 학계에서 사회투자론이 논의되는 문제점을 비판한 김영순(2007)은 사회투자국가와 사회투자전략의 차이를 구분하고 있는데, 요컨대 전자는 기든스(Giddens, 1998)로 대표되는 전통적 복지국가를 대체하려는[4] 정치적, 이데올로기적 접근법이며 에스핑-안데르센

---

4) 사회투자국가(혹은 전략)가 고전적 복지국가 혹은 고전적 복지프로그램의 대체물인가, 보완물인가 하는 점은 중요한 쟁점이다. 이는 뒤에서 다시 논의하기로 한다.

(Esping-Andersen, 2002a; 2002b)이나 테일러-구비(Talyor-Gooby, 2004; 2006) 등이 주로 사용하는 사회투자전략 혹은 사회투자정책이라는 용어는 전통적 복지국가의 기반 위에서 '신' 사회위험에 대응하려는 다분히 '실용적' 의미를 갖는다는 것이다. 다시 말하여, 에스핑-안데르센이나 테일러-구비 등은 제3의 길에서 주장하는 전면적인 사회혁신 전략(즉, 대안 사회패러다임)으로서의 사회투자 '국가' 론에 동의하지 않고 사회정책 분야에 제한적인 혁신전략으로서 사회투자 '전략' 을 수용한다는 것이다.[5] 김영순의 이러한 구분은 유럽적 맥락에서 사회투자론이 논의되는 미묘한 맥락과 입장의 차이를 짚은 의미 있는 지적으로, 뒤에서 보겠지만 이런 맥락을 고려하지 않고 두 용어를 같은 차원으로 혼용하면 부작용이 있을 수 있다. 하지만 사회투자전략을 소개·논의하면서 영국의 '제3의 길' 이 나오게 된 문제의식을 사회투자국가론과 완전히 단절시키는 것도 역시 부자연스럽다. 사회투자전략을 논의하면서 기든스가 주장하는 새로운 평등관(Diamond & Giddens, 2005)을 논의하는 것은 '끼워넣기' 가 아니라 사회투자전략의 거시적 맥락과 문제의식에 대한 이해를 돕는 기능을 한다. 더 나아가 사회투자전략 담론의 논리적 정합성을 확보하기 위해 사회투자국가론에서 사용하는 다양한 용어와 개념들을 선별적으로 차용하는 것도 크게 문제되지는 않는다. 문제는 얼마나 논리적 일관성을 확보할 수 있는가에 있다.

---

5) 실제로 두 학자들의 글에서 사회투자 '국가' 라는 용어를 발견하기 어렵다. 한국사회복지학회 등에서 주최한 심포지움에서 테일러-구비가 발표한 글(2007)은 2006년의 한 학술대회에서 발표한 글을 수정, 보완한 것인데 2006년 글에는 사회투자복지국가(social welfare investment state)라는 제목이 붙어 있었고 사회투자국가라는 용어는 발견되지 않는다.

## 3. 전통적 복지의 대체물인가, 보완물인가?

사회투자론에 대한 핵심적인 문제제기 중의 하나는 사회투자론이 전통적인 복지국가나 복지프로그램을 사회투자국가 혹은 사회투자정책으로 '대체'하려는 것인지, 아니면 전통적인 복지국가(프로그램)를 보완하는 의미를 갖는 것인지이다. 이 쟁점은 한국처럼 전통적인 복지프로그램의 확충이 필요한 나라에서는 매우 중요한 의미를 갖는다. 먼저 에스핑-안데르센이나 쉐라든 등 사회투자론을 사회투자전략의 수준에서 강조하는 입장에서는 사회투자 프로그램들이 전통적인 소득보장 프로그램의 바탕 위에서 작동할 수 있다는 점, 즉 사회투자전략이 전통적인 소득보장 프로그램과 상호 보완적 성격을 갖는다는 점을 분명히 하고 있다.에스핑-안데르센은 사회투자로서의 아동복지를 강조한 최근의 글에서 유럽 각국에서 사회적 배제를 극복하기 위해 활성화, 근로유인, 그리고 평생학습 등의 정책에 과도하게 의존하고 있다는 점을 지적하면서 이런 정책들은 적절한 소득보장정책이 결합하여야만 효과를 발휘할 수 있기 때문에 소득보장정책과 예방적, 투자적 정책의 결합이 중요하다는 점을 누누이 강조하고 있다(Esping-Andersen, 2002b: 66-67). 보다 명확하게 그는 "소득보장이 효과적인 사회투자전략의 '전제조건'[precondition] 이다"(Esping-Andersen, 2002a: 5. 강조-원저자)라고 두 정책의 상호보완적 관계를 밝히고 있다. 쉐라든 역시 "자산형성정책이 소득보장정책에 대한 명백한 보완물[an explicit complement] 이며", "자산형성정책은 사회보험 그리고 필요한 곳에서 자산조사방식의 공공부조와 균형을 잡는 것이 올바른 방식이다"(Sherraden, 2006: 4)라고 하여 소득보장과 사회투자정책의 상호보완적 관계를 명백히 하고 있다. 필자 역시 한국적 상황에서는 사회투자전략이 전통적 복지와 상호 보완적이어야 함을 강조했다는 점을 확인할 필요성이 있다(김연명, 2007: 14-15). 사회투자론에 대한 많은 토론회에서 필자는 사회투자론이 전통적 복지정책의 동력을 약화시킬 수 있다는 문제제기를 접했으며, 김영순도 같은 맥락에서 사회투자론을 우호적으로 수용하는 연구자들은 한국적 상황에서 사회투자정책보다 더욱 필요한 소득보장제도의 필요성을 마지못해 "사족처럼 덧붙인다."는 비판을 제기했다(2007: 108). 최근에 국내 연구자들의 사회투자론에 관한 글의 대부분은 사회투자론의 배경과 개념, 프로그램을 소개하는 데 집중되어 있다. 따라서 글의 성격상 전통적 프로그램의 중요성은 미약하게 다룰 수밖에 없다. 하지만 총체적인 시각에서 한국사회정책의 미래의 방향을 논의한 다른 글에서는 소득보장정책이 결코 '사족' 처럼 다루어지지 않았으며 전통적 프로그램의 확대 필요성과 사회투자정책과의 상호 보완성이 충분히 강조되었다.[6] "사회투자국가가 전통적인 복지국가의 많은 것을 대체할 수 있다는 생각은 비현실적이다."라는 반덴부로크 (Vandenbroucke, 2002: x)의 진단에 필자는 충분히 동의하고 있다. 사회투자전략은 후기산업사회적 현상이 강력히 나타나는 한국적 상황에서 전통적인 복지프로그램으로 대처하기 어려운 새로운 사회적 위험에 대응하기 위한 것이지, 전통적인 복지프로그램을 대체할 수도 없고 대체해서도 안 된다는 것은 매우 명백하다.

차원을 한 단계 높여 사회투자 '국가' 가 전통적인 복지국가를 '대체' 하는 또는 '대체' 하려는 목적을 가진 제안인가에 대해서도 이론의 여지가 있다. 김영순(2007: 90)은 앤서니 기든스의 한 문장[7]을 인용하면

---

6) 가령, 대통령자문 정책기획위원회(2006)의 제2장과 서문, 그리고 전병유 외(2007)의 제5장 1절의 3을 보라. 이 부분은 저자가 명시되어 있지는 않지만 필자가 초고를 집필하였다.
7) 기든스의 원문은 다음과 같다. "적극적 복지의 지침은 가능한 한 모든 부분에서 직접적인 소득보장을 하기보다는 인적자본에 투자하는 것이다. 전통적 복지국가를 대신하여 우리는 적극적인 복지사회에서 작동하는 사회투자국가를 놓아야 한다."(Giddens, 1998: 117)

서 기든스는 "사회투자국가를 전통적 복지국가의 보완재가 아니라 대체재임을 분명히 했다."고 '단정적'으로 쓰고 있다(2007: 90). 훈고학적인 주석을 하자는 의도는 아니지만 기든스가 사회투자국가를 제안한 것이 과연 전통적인 복지국가(혹은 소득보장 프로그램)를 '완전히 해체하고' 사회투자전략만을 쓰자는 의미에서 '대체하자'[8]는 주장을 했는지 논란의 여지가 있다. 사회투자국가를 처음으로 구체화한 기든스의 1998년 저작, 『제3의 길』 전체(특히, 「사회투자국가」라는 제목이 붙은 4장)의 취지를 보면 고전적 복지국가를 '완전히' 해체해야 한다는 의미에서 대체를 주장했다고 보기 어렵다. 기든스의 취지는 적어도 필자에게는 전통적인 복지국가에서 나타나는 부작용들, 예를 들어 관료적 복지공급체계의 문제, 일부 소득보장 프로그램에서 나타나는 복지 의존성의 문제, 지식기반사회에서 소득보장 프로그램으로는 대처하기 어려운 교육, 훈련 등 인적자본의 축적 문제 등에 대처하기 위해 기존 프로그램의 혁신을 강조하는 것으로 읽힌다.[9] 복지 부문을 논한 기든스의 다른 저작에서도(Giddens, 1994: 제6장, 제7장) 전통적인 복지국가(와 복지프로그램)의 완전한 폐지로 독해할 만한 서술은 보이지 않는다. 기든스는 에스핑-안데르센처럼 소득보장 프로그램이 사회투자전략의 전제조건임을 명시적으로 주장하지는 않았지만 그렇다고 소득보장 프로그램이 전혀 쓸모 없으니 완전히 해체하고 사회투자 프로그램으로 전면 대체해야 한다는 주장도 발견되지 않는다. 기든스의 문제의식은 변화된 경제·사회적 조건에서 기존의 전통적 복지국가가

---

8) '대체'라는 말의 의미도 좀 애매하다. 가령 소득보장 프로그램을 완전히 없애고 사회투자정책만을 쓰면 말 그대로 프로그램의 대체이다. 하지만 소득보장 프로그램에 들어가는 비용의 1/3을 줄이고 이를 사회투자 프로그램으로 이전할 때 이를 '대체'로 표현해야 하는가?

9) 가령, "제3의 길에서는 이런 문제들(일부 기존 복지제도의 부작용들-역주)을 기존의 복지국가를 해체하는 신호로서가 아니라 복지국가를 재편하는 이유의 일부로서 인식한다."(Giddens, 1998: 113)

새로운 적응을 할 필요가 있으며 이런 의미에서 과거와는 다른 새로운 차원의 정책이 필요하다는 의미로 이해하는 것이 적절할 것이다.


## 4. 사회투자국가, 새로운 복지국가 유형인가?


김영순(1997: 97-101)은 사회투자론의 국내 논의과정에서 사회투자국가 개념의 과잉 확장의 문제점을 지적하였는데, 요컨대 사회투자전략과 사회투자국가를 혼용하고 오독함으로써 서구 복지국가의 현상을 잘못 인식하게 만든다는 것이다. 일리 있는 지적이다. 첫째로 서구의 '모든' 복지국가가 고전적 복지국가를 지나 1980년대 복지국가의 재편기를 거쳐 1990년 중반 이후 사회투자국가로 전환했다는 필자와 양재진의 서술에 대한 문제제기이다. 사실 사회투자국가라는 용어를 명시적으로 복지국가의 발달단계에 적용할 수 있는 사례는 소위 자유주의 복지국가로 분류되어 온 영국과 캐나다 정도가 거론된다(Dufour & Morrison, 2005; Lister, 2004).[10] 특히 리스터는 복지국가의 유형으로서 사회투자국가라는 용어를 사용할 때 신자유주의의 세례를 상대적으로 강하게 받는 자유주의 복지국가에서 사회민주주의적 요소인 사회투자가 접목된다는 의미에서 '혼성적 복지국가' hybrid welfare regime 로 영국과 캐나다를 유형화하고 있다(Lister, 2004: 163-164). 아무튼 유럽의 복지

10) 테일러-구비가 유럽복지국가의 발달단계를 정리한 표에서도(2006: 25-26) 1990년대에 들어와 유럽에서 '사회투자'에 대한 합의가 나타나고 있다고 했지, 사회투자 '국가'에 대한 합의가 나타났다고는 쓰지 않았다(즉 사회정책 전략으로서의 사회투자라는 의미). 필자의 글에서 테일러-구비의 논의를 소개한 부분과(2007: 3)과 테일러-구비가 정리한 유럽 복지국가의 발달단계에 대한 표에, 원문에는 없는 '고전적 복지국가와 사회투자국가의 차이점'이라는 부제목을 붙인 것은(김연명, 2007: 20) 사회투자에 대한 소개가 거의 없던 당시 상황에서 독자들의 이해를 높이기 위한 정도의 의도였다.

국가 대부분이 1990년대 중반 이후 사회투자 '국가' 로 수렴된다는 논리는 문제가 있지만 사회정책 분야에서 사회투자전략에 대한 합의가 부상한다는 점을 부정할 수는 없다.

둘째는 양재진의 구분처럼(양재진 외, 2007: 제2장) 유럽의 복지국가들을 자유주의형 사회투자국가와 사민주의형 사회투자국가로 유형화하는 것이 논리적으로 타당한가의 문제이다. 김영순(2007: 101)은 실용적 전략으로 사회정책의 투자적 측면을 강화하는 국가들은 사회투자국가의 범주에서 제외해야 한다고 주장하고 있다. 전술한 리스터의 주장에 근거해보면 복지국가의 새로운 유형으로서 사회투자국가를 일부 국가에 한정시키는 것은 타당해 보인다. 하지만 노동시장 유연화의 정도, 적극적 노동시장정책의 예산 비중 등의 몇 가지 지표로써, 사회투자 개념을 바탕으로 하여, 유럽의 복지국가를 구분해 보려는 양재진의 시도가 무의미해 보이지는 않는다. 에스핑-안데르센은 탈상품화, 계층화 두 가지 지표를 기준으로 선진 복지국가의 유형을 구분하였다. 이는 전형적인 산업사회에서 나타나는 '구' 사회적 위험을 대처하는 기제를 중심으로 하여, 전통적 복지국가의 특징을 포착하고 유형을 분류한 것이다. 사회투자전략이 후기산업사회의 새로운 사회적 위험에 대한 대응이라면 당연히 신사회위험에 대한 대처 기제를 기준으로 복지국가의 유형화가 재논의될 수 있다. 문제는 사용한 지표가 얼마나 사회투자전략의 핵심을 나타내는 지표인지에 있다. 따라서 무분별한 개념의 확장은 주의해야겠지만 사회투자 개념을 중심으로 복지국가를 유형화하려는 시도는 변화된 경제·사회적 상황에 적응해가는 유럽 복지국가의 다양한 흐름의 특징을 포착할 수 있다는 긍정적 의미가 충분히 있을 수 있다.

## 5. 신자유주의의 대안인가? 확장인가?

사회투자론을 신자유주의 전략의 확장으로 비판하거나 전통적 복지국가 노선의 포기로 비판하는 주장도 많이 제기된다. 사회투자 '전략'이 전통적인 소득보장프로그램의 문제점을 지적하고 인적자본 형성 프로그램을 강조한다는 차원에서 전통적 복지국가 노선의 포기로 보일 수도 있다. 하지만 앞에서 보았듯이 사회투자전략을 고전적 복지국가 프로그램과 상호 보완적 관계로 이해하면 전통 노선의 포기라는 비판은 타당하지 않다. 그리고 계속 강조하는 것이지만 사회투자전략은 전통적인 소득보장 프로그램으로 대처하기 어려운 후기산업사회의 신사회위험에 대처하는 전략이기 때문에 전통적 노선만의 강조는 오히려 후기산업사회에서 복지국가의 유용성을 약화시킬 가능성이 있다. 사회투자전략은 고전적 복지국가의 기본틀을 유지하면서 변화된 경제, 사회, 인구학적 구조에 적응력을 향상시키는 전략으로 보아야 한다.

사회투자론을 불평등을 확대, 재생산하는 신자유주의적 경제정책의 기조를 수용하면서 그 폐해를 막기 위한 수단이라고 비판하는 의견도 있다. 영국의 제3의 길이 신자유주의의 변종에 불과한가, 아니면 기든스의 주장대로 '새로운 사회민주주의인가'[11]는 지속적인 논란 거리이다. 물론 경쟁이나 효율 같은 신자유주의에서 강조하는 일부 요소들이 사회투자전략에도 침투해 있다는 것을 부정할 수는 없지만 사회투자론이 신자유주의 노선을 전면적으로 수용한다는 점을 전제로 사회투자론을 비판하는 것은 이 접근법이 신자유주의에 대한 효과적인 대응을 목적으로 제기된 것이라는 점을 완전히 무시하게 된다. 또한 이런 종류의

---

11) 기든스는 최근 제3의 길을 '새로운 사회민주주의' new social democracy 로 불러달라고 주문하였다(Giddens, 2004).

비판은 논리적 모순점이 있다. 가령 어떤 국가가 경제정책이나 노동시장정책에서 모두 신자유주의적 접근법을 사용한다고 가정하자. 이 경우 고전적 복지정책전략을 쓰건, 아니면 사회투자전략을 쓰건 모두 신자유주의의 폐해를 막기 위한 수단이라는 논리로 비판할 수 있다. 형식논리적으로 이 비판을 연장하면 고전적 복지국가프로그램도 신자유주의의 폐해를 막기 위한 수단이니 비판받아야 할 프로그램이 되는 논리적 모순이 생긴다. 가령 경제, 노동시장정책에서 강한 신자유주의 접근법을 사용한 김대중 정부에서 제도화된 기초법, 의료보험 통합, 국민연금 확대 등 소위 고전적 복지프로그램들이 신자유주의의 폐해를 막기 위한 수단으로 격하되어 제도 자체의 본질적 특성과 의미를 제대로 인식하지 못하게 하는 문제를 발생시킨다.

## 6. 사회투자전략의 기타 쟁점

사회정책 분야에서 사회투자라는 용어가 가져오는 부작용에 대한 지적도 있다. 사회투자가 사회복지라는 용어를 대체할 경우 사회투자=좋은 정책, 전통적 사회복지=나쁜 정책이라는 이미지를 만들어 냄으로써 전통적 복지의 확대를 어렵게 한다는 지적이다.[12] 사회투자라는 용어를 사용하지 않는다고 하여 전통적 사회복지가 좋은 의미로만 유포된다는 보장은 없다. 이는 소위 '적극적 복지국가' 라는 용어를 써도 똑같이 부딪치는 문제이다. 적극적 복지정책=좋은 복지정책, 소극적 복지

---

12) 김영순(2007: 107)은 "사회투자국가 담론이 전통적 복지국가=소비적=낭비적=나쁜 복지국가, 사회투자국가=투자적=생산적=좋은 복지국가라는 이분법을 유포시킬 수 있다." 고 쓰고 있다.

정책(소득보장정책) = 나쁜 복지정책 이라는 등식이 성립된다고 비판할 수도 있다. 오히려 대중들에게는 사회투자가 사회복지=사회적 편익 social benefit 이라는 이미지를 창출함으로써 전통적 복지의 확대에 기여할 수도 있다. 즉, 양 측면 모두 가능성이 있기 때문에 선험적으로 판단할 문제는 아니다. 필자는 성장주의 이데올로기가 강력하다고 인식하며, 아직도 성장이 필요한 한국사회에서 사회투자라는 담론이 전통적 복지를 포함하여 사회복지정책의 확대에 긍정적으로 작용할 가능성이 크다고 인식하고 있다.

경제, 노동시장 구조의 양극화, 저출산·고령화 등 경제사회구조의 변화에서 나오는 다양한 신사회위험들을 소득보장 프로그램만으로 대처하기 어렵다는 점은 누구나 동의할 것이다. 이런 상황에서 '복지국가의 건설'이라는 구호와 대안은 필요조건은 될 수 있어도 충분조건은 되지 못한다. 변화된 환경에 맞는 새로운 대안이라는 관점에서 사회투자전략은 잠재적인 가치가 충분한 것으로 보인다. 사회투자라는 용어를 많이 사용하지 않을 뿐이지 EU(2001)나 OECD(2005) 등 국제기구의 최근의 정책 권고는 상당 부분 사회투자전략의 범주와 맥락을 같이한다는 점은 의심의 여지가 없다. 사회투자전략 혹은 사회투자국가론이 그렇게 큰 결정적 문제점이 있다면 변화된 환경에 좀 더 능동적으로 대처할 수 있는 대안적 전략을 체계화시켜야 한다.

사회지출을 소비적 지출과 투자적 지출로 구분하는 것의 문제점, 성인지적 관점의 취약함, 고용창출 문제에 대한 강조의 부족,[13] 근원적으로 소득분배 악화를 발생시키는 노동시장구조 자체에 대한 대응이

---

13) 적절한 일자리가 제공되지 않은 경우 사회투자전략은 의미가 없다는 문제는 필자의 이전 글에서 사회투자전략의 중요 쟁점으로 언급한 바가 있다(김연명, 2007). 사회투자전략이 일자리를 창출하는 경제정책이 아니라 노동력의 공급 확대 전략이라는 점을 인식하면 이 것은 근원적인 한계이기도 하다.

어렵다는 비판 등이 있다(이주희, 2007).

많은 복지비 지출이 소비적 성격과 투자적 성격을 동시에 갖고 있기 때문에 두 개념을 명확히 구분하는 것은 쉬운 일이 아니다.

사회투자로서의 아동복지의 중요성을 강조한 에스핑-안데르센 역시 두 개념을 구분하는 것은 쉽지 않으며 불가능할지도 모른다고 언급하고 있다(Esping-Andersen, 2002a: 10). 사회투자의 개념과 복지비 지출의 범주 구분이 좀 더 과학적일 필요성이 있다는 점은 필자 역시 수긍하고 있다. 이 쟁점은 사회투자론의 향후 과제가 될 것이다. 사회투자전략이 노동시장에서 발생하는 근원적인 불평등구조에 대응하지 못한다는 비판은 어떤 입장에서 보느냐에 따라 비판의 강도가 달라질 수 있다. 사회투자전략이 경제, 산업정책, 그리고 노동시장정책이 아닌 이상 노동시장에서 발생하는 근원적 불평등을 해소하기는 어렵다는 것은 당연한 것이다. 그러나 후기산업사회에서 발생하는 노동시장 내의 근원적 불평등을 '완화' 하는 데는 기여할 수 있다는 것이 이 전략을 주창하는 사람들의 기대이다. 소득보장적 복지정책은 소득이전을 통해 사후적으로 노동시장이 발생시키는 불평등을 해소해 왔다. 사회투자전략은 사후적이 아닌 사전적인 방법으로 그리고 가능하면 사람들을 노동시장 내에 진입시킴으로써 불평등 문제를 완화시키려는 정책적 의도를 갖고 있다. 노동시장의 양극화와 취약계층의 지속적인 배제가 문제시되는 후기산업사회에서 노동시장이 발생시킨 불평등은 소득보장정책과 더불어 사회투자정책의 결합을 통해 완화될 수 있을 것이다.

* 이 글은 『경제와 사회』 75호(2007년)에 실린 필자의 졸고 "우리나라에서 사회투자론 논의의 쟁점" 을 수정 · 보완한 글이다.

## 참고문헌

김연명(2007). "사회투자정책과 한국 사회정책의 미래", 김연명 외, 「우리나라에서의 사회투자정책 적용방안 연구」, 보건복지부·중앙대 사회복지학과(이 논문의 수정본이 이 책의 제1장에 실려 있음).

김영순(2007). "사회투자국가가 우리의 대안인가?- 최근 한국의 사회투자국가 논의와 그 문제점", 「경제와 사회」 74호 여름(이 논문은 이 책의 제7장에 실려 있음).

대통령자문 정책기획위원회(2006). 『선진복지한국의 비전과 전략』, 동도원.

박순우(2007). "사회정책의 변화와 사회투자전략: 영국의 사례", 김연명 외, 「우리나라에서의 사회투자정책 적용방안 연구」, 보건복지부·중앙대 사회복지학과(이 논문의 수정본이 최영 교수와 공저로 이 책의 제17장에 실려 있음).

양재진 외(2007). 「한국형 사회투자국가 모델형성을 위한 기초 연구」, 재정경제부·(사)한국사회과학연구협의회.

윤홍식(2007). "가족·여성정책의 사회투자와 한국 복지국가", 김연명 외, 「우리나라에서의 사회투자정책 적용방안 연구」, 보건복지부·중앙대 사회복지학과(이 논문의 수정본이 이 책의 제5장에 실려 있음).

이주희(2007). "비교적 관점에서 본 사회투자국가, 신자유주의의 대안인가 확장인가?",비판과 대안을 위한 사회복지학회 2007년 춘계학술대회 자료집(이 논문의 수정본이 이 책의 제19장에 실려 있음).

임채원(2006). 『신자유주의를 넘어 사회투자국가로』, 한울아카데미.

______(2007). 『사회투자국가-미래 한국의 새로운 길』, 한울아카데미.

전병유 외(2007). 「미래 한국의 경제사회정책 패러다임 연구」, 한국노동연구원.

한국사회복지연구회(2007). 「사회투자국가, 한국의 복지국가 발전에의 대안인가?」, 하계 학술세미나 자료집.

Diamond, Patrick & Anthony Giddens(2005). "The New Egalitarianism", in Patrick & Giddens(eds.), *The New Egalitarianism*, Polity Press.

Esping-Andersen, Gosta(2002b). "A Child-Centred Social Investment Strategy", in Esping-Andersen, Gosta, et.al, *Why We need a New Welfare State*, Oxford University Press.

Esping-Andersen, Gosta, et.al.(2002a). "Towards the Good Society, Once Again?", in Esping-Andersen, Gosta., *Why We need a New Welfare State*, Oxford University Press.

European Commission(2001), *Social Policy Agenda*.

Giddens, Anthony(1994). *Beyond Left and Right*, Stanford University Press.

______________(1998). *The Third Way: The Renewal of Social Democracy*, Polity Press.

______________(2000). *The Third Way and Its Critics*, Polity Press.

______________(2004). *Where Now for New Labour*(신광영 역, 『노동의 미래』, 을유문화사).

OECD(2005). *Extending Opportunities: How Active Social Policy Can Benefit Us All*, OECD.

Perkins, Daniel., Lucy Nelms and Paul Smyth(2004). *Beyond neo-liberalism: the social investment state?* Social Policy Working Paper No. 3, Brotherhood of St Laurence and Center for Public Policy, University of Melbourne.

Sherraden, Michael(2006). "Asset for All : Toward Universal, Progressive, Lifelong Accounts", 한국노동연구원 주최 "사회정책의 새로운 패러다임을 위하여" 발표문(이 논문은 이 책의 제3장에 번역되어 실려 있음).

Taylor-Gooby, Peter(2004). "New Risks and Social Change", in Peter Taylor-Gooby(ed.), *New Risks, New Welfare: The Transformation of the European Welfare State*,

Oxford University Press.

___________(2006). "European Welfare Reforms: The Social Investment Welfare State", presented at 'Social Policy at a Crossroad: Trends in Advanced Countries and Implications for Korea' organized by the The East-West Center and KDI.

___________(2007). Social Investment in Europe: bold plans, slow progress and implications for Korea, 한국사회복지학회 등 "한국사회의 미래와 사회투자정책" 심포지엄 발표문(이 논문은 이 책의 제2장에 번역되어 실려 있음).

Vandenbroucke, Frank(2002). "Foreword: Sustainable Social Justice and Open Co-ordination in Europe", in Gosta Esping-Andersen, et. al., *Why We need a New Welfare State,* Oxford University Press.

# 사회투자국가가 우리의 대안이다

- 사회투자국가 비판론에 대한 반비판 -

양재진 | 연세대학교 행정학과 교수

무릇 비판을 제기하는 사람은 다음 두 가지 시험을 통과해야 한다. 하나는 그 비판이 공정하고 정확한가이고, 또 하나는 비판과 함께 신뢰할 수 있는 대안을 제시하고 있는가 하는 점이다. - (Geoff Mulgan, 1998: 85).

## 1. 서론

위의 인용문은 영국 블레어 전 총리의 정책자문위원이던 고프 멀건이, 신노동당의 '제3의 길' 과 '사회투자국가론' 을 비판하는 에릭 홉스봄[Eric Hobsbawm] 등 전통주의적인 좌파 지식인들을 반박하면서 던진 말이다. 필자는 영국 노동당 정부를 옹호할 생각은 없다. 하지만 사회투자국가론이 대두한 배경이 된 사회ㆍ경제적 변화를 주시하면서 사회투자전략은 우리 사회에도 필요한 미래 비전이라는 확신이 있다(양재진, 2006; 양재진ㆍ조아라, 2007). 따라서 위 인용문에서 지적한 대로, 사회투자국가론에 비판적인 김영순 교수가 제기한 주장이 ① 공정하고 정확한 사실에 근거하는지, ② 김교수가 제시한 대안이 우리 사회에 필

요하고 적용 가능한 신뢰할 만한 대안인지를 살펴보고자 한다.[1]

　본론에서 다룰 김영순 교수의 비판에 대한 반비판의 핵심적 내용은 다음과 같다. 첫째, 사회투자국가를 지향하는 영국 노동당 정부의 사회투자정책은 김영순 교수의 주장과 달리 주목할 만한 성과를 보이고 있다. 둘째, 사회투자국가의 사회투자정책은 복지지출의 축소 수단이 아니다. 오히려 영국의 경우 사회지출을 늘리고 있다. 셋째, 사회투자국가 담론이 신자유주의 이데올로기를 강화해 친복지 담론을 약화시키기보다는, 영국에서 보듯이 국민적 지지 속에 친복지 담론의 형성에 도움을 줄 것이다. 마지막으로, 결론에서는 김영순 교수가 대안으로 제시한 '적극적 복지국가'와 사회투자국가는 프로그램의 구성상 크게 다르지 않다는 점을 지적하고, 사회투자국가 건설에 있어 보완적으로 함께 추진해야 할 사항들에 대해 논한다.

---

1) 이 글은 김영순 교수가 『경제와 사회』 2007년 여름호(통권 제 74호)에 게재한 사회투자국가에 대한 비판 논문에 대한 반론문이다. 김영순 교수의 비판 논리는 김영순(2007)의 「사회투자국가가 우리의 대안인가?」(『경제와 사회』 제74호)에 실려 있다. 이 글에서 김영순 교수는, 덴마크를 신사민주의형으로 규정하여 사회투자국가의 범주에 넣은 필자의 글(양재진, 2006; 양재진·조아라, 2007)에 대해 이는 개념의 과잉 확장(definitional overstretching)이라고 비판한다. 이 부분에 대해서도 논의가 필요하나, 김교수의 주장에 공감하는 부분이 많고, 또 반론글에 주어진 지면이 원고지 60매에 불과하기에 자세히 논하지 않는다. 다만, 이 자리에서 간단히 필자의 생각을 밝히면, 사르토리(Sartori, 1970) 류의 엄격한 개념 정의에 입각한 범주화(categorization)가 사회과학의 발전에 분명 기여하는 바가 있지만, 콜리어와 마혼(Collier & Mahon, 1993: 852)이 지적하듯이, "잠재적으로 유용한 새로운 개념과 범주를 성급하게 버리게 만들지"는 않는지 반성해야 할 필요도 있다고 본다. 적어도 북구 복지국가 중 덴마크는 사회투자국가라고 부를 수 있는 핵심 조건(개방경제, 통화주의와 노동시장의 유연성 추구, 활성화를 위한 적극적인 교육훈련과 적격성 요건의 강화, 보육과 평생학습체제의 구축 등 인적자원 개발정책의 강조 등)을 갖추고 있다. 그리고 영국과 마찬가지로 경로 의존(path dependency)이라고만은 보기 어려운 새로운 경로 형성(path shaping)적 사회정책들이 시도되고 있다(Cox, 2001). 김교수처럼 사회투자국가론에 함축된 자유주의적 속성을 강조하여, 사회투자국가를 앵글로색슨 복지국가의 한 변형태로만 한정짓는 엄격성도 필요하다. 하지만 세계화된 경제구조와 유연 노동시장을 추구하면서, 동시에 고용 증대를 목표로 전 생애에 걸친 인적자본에 대한 투자와 기회평등의 제고라는 사회투자의 핵심 개념을 중심으로 복지국가의 새로운 범주를 구성하는 것도 학문적으로 가치 있는 시도라고 생각한다.

## 2. 사회투자국가론의 비판 논리와 반비판

### 1) 사회투자국가론의 비판 논리

김영순 교수는 "한국에서 사회투자정책의 강화가 필요하다는 데 동의"하나 "사회투자국가를 우리의 대안적 복지모델로 상정하고 그 담론을 유포하는 것은 바람직하지 않으며 위험하기까지 하다."고 주장한다(p.84). '사회투자정책'은 김교수가 인정하듯이, 저출산·고령화, 가족구조 변화와 여성의 사회 진출, 그리고 세계화와 노동시장의 변화 등이 야기하는 새로운 사회적 위험과 새로운 사회적 욕구에 대응하기 위해 추진되고 있다. 이제는 우리에게도 친숙해진 유연 안정성, 고용 가능성, 활성화, 근로연계복지, 그리고 학습복지라는 개념으로써 추진되는 수많은 정책들이 바로 그것이다. 그리고 '사회투자국가'는 이러한 정책을 힘있게 추신하는 국가로 영국 노동당 정부가 국민에게 약속한 미래 복지국가의 모습이다.

이 양자를 구분하여, '사회투자정책'은 받아들이고 이를 실천하는 '사회투자국가'는 거부하는 것이 어떻게 가능한지 쉽게 납득이 가지는 않는다. 하지만 이러한 구분을 인정하고 김교수가 제시한 대로 사회투자정책이 아닌, 사회투자국가를 경계해야 하는 이유를 세 가지로 요약하자면 다음과 같다. 첫째, "사회투자국가론이 실행에 옮겨진 지 10년이 되어가는 영국의 경우 그 성과는 그리 인상적이지 못하[고]……, 우리가 당면한 극도의 사회적 불안전과 양극화, 불평등의 문제를 해결할 수 없을 것처럼 보이기 때문이다."(p.105). 둘째, "활성화에 기반을 둔 사회투자적 접근이 전통적인 소득보장의 '대체물'이 될 수 있다고 생각하여 복지지출의 축소 수단으로 생각하는 경향" 때문이며(p.95), 셋

째 사회투자국가 담론이 "그렇지 않아도 취약한 우리 사회의 친복지국
가적 담론을 약화시키고 복지동맹의 형성을 저해하며, 복지국가를 '퍼
주기식 복지,' '복지병' 의 근원으로 매도하는 신자유주의 이데올로기
를 강화할 위험을 가지고 있다……[따라서] 사회투자국가 담론의 정치
적 유용성에 대해……동의하기 어렵[기]" 때문이다(p.107). 그렇다면,
이러한 비판 논거가 사실에 근거한 공정한 평가인지 하나씩 살펴보기
로 하자.

## 2) 반비판 I: 영국 사회투자국가의 사회적 성과는 인상적이지 못한가?

1997년 영국 노동당이 집권한 이후 영국에 나타난 경제·사회적 변
화를 모두 노동당 정부의 공과로 환원시킬 수는 없다. 그러나 신임총리
브라운이 재무장관이던 시절인 2006년 영국 하원에서, "[노동당이] 집
권하기 전, 영국의 1인당 GDP는 G7국가 중 7번째였던 것이……안정
적이고 지속적인 성장의 결과……이제는 미국 다음인 두 번째 고소득
국가로 부상하였다."라는 자신감 어린 연설을 행할 정도로 전후 최고
의 경제적 성취를 이루었다는 점을 부인하기 어렵다(Financial Times,
September 18, 2006, 15면). 사회분야는 어떠한가? 광범위한 내용을
담고 있는 사회투자정책 패키지를 전부 평가할 수는 없고, 김영순 교수
가 거론한 3가지 항목만(공공 보육, 적극적 노동시장정책인 뉴딜, 그리
고 빈곤과 불평등) 다시 살펴보자.

첫째, 김영순 교수는 공공 보육서비스에 대하여, "보육시설의 대부
분이 민영인 상태에서 비싼 보육료 문제 때문에 진척이 매우 느리다."
고 비판하였으나(p.105), 자료를 곰곰이 살펴보면 주목할 만한 성과가
있다고 판단하지 않을 수 없다. 1998년에 노동당 정부는 '아동보육

10년전략, 부모를 위한 선택, 아동을 위한 가장 좋은 출발' 계획을 수립하고 꾸준히 보육시설과 보육비 지출을 확대해 왔다. 그 결과, 잉글랜드지역의 경우, 종일제 보육시설이 1997년 6,100개에서 2006년 9월 현재 13,600개로 늘어났고, 방과후 클럽은 동기간 동안 2,600개에서 10,700개로 증가하였다.[2] 아동이 있는 가정의 공보육<sup>formal childcare</sup> 참여율은 어떠한가? 2001년 31%에서 2004년 41%로 증가한 것으로 나타났으며, 방과후 클럽 이용률은 동기간 6%에서 12%로 증가하였다. 종일제 보육에 참여하는 아동의 숫자도 3~4세 아동의 경우, 2003년 전국적으로 649,400명이던 것이 2005년에는 704,200명으로 8%가 증가하였다(Daycare Trust, 2006: 7-8). 김영순 교수가 지적하듯이 민간 영리보육시설이 다수를 차지하며 보육비용이 비싼 것은 사실이다. 하지만 노동당 정부는 꾸준히 공보육시설을 확충하고 부적격 민간시설은 퇴출시켜, 2001년 민간 영리시설<sup>private sector</sup>의 비중이 81%에 달했던 것이 2005년에는 60%로 낮아졌다. 저소득가구는 아동세액공제<sup>Childcare Tax Credit</sup>를 통해 법정 보육비의 80%까지 지원받을 수 있게 되었고, 2004년 4월부터는 모든 3~4세 아동들에 대해 무료 보육시설 이용 혜택을 주기 시작해, 2006년 4월 현재, 주당 12.5시간 이용은 무료이며, 2010년부터는 주당 15시간으로 확대될 계획이다. 무료 보육시설의 이용률은 2006년 1월 현재, 전체 3세 아동인구의 96%인 538,000명에 달한다. 보육서비스 확대를 위한 정부의 재정지출도 1998~1999년 14억 파운드에서 2004~2005년 43억 파운드, 2007~2008년에는 54억 파운드(한화로 약 10조 2천6백억 원)로 4배 가까이 급격하게 증가하였다(Daycare

---

2) 반면 시간제 보육시설은 2004년 10,500개소에서 2006년 9월 현재 9,400개소로 감소하였다. 종일제 보육과 방과후 클럽의 증가는 여성들의 노동시장 참여를 돕는 정책적 의지에 영향을 받은 결과로 해석할 수 있겠다(박순우, 2007: 53).

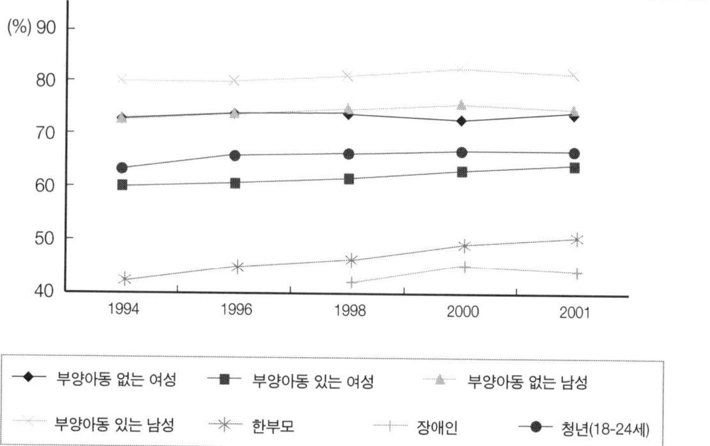


* 자료: Taylor-Gooby & Larsen, (2004), p.74.

Trust, 2006). 오래전부터 보육을 사회화한 덴마크나 스웨덴에 비할 바는 아닐 것이다. 하지만 사회투자국가의 이념으로 보육서비스 확대에 나선 영국 노동당 정부의 노력과 성과를 과소평가할 수는 없다고 본다. '출발선'이 다른데, 10년 안에 영국을 스웨덴으로 만들지 못했다고 비판하는 것은 공정한 평가가 아니다.

둘째, 김영순 교수는, "뉴딜(근로연계복지적 요소를 갖는 적극적 노동시장정책)의 효과는 일차적 표적집단이던 청년층보다 독신모와 장애인집단에서 두드러졌으나, 전체적으로 보면 초기의 반짝 증가 후 곧 완만해졌다."라고 평하고 있다. 김교수가 근거로 밝힌 그림 9-1을 다시 보면, 김교수의 주장이 크게 틀리지 않음을 알 수 있다. 그러나 청년층에 초점을 두고 뉴딜을 평가했던 김영순 교수와 달리 필자가 주목한 것은 장애인, 한부모, 그리고 부양아동이 있는 여성의 고용률이 눈에 띄게 증가한 부분이다. 이들은 그간 노동시장에서 소외된 비활성화된 집

표 9-1_청년실업률 변화 국제비교

(단위: %)

| | 국가명 | 1994 | 2004 | 증감 |
|---|---|---|---|---|
| | 한국 | 7.2 | 10.5 | +3.3 |
| | 영국 | 16.1 | 10.9 | -5.2 |
| | 스웨덴 | 22.6 | 17.0 | -5.6 |
| 청년실업률<br>(15~24세) | 덴마크 | 10.2 | 7.8 | -2.4 |
| | 미국 | 12.5 | 11.8 | -0.7 |
| | 독일 | 8.2 | 12.6 | +4.4 |
| | 일본 | 5.5 | 9.5 | +4.0 |
| | OECD 평균 | 14.3 | 13.4 | -0.9 |

* 자료: OECD, *Employment Outlook*, 2006.

단의 대표격들로, 이들의 고용률이 높아진 것은 고무적인 일이기 때문이다. 그리고 그림으로 볼 때 별 효과가 없어 보이는 뉴딜에 의한 청년층 고용 효과에 대해서도 영국감사원National Audit Office은, "뉴딜로 인해 발생한 실질적인 청년실업 감소 효과는 사중손실dead weight 및 전치displacement 효과를 감안해도 25,000~40,000명에 이르며, 여기에 더하여 3년간 10,000~20,000명의 신규고용이 이루어졌다."고 평하였고, "영국 역사상 그 어떤 노동시장정책보다도 효과적인 것"이라는 평가마저 나왔다(NAO, 2002: 6; DWP, 2001: 82; Taylor-Gooby & Lasen, 2004: 75에서 재인용). 아마도 영국이 호경기여서 취약집단인 청년층의 고용 증대가 이루어진 것이지 정책적 효과는 아니라는 지적도 가능할 것이다. 하지만 이 또한 국제비교를 해보면 영국의 성과가 단순히 호경기 때문만이 아님을 알 수 있다. 노동당이 집권한 1997년 전후를 비교해 볼 때, 영국의 청년실업률 감소폭은 스웨덴에 버금가는 최고 수준이며, 경제가 활황인 미국과 비교해 보면 그 성과는 더욱 두드러진다.

절대치로 보면 스웨덴(예: 2004년 청년실업률 17%)보다도 성적이

표 9-2_빈곤율과 소득 불평등

| | 국가 | 1990년대 중반 | 2000 | 증감 |
|---|---|---|---|---|
| 빈곤율 (전체, %) | 영국 | 10.9 | 11.4 | +0.5 |
| | 스웨덴 | 3.7 | 5.3 | +1.6 |
| | 덴마크 | 3.8 | 4.3 | +0.5 |
| | 미국 | 16.7 | 17.1 | +0.4 |
| | 독일 | 9.1 | 9.8 | +0.7 |
| | 일본 | 13.7 | 15.3 | +1.6 |
| | OECD 평균 | 9.8 | 10.2 | +0.4 |
| 아동 빈곤율 (%) | 영국 | 17.4 | 16.2 | -1.2 |
| | 스웨덴 | 2.5 | 3.6 | +1.1 |
| | 덴마크 | 1.8 | 2.4 | +0.6 |
| | 미국 | 22.3 | 21.7 | -0.6 |
| | 독일 | 10.3 | 12.8 | +2.4 |
| | 일본 | 12.0 | 14.3 | +2.3 |
| | OECD 평균 | 11.4 | 12.1 | +0.7 |
| 소득 불평등 (Gini) | 영국 | 0.312 | 0.326 | +0.014 |
| | 스웨덴 | 0.211 | 0.243 | +0.032 |
| | 덴마크 | 0.213 | 0.225 | +0.012 |
| | 미국 | 0.361 | 0.357 | -0.004 |
| | 독일 | 0.280 | 0.277 | -0.003 |
| | 일본 | 0.295 | 0.314 | +0.019 |
| | OECD 평균 | 0.306 | 0.308 | +0.002 |

* 주: Gini의 OECD 평균은 상위 20개국의 평균이고, 나머지는 상위 25개국의 평균임.
* 자료: OECD(2005), Society at a Glance.

우수한 영국 사회투자국가에 대한 비판은 그리 공정해 보이지 않는다. 필자가 보기에, 영국 노동당 정부의 적극적 노동시장정책은 지난 10년 간 효과적인 경제관리와 맞물려 꾸준하게 성과를 내고 있다고 평하는 것이 사실에 부합한다.

셋째, 김영순 교수는 영국에서 "빈곤문제 해결에는 큰 진전이 없고 불평등은 오히려 증대했다."고 비판한다. 틀린 주장은 아니다. 하지만 표 9-2를 보자.

스웨덴을 위시한 비교 대상국 모두 1990년대 중반보다 2000년에 이르면 빈곤율이 높아졌고 소득불평등은 심해졌다. 오히려 영국은 비교적 '선방' 하는 국가이고 아동 빈곤율이 크게 떨어진 거의 유일한 나라이다. 게다가 2006년까지의 최근 변화를 보여주는 표 9-3을 보면, 아동 빈곤율뿐만 아니라 전체 빈곤율도 크게 떨어진 것으로 나타났다. 상대빈곤을 기준으로, 1997년 노동당이 집권한 이후 2005~2006년 현재, 130만 명이 빈곤을 벗어나 전체 빈곤율은 3.6% 포인트가 하락하였고, 연금생활자의 빈곤율은 12.1% 포인트, 그리고 아동 빈곤율은 4.3% 포인트 하락하였다. 절대빈곤을 기준으로 하면 그 하락률은 더욱 더 눈에 띈다. 전체적으로 490만 명이 빈곤을 벗어나 빈곤율이 9.4% 포인트나 하락하였다.[3]

세계화된 지식기반경제에서 점차 벌어질 수밖에 없는 소득격차와 상대빈곤의 증가는 모든 나라가 직면하는 공통의 문제이다. 이러한 상황에서 오히려 영국은 비교적 그 어떤 국가보다도 우수한 성과를 내고 있다. 다만, 김영순 교수의 염려처럼 우리 사회가 당면한 빈곤과 양극화문제를 해결할 수 있는 획기적인 성과를 내고 있지는 못하다. 하지만 그렇다고 해서, 영국 사회투자국가를 경계해야 할 복지국가모델로 비판할 수는 없다. 동일한 잣대를 들이대면 스웨덴 등 북유럽을 포함해 모든 복지모형이 비판받아야 하기 때문이다. 영국을 비판하기 앞서 아동빈곤 해소 등 다른 나라보다 우수한 성과를 내는 이유가 무엇인지를 곰곰이 따

---

3) 상대빈곤 기준으로 빈곤율이 하락하지 않은 유일한 집단은 근로연령대에 있는 비부모(non-parents)이다. 이는 국가재정이 무한대가 아닌 상황에서, 사회투자정책의 전략상 혜택의 우선순위에서 볼 때 하위에 있는 집단이기에 발생하는 결과로 보인다.

표 9-3_영국 상대빈곤의 변화 추이

| | 아동 | | 연금생활자 | | 근로연령대 부모 | | 근로연령대 비부모 | | 전체 | |
|---|---|---|---|---|---|---|---|---|---|---|
| | % | 백만 | % | 백만 | % | 백만 | % | 백만 | % | 백만 |
| 1996-1997 | 34.1 (26.7) | 4.3 (3.4) | 29.1 (24.6) | 2.9 (2.4) | 26.6 (20.2) | 3.3 (2.5) | 17.2 (12.0) | 3.5 (2.5) | 25.3 (19.4) | 14.0 (10.8) |
| 1997-1998 | 33.2 (25.8) | 4.2 (3.3) | 29.1 (23.7) | 2.9 (2.4) | 25.9 (19.5) | 3.2 (2.4) | 15.9 (11.4) | 3.3 (2.4) | 24.4 (18.6) | 13.6 (10.4) |
| 1998-1999 | 33.9 (24.1) | 4.3 (3.1) | 28.6 (23.8) | 2.9 (2.4) | 26.3 (18.0) | 3.2 (2.2) | 15.5 (10.7) | 3.2 (2.2) | 24.4 (17.7) | 13.6 (9.9) |
| 1999-2000 | 32.7 (21.0) | 4.2 (2.7) | 27.6 (20.2) | 2.8 (2.0) | 25.5 (16.4) | 3.1 (2.0) | 16.1 (10.4) | 3.4 (2.2) | 24.0 (15.8) | 13.4 (8.9) |
| 2000-2001 | 31.1 (17.2) | 3.9 (2.2) | 25.9 (17.5) | 2.6 (1.8) | 24.7 (13.5) | 3.0 (1.6) | 16.2 (10.4) | 3.4 (2.2) | 23.1 (13.9) | 13.0 (7.8) |
| 2001-2002 | 30.8 (13.3) | 3.9 (1.7) | 25.6 (15.6) | 2.6 (1.6) | 24.5 (11.1) | 3.0 (1.3) | 15.6 (8.8) | 3.4 (1.9) | 22.7 (11.5) | 12.8 (6.5) |
| 2002-2003 | 29.8 (12.4) | 3.9 (1.6) | 24.2 (14.1) | 2.5 (1.5) | 24.1 (10.3) | 3.0 (1.3) | 16.5 (8.9) | 3.7 (2.0) | 22.4 (10.9) | 13.1 (6.4) |
| 2003-2004 | 28.7 (12.0) | 3.7 (1.6) | 20.6 (13.1) | 2.2 (1.4) | 23.5 (10.0) | 2.9 (1.2) | 16.6 (9.2) | 3.7 (2.1) | 21.5 (10.7) | 12.6 (6.2) |
| 2004-2005 | 28.4 (11.3) | 3.6 (1.5) | 17.6 (11.7) | 1.9 (1.3) | 23.0 (9.5) | 2.9 (1.2) | 16.1 (8.7) | 3.6 (2.0) | 20.5 (10.0) | 12.1 (5.9) |
| 2005-2006 | 29.8 (11.4) | 3.8 (1.5) | 17.0 (10.9) | 1.8 (1.2) | 24.8 (9.9) | 3.1 (1.2) | 17.5 (9.0) | 4.0 (2.0) | 21.6 (10.1) | 12.7 (5.9) |
| 변화 | | | | | | | | | | |
| 전체: 1996-1997 ~2005-2006 | -4.3 (-15.3) | -0.5 (-1.9) | -12.1 (-13.7) | -1.1 (-1.3) | -1.8 (-10.3) | -0.2 (-1.3) | +0.3 (-3.0) | +0.5 (-0.4) | -3.6 (-9.4) | -1.3 (-4.9) |
| 노동당I: 1996-1997 ~2000-2001 | -3.0 (-9.5) | -0.4 (-1.2) | -3.2 (-7.1) | -0.3 (-0.7) | -1.9 (-6.6) | -0.3 (-0.9) | -1.0 (-1.7) | -0.1 (-0.3) | -2.1 (-5.6) | -1.0 (-3.0) |
| 노동당II: 2000-01 ~2004-05 | -2.8 (-5.9) | -0.3 (-0.7) | -8.3 (-5.8) | -0.7 (-0.5) | -1.6 (-4.1) | -0.1 (-0.4) | -0.1 (-1.7) | 0.2 (-0.2) | -2.6 (-3.9) | -0.9 (-1.9) |

* 주 1. 상대빈곤은 매년 실질소득 증가가 반영된 중위소득의 60% 이하를 뜻함. 절대빈곤은 1996~1997년 중위소득의 60% 기준. 모든 수치는 OECD 가구동등척도(equivalence scale)를 사용해 나타내었다.
　주 2. 괄호(　)안은 절대빈곤 수치임.
* 자료: Brewer et.al.(2007)의 〈표-5〉와 〈표-12〉에 근거하여 작성함.

져보고 우리 사회에 적용해 보려는 노력이 필요하지 않나 생각한다.

### 3) 반비판 II: 사회투자정책은 소득보장의 '대체물'이며 복지지출의 축소수단인가?

사회투자론에 입각했을 때, 국가는 사후적인 소득이전을 통한 소득 보장보다는 시민 개개인의 기술과 역량을 증진시켜 고용 가능성을 높이고 실업을 막는 전략을 우선시 한다. 이 때문에 인지능력이 발달하기 시작하는 아동기에 보육서비스를 제공하고 공교육을 강화하며, 직업 훈련과 평생학습체제를 갖추고자 노력한다. 국가재정에는 한계가 있으므로, 사회투자적 지출이 늘어나면 소득이전 지출 증대에는 제한이 가해지기 마련이다. 따라서 영국에서 GDP대비 전통적인 사회보장지출 비중은 크게 늘지 않은 것으로 통계는 말하고 있다.[4] 하지만 그렇다고 사회투자정책은 소득보장의 '대체물'이고 나아가 복지지줄의 죽소수단이라고 비판하는 것은 지나치다. 그림 9-2에서 보듯이, 명목가격이 아닌 물가요인을 감안한 불변가격기준으로도 사회보장 급여는 지속적으로 증가하여 왔기 때문이다.

게다가, 영국의 전체 재정지출 규모는 2000년 GDP 대비 37.5%였던 것이 2006년 45.6%까지 상승하였다. 이는 55%에 이르는 스웨덴 수준에는 미치지 못하지만 독일의 46.1%에 상응하는 수준이다. 영국에서 재정지출이 늘어난 이유는 사회투자적 성격이 강한 의료보장, 교육, 적극적 노동시장, 아동복지 지출, 그리고 근로를 유인하는 소득이전 프로그램인 WTC와 CTC 같은 근로보전세제[EITC] 프로그램이 새롭게 도입되

---

4) 영국의 GDP 대비 사회보장지출(social protection expenditure)의 추이를 보면, 1998년 26.9%, 2000년 27.0%, 2003년 26.7%로 큰 변화가 없다(European Commission, 2006).

그림 9-2_영국의 사회보장 급여 지출 추이

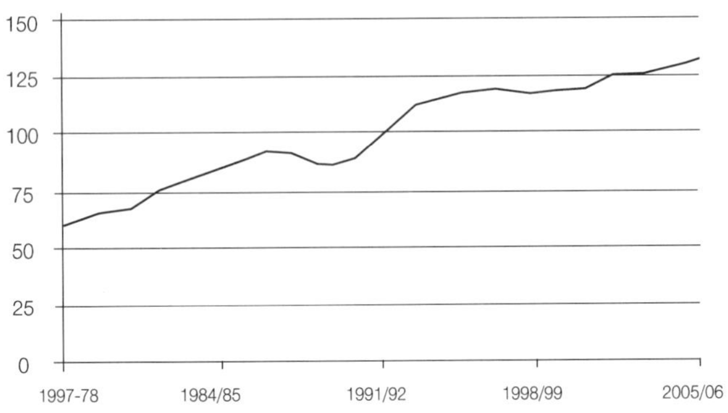

* 주: 2005-2006년 불변가격 기준임.
* 자료: Office for National Statistics, 2007. p.103.

었기 때문이며 노인을 위한 기초연금의 급여 수준이 인상되었기 때문이다(OECD, 2006; OECD, 2001~2006; Financial Times, September 18, 2006, 15면). 사회정책 프로그램이 바뀌고 그 지출의 구성비가 변하였을 뿐, 영국 복지국가는 축소되지 않았다. 오히려 그 역할과 기능이 커졌다. 그렇다면 새로운 사회정책 프로그램의 소득보장 효과는 어떠한가? 저소득가구의 소득 추이를 중심으로 살펴보자.

표 9-4를 보면, 대처의 보수당 정부 시기는 상위소득집단일수록 가구당 가처분 소득 증가율이 높고 하위집단일수록 소득 증가율이 정체되는 전형적인 신자유주의시대의 모습을 보인다. 그러나 노동당 정부에서는 그 반대 현상이 나타났다. 하위집단의 소득 증가율이 더 높게 나타난 것이다. 이유는 무엇인가? 브르워 등(Brewer et. al, 2007: 21-24)은 1997년 노동당 집권 이후 단행한 조세 및 복지개혁에 주목한다. 근로가능인구의 경우 노동시장 참여를 높이고, 최저임금제와 WTC와 같은 근로장려제도의 도입으로 이들의 가처분소득이 증가한 것이다. 게

표 9-4_정권별 소득 5분위 집단의 실질 소득 증가

| | 소득 5분위 집단 | | | | | 평균 |
| --- | --- | --- | --- | --- | --- | --- |
| | 하위 | 2 | 3 | 4 | 상위 | |
| 보수당(1979 ~ 1996/97) | 0.8% | 1.1% | 1.6% | 1.9% | 2.5% | 2.1% |
| 대처(1979 ~ 1990) | 0.4% | 1.2% | 2.1% | 2.7% | 3.6% | 2.8% |
| 메이저(1990 ~ 1996/97) | 1.7% | 0.9% | 0.6% | 0.5% | 0.7% | 0.8% |
| 노동당(1996/97 ~ 2005/06) | 2.2% | 2.4% | 2.0% | 1.9% | 2.0% | 2.3% |
| 블레어 I(1996/97~ 2000/01) | 2.4% | 2.7% | 2.4% | 2.5% | 2.7% | 3.1% |
| 블레어 II(2000/01~ 2004/05) | 2.6% | 2.5% | 2.0% | 1.6% | 1.4% | 1.7% |

* 주: 각 5분위 집단의 평균은 중간값(소득분포의 각 10%, 30%, 50%, 70%, 90% 값)에 상응한다. 소득은 가처분 가구소득으로 주거비용을 공제한 후 측정되었다.
* 자료: Brewer et.al.(2007).

다가 부양아동이 있는 저소득가구에게 아동수당을, 그리고 대표적인 근로무능력자인 노인층에 대해서는 기초연금액을 인상함으로써 이들의 소득 증가를 도왔다. 만약 이러한 정책적 쇄신이 없었다면, 2005~2006년 0.347인 지니계수는 0.378로 증가했었을 것이라고 이들은 추정한다.

종합컨대, 김영순 교수가 우려하는 바와는 달리, 영국의 경험에 비추어 볼 때 사회투자정책이 복지국가의 축소를 가져오지는 않았다. 오히려 영국은 재정규모 기준으로 볼 때, 독일에 버금가는 복지국가로 성장하고 있다. 물론 사회지출의 우선순위는 전통적인 복지국가와는 다르다. 하지만 그 결과는 복지국가의 이상이라고 할 수 있는 완전고용에 한발 더 앞서 가 있고, 빈곤해소는 물론 시장에서의 소득 양극화를 완화하는 방향으로 작용하고 있다. 사회경제적 환경이 변화한 상황에서, 과연 어떤 길을 통해 복지국가의 이상을 달성해야 하는지 열린 마음으로 깊이 있는 고민이 필요한 시점이다.

## 4) 반비판 III: 사회투자국가담론은 친복지담론으로 정치적 유용성이 없는가?

김영순 교수는 "신자유주의가 지배적인 우리의 담론지형에서 사회투자국가론이 전통적 복지국가론보다 더 쉽게 수용될 것이[나], 궁극적으로 복지 담론에서 신자유주의의 헤게모니를 강화시켜, 보편적·제도적·연대적 복지국가정책과 그 담론의 설 자리를 좁힐 것"이기에 "사회투자국가 담론의 정치적 유용성에 대해……동의하기 어렵다."고 주장한다(p.107). 사실판단이 아닌 문제이기에 그 누구도 사회투자국가 담론의 정치적 유용성에 대해 예단할 수는 없을 것이다. 그럼에도 불구하고 사회투자국가론자들이 해석하는 '시장'과 '고용보호'[5] 그리고 '평등'과 '사회권'[6]의 새로운 의미에 대해 이념적인 거부감을 갖고

---

5) 일찍이 마르크스는 자본주의적 사적 소유를 철폐의 대상으로 지목했지만, 19세기 자본주의 자유시장경제가 가져다준 생산력의 증대는 인류의 자산이며 풍요로운 공산사회로 가는 징검다리로 보았다. 마찬가지로 사회투자국가론자들은 21세기의 '시장'이 복지국가의 든든한 물적 토대가 될 것을 기대한다. 따라서 시장은 규제되어야 한다고 보지만 경쟁시장의 효율과 생산력의 증대를 위해 "시장의 핵심 기능은 반드시 보완되고 개선되어야지, 정치적 행위에 의해 훼손되어서는 안 된다."고 본다(Blair & Schröder, 1999: 3). 이러한 맥락에서 지나친 고용보호도 시장의 원활한 작동에 장애가 된다고 본다. 이는 고용 창출의 저하로 나타나고, 종국에는 노동시장을 내부자(insider)와 외부자(outsider)로 양분시켜 후자의 발전 기회에 장벽을 쌓는 사회적 부정의(injustice)를 낳는다고 생각한다(Giddens, 2001: 10). 그리고 지나치게 경직적인 노동시장은 새롭게 노동시장에 진출하고자 하는 여성들의 다양한 근로형태에 대한 새로운 욕구(일례로, 일과 가정을 양립시키고자 파트타임을 선호하는 욕구)나 지식기반경제에서 발생하는 노동자들의 새로운 욕구(예를 들어, 새로운 기술 습득을 위해 휴직과 취업을 반복하고자 하는 욕구)를 담아내지 못하는 문제점을 안고 있다고 본다. 이러한 사회투자국가론자들의 '시장'에 대한 전향적 관점은 시장력을 제어하여 시장으로부터 시민을 보호해야 한다고 굳게 믿어온 전통좌파적 사고로는 받아들이기 쉽지 않을 것이다. 그리고 사회투자국가 담론이 신자유주의에 포획되어 있다고 믿는 근거가 될 것이다. 하지만 시장에 대한 전향적 태도가 신자유주의자들처럼 자유방임시장을 뜻하는 것은 아니며, 고용보호에 대한 새로운 접근도 노동시장의 탈규제만을 지향하는 것은 더더욱 아님을 인식해야 한다. 사회투자국가 담론에서 시장은 공식적·비공식적 제도가 경제주체들 간의 협력과 조정을 가능하게 하는 '규율화된 다원주의'(disciplined pluralism)가 작동하는 시장을 의미한다. 그리고 노동시장은 유연화를 추구하되 적극적 노동시장정책과 평생학습체제로 뒷받침되어 근로자 개개인의 고용 가능성이 높아져 근로자의 안정성이 동시에 보장되는 노동시장을 뜻한다(Giddens, 2003; 2001).

6) 사회투자국가론에서 강조하는 평등은 실질적인(혹은 적극적인) '기회의 평등'이다. 전통적

있는 전통적인 친복지 지식인과 활동가들은 김영순 교수의 예단에 선뜻 동의할 것이다.

그러나 김영순 교수도 지적하고 있듯이, 우리나라는 역사적으로 볼 때 성장주의와 자유주의적 이념이 강하게 자리잡고 있어, 주류 엘리트들과 일반 국민들에게 전통적인 복지 담론보다는 사회투자전략의 호소력이 더 클 것이다. 게다가 전통적인 복지 담론을 견지하고 현실화시켜줄 수 있는 정치 · 사회세력도 매우 취약하다. 김교수는 "김대중 정부 초기를 달구었던 생산적 복지국가 담론이 가져온 폐해를 반복하지 말아야 할 것"이라고 경고했지만(p.109), '생산적'이라는 형용사가 없었다면, 김대중 정부에서 이룩한 복지국가적 성취는 지금보다 낮은 수준이었을 것이다. 물론 김영순 교수는 기껏 50보 전진하기 위해 100보 나아갈 수 있는 가능성을 스스로 가둬버리냐고 안타까워한 것임을 안다. 하지만 복지국가 건설을 바라는 우리에게 주어진 현실이 매우 척박하

---

인 친복지주의자와 마찬가지로 사회투자국가론자들에게 전통적인 개념의 평등, 즉 '결과의 평등'에 대한 이념적 '애착'도 무척 강하다. 그러나 결과의 평등을 달성하기 위해서 취했던 고율의 누진세는 전세계적으로 하향평준화 압력을 받고 있고, 사회복지적 이전지출도 복지 의존(dependency)과 노동의 비활성화라는 의도하지 않은 결과를 낳고 있는 게 현실이다. 따라서 고율의 누진세를 통해 직접적으로 고소득자의 소득을 낮추고 이를 재분배해 평등을 달성하기보다는, 조금 뒤처진 시민 개개인의 기술과 역량을 강화시켜 노동시장 내에서 앞선 사람들과 비슷한 수준에서 경쟁할 수 있도록 하는 적극적인 기회의 평등이 추구된다. 그리고 더 나아가 지식기반사회에서 빈곤이 대물림되지 않도록 저소득가정 아동에 대한 인적자본 개발 투자가 강조되고, 이전지출은 되도록 근로와 연계되도록 설계한다. 김영순 교수는 사회투자정책이 전통적인 소득보장의 대체물로서 복지지출의 축소기제라는 우려를 강하게 갖고 있다. 따라서 결과의 평등이 아닌 기회의 평등을 강조하는 사회투자국가에서 시민의 사회권은 위축될 것이라고 주장한다(pp.103~104). 하지만, 앞서 영국의 예에서 살펴보았듯이 이는 기우이다. 근로무능력자에 대한 기초보장은 여전히 이루어지고 있으며, 단지 근로유능력자에 대해서는 근로를 유지하게끔 사회투자적 관점에서 종전과 다른 형태로(예를 들어, 최저임금제나 EITC 등을 통해) 소득이전을 이루고 있는 것이다. 게다가, 앞서도 누누이 지적했지만, 아동기에서부터 중고령이 될 때까지 근로능력을 배양하고 직업을 가질 수 있도록 국가가 지원을 확대하고 있다. 따라서 사회투자국가에서 사회권은 위축되기보다는 확대된다고 보는 것이 옳다. 단지, 시민사회는 권리에 상응하는 책임과 의무를 다하는 공적 덕성(civic virtue)을 가진 자유시민으로 구성되어야 한다고 보기 때문에 확대된 사회권에는 그만큼 책임이 부여되어야 한다. 근로능력자의 경우 근로나 훈련을 조건으로 급부가 주어지는 이유이다.

다면, 이 척박한 상황에서도 꽃피울 수 있는 대안을 국민들에게 제시하는 것이 매우 중요한 과제가 된다. 그리고 하나둘 지속적으로 성과를 내어 국민들의 지지를 높여 나가야 한다. 이렇게 되면, 신자유주의를 수용해도 이에 포섭되지 않으면서 복지국가적 이상을 실현해 나가고, 더 나아가 복지 담론도 주도할 수 있게 될 것이다. 이점에서 우리처럼 신자유주의와 힘겹게 싸워온 영국 노동당 정부의 예는 매우 시사적이다.

다음 인용문을 보자.

블레어 정부의 최고의 유산은 특정 분야에서 얼마만큼의 사회복지적 개선을 이루어 내었느냐 하는 것보다는 논쟁의 성격을 바꾸어 놓은 데 있다. 1980~1990년대 대처의 보수당 시절처럼 어떤 방식으로 영국 복지국가를 해체할 것이냐를 논쟁하기보다는, 오늘날 데이비드 카메론의 보수당은, 어떻게 하면 사회정의, 공공 서비스, 그리고 영국 복지국가를 개선시킬 수 있는가에 대해 노동당 정부와 논쟁을 벌인다(Financial Times, May 2, 2007, 11면).

우리나라에서 사회투자정책이 영국에서처럼 국민적 지지를 받을지 여부와 신보수주의로 무장된 야당을 친복지 담론의 틀 안으로 끌어들일 수 있을지는 예단하기 힘들다. 하지만 한 가지 분명한 사실은, 우리는 현재 현실화하고 있는 가능성을 목도하고 있다는 점이다. 이를 이끌어낼 정치 리더십과 시민사회의 지성만 갖추어진다면 우리에게도 기회는 있다고 생각한다.

## 3. 결론: 신뢰할 수 있는 대안의 마련

김영순 교수의 표현대로, 사회투자전략이 '멋진 신세계'를 만들어 주는 것은 아닐 것이다. 하지만 지금 논의되는 그 어떤 대안보다도 저출산 · 고령화, 가족의 해체, 근로빈곤의 확산, 가난의 대물림, 성장 잠재력의 저하 등 우리가 처한 문제에 대해 균형잡힌 해답을 제공해줄 것으로 기대된다.

김교수가 제안한 대로 소득보장과 사회서비스체계의 확립에 매진하는 적극적 복지국가도 우리 사회에 필요하며 불가능하다고 보지 않는다. 복지프로그램의 내용면에서 사회투자국가와 서로 크게 배치되는 것이 없기 때문이다. 보육, 교육, 장기요양 등 보살핌서비스, 적극적 노동시장정책 등 사회서비스체계의 확립은 여성의 노동시장 참여를 촉진하고 인적자원의 충전과 개발을 도와주며 아동의 인지발달을 도와줄 것으로 보인다. 소득보장의 구체적인 방법이 언급되어 있지 않으나, 영국의 예에서처럼 근로무능력자에게는 좀 더 탄탄한 기초보장을, 그리고 근로유능력자에게는 근로와 숙련 형성을 유인하고 가처분소득을 증가시키는 소득보장체계를 갖추면 될 것이다. 단지 복지국가의 건설과정에서, 김영순 교수가 제안한 대로 "소득보장을 사회투자적 지출 못지않게 강조해야 하며……모든 복지지출이 생산적이며 투자적임을 강조"하는 것만은 조심스럽게 접근해야 할 것이다. 이보다는 연금 등 복지프로그램별 지출의 합리화를 선행하고, 10년 앞을 내다보고 사회투자정책 프로그램을 개발하여 단계별로 시행하는 과정이 필요할 것이다. 그리고 사회투자정책이 기대하는 인적자원 개발 효과가 최대한 발휘되도록 노동시장 내 차별을 금지하고, 조세개혁을 통해 근로유인체계와 재정기반을 튼실히 하며, 지역과 산업수준에서 노사정의 합의구조를 구축하여 사회적 합의하에 사회투자정책이 내실있게 실현될 수 있도록 노력하여야 할 것이다.

* 이 글은 『경제와 사회』 75호(2007년)에 실린 필자의 글을 전재한 것이다.

## 참고문헌

김영순(2007). 「사회투자국가가 우리의 대안인가?: 최근 한국의 사회투자국가 논의와 그 문제
　　점」, 『경제와 사회』 74호 여름. (이 논문은 이 책의 제7장에 실려 있음)
박순우(2007). 「사회정책의 변화와 사회투자전략」, 『사회투자국가, 한국 사회복지의 대안인
　　가?』 비판과 대안을 위한 사회복지학회, 2007 춘계 학술대회 발표문.
양재진(2006). 「사회투자국가론과 한국에의 적용가능성 검토」, 한국행정학회 2006년 동계학
　　술대회 발표문.
양재진·조아라(2007). 「사회투자국가론과 경제·사회적 성과분석: 영국, 스웨덴, 그리고 덴
　　마크의 비교분석과 한국에의 함의」, 『시민과 세계』 11호. (이 논문은 이 책의 제4장에
　　실려 있음)
Blair & Schröder(1999). "Europe: The Third Way/Die Neue Mitte" (Joint Statement),
　　June 8.
Brewer, Mike et al. *Poverty and Inequity in the UK: 2007*, IFS Briefing Note No. 73, The
　　Institute for Fiscal Studies.
Collier, David & James E. Mahon, JR(1993). "Conceptual 'Stretching' Revised: Adapting
　　Categories in Comparative Analysis", *American Political Science Review 87(4)*.
Cox, Robert Henry(2001). "The Social Construction of an Imperative: Why Welfare
　　Reform Happened in Denmark and the Netherlands but Not in Germany", *World
　　Politics 53*.
Daycare Trust(2006). *Childcare Today: A Progress Report on the Government's Ten-
　　year Childcare Strategy*, Daycare Trust Annual Conference 2006.
European Commission(2006). "European Social Statistics: Social Protection Expenditure
　　and Receipts: Data 1995-2003"
Giddens, Anthony(2001). "Introduction", in Anthony Giddens(ed.) *The Global Third
　　Way Debate*. Cambridge: Polity Press.
＿＿＿＿＿＿＿＿＿(2003). *The Progressive Manifesto*. London: Policy Network
Mulgan, Geoff(1998). "Whinge and a Prayer", *Marxism Today, Special Issue Nov/Dec
　　1998*.
OECD(2005). *Society at a Glance*, Paris: OECD.
＿＿＿＿(2006). *Employment Outlook*, Paris: OECD.
＿＿＿＿(2001～2006). *Education at a Glance*, Paris: OECD.
Office of National Statistics(2007). *Social Trends, No. 37: 2007 edition*.
Taylor-Gooby, Peter & Trine P. Larsen(2004). "The UK: A Test Case for the Liberal
　　Welfare State?" in Peter Taylor-Gooby, *New Risks, New Welfare: The Transformation
　　of the European Welfare State*, Oxford University Press.

# chapter 10

# 어떤 복지국가인가

- 한국복지정책의 과제와 사회투자전략[1] -

윤홍식 | 인하대학교 행정학과 교수

## 1. 들어가며

사회주의를 한국사회가 가야 할 유력한 대안이라고 믿었던 시절이 있었다. 비록 진보진영[2] 내부에서 지향하는 상에 대한 차이로 인해 한국사회구성체를 둘러싼 치열한 논쟁은 당시로서는 화해할 수 없을 정도로 커보였지만 당면한 권위주의적 체제에 대한 대안으로 새로운 사회체제에 대한 열망만은 함께 나눌 수 있었던 시절이 있었다. 그러나 사회주의권의 몰락과, 잠시 동안 분단체제의 다른 쪽에 위치한 세계에 대한 동경을 뒤로 한 이후로, 소위 진보진영에게 대안적 사회에 대한 치열한 논의는 세계화와 신자유주의의 광풍이 시민의 일상적 삶을 왜

---

1) 사회투자국가 또는 사회투자전략에 대해 명시적으로 합의된 정의는 존재하지 않는다. 일부는 사회투자국가를 사용하고, 다른 논의는 사회투자전략 또는 적극적 사회정책 등과 같은 개념을 사용하기도 한다. 사회투자국가와 전략 등의 개념을 구분하려는 시도가 있지만 본 논의는 학술적으로 개념에 대한 논의를 하기보다는 사회투자국가 또는 전략의 내용에 대한 실용적 의견을 밝히는 데 그 목적이 있다고 판단되어 두 개념을 엄밀하게 구분하지 않았다. 다만 본 논의는 주로 복지정책과 관련된 부분에 제한되어 있으므로 사회투자전략이라는 용어를 주로 사용했음을 밝혀둔다.

2) 본 논의에서 사용하는 진보진영은 합의된 객관적 준거에 의한 것이기보다는 과거에는 반독재 투쟁을 했던 세력을, 현재에는 복지 확대에 동의한 친복지진영을 편의적으로 지칭한 것이다.

곡하기 전까지 잊혀진 과거인 듯했다. 대안적 사회에 대한 개별적이고 산발적 논의는 있었지만 진보진영에게 당면한 현실을 헤쳐 나가는 것조차 버거워 보였다. 그리고 뒤돌아본 지난 20년의 발자취는, 진보진영의 의지와 무관하게, 아니 정확히 말하면 방조 하에 한국사회는 미국을 중심으로 한 신자유주의적 세계질서에 점점 더 가까이 다가가고 있었다. 시민의 복지에 대한 기본적 사회보장체제가 완비되기도 전에 쓰나미처럼 다가온 신자유주의적 세계화와 복지국가의 재편은 불평등과 양극화를 확대했으며, 권위주의적 발전국가의 경제성장 제일주의는 거짓말처럼 한국사회에서 화려하게 부활했다. 2만 불 시대, 3만 불 시대를 외치고, 경제성장이 모든 사회문제를 해결할 수 있다는 과거 권위주의적 발전국가의 집단적 최면이 온 나라를 다시 뒤덮었다. 대안을 찾을 수 있을까? 사회민주주의의 깃발을 높이 들고 큰 소리로 사민주의의 도덕적 우위와 정당성을, 진정한 진보와 좌파가 무엇인지를 한 목소리로 외치면 되는 것일까? 인간은 이성적이고 합리적이기 때문에 객관적으로 옳다는 것만 논증되면 그 깃발 하에 모일 수 있는 것일까?

　전후 복지국가는 공적 사회보장체제를 통한 소득재분배로써 일자리 창출과 사회위험의 완화라는 두 가지 목적을 동시에 달성할 수 있었다. 소득재분배는 시민들의 소득을 높임으로써 유효수요를 창출하고 창출된 유효수요는 경제성장을 통한 일자리 확대로 이어졌다(윤홍식, 2007a). 상품과 자본의 세계화 수준은 낮았으며 통화정책으로 대표되는 경제정책과 사회정책의 통제권은 개별 국가에 있었다. 더욱이 복지국가에 의한 소득재분배는 사회연대와 통합을 높이는 동시에 정치적으로 전후 복지체제를 지지하는 광범위한 정치세력을 만들어 냄으로써 전후 복지국가를 지난 수십 년 동안 안정적으로 유지할 수 있었다. 그러나 반세기도 채 지나지 않아 상황은 급변했다. 복지국가의 소득재분배정책을 통해 경제성장과 복지 확대의 선순환 관계를 가능하게 했던 제조업은 쇠퇴했고, 상품과 자본은 세계화되었으며, 국민국가의 경제·사회정책에 대한 통제권은 약화되었다. 1970년대 프랑스의 예에서 보듯 사회보장 급여의 확대를 통한 유효수요 확대정책은 당시에는 아무도 예상하지 못했던 스태그플레이션을 유발함으로써 1980년대 초 유효수요에 근거한 케인즈적 접근법은 사실상 폐기되었다.[3] 소득재분배, 복지 확대 및 경제성장의 선순환 관계는 더 이상 기대할 수 없었다. 오히려 확대된 소득재분배는 국내 고용률을 감소시킴으로써 상황을 더욱 악화시켰다.

경제성장과 복지 확대에 근거한 복지국가의 지속 가능성을 담보하기 위한 새로운 대안이 요청되었다. 다양한 담론과 논의가 '백가쟁명'(百家爭鳴) 식의 양상으로 전개되고 있지만 명백한 과제는 복지 확대(또는 유지)와 경제성장의 선순환을 지속시키기 위한 새로운 연결고리가 필요하다는 사실이다(윤홍식, 2007a). 산업화된 서구 복지국가에서 복지 확대와 경제성장의 새로운 선순환 관계는 소득분배가 아닌 인적자본에 대한 투자로 집중되고 있는 듯하다. 실제로 반숙련 제조업 중심의 안정적 고용의 시대는 지나갔으며 인적자본의 향상을 통한 유연한 고용 안정성의 확보가 복지국가의 새로운 정책 과제가 되었다(Esping-Andersen, 2005). 그러나 한국사회가 직면한 현실은 산업화된 서구 복지국가의 재편 궤적을 따를 수 있는 조건이 아니다. 1997년 경제위기로 촉발된 복지에 대한 관심이 사회적 합의로 공고화되기도 전에 노동시장 유연화, 저출산·고령화 등 소위 신사회위험 요인들이 불거져

---

3) 프랑스와 같이 영국도 정부지출 증대(복지급여 확대)를 통해 당면한 경제위기를 극복하려는 시도를 하였지만 이로 인한 재정적자를 메우기 위해 1979년 국제통화기금(IMF)으로부터 차입하게 됐다(Palier, 2006).

나왔다. 더욱이 고도성장에 익숙한 한국사회에서 권위주의적 발전국가시대와 비교해 상대적으로 낮은 경제성장률은 경제성장 제일주의의 집단적 믿음의 부활을 재촉하는 신호와 같았다.

이러한 문제의식을 기반으로 본고는 최근 한국 사회정책에서 주요한 논쟁의 대상이 되고 있는 사회투자전략(국가, 정책)의 의미와 지위에 대한 필자의 소견을 밝히고자 한다. 비판은 실천을 가로막는 족쇄가 아닌 부족한 것을 메우고 새로운 대안을 만들 때 의미가 있듯 본 논의가 사회정책에 관심 있는 사람들이 사회투자전략을 넘어서는 현실적 · 실천적 대안을 내오는 작은 발판이 되길 바란다.

먼저 다음 절에서는 한국사회가 처한 특수성에 대해 논의하고자 한다. 이어서 현재 사회투자전략을 둘러싼 핵심 쟁점에 대해 논의하고, 마지막으로 진보진영 내에서 사회투자전략이 견지해야 할 원칙과 방향에 대한 논의로 글을 정리하고자 한다.


## 2. 한국사회의 특수한 조건

한국사회가 놓여있는 특수한 조건을, 서구의 사회투자전략이 주요한 대안으로 부상한 배경과 연관지어 생각해보자. 배경적 논의를 모두 포괄하지는 못하지만 대략 한국사회의 이념 논쟁과 사회정책, 사회위험, 경제성장이라는 3가지 주제를 중심으로 검토해보자.


### 1) 한국사회의 이념 논쟁과 사회정책

기든스(Giddens, 2000[1998]: 127)는 현재 자유민주주의 국가가 위기에 처한 것은 "반세기 전처럼 적대적 경쟁자들에 의해 위협받기 때문이 아니라, 어떠한 경쟁자도 없기 때문이다."라고 주장한다. 냉전시대의 종언과 함께 정부의 정당성을 과거와 달리 다른 곳에서 찾아야 하며, 그 다른 곳이 바로 복지국가를 새롭게 하는 것이라는 주장이다. 그러나 한국의 상황은 여전히 냉전의 한복판에 놓여 있다. 대통령의 방북과 핵문제의 완화로 한반도 평화에 대한 가시적 진전들이 목격되는 것은 사실이지만 한국은 여전히 이념적 대립의 장인 분단 상황에 놓여있다는 것에는 이론이 없다. 실제로 한국에서, 소위 좌파와 우파의 경쟁은 시민의 일상에 근거한 정책보다는 북한과 미국에 대한 입장과 태도를 중심으로 형성되어 있는 것이 사실이다. 한반도 평화를 논하는 시대에 한나라당 대선후보는 2007년 대선을 "친북좌파와 보수우파"의 대결이라고 단언했다. 그러나 이러한 우파적 논리는 정치지형을 벗어나 사회정책의 영역으로 오면 이내 희석되고 만다.[4] 실제로 2007년 대선에서 각 정당의 후보들의 사회정책 공약을 보면 분명하게 드러난다. 예를 들어, 아동보육정책을 보면 이념적 측면에서 소위 '보수우파'를 대변해야 할 한나라당 대선후보조차도 3~5세 아동에 대한 무상보육을 주장하였다. 아동양육 관련 정책만을 놓고 보면 유럽의 어느 좌파에도 뒤지지 않을 만큼 진보적이다. 우파들의 주장과 달리 사적 영역이라고 간주되는 아동양육에 대해 국가의 역할과 개입을 강하게 요구하고 있는 것이다. 소위 좌파가 주장해야 할 정책을 우파가 주장하고 있으며 보수당(우파정당)을 지지하는 국민들도 우파정당의 사민주의(좌파)정

---

4) 최근 국민연금 개혁을 둘러싼 사회정책적 쟁점이 형성된 것은 사실이지만, 그 내면을 보면 보수우파 정당인 한나라당과 좌파정당인 민주노동당이 열린우리당에 대항하는 전선이 형성되었다. 물론 이러한 현상이 한국사회에서만 나타나는 것은 아니다. 서구 복지국가의 경우에도 전통적 이념 대립의 지형이 개별 사회정책에서 희석되는 사례가 빈번히 나타났다. 실제 사례는 독일의 경우를 분석한 하우저만(Häusermann, 2006)의 *Different paths of modernization in contemporary family policy*를 참조하라.

책에 대해 개의치 않고 있는 듯하다. 이러한 현상은 참여정부에서도 나타났다. 이념적으로 국가보안법 폐지 등과 같이 진보적 개혁들을 지향하지만 경제와 사회정책에 있어서는 미국을 중심으로 한 신자유주의의 흐름에 합류하였다. 한국의 좌우 모두에서 "신자유주의적 좌파"와 "좌파적 신자유주의"의 출현이라고나 할까? 일견 사회정책과 관계가 없을 것 같은 냉전의 사고는 한국사회에서 사회정책을 중심으로 좌우 간의 경쟁구도를 무력화시키는 주요한 요인 중에 하나인 듯하다. 사회정책을 매개로 한 한국사회의 대안이 정치적 공론의 장에서 쟁점이 되지 않는 한 대안사회에 대한 전망은 학자들의 탁상공론일 가능성이 매우 높다. 즉, 한반도 평화가 정착되고 마지막 남겨진 냉전의 잔재가 걷히지 않는 한 사회정책을 매개로 한 정치지형과 세력의 형성은 매우 어려운 과제가 될듯싶다. 사회정책이 쟁점이 되지 않는 사회에서 사회정책을 쟁점화하는 과제가 진보진영에 있는 것은 아닐까?

### 2) 이중적 사회위험

복지국가의 역할이 소득재분배에서 인적자본(사회투자)으로 전환되는 것은 산업화된 서구 복지국가들에서 복지국가 재편의 핵심적 과제임이 분명하다. 그러나 한국의 상황은 이들 서구 복지국가들과 상이한 조건에 놓여 있다. 서구 복지국가들의 경우(물론 개별 국가의 복지 수준은 상이하지만) 소위 구사회위험 요인이라 지칭되는 실업, 질병, 노령 등으로 인해 발생하는 사회위험(대표적으로 빈곤)에 대해 적절한 사회보장체제를 갖추어 놓은 상태이다. 반면 한국의 경우 외환위기 이후에야 4대 보험 대상이 전 국민으로 확대되고, 국민기초생활보장제도의 도입을 통해 복지국가의 기본 밑그림만이 그려졌을 뿐이다. 그러나 사회보장체제의 사각지대가 매우 넓고, 그 수준이 심각하다는 것은 공지의 사실이다. 이렇듯 시민에 대한 소득, 건강, 주거 등 기본적 사회보장이 여전히 취약한 가운데 외환위기 이후 비정규직의 증가와 저출산·고령화현상으로 대표되는 새로운 사회위험 요인 또한 확대되고 있는 것이 현실이다. 즉, 한국사회는 산업화된 서구 복지국가와 같이 새로운 사회위험 요인이 확대되고 있는 동시에 전통적 사회위험 요인도 여전히 광범위하게 상존해 있다고 할 수 있다. 이러한 조건에서 한국 복지국가의 역할을 소득재분배에서 사회서비스, 인적자본에 대한 투자, 활성화정책으로 이전하는 것은 적절하지 않다. 또한 산업화된 서구에서 전통적 복지국가의 역할에 대한 재편을 요구한 원인이던 공적 급부(실업급여, 연금, 공공부조)의 과다한 지출에 대해서도 한국사회는 복지 의존과 재정 압박을 야기할 정도의 수준이라고 보기도 어렵다.[5]

## 3) 권위주의적 경제발전의 유산

산업화된 서구 복지국가들 중 복지 확대에 대한 사회적 동의 수준이 가장 낮고 경제성장과 시장에서의 개인적 성취에 대한 권리와 책임이 가장 잘 받아들여지는 미국사회에서 공적 복지의 확대에 대한 정당성을 효과적으로 부여받을 수 있다는 가능성에 주목할 필요가 있다(Midgley, 1999: 8). 유럽의 복지국가들은 물론이고 미국보다도 더 성장제일주의 산업화과정을 거쳤던 한국사회에서 복지 확대에 대한 정당성 확보와 국민의 지지는 평등사회와 좋은 사회라는 당위적 담론으로

---

5) 예를 들어, 조세와 공적 이전을 통해 불평등이 감소되는 비율을 보면 한국은 4.5%로, 스웨덴의 111.7%, 독일의 54.6%는 물론이고 공적 사회보장체제가 가장 취약한 미국의 32.3%의 1/7에 불과하다(보건복지부, 2006).

가능하지 않다. 또한 복지를 확대하는 과정에서 반드시 수반되어야 하는 재원의 확대(증세)가 '세금폭탄'이라는 신자유주의적 담론 앞에서 무력화되는 현실에서 당위적 정당성으로 증세와 복지 확대에 대한 광범위한 정치적 지지를 담보하는 것은 더더욱 불가능하다. 복지 확대의 정치적 지지는 복지 확대가 경제성장과 선순환 관계 속에서 이루어진다는 담론에 대한 정치적 지지 없이는 불가능한 것이 우리의 현실이다. 우리의 역사적 경험이 이러한 현실을 보여주고 있다. 1997년 외환위기 이후 확대된 복지조차도 최저 수준의 안정망을 구축해 안정적으로 노동력을 재생산하려는 과제를 달성하기 위한 것이었다. 최근의 출산력 저하와 급격한 고령화에 대한 정책 대응에 있어서의 국민적 지지 또한 계층, 세대, 성의 불평등을 완화하기 위한 것이기보다는 미래 노동력의 부족과 성장 잠재력 위기에 대한 대응으로서 지지되는 측면이 크다. 이러한 조건에서 복지정책(사회정책)이 경제성장을 위한 보조적 수단이 아닌 독립적 지위와 역할을 가지고 계급, 젠더, 세대, 지역의 평등 등 시민의 사회권을 실현하는 수준으로 확대될 것을 기대하는 것은 현재로서는 난망하다. 그렇기 때문에 한국에서 복지 확대는 전통적 성장주의 이념과 분명한 대립 선을 긋기보다는 이를 복지 확대와 연결시키는 사회적 (합의)과정을 통해 성취될 수 있는 과제일 수 있다. 문제는 이러한 복지 확대를 최저 수준의 보장 수준을 넘어 시민의 사회권을 실현하는 수준으로 확대해 나갈 수 있겠느냐는 것이다.


## 3. 사회투자(국가, 정책, 전략)를 둘러싼 쟁점

'사회투자' 전략(또는 국가)의 논의가 증가하면서 이에 대한 다양한 비판들이 제기되고 있다. 여기서는 개념을 해석하거나 적용하는 문제와 관련된 쟁점보다는 한국사회에서 사회투자전략의 실현에 있어 논란이 될 수 있는 내용을 중심으로 논의하고자 한다. 첫째는 소득·주거·의료 등의 기본적 사회보장체제가 완비되지도 않은 상태에서 인적자본에 대한 강조는 자칫 인적자본에 대한 투자를 전통적 복지국가의 기본적 사회보장의 대체재로 활용할 가능성이 높다는 지적이다. 충분히 동의되는 우려이다. 그러나 이러한 비판은 사회투자전략 내의 다양성을 인지하지 못한 비판이라고 생각된다. 영국과 미국의 예를 들면서 이러한 비판을 제기한다면 타당하지만 북유럽 복지국가의 사례는 비판과는 다르다. 북유럽 복지국가가 스스로의 지향을 사회투자국가라고 지칭했는가 아닌가는 주요한 쟁점이 아니다. 한국사회에서 사회투자에 대한 논의가 복지국가의 기본적 사회보장의 대체재로서 인적자본에 대한 투자를 위치지우지 않았다면, 즉 성공적 사회투자의 전제로서 기본적 사회보장체제의 완비를 전제한다면 이러한 비판은 적절하지 않다. 물론 사회투자전략을 주장하는 일부 논자들 중 복지국가의 역할을 소득재분배에서 인적자본에 대한 투자로 이전해야 한다는 주장을 하기도 하지만 이는 한국사회에서 소득재분배가 중요하지 않다는 주장은 아닐 것이라고 판단된다. 심지어 사회투자국가가 신자유주의적 아류라고 비판받는 영국에서조차도 신노동당 집권 이후 아동빈곤이 감소했다는 것은 공지의 사실이다. 실제로 주거비용 지출 이후 전체 아동의 빈곤율(중위소득 60% 이하)은 1996/7년 34%에서 2002/3년 28%로 18% 감소했다(Stewart, 2005; 박순우, 2007: 113 재인용). 김영순(2007: 108)의 주장처럼 사회투자전략을 이야기하는 논자들이 면피용으로 "……소득보장도 중요하다고 사족처럼 덧붙인" 것이 아니라 한국사회에서 기본적 사회보장은 성공적 사회투자전략의 필수적 전제임을 인지하기 때문이라고 생각한다. 아마도 기본적 사회보장체제의 완비에 대해 동의하지 않는 논자들을 찾기란 쉽지 않을 것이다. 그래서 한국사회에서 사회투자전략의 실현은 저렴한 비용으로 복지에 대한 국가의 역할을 수행하는 것이 아니라 (특히 초기에)많은 비용이 수반될 것이다.

둘째는[6] 사회투자전략의 국내외 논의에서 간과되는 부분이지만 사회투자전략의 몰성적 성격에 대한 비판이다. 사회투자전략을 주장하는 대부분은 사회투자전략이 가족 친화적 또는 여성 친화적이어야 한다는 데 동의한다(Giddens, 2000[1998], 2002[2000]; Esping-Andersen, 2002). 하지만 고용이라는 유급노동을 강조하는 이면에는 가족 내에서 주로 여성에 의해 수행되는 양육과 돌봄과 같은 무급노동을 직접적 정책대상으로 포괄하지 않는다는 것을 의미한다.[7] 투자$^{investment}$란 수익$^{return}$을 기대하는 개념이다(Perkins et al., 2004: 133). 구체적으로 사회투자전략에서 투자는 경제적 수익과 연관되는 시민의 인적자본의 향상으로 되돌아올 것을 기대한다. 그러나 베커(Becker, 1991)의 주장과 같이 가족 내 돌봄노동은 노동시장에서 요구하는 인적자본의 축적을 유발하지 않으며 잉여가치 또한 창출하지 않는다. 즉, 가족 친화적, 여성 친화적 정책이라고 일컬을 수는 있지만 이러한 정책은 어디까지나 노동시장 참여에 장애가 되는 요인을 제거함으로써 (주로 돌봄의 책임이 있다고 간주되는)여성이 노동시장에서 생산노동에 참여할 수 있도록 하기 위한 것이다. 리스터(Lister, 2002)의 주장처럼 모든 시민이 유급노동을 해야 하는 사회투자전략에서 무급 돌봄노동에 대한 가치를 고

---

6) 둘째, 젠더문제에 대한 비판은 윤홍식(2007b: 11)의 「사회투자국가와 한국복지국가의 과제: 가족여성정책 영역의 과제를 중심으로」에서 발췌한 것을 일부 보완한 것이다.
7) 가족 내에서 수행되는 무급 돌봄노동과 보육과 같은 돌봄노동의 사회화는 구분되어서 고찰되어야 한다. 보육과 같은 사회화된 돌봄노동은 직접적으로 남성과 여성의 젠더관계를 반영하지 않지만 가족 내에서 수행되는 돌봄노동은 그 대부분을 여성이 담당함으로써 가족 내 젠더관계를 명시적으로 반영하고 있기 때문이다.

려할 여지는 거의 없기 때문이다. 젠더관점에서 성 평등은 보편적 생계 부양과 함께 보편적 돌봄노동을 통해서만이 달성될 수 있다는 점을 고려한다면 사회투자전략에서 보편적 돌봄노동에 대한 논의는 단지 추상적 수준에 그치고 있다. 사회투자전략은 여성의 고용 증대를 위해서는 효과적인 정책 대안일 수 있지만 남성의 돌봄 책임 강화를 위해서는 매우 모호한 담론을 생산할 뿐이다.[8] 즉, 사회투자전략이 지나치게 여성, 특히 자녀가 있는 여성에 대한 고용문제에 집중함으로써 여성을 남성 임금노동자의 기준에 끼어 맞추는 오류를 범할 수 있다. 또 다른 측면에서 보면 라쉬(Lasch, 1998)의 비판처럼(본래 라쉬는 여성의 노동시장 참여를 강조하는 페미니스트들을 향해 비판을 가했지만) 사회투자전략의 유급노동에 대한 강조는 모든 시민들에게 한 가지 가구부양 형태만을 강제하고 있는지도 모른다. 젠슨과 생-마르탱(Jenson & Saint-Martin, 2001; Lister, 2003: 436 재인용)은 현재 서구 복지국가들이 사회투자전략을 지향함으로써 미래에 젠더 평등과제가 간과되는 결과를 초래할 수도 있음을 지적하였다. 즉, 전통적으로 가족 내 무급노동에 종사했던 여성적 가치를 어떠한 형태로 사회투자국가에서 발현시킬 것인가는 사회투자국가와 이를 지지하는 페미니스트들이 풀어야할 중요한 숙제이다. 이러한 문제는 현재 한국사회에서 논의되는 사회투자전략에서도 그대로 드러나는 문제이다. 결국 고용이 복지국가의 필수불가결한 기본전제라면 가족 내 무급노동 또한 성별 구분 없이 모든 노동자가 담당해야 할 책임이자 권리이어야 한다. 결국 사회투자전략에서 젠더관점을 강화하는 길은 여성의 활성화와 함께 남성의 가족

---

8) 에스핑-안데르센(Esping-Andersen)은 이를 남성의 여성화, 여성의 남성화로 지칭하고 있고, 김인숙, 정재훈, 윤홍식은 여성의 시장화, 남성의 가족화로 언급하고 있다. 이는 모두 가족정책의 지향점인 보편적 생계부양과 돌봄 모형이라고 할 수 있다(Fraser, 2000).

화(양육과 돌봄 참여)를 어떻게 담보할 것인가에 달려 있다고 할 수 있다.

셋째는 경로 의존성에 대한 문제이다. 김영순(2007: 107)은 "영국의 사회투자정책이 밑 빠진 독에 물 붓기가 되는 것은 영국 복지국가의 잔여주의적 성격 때문"이라고 지적한다. 즉, 튼튼한 사회보장이 갖추어지지 않은 상태에서 인적자본에 대한 투자의 무용성에 대한 문제를 지적하고자 한 듯싶다. 그러나 경로의존성에 대한 우려는 영국보다 우리가 더 걱정해야 할 문제이다. 한국은 실패한 사회투자전략의 대표주자로 언급되는 영국보다도 훨씬 더 잔여적이기 때문이다. 2001년 현재 GDP 대비 공공 사회지출 규모를 보면 영국이 21.8%인데 비해 한국은 8.6%(2005년도 기준)에 불과하다(OECD, 2005, 정책기획위원회; 2006 재인용). 또한 조세와 사회복지제도의 소득분배 개선 기여도를 보면 한국은 6.6%로 산업화된 복지국가 중 가장 잔여적인 미국 (32.3%)의 1/5에도 미치지 못한다. 우리에 비해 복지인프라가 상대적으로 잘 갖추어진 유럽국가들조차도 노르딕 국가들이 20년 전에 이루었던 공적 사회서비스의 확대가 현실적으로 어렵다고 진단하는 (Esping-Andersen, 2001: 144) 마당에 한국사회가 현재의 경로를 벗어나 기본적 사회보장과 인적자본에 대한 투자라는 이중적 과제를 동시에 달성할 수 있을 것으로 기대하는 것은 난망한 것이 사실이다.

더 나아가, 최근 산업화된 서구 복지국가의 사례를 보면 시민의 복지에 대해 국가의 책임이 약화되고 시장의 역할이 강화된 사례들은 여럿 목격되지만 시장의 역할을 축소하고 국가의 역할이 강화된 사례는 거의 없는 것 같다. 그렇다고 지금의 상황을 숙명으로 받아들일 수는 없다. 희망은 있다. 최근 독일 사회정책이 전통적인 보수주의 복지국가의 특성에서 벗어나 사민주의 사회정책으로 방향을 선회한 사실을 고려한다면 경로이탈이 아주 불가능한 것은 아니다.[9] 결국 한국사회의 비전에 대한 사회적 합의를 어떻게 이루어낼 것인가가 핵심적 과제라고 할 수 있을 것이다. 실제로 최근 정책 변화에 있어서 담론의 문제에 대한 관심이 증대되고 있는데 이는 사회적 필요성이 가치에 대한 호소를 통해 지지될 수 있음을 보여준다(Ellingsœter, 2007). 사회적 담론의 형성 여부에 따라 해당 사회의 경로가 변화할 수 있음을 의미한다.


## 4. 무엇을 해야 하나?

한국복지체제에 대한 진보진영의 대안은 무엇일까? 특정한 개념을 정의하고 이를 논의한 외국의 저명한 학자들이 이야기했던 의미를 되새기며 그 의미를 고증학(考證學)과 같이 친절한 주석을 붙여가며 설명하지 말자. 또한 이를 바탕으로 한국사회의 대안을 유형화하고 자의적으로 개념을 고정시키는 논의를 지양하자. 대신 한국사회가 직면한 처지와 조건에서 우리에게 절실한 것이 무엇인지를 찾아가는 방식으로 논의를 풀어가자. 실제로 현재 산업화된 국가들이 직면한 사회현실에 대해 합의된 정의도, 모범답안도 존재하지 않는다. 그리고 논의의 끝에서 그 길이 무엇인지, 이를 어떻게 부를지 고민해 보자. 다만 그 대안을 무엇으로 부를 것인가를 결정하는 과정은 서구사례라는 경전이나 외국학자의 개념에 의존하기보다는, 어떤 개념과 담론 설정이 현재 한국의 사회ㆍ심리적 조건에서 '복지 확대라는 대안'에 대한 '담론'을 장악

---

9) 독일은 이중적 모습을 보이는데 노동시장과 관련해서는 영미식 유연화전략을 실행하는 반면 가족정책과 관련된 사회정책에서는 가족 중심의 대륙유럽의 특성을 버리고 북유럽식 정책을 실현해가고 있다. 2007년부터 육아휴직급여를 임금에 비례해서 지급하고, 아버지할당제를 도입한 것이 대표적 사례이다(Wüst, 2006).

할 수 있게 하는지를 판단해보자.

다양한 담론과 개념들이 논의되고 있지만 한국사회가 요구하는 것은 전통적 복지국가의 역할과 새롭게 제기되는 역할 모두를 감당하는 것이라는 점에는 이론의 여지가 없을 듯하다. 소위 구사회위험이라고 지칭되는 것으로 노동시장에서 발생하는 실업, 질병, 노령 등에 대한 사회보장의 사각지대가 광범위하게 존재하고 수당과 같은 보편적 소득보장체계가 부재한 현실에서 복지국가의 역할을 소득재분배에서 인적자본에 대한 투자로 이전하자는 것은 그 누구도 동의할 수 없는 주장이다. 또한 노동시장 유연화, 저출산·고령화 등 새로운 사회위험 요인이 한국사회에서 사회적 배제를 확대하고 지속 가능한 발전을 저해한다는 것 또한 동의되는 사실이라고 판단된다. 이러한 필요는 한국사회가 직면한 특수성에 기인한다. 전통적 사회보장체제의 보편적 확대라는 국가의 역할이 막 시작되려는 상황에서 노동시장 유연화, 저출산·고령화 등 새로운 사회위험 요인이 확산되면서 한국사회는 복지국가의 전통적 역할과 새로운 역할을 동시에 요구받고 있기 때문이다. 그러므로 한국사회의 과제는 단순히 복지재원을 소득재분배에서, 사회서비스 확대로 대표되는 인적자본에 대한 투자로 이전하는 것이기보다는 양자를 모두 확대해야 할 처지에 놓여 있는 것이다. 더욱이 인적자본에 대한 성공적인 투자는 시민의 기본적 생활에 대한 적절한 보장이 충족될 때 비로소 가능하다는 점을 고려한다면 두 과제는 이분법적 선택의 과제가 아닌 동시적 과제임이 분명해 보인다. 복지자원의 급진적 확대가 요구되는 대목이다.

단순해 보이지만 쉽지 않은 과제이다. 조세 증가에 대한 저항이 강하고, 권위주의적 발전국가의 유산인 국가에 대한 불신이 여전히 남아있으며, 지지정당에 관계없이 대다수 국민이 경제성장 제일주의 이념의

벽을 넘어서지 못한 상황에서 평등, 복지, 시민권 확대 등 당위적 정당성을 통해 재원 확대에 대한 국민적 합의를 이끌어내는 것은 분명 난망한 일이다. 더 나아가 남북분단이 가져다준 질곡으로 인해 좌파의 전통이 단절된 상황에서 진보적 사회정책의 과제를 현실화시킬 세력도 존재하지 않는다. 그렇다고 정부와 일부 전문가들의 주장과 같이 재원의 제약을 인정하고 몇 가지 선언적 정책들에 집중할 수도 없는 상황이다. 예산상의 제약을 이유로 핵심적 사회정책에 대해 스스로 족쇄를 채운 결과가 불평등과 양극화의 확대로 나타났다는 것에 동의한다면 공존하는 두 가지 위험요인에 대한 대응은 이분법적 선택의 문제가 아니다.

그렇다면 한국사회가 풀어가야 할 당면과제는 공존하는 두 가지 위험 요인에 대한 이분법적 선택과 대응이 아닌 동시적 대응과 이를 가능하게 하기 위해 복지재원을 확대하는 것이다. 인적자본에 대한 복지국가의 역할이 건강·주거·소득보장 등 시민의 기본적 생활보장을 대신할 수 없듯이 기본적 생활보장에 대한 요구가 인적자본에 대한 새로운 요구를 대신할 수 없다. 지름길은 없는 것 같다. 정도만이 있을 뿐이다. 그리고 민주주의사회에서 그러한 '정도' 는 복지 확대에 대한 시민들의 광범위한 지지를 이끌어내는 길뿐이다. 복지국가를 축소하기 위한 반복지진영의 다양한 시도들이 있어왔지만 지금까지 복지국가가 존재할 수 있는 것은 복지 확대과정에서 창출된 광범위한 지지층으로 인해 가능했음을 기억할 필요가 있다(Jenson & Sinueau, 2003). 이러한 이유로 지금 우리가 한국복지체제에 대한 대안을 논의한다면 가장 중요한 목표 중 하나는 복지 확대과정을 통해 한국 복지국가에 대한 광범위한 지지층을 형성하는 것이다. 복지 확대가 한국사회의 지속 가능한 발전을 저해하는 '장애' 가 아닌 '토대' 라는 사회적 합의를 이끌어내야 한다. 복지 확대·증세가 시민의 삶을 초토화시키는 '세금폭탄' 이 아닌 자신과 우리 모두를 위한 길이라는 것을 지지받을 수 있는 한국복지 체제에 대한 '대안적 담론'을 제시해야 한다.

그리고 그 대안은 복지국가의 보편성과 함께 한국적 특수성에 근거해야 한다. 이중적 사회위험 요인의 확대라는 현실과 성장제일주의의 이념적 유산과 분리될 수 없다. 한국사회의 유산(경험)에 토대를 둔 담론만이 새로운 가치를 호소하면서 그 가치가 적절한 것이라는 것을 보여줌으로써 새로운 대안체제에 대한 시민적·정치적 지지를 가능하게 한다. 좌파적 순수성 여부가 아닌 좌파적 이상에 한발 더 다가서게 하는 현실적인 진전이 필요하다.[10] 이러한 논의에 근거했을 때 성장주의 담론을 경제성장 제일주의가 아닌 복지 확대를 통해 담보해 낼 수 있는 유력한 '담론' 중 하나가 사회투자전략으로 지칭된다고 생각한다. 그러나 정책 담론이 정책의 제도화를 정당화하기(지지받기) 위해서는 대중에게 좀 더 다가서는 일반적 화법이 필요하다. 학술적·논리적 수사 여구를 동원해 설명이 필요한 '용어'보다는 시민의 일상적 감성에 다가설 수 있는, 시민을 감동시킬 수 있는 용어를 사용해야 한다. '세금폭탄'이라는 감성적 용어가 국가의 역할 축소와 시장의 역할을 강조하는 신자유주의적 담론을 대중적으로 관철시킨 것이라면, '사회투자'는 한국사회에서 복지 확대가 경제의 지속 가능한 발전의 필수적 전제

---

10) 독일과 스웨덴의 페미니스트들이 지난 1960년대 말 이후 걸어왔던 길은 좋은 역사적 사례가 될 수 있을 것이다(Naumann, 2003). 페미니즘의 직접적(전통적) 과제(섹슈얼리티, 낙태, 강간, 폭력 등)에 충실했던 독일과 당면한 경제사회 조건에서 요구되는 현실적 과제(젠더관계를 근본적으로 변화시키지 않고도 가능한 여성의 노동시장 참여와 돌봄의 사회화 등)에 집중했던 스웨덴의 현재 모습을 보자. 또한 운동적 측면에서 페미니즘 내의 다양한 차이를 강조하면서 통일된 페미니스트의 정체성이 출현하지 못한 독일과, 여성의 보편적이고 집단적 정체성에 집중한 스웨덴의 경험을 보자. 어떤 사회가 페미니즘의 이상에 더 가까이 다가섰는지에 대해 생각해보면, 각자의 기준에 따라 다양한 견해가 있을 수 있지만 상대적으로 스웨덴 여성의 정치·경제·사회적 지위가 독일 여성의 지위보다 우위에 있다는 것은 부정할 수 없는 사실일 것이다. 페미니스트 없는 페미니즘이라 일컬어지는 스웨덴에서 가장 여성 친화적인 현실 사회를 만들어나갔다는 것은 우리에게 무엇을 시사하고 있는 것일까?

임을 각인시키는 친복지진영의 대중적 담론이 될 수 있다고 믿는다.[11] 그리고 친복지진영(진보진영)의 비판은 왜 '사회투자전략'이라는 개념을 사용하느냐고 묻기보다는 사회투자전략에 무엇을 담았는지를 논의해야 한다. 그리고 현재 제기되는 (기초보장과 인적자본에 대한 투자에 기반한)사회투자전략이 장기적 관점에서 시민의 더 나은 삶을 위한 대의에 복무할 수 있는지의 비판에 집중되어야 한다. 우리는 비판을 통해 '사회투자전략'의 오류를 폐기하고 핵심을 보존하면서 진전된 대안을 만들어가야 하는 것이다. 신자유주의적 시장중심주의를 신봉하는 우파적 담론의 파고가 높아지고, 그 대오가 강고해지고 있다. 복지에 대한 국가의 적극적 역할을 반대하고, 자본의 세계화와 노동시장의 유연화가 특징인 신자유주의적 세계질서가 목적의식적인 정치·경제의 선택의 과정이었듯이(Mishra, 1999) 이에 반대하는 친복지진영의 대안 또한 목적의식적인 선택의 과정이어야 한다. 작은 차이를 강조하면서 가가의 선명성에 선을 긋고 '너와 니는 디르다' 식의 비판이 아니라 서로의 공통분모를 찾으며 이견을 좁혀가고 힘을 모으는 현실적·실제적 논의가 절실히 요구되는 시기이다.

* 본 논문은 『시민과 세계』 12호(223-239)에 실린 글을 전재한 것이다.

---

11) 물론 개인적으로 앞서 제기한 내용적 과제만 담보된다면 그것을 '사회투자국가'로 부르든 '전략'으로 부르든, 아니면 '새로운 사회적 시민권국가'이든 '적극적 복지국가'이든 관계없다고 생각한다.

## 참고문헌

김영순(2007). 「사회투자국가가 우리의 대안인가?: 최근 한국의 사회투자국가 논의와 그 문제점」, 『경제와 사회』 74: 84-113. (이 논문은 이 책의 제7장에 실려 있음)
박순우(2007). 「영국 사회투자국가의 성과와 과제: 아동정책을 중심으로」, 『상황과 복지』 24: 101-136.
보건복지부(2006). 「양극화를 이겨내는 희망프로젝트 2006」
오정화 옮김(2004). 『여성과 일상생활』 (C. Lasch, 1998. *Women and the common life*), 문학과 지성사.
윤홍식(2007a). 「한국복지국가 전망에 있어 여성가족정책의 과제: 사회비전2030에 대한 비판을 중심으로」, 여성개발원개원 24주년 기념 세미나. 『젠더관점에서 본 사회비전 2030』
______(2007b). 「사회투자국가와 한국 복지국가의 과제: 여성가족정책을 중심으로」, 사회투자국가의 이해와 한국적 적용 가능성에 관한 토론회. 참여연대 사회복지위원회 · 참여사회연구소 주최. (이 논문은 이 책의 제5장에 실려 있음)
정책기획위원회(2006). 「사회비전 2030: 선진복지국가를 위한 비전과 전망」
Ellingsæter. A.(2007). "Old and new politics of time to care: three Norwegian reforms", *Journal of European Social Policy 17(1)*, pp.49-60.
Becker, G.(1991). *A treaties on the family*. Cambridge, MA: Harvard University Press.
Esping-Andersen, G.(2001). "A welfare state for the 21st century" in A. Giddens(ed.), *The global third way debate*. Cambridge: Polity Press, pp.134-156.
______(2002a). "Towards the good society, once again." in Esping-Andersen, G., D. Gallie, A. Hemerijck, & J. Myles(eds.), *Why we need a new welfare state*. New York: Oxford University Press, pp.1-25.
______(2005). "Education and equal life-chances: Investing in children" in Kangas, O. & J. Palme(eds.), *Social policy and economic development in the Nordic countries*. England: Palgrave Macmillan, pp.147-163.
Fraser, N.(2000). "After the Family Wage: a Postindustrial Thought Experiment" in Hobson. B.(ed.), *Gender and Citizenship in Transition*. NY: Routledge, pp.1-32.
Giddens, A.(1998). *The Third Way: The Renewal of Social Democracy*(한상진 · 박찬욱 옮김, 2000. 『제3의 길』, 생각의 나무).
Häusermann, S.(2006). "Different paths of modernization in contemporary family policy"(Paper prepared for the 4th Annual ESPAnet Conference), *Transformation of the welfare state: Political regulation and social inequality. 21-23 September,* 2006 Bremen.
Jenson, J. & M. Sineau(2003). "France: Reconciling Republican Equality with 'Freedom of Choice'", in *Who Cares? Women's work, childcare, and welfare state redesign*. Toronto: University of Toronto Press, pp.88-117.
Lister, R.(2002). "Toward a new welfare settlement?" in C. Hay(ed.), *British Politics Today*. Cambridge: Polity Press.
______(2003). "Investing in the Citizen-workers of the Future: Transformations in Citizenship and the State under New Labour", *Social Policy and Administration 37(5)*, pp.427-433.
Midgley, J.(1999). "Growth, redistribution, and welfare: Toward social investment", *Social Service Review 73(1)*, pp.3-21.
Mishra, R.(1999). *Globalization and the welfare state*. MA: Edward Elgar.
Naumann, I.(2003). "Childcare politics and feminism in Germany and Sweden"(Paper prepared for the 1st Annual ESPAnet Conference), *Changing European Societies: the Role for Social Policy. 13-15.* November, 2003 Copenhagen.
Palier, B.(2006). "The re-orientation of European social policies toward social investment"

*International Politics and Society*, Jan. 2006. pp.105-116.

Perkins, D., L. Nelms, & P. Smyth(2004). "Beyond neo-liberalism: the social investment state?", *Social Policy Working Paper, 3*. The Centre for Public Policy.

Wüst, M.(2006). "Microsimulation in macro-comparison? The impact of reform on the German parental leave scheme" (Paper prepared for the 4th Annual ESPAnet Conference), *Transformation of the welfare state: Political regulation and social inequality. 21-23 September*, 2006 Bremen.

# chapter 11

# 사회투자국가를 다시 생각한다[1]

김영순 | 서울산업대 교양학부 교수

## 1. 머리말

부족한 글「사회투자국가가 우리의 대안인가」(김영순, 2007a)를 발표한 이후 다양한 비판을 받았다. 필자의 무지와 단견을 깨우쳐주신 여러 연구자들께 감사드린다. 그러나 여전히 생각이 다른 부분이 있는 것도 사실이다. "과연 어떤 길을 통해 복지국가의 이상을 달성해야 하는지 열린 마음으로 깊이 있는 고민이 필요한 시점"이라는 양재진 교수의 지적에 깊이 공감하며, 글로써 제기된 반론들, 즉 이 글 앞에 실린 김연명(2007), 양재진(2007), 윤홍식(2007)에 대해 응답하고자 한다. 재반론이 필요한 부분으로 논의를 한정한다.

---

1) 본문 중 삽입된 표 11-1을 작성해주고 표의 해석과 관련해 좋은 의견을 개진해 준 최현수 책임연구원(한국보건사회연구원)에게 진심으로 감사드린다.

## 2. 재반론

### 1) 용어와 개념

사회투자국가와 사회투자전략(혹은 정책)을 구분하여 전자를 영국식 제3의 길에 대응하는 새로운 복지국가 유형으로 규정하는 필자의 견해에 대해 많은 반론이 있었다. 반론들은 대부분 양자를 구분하는 것이 큰 의미가 없다고 보는 듯하다. 양재진(2007)은 영국식 사회투자국가가 우리의 대안이라고 명백히 얘기하므로 그에겐 양자 구분이 그리 중요한 일이 아닐 수 있다. 반면 김연명(2007)이나 박순우 · 최영(2007)은, 한편으로는 사회투자국가론의 신자유주의적 요소를 인정하고 경계하며 그것이 우리의 대안이라고 말하는 것도 반대하거나 주저한다. 그러나 다른 한편으로는, 사회투자전략과 사회투자국가가 엄격히 분리되기 어렵고, 사회 · 투자국가 개념이 대부분의 선진복지국가들에도 폭 넓게 확장 적용될 수 있다고 본다.

두 개념 사이엔 분명히 많은 공통점이 존재한다. 그러나 사회투자국가라는 개념은 명시적으로 기존 복지국가의 핵심적 원칙들에 문제를 제기하고 그것을 변형시키면서(이 변형은 블레어, 기든스, 그리고 양재진이 보기엔 사회 · 경제적 변화로 인해 꼭 필요해진 복지국가의 혁신이다) 탄생했기 때문에, 여전히 이런 원칙들을 견지하고자 하는 국가들에 이 개념을 적용하는 것은 온당치 않을 뿐만 아니라 실천적으로도 중요한 함의를 갖는다. 김연명(2007: 316)은 "사회투자라는 용어를 많이 사용하지 않을 뿐이지 EU, OECD 등 국제기구의 최근 정책권고의 상당 부분은 사회투자전략의 범주와 맥락을 같이 하고 있다는 점은 의문의 여지가 없다."고 쓰고 있다. '범주와 맥락' 이란 무엇인가? 그것이 복지국가를 둘러싼 환경의 변화와 새로운 사회적 위험의 대두라면 그에 대한 대응이 사회투자로 규정되어야 할 이유는 어디에도 없다. 이 나라들은 '사회투자'라는 용어를 거의 쓰지 않는데 이는 우연이 아니다. 또 이들은 '사회투자국가'라는 용어는 절대 쓰지 않으며 심지어 강한 거부감마저 표출한다. 왜 그런가? '사회투자'라는 말을 쓰는 순간 복지지출은 투자와 소비로 나누어지게 되고 이는 '소비적 지출'을 공격에 노출시킬 위험을 갖기 때문이다. 리스터(Lister, 2004: 164)의 지적처럼 제3의 길 식의 사회투자국가를 특징짓는 것은 사민주의와 자유주의/신자유주의가 배합된 독특한 정책 면모, 그리고 사회투자에 대한 유난히 도구주의적인 담론의 지배이다. 요컨대 영국이나 캐나다 외의 나라들이 새로운 사회적 위험들에 대처하는 것은 새로운 환경에서 당면한 문제들에 대한 복지국가의 한 적응양식일 뿐, 반드시 사회 '투자' 와 연관된 것은 아니다.

왜 이렇게 개념과 용어에 집착하느냐는 반문이 있었다. 고증학 취향 (윤홍식, 2007: 234) 때문이 아니다. 그 이유는, 첫째 먼저 글(김영순, 2007a)에서 얘기했듯 제대로 된 의사소통을 위해서이다. 윤홍식 (2007: 237)은 "물론 앞서 제기한 내용적 과제만 담보된다면 그것을 '사회투자국가'로 부르든 '전략'으로 부르든, 아니면 '새로운 사회적 시민권국가'이든 '적극적 복지국가'이든 관계없"으며, "친복지진영 (진보진영)의 비판은 왜 '사회투자전략'이라는 개념을 사용하느냐고 묻기보다는 사회투자전략에 무엇을 담았는지를 논의해야 한다."고 주장한다. 그러나 이렇게 용어가 중요하지 않다는 입장은 커뮤니케이션의 혼란을 가져온다. 나아가 학문공동체 내의 대화를 통한 대안 모색을 불가능하게 한다. 용어가 그렇게 중요한 게 아니라면 우리가 지향하는 복지국가를 자유주의적 복지국가로 부르지 못할 이유는 또 어디 있는

가. 이때 자유주의 복지국가는 이미 서구에서 쓰이던 의미와 다른, 이런 저런 것이라고 새로운 내용을 담으면 되지 않겠는가. 둘째, 더 중요한 것으로, 이렇게 "신사회위험에 대한 대응 = 사회투자적 정책 강화 = 사회투자국가"라는 식의 세 고리 사이의 유사성과 공통점을 매개로 한 개념 확장은 사회투자국가가 모든 선진복지국가가 하는 것, 우리도 해야 할 것이라는 사고로 연결된다.

## 2) 사회투자국가가 우리의 대안인가?: 쟁점에 대한 재고찰

### (1) 사회투자국가의 성과가 괄목할 만한가?

양재진(2007: 328)은 사회투자국가를 명시적으로 표방하고 구체적인 정책들을 실천한 지 10년이 넘은 영국을 대상으로, "비교적 그 어떤 국가보다도 우수한 성과를 내고 있다."고 평가하였다. 그리고 이를 사회투자국가의 효과성의 근거로 들었다. 양교수의 주장은 두 가지 점에서 문제가 있다고 생각한다. 첫째, 영국의 성과가 과연 대단한 것인가이다. 이 책의 3편에 실린 필자의 글이 집중적으로 이 문제를 분석하고 있기 때문에 여기서 본격적인 논의는 하지 않는다. 다만 사회투자국가의 성과는 정말 피상적으로 볼 때만 그렇다는 점은 지적해두고자 한다. 블레어 정부가 가장 역점을 두었고, 가장 큰 성과로 선전해온, 그리고 양재진 교수도 높이 평가하는 아동빈곤 하나만 예로 들어보자. 영국의 아동빈곤(주거비 제외후 기준 중위소득 60% 이하)은 1998/99~2000/01의 2년간 40만 명이 감소했다. 이는 정말 획기적 수치였으나 이후부터는 빈곤 감소 속도가 현저히 떨어져 이후 6년간을 통틀어 겨우 10만 명 감소하는 데 그쳤다. 또한 2005/6년에는 그간의 감소세가 역전하여 20만 명이 증가했다(김영순 2007b: 185, 표-3; 양재진 2007:

327, 표-3 참고). 지난 6년간 줄어든 숫자의 2배가 1년 사이에 증가한 것이다. 블레어 정부는 출범 시 아동빈곤(430만 명)을 2010년까지 반으로 줄이고 2020년까지 완전히 근절하겠다고 했으나 이미 2010년 목표달성은 물 건너간 것으로 간주되는 분위기이다. 2006년까지도 이 수치는 380만에 머물러 있기 때문이다. 게다가 극빈아동(중위소득 40% 이하 가구 거주 아동) 수는 블레어 정부 출범 이후 거의 감소하지 않고 그대로(주거비 제외후 기준 0.6% 감소하여 전 아동의 10.4%로 140만 명, 주거비 제외전 기준으로는 숫자와 비율에 전혀 변화 없음)이고, 아직도 장기 빈곤아동(3년 이상 중위소득 60% 이하 가구 — 주거비 제외후 — 소속 아동)은 전 아동의 17%나 된다(Field & Cackett, 2007: 6-9).

왜 이런 결과가 빚어졌을까? 잔여적 복지국가의 틀을 그대로 두고 빈곤층에 대한 소득보장의 장치들을 튼튼히 하지 않은 상태에서 아동에 대한 집중적인 '사회투자'를 해봐야 극히 일부에게만 효과가 있기 때문이다. 보육, 적극적 노동시장정책, 그리고 아동양육 가구에 대한 갖가지 급여 등 집중적인 사회투자정책들은 빈곤층 중 가장 위에 있는 층들, 즉 일할 능력과 의욕을 가진 사람들을 취업시켰고 빠른 시간에 자활시켰다. 그리고 그 가정의 아동들을 빈곤에서 벗어나게 했다. 그러나 그 이하의 가구에서는 거의 아무런 변화가 없었다. 맨 위층은 정책의 초기단계에서 비교적 단시간 내에 빨리 반응하지만 그 이하 실업과 빈곤의 하드코어는 꿈쩍도 하지 않는 것이다. 이런 양상은 아동빈곤뿐만 아니라 성인빈곤 퇴치 노력에서도, 그리고 뉴딜이라는 적극적 노동시장정책에서도 비슷하게 재현된다(김영순, 2007b 참고).

양재진 교수는 영국의 성과를 비슷한 시기, 타국에 비해 월등한 것으로 평가하면서, "영국을 비판하기 앞서 아동빈곤 해소 등 다른 나라보다 우수한 성과를 내고 있는 이유가 무엇인지 곰곰이 따져보아 우리 사회에 적용해 보려는 노력이 필요하지 않나 생각한다"(2007b: 328)고 적었다. 하지만 그 '비결'은, 곰곰이 따지기 무색하게도 영국이 사회투자정책을 실시하기 이전 아동빈곤율이 다른 나라보다 워낙 높았다는 것이다. 그 전에 다른 나라에서 빈곤하지 않아도 될 인구까지 빈곤했으니 초기의 집중투자로 그 층을 걷어내는 것은 상대적으로 쉬웠던 것이다. 그러나 뒤이어 온 것은 지지부진한 정체이고, 그 결과 과거보다 많이 나아졌다고 하는 영국의 아동빈곤에서의 지위는 여전히 OECD 유럽국 중 최하위 수준을 벗어나지 못하고 있다. 프랭크 필드<sup>Frank Field</sup>가 최근 노동당 정부 집권 후 아동복지를 종합적으로 평가한 보고서의 제목을 "복지가 잘 안 되고 있다 — 아동빈곤"<sup>Welfare isn't Working-Child Poverty</sup>으로 뽑았다는 사실은 무엇을 말해주는가. 필드는 고집불통 구좌파가 아니라 블레어 정부 출범 직후 복지개혁 장관<sup>Minister for Welfare Reform</sup>을 역임하면서 새 복지모델을 디자인하고 초기 집행에 참여했던 노동당 국회의원으로, 블레어가 신노동당<sup>New Labour</sup>의 새 베버리지<sup>New Beveridge</sup>로 만들고 싶어했던 인물이다.

양재진 교수는 또한, 설령 복지지표에서 영국의 상대적 지위가 여전히 낮다 할지라도 그것이 사회투자국가의 성과를 부정하는 근거는 될 수 없다고 주장한다. 다른 나라에 비해서는 여전히 많이 뒤떨어져도 원래 시작이 미미했으니 단순 비교하는 것은 공정치 못하다는 것, 그래도 어쨌든 대처시기에 비해서는 훨씬 낫지 않느냐는 것, 사회투자정책이 없었다면 빈곤과 불평등은 지금보다 더 나쁜 상태였으리라는 것이다. 분명히, 블레어의 사회투자국가는 대처의 잔여적 복지국가에 비해 나으며 영국민의 복지도 대처시기보다 나아졌다. 그러나 이 사실은 영국민을 위해서는 다행한 일이겠지만, 영국이 우리의 복지모델이 되어야 할 이유는 되지 못한다. 이렇게 최초의 청사진과 달리 성과는 미미하고 분명한 한계가 존재한다면 이 모델이 우리의 비전이 되어야 할 이유는 없는 것이다.

### (2) 사회투자국가에서 소득보장정책과 사회투자정책은 보완관계에 있는가?

김연명(2007b: 311)은 에스핑-안데르센이나 쉐라든을 인용하여 "사회투자 프로그램들"이 전통적 소득보장 프로그램의 바탕 위에서 작동할 수 있다는 점을 지적한다. 이 주장은 아무 문제가 없다. 이게 바로 북구 복지국가들이 오랫동안 해온 일이며, 필자가 주장하는 한국 복지국가가 지향해야 할 바도 이 비슷한 것(그 낮은 버전 혹은 한국적 변용)이다. 문제는 이렇게 하기 위해서는 돈이 많이 든다는 것이다. 양재진도 사회투자국가가 소득보장도 소홀히 하지 않는다고 하며, 따라서 적극적 복지국가와 사회투자국가는 프로그램 구성이 다르지 않다고 주장한다(2007: 333-334). 두 연구자 모두 사회투자국가에서 소득보장과 사회투자지출이 내체적 관계가 아니라고 보는 것이다.

그러나 양재진은 다른 곳에서는 "사회투자지출이 늘어나면 소득이전 지출의 증대에는 제한이 가해지기 마련"(2007: 328-329)이라고 지적한다. 사실상 사회투자국가론은 복지비용을 증대시키지 않으면서 기존의 복지국가의 소득보장 기능을, 가능하면 고용 가능성 증대를 통해 시민 개인의 해결로 대체하고자 하는 데서 출발한다. 그만큼 당연히 기존의 소득보장에 쓰던 비용을 사회투자 프로그램에 쓰려 하는 분명한 대체의 경향을 갖는다. 이는 기든스나 블레어의 여러 언급에 분명히 드러난다. 즉 대체는 필자의 주장이 아니라 사회투자국가론자 자신들의 주장이며, 이것이 바로 사회투자국가론이 그 지지자들에게 매력적으로 보이는 이유이다.[2] 그리고 그렇기 때문에 재원이 한정되어 있다

---

2) 김연명은 '대체'가 무슨 뜻인지 애매하다고 하는데(2007: 312, 주 8) 별로 애매하지 않다.

표 11-1_영국의 GDP 대비 공공사회지출(Public Social Expenditure) 비율 변화추이(1980~2003)

(단위: %)

| 구 분 | 1980 | 1985 | 1990 | 1995 | 2000 | 2001 | 2002 | 2003 |
|---|---|---|---|---|---|---|---|---|
| 공공사회지출 | 16.58 | 19.56 | 17.16 | 20.36 | 19.14 | 20.12 | 20.14 | 20.64 |
| 현금급여(Cash) | 9.91 | 11.63 | 9.21 | 10.91 | 9.91 | 10.35 | 10.03 | 10.22 |
| 소득지원(노인층)[1] | 5.55 | 5.67 | 4.94 | 5.48 | 5.47 | 5.61 | 5.58 | 5.56 |
| 소득지원(근로연령층)[2] | 4.36 | 5.96 | 4.27 | 5.43 | 4.44 | 4.74 | 4.45 | 4.66 |
| 서비스(In-kind) | 6.11 | 7.20 | 7.36 | 9.01 | 8.88 | 9.24 | 9.58 | 9.90 |
| 보건서비스 | 4.92 | 4.95 | 4.97 | 5.76 | 5.81 | 6.15 | 6.32 | 6.68 |
| 사회서비스[3] | 1.19 | 2.25 | 2.39 | 3.25 | 3.07 | 3.09 | 3.26 | 3.22 |
| 적극적 노동시장정책(ALMP) | 0.56 | 0.73 | 0.59 | 0.44 | 0.35 | 0.53 | 0.53 | 0.52 |

* 주: 1) OECD SOCX 분류상 'Old-Age(노령)' 와 'Survivors(유족)' 의 현금급여 부분으로 구성됨.
　　 2) 1) 이외의 나머지 항목의 현금급여 부분으로 구성
　　 3) 서비스(In-kind) 지출 가운데 보건서비스(Health) 항목을 제외한 나머지로 구성
* 자료: OECD Social Expenditure Database(SOCX), 2007. 원자료 재분석

면 복지지출의 축소수단으로 이용될 위험이 있다는 우려(Vandenbroucke, 2001: 166-167)를 낳는다. 현실적으로 사회투자 프로그램과 소득보장이 대체 관계에 놓이는 경우가 적지 않다. 아동 관련 정책은 모두 투자적이라고 간주되지만 굳이 따지자면 아동수당보다는 아동발달지원계좌 식의 자산형성정책이 훨씬 더 사회투자적이다. 영국에서 아동신탁기금 도입은 아동수당의 인상과 더불어 이루어졌다. 그러나 미국에서는 아동발달지원계좌가 아동수당의 도입을 회피하는 수단이다 (Sherraden, 2007).

양재진 교수는, 또한 현실의 대표적 사회투자국가는 결코 소득보장

사회투자국가가 소득보장 기능을 완전히 없애거나 급격히 줄이고 모두 사회투자 프로그램으로 돌리는 것이 대체가 아니다. 이런 주장은 아무도 하지도 않고 할 수도 없다. 사회투자국가도 복지국가의 일종이기 때문에 전통적 복지국가와 공통점을 갖는 것은 너무나 당연하다. 그는 기존에 소득보장에 쓰던 30%를 사회투자 프로그램에 돌려 쓰면 대체냐고 묻는데, 내 생각엔 그렇다. 그것이 대체이다. 기든스가 한 말의 의미도 분명하다. 기존 복지국가를 들어내고 그 자리에(in the place of) 사회투자국가를 놓아야 하고 이 사회투자국가는 '가능한 한 모든 부분에서' 소득보장 '대신' 인적자본에 투자해야 한다는 것(Giddens, 1998: 117)이 그의 주장이었다. 영국이 이에 얼마나 성공했는가는 또 별개의 문제이다.

을 줄이거나 복지지출을 축소시키지 않으며, 따라서 결과의 평등을 약화시키고 시민권을 후퇴시키는 장치가 아니라고 주장한다. 영국에서 사회투자 프로그램을 추진하면서 소득보장이 줄지 않았고 오히려 동반 상승하여 복지지출이 줄지 않았다는 것이다. 현실을 보자. 그가 복지비가 줄지 않았다고 제시한 근거들은 모두 불충분한 것들이다.[3] 사실상 양재진(2007b: 329, 주 4) 스스로도 밝혔듯 GDP 대비 사회보장지출은 1998∼2003년간 아주 약간이지만 줄었다(EC, 2006에 근거). OECD 자료에 기초한 표 11-1을 보아도 블레어 정부가 사회투자국가의 목표에 맞게 지출구조를 바꾸어오지 않았나 하는 의구심을 갖게 한다. 1995∼2002년 사이에 총 복지지출과 현금급여는 약간 줄었고 흔히 사회투자지출로 불리는 서비스 지출과 적극적 노동시장정책지출은 약간 늘었다. 특히 1980년대 초와 비교하면 현금급여와 서비스 지출 변화의 차이가 확연히 드러난다. 또 노인인구 증가 등 복지수요의 자연 증가를 고려하면 실제 1인당 시술이나 현금급여는 수치보나 너 줄었을 수도 있다. 어쨌든 아직은 전체적으로 수치변화가 미미하고 또 2003년 에는 현금급여와 총지출이 반등 경향을 보이기 때문에 아직 대체효과를 논하기엔 조심스런 시점이다. 그러나 이 표는 어쨌든 사회투자국가론의 주장을 뒷받침하기보다는 반박하는 쪽에 가깝다.

소득 양극화에 대해서도 비슷한 평가를 할 수 있다. 양교수 지적대로 대처 - 메이저 정부 시기에 비해 블레어 정부 시기 동안 소득 하위분위 집단의 소득은 많이 늘었다(2007b: 330, 표-4). 그러나 그동안 지니계수도 크게 증가했다. 이에 대해서는 아동빈곤과 비슷한 해석이 가능하

---

3) 그가 복지지출이 줄지 않았다는 근거로 재정지출이 줄지 않았다는 사실을 들었는데(2007: 329) 이는 복지지출과 직접 관계가 없다. 또 개별 현금급여 프로그램 지출 절대액이 늘었다는 얘기나, 사회보장 급여 지출 전체의 절대액이 늘었다는 얘기(2007: 328, 그림 2)도 복지 혜택의 증가와는 무관하다. 절대액이 늘어도 수급자 수가 늘면 혜택은 줄어든다.

다. 영국에선 하위 소득집단의 소득이 신자유주의정부 시기 동안 너무 적었다는 것, 그 결과 조금만 이들의 몫이 늘어도 변화비율은 비교적 크게 나타난다는 것, 하지만 이러한 것들은 전체 국민소득 중에서는 타국에 비해 여전히 너무나 미미한 몫만을 차지한다는 것을 의미할 뿐이다.

영국의 경험은 자유주의적 지형에서 "실질적" 기회평등의 확대가 결과적으로는 결과의 평등에도 기여할 것이라는 양재진 교수의 희망이 현실적으로 쉬운 얘기가 아님을 보여준다. 영국이 '재정규모로 볼 때' 독일에 버금가는 복지국가로 성장하고 있다는 진술(양재진, 2007: 330)은 무의미하거나, 명백히 너무 앞질러 나간 얘기에 불과하다고 생각한다.

### (3) 사회투자국가론은 한국에서 친복지 담론 형성에 도움을 줄 것인가?

나는 사회투자국가론이 복지 담론에서 궁극적으로 신자유주의의 헤게모니를 더욱 강화시킬 것이며 전통적 복지국가 = 소비적 복지국가, 사회투자국가 = 생산적 복지국가의 이분법을 유포시킬 수 있다고 주장했다. 이에 대해 양재진(2007: 332)은 여전히 한국에서는 성장주의와 자유주의적 이념이 강하게 자리잡고 있기 때문에 전통적 복지 담론보다는 사회투자전략이 더 호소력이 클 것으로 보았다. 김연명은 사회투자론이 양날의 칼이긴 하지만 성장이데올로기가 강력한 한국사회에서 사회복지정책의 확대에 긍정적으로 작용할 가능성이 크다고 보았다 (2007: 316). 분명히 그런 측면이 있다.

그러나 조금 더 생각해보자. 사회투자국가론이 전통적 복지국가론과 달리, 우리 사회 주류 엘리트와 보수적 대중의 복지지출에 대한 거부감을 희석시켜줄 수 있다면 그것은 ① 복지비용이 써서 없어지고 마는 낭비적인 것이 아니라 더 큰 수익을 가져올 수 있는 생산적, 투자적 지출이라는 주장이 갖는 호소력, 그리고 ② 예방적, 선제적 지출을 통해 궁극적으로는 복지지출을 줄일 수 있다는 점에 있을 것이다. 그러나 복지지출의 상당 부분, 특히 소득보장에 쓰이는 부분은 사실상 소비적인 부분이다. 복지국가는 자본주의사회에서 사회구성원들의 인간다운 삶을 위해 이 소비적 부분을 사회가 인정하고 그 비용을 분담해야 한다는 전제 위에 서 있다. 앞의 ①의 논리는 지금까지의 미미한 소득보장 지출조차 '퍼주기식 복지', '복지병'의 근원으로 공격해온 신자유주의자들과, 이에 무의식적으로 동조하는 대중들의 반복지의식을 더욱 강화시킬 수 있다. 그리고 한국은 적절한 소득보장과 사회서비스를 결합한 보편적 복지국가 수립으로부터 점점 더 멀어질 것이다. ②의 논리는 사회투자국가가 지출 축소 수단이 아니며, (소득보장과 사회투자 프로그램을 다 같이 강조하는)적극적 복지국가와 프로그램 구성이 다르지 않다는 양교수의 또 다른 주장과[4] 모순된다. 사회투자국가가 돈이 덜 드는 것도 아니고, 결국 말만 다르지 소득보장 기능을 여전히 강조하는 적극적 복지국가와 다를 것도 없다면, 이 대안에 우리 사회의 대중과 엘리트가 특별히 더 마음을 줄 이유가 대체 어디 있는가?[5]

한국에서 복지지출에 반대하는 대중의 의식은 명확한 이해관계에 입각한 것이라기보다는 이데올로기적 허위의식이나 경제적 포퓰리즘에 기인하는 바가 크다. 그렇다면 이들이 복지국가에 대한 전반적인 사고

---

4) 윤홍식(2007: 231)도 "그래서 한국사회에서 사회투자전략의 실현은 저렴한 비용으로 복지에 대한 국가의 역할을 수행하는 것이 아니라 (특히 초기에)많은 비용이 수반될 것이다."라고 쓰고 있다.
5) 혹시 이런 얘기가 담론상으로는 사회투자국가의 자유주의적 호소력(효율성, 적은 복지비용)을 이용하면서 실제로는 사회투자국가 담론을 넘어서는 적극적 복지국가를 만들어가겠다는 것인가? 사회투자국가론에 대한 한 토론회에서 어떤 참석자는 "사회투자국가는 소득보장과 사회투자 프로그램 둘 다를 소홀히 하지 않으며 양자가 상호보완적 관계에 있다."는 주장과 "사회투자국가론이 신자유주의가 우세한 우리 사회에서 쉽게 수용될 만한 담론"이라는 주장을 동시에 하는 것에 대해 일반 대중에게조차 "참으로 마음을 들키기 쉬운 얘기"라고 지적한 바 있다.

의 대전환 없이, 전통적 복지국가에는 반대하면서 '투자적'이라는 이유로 사회투자국가를 지지하는 것은 필자의 생각으로는 가능하지 않다. '세금폭탄'에 극도의 반감을 보이는 사람들이 그 폭탄으로 낭비적 복지를 하지 않고 투자적 복지를 하겠다고 하면 폭탄을 기꺼이 껴안겠는가? 게다가 사회투자전략들이 단기간에 눈앞에서 수익을 보여주는 것만도 아니다(보육, 교육은 수익을 내는 데 긴 시간이 필요하다). 또, 부적절한 사람에게 투여된 사회투자 프로그램의 비용은 소득보장보다 오히려 더 낭비적일 수도 있다(취업하지 못하는 사람에게 투여된 교육훈련 비용). 세금폭탄이라는 신자유주의자들의 담론에 공감하는 바로 그 대중이 이런 과정을 인내하면서 비용을 대리라는 믿음, 사회투자국가는 "한국사회에서 복지확대가 경제의 지속 가능한 발전의 필수적 전제임을 각인시키는 친복지진영의 대중적 담론이 될 수 있을 것"(윤홍식, 2007: 237)이라는 믿음은 대체 어디에 근거를 두고 있는지 알기 어렵다. 비판과 함께 '신뢰할 수 있는' 대안을 내어야 공정한 비판이라는 멀건의 주장(양재진, 2007: 319에서 재인용) 앞에 사회투자국가론은 과연 취약하지 않은가? 한국에서는 전통적 복지국가에 대한 대중적 지지를 구축하기 어렵다면, 적극적 복지국가와 그 프로그램 구성이 다르지 않은, 그래서 엄청난 재원을 필요로 한다는 사회투자국가에 대한 지지를 구축하기도 쉽지 않을 것이다.

필자가 '생산적 복지국가론의 폐해'를 반복하지 말아야 한다고 얘기하는 것도 같은 맥락에서이다. 양재진 교수는 '생산적 복지'의 담론을 채택했기 때문에 김대중 정부 시기 그 정도의 개혁이나마 가능했다고 주장한다. 과연 그럴까? 필자가 아는 한 경험적 연구결과가 없으니 어떤 게 더 좋은 전략이었을지 확인할 수는 없는 일이다. 그러나 이 담론이 두고두고 한국의 복지 담론을 자유주의적 틀 안으로 옥죄는 족쇄가

되지 않았나 의심한다. 그것은 복지를 확대할 수 있었던(적어도 복지국가의 필요성에 대한 대중적 공감대를 확대할 수 있었던) 절호의 기회에 전통적 복지는 소비적, 비생산적인 것이며 그런 복지는 하지 않겠다고 스스로 손발을 묶는 담론을 유포한 꼴이 아니었을까. 서구 복지국가의 합리적 핵심을 이식하기도 전에 서둘러 그 폐해를 공격하는 반복지론자들의 주장에 한 수 접고 들어간 패배주의적 담론은 아니었을까. "블레어 정부의 최고의 유산은 특정 분야에서 얼마만큼의 사회복지적 개선을 이루어내었느냐 하는 것보다는 논쟁의 성격을 바꾸어 놓은 데 있다"(양재진, 2007: 333에서 재인용)면, 김대중 정부도 그랬어야 했는데 오히려 발전주의 국가로부터 물려받은 반복지 담론의 틀에 스스로를 가둔 것은 아닐까.

그렇다면 무엇을 해야 하나? 복지국가에 대한 대중적 지지와 복지동맹의 형성은 자신의 복지에 대한 이해관계의 자각, 그리고 이런 이해관계를 대변할 정치세력의 형성, 시민사회의 사회경제적 균열구조를 대표representation할 정당체계의 정립 속에서만 가능할 것이다. 이 모두가 장기적 과업이며, 지금 필요한 첫걸음은 우리에게 어떤 복지국가가 필요한가, 어떻게 그 비용을 마련할 것인가에 대한 본격적인 논쟁이다. 세금폭탄론에 공감하는 대중들을 두려워하여 사회투자국가 담론 뒤에 숨으려 할 때 이 논쟁은 지체되고 왜곡될 것이고 그만큼 복지국가의 발전도 늦어질 것이다. 지혜롭고도 신중한, 그러나 문제에 대한 근본적 접근이 필요한 때다.

**참고문헌**

김영순(2007a). 「사회투자국가가 우리의 대안인가」, 『경제와 사회』 74호 여름. (이 논문은 이 책의 제7장에 실려 있음)

김영순(2007b). 「영국의 사회투자국가 실험: 이념, 정책, 성과와 한국에 주는 교훈」, 『사회보장연구』 23(3). (이 논문은 이 책의 제15장에 실려 있음)

김연명(2007). 「우리나라에서 사회투자론 논의의 쟁점」, 『경제와 사회』 75호 가을. (이 논문은 이 책의 제8장에 실려 있음)

양재진(2007). 「사회투자국가가 우리의 대안이다: 사회투자국가 비판론에 대한 반비판」, 『경제와 사회』 75호 가을. (이 논문은 이 책의 제9장에 실려 있음)

윤홍식(2007). 「어떤 복지국가인가: 한국복지정책의 과제와 사회투자전략」, 『시민과 세계』 제12호. (이 논문은 이 책의 제10장에 실려 있음)

박순우 · 최영(2007). 「영국 복지개혁의 사회투자전략에 관한 연구」, 『사회복지정책』 제30권. (이 논문은 이 책의 제17장에 실려 있음)

OECD(2007). *Social Expenditure Database*(SOCX). Paris: OECD.

Sherraden. Michael(2007). "Asset for All: Toward Universal, Progressive, Lifelong Accounts". 한국노동연구원 주최 워크숍 〈사회정책의 새로운 패러다임〉 발표문. (이 논문은 이 책의 제3장에 실려 있음)

Field, Frank & Ben Cackett(2007). "Welfare isn't Working". London: Reform. (http://www.reform.co.uk/documents/070611%20.pdf. 2008. 4. 1. 접근)

Vandenbroucke(2001). "European Social Democracy and the Third Way: Convergence, Divisions and Shared Questions", in Stuart White, *New Labour: The Progressive Future?* New York: Palgrave.

# 한국 사회투자전략의 세 가지 경향과 문제점

성은미 | 중앙대 강사

## 1. 문제제기

2006년 하반기부터 2007년까지 여러 영역에서 사회투자전략[1]이 회자되었다. 한편에서는 사회복지, 사회학, 정치학 분야 등 학계를 중심으로 사회투자전략에 대해 이런 저런 입론들이 쏟아졌다. 다른 한편으로는 정치권을 중심으로 사회투자전략이 한국사회의 새로운 복지 담론으로 등장했다. 실제 유시민 전 보건복지부장관은 일련의 보건복지부 정책들을 사회투자라는 이름으로 재정리했고, 그가 직접 집필한 『대한민국 개조론』에서는 사회투자국가의 필요성이 강하게 주장되었다.

이처럼 여러 학자들과 정치인들 사이에서 사회투자전략이 한국의 대안 담론으로 제기되자 이에 대한 반론 역시 만만치 않다. 대표적으로 김영순(2007)은 사회투자전략의 개념 설정, 적용 가능성을 검토해 사

---

1) 김영순(2007)이 지적했듯이 사회투자국가, 사회투자정책은 서로 상이한 의미가 있기 때문에 이를 구분할 필요가 있다. 본고에서는 전통적 복지 '국가'를 새로운 형태의 국가로 대체하는 점을 강조하는 경우에는 사회투자 '국가'로 명시하고, 몇 가지 사회투자적 정책 도입을 강조하는 경우에는 사회투자 '정책'이라고 명시한다. 또한 사회투자국가와 사회투자정책을 모두 포괄하는 것으로 '사회투자전략'이라는 개념을 활용한다.

회투자전략은 새로운 복지 담론으로 적합하지 않다고 주장했다. 또한 복지국가 소사이어티 정책위원회(2007)는 사회투자국가와 그들이 주장하는 '역동적 복지국가'는 질적으로 상이하다고 지적하고, 사회투자국가는 선별적 복지라고 비판하였다. 물론, 이에 대해 양재진(2007b)과 김연명(2007b)은 재반론을 한 상황이다.

그러나 현실에서 사회투자전략이 다양한 공간에서 논의되다 보니 사회투자전략을 대안 담론으로 주창하는 사람들 사이에서도 일정한 입장 차이가 존재한다. 한편으로는 외국의 사회투자전략을 소개하고, 이를 곧바로 한국에 적용하다 보니 사회투자전략에 대한 입장이 엄밀하게 정리되지 않은 경우도 있고, 사회투자전략을 바라보는 입장과 목표 및 위상이 상이하기도 하다. 예컨대, 사회투자전략과 전통적 복지국가와의 관계에 대해 일각에서는 사회투자전략이 전통적 복지국가를 보완하는 것이라고 주장하는가 하면(김연명, 2007a: 14), 다른 한편에서는 전통적 복지국가를 대체하는 것이라고 주장한다(유시민, 2007). 또한 사회투자전략에서 개인의 인적자본 향상을 강조하는가 하면(김연명, 2007a), 남성생계부양자모델에 대한 변화를 강조하기도 한다(윤홍식, 2007a).

상황이 이러하다 보니 현재 한국에서 논의되는 사회투자전략의 정체가 무엇인지 명확하지 않고 장점과 단점 또한 엄밀하게 검토되기 어렵다. 또한 사회투자전략이 한국사회에 적합한 복지 대안인지 판단하기 어려워 상당수의 사람들은 '사회투자'라는 담론이 주는 긍정적 이미지에 묻혀 자기 나름대로 사회투자전략을 재창조해내거나 혹은 아무런 입장을 취하지 못하기도 한다.

따라서 한국에서 논의되고 있는 사회투자전략의 특징은 무엇이며, 서로 어떤 입장 차이가 있는지, 집중할 점은 무엇인지 구분해서 검토하는 작업이 필요하다. 이런 맥락에서 본 고에서는 사회투자전략의 정의와 국가별 특징을 살펴보고, 이를 중심으로 한국에서 제시되고 있는 사회투자전략을 세 가지로 구분하여 각 입장들을 비판적으로 검토하도록 한다.

## 2. 사회투자전략의 정의와 특징

김영순(2007: 87)은 사회투자전략의 기원을 스웨덴에서 찾고 있지만, 일반적으로 사회투자에 대한 개념 정의는 영국의 기든스에게서 빌려온다. 기든스는 "생활유지를 위한 직접적인 급여보다는 가능한 인적자본에 대한 투자가 필요하며, 복지국가는 사회투자국가로 나아가야 한다."(Giddens, 1998: 17)고 주장한다. 여기서 사회투자국가는 전통적 복지국가에서 이뤄지던 직접적인 복지급여가 아니라 노동할 수 있도록 지원하는 투자적 성격을 강화한 국가를 의미한다.

이런 사회투자전략을 주목하게 된 이유는 신사회위험의 도래 때문이다. 실제 기든스(1994)가 '제3의 길'[the third way]의 일환으로 사회투자국가를 주장했던 이유는 위험의 원천과 영역 변화, 즉 인위적 불확실성[manufactured uncertainty] 때문이었다. 테일러-구비(Taylor-Gooby, 2004: 236-237)나 에스핑-안데르센(Esping-Andersen, 2002: 2-3) 역시 신사회위험의 도래를 경고하고, 대안을 모색해야 한다고 주장했다. 또한 한국에서 사회투자전략을 주창하는 상당수의 사람들도 신사회위험에서 사회투자전략의 필요성을 찾는다(김연명, 2007a: 2-3; 윤홍식, 2006: 131; 양재진, 2007a: 11; 대통령자문 정책기획위원회, 2006).

그러나 테일러-구비(2004)나 에스핑-안데르센(2002)이 강조한 것은 신사회위험이 복지국가 레짐별로 상이하게 나타난다는 점이었다. 예를 들어, 테일러-구비(2004: 23)는 케어서비스가 잘 운영되며 적극적 노동시장정책이 실시되고 있는 노르딕 복지국가에서 신사회위험은 기존 정책에 접근하기 어려운 이민자에게 집중되어 있다고 지적한다. 또한 테일러-구비(2004)와 에스핑-안데르센(2002)에 의하면, 신사회위험에 대한 대응 역시 복지국가 레짐별로 상이하다. 물론, 두 연구자 모두 복지의 사회투자적 성격, 예컨대 아동에 대한 복지지원을 강조하였다. 그러나 이미 김연명(2007b: 310)이 지적했듯이 테일러-구비나 에스핑-안데르센은 사회투자 '국가' 라는 개념을 사용하지 않으며, 에스핑-안데르센(2002)은 영ㆍ미식의 사회투자국가에 대한 비판적 입장을 명확히 하고 있다. 따라서 한국에서 사회투자전략을 지지하는 사람들의 주장처럼 사회투자국가가 신사회위험에 대한 일반적인 대안이라 하긴 어렵고, 이런 측면에서 한국에서 제기되는 사회투자국가의 개념이 과잉 확장되었다는 김영순(2007)의 지적은 타당성을 갖는다.

그렇다면, 각 국가별 혹은 에스핑-안데르센의 복지국가 레짐별로 사회투자전략은 어떤 특징이 있는가? 각 국가별로 사회투자전략이 상이하다는 점은 앞서 언급했던 테일러-구비, 에스핑-안데르센뿐만 아니라 한국의 신광영(2007), 양재진(2007a), 윤홍식(2007a)도 지적하였다.[2]

---

2) 에스핑-안데르센(1990)의 틀에 따르면 복지레짐은 자유주의 복지레짐, 보수주의 복지레짐, 사회민주주의 복지레짐으로 구분된다. 이 중에서 보수주의적 복지국가들의 사회투자전략을 언급할 때 가장 먼저 지적되는 것은 보수주의적 복지레짐의 한계점이다. 즉, 정규직 노동자에 기초한 비스마르크식 사회보험과 상대적으로 미발달된 복지서비스를 유지하고 있는 보수주의 복지레짐은 노동시장 유연화, 여성의 노동시장 참여 증대, 저출산ㆍ노령화문제에 대처 할 수 있는 인프라가 구축되어 있지 않았다. 따라서 에스핑-안데르센(2002:16)은 보수주의 복지레짐은 신사회위험에 대응하기 위해 무기여 방식의 여러 복지프로그램을 만들고는 있지만, 사회적 배제를 감소시키지 못한다고 지적한다. 따라서 한국에서 제기되는 여러 사회투자전략에 대한 입장 중에서 보수주의 복지레짐에서 활용되는 사회투자전략을 대안으로 제출하는 경우는 없다. 이에 본 고에서는 자유주의적 사회투자전략, 사회민주주의적 사회투자전략만을 살펴보도록 한다.

첫째, 에스핑 안데르센의 분류에 따라 자유주의 복지레짐에서 활용되는 자유주의적 사회투자전략이다. 자유주의적 사회투자전략은 사회투자 '국가'로 분류될 수 있고 신사회위험에 대한 대응과정에서 시장의 역할을 강조한다(Taylor-Gooby, 2004; Esping-Andersen, 2002: 15). 이러한 자유주의적 사회투자전략은 국가의 강력한 개입을 선택하기보다는 저임금-유급노동으로의 유인<sup>incentive</sup> 정책을 활용한다. 대표적으로 영국에서는 취약계층(싱글맘, 장애인 등)을 유급노동으로 유인하기 위해 과거 빈곤 여부<sup>need-test</sup>에 따라 지급하던 복지급여를 유급노동 여부에 따른 급여<sup>work-conditions benefit</sup>로 수정했다(Esping-Andersen, 2002: 15). 이와 같이 취약계층의 노동시장 참여를 지원하는 정책은 이미 1950년대부터 스웨덴에서 실시해왔던 적극적 노동시장정책의 일환이다. 그러나 자유주의적 사회투자전략에 의해서 실시되는 유급노동화는 취약계층을 저임금·고용 불안정 일자리로 밀어 넣는 특징이 있다(Esping-Andersen, 2002: 15; Taylor-Gooby, 2004: 77). 따라서 신광영(2007: 59-60)은 자유주의 전통의 사회투자전략은 신자유주의적 복지개혁을 배경으로 하며 빈곤여성, 빈곤아동만을 대상으로 하는 선별성을 특징으로 한다고 지적한다.

또한 자유주의적 사회투자전략은 신사회위험에 대한 대응으로 민간 복지서비스의 확대를 꾀한다. 대표적으로 영국, 미국, 아일랜드는 민간 복지공급을 강화시켰으며, 영국은 NHS를 제외하고는 취약계층에게만 공공 복지서비스를 제공하여 중간층은 민간 복지시장으로 편입되었다(Esping-Andersen, 2002: 15). 이런 맥락에서 테일러-구비(2004: 77)는 신사회위험에 대한 자유주의적 대응은 복지서비스에 대한 불평등한 접근성을 특징으로 한다고 지적하였다.

둘째, 주로 노르딕 국가에서 활용되며 신사회위험에 대한 국가의 역할을 강조하는(Esping-Andersen, 2002: 14) 사회민주주의적(이하 사민주의적) 사회투자전략이다. 노르딕 국가의 경우 신사회위험에 대한 경고가 있기 이전부터 보편적 소득보장과 아동·노인에 대한 복지서비스를 실시해왔고, 렌 마이드너 모델의 일환으로 적극적 노동시장정책을 실시해왔다. 따라서 신사회위험에 따른 충격은 상대적으로 다른 복지레짐에 비해 크지 않다. 취약계층의 유급노동화를 유도한다는 점은 자유주의적 사회투자전략과 동일하지만 사민주의적 사회투자전략에서 중요한 것은 빈곤과 소득불안정의 최소화를 사회투자전략의 선행조건으로 삼는다는 점이다(Esping-Andersen, 2002: 5). 즉, 노르딕 복지국가의 경우 취약계층의 유급노동화를 지원하는 활성화 정책과 보편적 소득보장정책이 병행되어 복지급여의 수급자격은 변화되지 않는다. 실제 스웨덴은 2006년 우파정부가 집권해 실업급여나 상병급여의 소득대체율이 낮아지고 급여 수급조건이 까다로워지긴 했지만, 복지급여의 수급자격이 유급노동 유무로 전환되지는 않았다.

또한 사민주의적 사회투자전략에서 보편적 복지서비스는 여성들이 노동시장에 참여할 수 있는 통로로 작동하고, 다른 한편으로는 여성들의 일·가정 양립을 지원하는 수단으로 작동한다. 따라서 사민주의적 사회투자전략은 신사회위험에 대응하기 위해 아동에 대한 투자, 인적자본 향상, 유급노동의 활성화전략을 강조하면서도 동시에 국가 책임, 보편적 소득보장, 교육훈련(적극적 노동시장정책), 보편적 사회서비스의 강화(윤홍식, 2007a: 69)를 주축으로 한다. 이런 맥락에서 신광영(2007: 61)은 사민주의적 사회투자전략은 포괄적이며 보편적인 정책을 통해 여성의 경제활동 참가율은 높이고, 빈곤율은 낮추는 효과가 있다고 지적한다.

앞서 제시한 사회투자전략의 차이를 정리하면 세 가지 구분점을 확인할 수 있다. 첫째, 복지급여 수급자격의 차이이다. 앞서 언급했듯이, 자유주의적 사회투자전략에 따르면 복지급여의 수급자격은 빈곤 여부에서 유급노동 여부로 변화되었다. 이에 반해 사민주의적 사회투자전략에 따르면, 취약계층의 노동시장 참여 지원과 보편적 소득보장이 병행되어 복지급여의 수급자격은 근본적으로 변화되지 않았다(Esping-Andersen, 2002: 5). 즉, 노동시장 참여 유무에 의해서가 아니라 여전히 '시민'으로서 복지급여 수급자격을 보장한다는 것이다. 그리고 이러한 급여 수급자격은 노동시장 상황과 맞물려, 자유주의적 사회투자전략에서 취약계층은 저임금 · 고용불안의 일자리로 진입하게 되지만, 사민주의적 사회투자 전략에서 취약계층은 일정 수준 이상의 노동조건이 있는 일자리에 진입하게 된다.

둘째, 여성의 일 · 가정 양립을 지원하기 위한 복지서비스의 공급 주체의 차이이다. 테일러-구비(2004)는 자유주의적 사회투자전략을 활용한 영국의 경우, 민간 중심의 보육서비스를 제공함으로써 복지서비스에 대한 접근성이 낮다는 점을 지적했다. 반면, 사민주의 복지체제에서 일 · 가정 양립을 위한 보육서비스는 주로 국가에 의해 제공됨으로써 복지서비스에 대한 접근성이 높다.

셋째, 사회투자전략과 전통적 복지국가 간의 관계설정에 있어서의 차이이다. 전통적 복지국가에서 실시해오던 각종 프로그램은 제도의 경로의존성으로 인해 쉽게 소멸되거나 혹은 수정되기 어렵다. 그럼에도 불구하고 자유주의적 사회투자전략은 전통적 복지국가를 축소하고, 중요한 몇 가지 정책프로그램들을 사회투자적으로 변형시키는 것을 의미한다. 실제 기든스(1994)의 지적에 의하면, 복지국가는 사회주의적 프로젝트에서 나온 것은 아니지만 점차로 사회주의로, 최소한 개혁사회주의의 궤도 안으로 들어갔고, 복지국가가 그동안 추구해왔던 재분배 개념에는 모호성이 존재한다. 이런 맥락에서 기든스는 "전통적 복지국가를 대신하여 사회투자국가를 놓아야 한다."(Giddens, 1998)고 주장했다. 테일러-구비(2004) 역시 영국 복지국가에서 실시되었던 복지정책들이 '노동 유인'을 위해 수정되었다고 지적한다. 마찬가지로 에스핑-안데르센도 영국적인 제3의 길을, 활성화정책이 전통적인 소득보장정책을 대체할 것이라 믿는다고 비판하였다(Esping-Andersen, 2002: 5). 이에 반해, 사민주의적 사회투자전략은 전통적 복지국가를 '대체' 하는 것이 아니라 오히려 전통적 복지국가의 각종 복지프로그램들이 사회투자전략을 실현하기 위한 필요조건으로 제기된다(Esping-Andersen, 2002: 15).

요컨대, 이런 측면에서 보면 자유주의적 사회투자전략과 사민주의적 사회투자전략은 모두 '사회투자' 라는 동일한 단어를 사용하지만, 그 내용이나 성격은 사실상 다르다는 점을 알 수 있다. 그렇다면, 과연 한국에서 사회투자전략을 주창하는 사람들의 입장은 어떠한가? 만약, 서로 입장 차이가 있다면 각각이 주장하는 사회투자전략은 어떤 특징과 의미가 있는가? 다음은 한국에서 사회투자전략을 주장하는 사람들의 입장을 구체적으로 살펴보도록 한다. 이때 각 입장은 앞서 제기한 세 가지 특징, 즉 첫째, 복지급여 수급자격 둘째, 신사회위험에 따른 복지서비스의 공급주체 셋째, 전통적 복지국가와 사회투자전략 간의 관계를 기준으로 구분한다.


## 3. 한국 사회투자전략의 세 가지 흐름

한국의 학계나 정치권에서 사회투자전략을 주장하고, 인용하는 사람들이 많아지면서 저마다 사회투자전략을 이해하는 방식과 비판하는 방식에 차이가 나타나고 있다. 일부는 자유주의적 사회투자전략을 제시하는가 하면, 다른 일각에서는 사민주의적 사회투자전략을 제기한다. 한국에서 이처럼 두 가지 상반된 사회투자전략이 제출되는 이유는 테일러-구비(2004), 에스핑-안데르센(2002), 신광영(2007), 윤홍식(2007a)이 구분한 자유주의적 사회투자전략, 사민주의적 사회투자전략은 실질적인 정책 결과를 놓고 구분한 것인 반면, 한국에서 제기되는 사회투자전략은 미래의 지향을 제시하는 대안 담론이기 때문이다. 즉, 자유주의적 사회투자전략, 사민주의적 사회투자전략은 각 복지레짐에서 활용하는 전략이라는 의미가 포함되어 있고 동시에 현실화된 정책을 통해 그 성격이나 효과를 언급할 수 있다. 그러나 한국에서 사회투자전략은 신사회위험에 대응하기 위해 한국은 어떤 대안 담론을 구성할 것인가라는 고민 속에서 제기되었다. 따라서 사회투자전략을 주창하는 사람들의 시향에 따라 상이한 방식의 사회투자전략이 제시되는 것이다.

한국의 사회투자전략의 구분은 앞서 제시한 세 가지 특징을 기준으로 활용한다. 다만, 사회투자전략을 주창하는 사람들이 복지급여의 수급자격이나 복지서비스 공급주체에 대해 엄밀한 대답을 내어놓은 것은 아니다. 정이환(2007)이 지적했듯이, 한국에서 제출된 사회투자전략의 상당수는 구체적인 정책대안이 포함되지 않거나, 특정 부분에만 집중되어 있기 때문이다. 따라서 제한적이지만 관련된 언급을 참조하면서 사회투자전략을 구분해보도록 한다.

## 1) 자유주의적 사회투자전략의 한국적 버전

첫 번째로 영국 방식, 즉 자유주의적 사회투자전략을 주장하는 입장으로 유시민 전 보건복지부 장관을 대표적으로 들 수 있다. 유시민(2007: 48)은 기존의 "시혜적 복지정책보다 사회투자국가는 훨씬 적극적이고 건설적인 개념"이라고 주장하면서 적극적이고 확실하게 영국 방식의 사회투자국가론을 제시한다.

우선, 유시민(2007)이 사회투자전략에 주목한 이유는 다음에서 살펴볼 윤홍식(2007a)이나 김연명(2007a)과는 달리 보수 담론과의 싸움을 위해서이다. 그는 "미디어와 정치권의 압도적 지원을 받는 보수파가 펼치는 작은정부론과 세금폭탄론의 장벽을 넘어설 방법은 무엇입니까?"(유시민, 2007: 46)라고 질문한다. 그리고 한국의 사회지출을 늘려야 한다는 점에는 동의하지만 "여기에 반대하는 보수적 담론의 세력과 힘이 너무나 강대하기 때문에, 과거의 정책을 그대로 답습하면 지출을 확대하기란 사실상 불가능하다."(유시민, 2007: 92)고 주장한다. 복지의 성숙이 필요하지만 미디어를 비롯해 반복지 세력의 영향력이 강하기 때문에 쉽게 복지 확대를 이뤄내기 어렵다는 것이다.

이때 사회투자정책은, "지향은 진보적이되 방법은 보수적으로 하는 절충적 해법"이다(유시민, 2007: 92). 진보세력과 보수세력 간의 합의가 가능한 대안 담론이 바로 사회투자전략이라는 것이다. 이런 유시민의 입장은 전형적인 자유주의적 사회투자전략의 형태이다. 첫째, 복지 급여의 수급자격을 보면, "복지를 대가로 근로의무를 부과하고, 여기에 불응하면 급여를 삭감 또는 박탈하는 근로연계복지정책"(유시민, 2007: 91)을 강조하고 있다. 이는 복지급여의 수급자격을 빈곤 유무가 아니라 노동 유무로 전환하는 자유주의적 사회투자전략에 가깝다.

둘째, 복지서비스 공급에 있어 시장의 역할을 강조한다. 유시민 (2007)에게 있어 복지서비스의 확대가 필요한 이유는 선진국의 사회서비스 취업자 비중과 비교해볼 때 한국의 사회서비스 취업자 비중이 낮기 때문이며, 신규 일자리 창출이 가능한 영역이 바로 사회서비스 부문이기 때문이다(유시민, 2007: 106-108). 따라서 유시민(2007)의 의견을 따라가다 보면, 영리법인 혹은 영리를 목적으로 하는 민간공급자를 통해 복지서비스의 공급이 이뤄진다고 해도 별 문제가 없다. 왜냐하면 공공부문에서 복지서비스를 확대하든, 민간부문에서 복지서비스를 확대하든 일자리는 창출될 것이기 때문이다. 이에 대해 그는 "검은 고양이든 흰 고양이든 쥐만 잘 잡으면 그만입니다. 사회서비스 시장을 확대해 국민을 더 행복하게 하고 더 많은 일자리를 만드는 데 필요한 것이라면, 그 정책수단이 좌파적이든 우파적이든, 진보적이든 보수적이든, 뭐 그리 큰 상관이 있겠습니까?"라고 이야기한다(유시민, 2007: 118).

셋째, 유시민(2007)이 주창하는 사회투자전략이 자유주의적이라는 것을 증명하는 또 다른 측면은 사회투자전략이 전통적 복지의 일부분을 대체한다고 주장한 점이다. 그는 '사회지출을 소비적 지출과 투자적 지출로 나누어 소비적 지출을 가능한 한 억제' 하는 것을 사회투자의 특징이라고 주장한다. 즉, 사회투자전략은 수익이 생기지 않는 '소비' 요소를 감소시키는 것으로 결국 이는 전통적 복지국가의 축소를 의미한다. 실제 유시민 전 장관은 빈곤층의 의료보장대책이라 할 수 있는 의료급여제도를 개악한 바 있다.

이런 자유주의적 사회투자전략은 여러 가지 문제점을 가지고 있다. 첫째, 이미 빈곤층의 1/3이 국민기초생활보장제도에서 배제되어 있는 상황에서 복지급여의 수급자격을 유급노동 유무로 전환한다는 것은 시민으로서의 복지급여 수급자격을 박탈하겠다는 것을 의미한다. 또한 임금노동자의 50% 이상이 비정규 노동자라는 상황을 고려할 때, 복지급여의 수급자격 변화는 취약계층을 저임금·고용 불안정의 일자리에 밀어 넣겠다는 것과 같다. 따라서 노동시장에 참여한다고 해도 취약계층은 여전히 빈곤층과 차상위계층을 넘나드는 집단으로 고착될 가능성이 높고, 사회보험에서도 배제되므로 취약계층은 사회적 위험에 그대로 노출된 고위험군이 될 가능성이 높다. 따라서 불평등과 빈곤, 사회적 양극화는 감소되지 않고 확대될 가능성이 높다.

둘째, 앞서 테일러-구비(2004)나 에스핑-안데르센(2002)이 지적했듯이 복지서비스에 대한 수요가 증대해 막대한 규모의 복지서비스 공급이 필요한 것은 사실이다. 그러나 복지서비스를 누가, 어떤 방식으로 공급하느냐에 따라 이에 대한 접근성은 달라진다. 특히, 신사회위험 중 중요한 위험이 여성의 경제활동 참가와 이에 따른 복지서비스 수요 확대라는 점을 고려할 때, 신사회위험에 대응하기 위해서는 서비스에 대한 접근성이 높아야 한다. 그러나 영리법인이나 영리를 목적으로 하는 복지서비스 공급자가 증대한다면, 서비스의 질은 천차만별이고, 서비스에 대한 접근성 역시 불평등할 수밖에 없다. 이런 측면에서 유시민(2007)이 주장한 자유주의적 사회투자전략은 신사회위험에 대응하기 어려운 한계가 있다.

셋째, 이미 다른 사회투자전략을 주창하는 사람들이 지적하였고, 유시민(2007: 92)도 인정하였듯이 사회투자전략으로 인해 전통적 복지제도가 축소될 우려가 있다는 것이다. 아직 사회적 위험에 대한 안전판이 마련되었다고 평가할 수 없는 상황에서 이른바 전통적 복지국가를 축소한다는 것은 복지정책을 유명무실하게 만들 가능성이 높다.

유시민은 이런 문제를 스스로 다 알고 있다고 말한다(2007: 92). 그럼에도 불구하고 그는 사회투자전략을 실시해야 한다고 주장하는데, 그 이유는 바로 '보수적 담론 세력' 을 설득하면서 복지를 확장해야 하기 때문이다. 그러나 이런 유시민의 주장에 쉽게 동의하기 어렵다. 여러 복지국가의 경험에 비춰볼 때, 복지의 성장은 다양한 요인들의 상호작용에 따른 결과이다. 일부 엘리트나 관료들의 의지가 복지 성장의 원동력이기도 하지만, 노동자들의 영향력이나 좌파정당의 집권 역시 복지 성장의 중요한 원동력이다. 그러나 유시민(2007)은 복지 성장의 여러 가지 역동과 사회적 관계는 간과한 채 일부 엘리트집단에 의한 타협만을 강조하고 있다. 그러나 일부 관료들과 엘리트들에 의해 이뤄진 복지개혁은 여러 가지 문제를 만든다. 국민들은 자신들의 호주머니에서 나간 세금으로 어떤 정책을 실시하고 있는지, 무슨 일이 벌어지는지 알지 못하고, 신뢰도 없고, 관심도 없어진다. 또한 일부 엘리트들에 의해 이뤄진 복지개혁은 지지집단을 형성하지 못하기 때문에 허물어지기도 쉽다. 따라서 일부 보수 엘리트들과 합의하기 위해 자유주의적 사회투자전략을 대안 담론으로 제출하는 것은 타당하지도 않을 뿐만 아니라 올바른 방향도 아니라 할 수 있다.

## 2) 사민주의적 사회투자전략의 한국적 버전

두 번째 사회투자전략은 스웨덴 식의 복지국가를 지향하는 입장으로 윤홍식 교수가 대표적이다. 윤홍식(2006)이 사회투자전략을 주장하는 이유는, 첫째 신사회위험에 대한 대응이 필요하기 때문이다. 그가 보기에 여러 신사회위험 중에서 중대한 위험 혹은 위험의 근간은 여성의 노동시장 참여와 이로 인한 남성생계부양자모델의 약화이다(윤홍식, 2006: 104). 전통적 복지국가는 성별분업과 남성생계부양자모델을 기초로 설계되어 있기에 남성생계부양자모델이 약화되면 전통적 복지국가의 기본적인 운영시스템이 약화될 수밖에 없다. 물론, 루이스(Lewis, 1992)가 지적했듯이 복지국가마다 남성에 대한 생계의존 정도는 상이하지만 말이다. 따라서 윤홍식(2007a)은 남성생계부양자모델에 기초하고 있는 전통적 복지국가의 확장으로는 신사회위험에 대처하기 어렵다고 판단하고, 신사회위험에 대한 대응은 "노동에 대해, 그리고 공적영역과 사적영역에 대해 새로운 관계설정에서 시작되어야 한다."(윤홍식, 2006: 104)고 주장한다. 그에 의하면 전통적 복지국가로는 성별분업과 생계부양자모델 변화에 따른 신사회위험에 대처하기 어렵기 때문에 새로운 성별분업과 생계부양자모델에 기초한 대안이 필요하다는 것이다. 여기서 윤홍식(2007a)은 새로운 대안 담론으로 사회투자전략을 제시한다. 그가 사회투자전략을 선택한 이유는 그것이 바로 아동과 여성에 대한 투자를 강조하기 때문이며, 성별분업과 생계부양자모델을 새롭게 담을 수 있는 부대자루라 판단했기 때문이다.

윤홍식(2006)이 사회투자전략을 제기한 두 번째 이유는 한국적 상황에서 출발한다. 그에 의하면, 한국은 구사회위험과 신사회위험에 동시적으로 대처하기 위해 많은 복지자원의 양이 필요한 상황이다. 따라서 사회적 동의를 위한 새로운 정당성이 필요하고, 복지가 소비가 아니라 사회적 자본 확대를 위한 '투자'라는 사실이 새로운 정당성을 만들어 줄 것이라는 것이다(윤홍식, 2006: 131). 요컨대, 친복지 세력이 미약한 현 상황에서 복지 확대를 위한 사회적 지지를 '투자'라는 담론을 통해 얻어낼 수 있다는 것이다.

윤홍식은 성별분업과 생계부양자모델 변화에 따른 신사회위험을 강조하기 때문에 유시민(2007)과 달리 좀 더 근본적이며 구조적인 변화와 관련된 사회투자전략을 제기한 것이고, 이런 사회투자전략은 사민주의적 사회투자전략과 일맥상통한다.

첫째, 윤홍식(2006; 2007a)은 직접적으로 복지급여 수급자격에 대해 언급하진 않지만, 자유주의적 사회투자전략에서 활용하는 복지급여 수급자격 변화에는 비판적이다. 그에 의하면, "미국과 영국 방식의 사회투자전략은 복지수급자의 규모를 축소시키는 데 효과가 있었지만, 실제 일을 통해 삶의 질이 향상되었다는 객관적 자료는 없다."(윤홍식, 2006: 130). 노동시장에서의 불평등이 그대로 유지된 상태에서 노동유인을 강조하고, 복지급여의 수급자격을 변화시키는 것은 빈곤율이나 취약계층의 삶의 질 개선에 긍정적이지 않다는 것이다. 또한 사회투자국가가 사회 불평등을 강화시킬 수 있다는 점을 지적하고, 노동시장에 참여하는 여성 내 불평등을 완화하는 효과적인 대안이 필요하다는 점을 강조하고 있다(윤홍식, 2007a: 63). 따라서 자유주의적인 복지급여 수급자격 변화에 대한 반대, 노동시장 내 불평등문제의 해결을 강조한다는 점에서 윤홍식(2006; 2007a)은 사민주의적 사회투자전략과 일맥상통한다.

둘째, 좀 더 중요한 것은 윤홍식(2006; 2007a)이 복지서비스를 시장에 맡기기보다는 보편적이고 공공적인 방식으로 구성해야 한다고 주장한 점이다. 그에 의하면, 신사회위험에 대응하기 위한 아동보육서비스는 보편성과 공공성을 근거로 해야 하며, 이를 위해 공적 보육시설의 확대, 부모부담 경감을 위해 국가 역할의 강화가 필요하다(윤홍식, 2006: 128). 유시민(2007)이 시장의 역할을 강조한 반면, 윤홍식의 경우 국가 역할과 더불어 복지서비스가 보편성과 공공성에 근거해야 한다는 점을 강조한다. 이런 측면에서도 그의 논의는 복지서비스에 대한 국가의 책임을 강조한 사민주의적 사회투자전략에 속한다.

셋째, 윤홍식(2007a)의 논의에 따르면, 사회투자전략은 전통적 복지국가를 대체하는 것이다. 신사회위험에 대처하기 위해서는 전통적 복지국가 확장을 넘어 공적영역과 사적영역의 관계, 성별분업, 생계부양자모델 등 국가의 기본적 단위와 가치에 대한 재검토가 필요하기 때문이다. 그리고 이런 재검토는 전통적 복지국가를 그 근간부터 다시 설립하는 것이다.

그러나 윤홍식이 주장하는 사회투자전략이 전통적 복지국가를 대체하는 것일지라도 그 의미는 자유주의적 사회투자전략과 상이하다. 자유주의적 사회투자전략은 전통적 복지국가의 소비적 측면을 축소하고 투자적 측면을 확대하자는 것인 반면, 사민주의적 사회투자전략을 주장하는 윤홍식은 복지국가를 완전히 새로운 틀로 구성하자는 것이기 때문이다. 그리고 이 과정에서 참조되는 국가가 바로 스칸디나비아반도의 국가들이다. '약한 남성생계부양자모델' (Lewis, 1994)[3]을 특징으로 하며, 오래전부터 아동과 여성에 대한 투자가 활성화되어 있는 스칸디나비아반도 국가들은 비록 남성생계부양자모델이긴 하지만 그 정도가 약하고 남성과 여성 모두 임금노동자로서의 지위를 보장받을 수 있는 구조이기 때문이다.

또한 윤홍식(2007a: 53)은 제3의 길이나 사회투자국가를 신자유주의의 아류라고 비판하는 연구들을 소개하면서, 이를 긍정적으로 재해석한다. 그에 의하면 "제3의 길 또는 사회투자국가는 전후 노르딕 사민주의 복지국가가 지향했던 복지체제를 이들 국가들이 뒤늦게 따라가는 것일 뿐" 이라고 주장한다. 물론, 김영순(2007)이 지적했듯이 영국식

----

3) 루이스(1992)는 복지국가의 남성 생계부양자모델을 크게 3가지로 구분하였다. 첫째, 강한 남성생계 부양자모델로서 남편과 부인 간의 불평등이 높고, 아동보육서비스에 대한 지원이 약한 경우이다. 둘째, 변형된 남성부양자모델로서 여성은 부인과 어머니이면서 동시에 임금노동자로서의 역할을 요구받는다. 그러나 이때 여성의 임금노동자로서의 지위는 약하다. 셋째, 약한 남성생계부양자모델로서 남편과 부인 간의 분할조세, 부모휴가, 아동보육 지원 등이 이뤄져 임금노동자로서의 여성의 지위를 보장하는 경우이다.

제3의 길에 대한 에스핑-안데르센의 비판을 지나치게 긍정적으로 해석한 것이기도 하다. 그러나 여기서 확인할 수 있는 것은 윤홍식이 사회투자전략을 어떻게 평가하고 있는가이다. 그는 사회투자전략이 사민주의 복지국가로 나아가는 중간다리 정도로 평가하고 있는 것이다. 또한 일반적으로 사회투자전략들은 '결과의 평등'이 아니라 '기회의 평등'을 강조하는데, 윤홍식은 "기회의 평등이 결과의 평등을 달성할 수 있는 최선의 길"(2007a: 53)이고, 사회투자전략은 결과의 평등을 적극적으로 실현해야 하는 사회적 정당성을 강조하는 것이라고 주장한다.

따라서 윤홍식은 사회투자전략을 보편적 복지국가로 나아가기 위한 중간다리로서 사고하고 있으며, 복지급여의 수급자격과 복지서비스의 공급주체에 대한 논의를 통해 볼 때 사민주의적 사회투자전략을 제기하고 있다. 그러나 신사회위험에 대한 대응과 사회투자전략 간의 연관이 약할 뿐만 아니라, 사회투자라는 담론이 한국사회에 적합한 것인가에 대해서는 논의해볼 필요가 있다.

첫째, 그의 논지에 의하면 신사회위험에 대응하기 위해서는 복지국가의 기본적인 근간을 재검토해야 한다. 그러나 사회투자전략이 과연 복지국가의 기본적인 근간을 재검토하는 담론인지, 재검토하기에 적합한 담론인지 검토할 필요가 있다. 윤홍식(2007a)이 사회투자전략으로 제기한 몇 가지 정책프로그램들로써 공적영역과 사적영역에 대한 새로운 관계설정을 시작할 수 있는지 의심스럽고, 아동과 여성 및 취약계층의 유급노동화를 지원하는 사회투자전략으로는 새로운 복지국가의 근간, 형태, 의미를 유추하기 어렵다는 것이다.

둘째, 윤홍식(2007b)은 사회투자전략이 어떤 의미인지, 각 국가에서 어떤 의미를 가지고 있는지가 아니라 구체적인 대안들을 가지고 논의해야 한다고 주장한다. 그의 논의대로 하자면, 진보진영 내에서 아동과 여성에 대한 정책 확대를 반대할 사람은 없을 것이라 생각된다. 또한 신사회위험에 대응하기 위한 전략이 필요하며, 이런 전략은 그가 언급했듯이 공적영역과 사적영역을 새롭게 검토하는 것이어야 한다는 점에 대해서도 반대할 사람은 없을 것이라 생각된다. 그렇다면, 이제 남은 문제는 이런 문제의식과 지향을 어떤 담론으로 외화하며, 세력화할 것인가이다. 그리고 이때 담론은 기본적인 문제의식을 충분히 담을 수 있어야 하며, 대중적인 것이어야 한다. 그러나 사회투자전략은 앞서 언급했듯이 기본적인 문제의식을 대중화하기에도, 세력화하기에도 2% 부족하다. 한국과 같이 복지 기반이 약한 상황에서 그는 '투자'라는 담론의 유용성을 주장하였으나, 이와 반대의 효과 역시 존재할 수밖에 없기 때문이다(김영순, 2007). 한국처럼 노동유인이 강하고 노동능력 있는 사람들의 실업과 빈곤에 대한 사회적 낙인감이 강한 국가에서 복지를 '투자'라는 맥락 속에서 대중화하는 것이 향후 복지의 확대에 긍정적인가 하는 것이다. 예를 들어, 노동빈곤층에 대한 소득보장, 실업부조의 도입이 바로 이 투자라는 담론 속에 묶여 버릴 가능성이 있다는 것이다. 따라서 지금 우리 사회에 필요한 것은 오히려 복지는 '연대적'인 것이며, 재분배적이라는 것을 강조하고 이에 대한 지지기반을 형성하는 것이 올바른 대응방식이 아닌가 생각된다.

게다가 사회투자라는 담론은 혼란을 가중시킨다는 문제가 있다. 윤홍식(2007a)의 의도와는 달리 일각에서는 사회투자전략을 신자유주의 정책의 일환으로 사용하고 있다. 그리고 이렇게 동일한 담론이 혼란스럽게 사용되면서 여러 가지 부작용을 창출해왔던 사례 역시 존재한다. 따라서 윤홍식의 문제의식과 복지국가에 대한 지향을 담기에 사회투자라는 그릇은 적거나 혹은 오염되었다는 생각이다.

### 3) 한국형(?) 사회투자전략: 자유주의와 사회민주주적 사회투자전략의 혼합

마지막으로는 한국형 사회투자전략으로 자유주의적 사회투자전략과 사민주의적 사회투자전략이 혼합된 방식이다. 자유주의적 사회투자전략처럼 전통적 복지국가를 포기하자는 것도 아니고, 사민주의적 사회투자전략을 주장하는 것도 아니다. 상당수 연구자들이 여기에 포함되며 김연명 교수를 대표적으로 들 수 있다.

김연명(2007a)이 사회투자전략을 제기하는 이유는 윤홍식(2007a)과 마찬가지로 신사회위험의 도래 때문이다. 그에 의하면, 노동시장 유연화와 빈곤층의 배제, 저출산·노령화, 가족구조 변화에 대응하기 위한 사전적·예방적 성격의 사회정책이 강화되어야 하며, 그것이 바로 사회투자정책이다(김연명, 2007a: 13). 그러나 김연명(2007a)이 사회투자전략을 제기하는 두 번째 이유는 앞서 윤홍식(2007a)과 다르다. 윤홍식은 한국과 같이 친복지 세력이 약한 국가에서 투자라는 담론이 지닌 장점을 강조했다면, 김연명(2007a: 19)은 신자유주의라는 거센 파도 속에서 성장과 복지를 결합시킬 필요가 있고, 이때 '투자적' 성격의 정책은 여러 가지 장점이 있다는 것이다.

이런 맥락에서 김연명(2007a: 13)은 무엇보다도 '인적자본에 대한 투자'를 강조한다. 그는 "한국경제의 성장 동력을 요소 투입 중심의 물적 자본에서 벗어나 인적자본이 구현하는 기술 또는 지식을 기반으로 하는 경제로 전환시켜야 하는데 사회투자정책은 바로 이러한 인적자본 확충의 필요성을 충족시킬 수 있는 가장 유력한 전략"이라고 주장한다(김연명, 2007a: 12). 지식기반사회에서 한국 경제성장의 잠재력은 바로 인적자본에 있으며, 사회투자전략은 인적자본 확충을 지원할 수 있는 정책 패키지라는 것이다. 따라서 김연명(2007a)이 제기하는 정책프로그램들은 생애주기별 인적자본 향상에 집중되어 있다.

그렇다면 김연명(2007a)은 복지급여 수급자격에 대해서 어떤 입장을 가지고 있을까? 김연명의 글이 주로 사회투자전략의 필요성에 집중되어 있으므로 그의 문헌을 통해 확인할 수 있는 바는 다양하지 않아 몇 가지 언급을 중심으로 살펴보도록 한다.

우선, 복지급여 수급조건과 관련해서 특별한 언급을 찾아보기는 어렵다. 다만, 사회투자전략이 전통적 복지국가를 대체하는 것은 아니라는 점을 강조하면서 향후 복지의 확대과정에서 '투자' 적 요소를 강화해야 한다고 주장한다. 그에 따르면, 국민기초생활보장법을 차상위계층으로 확대하는 경우, "차상위계층에게 교육훈련 프로그램이나 자산형성 프로그램, 그리고 창업 등의 자활프로그램을 적극적으로 시행해 노동시장을 통한 빈곤탈출을 도와줄 수 있다."(김연명, 2007a, 15). 또한 그가 초고를 작성했다고 언급한(김연명, 2007b: 311), 대통령 자문 정책기획위원회(2006)의 『선진복지한국의 비전과 전략』 2장에 의하면, "최근 선진국은 공공부조에 따른 복지의존 문제를 줄이고자 저소득층에 대한 직접적 재정지원보다는 노동시장의 참여를 촉진하는 추세이다. 이를 적극 수용하여 공공부조제도를 생계비 지원과 일을 통한 복지가 적절한 조화를 이루는 방향으로 새로이 설정할 필요가 있다."고 주장한다(대통령 자문 정책기획위원회, 2006: 70).

이와 같은 방식이라면, 김연명(2007a)이 언급했듯이 현행 전통적 복지국가 프로그램들을 사회투자전략으로 대체하지는 않는다. 그러나 한국 복지의 현 상황을 고려한다면, 자유주의적 사회투자전략과 유사한 문제가 창출될 가능성이 높다. 한국의 복지프로그램은 아직 성숙단계에 있으며, 보편성을 확대해야 하는 상황이다. 따라서 에스핑-안데르센(2002)이나 김연명(2007a: 15)이 강조했듯이 보편적 소득보장이 투자정책 실현의 조건이라면, 한국에서 현재 필요한 것은 차상위계층에 대한 교육훈련 프로그램, 자산형성 프로그램이 아니라 사회보험 사각지대의 해소, 빈곤층에 대한 기본적인 소득보장이다. 만약, 보편적인 소득보장이 아니라 자활프로그램 중심으로 복지프로그램 확대가 이뤄진다면, 향후 공공부조를 받아야 하는 집단의 복지급여 수급조건은 빈곤 여부가 아니라 유급노동 여부(노동의지)에 따라 결정될 것이다. 따라서 그의 의도나 문제제기와는 상관없이 그의 입장은 자유주의적 사회투자전략으로 전환될 가능성이 있다.

또한 김연명(2007a)은 취약계층을 유연한 노동시장으로 밀어 넣는 자유주의적 사회투자전략과 달리 일자리 창출, 특히 공공부문의 일자리 창출을 강조하고 있다. 유연화된 노동시장에 무조건 취약계층을 밀어 넣는 것이 아니라 공공부문에서 우선적으로 일자리를 창출해야 한다는 것이다. 그러나 공공부문 일자리 창출만큼이나 중요한 것이 바로 일자리의 질인데, 김연명(2007a)은 이에 대해 검토하지 않은 문제가 있다. 공공부문의 일자리를 창출한다고 하더라도 일자리의 질이 낮다면 공공부문에 고용되어 있든, 유연화된 노동시장에 진입하든 취약계층은 저임금의 불안정 노동자가 될 가능성이 높기 때문이다.

특히, 2007년 동안 정부의 '사회적 일자리 창출' 이라는 이름으로 이뤄진 사업들을 살펴보면, 공공부문 일자리의 질이 얼마나 중요한지 알 수 있다. 2007년 여성에게 적합한 사회서비스 일자리 창출방안을 보면 채용기관은 시·군·구 등이 아니라 민간 위탁된 보육시설이나 학교, 자활후견기관 등이다. 게다가 취약계층이 상대적으로 진입하기 쉬운 비전문직종의 임금수준은 상당히 낮아서 가사·간병 도우미의 일당은 2만 8천 원, 아이, 노인, 장애인 돌보미는 시간당 5,000원을 받는 상

황이다(기획예산처보도자료, 2007. 2. 21). 따라서 공공부문의 일자리
창출을 강조했다고 하더라도 사회적 일자리가 저임금의 불안정한 일자
리로 채워진다면, 자유주의적 사회투자전략과 동일한 효과, 즉 취약계
층을 저임금의 불안정노동으로 몰아넣는 것과 동일할 수 있다.

둘째, 김연명(2007a)은 저출산·고령화를 비롯해 가족구조 변화과
정에서 복지서비스의 확대가 절실히 필요하다는 점을 인정하고 있다.
그러나 정작 복지서비스의 확대에서 그가 강조하는 것은 일자리 창출
이다. 그는 "가족에게 부담이 집중된 보육·요양 등의 서비스를 공공
부문이 적극적으로 대신해 담당하는 것도 일자리 창출이라는 경제적
효과를 낳는다."고 지적하였다(대통령 자문 정책기획위원회, 2006:
70). 같은 맥락에서 "공공과 민간부문 모두에서 교육, 보건의료, 보육
등 사회서비스사업의 활성화와 고용창출, 사회투자프로그램을 체계적
으로 결합시키는 방향이 필요하다." (김연명, 2007a: 16)고 주장한다.
그의 입장은 복지서비스 확대에 따른 일자리 창출에 집중되어 있기에
복지서비스의 공급주체에 대해서는 특별히 공공적인 요소를 강조하지
는 않았다. 실제 그는, "민간은 각종 사회정책의 공급·전달체계에서
도 역할을 강화해야 한다. 정부가 복지·고용·환경 및 문화와 관련된
공공서비스를 독점적으로 공급하던 패러다임은 이미 낡았다." (대통령
자문 기획위원회, 2006: 78)고 주장한다. 이런 측면에서 그의 논의는
사민주의적 사회투자전략과 유사하지만, 현실에 대응해보면, 자유주
의적 사회투자전략과 일맥상통한다. 사회서비스의 확대가 필요하며
단기적으로 정부 중심으로 확대되어야 하지만, 기본적으로는 국가 중
심이 아닌 복지다원주의로의 이동을 요구하기 때문이다.

셋째, 무엇보다도 김연명(2007a; 2007b)이 강조하는 또 하나의 쟁점
은 사회투자정책이 전통적 복지국가를 보완한다는 점이다. "사회투자

전략은 고전적 소득지원 프로그램이 결합되어야 효과를 발휘할 수 있다.”(김연명, 2007a: 15)는 것이다. 따라서 기본적으로 그는 자유주의적 사회투자전략과 달리 사회투자전략이 전통적 복지국가를 대체해서는 안 된다는 기본인식을 가지고 있다. 또한 그는 예산을 배분하는 과정에서 전통적 복지국가 프로그램과 사회투자정책 간의 갈등이 발생할 소지가 있다는 점을 인정하고 있다(김연명, 2007a: 15). 그러면서도 한국의 사회정책 프로그램 중 상당수가 확대단계에 있기 때문에 고전적 프로그램과 사회투자프로그램을 결합시킬 가능성이 상당히 열려있다고 평가한다(김연명, 2007a: 15).

그러나 앞서 언급했듯이 새롭게 도입되거나 확대되어야 하는 복지프로그램의 방향을 결정하는 데 있어서 사회투자전략은 지대한 영향을 미칠 가능성이 있다. 예를 들어, 사회투자전략이 복지 확대의 기본방향이라면, 아동 있는 가족을 지원하기 위해 도입될 프로그램은 아동수당이 아니라 아동발달지원계좌가 될 것이다. 이런 가능성이 현실화되는 상황에서 전통적 복지프로그램과 사회투자정책이 병행 발전해야 한다는 논의는 현실적으로는 전통적 복지정책의 발달을 방해할 가능성이 있다.


## 4. 나가면서


앞에서는 사회투자전략의 개념 정의와 특징을 살펴보고, 이를 기초로 한국의 사회투자전략을 3가지로 구분해서 살펴보았다. 이런 구분이 비록 자의적임에도 불구하고 필요한 이유는 서론에서 언급했듯이 한국에서 제출되는 사회투자전략이 지향하는 바, 핵심적인 내용, 이로 인해 발생할 것으로 예상되는 문제점들이 서로 상이하기 때문이다.

첫째, 신자유주의적 복지개혁에 새로운 담론을 씌운 것이 바로 자유주의적 사회투자전략이다. 자유주의적 사회투자전략은 보편적 소득보장, 복지서비스 등 에스핑-안데르센(2002)이 사회투자정책 실현의 기초라고 했던 요소들은 축소시키고, 흰 고양이, 검은 고양이를 언급해가며 복지서비스의 시장화를 추구하고 있다. 이런 자유주의적 사회투자전략은 불평등과 양극화를 증대시킬 가능성이 높다.

둘째, 남성생계부양자모델을 비롯해 복지국가의 전면적인 재편을 요구하는 사민주의적 사회투자전략의 경우 '사회투자' 담론이 오히려 애초의 문제제기와 의도를 왜곡시킬 가능성이 높다. 대안 담론을 선택할 때에는 현실 가능성도 고려해야 하지만, 동시에 기본적인 원칙을 훼손시킨다면, 사실상 그것은 대안 담론으로 자격이 없다는 생각이다. 따라서 애초의 문제제기와 의도를 사회투자전략이라는 담론 속에서 포괄하기 위해 사회투자전략에 무리하게 여러 가지 논의를 덧붙일 것인가, 아니면 문제제기를 반영할 수 있는 새로운 담론을 개발할 것인가 하는 선택의 문제가 남아있다고 생각된다.

셋째, 한국형 사회투자전략의 경우 사민주의적 사회투자전략과 마찬가지로 전통적 복지정책의 확대가 필요하다는 점을 인정하고 있으며, 보편적 소득보장의 필요성을 제기하고 있다. 그러나 문제의식이나 의도와는 무관하게 한국의 복지현실, 노동시장 상황을 고려할 때 자유주의적 사회투자전략과 마찬가지로 불평등과 양극화문제가 발생할 소지가 높다는 문제점이 있다.

또한 이 세 가지 사회투자전략 모두에 적용되는 문제는 김영순(2007)이 지적했듯이 '투자'라는 말이 가지고 있는 한계이다. 김대중 정부가 생산적 복지라는 담론을 한국사회에 유포했을 때, 생산·노동·선진화를 좋아하는 많은 사람들은 복지=생산적이라는 이상한 등식을 머리에 넣고 생산적이지 않은 것은 부정적인 것이라는 이미지를 가지게 되었다. 투자라는 말도 마찬가지이다. 복지=투자적=생산적이라는 등식 속에서 투자적이지 않은 복지에 대한 부정적 이미지는 강화될 것이다. 그리고 이런 부정적 이미지는 결국 복지 성장의 발목을 잡을 가능성이 높다. 이런 문제점이 있는 사회투자전략이 과연 한국사회의 대안 담론, 청사진이라고 할 수 있을까?

## 참고문헌

기획예산처보도자료(2007. 2. 21). 「올해 2조 2703억원 투입. 20만 1000개 사회서비스 일자리 창출」
김연명(2007a). 「사회투자정책과 한국 사회정책의 미래」, 『우리나라에서의 사회투자정책 적용방안 연구』, 보건복지부 · 중앙대 사회복지학과. (이 논문의 수정본은 이 책의 제1장에 실려 있음)
______(2007b). 「우리나라에서 사회투자론 논의의 쟁점」, 『경제와 사회』 75: 307-318. (이 논문은 이 책의 제8장에 실려 있음)
김영순(2007). 「사회투자국가가 우리의 대안인가?: 최근 한국의 사회투자국가 논의와 그 문제점」, 『경제와 사회』 74: 84-113. (이 논문은 이 책의 제7장에 실려 있음)
대통령자문 정책기획위원회(2006). 『선진복지한국의 비전과 전략』, 동도원.
복지국가 society정책위원회(2007). 『복지국가 혁명』, 밈.
신광영(2007). 「복지레짐(welfare regime)과 사회투자국가」, 『한국 사회의 미래와 사회투자정책』, 한국사회복지학회 · 한국사회정책학회 · 한국행정학회 · 한국산업사회학회 공동 토론회.
양재진(2007a). 「사회투자국가는 사회민주주의의 새로운 경제사회 패러다임인가?: 영국, 스웨덴, 그리고 덴마크의 성과분석과 한국에의 함의」, 『사회투자국가의 의미와 한국적 적용가능성에 관한 토론회』, 참여연대 사회복지위원회 · 참여사회연구소.
______(2007b). 「사회투자국가가 우리의 대안이다」, 『경제와 사회』 75: 310-335. (이 논문은 이 책의 제9장에 실려 있음)
유시민(2007). 『대한민국 개조론』, 돌베개.
윤홍식(2006). 「새로운 사회적 위험과 한국사회복지의 과제: 사적[가족]영역으로부터의 접근」, 『사회투자국가로의 전환과 사회복지노동시장』, 2006년도 한국사회복지학회 추계 공동 학술대회.
______(2007a). 「사회투자국가와 한국복지국가의 과제」, 『사회투자국가의 의미와 한국적 적용가능성에 관한 토론회』, 참여연대 사회복지위원회 · 참여사회연구소. (이 논문의 수정본은 이 책의 제5장에 실려 있음)
______(2007b). 「사회투자라는 담론이 아니라 보다 나은 삶을 위한 실천이 중요하다」, 진보정치연구소 ppi report. http://policy.kdlp.org/.
정이환(2007). 「사회투자국가, 한국사회의 대안인가?」, 『사회투자국가의 의미와 한국적 적용가능성에 관한 토론회』, 참여연대 사회복지위원회 · 참여사회연구소.
Esping-Andersen(2002). "Towards the Good Society, Once Again?", in Esping-Andersen(ed.). *Why We Need a New Welfare State*. OXFORD.
Giddens, Anthony(1994). *Beyond Left and Right*. Blackwell.
______(1998). *The third way*. Polity Press.
Lewis, John(1992). "Gender and the Development of welfare regimes", *Journal of European Social Policy*. Longman. pp.159-173.
Taylor-Gooby, Peter(2004). "New Risks and Social Change", in Taylor-Gooby, Peter(ed.). *New Risks, New Welfare-The Transformation of the European Welfare State*. OXFORD.
______(2004). "New Social Risks and Welfare State: New Paradigm and New Politics?", in Taylor-Gooby, Peter(ed.). *New Risks, New Welfare-The Transformation of the European Welfare State*. OXFORD.

# chapter 13

# 사회투자국가의 '개인화된' 사회투자의 한계

우명숙 | 중앙대 중앙사회학연구소 연구원

## 1. 문제제기

이 글은 기든스의 '사회투자국가론'을 그의 '개인화' 논의와 연결해서 이해해 보면, 사회투자국가의 한계가 보다 분명해진다는 점을 밝히고 있다. '사람에 대한 투자'로서의 '사회투자'에 대한 관심은 서구 사회에서 그렇게 새삼스럽지는 않다. 사실상 스웨덴 등의 북구 유럽 국가들은 오래전부터 인적자본개발에 집중해 왔다. 그렇기 때문에 제3의 길로서의 사회투자국가는 등장 초기부터 서구 맑스주의자들로부터 신자유주의적이라는 비판을 받았을 뿐만 아니라(홉스봄 외, 1999), 북유럽의 사민주의 복지국가 옹호론자들이나 다른 유럽 사민주의자들로부터 사회투자에 대한 이해가 협소하다는 지적을 받아왔다(Esping-Andersen, 2002; Giddens ed., 2001; Hale, Sarah, Will Leggett and Luke Martell eds., 2004; Lewis, Jane and Rebecca Surender eds., 2004).

물론 이러한 비판에 기든스는 구좌파(맑스주의)와 신우파(신자유주의) 모두와 자신의 입장이 분명히 다르다고 응답했으며, 동시에 그것이 사민주의적 지향점들과는 크게 다르지 않다고 주장했다(Giddens, 2000, 2001a, 2001b). 기든스는 오히려 사회투자국가가 지금까지의 사민주의 복지국가 모델을 새롭게 발전시킬 수 있는 길을 제시하고 있다고 강조한다. 결국 지금까지 제3의 길에 대한 논쟁은 다양한 제3의 길, 즉 다양한 사회투자국가 모델이 존재할 수 있다는 결론으로 수렴되었다고 볼 수도 있지만(Bonoli and Powell, 2004; 재정경제부, 2007), 그렇다고 해서 어떤 결론에 도달한 것은 아니다. 다만 사회투자의 중요성이 서구 복지국가의 변화에서 강조되고 있다는 것은 분명하다(Esping-Andersen, 2002).

국내에서도 사회투자국가를 어떻게 해석하고 한국에 적용할 것인가에 대한 논쟁이 있다. 사회투자국가에 대한 비판적 입장은 사회투자국가가 말하는 사회투자는 적절한 기본소득보장과 보편적 서비스를 뒷받침해 주지 못한다는 점에서 결국 신자유주의 헤게모니를 강화할 것이라는 점을 우려한다. 결국 복지정책이 "자본주의 재조정의 긴요한 정책 파트너"가 되고 있다는 점을 우려하는 것이다(김영순, 2007). 반면 사회투자국가 옹호론자들은(김연명, 2007; 양재진, 2007; 윤홍식, 2008; 임채원, 2006) 사회투자국가의 시장친화성을 부정하지 않으면서 오히려 그것이 시민들의 노동시장 참여를 제고하는 데 매우 긍정적일 수 있음을 지적한다. 동시에 사회투자국가가 기존 복지국가의 경직성을 수정하고자 하나 여전히 국가 역할을 강조하고 있다는 점을 들어 복지국가의 축소를 외치는 신자유주의자들과는 대립하고 있음을 보여주고 있다. 더욱이 상대적으로 시장과 가족에 대한 복지 의존도가 높고 정치적으로 보수적인 한국 사회에서는 북구 유럽 국가들처럼 복지의 공공부문 의존도가 매우 높은 복지국가를 목표로 내세워 정치적 지지를 확보하기 어렵기 때문에, 사회투자국가가 '허약한' 복지국가의 체

질을 강화할 수 있는 매우 유용한 정치적 기획이 될 수 있다고 주장한
다(양재진, 2007). 이러한 정치적 기획은 한국의 '중도의 길'로 제시되
기도 한다(임채원, 2006).

사회투자국가론이 '대안 패러다임'이 될 수 있는가, 사회투자국가론
이 전통 복지의 대체물인가 보완물인가, 자유주의 진영(특히 영국)의
사회투자정책은 효과가 있었는가(김연명, 2007; 김영순, 2007; 양재
진, 2007) 등은 사회투자국가론을 해석하는 데 있어서 국내외의 주요
쟁점들인데, 이러한 쟁점들을 관통하는 이슈 중의 하나는 아마 사회투
자국가의 '사회투자', 즉 '사람에 대한 투자'의 범위를 얼마나 넓게,
또는 제한적인 것으로 볼 것인가이다. 사회정책이 자본주의 경제조정
의 긴요한 정책 파트너가 된다는 것으로만 그 정책을 반(反)복지적이
거나 신자유주의적이라고 볼 필요는 없지만 사회투자의 의미를 얼마나
제한적으로 또는 넓은 의미로 보는가에 따라 매우 다른 사회정책의 목
표와 방향이 설정된다.

기든스의 사회투자국가론을 둘러싸고 진행된 서구와 국내의 논쟁들
을 보면 기든스나 사회투자국가 옹호론자들은 사실상 자신들이 말하는
사회투자를 넓은 의미로 볼 수 있다고 주장해 온 반면, 비판자들은 그
제한성을 보여 주려고 했다(Giddens, 2000; Giddens ed., 2001). 그
런데 비판자들조차 제한적인 성격의 사회투자라도 중요하고 필요한 것
임을 부인하기는 어려웠다. 따라서 비판자들은 사회투자국가가 전통
적인 자유주의 국가와 다르다고도 같다고도 하기 어렵게 되고, "전통
적 사민주의 국가와 신자유주의적 이념을 혼합한 혼성적 복지국가[a hybrid
welfare regime]"로 보는 리스터[Lister]의 주장이 보다 현실적인 판단이면서 개념
적 혼동을 방지할 수 있다고 보기도 한다(김영순, 2007: 101). 이렇게
되자 옹호론자들은 "'사회투자정책'은 받아들이고 이를 실천하는 '사

회투자국가' 는 거부하는" 비판자들의 말에 수긍하지 못하고 다시 사회투자를 충분히 넓은 의미로 활용할 수도 있다고 주장하게 된다(양재진, 2007: 321).

이렇게 국내 논쟁을 따라가다 보면 우선 공통적으로 제3의 길을 긍정적으로 평가하는 이유는 제3의 길이 시장주의와는 달리 사회투자를 강조하는 복지국가 패러다임을 제시하기 때문임을 알게 된다. 동시에 의견이 갈리거나 아직 충분히 논의되지 않은 부분은 제3의 길의 사회투자국가가 기존의 사민주의 복지국가 모델이 강조해 온 개념들, 즉 평등, 사회적 연대 등의 개념들을 어떻게 발전적으로 논의했는가이다. 기든스 자신이나 사회투자국가 옹호론자들이 사회투자국가가 사민주의 복지국가를 일보 진전시킨 것으로 본다면, 비판자들은 사회투자국가가 기존의 사민주의 복지국가가 강조해온 개념들을 간과하고 있기 때문에 사회투자국가와 사민주의 복지국가는 서로 다른 복지국가 모델이라고 말한다.

이러한 논쟁은 실천적으로도 중요하다. 이는 사회투자의 사회적 의미를 보다 발전적으로 논의할 수 있는 계기를 마련할 수 있기 때문이다. 당장 특정 사회투자 정책을 만들고 그 정책의 구체적 효과를 검증하고 잘 운영하는 것도 중요하겠지만, 사회투자의 목표를 무엇으로 할 것인가를 보다 분명하게 하는 작업은 사전적으로 매우 중요하다. 특히 국내에서는 이런 문제의식이 아직 충분히 공유되고 논의되지 못했다.

이 글은, 사회투자국가 비판자들이 지적하듯이, 사회투자국가론의 사회투자가 제한적이라는 입장을 취한다. 즉, 사회투자국가는 사민주의 복지국가와는 분명하게 다른 점을 강조하고 있다는 점에서 제한적이라고 말하고자 한다. 단 이 논문에서는 이 점을 이전 논의와는 조금은 다른 각도로 보여주려는 시도를 한다. 사회투자국가는 개인 단위로 이루어지는 사회투자를 강조한다. 즉, 사회투자국가는 '개인화된' 사회투자를 강조한다. 그런데 이렇게 '개인화된' 사회투자를 강조하는 것은 개인기회의 확장과 개인역량의 강화를 개인의 문제로 바라보는 것이며, 개인기회의 확장과 개인역량의 강화를 위한 사회투자를 사회적 차원으로 확대하는 관점을 놓치고 있다. 바로 이 점에서 사회투자국가의 사회투자 개념은 제한적이다.

이렇게 말하는 것이 인적자본에 대한 투자를 강조하는 일반적인 사회투자정책들(그것이 기든스의 사회투자국가론의 영향을 받았든 아니든)이 모두 한계를 가진다는 뜻은 전혀 아니다. 인적자본에 대한 투자로서의 사회투자는 매우 중요하다. 여기서 사회투자국가의 사회투자 개념이 제한적이라는 것은 사회투자가 개인 단위의 역량 강화에 국한되어 있어 결국 복지에 대한 개인의 책임만이 과도하게 부각되고 있음을 말한다. 그렇기 때문에 사회투자국가론이 시장주의에 반하는 주장임에도 불구하고 사회투자국가론은 시장주의지들의 개인과 사회에 대한 인식과 많이 중첩되어 있다. 바로 이 점에서 사회투자국가는 평등, 사회적 연대, 노동의 권리 등을 강조하는 사민주의 복지국가를 계승·발전시켰다고 보기 어렵다.

이 연구는 구체적인 정책분석을 통해 주요 주장의 진위를 가리는 작업을 하는 것이 아니라는 점에서 추상적인 논의로 끝날 한계를 분명히 안고 있다. 그러나 사회투자의 사회적 의미를 묻는 문제의식을 공유하는 것이 현재 특히 국내에서 무엇보다 필요하다는 점에서 이 글의 의의를 찾고자 하며 주로 논의할 대상을 다음과 같이 규정해 본다. 무엇보다 이 연구는 제3의 길의 사회투자국가론을 기든스의 개인화의 관점에서 그 주장과 함의들을 중심으로 재해석해보고, 제3의 길의 문제의식을 넓게 공유하면서 동시에 사회투자국가론의 한계를 지적해내는 논의들에 주목할 것이다.[1] 이러한 논의들을 분석하는 방법론으로서 이 글은 전체 논의의 방향을 다음과 같이 잡아본다. 전체 논의의 방향은 사회투자를 중심으로 위의 논의들을 정리하되 제3의 길의 사회투자국가와 비판적 논의들을 대비시킴으로써 사회투자국가가 과도하게 개인주의적 대응에 편향되어 있음을 부각시키는 것이다.

이러한 분석을 위해 이 글은 다음의 순서로 이루어져 있다. 우선 제3의 길의 사회투자국가론이 어떤 현실인식에 근거해서 사회투자의 중요성을 강조하고 정당화하고 있는지를 기든스의 주장과 그 주장의 함의들을 통해서 살펴본다.

특히 개인화와 사회투자와의 관계를 중심으로 살펴본다. 이어서 사회투자국가가 제시하는 개인주의적 대응의 한계를 논의한다. 이 논의는 사회투자국가적 관점이 그 개인주의적 전제로 인해 보다 넓은 의미의 복지정책의 역할을 축소해 버리고 있음을 보여줄 것이다.

이를 첫째, 사회투자를 정당화하는 조건들 둘째, 노동시장 참여 확대를 위한 복지국가 재조정의 문제를 중심으로 살펴본다. 여기서 우리는 사회투자국가가 사민주의 복지국가의 중요한 전제들과 새로운 고민들과는 거리를 두고 있음을 확인하게 될 것이다. 마지막 결론에서는 사회투자를 개인역량 강화라는 개인차원의 대응으로서보다는 한 사회 전체의 대응능력 강화라는 사회적 차원의 대응으로 확장할 필요가 있음을 이 글의 함의로 제시한다. 사회투자국가론이 말하는 사회투자를 통한 개인역량의 강화는, 결국 개인들이 시장의 '위협적' 요소들로부터 벗어날 수 있고, 이들에 '저항' 할 수 있는 사회제도적 장치들을 확보할 때에만, 경쟁, 생산성, 효율성 등의 시장주의 담론을 넘어서는 의미를

---

1) 이 입장들은 사민주의 복지국가론자들이 중시해온 기본 개념들, 즉 평등, 사회적 연대 등을 중요하게 생각하는 점에서 '새로운 사회민주주의(new social democratic)' 입장들로 묶어 볼 수 있을 것이다(Pratt, 2006).

가지게 될 것이다.

## 2. 사회투자국가의 '개인화된' 사회투자

### 1) 후기 근대사회, 개인화와 제3의 길 사회투자국가

기든스의 제3의 길은, 산업사회인 초기 근대<sup>Early Modernity</sup>에서 후기 근대<sup>Late Modernity</sup> 또는 성찰적 근대<sup>Reflexive Modernity</sup>로의 질적 변화가 근대 사회제도 (복지국가를 포함해서) 변화의 조건이 된다는 문제의식에 근거하고 있다(Beck, Giddens and Lash, 1994; Giddens and Pierson, 1998). 우리에게 익숙하게 알려진 대로, 기든스는 후기 근대의 사회적 조건들로서 지구화, 탈전통화, 개인화, 사회적 성찰성, 인위적 불확실성 등에 주목한나(Leggett, 2006: 15-17). 그런데 그동안 우 리는 기든스외 사회투자국가 논의에서 '개인화'<sup>individualization</sup>라는 사회적 조건이 어떤 중요한 함의를 가지고 있는지에 충분히 주목하지는 못했다. 그런데 바로 이 개인화라는 사회적 조건은 기든스의 사회투자국가 논의에 매우 중요한 영향을 미치고 있다.

기든스가 주목하는 것은 개인화가 후기 근대의 사회적 조건이라는 점이다. 그의 주요 저서인 『제3의 길』에서 기든스는 울리히 벡(Ulrich Beck)의 개인화 논의를 그대로 수용하고 있는데(Giddens, 1998: 36-37), 개인화는 초기 근대(즉 산업사회)의 결과물이며 계속해서 증대되고 있는 후기 근대의 사회적 조건이라는 것이다. 물론 이 개인화 개념은 경제학적 개념인, 시장에서 원자화된 개인을 전제하는 것은 아니며, 개인들이 상호작용하는 사회적 연결망 속에 놓여 있음을 전제로 한다.

그리고 개인화는 개인들 각자 자신들의 고유한 생애사^biography를 가지게
된다는 것, 즉 "개인 생애사^individual biography의 개인화"를 말한다. 기든스가
벡과 공유하는 점은 이러한 개인화가 단순히 시장제도와 시장지상주의
의 이데올로기에서 비롯된 것은 아니라고 보는 것이다. 여러 가지 근대
의 제도들, 즉 교육, 노동시장, 복지국가 등이 실제로 개인화를 확장시
켜왔다. 그런데 개인화가 진행되면서 어느 제도나 가치도 개인들의 지
속적인 소속감과 정체성(기든스에 따르면 계급적 지위와 같은 근대적
'전통'이라 할 수 있는 소속감이나 정체성)을 형성하지 못하게 된다.
따라서 초기 근대보다 후기 근대에는 훨씬 완벽하게 전통의 상실이 일
어나게 된다(Giddens, 1994a, 1994b).

　자본주의 노동시장 자체는 개인화의 추동력이 된다. 대중교육 확대
에 따른 개인들의 기회 확대, 이동성의 증대, 경쟁 강화 등의 노동시장
적 요인들은 개인 생애사의 개인화를 확대하는 주요 요인들이다(Beck
and Beck-Gernsheim, 2002: 32-33). 그런데 지구화와 같은 초지구적
변화는 국가, 계급, 민족 등으로 제한되어 있던 근대의 '전통' 또는
'경계'로부터 개인들을 해방시키면서 보다 복잡하게 개인화를 촉진시
킨다. 개인화는 노동시장에서뿐만 아니라 그리고 개인의 사적 영역(가
족과 성역할 등)에서 끊임없이 확대되었다(Giddens, 1994a: 91-107;
1994b: 184-197). 이제 개인은 주어진 것, 고정된 것이라고 믿었던 것
으로부터 벗어남으로써 더 이상 어느 지위나 역할에도 고정되지 않고
개인 공간을 무한히 확대해 가게 되었다. 이는 개인들은 "앞을 향한 결
정들"^forward-oriented decisions을 매순간마다 해야 하는(Giddens and Pierson,
1998: 115), 그래서 그러한 결정이 어떤 결과를 가져올지에 대해서 예
측할 수 없는 그러한 '불안정한 자유'^precarious freedoms를 가지게 되었음을
의미한다(Beck and Beck-Gernsheim, 2002: 2).

기든스의 개인화의 논의가 복지국가에 갖는 함의는 이렇다. 고정된 것으로 생각되었던 임금노동자로서의 삶, 특정 계급이나 계층으로서 주어졌던 삶, 그리고 그것에 근거해 예측될 수 있는 위험들을 관리하려 했던 복지국가의 시도들은 이제 더 이상 지속가능하지가 않다. 사람들은 끊임없이 노동시장에 들어오고 나가고, 직장을 옮겨 다니게 되었고, 한층 더 세분화된 영역으로 잘게 나눠진 노동시장의 지위를 가지게 되었다. 따라서 개인들에게는 산업사회에서 노동시장의 지위로부터 형성되었던 계급적 지위는 더 이상의 중요한 의미를 상실한다. 결국 국가가 앞장서서 완전고용을 목표로 일자리를 만들고, 노동자들은 집단적 정체성을 가진 정치세력으로서 자신들의 집단적 요구를 관철시키는 '과거'의 방식으로는 경제성장과 일자리 창출이 불가능해졌다 (Giddens, 1998; Giddens and Pierson, 1998).

이러한 관점에서 사민주의 복지국가는 개인화된 생애사를 지원하기 위해 설계된 것이 아니라는 점에서 표준화되고 획일적인 대응 방식으로 여겨진다. 또한 기든스가 강조하는 것은 위험들로부터 시민들을 보호해 주는 것이 아니라, 이제 개인들이 자신의 운명을 결정할 수 있는 능력을 키워주는 것, 그러한 자원들을 개인들의 손에 쥐어주는 새로운 복지국가의 역할이 중요하다는 것이다. 표준적이고 따라서 획일화된 방식으로 시민을 보호해 주는 복지국가는 개인화의 조건에 적합하지 않으며, 개인화가 가져오는 개인 영역과 자율성의 확장을 오히려 방해하게 된다.

기든스의 복지국가 패러다임은 특히 시장을 '시장 실패'를 낳을 수밖에 없는 위험요소로, 또는 사회불평등을 낳을 수밖에 없는 위험요소로만 볼 것이 아니라 능동적으로 새로운 부를 창출하고 기회를 확장할 수 있는 '조건'으로 삼을 것을 강조하고 있다. 이는 '탈산업화론'의 두 가지 갈래, 즉 지식경제에 기반을 둔 일자리 창출에 낙관적 미래를 예측하거나, 아니면 기계화, 자동화, 합리화를 통한 자본의 이윤추구가 결국 노동력의 축소와 만성적 실업으로 이어지는 비관적 미래를 예측하는 두 가지 갈래 중 보다 낙관적인 입장이다. 결국 능동적 개인이 시장의 역동성을 기회로 활용할 수 있도록 복지국가는 새로운 역할을 담당해야 한다는 것이 사회투자국가의 주요 주장이다(Giddens, 1998: 99-128).

## 2) 사회적 포섭과 개인의 인적 자본 강화

사회투자국가의 가장 막중한 임무는 시민들이 시장경제에 통합되도록 사회정책을 육성하는 것이다. 시민들을 시장경제에 통합하는 것이 바로 제3의 길 사회투자 정책이 강조하는 '사회적 포섭' social inclusion 이다. 이 '사회적 포섭' 이란 무엇인가? 사회적 포섭은 사회적으로 배제되어 있는 집단들을 주류경제로 통합하는 것이며, 이것이 이제 복지국가의 주요 임무가 된다. 즉, 사회적 배제를 사회적 포섭으로 전환하는 것이 복지국가의 임무가 된다. 이러한 사회적 포섭은 무엇보다 노동시장의 참여를 강조한다. 노동시장의 참여는 사회적 책임과 의무이며, 이러한 책임과 의무를 완수하는 것을 전제로 하여 복지제공을 보장받는다는 '복지계약주의' welfare contractualism가 성립한다. 즉, 복지계약주의는 시민으로서의 의무와 책임 완수를 조건부로 하여 국가 또는 공동체가 복지의 수혜 자격을 부여하는 것을 말한다(White, 2000; Jayasuriya, 2006: 13-14). 여기서 국가 또는 공동체는 복지계약의 준수를 위하여 시민들이 지켜야 할 책임과 의무, 즉 주요하게 노동시장 참여를 강제할 정당성을 갖게 된다. "책임 없는 권리는 없다" "no rights without responsibil-ities" (Giddens,

2000: 52; 2001a: 8, 2001b: 179)라는 주장은 이러한 복지계약주의의 핵심 내용이 된다. 책임과 의무는 시장경제로의 참여를 통해 생산적 기여를 하는 것이다. 시민들은 이러한 생산적 기여를 위해 개별적으로 인적 자본, 즉 '투자적' 능력/자산[assets]을 증대하는 데 힘써야 한다 (Jayasuriya, 2006: 17-20). 결국 국가는 시민들에게 안전한 생활 그 자체를 보장해 주는 역할보다는 구체적으로 시민들의 생산적 기여를 촉진하는 사회적 투자에 보다 힘써야 한다.

제3의 길의 문제의식에서는 이러한 사회적 포섭이 단순히 시장주의 이데올로기를 추종하는 것이 아니라 '새로운 사회적 위험'과 인위적 불확실성이 증대되는 근대 후기사회에 조응할 수 있는 방법이 된다. 개인주의가 확산되고, 매우 복잡하고, 새로운 위험의 크기를 가늠하거나 예측하기 어려운 시대에 국가와 공동체는 이제 더 이상 시민들을 확실하게 보호해 줄 수 있는 방법을 가지고 있지 못하다. 따라서 국가 또는 공동체는 개인들이 이러한 매우 불안하고 복잡한 시대에 적응할 수 있는 '수단'을 획득할 수 있도록 도와야 한다. 역으로 개인은 바로 시대 변화에 적응할 수 있는 자기 능력을 지속적으로 개발하는 것을 사회적 의무이자 기여로 수용해야 한다. 이제 공적인 복지에 '의존'하지 않고 독립적으로 생산적 기여에 참여하는 것이 시민의 의무와 책임이 된다. 여기서 바로 국가 또는 공동체와 시민 사이에 '상호주의'[reciprocity]가 성립한다(White, 2000: 512-513). 단순히 저소득층의 복지수급자만이 아니라 모든 시민은 이러한 상호주의에 근거하여 사회적 참여와 공동체로부터의 지원을 확보해야 한다. 대신 국가와 공동체는 개인들에게 사회적 참여를 가능하게 하는 자원을 제공해야 하며 개인들의 참여의 기회가 확대되도록 지식기반경제의 저변을 확대해가야 한다. 즉, 국가와 공동체는 복지정책의 목표를 "안전한 생활의 보장"에 둘 것이 아니라,

복지에 의존하고 살지 않도록 개인들이 활용할 사회적 자원과 기회를 확대하고 실제로 그러한 자원과 기회를 활용할 수 있도록 개인들의 능력을 증진시키는 데 그 힘을 집중해야 한다.

## 3) 사회적 배제의 개인 선택의 기제와 소득보장국가의 부작용

기든스가 특히 주목하는 것은 사람들이 노동시장으로부터 배제되는 심리적 기제, 그리고 배제에서 오는 개인 독립성의 상실 등이다. 사회적 배제를 경험할 위험성의 증대와 배제에서 탈출하기 어려운 층의 확대를 복지국가가 어떻게 해결할 것인가가 그에게는 주요한 이슈로 던져진다. 따라서 지금까지 사민주의 복지국가의 주요 목표로 여겨졌던 사회적 연대와 평등의 문제를 전면에 내세우지 않고 그는 사회적 배제의 문제를 가장 중요한 이슈로 주목한다. 사회적 배제의 주요 원인은 실업과 빈곤이라는 점에는 이의가 없을 것이다. 그런데 기든스는 실업과 빈곤이 직접적으로 사회적 배제로 이어진다고 보지 않고, 복지국가의 수동성 때문에 실업과 빈곤이 사회적 배제로 이어진다고 본다. 사회적 배제는 어떤 일시적인 실업이나 빈곤으로부터 빚어지는 것이 아니라 그러한 상황에 고착되는 심리적 기제에서 비롯되며, 그것을 부추기는 것은 역설적으로 빈곤자를 돕겠다는 복지프로그램 때문이기도 하다. 빈곤자를 돕고, 경제적 불평등의 문제에 관심을 기울이는 것은 '올바른' 일이지만, '수동적'으로 소득을 보전하거나 보충해 주는 일은 개인과 사회에 결국 부정적인 결과를 가져온다. 이런 점에서 기든스는 노동시장 참여를 사회적 책임으로 부여하지 않는 소득보전과 보충을 위한 프로그램 개혁을 강하게 요구한다. 연금이나 실업급여, 보조금 형식의 프로그램들이 사회적 배제를 부추기고 있다는 것이다. 이런 점에서 그는 사회적 배제를 사회적 포섭으로 바꿀 수 있는 일대 복지개혁이 필요하다고 강변하고 있다. 이것이 기든스에게는 평등의 문제를 새롭게 바라보는 방식이다(Giddens, 1998: 99-128).

기든스가 주목하는 것은 불평등이 사라졌다는 것이 아니라 불평등을 낳는 메커니즘이 바뀌었다는 것이며, 불평등 자체가 더 이상 문제가 아니라는 것보다는 불평등이 사회배제로 이어지는 사회적 조건과 메커니즘이다. 기든스도 개인화 등의 후기 근대의 사회적 조건은 사실상 불평등을 종결시키기기보다 확장시키는 경향을 갖는다고 본다. 더욱이 그는 시장만능주의가 이러한 불평등을 더욱 확장하고 고착시킬 수 있음을 잘 알고 있다. 그러나 기든스가 가장 주목하는 것은 불평등의 모습이 사회적 배제로 나타난다는 사실, 그리고 사회적 배제를 고착시키는 메커니즘을 방지하는 방법이다. 기든스는 일단, 시장의 불평등(또는 노동시장의 지위, 또는 노동시장의 지위에 근거한 계급적 지위의 불평등)이 사회적 배제로 이어시는 직집적인 경로를 인정하지는 않는다. 실업과 빈곤이 사회적 배제로 이어지는 것은 실업과 빈곤을 발생시키는 사회체계의 구조적 속성(자본주의, 시장, 계급 등) 때문이 아니다. 수많은 개인의 선택들이 실업과 빈곤이 사회적 배제로 이어지는 중간에 놓여 있다. 가령 이혼과 여성빈곤의 관계도 이러한 개인의 선택의 문제와 긴밀한 관계를 가진다고 할 수 있다. 여성들이 이혼을 ‘선택’ 할 수 있다는 것이 여성들의 빈곤을 증가시킬 수 있는 조건이 되었다. 그런데 문제는 이러한 개인의 선택과 결정이 실업과 빈곤을 거쳐 사회적 배제로 연결되는 데에는 관대한 복지국가가 사실상 기여를 한다는 것이다. 수많은 개인의 선택과 결정은 개인화의 전반적인 추세에서 불가피하거나 ‘정당한’ 것이지만, 그로 인해 사회적 불평등이 사실상 증가할 가능성이 커졌다. 그런데 사회불평등의 증가 자체가 문제가 되는 것은 아니다. 문제는 소득보장에 초점을 맞춘 복지국가프로그램이 노동시장 참여에 대한 동기를 약화시켜 도덕적 해이의 심리적 기제를 강화하고, 개인들을 이러한 상황에 '적응' 시켜 버림으로써 불평등이 사회적 배제로 고착된다는 데 있다(Giddens, 1998: 99-128). 결국 시장이 아니라 사실상 복지국가가 부정적인 역할을 하는 셈이다.

기든스의 사회투자국가에서 개인에 대한 사회투자가 강조되고 있는 것은 개인화를 복지국가 전환에 핵심적인 사회적 조건으로 보고 있기 때문이다. 개인 단위의 투자가 강조되는 것은, 사회투자가 경쟁사회에서 개인들이 도태되지 않도록 경쟁력을 향상시키는 것을 목표로 하고 있다는 점을 말해준다. 개인 경쟁력을 강화하는 것은 자유주의 경제의 시장법칙을 옹호하는 여러 입장들이 지금껏 강조해 온 것이지만 기든스는 이것을 개인화를 통해 정당화하고 있다. 다음에 이어지는 논의는 사회투자국가론이 사회투자를 개인 단위에 맞추고 있기 때문에 '개인 경쟁력 강화' 라는 복지의 투자적 측면을 과도하게 강조하게 되었으며, 또한 투자적 성격으로부터 벗어나 있는 보편적 복지를 수용하지 못한다는 것을 보다 분명하게 보여주고자 한다. 그렇기 때문에 사회투자국가의 사회투자가 넓은 의미의 복지정책의 목표를 포괄할 수도 있다는 옹호론자들의 입장에 동의하기 어렵다. 이러한 사회투자국가의 제한성을 첫째, 사회투자를 정당화하는 조건들 둘째, 노동시장 참여 확대를 위한 복지국가 재조정의 문제를 중심으로 논의해 보고자 한다.

## 3. 사회투자국가의 개인화된 사회투자의 제한성

### 1) 사회투자를 정당화하는 조건들

**(1) 개인 기회의 확장에서 경제적 불평등 해소의 적극적 역할 간과**

사회투자국가의 상호주의는 노동의 '의무'를 강조하며, 복지는 노동 시장에 참여하는 데 필요한 자원으로서의 사회투자여야 함을 강조한다. 복지는 어떤 시민권적 권리가 아니라 노동의 의무를 실행하는 데 필요한 '자원'이 되는 것이다. 시민은 자신의 의무와 책임을 다하며 공동체는 시민에게 복지를 제공하는 것 사이에서 상호주의가 성립하게 된다. 사회투자국가는 이 상호주의를 성립시키는 조건으로 사회투자를 통한 개인의 기회확장을 제시한다(Giddens, 2000: 49, 53; 2001b: 180). 즉, 개인들에게 확장되는 기회의 평등이 상호주의를 성립시키게 된다. 그렇다면 개인기회의 확장과 기회의 평등은 어떻게 확보될 수 있는 것인가? 사회투자만으로 충분한 것인가? "그렇지 않다"는 것이 경제적 시민권<sup>economic citizenship</sup>의 정당성을 강조하는 논자들의 입장이다(White, 2000, 2003a, 2003b, 2004).

경제적 시민권 옹호의 입장에서 기든스의 제3의 길의 상호주의에 대해 체계적으로 비판하고 있는 스튜어트 화이트<sup>Stuart White</sup>의 논의는 기회의 평등을 근본적으로 다른 각도로 바라볼 것을 제안한다. 화이트는 기회의 평등은 '적극적인 기회의 평등'이어야 한다고 보며, 적극적인 기회의 평등을 위해서는 재분배의 문제와 경제적 불평등의 문제를 먼저 해결해야 한다고 주장한다. 따라서 기회의 (양적) 확대를 기회의 평등으로 제한적으로 본다면 상호주의가 성립하기 어렵다는 것이 화이트의 주장이다. 그렇다면 적극적인 기회의 평등을 어떻게 확보할 것인가?

자유주의적 평등주의자인 화이트의 관점(White, 2003b)은 재분배의 조건과 불평등의 완화가 바로 적극적 기회의 평등을 제공하는 전제가 되며 그것이 '정당한' 상호주의를 성립시키게 된다는 것이다. 화이트에 따르면, 사람들은 전적으로 이기적이거나 전적으로 이타적이지 않으며 조건부적인 협조자conditional co-operators이며, 상대도 나랑 같이 의무와 책임을 다 하리라는 신뢰를 바탕으로 하여 자신의 의무와 책임을 다하게 된다(White, 2000: 514). 이러한 조건부적인 신뢰에 토대를 두고 있는 개인들은 자신들의 의무와 책임을 다하기 위해 공동체의 지원을 필요로 한다. 국가 또는 공동체는 무조건적으로 최소한의 소득에 대한 권리를 보장할 필요는 없지만, 적절한 정도의 최소한의 소득을 얻도록 해 주는 '정당한 방법'reasonable access에 대한 보편적인 권리universal right를 보장해 주어야 한다. 또한 그러한 정당한 방법들에 대한 권리가 무조건적으로 주어지는 것이 아니라 개인적 노력으로, 그러나 과도하게 어렵지 않은 방법으로without unreasonable effort 획득되어야 한다(ibid.: 510-511).

좀 더 구체적으로 화이트는 권리와 책임의 상호주의가 작동하기 위해서는 반드시 다음 몇 가지의 '문지방 분배 조건들'some threshold distributional conditions이 먼저 충족되어야 한다고 주장한다. 이러한 조건들을 화이트는 아직은 '직관적인'intuitive 조건으로만 제시하고 있다. 그는 어떤 구체적인 정책들이 이러한 직관적 조건들을 충족시킬 것인가는 토론의 대상이 되어야 한다고 본다. 그러나 이는 분명 기회의 평등을 적극적으로 생각하게 한다. 즉, 이는 높은 수준의 문지방 평등의 조건을 충족시키기 위해서 어떤 노력이 필요한지 고민할 것을 촉구한다(ibid.: 515).

첫째, 시민들은 최소한의 '생산적 참여'에 대해서 온당한decent 수준의 사회적 생산물social product을 공유할 수 있어야 한다. 둘째, 생산적 참여를 할 수 있도록, 그리고 생산적 참여를 하는 데 있어서, 시민들에게 온당한 수준의 기회가 보장되어야 한다. 셋째, 생산적 참여의 다양한 유형에 대해서 동등한<sup>equitable</sup>(똑같이는 아니지만) 대우를 해 주어야 한다. 여기서 생산적 참여는 반드시 시장경제로의 참여만을 의미하지는 않을 수 있다. 생산적인 서비스를 제공하는 돌봄제공자에 대해서도 동등한 대우가 필요하다. 넷째, 모든 생산가능한 시민들<sup>all productive capable citizens</sup>은 보편적으로 생산적 참여의 의무를 수행해야 한다. 이는 부유층/상류계급처럼 스스로를 사회적으로 배제시킨 집단에게 '생산적 의무'를 지우는 것까지 포함하고 있다(ibid.: 515).

사회투자국가는 개인 단위의 인적 자본 축적을 강조하면서 사회 불평등을 사회구조의 문제로 보지 않고 개인선택의 복잡한 기제의 결과로 본다. 이런 관점에서는 사회투자국가의 사회투자 정책이 개인기회의 확장을 내세워 재분배와 평등의 조건들을 협소화할 가능성이 다분히 크다. 그렇게 되는 정도에 따라서 제3의 길의 상호주의는 그 정당성을 상실하게 된다. 기회의 확대가 양적인 의미의 확대, 그리고 '이느 정도로만' 부여되는 기회의 확대로만 규정되면 될수록 생산적 기여에 대한 시민의 의무와 책임을 강조하는 상호주의는 그 정당성이 인정되기 어렵다. 그것은 단지 시민의 의무와 책임을 '도덕적 규범'으로 강제하는 것에 불과하다(Morrison, 2004: 175).

### (2) 개인 역량 형성<sup>capacity building</sup>의 사회적 의미/목표의 모호성

사회투자국가는 개인의 능력을 향상시켜주는 유용한 수단으로서의 복지를 강조하는데, 사회투자로서의 복지는 개인들에게 평등보다는 기회를 부여하며 개인의 역량을 형성시켜 변화하는 현실에 적응할 수 있도록, 더 나아가 사회에 생산적 기여를 할 수 있도록 돕게 된다. 이렇게 사회투자국가가 사회투자를 통해 개인의 역량 형성에 기여하고자 하는 시도는 높이 평가할 수 있을 것이다. 역량의 형성은 자신의 삶을 자신이 선택할 수 있는 능력을 증진시킬 수 있고, 그러한 능력을 증진시키는 만큼 개인의 자유와 자율성autonomy을 증진시킬 수 있기 때문이다. 그러나 어떤 조건에서 개인의 역량이 경제적 물질을 추구하는 어떤 능력이 아니라 개인의 자유 또는 자율성을 증대시키는 역량으로 이어질 수 있는가라는 의문이 제기될 수 있다(Jayasuriya, 2006). 시장경제에서 도태될 위험이 큰 개인들이 적절한 기술교육과 평생학습을 보장받아 시장경제에 다시 적응할 수 있게 되는 것은 중요하다. 그러나 각 개인이 시장경제에 적응하고 주어진 의무와 책임을 완수하는 것만이 아니라, 개인들이 자신의 가치관에 따라 삶을 살아갈 수 있도록 자신의 선택지를 실제로 확장할 수 있는 조건을 어떻게 보장할 수 있을 것인가도 같이 고려될 문제이다.

그렇다면 사회투자국가의 복지계약주의는 어떤 점에서 문제인가? 무엇보다 개인자율성의 증진이 목표로 하는 것이 무엇인가에 대한 답변이 부족하다는 것이다. 개인자율성 증진의 목표는 분명 개인들의 협상능력, 즉 개인의 선택의 자유, 그리고 자신의 가치관에 따라 살아갈 수 있는 자유를 '제약' 하는 것을 넘어서는 것이 되어야 한다. 각 개인들은 주어진 의무와 책임을 완수하는 것만이 아니라, 모두에게 다양한 선택의 '범위' (한 가지 선택만이 아니라)가 정당하게 보장될 수 있는 조건을 확보하기 위해 정치적 의사결정에 영향력을 행사할 수 있는 능력을 동시에 배양해야 한다. 공동체의 가치 형성과 개인 선택의 범위 확장에 정치적으로 참여하는 과정 없이는 역량 형성을 위한 사회정책들은 사회적 위험에 대처하는 매우 기술공학적인 방법이 되고 말 것이다. 그리고 이러한 경우 사회문제 해결을 위한 기술공학적 방법들을 도덕적 규범으로 개인들에게 강제하는 권위주의적 정치행위도 쉽게 나타날 수 있다(ibid., 2006). 따라서 국가나 공동체는 사회적으로 배제된 자들의 문제를 관리하는 것 이상의 정치적 기획을 가져야 한다. 즉, 시장경제에서 도태될 위험이 큰 개인들이 시장경제에 적응할 수 있도록 적절한 기술을 교육하고 평생학습을 보장하는 것 이상을 고민해야 한다. 동시에 또는 더 중요한 것은 사회적 불평등과 빈곤이, 공동체적 가치를 생산하는 데에 개인들이 자율적으로 참여하고 자기 자신의 뜻에 따라 자율적으로 자기 삶을 선택하는 것을 어떻게 제약하는가를 묻고 논쟁하는 것이다(Leggett, 2006). 현대사회에서 점점 더 늘어나는 새로운 위험들은 개인주의적인 방식으로 개별적 적응능력의 증대를 통해서 해결할 수 있기도 하지만, 사회투자국가의 해결책과는 달리, 오히려 집단적으로 불확실성에 대응하는 방편을 찾아야 할 것을 더 요구하고 있다(Pratt, 2006: 39-40).

복지는 개인역량 형성의 수단이나 자원이기도 하지만 사회공동체의 정치적 기획에 참여하는 데 필요한 '정치적' 자원이 될 수 있다. 이 말은 복지국가가 개인역량 형성을 통해 사회에 생산적으로 참여할 수 있도록 개인들을 지원하는 것뿐만 아니라 시민들이 정치적으로 참여를 할 수 있는 조건을 마련해 줄 수 있다는 것을 말한다. 복지에 대한 '투자'를 개인들이 일자리를 갖고 안정된 소득을 유지하도록 돕는 것으로 제한할 필요는 없을 것이다. 복지에 대한 '투자'는 시민들의 정치참여를 제고하기 위해서 적절한 경제적 안정을 '보장'하는 것까지 포함할 수 있는 것이다. 정치사회적 참여는 참여자들의 협상을 통해 개인들의 선택지를 더욱 넓혀 나갈 수 있는 사회적 대응방식을 모색할 수 있게 한다(King and Waldron, 1988). 그렇다면 우리는 복지제공을 고용가능성 제고를 위한 자원과 수단으로 만족할 것이 아니라 민주주의 정치의 기본 전제로서, 공동체가 개인들에게 부여해야 하는 기본적인 권리라는 점을 분명하게 요구하고 방어해야 한다. 복지제공의 시민권적 권리를 분명하게 방어하는 것은 사회투자국가적 관점이 제시하는 것보다 넓은 의미의 복지제공의 필요성을 지지하는 것을 의미한다.

## 2) 노동시장 참여 확대를 위한 복지국가 재조정

사회투자국가의 '사회적 포섭'은 사회적으로 배제되어 있는 집단들과 개인들을 주류경제로 통합하는 것을 목표로 하고 있다. 이 사회적으로 배제되어 있는 아웃사이더들은 무엇보다 노동시장과의 연계성이 약한 집단들이다. 불안정하게 고용되어 있거나 실업 상태에 있거나, 아이나 노약자를 돌보고 있는 사람들 모두 노동시장 밖에 있거나 노동시장과 약하게 연결되어 있다. 사회투자국가는 사회적 배제의 개인 선택 기제와 소득보장국가의 부작용에 주목하면서 복지국가를 '사회적 배제의 해소'라는 기준으로 전면적으로 재조정할 것을 요구한다. 그런데 이 지점에서 좀 더 분명히 해야 할 것은 노동의 권리 강화와 보편적 복지를 목표로 해 온 사민주의 복지국가를 어디까지 재조정할 것인가이다. 개인화의 사회적 조건이 사민주의 복지국가를 사회투자국가에 맞춰 전면 재조정하게 만든다고 말할 수 있는가? 그것이 아니라면 사민주의 복지국가를 전면 재조정할 충분한 근거는 아직까지 없다고 할 수 있다.

서구 복지국가에서 나타나는 사회적 배제의 문제에 소위 '새로운 사회적 위험' 요인들이 큰 영향을 미치고 있음은 주지의 사실이다. 새로운 사회적 위험은 노동시장의 변화, 그리고 가족과 성역할의 변화라는 두 축이 중심이 되어 파생시키는 위험으로 볼 수 있다. 우선 노동시장의 변화가 초래하는 사회적 위험은 지구화, 정보화에 따른 산업구조의 변화로 저학력/저숙련 노동자, 그리고 장기실업자들이 노동시장으로부터 '완전히 퇴출' 될 위험이 매우 커졌다는 것을 의미한다. 다른 한편 가족/성역할의 변화는 가정과 일의 조화가 절실해지면서도 이를 실현하기가 어려워진 개인들을 사회적 배제로 몰고 갈 위험을 증대시킨다 (Taylor-Gooby ed., 2004). 바로 이러한 새로운 사회적 위험들이 서구 복지국가의 재조정에 큰 영향을 미치고 있음은 분명하다. 즉, 새로운 사회적 위험에 대한 대응은 안정된 고용이 보장되었던 대규모 남성 산업노동자들의 생애주기에 근거한 복지국가프로그램의 변화를 요구하고 있다. 어떻게 고용기회를 확대하고 노동시장 참여를 제고할 것인가? 동시에 어떻게 가족 복지기능의 한계에 대응해서 가정과 일의 조화를 실현할 수 있을 것인가? 가장 중요한 것 중의 하나는 바로 고용(고용 가능성)과 복지정책의 관계를 새롭게 모색해야 한다는 것이다(Esping-Andersen, 2002).

　새로운 사회적 위험의 증가 속에서 한층 고용의 중요성이 강조되면서, 새로운 사회적 위험에 대응하기 위해 노동시장 참여를 제고하는 사회정책들(근로연계복지, 활성화 정책, 적극적 노동시장 정책 무엇이라고 부르든)이 이전 시기보다 훨씬 주목받게 되었다. 따라서 조기은퇴 대신에 은퇴연령을 연장하거나, 장애수당이나 실업급여를 통해 노동시장 탈퇴자들의 소득을 보전하는 것이 아니라 적극적 노동시장 정책을 통해 이들이 노동시장에 계속 남아있도록 지원하는 것, 노동시장의 유연화를 통해서 여성고용률을 제고하고 동시에 아동보육의 가족부담을 사회적으로 지원하는 것 등의 많은 정책들이 논의되어 왔다. 물론 새로운 사회적 위험에 대응하는 방식은 복지국가의 축소나 해체로만 나타나지 않았으며, 에스핑-안데르센의 유형론을 빌리면 이는 복지체제별로 달리 나타나고 있을 뿐이다(김태성 · 류진석 · 안상훈, 2005; Esping-Andersen ed., 1997; Esping-Andersen, 1999; Talyor-

Gooby ed., 2004).

사회투자국가에 대한 사민주의 복지국가론의 비판은 사회투자국가가 사회투자를 좁은 의미로 제한적으로 사용하고 있다는 것이다 (Esping-Andersen, 2002). 직접적으로 노동시장의 참여율을 제고하는 사회정책만을 사회투자로 볼 것이 아니라 보다 넓은 의미로 양질의 노동력이 재생산될 수 있도록 지원하는 정책들에 대한 사회지출을 사회투자로 볼 필요성을 말하고 있다(김영순, 2007). 그런 점에서 사민주의 복지국가와 사회투자국가의 차별성은 '노동의 권리'를 적극적으로 인정하느냐 아니냐에 있다. 사민주의 복지국가는 노동의 권리를 훨씬 적극적으로 인정하고 있으며, 그래서 적극적으로 임금노동자의 노동권을 보호하는 정책을 유지해 나가면서 노동의 권리를 모든 사회성원들에게 확대·강화해 나가고 있다. 복지는 이러한 노동의 권리를 적극적으로 지원해 줄 수 있는 보편적 방법이다. 70년대 이후 북구 유럽의 임금노동의 점진적인 확장은 상당부분 공공부문 서비스 경제의 일자리 창출에 의해 가능했던 것인데, 이 공공서비스 부문의 일자리가 여성들의 노동시장 참여를 촉진했고, 여성들의 노동시장 참여 확대를 위해 다양한 여성친화적 정책들이 적극적으로 추진됨으로써 노동의 권리가 여성들에게 실제로 확대될 수 있었다.

따라서 복지정책 변화의 관건은 노동의 권리를 강화하는 데 있어 어떤 재조정이 필요한가에 있다. 남녀 모두에게 노동의 권리를 강화하고 확장하기 위해서는 안정된 고용이 보장되었던 대규모 남성 산업노동자들의 생애주기에 근거한 복지국가프로그램의 변화가 요구되는 것은 사실이다. 북유럽의 임금노동 확장은 사민주의 복지국가 모델을 전제로 하고 있으나 이 전략은 남성임금노동 중심으로부터 근본적으로 탈피하는 것, 개인의 삶과 노동시장 경력의 상호 전환을 적극적으로 고려할 것, 기술훈련과 교육기회를 확장할 것, 좋은 일자리를 방어 · 확대 할 것 등의 지속적인 변화를 위한 과제를 안고 있다(Wilson, 2004: 156-157). 이러한 과제를 국가, 자본, 노동의 주요 사회 행위자들의 합의를 통해서 추진하자는 것이다(Gough, 2000).

이러한 노동의 권리 강화와 복지국가의 재조정은 사회투자국가론의 강조점과 대비될 수밖에 없다. 복지제도들의 재조정은 필요하지만, 보다 직접적으로 고용가능성을 제고하는 사회투자로서의 '적극적 복지'가 사회투자와 직접적으로 연관되어 있지 않은 '소극적 복지'를 전반적으로 대체함으로써 복지의 공적 역할이 축소될 필요는 없다. 사회투자는 넓은 의미의 보편적 복지의 확대와 상호 배타적인 것이 아니면서도 강조될 수 있다. 북구 유럽 사민주의 복지국가모델은 보편적 복지를 실현하면서도 사실상 교육과 훈련 등의 인적 자본 투자를 강조해 왔음은 너무나 분명하기 때문이다. 북구 유럽이 소득보장정책에만 집중하기 보다는 고용창출에 결정적인 공공부문의 사회서비스를 강화해 온 것은 고용창출이라는 복지국가의 사회투자적 성격을 강화하면서도 여성들의 노동의 권리를 확대하고 사회서비스의 보편성을 강화하는 데에도 기여할 수 있었다.

결국 중요한 변화의 방향은 개별 정책들이 그 적용의 보편성을 더욱 확보하고 노동의 권리를 강화하는 데 얼마나 기여하는가를 기준으로 하여 기존의 정책들을 재조정하는 것이다. 고용확대와 노동시장 참여를 제고시키기 위한 사회투자를 확대하는 정책들을 보다 적극적으로 추진하는 한편 재조정의 방향은 고용안정성이 높은 집단에 유리한 복지국가 프로그램들의 경직성을 수정하는 것이다. 왜냐면 여성이나 젊은층 등 기존의 노동시장에 안정적으로 통합되어 있지 않았던, 즉 노동시장 연계가 약한 집단들은 이러한 프로그램들로부터 배제되기 쉬운 처지에 놓여 있기 때문이다. 따라서 그러한 경직성의 문제를 해소해야한다. 바로 소득이전프로그램들의 경직성의 문제에 주목해야 하는 이유가 여기에 있다. 그러나 소득이전프로그램 자체가 그 속성상 꼭 경직성의 문제를 가지는 것으로 볼 필요는 없다. 문제는 얼마나 이 프로그램들이 고용안정성이 상대적으로 낮은(낮았던) 개인들까지도 '적절하게'('적절하게'라는 것이 매우 중요하다) 통합할 수 있는가이다. 서구 사회보장제도의 운영방식을 비교해 보면, 계층화되어 있지 않고 보편주의 원리에 기초해 운영되는 소득이전프로그램들이 아웃사이더들을 효율적으로 통합하면서도 세대간(신구갈등), 그리고 계층간(빈부갈등)의 형평성을 상대적으로 잘 확보하고 동시에 소득이전프로그램의 재정적 압박도 보다 쉽게 해소할 수 있다는 진단들도 분명 존재한다(Lynch, 2006). 보편적 프로그램은 안정적 고용 확보가 어려운 집단들이 신빈곤층으로 전락하는 것을 예방할 수 있으며 이러한 조건이 확보될 때 이들은 사회투자 정책을 통해 노동할 수 있는 권리를 보다 적극적으로 실현할 수 있기도 한 것이다.

기든스는 기존의 사민주의 복지국가가 개인화된 사회에 잘 대응하지못한다고 말한다. 그러나 이러한 판단은 과거의 어떤 정체된 형태의 사민주의를 현재의 사민주의 복지국가라고 보는 인식에서 비롯되었다. 뭔가 고정불변의, 제2차 세계대전 이후 케인스주의적 복지국가를 가능하게 했던, 다시 말해 특수한 역사적 조건 속에서 가능했던 복지국가를 옹호하는 입장을 사민주의로 규정해 놓으면서, 사회투자국가가 그러한 정체된 사민주의를 버리고 새로운 방식으로 이를 계승·발전시킬수 있다고 보고 있다(Leggett, 2006). 그러나 국가별로 편차가 있지만, 사민주의 국가들은 글로벌 경제화, 탈산업화, 인구구조 변화와 젠더관계 변화에 점진적으로 적응해 왔다고 볼 수 있다. 다시 말해서 이미 오늘날 사민주의 국가들은 기든스가 비판하는 그런 국가가 아니었다. 결국 기든스의 사회투자국가는 개인화의 사회적 조건에 편향되어 있는 특정한 복지국가의 길을 제시하고 있는 셈이다.

## 4. 결론

이 글은 제3의 길의 사회투자국가 패러다임이 개인화라는 후기 근대의 조건을 적극적으로 반영하고 있음에 주목해 보았다. 시장이냐 국가냐라는 이분법적 논의가 더 이상 의미 있는 것이 아니라는 기든스의 문제제기는 개인화를 어떻게 복지국가 패러다임으로 수용할 수 있을 것인가라는 고민과 연결된다. 시장이나 국가라는 제도적 행위자가 근대 산업사회의 주요 행위자였으나, 후기 근대사회에서는 개인들이 궁극적으로 사회변동의 핵심 행위자가 된다는 기든스의 성찰은 그의 복지국가 패러다임의 전환 논의에 영향을 미치고 있다. 근본적으로 이제 복지국가는 불평등을 해소하거나 사회연대를 유지 · 강화하는 데 목적을 두어서는 안 되며, 개인의 책임을 전제로 한 개인의 능동적 자기실현을 지지하는 데 보다 적극적으로 그 사명을 다해야 한다는 것이 사회투자국가 패러다임 전환을 주장하는 이유다. 따라서 개인화된 사회투자가 무엇보다 전면에 부각되고 있다. 기든스는 적어도 지금까지의 사민주의 복지국가는 개인화가 확장되는 후기 근대사회의 사회구조적 변화와는 긴장과 갈등 관계를 가지고 있다고 바라본다. 사실상 개인화되는 현대인의 삶을 어떻게 새로운 방식으로 복지국가가 수용할 것인가에 대해 기든스는 중요한 문제를 던지고 있다. 서구 사민주의 복지국가가 동질적인 노동자들의 노동운동의 응집력과 조직 자원에 의해서 발전되어

왔다면, 분명 현 서구 자본주의 단계에서는 이전과 같은 수준의 노동운동의 응집력을 유지하기 어렵고 노동계급도 이질적 집단으로 계층화되어 있다(Furaker, 2005). 기든스가 잘 지적하고 있듯이 개인화의 의의와 그것이 사회제도에 미치는 영향력은 복지국가 패러다임의 전환에서도 분명 적극적으로 고려되어야 한다. 그리고 실제로 이것은 서구복지국가 변화에 큰 영향을 미치고 있다. 가령 성역할의 변화, 가족구조의 변화, 인구학적 변화 등은 분명 개인화의 요소를 강화시키고 있으며 개인 생애주기의 변화에 따른 욕구와 필요를 사회제도에 적극적으로 반영하지 않을 수 없게 만들고 있다. 서구유럽의 새로운 사회적 위험에 대한 복지국가 논의들은 바로 이러한 개인화의 논의와 밀접히 연관되어 있다(Taylor-Gooby ed., 2004).

사민주의 복지국가 모델을 넘어서는 미래의 복지국가를 어떻게 실현해 나갈 것인가에 대해서는 무수한 논의들이 진행 중이나 이 글에서는 다루지 못했다(미야모토 타로, 2004: 267-292). 기든스의 사회투자국가는 그러한 논의들 중의 하나이다. 이 연구는 그러한 논의들 중 하나인 사회투자국가를 기든스의 개인화의 관점에서 살펴보았다. 사회투자국가로서의 복지국가는 소득보장보다는 사회서비스의 확대, 적극적 노동시장 정책의 확장에 주목하고 있다. 그리고 보다 중요한 것은 그러한 정책 전환이 개인들의 능동적인 자기실현과 사회참여를 할 수 있도록 돕는 것, 개인들은 그러한 변화에 적극적으로 참여하려는 책임과 의무감을 가지는 것이다. 사회투자국가 패러다임은 재분배적 평등이 아닌 기회의 평등을 복지국가의 목표로 보며, 시장의 역동성을 개인 능력을 발현할 수 있는 주요한 기회로 본다는 점에서 분명 사민주의 복지국가 패러다임과 다르다. 개인화의 사회조건을 적극적으로 고려하고 있는 사회투자국가는, 개인 단위의 사회투자를 사회투자국가의 '장점'

으로 내세우게 되고, 경제적 불평등을 적극적으로 해소하고 노동의 권리를 강화하고 보편적 복지를 확대하려는 사민주의 복지국가의 목표로부터 벗어나게 된다. 그런 점에서 개인화된 사회투자의 목표는 개인화의 조건에 결국 '편향' 되어 있다.

복지는 개인의 책임이면서 동시에 분명 사회연대의 문제이기도 하다. 사회투자국가는 전자를 강조하면서 후자의 문제를 정면에서 다루지 않고 있다. 사회연대의 문제에서 무엇보다 중요한 것은 역시 자본주의 시장질서와 이로 인한 불평등의 문제이다. 개인역량 형성과 이를 통한 노동시장참여는 사회투자국가의 매우 중요한 정책 목표이다. 그러나 사회투자국가는 자본주의 시장경제로의 통합을 말하고 있지만, 개인들이 동시에 어떻게 시장질서의 '횡포' 에 저항할 수 있는가는 별로 언급하지 않는다. 물론 '시장' 이라는 제도가 착취와 불평등이라는 부정적인 측면하고만 연결되는 것은 아니다. 하지만 기든스와 많은 부분을 공유하는 울리히 벡과 같은 후기 근대론지의 관점으로 볼 때도, 특히 글로벌 자본은 사회양극화, 주변화된 노동을 낳고(Beck and Beck-Gernsheim, 2002: xxiii), 자본주의와 결합된 과학과 테크놀로지는 지구적 재난과 같은 지구적 위험을 "거대한 사업거리" 로 활용하고 있다(울리히 벡, 1997: 58). 사실상 기든스가 언급하고 있는 후기 근대의 상호의존적 존재로서의 개인의 삶을 위협하는 것 중의 하나는 시장주의이며 시장주의는 개인화와 함께 더욱 더 확장된다. 이는 기든스의 여러 저작에서도 계속 언급되고 있다. 따라서 사회투자국가론의 지적대로, 시장의 부정적 측면이 아니라 이의 역동성을 인정하고 이를 어떻게 능동적 기회로 삼을 수 있는가라는 문제가 복지국가 패러다임 전환에서 중요하지만, 시장만능주의에 개인들이 지속적으로 대항할 수 있는 주요 무기는 무엇인지에 대한 고민은 시장의 역동성을 적극적으로 활용하기 위해서도 여전히 남아있는 과제이다. 그러나 기든스의 사회투자국가 논의에서는 시장주의에 적극적으로 저항할만한 방법이 제시되어 있지 않다. 시장과 불평등의 문제를 개인화의 관점에서 새롭게 보는 사회투자국가는 분명 개인화와 개인의 자율성을 적극적으로 수용할 수 여지를 주고 있지만, 그의 복지국가 패러다임은 과연 개인들이 '시장화'로부터 어떻게 적극적으로 벗어날 수 있는가에 대해서 분명하지 않다. 오히려 노동시장의 개인은 더욱 시장질서를 수용하고 개별화된다. 그렇다면 그의 '신좌파' 기획이 새로운 버전의 신자유주의 패러다임과 일치한다는 평가는 이데올로기적 평가만이 아니라 타당한 근거도 가지고 있는 셈이다. 제3의 길의 복지국가 패러다임이 근대 복지국가의 생산주의의 새로운 대안이라기보다는 오히려 "생산주의적 방식으로 사회정책을 재정립하려는" 분명한 목적을 가지고 있다는 지적도 이런 맥락에서 이해할 수 있다(Lister, 2003: 430).

개인들이 적절하게 시장질서로부터 벗어날 수 있는 길을 확보할 수 없다면, 사회투자는 개인들을 시장질서로 통합하는 것만을 보여줄 뿐이다. 그러나 개인들이 적절한 수준에서 시장질서로부터 벗어날 수 있는 사회적 안전망을 확보하는 것은 기든스가 바라는 바로 개인자율성을 확장할 수 있는 전제조건이다. 사회적 안전망이라는 것은, 화이트(White, 2000)가 말하는 '문지방 분배 수준'으로만 말하더라도, "과도하게 힘들이지 않고도 최소한의 적절한 소득을 확보하는 방법들에 대한 보편적인 권리"를 얻을 수 있을 때 가능한 것이다. 이러한 '안전' security 위에서 개인들은 복잡사회에서 제기되는 무수한 위험들에 도전·대응하며 개인능력을 확장할 수 있는 기회를 갖고, 더 나아가 개인자율성을 확장하여 자신의 가치관에 따라 자신의 삶을 살아갈 수 있는 선택의 범위를 보다 더 넓혀 나갈 수 있을 것이다.

* 이글은 『상황과 복지』 제28호(2009년 8월)에 실린 논문을 전재한 것이다.

**참고문헌**

김연명(2007). "우리나라에서 사회투자론 논의의 쟁점", 『경제와 사회』 75: 307-318. (이 논문은 이 책의 제8장에 실려 있음)
김영순(2007). "사회투자국가가 우리의 대안인가? 최근 한국의 사회투자국가 논의와 그 문제점", 『경제와 사회』 74: 84-113. (이 논문은 이 책의 제7장에 실려 있음)
김태성·류진석·안상훈, (2005). 『현대 복지국가의 변화와 대응』, 나남출판.
미야모토 타로(2004). 『복지국가 전략 스웨덴 모델의 정치경제학』, 임성근 옮김, 논형.
양재진(2007). "사회투자국가가 우리의 대안이다", 『경제와 사회』 75: 319-335. (이 논문은 이 책의 9장에 실려 있음)
울리히 벡(1997). 『위험사회 새로운 근대(성)을 향하여』, 홍성태 옮김, 새물결.
윤홍식(2008). "어떤 복지국가인가: 한국복지정책의 과제와 사회투자전략", 『시민과 세계』 12: 223-239. (이 논문은 이 책의 제10장에 실려 있음)
임채원(2006). 『신자유주의를 넘어 사회투자국가로』, 한울아카데미.
재정경제부(2007). 『한국형 사회투자국가 모델형성을 위한 기초연구』, 재정경제부 (사)한국사회과학연구협의회).
에릭 홉스봄 외(1999). 『제3의 길은 없다』, 노대명 외 옮김, 당대.
Beck, Ulrich and Elisabeth Beck-Gernsheim(2002). *Individualization Institutionalized Individualism and its Social and Political Consequences*, Sage Publications.
Beck, Ulrich, Anthony Giddens and Scott Lash(1994). *Reflexive Modernization Politics, Tradition and Aesthetics in the Modern Social Order*, Polity Press.
Bonoli, Giuliano and Martin Powell(2004). "One Third Way or Several?", Jane Lewis and Rebecca Surender eds., *Welfare State Change Towards a Third Way*, Oxford University Press, pp. 47-66.
Esping-Andersen, Gosta(1999). *Social Foundations of Postindustrial Economies*, Oxford University Press.
______________________(2002). "Towards the Good Society, Once Again?", Gosta Esping-Andersen et al, *Why We Need a New Welfare State*, Oxford University, pp.1-25.
Esping-Andersen, Gosta ed.(1997). *Welfare States in Transition - National Adaptation in Global Economies*, Sage Publications.
Furaker, Bengt(2005). *Sociological Perspectives on Labor Markets*, Palgrave Macmillan.
Giddens, Anthony(1994a). "Living in a Post-Traditional Society", Ulrich Beck, Anthony Giddens and Scott Lash, *Reflexive Modernization Politics, Tradition and Aesthetics in the Modern Social Order*, Polity Press, pp.56-109.
______________(1994b). "Risk, trust, reflexivity", Ulrich Beck, Anthony Giddens and Scott Lash, *Reflexive Modernization Politics, Tradition and Aesthetics in the Modern Social Order*, Polity Press, pp. 184-197.
______________(1998). *The third way: the renewal of social democracy*, Polity press.
______________(2000). *The Third Way and its Critics*, Polity Press.
______________(2001a). "Introduction", Anthony Giddens ed., *The global third way debate*, Polity Press, pp. 1-21.
______________(2001b). "The Question of Inequality", Anthony Giddens ed., *The global third way debate*, Polity Press, pp. 178-188.
Giddens, Anthony ed.(2001). *The global third way debate*, Polity Press.
Giddens, Anthony and Christopher Pierson, (1998). *Conversations with Anthony Giddens Making Sense of Modernity*, Polity Press.
Gough, Ian(2000). *Global Capital, Human Needs and Social Policies Selected Essays*, 1994-1999, Palgrave.
Hale, Sarah, Will Leggett and Luke Martell (eds.)(2004). *The Third Way and beyond Criticisms, futures, alternatives*, Manchester University Press.

Jayasuriya, Kanishka(2006). *Statecraft, Welfare, and the Politics of Inclusion*, Palgrave MacMillan.

King, Desmond S. and Jeremy Waldron(1988). "Citizenship, Social Citizenship and the Defense of Welfare Provision", *British Journal of Political Science* 18(4): 415-443, Cambridge University Press.

Leggett, Will(2006). *After New Labour: Social Theory and Center-Left Politics*, Palgrave Macmillan.

Lewis, Jane and Rebecca Surender (eds.) (2004). *Welfare State Change Towards a Third Way* Oxford University Press.

Lister, Ruth(2003). "Investing in the Citizen-Workers of the Future: Transformations in Citizenship and the State under New Labour", *Social Policy & Administration* 37(5): 427-443, Blackwell Publishing Ltd.

Lynch, Julia(2006). *Age in the Welfare State The Origins of Social Spending on Pensioners, Workers,* and Children, Cambridge University Press.

Morrison, David(2004). "New Labour, citizenship and the discourse of the Third Way", Sarah Hale, Will Leggett and Luke Martell eds., *The Third Way and beyond Criticisms, futures, alternatives,* Manchester University Press, pp.167-185.

Pratt, Alan(2006). "Towards a New Social Democracy.", Michael Lavalette and Alan Pratt, *Social Policy Theories, Concepts and Issues* (third edition), Sage Publications, pp.26-45.

Talyor-Gooby, Peter(ed.)(2004). *New Risks, New Welfare - The Transformation of the European Welfare State,* Oxford University Press.

White, Stuart(2000). "Review Article: Social Rights and the Social Contract - Political Theory and the New Welfare Politics", *British Journal of Political Science* 30(3): 507-532 Cambridge University Press.

__________(2003a). *The civic minimum: on the rights and obligations of economic citizenship,* Oxford University Press.

__________(2003b). "Fair Reciprocity and Basic Income", Andrew Reeve and Andrew Williams eds., *Real Libertarianism Assessed Political Theory after Van Parijs,* Palgrave Macmillan, pp.136-160.

__________(2004). "Welfare Philosophy and the Third Way", Jane Lewis and Rebecca Surender eds., *Welfare State Change Towards a Third Way,* Oxford University Press, pp.25-46.

Wilson, Shaun(2004). *The Struggle Over Work: The 'end of work' and employment alternatives for post-industrial societies,* Routledge.

# 사회투자전략에 기초한 복지국가의 유형과 성과

김교성 | 중앙대 사회복지학과 교수

## 1. 서론

19세기 말, 유럽의 많은 국가들이 사회보험제도를 도입하면서부터 시작된 복지국가는 1920-40년대 정착기와 확대기를 지나, 제2차 세계대선 이후 1970년내까지 경세싱장 - 완전고용 - 복지확대로 표현되는 황금기를 구가하였다. 그러나 경제성장률의 감소, 생산성의 악화, 실업률의 증가, 그리고 정부 부채의 확대와 같은 복지국가의 경제적 성과가 부정적으로 나타나면서, 복지국가의 위기와 재편 혹은 재구조화에 대한 논의가 끊임없이 반복되고 있다.[1] 동시에 고전적 복지국가를 지탱했던 자본주의 경제·사회구조가 후기 산업사회로 이행되는 과정에서 급격하게 변화하였다.[2] 그 결과 새로운 사회적 위험에 대한 인식이 부상

---

[1] 복지국가 축소의 원인에 대한 기본 가설은 세계화와 경제성장의 감소, 포스트 포디즘적 변화(기술의 차이와 임금분산으로 인한 고실업), 서비스 섹터의 성장과 인구구조의 변화 등과 관련이 있다. 피어슨(Pierson, 2001a)은 이러한 복지국가의 재구조화 과정을 재상품화와 비용억제 및 재조정(합리화와 최신화) 등으로 정리하면서, 이러한 과정이 복지국가 유형별로 상이하게 진행된다고 주장한다. 모든 복지국가에서 비용억제의 노력이 보이지만, 사민주의 국가에서는 합리화(rationalization), 보수주의 국가에서는 최신화(updating), 그리고 자유주의 국가에서는 재상품화(recommodification)와 같은 특징을 가지고 재구조화되고 있다.

[2] 피어슨(Pierson, 2001b)은 후기 산업사회의 다양한 변화를 저조한 성장과 서비스 영역의

하였고, 이에 대응하기 위한 새로운 복지국가 체계에 대한 논의도 자연스럽게 등장하였다.[3]

이처럼 새로운 경제·사회구조와 새로운 사회적 위험에 대응하기 위한 복지전략의 일환으로 최근 들어 가장 각광을 받고 있는 것이 사회투자전략이다.[4] 기든스(Giddens, 1998)에 의해 처음 주창된 사회투자전략은 소득보장중심의 소극적passive 복지를 넘어서 노동을 강조하는 적극적active 수단을 강조하는 것이며, 동시에 기존의 남성생계부양자 중심의 모델을 넘어서 여성의 사회참여와 일·가정양립을 위한 제도의 마련을 강조하는 세부 프로그램을 포괄하고 있다. 한국에서도 2006년부터 사회투자의 이념과 적용에 관한 다양한 논의들이 활발하게 이루어져 왔다(김연명, 2007a, 2007b; 김영순, 2007; 양재진, 2006). 그러나 대부분의 논의들이 이념적 논의를 중심으로 한 추상적 차원에 머물러 있고(양재진, 2006), 적용과 관련된 논의는 외국의 사례를 단순하게 소개하는 수준이며, 그 유형이나 효과에 관한 실증적 연구는 매우 제한적으로 이루어지고 있다. 특히 사회투자국가의 유형과 성과에 관한 연구는

---

증대, 정부의 확대와 복지국가의 성숙, 인구의 고령화와 가족구조의 변화라고 요약하면서, 복지국가의 유형별로 변화의 내용과 과정이 상이하다는 점을 지적하고 있다.
3) 테일러-구비(Taylor-Gooby, 2004)에 따르면, 대표적인 신사회위험은 저숙련여성의 일·가정 양립의 어려움, 노인케어에 대한 경제적 부담의 증가, 교육수준이 낮을수록 악화되는 실업과 장기적인 빈곤, 그리고 사회보장체계의 민영화를 들 수 있다. 그러나 이러한 선진 복지국가의 신사회위험과는 달리 한국의 그것은 다소 상이하게 나타나고 있는데, 김연명(2007a)은 우리나라의 대표적인 신사회위험으로 노동시장의 양극화, 급속한 고령화, 그리고 저출산 및 가족구조의 변화 등을 꼽는다.
4) 한 국가의 사회투자와 관련된 개념적 성향에 따라 사회투자국가, 사회투자정책, 사회투자전략의 용어가 구분되어 사용되고 있다. 김영순(2007)은 사회투자국가와 사회투자정책은 서로 상이한 의미를 가지고 있기 때문에 이를 구분할 필요가 있다고 주장하였다. 이에 성은미(2008)는 전통적 복지국가의 형태를 대체하는 점이 강조되면 사회투자 '국가' 로, 몇 가지 사회투자적 정책을 도입하는 수준이면 사회투자 '정책' 으로, 그리고 사회투자국가와 사회투자정책을 모두 포괄하는 것이면 사회투자 '전략' 이라고 정의하였다. 그러나 본고에서는 이러한 이념에 기초한 개념적 구분이 큰 의미가 없다고 판단되어, 사회투자국가에서 제도로 활용되는 세부 프로그램인 적극적 노동시장정책과 아동 및 가족복지서비스 정책 등을 사회투자정책 혹은 사회투자전략으로 부르기로 한다.

양재진(2006)의 연구가 유일한데, 그의 연구는 분석의 시점이 고정되어 있다는 점, 소수의 사례에 집중되었다는 점, 그리고 다양한 변수를 함께 고려하여 그 인과관계를 검증하지 못하고 있다는 점 등의 한계를 보이고 있다. 따라서 보다 실증적인 차원에서 사회투자국가 유형의 장기적인 추세를 확인하고, 그 성과와 관련하여 구체적인 인과관계를 확인할 필요성이 제기된다.

이에 본 연구에서는 복지국가의 발전과정과 관련하여 최근 많은 주목을 받고 있는 사회투자전략의 지출 수준에 기초하여 복지국가의 유형을 구분하고, 그 유형별 성과를 세부 정책별 성과와 함께 비교·분석함으로써, 사회투자에 관한 학문적 지평을 확대하고, 동시에 한국의 미래 사회정책 발전의 기본 방향을 제시하고자 한다. 본 연구의 결과는, 선진 자본주의 국가들에서 사회투자정책과 관련한 제도 운영의 유형과 그 성과가 매우 상이하게 나타날 것으로 예상되는 상황에서, 미래 한국 사회정책 프로그램의 선택과 실행의 과정을 신중히게 준비하는데 기여할 것으로 판단된다. 또한 사회투자정책의 성과를 인과적 차원에서 규명함으로써 사회투자전략을 수용하려는 국가들에게 일반화가 가능한 결과를 보여줄 수 있을 것이다. 이때 단순한 성과분석과 함께 서구사회의 경험으로부터 사회투자전략을 수용하여 실제 정책으로 가시화시키기 위한 보다 구체적인 적용방안을 모색한다는 측면에서 사회투자정책과 소득보장정책 간의 관계설정 방식에 따른 성과를 살펴보았다. 기존의 사회투자관련 논의들에 따르면 양 정책 간의 관계설정은 사회투자정책이 소득보장정책을 대체하는 방식보다는 상호보완적으로 발전해 나갈 필요성이 있음을 언급하고 있다(Esping-Andersen, 2002; Sherraden, 2006).[5] 국내에서도 김영순(2007)의 문제제기를 필두로

---

5) 에스핑-안데르센(Esping-Andersen, 2002)은 보다 혼합적인 전략(combined strategies)의

양 정책 간 관계설정 방식에 대한 논의가 이뤄진 바 있으며, 대체로 상호보완적인 관계설정에 대한 학문적 수렴이 이루어지고 있는 것으로 보인다. 그러나 최근의 신자유주의적 기조 속에서 고전적 복지제도의 구축과 공고화를 기반으로 사회투자전략을 접목시켜야 한다는 이론적인 수준에서의 합의가 실제 정책으로 가시화되기 위해서는 보다 실증적인 근거들이 뒷받침될 필요가 있을 것이다. 이는 복지재원이 한정된 상황에서 사회투자전략의 '투자' 개념이 내재한 친경제적 성격으로 인해 전체 복지구조를 축소 또는 왜곡하는 수단으로 이용될 위험이 있기 때문이다.[6] 이에 본 연구는 사회투자정책과 소득보장정책 간의 상호작용효과를 분석함으로써 양 정책 간의 관계설정 방식을 모색하였다. 이를 통해 보다 적합한 사회투자전략의 적용방안을 확인하고, 궁극적으로 사회투자정책의 성과를 배가시킬 수 있는 복지구조의 도출이 가능할 것으로 기대된다.

본 연구는 기존의 연구에 비해 다음과 같은 개선점을 가지고 있다.

---

필요성을 주장하며 사회투자정책과 소득보장정책 간의 상호보완적인 관계를 주장하고 있다. 즉, 활성화정책은 노동시장 진·출입이 상대적으로 용이한 사람들에게는 효과적이지만, 노동시장 진입 자체가 어려운 사람들에게는 소득보장정책이 보다 필요하다는 점에서 양정책의 단편적인 선택은 적절하지 않다는 점을 지적하고 있다. 또한 보편적 소득이전과 일하는 어머니에 대한 지원을 결합한 전략을 통해 아동빈곤을 최소화하는 스웨덴의 사례를 들며, 아동의 빈곤과 불안정을 막기 위한 장기적인 예방·치료 전략을 마련함에 있어서도 적절한 소득보장프로그램이 선결되어야 함을 강조하고 있다. 쉐라든(Sherraden, 2006) 역시 저소득층의 자산형성 프로그램을 제안하면서 빈곤층에 대한 생활지원 프로그램과 자산형성 프로그램이 상호보완적 관계에 있으며, 자산형성 프로그램이 공공부조를 완전히 대체하는 것은 아니라는 점을 강조하고 있다.

6) 재원이 한정되어 있다면 사회투자국가는 복지지출의 축소수단으로 이용될 위험이 있다는 반덴부로크(Vandenbroucke, 2001: 166-167)의 우려를 고려한다면, 일정 정도 시장적 요소가 가미된 사회투자적 조치에 대한 강조는 불균형적인 복지구조의 형성으로 이어질 가능성이 높다고 여겨진다. 보다 실제적인 측면에서도 고전적 복지국가에서 나타난 최소한의 사회안전망을 보편주의적으로 갖추어야 하는 과제와 사회투자전략으로 상징되는 새로운 사회정책 흐름을 수용하는 과제는 프로그램의 개발과 사회정책 예산 배분과정에서 서로 충돌할 가능성이 높다(김연명, 2007a: 436). 따라서 양 정책 간의 관계설정방식에 따른 성과를 비교·분석하여 사회투자전략에서 소득보장정책의 역할을 실증적으로 규명할 필요성이 제기된다.

우선 본 연구는 기존의 연구에 비해 상대적으로 많은 국가를 긴 시간 동안 관찰하여 연구를 진행하였다. 즉, 경제협력개발기구[OECD] 20개국의 1995년부터 2003년까지 9년간의 시계열 자료에 기초하여 사회투자정책 관련 지출의 규모와 유형 및 성과를 분석하여 기존연구가 가지고 있는 한계를 극복하고자 하였다. 또한 본 연구는 사회투자정책과 소득보장정책, 그리고 적극적 노동시장정책과 소득보장정책의 상호작용 효과에 주목하였다. 일반적으로 소득보장정책은 수급자의 근로의욕을 낮춤으로써 실업률을 증가시킨다고 알려져 왔다. 그러나 실업급여와 같은 소득보장정책 수급자의 근로의욕은 소득뿐만 아니라 구직정보에 대한 접근 가능성 등의 다양한 요인에 의해 결정된다(Olafsson, 1992). 따라서 본 연구는 적극적 노동시장정책과 소득보장정책의 상호 작용효과를 분석하여 사회투자정책의 발전 방향에 대한 보다 정확하고 구체적인 연구 결과를 제시하고자 하였다. 또한 이러한 분석의 과정을 통해 사회투자정책과 소극적이라고 표현되는 전통적인 소득보장정책 과의 관계가 대체적인지 아니면 보완적인지에 대한 확인도 가능할 것 으로 보인다.


## 2. 이론적 배경

### 1) 사회투자의 개념

많은 학자들이 동의하는 바대로 사회투자에 대한 개념적 합의는 현 재까지도 불투명한 상태이다(Perkins et al., 2004; 김연명, 2007a, 2007b; 김영순, 2007). 사회투자의 개념을 정립하는 문제는 주요 견해

간 차이에 대한 이해와 함께 최근 한국의 학술진영에서 벌어진 첨예한 논쟁에 대한 비판적 종합이 요구된다. 이를 위해 본 절은 사회투자와 관련한 서구 주요 학자들의 개념을 소개하고, 최근의 한국적 논쟁을 비판적으로 종합함으로써 향후 전개될 논의의 개념적 지지대로 활용하고자 한다.[7]

잘 알려져 있듯이 '사회투자' 라는 용어는 영국 신노동당의 경제사회정책에 이론적 기반을 제공한 앤서니 기든스의 『제3의 길: 사회민주주의의 갱신』에서 처음 사용되었다(김연명, 2007a: 427). 여기서 제시되는 사회투자의 개념을 매우 거칠게 정리하자면, 신자유주의와 복지국가 사이의 '제3의 길' 로 요약되는 경제·사회정책의 지향이자 인적자본투자로 대표되는 적극적인 형태의 복지라고 할 수 있다. 그러나 기든스 이후 사회투자에 대한 학자들의 견해는 간단히 수렴되지는 않고 있다. 다만, 개념과 활용상의 차이점에도 불구하고 관련 학자들이 사용하는 개념들을 관통하는 가장 보편적인 논의는 그것이 새로운 사회·경제적 변화에 직면한 복지국가의 새로운 역할과 대응을 강조한다는 점이다. 이러한 변화압력으로는 인구고령화, 가족 내 성역할의 변화, 노동시장의 변화, 복지국가의 민영화가 대표적이며, 이에 따른 새로운 사회적 위험에는 노인에 대한 돌봄과 일·가정 양립 — 특히 보육 — 의 문제, 적절한 일자리의 확보와 그에 상응하는 (숙련)기술의 습득문제, 마지막으로 급여와 서비스의 적절성 문제 등이 있다(Perkins et al., 2004).

사회투자는 여러 학자들에 의해 다양한 방식으로 규정되고 활용되어 왔다. 대표적으로 미즐리(Midgley, 1999)는 사회투자의 맹아를 영국

---

7) 김연명(2007a)의 지적과 같이, 한국에 사회투자의 개념이 소개된 것은 최근의 일이고, 이에 대한 비판적 견해가 공식적으로 제기된 것도 그 양적인 측면에서 절대적으로 부족한 것이 사실이다.

의 뉴딜정책과 케인즈-베버리지 기간에 깔려 있는 생산주의적 사회정책이라고 본다. 미즐리와 쉐라든(Midgley & Sherraden, 2000)은 사회투자가 1960년대 말 등장한 사회개발 접근방식의 또 다른 이름에 불과하며, 인적자본이나 사회적 자본, 고용, 개인과 지역사회의 자산형성, 경제참여와 관련한 장애를 제거하는 일련의 정책 프로그램이라고 주장한다. 에스핑-안데르센(Esping-Andersen, 2002: 36-7)은 스웨덴을 사회투자의 대표적인 국가로 지목하면서 교육, 직업훈련, 직업이동, 가족서비스 등의 생산주의적이고 예방적인 사회정책을 사회투자와 관련한 정책이라고 설명한다. 그가 보기에 사회투자와 관련한 지출의 증가는 사회적 필요social needs의 총량을 감소시키고 타 영역 — 특히 연금이나 실업급여와 같은 소극적인 복지정책 — 에 소요될 지출을 절약하게 하는 장점을 갖고 있다. 리스터(Lister, 2003: 429)는 신자유주의적 탈규제와 평준화levelling에 대한 대안으로써 사회정의와 경제적 번영 및 기회의 재분배를 위한 경제적 기회를 보장하는 경제·사회정책이라고 규정한다. 사회투자에 대한 용어정의의 노력과는 별개로 1990년대 중반 이후 유럽의 새로운 사회적 위험과 그에 상응하는 새로운 사회정책적 흐름을 설명하려는 시도가 이어졌다. 반덴부로크(Vandenbrouke, 2002)의 적극적 복지국가active welfare state나 OECD(2005)의 적극적 사회정책active social policy이 대표적인 예이다.

유럽을 중심으로 하는 이와 같은 학술진영의 대응은 이론적이고 이념적인 논의에 집중하는 경향을 갖는다. 젠슨과 생-마르탱(Jenson & Saint-Martin, 2003)은 국가의 역할을 제한하는 방식으로 시민권을 재구조화할 경우 사회투자를 제대로 수행할 수 없다는 점을 명시하고 있다. 이는 결국 국가역할의 축소를 동반하는 방식의 사회투자는 실천적 측면에서 모순적이라는 것이다. 리스터(Lister, 2003)는 아동을 민주적

시민이 아닌 미래의 노동하는 시민으로 상정하는 점과 함께 사회투자
전략이 의무에 대한 협소한 해석에 기반을 두고 있다는 점을 비판한다.
한편 아스톤 등(Astone et al., 1999)은 사회적 투자전략과 신자유주의
적 고용전략 간에는 분명한 구분점이 존재한다고 주장한다. 영국이나
호주의 사례에서도 볼 수 있듯이, 일국의 고용전략이 투자적 관점에서
진행된다고 하더라도, 기존의 신자유주의적 고용전략과 큰 차별점을
가지지 않거나 오히려 리스터의 주장처럼 미래의 시민권을 노동권으로
제한하려는 의도가 포함되어 있다고 볼 수 있다. 그러나 근본적으로 고
전적 복지국가의 경제정책과 사회정책 간의 관계를 바라봄에 있어 사
회투자전략은 이를 갈등적인 관계가 아닌 보완적 관계로 본다는 데 의
의가 있다. 이러한 관점에서 볼 때, 사회복지는 사회적 투자의 일환으
로 인식되며, 노동시장정책과 실업 및 빈곤정책의 적극적인 연계와 복
지 간의 관계가 상충관계에 있다고 볼 수만은 없게 된다. 쉐라든
(Sherraden, 2003: 3)은 자산형성을 통한 장기적 지원의 필요성을 강
조하면서 '훌륭한 축적전략' great accumulation 으로써 아동에게 집중된 사회투
자전략의 정당성을 강조하였다. 이 외에도 직업창출에 대한 강조의 결
여, 신자유주의 거시경제학적 관여, 시장에 대한 의존의 지속, 효율성에
대한 배타적인 집중으로 인한 사회적 지출에 대한 소극적 자세의 견지,
국가역할의 모호성, 환경의 지속가능성에 대한 고려의 부족 등이 사회
투자를 둘러싼 비판지형이라고 볼 수 있다(Perkins et al., 2004: 9).

　반면 최근 조금씩 등장하던 사회투자에 대한 논쟁이 국내 연구자 사
이에서 논의되고 있다는 점은 서구와 유사하면서도 상이한 신사회적
위험이 대두되고 있는 한국(김연명, 2007a: 433-434)의 대응방안을 도
출하는 데 있어 고무적이며, 서구의 경우보다 다소 근본적 측면에서 개
념논쟁이 진행되었다는 점에서 특이할만하다. 사회투자와 관련하여

한국에서의 논쟁은 몇 가지 주제로 구분할 수 있다. 그것들은 첫째, 사회투자 '전략' 인가 사회투자 '국가' 인가 둘째, 사회투자국가는 전통적 복지국가와 어떻게 다른가 셋째, 사회투자(국가, 전략)는 기존 복지국가의 대체물인가 보완물인가 넷째, 사회투자는 신자유주의의 변종인가 새로운 사회민주주의인가, 마지막으로 유럽적 정황이 다분한 개념을 한국 사회에 적용할 때 고려되어야 할 사항은 무엇인가 등이다.[8]

김연명(2007a; 2007b)과 김영순(2007), 양재진(2007)에는 이들 논쟁이 비교적 구체적으로 정리되어 있다. 먼저 논쟁의 포문을 연 김영순(2007)은 국내 연구자들이 사용하는 사회투자론은 기존 복지국가의 기능적 조정이나 적응을 주제로 하는 전략이기보다 과거와의 단절을 통해 새롭게 달성되는 국가론에 집중한 나머지 개념을 왜곡하고 있으며, 일부 연구자들의 경우 과잉개념의 문제를 가지고 있다고 지적한다. 그는 사회투자전략론은 "이데올로기적 전환의 색채가 약하고, 구 사민주의의 가치를 유지하는 가운데 새로운 사회적 위험과 사회적 욕구에 대한 기능적 대응으로 투자적 복지정책"을 강조하는 반면, 제3의 길이 표방하는 사회투자국가론은 사회지출과 사회투자를 이분법적으로 구분하고 후자로 전자를 대치하며, 결과의 평등이 아닌 기회의 평등을 강조하면서 경쟁에서 패배한 이들의 문제를 도외시하는 것으로 파악한다. 또한 리스터(Lister, 2003)의 견해에 동의하면서 사회투자국가론이 아동과 여성을 도구적으로 사고한다고 비판한다. 이런 측면에서 한국의 연구자들은 — 비록 연구자마다의 차이가 존재하지만 — 사회투자 '전략' 과 사회투자 '국가' 를 구분하지 않음으로써 오독과 오해, 그리고 개념의 과잉확장을 보인다고 주장한다. 결국 그녀는 기존 복지국가

---

8) 본 연구에서는 사회투자에 대한 개념적 논쟁이 본격화된 김영순(2007) 이후의 논의를 중심으로 정리하고자 한다.

를 지속하되 새로운 사회적 위험과 욕구에 적극적으로 대응하는 반덴부로크 류(類)의 '적극적 사회정책' 또는 '새로운 사회적 시민권국가'를 통해 소득보장체계의 내실화와 보편적 사회서비스의 결합이라는 기본에 충실한 복지국가의 확립을 강조하고 있다.

이러한 비판에 대해 김연명(2007a; 2007b)과 양재진(2007)은 각론 상의 차이가 있으나 총론적인 측면에서 대체로 수렴의 경향을 보이고 있다. 먼저 김연명은, 비록 사회투자 관련 문헌을 '전략'과 '국가'라는 차이로 구분하지는 않았으나 기존 사회투자 논의들이 고전적 프로그램과 사회투자 프로그램을 대체관계가 아닌 상호보완적인 관계로 보며, 이에 대해 동의한다는 점을 명시하고 있다. 다만 그는 보편적인 소득보장프로그램을 갖추고 있지 않은 한국의 상황에서 사회투자적 프로그램을 개발하는 과정에서 재정관련 충돌의 가능성이 있으나, 두 프로그램이 결합될 시 오히려 복지가 확장될 것이라는 긍정적인 전망을 내놓고 있다. 이와 함께 그는 김영순의 비판처럼 사회투자 '국가'가 반드시 전통적 복지국가의 해체 또는 대체로 이해될 수 있는지에 대해서도 문제제기를 하고 있다. 사회투자 '국가'가 신자유주의 패러다임의 확장이라는 비판에 관해서도, 이러한 비판의 논리적 모순을 차치하더라도 전통적 노선만의 강조가 오히려 후기산업사회 이후 새롭게 대두되는 사회적 위험에 대한 복지국가의 유용성을 약화시킬 수 있다고 경고한다.[9]

양재진(2007)은 보다 적극적으로 김영순의 비판을 반비판하면서 사회투자론의 개념을 구체화하고 있다. 그는 "사회투자정책은 받아들이

---

9) 김연명(2007b)은 사회투자론에 신자유주의적 요소가 침투되어 있음을 부정하지는 않으나, 신자유주의 노선을 전면적으로 수용했다는 비판에 대해서는 동의할 수 없음을 명백히 하고 있다. 특히 논리적으로 볼 때, 사회투자론을 신자유주의적 경제·사회정책이라고 규정할 경우 고전적 복지프로그램조차도 이러한 비판에서 자유롭지 않으며, 제도 자체의 본질적 특성을 제대로 인식할 수 없도록 한다고 보고 있다.

고 이를 실천하는 사회투자국가는 거부하는 것이 어떻게 가능한가”라
는 점을 들면서 김영순의 ‘전략’ 대 ‘국가’ 구분을 비판한다. 또한 절
대적인 측면에서 영국의 사회투자 ‘국가’가 북구 유럽 국가들에 비해
복지성과가 낮다는 점이, 상대적으로 이들 국가에 비해 양호한 성적을
보인 점을 사장하는 것은 공정한 평가가 아님을 명확히 한다. 빈곤과
소득불평등과 관련하여 스웨덴과 비교할 때 영국의 성적표는 오히려
우수하다는 것이다. 한편 영국이 사회투자 정책을 추진하면서 변화한
사회보장관련 지출 비중은 감소경향이 아니라 구성비의 변화라는 측면
을 강조하고 있다. 이는 다시 말해 사회투자정책이 소득보장의 대체물
이고 복지지출의 축소수단이라는 김영순의 주장에 대한 반비판으로 기
능한다. 결론적으로 그는 사회투자 ‘전략’과 사회투자 ‘국가’ 사이에는
복지프로그램의 내용면에서 서로 배치되지 않으며, 한국적 상황에서
사회투자정책은 하나의 가능성으로 충분한 의미를 가지고 있다는 점을
강조하고 있다.

지금까지 사회투자의 개념을 둘러싼 국내외 논쟁을 간략하게 살펴보
았다. 상기의 논의를 통해 볼 때, 사회투자론은 비록 이론적, 실천적 체
계를 갖추었다고 보기는 어려우나 사회정책분야에서는 새로운 대안적
패러다임으로 볼 수 있는 충분한 근거가 있으며(김연명, 2007a: 30),
아직은 이념적 충돌을 피할 수는 없으나 입장의 차이로 인해 그 잠재력
마저 부정할 수는 없다는 것이다. 이와 같은 논쟁은 새롭게 대두되는
개념과 범주를 보다 학술적인 측면에서 논의함으로써 관련 정책을 어
떻게 수행할 수 있을지에 대한 지침을 제공할 수 있다. 그러나 비록
합의의 제한이 있더라도 가장 현실에 적합한 개념을 정립하는 것은, 시
급하게 그 해결을 요구하는 사회적 위험과 정책대안의 고갈이라는 현
실적 한계를 극복하는 데 필수적이라고 하겠다. 이에 따라 본 연구는 사

회투자를 후기산업사회 이후 등장한 새로운 사회적 위험에 대처하기 위한 경제·사회정책으로써 기존의 성장과 분배 또는 복지와 경제 간의 상충관계를 뛰어넘어 예방적인 사회정책적 통합을 가능하게 하는 전 생애주기에 걸친 위험관리-기회관리 정책social risk and opportunity management policy으로 규정하고자 한다. 이는 사회투자전략이 궁극적으로 복지정책과 노동정책을 통해 신사회위험에 대처하고 고전적 복지국가의 한계와 신자유주의적 위협을 동시에 극복할 수 있는 가장 현실적이며 강력한 대안이라고 보기 때문이다. 그러나 이후 소모적인 논쟁을 피하기 위해, 이것이 고전적 복지국가 혹은 사회연대적 사회정책의 의의를 완전히 부정하거나 대체할 수 있다고 주장하는 것은 결코 아님을 미리 밝혀둔다.

## 2) 사회투자 정책프로그램

에스핑-안데르센(Esping-Andersen, 2002)은 유럽을 중심으로 하는 인구학적 변화, 산업경제구조의 변화, 사회적 투자로서의 복지의 대두 등에 따라 '새로운 사회적 계약'의 형태로써 새로운 가족정책, 새로운 젠더계약, 고용을 통한 사회적 포섭, 세대 간 계약을 강조하고 있다. 새로운 가족정책은 아동빈곤을 막기 위한 소득보장정책과 여성의 경제활동참여를 촉진하는 정책을 포괄하며, 새로운 젠더계약은 일·가정의 조화와 성평등한 노동을 의미한다. 그리고 고용을 통한 사회적 포용은 근로장려성making work pay과 활성화 정책으로 나타나며, 세대 간의 새로운 계약은 노동자와 퇴직자 간 미래 퇴직 비용의 정당한 분배와 노동하는 사회적 약자와 퇴직 후 사회적 약자들의 사회적 보호를 포함한다. 한편, 복지국가의 재편과 생산체계 간의 관계를 연구한 후버와 스티브스(Huber & Stephens, 2001)는 복지국가 재구조화의 주요 원인이 실업과 그 원인인 금융시장의 탈규제화에 있다고 지적하면서, 이를 해결하기 위한 향후 복지국가 변화의 방향은 여성의 노동시장 참여를 증대시켜 줄 수 있는 사회서비스의 확대와 적극적 노동시장정책의 개발에 있다는 점을 강조하고 있다.[10]

이러한 내용은 사회투자와 관련한 최근의 연구들이 제시하는 사회투자정책 프로그램과도 매우 유사하다. 양재진(2006, 2007)은 사회투자정책의 대상과 목표 및 정책과제를 생애주기별로 구분하여 설명하고 있는데, 먼저 아동과 청소년에 대해서는 보육과 교육관련 정책이 중심이 되며, 근로세대는 고용가능성 증대와 기초보장, 마지막으로 노인세대의 경우 고용가능성 증대와 노후생활보장을 중심으로 하는 정책을 강조하고 있다. 이를 보다 세부적으로 보면, 사회투자정책으로써 보육과 교육은 공교육의 내실화와 경쟁력 강화, 공보육확대, 예방적 건강서비스의 강화 등이 포함된다. 근로세대의 경우 적극적 노동시장정책의 내실화와 확대, 양성평등에 입각한 모성보호, 산재예방, 예방적 건강서비스 등이 필요하며, 노인세대의 경우 고령자 직업훈련 및 고용촉진, 공적연금개혁, 예방적 건강서비스 등으로 구성된다.

한편, 김연명(2007a)은 이러한 연구경향을 종합하여 사회투자정책을 다음과 같이 크게 세 가지 프로그램으로 구분하였다. 첫째, 근로연계복지와 적극적 노동시장정책을 포괄하는 활성화정책, 둘째, 아동 및 여성과 관련한 사회복지서비스 정책, 셋째, 자산형성 접근법이 그것이다(Taylor-Gooby, 2006; Perkins et al., 2004; OECD, 2005; Lister,

---

10) 금융시장의 탈규제화로 인해 정부는 이자율과 환율에 대한 통제를 할 수 없게 되었고, 결국 국내 금융시장의 통제가 불가능해지면서, 투자가 감소하고 정부의 투자확대의 의지를 어렵게 만들었으며, 이로 인해 실업이 증가하였다는 것이다. 다만 사민주의 국가들에서는 공공부문에서의 고용확대로 인해 여성을 노동시장에 흡수함으로써 문제를 해결할 수 있었다. 따라서 1990년대 유럽의 고용위기의 원천은 보수주의 국가들이 여성노동력을 흡수하는데 실패한 점과 사민주의 국가들이 경기조정정책에 실패한 점 등에 있다.

2003; Esping-Andersen, 2002; Sherraden, 2006; Midgely, 1999, 김연명, 2007a에서 재인용). 먼저 활성화정책은 사회투자론의 핵심 관점인 인력자원의 개발과 노동시장으로의 통합을 그 중심 목적으로 수행되는 프로그램이다. 사회투자전략은 사회정책 지출이 단순한 지출이 아닌 투자이며, 사회정책이 세계 시장에서 경쟁력 있는 행위자로 자리매김하는 것을 지원하는 주요 단위로 설명한다. 또한 사회투자의 가장 핵심적 사안은 성인 노동자가 노동시장에 진입할 수 있도록 동기를 창출하는 데 있다(Dobrowolsky & Jenson, 2005: 203) 따라서 이는 소극적 형태의 복지제공 — 대표적으로 현금형태의 실업수당 — 을 지양하고 교육훈련을 통한 인력자원의 개발 및 노동시장 진입을 강조한다.

아동복지와 여성친화적 정책은 에스핑-안데르센과 쉐라든 등에 의해 인력자원개발과 함께 사회투자전략의 핵심 정책으로 거론되고 있다. 이는 다분히 예방적 조치로써 사회정책의 역할을 강조하는 것으로, 아동기의 불리한 조건을 해소함으로써 성인기 빈곤 및 노동시장 진입기회가 차단되는 것을 미연에 막고자 한다. 교육, 보육, 의료지원 등이 중심이 되는 이와 같은 아동복지프로그램으로 영국의 슈어스타트와 캐나다의 Campaign 2000 등이 대표적이며, 한국의 경우 이를 모델로 한 We-Start가 있다. 리스터(Lister, 2003)에 따르면 이와 같은 시각의 사회투자전략은 아동을 보호의 대상으로 간주하기보다 미래의 노동자로 인식하는 경향이 강하다. 여성친화적 정책은 여성의 일과 가정의 양립을 가능하게 함으로써 여성노동력 공급을 원활히 하기 위한 정책이 그 중심에 있다. 에스핑-안데르센은 여성친화적 정책의 핵심으로 적절한 가격의 보육제공, 유급출산휴가(유급아동양육휴가), 자녀질병휴가를 들고 있다(Esping-Andersen, 2002: 94).

자산형성접근법은 최근 한국에서도 아동발달계좌의 형태로 제도화를 위한 노력이 진행되고 있는 프로그램이다. 이는 공공부조를 통한 현금지원으로 빈곤을 탈출시키는 것은 현실적으로 어려우며, 장기적인 관점에서 저축과 같이 축적된 형태의 자원을 장기간에 걸쳐 제공함으로써 성인저소득층과 아동의 물적기반을 형성시키는 것을 목적으로 한다. 무엇보다 이 접근은 빈곤계층에 대한 급여의 삭감 또는 불필요성을 주장하는 이들이 내세우는 복지제공에 따른 근로의욕 감소 문제를 상당히 감소시킬 수 있는 전략으로 평가되고 있다(Sherraden, 2006).

### 3) 사회투자국가의 유형과 성과

비교사회정책 분야에서 각국의 여러 가지 특성에 기초한 국가 유형의 구분은 오랜 시간 연구의 주요한 주제였다. 티트머스(Titmuss, 1958)와 윌렌스키와 르보(Wilensky & Lebeaux, 1965)로부터 시작된 복지국가의 유형에 내한 구분은 이후 에스핑-안데르센(Esping-Andersen, 1989; 1998)의 세 가지 복지체제에 대한 구분으로 완결되는 듯한 모습을 보이다가, 그의 견해에 대한 수많은 반론과 다른 주장들로 인해 그 논의가 지속되고 있다.[11] 또한 홀과 사스키스(Hall &

---

11) 에스핑-안데르센의 유형 구분에 대한 이론(異論)은 매우 다양하지만, 여기서는 본 연구의 구분과 일정수준 관계가 있는 루이스(Lewis, 1992)와 보놀리(Bonoli, 1997)의 견해만 제시하고자 한다. 루이스는 에스핑-안데르센이 전통적으로 가족 내에서 복지를 제공해 온 여성들의 무급노동(unpaid work)에 대한 가치를 간과하고 있다고 비판하면서, 복지국가의 유형을 강한 남성생계부양형(strong male breadwinner, 영국, 아일랜드), 조정된 남성생계부양형(modified male breadwinner, 프랑스), 약한 남성생계부양형(weak male breadwinner, 스웨덴)으로 구분하였다. 한편 보놀리는 단일차원에 기초한 에스핑-안데르센의 유형 구분의 한계를 극복하기 위하여, 얼마나(how much)의 이슈와 더불어 어떻게 (how)의 이슈를 모두 고려해야 한다고 주장하고 있다. 이를 위해, 그는 복지국가의 재정충당 방식(세금과 기여금 중심)을 고려한 복지국가에 대한 유형화를 시도하여, 복지국가를 크게 노르딕형(Nordic: 세금 중심의 재정충당을 통한 높은 수준의 복지 지출), 영국형(UK: 세금 중심의 낮은 수준의 복지 지출), 유럽대륙형(Continental Europe: 기여금 중심의 재정충당을 통한 높은 수준의 복지 지출), 남부유럽형(Southern Europe: 기여금 중심의 낮은 수준의 복지 지출)의 네 가지 유형으로 구분하고 있다.

Soskice, 2001; Soskice, 1999)를 중심으로 한 생산체제와 자본주의의 다양성에서 구분한 산업별 조정시장경제(독일, 북유럽), 기업집단별 조정시장경제(한국, 일본), 그리고 비조정시장경제(미국)에 대한 구분까지 복지국가의 유형에 대한 논의의 구조와 내용이 크게 확대되고 있다. 그럼에도 불구하고 최근까지 사회투자전략의 유형에 대해서는 그 논의의 수준이 상대적으로 부족한 형편이다.

각 국가별로 사회투자전략이 상이하다는 것은 주지의 사실이다 (Esping-Andersen, 2002; 신광영, 2007; 양재진, 2007; 윤홍식, 2007). 최근 들어 사회투자국가의 유형에 관한 연구가 실행되고 있는데, 그 가운데 가장 대표적인 것이 양재진 외(2008)의 연구이다. 그는 사회투자국가를 영국으로 대표되는 자유주의형 사회투자국가와 스웨덴과 덴마크의 사민주의형 사회투자국가로 구분하였다. 이러한 두 유형의 이념적 성향은 자본주의의 다양성에서 논의되는 자유시장경제[LMEs]와 조정시장경제[CMEs]로 구분할 수 있으며(Hall & Soskice, 2001), 이 두 유형의 국가는 노동시장의 유연화 정도와 적극적 노동시장정책에 대한 정부지출 수준, 교육, 직업훈련, 보육 등의 보편성 정도, 복지개혁과정에서 노사정 협의주의 가동여부, 사회투자개념의 정치화[politicization] 정도에서 매우 큰 차이를 보이고 있다. 또한 사민주의형 사회투자국가는 다시 스웨덴의 사민주의형과 덴마크의 신사민주의형 사회투자국가로 세분할 수 있는데, 덴마크는 자유주의형 국가와 유사한 수준의 유연화된 노동시장을 가지고 있지만, 스웨덴보다도 높은 수준의 실업급여와 사회적 안전망을 가지고 있어 전통적인 사민주의형 사회투자국가와는 차별된다.[12] 이러한 유형화 작업과 더불어 그는 사회투자국가의 성과를 경제

---

12) 그는 OECD 21개국을 대상으로 군집분석을 실시하여, 이러한 주장의 내용을 확인하고 있다. 분석에 활용된 변수는 GDP 대비 사회복지지출 1999-2001년 평균값, GDP 대비 노동

성장, 노동시장, 분배, 거시경제안정, 그리고 인적자원개발의 부분으로 구분하여 비교하고 있다. 그 결과 사민주의형 사회투자국가인 스웨덴과 덴마크는 5개 부분별로 균형잡힌 성과를 보이고 있으며, 자유주의형 사회투자국가인 영국도 다른 선진 자본국가인 미국, 독일, 일본과 비교해 볼 때 우수한 성과를 보이고 있다.

한편 성은미(2008)는 사회투자전략을, 복지급여의 수급자격, 일·가정 양립정책의 공급주체, 사회투자국가와 전통적 복지국가의 관계라는 세 가지 기준의 차이에 기초하여, 자유주의적 사회투자전략과 사민주의적 사회투자전략으로 구분하였다. 즉, 사민주의 사회투자전략은 시민권에 기초하여 복지급여의 수급자격이 결정되고, 일·가정 양립을 지원하기 위한 복지서비스가 국가를 중심으로 공급되며, 사회투자전략을 실현하기 위한 필요조건으로 전통적 복지국가가 존재한다. 반면 자유주의 사회투자전략은 복지급여가 여성과 아동이라는 목표 집단을 중심으로 제공되고, 일·가정 양립정책도 민간을 중심으로 공급되며, 기존의 전통적 복지국가를 대신하여 사회투자국가로 대체된다.

시장정책 지출 2002-2004년 평균값, GDP 대비 ALMPs 지출 2002-2004년 평균값, GDP 대비 PLMPs 2002-2004년 평균값, EPL 2003년, 고용률 2003-2005년 평균값, GDP대비 공공의료비 지출 1999-2001년 평균값, GDP 대비 공교육비 지출 2001-2003년 평균값, GDP대비 무역규모 2002-2004년 평균값, GDP 대비 가족 1999-2001년 평균값, 3-5세 영유아 보육기대연수 등이다. 그러나 이러한 변수의 선정은 각 변수 간 분석 기간이 동일하지 않고 일정기간에 고정되어 있으며, 투자와 결과 변수가 혼재되어 있고, 사회투자전략의 주요 프로그램으로 보기 어려운 것들도 포함되어 있다.

# 3. 연구방법

## 1) 연구대상과 기간

본 연구의 분석 대상 국가는 모두 20개국이다. 복지국가의 역사적 발전과정과 재편에 관한 논의는 선진국을 중심으로 이루어져 왔기 때문에, 본 연구에서도 OECD 회원 국가를 대상으로 분석을 실시하였다. 다만 자료 구성의 한계로 인하여, 전체 30개 회원국 가운데 20개 국가만을 대상으로 제한하였다. 분석의 대상에 포함된 국가는 호주, 오스트리아, 벨기에, 캐나다, 덴마크, 핀란드, 프랑스, 독일, 룩셈부르크, 네덜란드, 노르웨이, 뉴질랜드, 아일랜드, 이탈리아, 일본, 한국, 스위스, 스웨덴, 영국, 미국 등이다. 한편 분석 기간은 1995년부터 2003년까지로 한정하였는데, 그 이유는 사회정책 분야에서 사회투자정책이 본격적으로 논의되기 시작한 것이 1990년대 중반 이후이기 때문이다.[13] 테일러-구비(Taylor-Gooby, 2007)에 의하면 복지국가는 크게 세 가지 단계를 거쳐 발달해 왔는데, 고전적 복지국가기(1950~70년대)와 신자유주의적 재편기(1980~90년대)를 지나 사회투자를 강조하는 시기가 도래하였는데, 그 시점은 1990년대 중반 이후이다. 결과적으로 본 연구는 총 20개 국가의 1995년부터 2003년까지의 총 9년간의 자료에 기초하여 연구를 진행하였으므로, 분석에 사용된 총 사례 수는 180개이다.

---

13) 그러나 사회투자정책의 역사적 발전과정에 대한 보다 광범위한 이해를 도모하기 위하여, 적극적 노동시장정책과 아동 및 가족복지서비스의 지출 수준은 1990년부터 2003년까지 그 기간을 확대하여 변화를 관찰하였다.

## 2) 주요 변수와 자료

본 연구에서는 각 국가의 사회투자전략의 유형을 구분하기 위하여, 김연명(2007a)이 주장한 사회투자전략의 두 가지 주요 프로그램을 활용하였다. 그는 사회투자전략의 주요 프로그램을 적극적 노동시장정책을 중심으로 한 활성화정책과 아동 및 여성복지서비스 정책, 그리고 자산형성정책으로 요약하였는데, 그 가운데 자산형성정책은 미국, 영국, 캐나다, 한국 등의 몇몇 국가에서만 제한적으로 실시되고 있기 때문에, 본 연구에서는 활성화정책과 아동 및 여성복지서비스 정책에 주목하였다.[14] 본 연구에서 활용한 적극적 노동시장정책에는 직업알선 등의 고용서비스employment service를 비롯하여 직업훈련labour market training, 임금보조subsided employment, 청소년과 장애인을 위한 고용서비스 등과 같은 북구 유럽의 전통적인 프로그램들뿐만 아니라, 영국의 뉴딜정책과 같은 징벌적이고 조건부로 제공되는 근로연계복시의 지출도 포함되어 있다.[15] 한편 아동 및 여성복지정책은 아동의 미래 노동시장 참여를 돕기 위한 정책과 여성의 일·가정양립을 지원할 수 있는 정책으로 구분할 수 있는데, 본 연구에서는 OECD에서 제공한 가족복지family expenditure 서비스를 대리 변수로 사용하였다. 가족복지서비스 지출의 세부 내용에는 아동

---

14) 아동발달계좌를 운영하는 대표적인 국가로는 영국, 미국, 캐나다로 각각 아동신용기금(CTF: Child Trust Fund), 아동투자 및 발달계좌(KIDS: Kids Investment and Development Saving Account), 교육저축프로그램(RESP: Registered Education Savings Plan)을 운영하고 있다.

15) 킬달(Kildal, 2001)은 복지와 노동을 연결하기 위한 활성화정책의 유형을 크게 미국의 근로연계복지(workfare) 유형, 영국의 복지에서 근로로(welfare to work) 유형, 그리고 북유럽의 적극적 노동시장정책(ALMP) 유형으로 구분하였다. 영국의 W to W 유형의 대표적인 제도인 뉴딜정책(New Deal Program)은 직업훈련과 평생교육을 강조하고 선택조항이 포함되어 있다는 점에서 미국의 근로연계복지와 조금 다르기는 하나, 내용상 근본적인 차이를 발견하기 어렵다. 동시에 이 두 가지 유형은 제도 형성의 맥락이나 내용면에서 북유럽의 적극적 노동시장정책과는 매우 다른 이질적인 성격을 가지고 있다(김종일, 2005, 152~153에서 재인용).

혹은 가족수당<sup>child or family allowance</sup>과 아동보호나 영아교육 관련 보조금<sup>childcare support & early education</sup>, 그리고 유급출산휴가<sup>maternity leave</sup> 혹은 유급아동양육휴가<sup>parental leave</sup>와 같은 현금급여 뿐만 아니라, 보육서비스<sup>day care</sup>나 가사도우미<sup>home-help</sup> 서비스와 같은 사회복지서비스 급여가 포함되어 있다.[16] 결과적으로 사회투자국가의 유형화에 활용된 자료는 각국의 GDP 대비 적극적 노동시장정책 지출 비중과 GDP 대비 아동 및 가족복지서비스 지출 비중이고, 자료의 출처는 OECD(2007a)에서 발행한 사회복지지출데이터<sup>SOCX: Social Expenditure Database</sup>이다.

본 연구에서는 사회투자정책의 유형과 지출 수준에 따른 성과를 비교·분석하기 위한 변수로 고용률, 여성고용률, 실업률, 비정규직 비율, 빈곤율, 그리고 소득불평등 정도를 보여주는 지니계수를 사용하였다. 이는 사회투자정책이 궁극적으로 모든 사회구성원들의 고용가능성을 높이기 위한 목적과 사회통합의 목적을 가지고 있다고 가정하기 때문이다. 따라서 사회투자정책의 성과는 전체 고용률, 인구집단별 고용률, 노동생산성 등의 경제적 측면과 빈곤율, 사회불평등도, 사회적 배제 등의 사회적 측면으로 구분하여 분석할 수 있다. 그러나 본 연구에서는 자료 구성의 한계로 인해 전체 고용률과 실업률, 여성고용률, 빈곤율, 지니계수를 사용하였으며, 고용의 질에 대한 성과를 분석하기 위하여 비정규직 비율 변수를 대리지표로 사용하였다. 이 가운데 고용

---

16) 이 외에도 노인복지서비스도 사회투자전략의 하나로 볼 수 있다는 지적이 있다. 이는 가사 도우미 서비스와 같이 노인에게 제공되는 현물 중심의 서비스는 전통적인 가족의 돌봄 기능을 국가가 대신하는 것으로써, 그동안 돌봄 노동에 종사해 왔던 여성의 노동시장 참여를 독려할 수 있다는 점에서 사회투자전략에 포함시킬 수 있다는 주장이다(Bonoli, 2006). 그러나 본 연구에서는 자료 구성의 어려움으로 인해 이 항목을 포함하지 않았으며, 이는 연구의 한계로 인정할 수밖에 없다. 이처럼 복지국가의 제도를 고전적인 사회정책과 사회 투자전략으로 구분하는 것은 매우 애매한 작업이다. 이를 가장 손쉽게 구분하는 방법으로 제도가 목적으로 하는 것이 신사회적 위험에 대한 대응인지 구사회적 위험에 대한 대응인 지를 가지고 구분하라는 귀띔이 있다. 그러나 이도 어려운 것이 보건(health care)이나 교육(education)과 관련된 제도를 어느 한 부분으로 분류하는 것이 쉽지 않기 때문이다.

관련 변수들은 OECD(2007b)에서 자료를 추출하였고, 빈곤율은 Föster & D'Ercole(2005)가 작성한 보고서의 2차 자료를 활용하였다. 그들은 중위소득의 50%로 측정된 상대적 빈곤율을 제공하고 있는데, 각국의 1995년과 2000년의 빈곤율만을 보고하고 있기 때문에, 본 연구에서는 두 기간의 평균값을 산출하여 그 성과를 비교하였을 뿐, 결합회귀분석을 통해 그 결과를 확인하지는 못했다.[17] 한편 지니계수는 WIID[World Income Inequality Database] 원자료를 조정하여 분석에 포함하였다. 이 자료에서 제공하는 지니계수는 World Bank, LIS[Luxembourg Income Study], Transmonee 등의 다양한 출처에서 추출한 자료에 기초하여 만들어진 수치로, 분석 단위, 대상 소득, 시기와 공간 등에서 일치성[comparability]과 관련된 한계가 있다. 본 연구는 자료에서 제공하는 지역범위를 전체지역으로 확대하고, 계수를 추정하는 소득의 정의를 가구균등화지수로 조정된 과세소득으로 한정하여, 자료의 일관성을 추구하기 위해 노력하였다.

이외에도 본 연구에서는 결합회귀분석을 통해 사회투자정책의 세부 프로그램과 개별 성과간의 관계를 분석하고 있는데, 보다 정확한 변수간의 관계를 분석하기 위해 소득보장지출과 1인당 GDP 변수를 모델에 포함하였다. 소득보장정책에 포함된 세부 항목들은 노령연금급여, 유족현금급여, 장애급여, 그리고 실업급여 등이며, 이 변수의 출처도 OECD(2007a)의 SOCX 자료이다.

---

17) 그들은 모든 국가의 상대적 빈곤율을 1995년과 2000년으로 구분하여 관찰하고 있는데, 자료 구성의 어려움으로 인해 일부 국가들은 1995년의 수치를 1993년(오스트리아), 1994년(호주, 덴마크, 프랑스, 독일, 일본), 1996년(뉴질랜드)의 자료로 대신하거나, 2000년의 수치를 1999년(호주, 오스트리아)과 2001년(독일, 룩셈부르크, 뉴질랜드, 스위스)의 자료로 대신하고 있다.

## 3) 분석 방법

본 연구에서는 앞서 제시한 연구문제를 해결하기 위하여 기술적 분석, 군집분석, 그리고 결합회귀분석<sup>pooled cross-sectional time- series regression</sup>의 방법을 사용하였다. 우선 기술적 분석을 통해 사회투자유형별 적극적 노동시장정책과 아동 및 가족복지서비스 지출의 변화, 그리고 사회투자정책의 성과를 비교하였다. 또한 사회투자전략에 기초하여 복지국가의 유형을 구분하기 위하여, 개별 국가의 적극적 노동시장정책과 아동 및 가족복지서비스 지출 비중을 표준화<sup>standardize</sup>된 값<sup>z-score</sup>으로 전환한 뒤 분석기간 동안의 평균값을 산점도<sup>scatter plot</sup>에 표시하였다. 이후 구별된 복지국가의 유형을 확인하기 위하여 계층적 군집분석을 실시하였다. 군집분석은 개체의 특성을 나타내는 변수들을 미리 정해진 기준에 근거하여 추출한 뒤, 각 특성의 유사성에 따라 개체들을 동질적인 집단으로 분류하는 통계적 기법으로, 두 개체 간의 거리를 활용하여 집단화 하는 것이 계층적 군집분석이다. 계층적 군집분석의 과정에서 거리측정치는 유클리디안 제곱거리<sup>squared euclidean distance</sup>를 채택하였고, 척도불편성<sup>scale invariance</sup>을 갖지 않아서 생길 수 있는 왜곡 현상을 방지하기 위하여 모든 변수 값을 표준화 점수로 전환하여 분석에 이용하였다. 또한 군집화의 과정에서 군집 간의 거리는 집단 간 연결법<sup>between group linkage method</sup>과 최소분산연결법<sup>ward linkage method</sup>을 이용하였다. 그리고 앞서 구분한 사회투자 유형의 연도별 변화추이를 관찰하기 위하여, 관찰시점을 1990년, 1995년, 2000년, 2003년의 네 차례로 구분하여 군집화를 시도하였다.

이후 본 연구는 고용률, 여성고용률, 실업률, 그리고 지니계수에 대한 사회투자전략의 효과를 분석하기 위하여 결합회귀분석을 시도하였다. 본 연구에서 사용되는 결합회귀분석의 공식은 다음과 같으며, 위의 분석을 위해 SAS Program의 TSCSREG<sup>Time Series Cross Section Regression</sup> 명령문을 이용하였다.

$$고용율 = f(\text{GDP, 사회투자지출, 소득보장지출, 사회투자지출} \times \text{소득보장지출})$$

$$Y_{it} = a + \sum_{k=1}^{p} X_{itk}\beta_k + U_{it}$$

여기서 i는 횡단면 자료의 수를 의미하는 것으로 본 연구의 경우 20개 국가이며, t는 시계열 자료의 수를 의미하는 것으로 본 연구는 1995년부터 2003년까지의 9개 년도의 사례를 포함하고 있다. 그리고 독립변수를 의미하는 $P$는 분석에 따라 3개에서 5개로 구분된다. 본 연구의 분석방법은 위의 공식에서 오차항 $U$를 횡단면 자료에 의한 오차와 시계열 자료의 오차, 그리고 이들의 결합 오차가 모두 결합된 것으로 파악하는 Fuller-Battesse 모형에 따른 것으로, 일종의 two way random effects 모형의 형태이다. 즉, 분산성분<sup>variance components</sup>의 추정을 위해 상수적합법<sup>fitting - of - constants method</sup>을 사용하고 회귀계수의 추정을 위해서는 일반화 최소 자승법을 사용하는 것이다(강철희, 김교성, 김영범, 2001에서 재인용).

## 4. 연구결과

### 1) 복지국가의 유형화

적극적 노동시장정책과 아동 및 가족복지서비스 지출 비중의 표준화된 평균값에 기초하여 복지국가의 유형을 구분해 보면, 크게 네 가지 유형으로 구별된다. 그 유형은 적극적 노동시장정책과 아동 및 가족복지서비스 지출 비중이 상대적으로 모두 높은 사회투자국가와 그 중 하나의 지출 비중만 높은 적극적 노동시장정책 중심국가(이하 ALMP 중심국가)와 아동 및 가족복지서비스 중심국가(이하 아동가족 중심국가), 그리고 두 제도의 지출 비중이 모두 낮아 사회투자국가로 보기 어려운 자유주의 복지국가이다. 복지국가의 유형별 개별 프로그램의 지출 수준의 변화와 각국의 변화 추이는 부록에 제시되어 있다. 사회투자국가 가운데 스웨덴과 덴마크는 적극적 노동시장정책과 아동 및 가족복지서비스 지출 비중이 다른 국가들에 비해 월등히 높게 나타나고 있음을 알 수 있다. 그 외의 사회투자국가군에 포함된 국가들도 두 정책의 지출 규모가 모두 상대적으로 높게 나타나지만, 그 수준이 개별 프로그램을 강조하는 다른 국가군(ALMP 중심국가와 아동가족 중심국가)과 각각 유사한 정도를 보이고 있다. 한편 자유주의 국가는 두 정책 모두 상당히 낮은 수준의 지출 규모를 보이고 있으며, 한국은 외환위기 직후의 적극적 노동시장정책을 제외하곤 두 정책 분야에서 최저 수준의 지출을 나타내고 있다.

우선 사회투자국가에는 전통적으로 적극적 노동시장정책과 아동 및 가족복지서비스의 지출 수준을 크게 확대해 왔던 스웨덴과 덴마크를 비롯하여, 노르웨이, 핀란드, 프랑스, 벨기에 등이 포함되어 있다. 주지하다시피 스웨덴은 1950년대 중반부터 적극적 노동시장정책을 도입하여 고용정책과 복지정책을 조응시켜 왔으며, 양성평등 정신에 기초하여 이미 오래전부터 돌봄과 관련된 사회적 위험에 대응해 왔다. 그리고 덴마크는 최근 EU와 OECD를 비롯한 많은 정책 보고서에서 미래의 대안적 모델로 제시되고 있는 사회투자의 선진국이다. 이른바 황금삼각형

 모델로 불리는 덴마크의 사회투자 모델은 유연한 노동시장과
관대한 소득보장정책을 결합하고, 적극적 노동시장정책을 통해 개인의
인적자본과 생산성의 향상을 동시에 추구하고 있다(양재진 외, 2007:
68-70). 또한 높은 수준의 공보육 분야에 대한 투자와 세 가지의 유급휴
가제도(자녀양육, 교육, 안식년제도)를 통해 여성 친화적인 사민주의
복지국가의 모습도 보이고 있다. 한편 노르웨이와 핀란드는 스웨덴과
덴마크 정도는 아니지만, 높은 수준의 부모휴가 급여와 아동양육수당의
지급을 통해 노르딕 국가군의 사회투자발전 전략에 동참하고 있는 것처
럼 보인다. 그리고 프랑스는 통합정책insertion에 기초한 적극적인 활성화정
책과 더불어 부모휴가와 공보육 측면에서 일·가족양립을 위한 지원정
책도 발달되어 있어 여성의 경제활동참여율이 높은 국가이다.[18]

그리고 ALMP 중심국가에는 독일과 네덜란드, 그리고 아일랜드가
있다. 보수주의 복지국가이면서 전통적인 남성생계부양자 모델의 대
표적인 국가인 독일에서는 점차 아동양육시설이 확대되는 것처럼 보이
나, 아직도 가족과 여성의 역할에 대한 근본적인 대책을 마련하지 못하
고 있다. 독일의 적극적 노동시장정책은 연방고용청에서 제공하는 직
업지도, 취업알선, 직업훈련, 고용보조금제도와 고용창출 프로그램으
로 구성되어 있으며, 1999년에는 청소년 실업 감소 특별프로그램을 실
시하였고, 2002년부터는 직무순환제job rotation scheme를 도입하였으며, 2003년
부터는 창업비용지원제를 신설할 만큼 활발하게 운영되고 있다. 그러

---

18) 근로연계복지가 미국적이라면 통합정책(insertion)은 프랑스적이다. 프랑스인들은
insertion이 통합(integration)으로 번역되는 것도 싫어할 만큼, 정책의 기저에 사회적 배
제를 경험하는 사람에 대한 사회와 노동시장에의 (재)통합의 철학이 담겨져 있다고 자부하
고 있다. 김종일(2005)은 프랑스의 통합정책이 수급자의 구직활동을 급여수급의 전제조건
으로 삼지 않고, 노동시장과 관련한 다양한 사회적 서비스를 포함하고 있다는 점에서 근로
연계복지나 활성화정책과는 일정정도 거리가 있다고 지적하고 있다.

나 OECD의 한 보고서에 의하면 독일의 직업훈련제도는 기능의 습득
보다는 소득유지의 목적으로 운영되고 있으며, 고용보조금제도는 사
중손실효과[deadweight effect]가 너무 크게 나타나, 정책의 효과가 그리 크지 않
다고 지적하고 있다(전병유 외, 2005: 89, 97-98).[19] 또한 네덜란드와
아일랜드는 덴마크와 함께 GDP의 45% 이상을 노동시장정책에 사용
하고, 그 가운데 30-40%를 적극적 노동시장정책에 투자하고 있으며
(전병유 외, 2005: 204-205), 적극적인 일자리 창출을 통해 실업 감소
의 효과를 누리고 있는 국가들이다. 이 가운데 특히 네덜란드는 한때
14%이상의 고실업과 고용없는 복지의 대표 국가로 인식되었으나,
1982년 바세나르 협약 이후 노·사가 임금인상을 억제하고, 노동집약
적 서비스업 일자리를 창출하거나 재분배하는 동시에 복지개혁의 노력
을 진행하여, 1990년대 중반 이후 경제성장과 실업률 감소라는 '네덜
란드의 기적'을 이루어 냈다.[20]

　아동가족 중심국가에는 룩셈부르크, 오스트리아, 호주, 영국, 뉴질랜
드가 포함되어 있다. 영국은 소위 '복지에서 근로로'[welfare to work]라는 슬
로건 아래 뉴딜정책을 통해 활성화정책을 강력하게 추진한 국가로 인
식되었지만, 그와 관련한 상대적 지출 규모는 그리 크지 않았으며, 오
히려 아동 및 가족복지서비스 지출 규모가 큰 국가로 분류되었다. 실제
노동당 정부는 국가의 미래에 대한 투자를 강조하는 차원에서 아동급
여[child benefit]의 인상과 공공보육 서비스의 획기적인 확대에 기초한 아동
관련 지출을 대폭적으로 증가시켰다. 또한 일·가정양립을 지원하기

---

19) 적극적 노동시장정책은 제도가 가지는 대체효과와 사중손실효과로 인해 정책의 긍정적인
　　효과에 대해 많은 의구심이 제기되고 있다. 이러한 부정적인 인식으로 인해 OECD에서는
　　적극적 노동시장정책의 일방적인 확대를 권장하지 않고 있다.
20) 그러나 네덜란드의 고성장과 저실업의 기적에는 OECD 국가에서 가장 높은 수준을 보이
　　고 있는 비정규직 비율 — 특히 서비스업에 종사하는 여성 — 의 실상이 숨겨져 있다.

위해 출산휴가를 확대하고 육아휴가를 도입하였으며, 남성의 법정 출산휴가제도를 도입하여 가족의 돌봄과 관련된 지출을 크게 확대하였다 (Finch, 2003). 영국의 사회투자전략은 알려진 것과 다르게 여성의 취업과 가정 친화적인 성격을 강조하고 있다.

마지막으로 자유주의 국가군에는 스위스, 이탈리아, 캐나다, 미국, 일본, 그리고 한국이 포함되어 있다. 여기에 포함된 국가들은 다른 국가들에 비해 적극적 노동시장정책이나 아동 및 가족복지서비스 지출 수준이 상대적으로 매우 낮게 나타나는 국가들로 비사회투자국가라고 할 수 있다. 한편 군집분석의 결과로 나타나는 수렴도<sup>dendrogram</sup>는 이러한 유형 구분의 결과를 확인시켜 주고 있다. 수렴도는 크게 네 가지 군집의 구분을 확실하게 보여주고 있으며, 기준을 5단위로 낮추어 관찰하면 다섯 가지 군집의 구분이 가능해진다. 이는 사회투자국가군에서 스웨덴과 덴마크의 수치가 다른 국가들에 비해 상대적으로 매우 높은 수준을 보이고 있기 때문이다. 따라서 사회투자국가는 스웨덴과 덴마크와 같은 진정한<sup>genuine</sup> 사회투자국가와 다른 국가들이 포함된 준<sup>quasi</sup>사회투자국가로 구분할 수 있다. 또한 아동가족 중심국가 가운데 룩셈부르크는 여타 국가들과 조금 상이한 모습을 보이고 있으며, 자유주의 국가도 캐나다, 이탈리아, 스위스와 미국, 일본, 한국으로 세부 구분이 가능하다.

본 절에서는 이러한 사회투자국가의 유형을 연도별로 구분하여 살펴봄으로써, 각국의 사회투자 관련 노력에 대한 역사적 발전과정을 검토하였다. 그림 14-2의 1990년 분석의 결과를 보면, 스웨덴은 이미 ― 그리고 유일하게 ― 상대적으로 매우 높은 수준의 적극적 노동시장정책과 아동 및 가족복지서비스 지출을 보이고 있어, 이미 그 시기부터 사회 구성원의 노동시장 참여와 돌봄 노동에 대한 다양한 형태의 사회복

지서비스를 마련하고 새로운 사회적 위험에 효과적으로 대처해 왔음을
알 수 있다. 사실 사회투자국가라는 이름을 만든 것은 기든스이지만,
투자적 사회정책이라는 아이디어는 1930년대 스웨덴의 경제학자 군나
르 뮈르달에 의해 처음 등장하였으며, 스웨덴은 전후부터 지금까지 그
의 아이디어에 기반을 둔 보편주의적인 사회정책을 지속적으로 추구하
고 있다(김영순, 2007: 87). 또한 그 시기에는 상대적으로 개별 국가의
사회투자 관련 지출수준이 직선관계linear를 보이고 있다. 즉, 사회투자정
책의 두 가지 주요 프로그램인 적극적 노동시장정책과 아동 및 가족복
지서비스 지출 수준이 상대적으로 매우 높은 스웨덴으로부터 가장 낮
은 수준인 한국과 미국, 일본에 이르기까지 하나의 방향성pattern을 보이
고 있다는 것이다. 그러던 것이 1995년에는 덴마크, 핀란드의 사회투
자정책에 대한 지출 수준이 급격하게 증가하면서 노르웨이와 함께 사
회투자국가군으로 승격(?)되고 있다. 그러나 프랑스와 벨기에는 아직
도 ALMP 중심국가군에 포함되어 있으며, 아동가족 중심국가군과 자
유주의 국가군에는 큰 변화가 없다. 그러나 점차 적극적 노동시장정책
과 아동 및 가족복지서비스를 강조하는 국가군으로 구분되고 있다.
2000년부터는 앞선 복지국가의 유형화 모습과 유사한 결과가 보이기
시작하는데, 사회투자국가군에 포함되어 있던 노르웨이가 다시 아동
가족 중심국가군으로 이동한 것이 유일한 차이점이다. 2003년의 최근
모습은 사회투자국가 가운데 세부 프로그램들에 대한 덴마크의 경이로
운 지출 수준의 상대적 우월성이 확인되고, 아일랜드가 아동가족 중심
국가군으로 이동하는 동시에 동 국가군의 아동 및 가족복지서비스
지출 비중의 변이variance가 점차 확대되고 있으며, 스위스와 이탈리아가
자유주의 국가군에서 벗어나 ALMP 중심국가군으로 이동하고 있다.
결과적으로 관찰의 마지막 시점까지 자유주의 복지국가군에 머물러 있

그림 14-1_사회투자전략에 기초한 복지국가의 유형과 수렴도

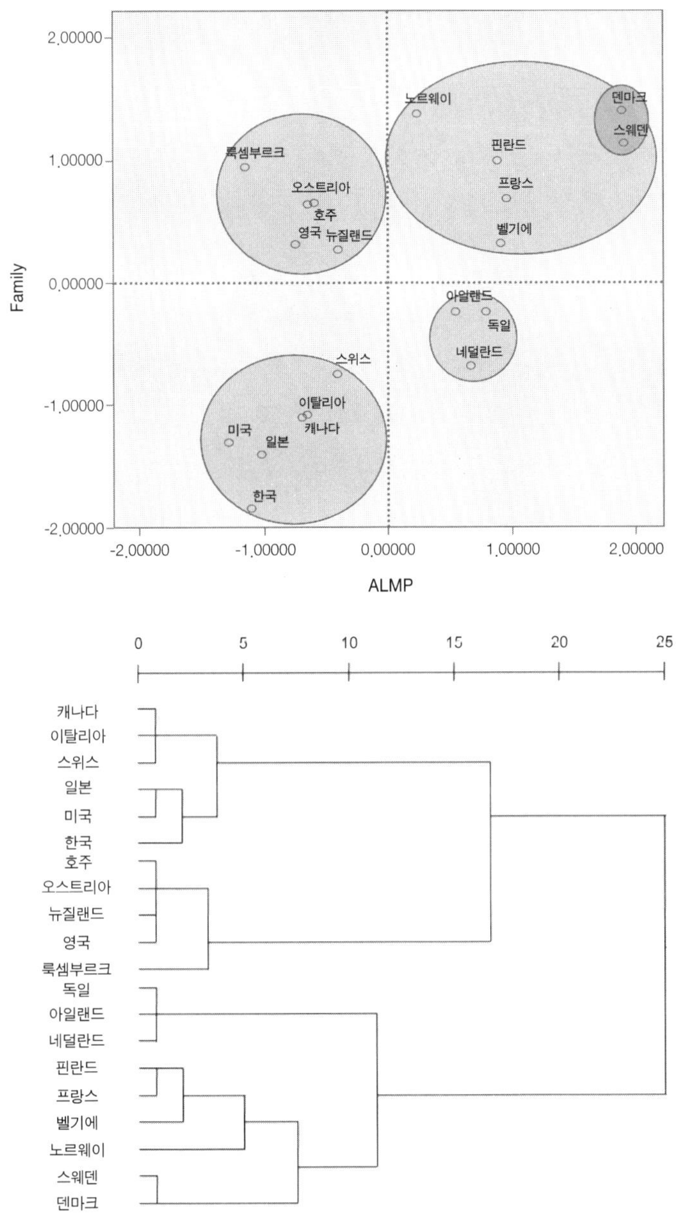

2.00000
1.00000
0.00000
-1.00000
-2.00000
Family
ALMP
-2.00000
-1.00000
0.00000
1.00000
2.00000
노르웨이
덴마크
스웨덴
룩셈부르크
핀란드
오스트리아
프랑스
호주
영국 뉴질랜드
벨기에
아일랜드
독일
네덜란드
스위스
이탈리아
캐나다
미국
일본
한국
0
5
10
15
20
25
캐나다
이탈리아
스위스
일본
미국
한국
호주
오스트리아
뉴질랜드
영국
룩셈부르크
독일
아일랜드
네덜란드
핀란드
프랑스
벨기에
노르웨이
스웨덴
덴마크

그림 14-2_사회투자전략에 기초한 복지국가 유형의 변화

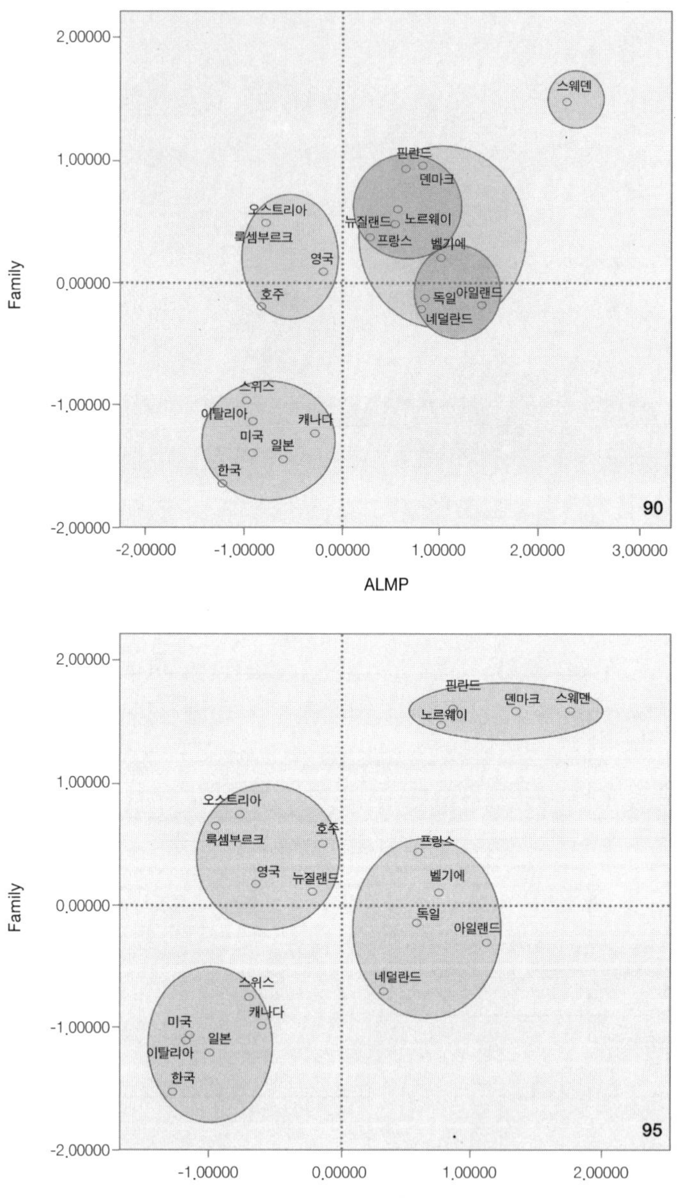

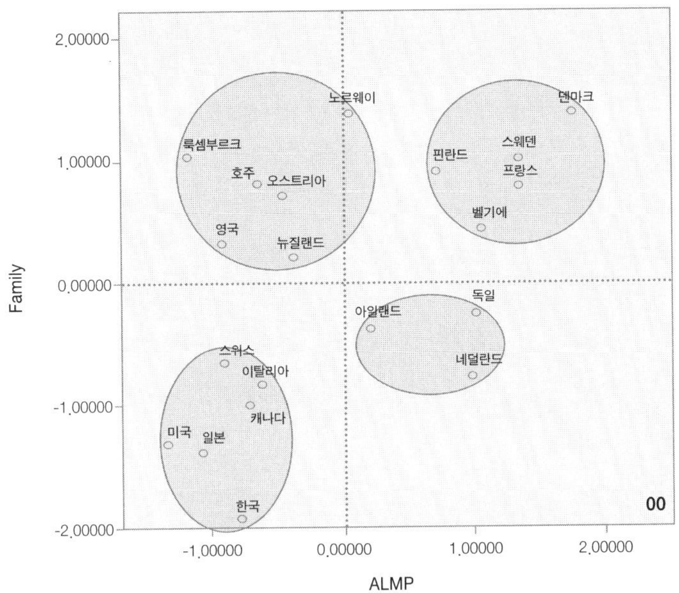

노르웨이
덴마크
룩셈부르크
스웨덴
핀란드
프랑스
호주
오스트리아
벨기에
영국
뉴질랜드
아일랜드
독일
네덜란드
스위스
이탈리아
캐나다
미국
일본
한국
00
Family
ALMP
2.00000
1.00000
0.00000
-1.00000
-2.00000
-1.00000
0.00000
1.00000
2.00000


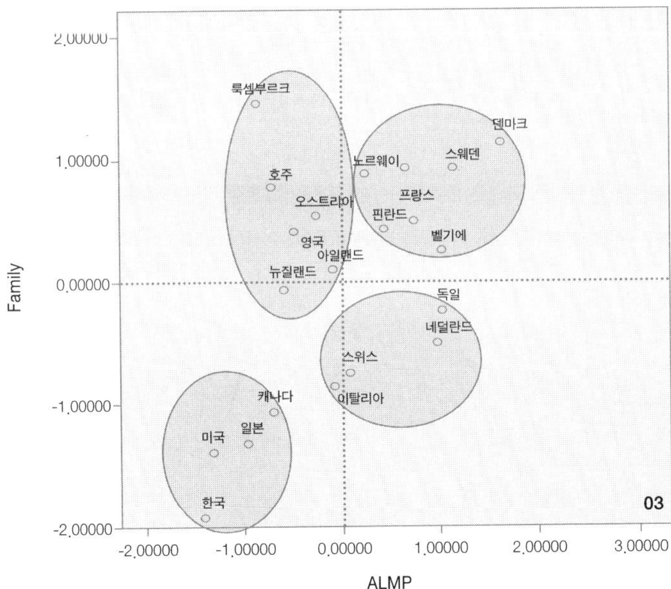

룩셈부르크
덴마크
노르웨이
스웨덴
호주
프랑스
오스트리아
핀란드
벨기에
영국
아일랜드
뉴질랜드
독일
네덜란드
스위스
이탈리아
캐나다
미국
일본
한국
03
Family
ALMP
2.00000
1.00000
0.00000
-1.00000
-2.00000
-2.00000
-1.00000
0.00000
1.00000
2.00000
3.00000

는 국가는 한국을 비롯한 일본, 미국, 캐나다 등의 시장 중심적인 자유
주의 국가들 뿐이다.

## 2) 사회투자전략의 성과

사회투자전략의 궁극적인 목적은 사회구성원들의 노동시장에의 참
여를 독려하는 것이다. 따라서 사회투자전략의 성과는 그 사회의 고용
과 관련된 여러 가지 지수인 고용률, 여성고용률, 실업률, 그리고 비정
규직 비율을 통해 비교·분석하였다. 동시에 사회투자전략의 빈곤과
소득불평등 감소 혹은 완화효과를 간접적으로 평가하기 위하여, 상대
적 빈곤율과 지니계수를 이용하였다. 그림 14-3은 사회투자국가의 성
과를 간단한 그림으로 보여주고 있는데, 그에 앞서 복지국가의 유형별
사회복지관련 지출의 규모도 함께 비교하고 있다. 우선 왼쪽의 그림을
보면, 스웨덴과 덴마크의 경우, 적극적 노동시장정책과 아동 및 가족복

그림 14-3_복지국가의 유형별 복지관련 지출과 성과의 비교

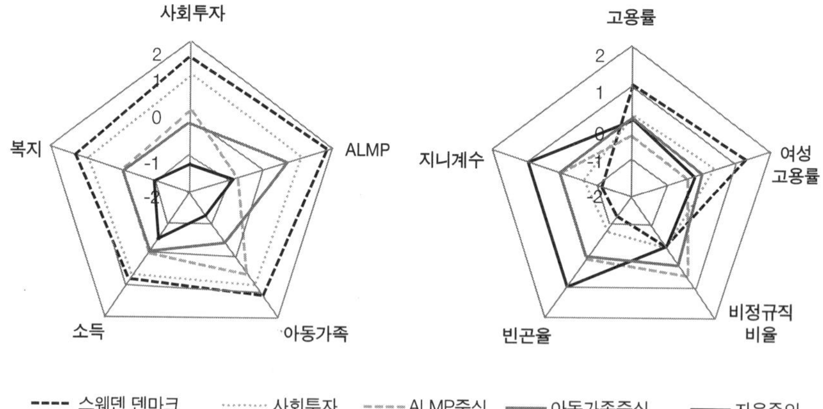

지서비스 지출을 포함한 사회투자 지출뿐만 아니라, 전체 사회복지지출과 전통적인 소득보장지출의 규모도 가장 높은 수준을 보이고 있다. 그리고 사회투자국가들이 상대적으로 높은 수준의 사회복지, 소득보장 및 사회투자 지출 비중을 보이고 있으며, 자유주의 국가들은 모든 영역에서 가장 낮은 수준의 지출을 하고 있다. 이는 스웨덴과 덴마크가 사회투자정책에 대한 확장과 동시에 전통적인 복지국가 프로그램에 대한 지속적인 확장을 함께 추진해 왔다는 사실을 확인시켜 주는 것이다.

이러한 경향은 사회투자전략의 성과에 대한 비교에서도 유사하게 나타난다. 즉 스웨덴과 덴마크는 물론이고 이들을 포함한 사회투자국가의 경우, 고용률과 여성고용률의 수치가 상대적으로 매우 높게 나타나는 반면 비정규직 비율은 낮게 나타나고 있어, 사회투자전략이 고용의 양과 질 측면에서 바람직한 성과를 발휘하고 있음을 알 수 있다. 또한 소득분배정도의 결과를 보여주는 상대적 빈곤율과 지니계수의 수치도 상대적으로 매우 낮게 나타나고 있다. 그러나 자유주의 복지국가의 경우, 비정규직의 비율은 그리 높지 않지만, 고용률과 여성고용률의 수치가 상대적으로 매우 낮은 수준이며, 동시에 빈곤율과 지니계수의 수치는 매우 높게 나타나, 낮은 수준의 사회투자와 소득보장 및 사회복지지출의 부정적인 결과를 확인시켜 주고 있다. 한편 ALMP 중심국가의 고용률과 여성고용률은 비교 대상 국가군에 비해 가장 낮고 비정규직 비율은 가장 높아, ALMP 중심국가군의 좋지 않은 고용관련 성과를 보여주고 있다. 이러한 결과는 OECD 보고서가 권고한 독일의 적극적 노동시장정책에 대한 한계와 일치하며, 또한 후버와 스티븐스(Huber & Stephens, 2001)의 지적처럼 1990년대 유럽의 고용문제는 보수주의 국가들이 여성노동력을 노동시장에 흡수시키지 못한데 있다는 사실을 확인시켜주는 것이다. 참고로 이러한 복지국가 유형별 복지, 고용, 빈곤관련 지수의 평균값은 모두 통계학적으로 유의미한 수준에서 그 차이를 보이고 있다.

본 연구에서는 사회투자전략의 성과를 분석하기 위하여, 고용과 소득분배 관련 변수를 종속변수로 하고, 사회투자정책, 소득보장정책, 양 정책 간 상호작용 변수, 그리고 GDP 변수를 독립변수로 모델에 투입하여 결합회귀분석을 실시하였다. 그 결과 표 14-1과 같이, 고용률, 여성고용률, 실업률을 종속변수로 하여 분석한 모델에서는 사회투자와 소득보장지출 간에는 상호작용효과가 있는 것으로 판단된다.[21] 이를 해석하자면, 소득보장정책의 지출 수준이 증가함에 따라 고용률에 미치는 사회투자지출의 영향력은 양의 방향으로 증가한다는 것을 의미한다. 사회투자와 소득보장 지출의 규모가 개별적으로 고용률을 높이기에는 일정 수준 한계가 있지만, 두 가지 정책의 지출 규모가 함께 성장할 경우 고용률은 증가할 수 있다는 것이다. 따라서 사회투자정책이 한 사회의 고용률을 증가시키는데 긍정적인 효과를 발휘하기 위해서는, 소득보장정책의 확대가 동반되어야 한다. 그리고 이러한 결과는 여성의 고용률과 실업률을 종속변수로 한 변수에서도 거의 유사하게 나타난다. 따라서 여성의 고용률을 증대시키고 실업률을 감소시키기 위한 노력도 사회투자정책과 소득보장정책의 동시 확대 전략으로 통일되어야 한다. 이러한 분석의 결과에 기초해 볼 때, 사회투자전략은 기존의 소득보장정책을 대체하는 사회투자국가의 관점에서 주장되는 것이 아니라, 기존의 소득보장정책을 보완하는 성격의 사회투자전략으로 기

---

21) 상호작용변수(interaction variable)를 포함한 회귀식을 해석하는데 있어 주의할 점은 상호작용변수를 구성하는 개별 변수의 통계적 유의도에는 관심을 가질 필요가 없다는 것이다(Allison, 1998). 상호작용변수가 포함된 회귀식에는 반드시 상호작용변수를 구성하는 개별 변수들이 포함되어야 하는데, 상호작용변수가 통계적으로 유의미할 경우, 이 두 변수의 회귀계수는 단지 상수항과 같이 취급해 주면 된다. 따라서 표 14-1에서, 사회투자와 소득보장 변수의 개별 계수가 종속변수에 가지는 부적(-) 방향성은 그 의미가 크지 않다.

**표 14-1_세부 사회투자 프로그램의 성과**

| 종속변수 | 고용률 | | 여성고용률 | | 실업률 | | gini 계수 | |
|---|---|---|---|---|---|---|---|---|
| | 계수 | SE | 계수 | SE | 계수 | SE | 계수 | SE |
| GDP | 0.001 | (0.01) | 0.001*** | (0.01) | -0.001 | (0.01) | 0.01 | (0.01) |
| ALMP | -6.818*** | (1.13) | -5.606*** | (1.28) | 5.598*** | (0.97) | 1.59 | (113.40) |
| 아동 및 가족복지 | 1.807*** | (0.46) | 2.351*** | (0.53) | -0.526 | (0.35) | -21.23 | (54.82) |
| 소득보장 | -1.152*** | (0.15) | -1.241*** | (0.17) | 0.566*** | (0.11) | -24.18 | (14.34) |
| ALMP × 소득보장 | 0.290** | (0.09) | 0.287** | (0.10) | -0.165* | (0.08) | | |
| 상수 | 76.920*** | (2.74) | 64.363*** | (3.39) | -1.098 | (1.79) | 500.92* | (228.50) |
| $R^2$ | 0.571 | | 0.570 | | 0.472 | | 0.028 | |
| F value | 343.09*** | | 173.27*** | | 45.11*** | | 3.57** | |

* 주: *$p < 0.05$, **$p < 0.01$, *** $p < 0.001$

능한다는 점을 간접적으로 확인할 수 있다. 어쩌면 보편주의적인 소득보장제도의 확립은 사회투자전략을 수립하여 지속하는데 필수적인 전제조건[prerequisite]인지도 모른다. 그러나 지니계수를 종속변수로 한 분석에서는 사회투자와 소득보장의 상호작용변수가 통계적으로 유의미하지 않았다. 이는 통계적으로 유의미한 상호작용효과가 존재하지 않는다는 것을 의미하는 것이므로, 지니계수에 대한 분석에서는 상호작용변수를 제외한 원래의 독립변수만으로 회귀모형을 구성하였다. 그러나 사회투자정책과 소득보장정책의 지출 수준은 지니계수를 감소시키는 데 유의미한 영향력을 행사하지 못하는 것으로 밝혀졌다. 이러한 결과는 표에는 제시하지 않았지만, 비정규직 비율을 종속변수로 한 분석의 결과에서도 동일하게 나타난다. 사회투자전략의 긍정적인 효과는 ― 소득보장지출과 결합될 때 ― 노동의 양적인 측면에 국한해서 발휘되며, 질적인 측면이나 분배구조의 개선 측면까지 확대되지 못하고 있다.

표 14-2는 사회투자관련 지출을 다시 적극적 노동시장정책과 가족복지서비스 지출로 구분하여 그 성과를 분석한 것이다. 이 분석에서도 개별 사회투자정책과 소득보장정책의 관계를 검증하기 위하여 적극적 노동시장정책과 소득보장정책, 그리고 아동 및 가족복지서비스와 소득

표 14-2_세부 사회투자 프로그램의 성과

| 종속변수 | 고용률 | | 여성고용률 | | 실업률 | | gini 계수 | |
|---|---|---|---|---|---|---|---|---|
| | 계수 | SE | 계수 | SE | 계수 | SE | 계수 | SE |
| GDP | 0.001 | (0.01) | 0.001*** | (0.01) | -0.001 | (0.01) | 0.01 | (0.01) |
| ALMP | -6.818*** | (1.13) | -5.606*** | (1.28) | 5.598*** | (0.97) | 1.59 | (113.40) |
| 아동 및 가족복지 | 1.807*** | (0.46) | 2.351*** | (0.53) | -0.526 | (0.35) | -21.23 | (54.82) |
| 소득보장 | -1.152*** | (0.15) | -1.241*** | (0.17) | 0.566*** | (0.11) | -24.18 | (14.34) |
| ALMP × 소득보장 | 0.290** | (0.09) | 0.287** | (0.10) | -0.165* | (0.08) | | |
| 상수 | 76.920*** | (2.74) | 64.363*** | (3.39) | -1.098 | (1.79) | 500.92* | (228.50) |
| $R^2$ | 0.571 | | 0.570 | | 0.472 | | 0.028 | |
| F value | 343.09*** | | 173.27*** | | 45.11*** | | 3.57** | |

* 주: *$p < 0.05$, **$p < 0.01$, *** $p < 0.001$

보장정책 간 상호작용변수를 함께 투입하여 모델을 구성하였다. 그러나 아동 및 가족복지서비스와 소득보장정책 간 상호작용변수는 통계적으로 유의미하지 않아, 동 변수를 모델에서 제외하고 원 변수인 가족복지서비스 변수만 투입하였다. 그리고 지니계수를 종속변수로 하는 모델의 경우, 두 개의 상호작용변수가 모두 통계적으로 유의미하지 않아, 두 상호작용변수를 제외한 개별 독립변수들만으로 모델을 구성하였다.

분석의 결과, 적극적 노동시장정책은 소득보장정책과 함께 상호작용 효과를 통해 고용률과 여성고용률에 정적인 영향력을 행사하고 있으며, 아동 및 가족복지서비스는 단독으로 고용률과 여성고용률에 정적인 영향력을 행사하는 것으로 밝혀졌다. 적극적 노동시장정책은 소득보장정책을 보완하는 차원에서, 그 지출 수준이 확대되어야 제도가 가지고 있는 성과를 기대할 수 있다. 그러나 아동 및 가족복지서비스 지출은 여성의 일ㆍ가정양립의 고민에 대한 지원을 통해 여성의 고용률 제고에 상당한 기여를 하고 있음을 알 수 있다. 이러한 결과는 실업률을 종속변수로 한 분석에서도 유사하게 나타났지만, 아동 및 가족복지서비스의 실업률 감소에 대한 영향력이 통계적으로 유의미하지 않게 나타났다. 또한 지니계수에 대한 분석의 결과, 모든 독립변수들의 통계적 유의미성을 발견하지 못했다. 적극적 노동시장정책이나 아동 및 가족복지서비스는 고용의 증대나 실업의 감소라는 측면에서 그 성과가 일정부분 반영되고 있으나, 소득상실의 보상이나 분배구조를 개선하는 측면에서의 성과는 부각되지 않는 것으로 보인다.


## 5. 결론


사회투자전략은 궁극적으로 사회구성원들의 고용가능성을 높이기 위한 목적을 가지고 있다. 그러한 목적을 달성하기 위해 개인의 인적자본에 투자하고, 공정한 임금$^{fair\ wage}$과 괜찮은 일자리$^{decent\ job}$를 제공하기 위해 노력하며, 동시에 보다 평등한 기회를 제공하기 위하여 일·가정 양립 정책을 비롯한 다양한 사회서비스를 확충하는 것이다. 본 연구의 분석 결과, 전통적으로 사회투자정책의 지출 비중을 꾸준하게 확대·유지시켜 온 국가는 스웨덴과 덴마크로 요약할 수 있다. 두 국가는 사회투자정책에 대한 지속적인 투자를 통해 고용률 — 특히 여성고용률 — 을 높이고 실업률을 감소시켜왔다. 그 외에도 복지국가들은 사회투자전략에 기초해 볼 때 사회투자국가, ALMP 중심국가, 아동가족 중심국가, 그리고 자유주의국가의 네 가지 유형으로 분류할 수 있다. 그리고 사회투자정책은 소득보장정책과 함께 확대될 때, 고용률과 여성고용률을 증대시키고 실업률을 감소시키는데 그 효과가 있는 것으로 나타나, 두 정책 간의 보완적 관계가 증명되었다. 그러나 사회투자정책의 소득분배 완화 효과는 그리 크지 않은 것으로 밝혀졌다.

본 연구의 분석 결과 가운데 흥미로운 점은 적극적 노동시장정책의 고용증대 혹은 실업감소 효과는 소득보장정책과의 상호작용을 통해 그 효과가 발휘되는 반면, 아동 및 가족복지서비스의 효과는 제도 그 자체만으로 긍정적인 효과가 입증되었다는 점이다. 이는 그동안 고용률 증가를 위한 적극적 노동시장정책의 직접적인 효과와 일·가정양립을 지원하는 사회서비스의 간접적 효과에 대한 일반적인 기대와는 반대되는 것이다. 사회구성원의 노동시장참여는 그들이 가지고 있는 인적자본의 수준이나 노동시장에 대한 정보보다는, 부모휴가나 공적보육시설의 확대와 같은 탈가족화가 전제되기 때문에 가능한 것이다. 특히 여성들은 돌봄과 관련된 부담의 완화를 통해 보다 적극적으로 노동시장에 참여할 수 있다. 그러나 적극적 노동시장정책의 무조건적인 확대는 고용증대의 효과라는 측면에서 그리 긍정적이지만은 않아 보인다. 본 연구에서 밝혀진 상호작용 효과와 관련한 분석의 결과는 사회투자정책과 세부 프로그램을 디자인하는 과정에서 기존의 소득보장제도와의 관계에 보다 많이 주목해서 프로그램을 도입하고 운영해 나갈 필요성이 있음을 인식하게 한다. 단편적이고 편협하게 설계된 프로그램의 실시는 적극적 노동시장정책의 성과를 충분하게 발현하지 못해 매우 제한적인 결과를 가져올 수 있기 때문에, 소득보장제도와의 상호작용효과를 검토하여 프로그램을 디자인할 필요성이 매우 크다(강철희 외, 2001). 이러한 연구의 결과에 비추어 볼 때, 우리 사회의 고용률을 증대시키고 실업률을 감소시키기 위해 적극적 노동시장정책과 아동 및 가족복지서비스 정책의 확대와 같은 사회투자전략을 채택하고 지속적으로 추구하는 것도 중요하지만, 동시에 기본적인 소득보장의 수준과 범위를 확대하는 것도 필수적인 과제임을 알 수 있다.

과거 복지국가의 주요 의제가 노동의 탈상품화에 국한되었다면, 현대 복지국가는 재상품화에 기초하여 근로$^{work}$를 중심으로 한 적극적 복지국가로 재편되고 있는 듯 보인다. 이러한 근로 중심의 복지국가 프로그램들은 크게 근로의무전략make work duty, 근로가능전략make work possible, 근로지불전략make work pay, 그리고 일자리 창출전략work creation의 다양한 형태로 구분될 수 있다(Miyamoto, 2008). 근로의무전략은 주로 근로연계복지workfare나 복지에서 근로로welfare to work에서 보이는 노동시장에의 참여를 조건으로 이전소득을 제공하는 제도들을 의미하며, 근로가능전략은 적극적 노동시장정책이나 아동 및 가족복지서비스를 통해 개인의 인적자본을 향상시키고 가족에 대한 책임 부담을 경감시켜 노동시장 참여의 가능성을 높이는 제도들을 말한다. 또한 근로지불전략은 유급노동에 대해 적절한 수준의 임금을 보존해 주기 위해 고안된 최저임금제도와 근로장려세제EITC 및 부의 소득세와 같은 제도들을 포괄하는 것이고, 일자리 창출전략은 정부가 공적부분을 중심으로 괜찮은 일자리를 제공하는 사업을 의미한다. 이러한 전략들은 노동윤리에 대한 강조와 권리와 의무를 강조하는 적극적인 사회권의 측면에서 옹호되고 있으며, 복지국가의 지속가능성의 문제를 제고하는데 도움이 된다는 실용적인 이유로 인해 일정 수준 지지를 받고 있는 것처럼 보인다. 그러나 동시에 범주화된 근로유인 강화정책이 강제적으로 실행되고 있고, 노동시장 내에 새롭고 괜찮은 일자리에 대한 창출이나 지원과 같은 수요 차원의 정책보다는 인적자본향상을 통한 취업 가능성을 제고하는 공급차원의 정책이 강화되고 있으며, 유급노동의 확대와 임금수준의 향상의 혜택을 받지 못하는 잔여적인 빈곤residual poor이 아직도 상당 수준 존재하고 있어, 이러한 정책적 접근에 대해 많은 논란이 제기되고 있는 것도 사실이다. 따라서 사회투자전략을 통해 노동시장에의 참여를 독려하고 일정 수준의 소득을 보장하는 것도 중요하지만, 유급노동과의 연계를 철저하게 단절하고 시민권에 기초하여 일정 수준의 소득을 보장하는 기본소득basic income 혹은 시민소득citizen's income의 도입과 같은 새로운 정책적 모색도 필요하다고 생각된다. 이는 근로감소가능전략<sup>make less work possible policy</sup>의 대표적인 형태로, 적극적 복지국가 이후<sup>post productive welfare states</sup> 근로와 자격 심사에 기초한 선택주의적인 복지정책을 대체할 수 있는 보편주의적이고 진정한 복지정책으로 인식되고 있다. 그러나 무엇보다도 중요한 것은 이러한 정책의 입안과 실현을 위해서는 사회구성원들 간에 합리적인 공감대가 형성되어야 한다는 점이다. 따라서 성공적인 사회구성원들 간의 사회적 의견교환이 필요하며, 이러한 자리에는 정부와 기업 및 노동조합, 그리고 시민단체 등이 모두 참여하여야 할 것이다.

* 이 논문은 국립대만대학교에서 개최된 제5차 EASP 국제학술대회(2008. 11. 3-4, 타이베이)에서 발표한 논문을 수정 · 보완한 것으로 『사회복지정책』 35권에 게재되었다.

## 참고문헌

강철희, 김교성, 김영범(2001). 「적극적 노동시장정책의 실업감소 효과에 관한 연구」『한국사 회복지학』 45: 7-39.
김연명(2007a). 「사회투자론의 한국적 적용가능성과 쟁점」, 『사회복지정책』 30: 423-443. (이 논문은 이 책의 제1장에 실려 있음)
______(2007b). 「우리나라에서 사회투자론 논의의 쟁점」, 『경제와 사회』. 75: 307-318. (이 논 문은 이 책의 제8장에 실려 있음)
김영순(2007). 「사회투자국가가 우리의 대안인가? 최근 한국의 사회투자국가 논의와 그 문제 점」, 『경제와 사회』 74: 84-113. (이 논문은 이 책의 제7장에 실려 있음)
김종일(2005). 『서구의 근로연계복지: 이론과 현실』. 집문당.
성은미(2008). "한국 사회투자전략의 세 가지 경향과 문제점". 미발표논문. (이 논문은 이 책 의 제12장에 실려 있음)
양재진, 정형선, 김혜원, 이종태(2008). 『사회투자정책의 국가별 적용 사례와 성과분석. 사회 정책의 제 3의 길 : 한국형 사회투자정책의 모색』. 백산서당.
양재진(2006). "사회투자국가론과 한국에의 적용가능성 검토", 한국행정학회 2006년 동계학 술대회 발표문.
______(2007). "사회투자국가가 우리의 대안이다: 사회투자국가 비판론에 대한 반비판", 『경 제와 사회』, 75호 가을. (이 논문은 이 책의 제9장에 실려 있음)
윤홍식(2007). "사회투자국가와 한국복지국가의 과제." 『사회투자국가의 의미와 한국적 적용 가능성에 관한 토론회』, 참여연대. (이 논문은 이 책의 제5장에 실려 있음)
전병유, 어수봉, 이재갑, 김동현, 김우영, 성지미(2005). 『고용없는 성장에 대한 대응전략 연 구』, 한국노동연구원.
Allison, Paul(1998). Multiple Regression. Pine Forge.
Bonoli, Giuliano(1997). "Classfying Welfare States: A Two-Dimension Approach", *Journal of Social Policy*, 26(3): 351-372.
______(2006). "Time Matters, Postindustrialisation, New Social Risks and Welfare Statée Adaptation in Advanced Industrial Democracies". paper presented at the "congrs des quatres pays", Universit de Lausanne. November, 2005.
Esping-Anderson, Gosta(1989). "The Three Political Economies of the Welfare State", *Canadian Review of Sociology and Anthropology*, 26(1): 10-36.
______(1999). *Social Foundations of Postindustrial Economies*, New York, NY: Oxford University Press.
______(2002). *Why We Need a New Welfare State*, Oxford University Press.
Föster and Mira D'Ercole(2005). *Income Distribution and Poverty in OECD Countries in the Second Half of the 1990s*. OECD Social, Employment and Migration Working Papers, Paris: OECD.
Giddens, Anthony(1998. *The Third Way: The Renewal of Social Democracy*, Oxford, OX: Polity Press.
Hall, Peter and David Soskice(2001). *Varieties of Capitalism: The Institutional Foundations of Comparative Advantage*, New York: Oxford University Press.
Huber, Evelyne and John Stephens(2001). *Development and Crisis of the Welfare State: Parties and Policies in Global Markets*. Chicago, IL: University of Chicago Press.
Jenson, Jane and Denis Saint-Martin(2003). "New Routes to Social Cohesion? Citizenship and the Social Investment State." *Canadian Journal of Sociology*, 28(1): 77-99.
Lister, Ruth(2003). "Investing in the Citizen-workers of the Future: Transformation in Citizenship and the State under New Labour." *Social Policy & Administration*, 37(5): 427-433.

Midgley, James(1999). "Growth, Redistribution, and Welfare: Toward Social Investment." *Social Service Review*, 73(1): 3-21.

Midgley, James and Michael Sherraden(2000). "The Social Development Perspective in Social Policy." in Midgley, James, M. Tracy and M. Livermore (eds.). *The Handbook of Social Policy*, London: Sage Publications.

Miyamoto, Taro(2008). "After the Male Employment Oriented Regime: Dilemmas of Japanese Welfare Reform." presented in Welfare Reform in East Asia, The 5th International Conference of East Asian Social Policy, Nov. 3-4.

OECD(2005). *How Active Social Policy can Benefit Us All*. Paris: OECD.

______(2007a). *Social Expenditure Database*, Paris: OECD.

______(2007b). *Factbook 2007 : Economic, Environmental and Social Statistics*, Paris: OECD.

Olafsson(1992). "The Rise of Decline of Work in the Welfare State? Equality and Efficiency Revisited." Kolberg (ed.). *Between Work and Social Citizenship*. London: ME Sharpe.

Perkins, Daniel, Lucy Nelms, Paul Smyth(2004). *Beyond Neo-liberalism: the Social Investment State?*, Social Policy Working paper No. 3, The Center for Social Policy and Brotherhood of St Laurence.

Pierson, Paul(2001a). "Coping with Permanent Austerity Welfare State Restructuring in Affluent Democracies." in Pierson, Paul. (ed.). *The New Politics of the Welfare State*, New York, NY: Oxford University Press, pp.410-456.

____________(2001b). "Post-industrial Pressure on the Mature Welfare State." in Pierson, Paul. (ed.). *The New Politics of the Welfare State*, New York, NY: Oxford University Press, pp. 80-106 .

Sherraden. Michael(2003). "From the Social Welfare State to the Social Investment State." Shelterforce Online, Issue #128, March/April 2003, National Housing Institute.

________________(2006). "Asset for All: Toward Universal, Progressive, Lifelong Accounts." 한국노동연구원 주최 「사회정책의 새로운 패러다임을 위해서」 워크숍 발표문 (2006.12) (이 논문은 이 책의 제3장에 번역되어 실려 있음)

Soskice, David(1999). "Divergent Production Regimes: Coordinated and Uncoordinated Market Economies in the 1980s and 1990s" in Kitschelt, Herbert, Peter Lange, Gary Marks, and John Stephens (Eds.). *Continuity and Change in Contemporary Capitalism*, New York: Cambridge University Press, pp.101-134.

Taylor-Gooby, Peter(2004). *New Risks, New Welfare: The Transformation of the European Welfare State*. Oxford: Oxford University Press.

Taylor-Gooby, Peter(2007). "Social Investment in Europe: Bold plans, Slow Progress and Implications for Korea", 한국사회복지학회 등이 2007년 2월 주최한 「한국사회의 미래와 사회투자정책」심포지엄 발표문 (이 논문은 이 책의 제2장에 번역되어 실려 있음)

Titmuss, Richard(1958). *Essays on the Welfare State*. London: Allen and Unwin.

Vandenbrouke, Frank(2001). "European Social Democracy and the Third Way: Convergence, Divisions and Shared Questions". in White, S.(ed). *New Labour: The Progressive Future?*. New York: Palgrave.

________________(2002). "Foreword: Sustainable Social Justice and Open Co-ordination in Europe", in Esping-Andersen, Gosta. (ed.). *Why We Need a New Welfare State?* Oxford: Oxford University Press.

Wilensky, Harold and C. Lebeaux(1965). *Industrial Society and Social Welfare*. New York: Russell Sage Foundation.

부표 1_유형별 적극적 노동시장정책과 아동 및 가족복지서비스 지출수준의 변화

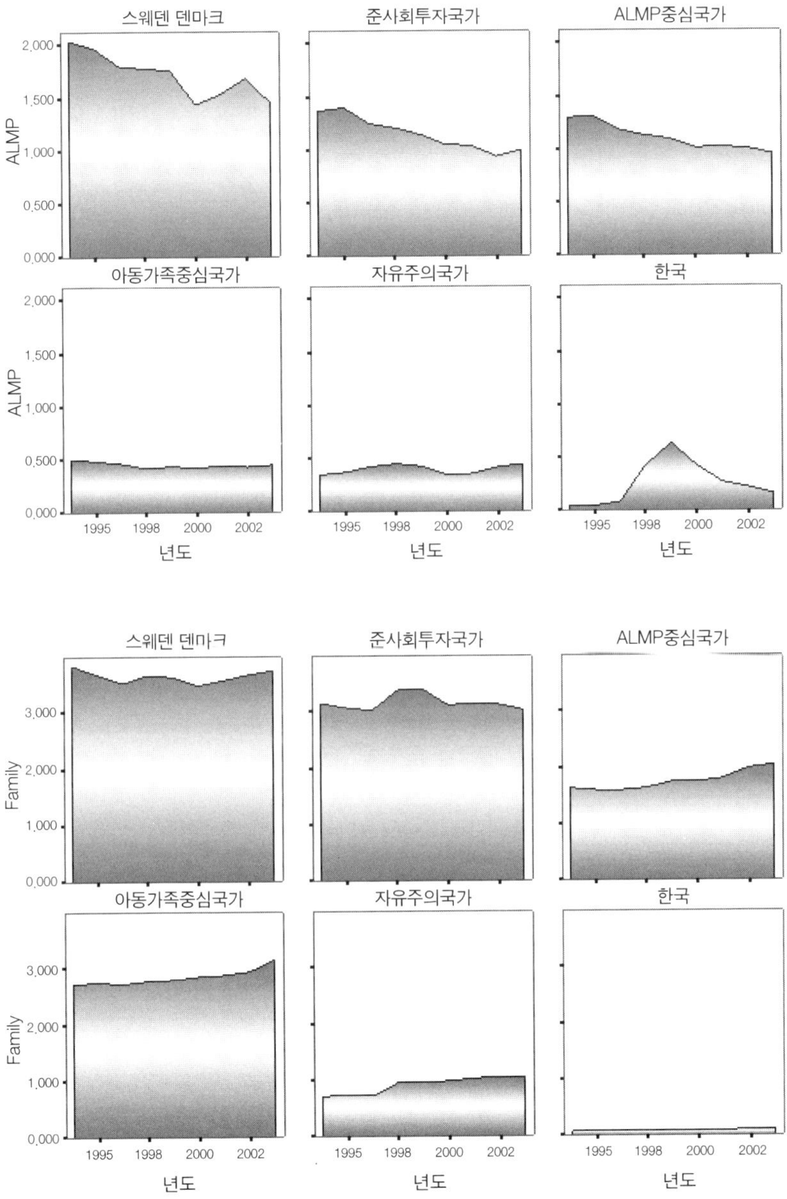
스웨덴 덴마크
준사회투자국가
ALMP중심국가
아동가족중심국가
자유주의국가
한국
ALMP
1995 1998 2000 2002
년도

부표 2_ 각국의 적극적 노동시장정책과 아동 및 가족복지서비스 지출 수준의 변화

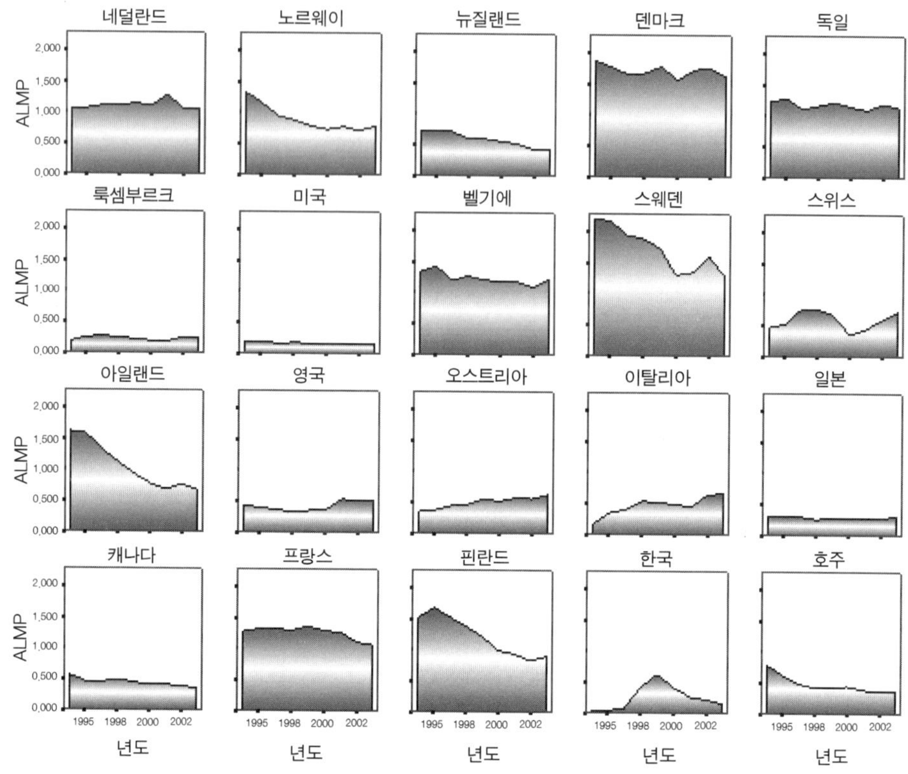

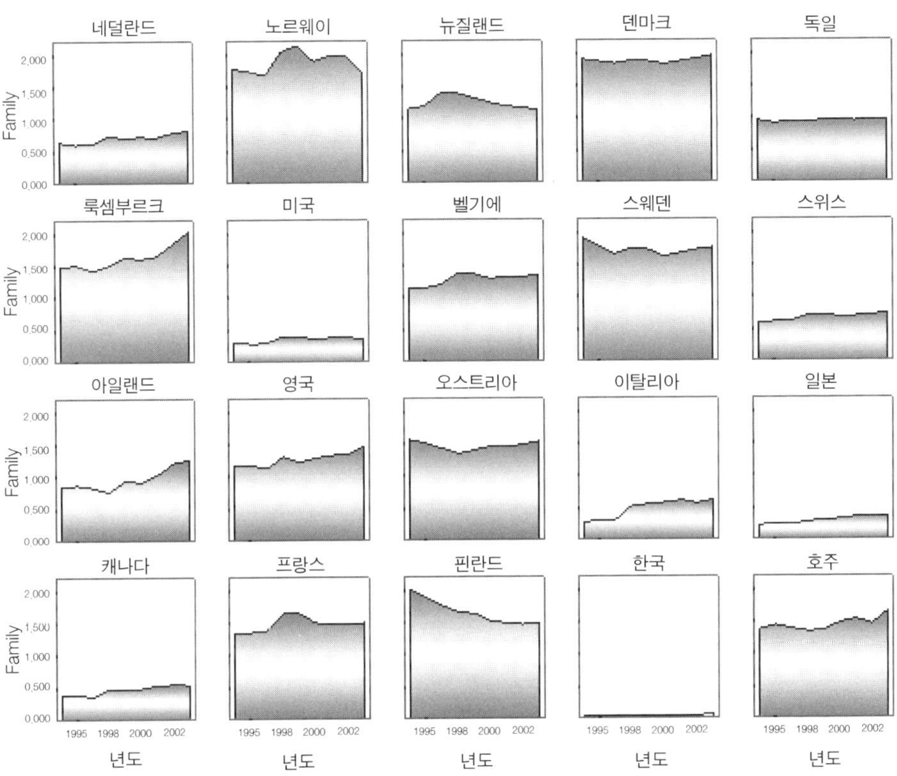

네덜란드
노르웨이
뉴질랜드
덴마크
독일
Family
2,000
1,500
1,000
0,500
0,000
룩셈부르크
미국
벨기에
스웨덴
스위스
아일랜드
영국
오스트리아
이탈리아
일본
캐나다
프랑스
핀란드
한국
호주
1995 1998 2000 2002
년도

제3편

# 영국의 사회투자정책의 성과와 한계

피터 테일러-구비 Peter Taylor-Gooby | 영국 켄트대학 교수
트린 라슨 Trine Larsen | 켄트대학
요하네스 카나넨 Johannes Kananen | 켄트대학
번역: 김송이 | 중앙대 박사과정 수료
감수: 박순우 | 공주대 사회복지학과 교수

# 시장수단과 복지 목적

- 영국 복지국가의 실험 -

영국 노동당은 사회정의위원회<sup>Commission on Social Justice</sup>의 보고서(1994)에서 1997년 선거강령에 이르기까지 고통스러운 재구조화 과정의 일부로서 복지국가에 대한 당의 노선을 전환하였다. 위원회의 보고서에 따르면, "영국이 변화하는 세계 속에서 입지를 찾기 위해서는 변화해야 하며" (1994: 91) 이러한 과정에서 사회정책은 경제적 경쟁력을 지지할 수 있도록 방향을 전환해야 한다는 것이다. 1997년 선거강령의 첫 단락에서는 "모든 사람들이 새로운 세계 경쟁에 필요한 기능을 갖출 수 있는 현대적 복지국가를 세우기 위한" 프로그램을 제시하고 있다. 이는 신 케인스주의 논리를 따랐던 1992년 강령과 상반된 접근방식으로, 경제성장의 기반으로서 복지국가 정책을 이해하기보다는 '안정된 경제환경' 이 "보건과 사회서비스의 공급을 향상시키는 기반이 되었다." (Labour Party, 1992: 1)는 주장을 통해 복지와 경제의 관계를 재규정하고 있다.

---

* 본 논문은 EC 프로젝트인 "Welfare Reform and the Management of Societal Change" (SERD 2000-00054, 2001-4) 연구를 활용하여 작성되었다.

복지국가가 변화해야만 한다는 주장은 경제적 변화에 대한 이해를 반영하고 있다. 이러한 관점에서 보면 세계 경제는 점점 더 경쟁이 가열되고 있으며, 국민국가는 복지 목적을 달성하기 위해 국가 경제를 규제하는 것이 점점 더 어려워지고 있다. 이제 국민국가는 국제 시장 내에서 자국의 성공을 도모할 수 있는 방법을 모색해야만 한다. 수요측면에서의 개입이라는 신케인스주의적 접근을 대체하여 탈규제화를 선호하고 자유 시장경제에 대한 개입을 제한하자는 접근이 대두되고 있다(Scharpf & Schimt, 2000: 2장). 좀 더 넓은 경제단위에서 볼 때, '실용적 통화주의'로의 전환이 유럽 대부분 국가의 경제정책을 주도하고 있다(McNamara, 1998). 이 결과 유럽중앙은행이 주관하는 통화체계가 등장하면서 고용 또는 사회적 변수에 미칠 영향은 간과한 채 인플레이션 억제에 우선순위를 두는 현상이 나타나고 있다(Lintner, 2001: 330). 한편, 사회정책 차원에서 볼 때 이러한 접근은 노동시장 유연화와 탈규제, 취업가능성과 기업가정신을 강조하는 방향으로 전개되고 있다. 노동시장 유연화와 탈규제는 OECD가 발간한 「고용전략」<sup>Jobs Strategy</sup>(1994)에서 강조되고, '취업가능성'과 '기업가정신'은 「유럽고용전략」<sup>European Employment Strategy</sup>의 첫 번째와 두 번째 지주로서 강조되고 있다(EU, 1998). OECD 또한 사적부문의 확대를 통한 연금전략을 장려하고 있으며(OECD, 2000), 유럽연합은 사회보장을 현대화하기 위한 정책 중 하나로서 연금의 '지속가능성'을 향상시키고자 하고 있다(2002a: 38-9). 다른 유럽국가에 비해 규제의 정도가 약한 영국과 미국의 경제는 경제성장과 일자리 창출 분야에서 명백한 성공을 거두었으며, 이는 노동시장 '유연성'에 강력한 추진력을 부여하였다(예: EU, 2002a: 1).

에스핑-안데르센의 유형화논의(1990)에서 시장 지향적인 '자유주의' 복지국가는 전형적으로 사회적 급여 수준이 불충분한데, 영국이 바로 이 유형에 속한다. 신노동당은 복지정책을 통해 시장경제의 작동을 방해하기보다는 지지하며, 개방화된 국가 경제 내에서 경쟁이라는 경제적 목표에 기여함과 동시에 시민들의 욕구를 효율적으로 충족시킬 수 있는 접근법을 개발하고자 노력하고 있다. 본 논문에서는 이러한 신노동당의 노선변화의 배경과 그 의미에 대해 살펴보고, 핵심적인 정책영역들을 고찰한 다음, 정책의 성과와 한계에 대해서 평가해보고자 한다. 시장지향적인 방법이 복지 목표를 달성하는 데 성공적이었다면 영국은 세계화 시대에 사회정책이 나아가야 할 향후 방향을 제시해 줄 수 있을 것이다.


## 1. 배경: 복지국가에 대한 압력

현대 복지국가에 대한 압력을 분석하는 것은 최근 비교사회정책의 주요한 연구주제 중 하나이다(Scharpf & Schmidt, 2000; Ferrera & Rhodes, 2000; Kuhnle, 2000; Taylor-Gooby, 2001 참조). 지금까지 여러 연구들을 통해 세계화, 노동시장의 변화, 인구고령화, 가족구조와 성역할의 변화 등을 포함하여 복지국가에 대한 다양한 도전들이 규명되었다. 요컨대, 세계화는 정부에 압력을 가하고 있다. 노동비용은 억제되어야 하며, 복지지출이 정당화되기 위해서는 경제성장에 기여한다는 조건이 충족되어야만 한다. 그렇지 않으면 화폐가치에 대한 투기적 공격으로 인해 국가의 무역지위와 투자에 악영향을 미치는 위험한 상황이 초래될 것이다. 값싼노동시장에 노출된 부문에서의 일자리의 상실은 실업을 증가시키는데, 이러한 현상은 특히 부가가치 창출이 낮은 저숙련 분야에서 두드러질 것이다. 인구 고령화는 연금, 건강보험,

사회적 돌봄 관련 지출의 증가를 의미한다. 가족 역할에서 가장 중요한 변화는 좀 더 진일보된 성 평등을 위한 움직임의 일환으로서 기혼여성의 상당수가 유급노동에 진출한다는 것이다.

대부분의 분석가들은 이러한 압력에 대한 복지국가의 대응을 '탄력적' resilient이라고 설명한다. 변화하는 경제·문화적 상황과 인구학적 충격에도 불구하고 다양한 레짐유형 간의 상이성은 지속될 것이며, 각 레짐별로 성공적인 적응사례들도 발견되고 있다. 그러나 인구고령화로 인한 부가적 수요가 표출되는 현 시점에서 이러한 변화의 전반적 여파는 지출 억제의 압박을 가중시키는 방향으로 나타난다. 뿐만 아니라, 최근 선진국에서 나타나고 있는 생산성 감소 경향은 고용패턴이 제조업에서 서비스부문으로 전환되는 현상과 결부되면서 성장률을 저하시킬 뿐만 아니라 공공지출 억제에 대한 압력을 가중시킨다는 주장도 제기되었다(Rowthorne, 1997). 이러한 주장으로 인해 '불행한 미래' unhappy future라고 지칭할 수 있는 접근법들이 제시되었는데, 예를 들어 피어슨(Pierson, 2001: 13)은 복지국가의 미래를 '항구적 결핍' permanent austerity이라 분석하였으며, 스카프와 슈미트(Scharpf & Schmidt, 2000: 336)는 "복지 목표의 달성을 위해서는 먼저 강력한 억제를 인정하고 수용해야 한다."고 조심스럽게 결론짓고 있다.

이러한 시각에서 복지국가는 경제의 생산적 성장에 대한 부담으로 개념화된다. 복지지출과 경제성장 간의 갈등은 공공정책을 결정하는 과정에서 기본적인 쟁점이 되었다. 복지정치는 축소를(또는 최소한의 비용 억제라도) 단행하려는 정부와 현 지출 수준을 옹호하는 자들 간의 갈등으로 이해되는데, 이러한 갈등은 국가에 따라 상이한 제도적 특징, 즉 상이한 비토포인트 및 경로의존성의 구조 속에서 표출되기 때문에 '비난회피' blame avoidance(Weaver, 1986) 혹은 '은밀한 체제 전환' covert system transformation(Pierson, 1994: 2장) 전략 속에서 제한적으로 나타난다. 기존의 정책을 옹호하는 이해들이 강하게 자리 잡아 실질적인 영향력을 발휘하기 때문에, 변화를 달성하기 어려우며 미래의 긴축에 대한 전망도 더욱 어려워진다.

잘 알려지지는 않았지만, 현대 복지국가가 직면하고 있는 새로운 사회적 위험과 관련하여 또 하나의 쟁점이 있다. 여기에서는 복지국가의 시대 구분, 산업사회에서 후기산업사회로의 이행에 대한 연구들(Jessop, 2002: 2장; Esping-Andersen, 1999: 3장)을 주로 활용하고자 한다. 이들 연구의 기본적인 주장은 복지국가가 산업사회의 보호 아래에서 발전했다는 것이다. 전형적인 산업사회에서는 공장과 가족제도는 노동자 계급 중 남성을 생계부양자로, 여성을 가정주부, 돌봄제공자, 보충적 노동자로 분화시켰다. 케인스주의적 관리경제체제는 대부분의 사람들이 직면하고 있는 주요한 위험들이 퇴직, 마찰적 실업, 장애, 질병 또는 남편의 사망으로 인한 노동시상 소득의 중단과 더불어, 양질의 보건의료와 교육 등 저소득층이 시장을 통해 충분히 공급받지 못하는 욕구들에 집중되어 있다고 보았다. 그 결과, 산업사회에서 발전한 복지국가는 계급 간, 이익집단 간 다양한 연대가 형성되는 것을 목격하였으며, 이러한 욕구들이 주로 베버리지식 혹은 비스마르크식 사회보장제도를 통해 충족되는 일련의 메커니즘을 탄생시켰다. 이와 같이 욕구에 대한 논의가 시장에서 발생하는 소득에 대한 대안들을 중심으로 이루어졌기 때문에, 복지를 탈상품화 측면에서 이해하는 접근방법(Esping-Andersen, 1990)이 유용한 분석방법으로 대두되었다.

그러나(후기 산업사회의 특징으로 범주화할 수 있는) 고용실태와 가족생활의 변화는 복지국가에 대한 새로운 압력으로 작용하면서, 소득 중단뿐만 아니라 안정적 고용에 대한 접근성과 일·가정의 조화까지 포함하는 새로운 사회적 위험을 발생시켰다. 또한 연금제도의 민영화 개혁과 같이, 구사회위험의 틀 속에 남아 있는 복지체계가 설계한 문제해결책은 특정 인구집단에게 새로운 위험을 발생시킬 수 있다.

따라서 복지국가에 대한 압력은 자가당착적 문제를 발생시킨다. 즉, 좀 더 심각해진 경제적·인구학적 압력 속에서 구사회위험을 해결하기 위한 정책들을 효과적으로 작동시켜야 함과 동시에 새로운 정책개발을 필요로 하는 신사회위험의 등장과 관련된 문제도 해결해야 한다.

전자에는 연금체계를 지속가능한 것으로 만들기 위한 개혁(주로 연금의 자격요건을 까다롭게 하고, 일부 책임을 사적부문으로 이전하려는 움직임)이 포함된다. 후자에는 실업, 특히 청년들과 저숙련 노동자들의 실업을 감소시키고 아동보육과 동일기회보장 프로그램을 통하여 여성들의 유급노동에 대한 접근권을 보장해주는 것이 포함된다. 이와 더불어, 구위험을 다루는 프로그램의 축소로 인해 이 문제를 해결할 수 없는 사각지대에 놓인 사람들을 위한 서비스를 제공하는 것도 포함된다.

'신위험' 중심의 접근은 두 가지 의미를 갖는다. 첫째, 이는 노동시장 진입자와 기혼여성의 고용을 향상시킨다는 점에서 사회적 급여 제공이 부의 창출을 목적으로 하는 경제에 단순한 부담으로 작용한다는 논리와 상반된 정책영역을 가리킨다. 둘째, 신위험 복지와 관련된 정치적 갈등은 구위험 복지를 둘러싼 정치적 갈등과는 그 성격이 많이 다르다.

구위험 복지를 둘러싼 정치적 갈등은 광범위하고 응집된 복지욕구를 가지고 있는 집단과 관련되며, 그중 가장 중요한 집단이 지속적으로 증가하고 있는 퇴직연금 수급자들이다. 반면, 신위험 복지와 관련된 정치적 갈등은 전통적인 집단 구분을 더욱 분화하고 있다. 신위험 복지에서 규정된 욕구는 사람들의 생애주기 중 더 젊은 시기(노동시장 진입, 가족구성)에 영향을 미치며, 응집된 압력을 행사할 정도로 사회적으로 광범위하게 퍼져 있지도 않다. 새롭게 개발되는 정책들은 단순히 욕구를 충족시키는 것보다는 사회적 가정$^{assumption}$과 행위에 관심을 가지며, 그 결과 유인과 동기의 문제가 점점 더 중요하게 부각된다. 복지정책 발전에 대한 분석은 압박의 수위를 높이고 있는 구위험뿐만 아니라 신생의 신위험을 성공적으로 다루었는지도 함께 고려해야 한다. 구사회위험을 다루는 정책이 의존을 다루는 것과 관련된 반면, 신사회위험에 대한 해결책은 주로 독립을 지원하는 것과 관련된다. 이러한 맥락에서, 신위험은 복지국가를 '현대화'$^{modernising}$하는 데 적합하다.


## 2. 영국의 독특성


영국은 상대적으로 취약한 복지국가를 갖추고 있으며, 새로운 정책을 개발하기에 비교적 좋은 입장에 놓여 있다. 또한 주요 유럽국가들 중 후기산업사회로의 발전이 가장 빠른 국가이다.

광범위하게 적용되는 에스핑-안데르센의 분석틀에 의하면 복지국가의 발달수준이 가장 취약한 곳은 자유주의 레짐이다. 자유주의 복지국가는 제한된 국가 지출, 자산조사의 광범위한 활용, 사적 서비스에 대한 강한 의존이라는 세 가지 특징이 있다(Esping-Andersen, 1990: 26). 최근 들어 급속하게 발전하고 있는 지중해 국가와 아일랜드를 제외하면, 영국의 사회지출(GDP 대비 26.6%)은 다른 EU 회원국보다 낮은 수준이다(EU, 2002a: 56, 표-2). 반면, 전체 지출의 16%를 차지하는 자산조사 급여는 아일랜드를 제외한 다른 EU 회원국들(평균 10%)보다 높은 수준이다(EU, 2002a: p.21, 그림-6). 사적급여의 역할을 전체적으로 비교하기는 어렵지만, 1998년에 실시된 OECD의 분석에 따르면, 사적 영역 중 가장 큰 부분을 차지하는 연금에서 영국의 기금 규모는 17개 주요 국가 중(미국, 네덜란드에 이어) 3위였으며(OECD, 2000: 표 6-1), 연금수급자들은 소득의 40% 정도(미국은 41%, 네덜란드는 45%)를 사적연금에 의존하고 있다(그림 4.1C). 자유주의체제는 대체적으로 복지를 통해 산출되는 결과의 수준이 매우 낮다. 만약 신노동당의 개혁이 이러한 상황에 처해 있는 복지를 향상시키는 것이라면, 이러한 개혁정책들은 상당히 중요한 의미를 갖는다.

영국은 유럽국가 중 의회구조와 제도적 정책 입안 메커니즘 측면에서 독특한 특성을 지니고 있다. 합의를 좀 더 강조하는 다른 유럽 국가의 정치체제와 비교했을 때 영국은 비교다수득표제<sup>first-past-the-post voting</sup>, 단일정당정부, 강력한 정당 규약, 강력한 집행력, 약한 상원, 약한 헌법재판소, 기업, 노조 또는 다른 시민사회 세력과의 조합주의적 관계 결여 등으로 인해 집권 정당이 예외적으로 강력한 권력을 갖는 국가이다(Lijphart, 1999). 이전 보수당 정부에서 현재 신노동당 정부에 걸쳐 진행된 개혁들로 인해 정부의 권한이 더욱 강화되었다. 예를 들어, 보수당이 개혁한 노동조합법을 노동당이 그대로 유지함으로써 노조에 대한 정부의 권한이 더욱 강화되었으며, 내무부와 각종 정책위원회의 확대뿐만 아니라 공공정책의 전달을 기업가적 계획을 가진 기관들이 담당하게 함으로써 행정실무자에 대한 중앙의 권한은 더욱 확대되었다. 또한 1993년 'Portillo Review' [1](Hansard 8.2.93, col.683)에서 1998년 이후 지속적으로 진행되고 있는 정부지출 종합검토<sup>Comprehensive Spending Review</sup> 사업뿐만 아니라 재무부 관리의 개입주의적 접근, 정확한 목표설정[2]을

---

1) 이는 정부가 지출을 삭감하거나 전면 폐지할 수 있는 정책분야를 파악하기 위해 실시되었음 (역자 주).
2) 좀 더 구체적인 분석내용은 Deakin and party(2000)를 참조하시오.

표 15-1_주요 EU 국가의 고용률(2002년)

| | 남성 고용률 | 여성 고용률 | 여성 전일제 고용률 |
|---|---|---|---|
| 스웨덴 | 77 | 74 | 53 |
| 프랑스 | 69 | 55 | 42 |
| 독일 | 73 | 59 | 39 |
| 이탈리아 | 69 | 41 | 32 |
| 스페인 | 74 | 44 | 37 |
| 영국 | 78 | 65 | 32 |
| EU-15개국 | 73 | 55 | 41 |

* 주: 전일제는 주당 최소 30시간 이상, 장기적으로 12개월 이상 일을 하는 경우를 의미함.
* 자료: OECD(2003)의 표 B, D, E, G를 이용하여 계산함.

통해 다른 부처에 대한 재무부의 권한은 훨씬 신장되었다. 반면 두 정부시기 동안 야당의 입지는 뜻밖의 상황으로 인해 더욱 약화되었다. 1980년대와 1990년대 초반에는 노동당 내부에서 경제전략 및 당내 개혁의 문제를 둘러싸고 분열이 있었으며, 최근에는 EU 가입의 문제를 놓고 보수당 내 분열이 있었다. 다수결 정치체제에 의해 강력한 국가권력을 쥐고 있는 신노동당은 독특한 개혁프로그램을 추진할 수 있는 유리한 위치를 점하고 있으며, 다른 사회적 행위자나 이익집단과 협상을 해야 한다는 이유로 개혁의 추진력이 약화되는 상황은 발생하지 않을 것이다.

개별 시민의 입장에서 볼 때, 전형적인 산업사회에서 후기 산업사회로의 이행은 제조업 부문에서 서비스 부문으로의 고용 이전, 남성 생계부양자 가족에서 1.5인 생계부양자 또는 2인 생계부양자 가족으로의 전환과 관련된 사회적 변화로 나타난다. 2001년, 전체 노동력 중 서비스 부문, 제조업 부문, 농업 부문에 종사하는 사람의 비율이 각각 EU 평균 69.4%, 26.4%, 4.2%인 것에 반해, 영국은 노동력의 73.7%가 서비스 부문에 종사하고 있으며, 제조업에는 24.8%, 농업에는 1.4%가

종사하고 있다(EU, 2002b: 173, 188). 영국보다 서비스 부문 고용 비율이 높은 EU 국가는 경제 규모가 더 작은 네덜란드(76.7%)와 룩셈부르크(75.4%)뿐이다. 영국의 여성 고용률은 덴마크와 스웨덴(71%와 74%: 표 15-1참조)을 제외한 다른 EU 국가들보다 높다. 그러나 여성 전일제 고용의 비율은 (네덜란드 - 27.7%를 제외하고)가장 낮다. 이는 일·가정 조화에 대한 강력한 압력이 존재하고 있으며, 현재 영국의 가족구조가 통합된 2인 생계부양자 구조라기보다는 일시적인 2인 생계부양자 구조라는 점을 의미한다. 후기 산업사회의 정치체제에 적합한 욕구와 정치적 이해관계의 양상이 영국에서 점점 더 강하게 나타날 것이다.

영국의 산업구조는 장차 다른 대부분의 유럽국가들이 밟게 될 경로를 훨씬 앞질러 변화하고 있다. 복지국가는 전통적 패턴의 복지체계 유지를 더욱 어렵게 만드는 요인들뿐만 아니라 급속하게 발생하는 새로운 사회적 요구로 인한 압력을 받고 있다. 영국 정부는 스스로가 급진적 개혁 프로그램을 제시하고 있다고 생각하고 있으며, 또한 새로운 정책이 강력한 전통적 복지국가를 옹호하는 세력에 의해 방해받을 가능성이 낮을 뿐만 아니라 단호한 결정을 내릴 수 있는 정치체제를 갖추고 있으며, 후기 산업사회적 정치경제로 이동하고 있기 때문에 급진적 프로그램을 추진하기에 유리한 위치에 있다. 지금부터는 주요 개혁정책을 살펴보고, 복지에 대한 이러한 새로운 접근의 장점과 한계를 평가해 보기로 한다.


## 3. 영국 사회정책의 새로운 출발

사회정책의 개혁은 1997년 노동당 선거운동의 핵심공약이었다. 노동당은 고용률, 특히 중요한 '근로연계복지' welfare-to-work 프로그램을 통하여 "25만 명의 청년 실업자들을 급여 의존에서 탈피시켜 노동시장에 참여시키고", "강한 가족과⋯⋯지역사회를 구축함으로써 연금생활 및 지역사회보호에 있어서 현대화된 복지국가의 초석을 다지겠다고 약속하였다. 이를 위해 부모들이 일·가정을 양립할 수 있도록" 원조하여 "노후 존엄과 안정을 증진시키며, '국가기초연금'을 보호하고 '안정적인 국가 2차 연금제도' second Pension를 추진하겠다."고 공약하였다(Labour party, 1997). 선거공약에는 또한 교육정책, 형사행정, 보건의료와 국민보건서비스 NHS 개혁, 주택정책에 관한 내용도 포함되었다. 이들은 "현대적인 복지국가를 건립하고, 새로운 세계 경제에 대처한다."는 공약의 첫 단락에 명시된 프로그램의 일부이다.

이러한 모든 정책분야에서 실질적인 변화들이 나타나고 있다. 다양한 정책 분야 중, 본 논문에서는 신사회위험과 구사회위험 그리고 다양한 욕구를 포괄히기 위해 일·가정양립정책, 연금정책, 그리고 청년을 위한 고용 프로그램에 초점을 맞추고자 한다.


## 4. 노동력 동원: 뉴딜과 근로연계복지


1990년대 영국의 실업률은 상대적으로 낮았다. 이는 1990년대 초반의 경기침체를 비교적 빨리 극복하였으며, 이후 주요 유럽 국가들보다 높은 고용률과 낮은 실업률을 유지하였기 때문이다(EU, 2002c: 43-44). 낮은 실업률은 주로 상대적으로 낮은 규제, 약한 노조, 투기성 자본에 대한 용이한 접근과 더불어 영국 노동시장의 유연성에 기인한다(OECD, 1998). 그러나 두 가지 요인에 대한 우려가 여전히 남아있다.

첫째, 영국은 저숙련 산업부문이 광범위하게 퍼져 있다. 저숙련 산업부문은 국제시장에서 질보다는 가격으로 경쟁하며, 상대적으로 낮은 생산성 증가율을 보인다. 또한 신흥 공업국과의 경쟁에서 오는 압력에 점차 취약할 수밖에 없는 특성을 지닌다(Pfaller et al., 1990). 이와 같은 저숙련 부문의 취약성은 젊은 노동시장 진입자와 저숙련의 노령 노동자들 사이에서 높은 실업률을 야기하는 핵심적인 요인으로 간주된다(EU, 2002b: 188). 둘째, 대부분의 유럽국가들과 마찬가지로 1980년대와 1990년대 초반까지 여성의 고용률은 증가한 반면, 남성의 고용률은 하락하였다(EU, 2002b: 188). 또한 빈곤의 위험에 노출되기 쉬운 집단으로서, 근로가능연령 가구원 중 어느 누구도 고용상태에 있지 않은 가구의 비율이 여전히 높다.

신노동당은 고용증대를 위한 정책들을 도입하였으며, 여기에는 뉴딜New Deal, 최저임금제, 세제감면과 더불어 광범위한 개혁대상이 된 직업알선센터Jobcentre 제도가 포함된다. 보수당의 정책은 노동시장 밖에 있는 사람들에 대한 급여를 제한하는 부정적 활성화negative activation에 관심을 가졌다. 신노동당 역시 활성화 전략을 강조한다. 예를 들어, "노동을 중심으로around work 복지국가를 재확립하는 것이 정부의 목표이다."(Department of Social Security, 1998: 1). 신노동당의 전략은 고용정책의 유인추구적incentive-driven 기조를 유지한다는 측면에서는 보수당과 유사한 특징을 보인다. 그러나 보수당과 달리 직업훈련과 조언에 상당한 자원을 투입했으며, 실업자를 위해 훨씬 정교하고 정확한 정책을 개발하고 있으며, 가장 중요한 차이점으로서 저임금 노동자들의 소득을 증가시키기 위한 정책을 추구하고 있다. 이와 더불어, 어머니의 고용률을 증가시키기 위한 새로운 정책도 개발해 왔다. 여러 정책의 발전경로를 보면, 특정계층을 엄격하게 겨냥한 지출구조를 가지고 복지를 확대하기가 쉽지 않다는 것을 보여주고 있다. 신노동당은 노동시장과 보육 시장에 구체적으로 개입함으로써 주요한 성과를 거두었다. 하지만 자유주의적 구조에서는 노동력 동원 또는 저임금과 같은 광범위한 쟁점을 다루는 것이 어렵다는 사실 또한 알게 되었다.

뉴딜 프로그램은 1997년 노동당 선거운동의 핵심 공약이었다. 노동당 정부는 민영화한 공기업에 부과된 초과이윤세를 활용하여 최소 6개월간 급여를 받아온 25세 이하 국민들과, 2년(이후에는 이 기간이 줄어듦) 이상 실업상태에 있는 25세 이상 국민들을 위한 강제적 훈련/직업소개체제를 수립하였다. 이러한 제도들은 집중적인 개별 진단 및 원조 프로그램과 고용 가능성을 향상시키기 위한 직업훈련 또는 직업소개 프로그램을 병행하여 실시하고 있다. 이러한 프로그램은 원래 실업자의 배우자에게만 급여의 조건으로서 강제되었는데, 이후에는 (이전 정부가 도입한 시범사업의 명칭을 변경함으로써)한부모, 장애인, 50세이상의 실업자에게까지 확대되었다(Evans, 2001). 모든 신규 급여신청자에게 고용상담을 받도록 하는 강제적인 요소가 도입되었고 이러한 새로운 방법들을 통해 뉴딜은 더욱 향상되고 영속적인 프로그램이 되었다(Department for Work and Pension, 2001).

정부가 특히 중점을 둔 것은 청년뉴딜<sup>NDYP: New Deal For Young People</sup>이었다. 이 프로그램에는 전체 450만 뉴딜 대상자의 불과 9%만이 해당되지만, 예산은 전체 뉴딜예산 340만 파운드의 77%(1인당 6,550파운드)가 할당되었다. 자원집중도가 다음으로 높은 프로그램은 한부모 뉴딜(1인당 380파운드)이며, 그 다음에 배우자(273파운드), 장애인(222파운드), 50세 이상 실업자(135파운드), 장기실업자(100파운드) 순으로 나타났다(Evans, 2001: 표 1). 사실상, 청년뉴딜의 비용은 1인당 대략 7,000파운드에 달했으며, 2002년 1월경에는 계획했던 수의 두 배에 달하는

753,600명이 이 프로그램에 참여하였다(White and Riley, 2002: 3, 5).

취업 가능성을 향상시키기 위해 설계된 활성화 프로그램은 고용 유인효과를 증가시키기 위해 '근로장려성'<sup>make work pay</sup>정책과 함께 시행되었다. 그러나 이러한 접근은 부정적인 결과를 발생시켰다. 즉, 일정 소득 이하의 급여를 받는 소득지원<sup>Income Support/JSA 3)</sup> 및 실업수당 신청자 비중이 늘어남으로써 비노동 인구와 중위소득 계층 간의 생활수준 격차가 점점 더 커졌다. 1983년 중위소득의 29.5%이었던 저소득층에 대한 보조금 수준은 1997년에는 22%, 2001년에는 19.5%로 하락하였다(New Policy Institute/Rowntree, 2003). 이에 따라, 정부는 1999년부터 최저임금제를 시행하였으며 (최저임금률을 정하기 위해 명망 있는 기업가들이 의장을 맡은 저임금위원회를 설립함으로써 경영계의 동의를 구하였음), 역소득세 형태의 세금공제제도<sup>tax credit</sup>에 기반한 일련의 개혁에 착수하였다.

1999년에는 또한 근로가구보전세제<sup>WFTC: Working family Tax Credit</sup>제도와 아동세액공제<sup>CTC: Child-care Tax Credit</sup>제도를 도입하였으며, 이후 부양아동이 없는 노동자뿐만 아니라 장애인, 50세 이상의 노인, 연금 크레디트 대상자에게까지 확대되었다. 이 제도들의 급여율은 이전에 자산조사를 통해 제공되던 소득보장보다 그 수준이 상당히 높게 설정되었는데, 이는 저임금 노동자와 아동양육의 책임이 있는 어머니들의 노동시장 참여에 대한 유인을 강화하기 위해서였다. 이렇게 함으로써 2003년까지 아동이 있는 가구의 90%에게 다양한 수준의 급여를 제공하고자 의도한 것이다(Institute for Fiscal Studies, 2003c: 12). 이는 저임금 부문의 규

---

3) '소득지원' 제도는 16세 이상 60세 이하의 저소득자에 지급되는 공공부조이다. 이 제도는 뉴딜과 달리 근로의무가 부과되지 않으며 주로 한부모, 장기질환자, 그리고 장애인에게 지급된다(역자 주).

모가 큰 영국경제에서, 자산조사를 통해 충분한 복지를 공급한다는 정책은 노동유인을 약화시키는 위험이 있다는 OECD(1998)의 지적을 염두에 둔 것이다. 제도의 목적은 노동력 동원과 현대화의 사회·경제적 목적을 달성하는 것이며, 특히 저임금 노동자들 중 빈곤선 이하로 하락하는 수를 감소시키는 것이다. 이러한 급여의 발전은 다수의 급여를 전반적인 세액공제[tax credit] 중심의 복지체계로 통합시키기 위한 작업의 일부에 해당하며, 이 과정에서 지출 담당 부서보다는 재무부가 좀 더 큰 통제력을 갖게 되었다.

신노동당의 프로그램에는 복지서비스 신청자들을 좀 더 적극적으로 관리하기 위한 개혁도 포함되어 있다. 신청자들이 이용하는 두 개의 기관인 고용서비스[Employment Service]와 급여기관[Benefit Agency]을 일자리센터 플러스[Jobcentre Plus]로 통합시킴으로써 하나의 장소를 통해 서비스에 접근할 수 있도록 하였을 뿐만 아니라 강제력 행사도 더욱 확대하였다(HM Treasury, 2003: 4.22 참조). "뉴딜을 통해 선별적 프로그램은 축소될 것이며 일자리센터 플러스의 역할은 더욱 중요해질 것이다."(Hasluck, 2001: 234). "급여를 요청하는 모든 이들은 소득지원을 신청하기에 앞서 매 1년 집중 직업 상담을 반드시 받아야 한다."(Department for Work and Pension, 2001: 79). 2003년 4월부터는 모든 한부모들이 인터뷰에 참여해야 했는데, 일자리센터 플러스의 일차적 관심은 고용 증대에 있다.

> "왜 우리가 일자리센터 플러스를 설립하였는가? 그 이유는 모든 사람들에게 일을 다시 할 수 있도록 도움을 주고, 직업을 상실하였다면 가능한 한 빨리 일을 시작하게 하기 위해서이다. 이것이 노동 우선적인[work first] 접근이다."(Darling, 2002).

원래 신노동당의 활성화정책은 과거 시장중심적 접근의 특징을 계승 발전시켰다. 전통적인 실업보험 급여를 회복시키기 위한 영국노동조합회의[TUC]의 제안은 저지되었다. 정부는 실업급여를 개선하지 않았다. 하지만 뉴딜, 세액공제제도, 일자리센터플러스 등의 프로그램 개발을 통해 지원과 강제를 병행함으로써 사람들을 유급노동에 참여시키고, 시장경쟁을 강화하며 빈곤을 감소시키고자 노력해왔다.

## 5. 노동력 동원: 일과 가족생활

영국의 여성 고용률은 스칸디나비아 국가를 제외한 다른 EU국가 중에서 가장 높을 정도로 증가하고 있지만, 남성의 고용률은 다른 유럽국가와 마찬가지로 하락하고 있다(표 15-1). 그러나 아동양육 책임과 한부모 신분[lone parenthood]은 고용과 빈곤 위험에 중요한 영향을 미치고 있다. 영국에서 양부모 가구의 여성 중 70%가 유급노동에 종사하고 있다. 아동이 없는 양부모 가구의 경우에는 55%의 여성이 전일제 노동에 종사하고 있지만, 아동이 있는 가구의 경우에는 전일제 노동에 종사하는 여성의 비율이 29%에 불과하다. 아동이 있는 양부모 가구에게서 발견되는 공통된 특징은 남성은 전일제 고용, 여성은 시간제 고용에 종사하고 있다는 점이다. 부양아동이 없는 가구의 경우 21%가 이러한 유형에 속하지만 부양아동이 있는 경우에는 40%가 여기에 속한다. 여성이 전일제 노동에 종사할 수 있는 기회에 아동이 미치는 영향은 다른 EU국가들에서보다 영국에서 더욱 크게 나타난다(Eurostat, 2003). 유럽가구 패널조사 자료에 따르면, 영국의 경우 EU 평균과 비교하여 한부모의 소득이 중위소득의 60% 이하로 떨어질 확률이 2~3배 정도 높다(EU,

2000b). 따라서 여성의 고용을 향상시키기 위한 정책들은 신노동당에 의해 수립된 노동력 동원 및 빈곤감소 목표와 깊은 관련이 있다.

영국에서 아동보육은 전적으로 사적인 영역이다. 2000년, 공식적으로 등록된 보육시설 이용 아동 중 55%가 개인보모private childminder를, 41%가 사립 어린이집private nursery을 이용하고 있었다(Office for National Statics, 2002a). 노동당은 노동시장과 빈곤전략의 일부로서 좀 더 많은 어머니들이 유급노동에 참여할 수 있도록 하기 위해 일·가정 양립의 목표를 강조하고 있다(Department for Education and Science, 1998; Department for Work and Pension, 2000; HM Treasury/Department for Trade and industry, 2003). 이 전략에는 3가지 요소가 포함된다. 앞서 언급한 바와 같이 아동보육 요인을 포함하고 있는 세액공제tax credit제도, 국가아동보육전략National Childcare Strategy과 저소득층 지역 중심의 슈어스타트Sure Start 프로그램을 통해 아동보육을 활성화시키기 위한 자원, 새로운 부모들에 대한 지원 등이 여기에 속한다. 아동빈곤을 2004년에는 25%까지, 2010년에는 50%까지 감소시키겠다는 수상의 약속에 따라(Blair, 1999), 세액공제제도가 확대되어 아동빈곤을 직접적 목표로 삼는 좀 더 관대한 아동세액공제를 포함하기에 이르렀다. 신노동당 전략은 여분의 자원을 통해 기존의 사적 공급을 확대하고, 구체적 프로그램을 우선순위 집단(한부모, 저소득 노동자)에 집중함으로써 이들이 아동보육을 구매할 수 있도록 지원하는 것이다.

세액공제제도는 주로 두 가지 방법을 통해 여성의 고용에 기여해 왔다. 첫째는 저임금 여성들에게 유인책을 확대한 것이며, 다른 하나는 세액공제제도에 포함되어 있는 아동보육 지원을 통해서 여성들이 어린이집 또는 감독관청에 등록된 개인보모의 이용료를 지불할 수 있도록 자원을 제공한 것이다. 아동보육의 이용률은 1980년대 이후 꾸준히 증가하

고 있다. 1987년과 2001년 사이에 개인보모와 어린이집의 정원 총수
는 223명에서 642,000명으로 증가하였다. 그러나 이러한 증가의 이면
에는 1990년대 후반부터 진행되어 온 개인보모의 어린이집으로의 전
환이 감추어져 있다. 개인보모의 이용정원이 1999년에 이미 정점에 이
른 반면, 어린이집의 보육정원은 2001년 약 300,000개로 증가하였다.
더구나 일을 하고 있는 어머니들의 1/3~1/2 정도는 비공식적인 아동
보육에 의존하고 있는 것으로 나타났다(Institute for Fiscal Studies,
2003a: 표 7.2). 2002년 아동보육 요인이 별도의 세액공제제도로 존재
할 때, 아동이 있는 전체 가구의 3%에도 못 미치는 167,000개 가구만
이 이를 신청하였다(Institute for Fiscal Studies, 2003b: 6).

정부는 2001~2002년 사이의 평가를 바탕으로, 그리고 보육의 확대
가 여성을 유급노동자로 동원하기 위해 반드시 필요한 전략이라는 재
무부의 확신이 증가함에 따라 지원구조를 더욱 향상시켰다. 세액공제
제도의 아동보육 요인이 신설된 아동세액공제제도로 통합되었다. 이
를 통해 연소득 50,000파운드 이하의 가족은 모두 혜택을 받게 되었고,
아동보육 비용도 자녀가 한 명일 경우에는 주당 135파운드, 두 명 이상
일 경우에는 주당 200파운드까지 받을 수 있게 되었다(HM
Treasury/Department for Trade and Industry, 2003). 이는 보육시
설의 이용료에도 영향을 미쳤으며, 그 결과 최대급여를 받을 수 있는
최하빈민층의 경우, 급여를 통해 보육시설 이용료의 대부분을 충당할
수 있게 되었다(Daycare Trust, 2003). 슈어스타트 프로그램의 경우,
2000년과 2002년의 정부지출 검토<sup>Spending Reviews</sup>를 통해 프로그램이 확대
되었다. 이에 따라 투자 규모가 2000~2001년 2억 파운드 이하에서
2005~2006년에는 15억 파운드까지 증가하였다. 프로그램 대상 역시
빈곤아동의 1/5에서 1/3 정도로 규모가 확대되었다(HM Treasury,

2000: 24장; 2002: 6장). 또한 보육센터<sup>Childcare Centres</sup> 내에 설치된 보육시설을 250,000개 정도 증설할 예정인데, 여기에서는 보육, 사회적 지원, 조기학습 지도 등의 프로그램을 종합적으로 제공할 것이다. 전체적으로 아동보육 프로그램은 1997년에서 2006년 사이에 125만 개의 신규 보육시설을 확보할 계획을 갖고 있다. 이는 현재의 공급 수준과 거의 모든 신규보육시설이 정부의 보조금 및 이용료에 의존하고 있는 민간 공급자일 것이라는 점을 고려할 때, 상당히 대담한 도전이라 할 수 있다. 한편, 모성급여는 3배 정도 증가하여 주당 100파운드에 이르렀으며, 무급 모성휴가도 18주에서 26주로 확대되었다. 뿐만 아니라 2주의 유급 부성휴가제도가 도입되었다. 이에 따라 고용주들은 유연한 노동에 대한 요구를 수용하게 되었다(HM Treasury/DTI, 2003: 1). 재무장관은 2003년 가을 성명을 통해 세액공제제도와 보육센터를 더욱 확대할 것을 약속하였다(HM Treasury, 2003: 127).

전반적으로, 현 정부가 일·가정 양립과 관련된 문제를 다루기 시작했지만, 정책들이 빈곤한 지역(슈어스타트) 또는 저소득층(세액공제)에만 선별적으로 집중됨으로써 대부분의 가족들에게 아동보육은 여전히 사적 책임으로 남아있다. 2010년까지 한부모의 고용률을 70%까지 향상시키겠다는 정부의 목표는 이 집단이 유급노동으로 유입되는 비율이 증가하지 않는 한 달성되기 어려울 것이다(결론에서 논의되는 그림 15-1참고).


## 6. 연금정책: 민영화 플러스 자산조사

신노동당은 부조적 성격의 최저소득보장제도<sup>MIG: Minimum Income Guarantee</sup>를

강화함으로써 최하층의 연금도 적정 수준에서 보장할 것이지만, 장기적으로 현재 40%에 해당하는 민간연금의 규모를 2050년까지 60%로 확대하겠다는 목표를 수립하였다(Department of Social Security, 1998). 이는 과거 보수당 정부가 설정했던 목표와 동일한 것이다. 정부는 여전히 비자산조사성 국가연금을 인상하는 데 있어 소비자물가지수를 기준으로 삼고 있다(물론 실제 인상률은 이보다 더 높았다). 이렇게 함으로써 거의 모든 사람들에게 국가연금의 수준을 최저소득보장제도 수준 이하로 낮춤으로써 그 중요성을 지속적으로 약화시키겠다는 것이다. 최근의 연금개혁 과정은 이러한 전략의 강점과 한계에 대해 시사하는 바가 많다. 영국 정부는 번창하고 있는 비국가[non-state] 연금을 발전시키는 데는 성공을 거두었다. 하지만 이들을 규제할 방법을 찾는 데 어려움을 겪고 있으며, 강제성을 부여하는 데 주저하고 있다. 자산조사를 통한 보충적 방안은 빈민들에게는 중요하지만, 이러한 급여를 민간연금시장을 침식하지 않는 적절한 수준에서 발전시키는 것에는 실질적인 문제가 존재한다.

과거 보수당 정부는 1989년부터 발전하고 있던 국가소득비례연금을 약화시키고 공적연금인 기초연금[basic pension]의 연동방식을 물가연동방식으로 제한하였으며, 세금이 지원되는 민간 개인연금을 강력하게 확충시켰다(Waine, 1995).

시장부문을 규제하는 데 따른 문제는 여러 가지 대표적인 사례를 통해 나타났으며, 특히 현 연금제도에 남아있었더라면 상황이 더 나았을 사람들[4]에게 통산이 가능한 이동식 민간연금을 판매함으로써 재정적

---

4) 여기에 속하는 대표적인 집단은 확정급여(DB) 방식의 기업연금에 가입한 중년층으로서 잔여근로 활동기간 동안 확정기여(DC) 방식의 이동성 연금에서는 확정급여방식에서 제공하는 동일한 수준의 연금수급 자격을 얻을 수 없는 사람들이다.

유인을 찾고자 했던 보험회사들과 관련된 것이었다. 정부의 움직임은 느렸다. 하지만 결국에는 문제의 심각성을 입증하는 조사를 실시하게 되었다(Goode, 1994). 그러나 정책의 주요 목표가 민간부문을 장려하는 것이었기 때문에 개혁은 산업체의 자율에 의존하였다.

두 번째 사건<sup>scandal</sup>은 규정을 조작하여 연금기금을 자신의 사업을 지원하기 위해 전용한 회사들과 관련되는데, 가장 대표적인 예가 1992년의 맥스웰<sup>Maxwell</sup> 사건이다. 결국 정부는 1995년 연금법<sup>Pension Act</sup>에서 더욱 강화된 규제조항을, 기업연금부문에만 도입하였는데 고용주와 연금수탁자에게 벌금을 부과하거나 사업을 종결시킬 권한을 가진 기업연금 규제청<sup>Occupational Pensions Regulatory Authority</sup>을 설치하였으며, 최소지불준비금제도<sup>MFR: Minimum Funding Requirement</sup>를 도입하였다. 기업은 투명성 확보를 위해 대차대조표에 연기금과 자산을 명확히 명시해야 했지만, 연금운영을 위한 준비금으로 인해 기업의 주가가 하락할 수도 있게 되었다. (회사가 기업연금 기금을 차용하여 투자 재원으로 이용할 수 있는 권리 등)일부 관행은 사라졌지만, 파산한 기업의 경우 파산 이후 퇴직연령에 도달한 연금수급자에게 매우 제한적인 책임만을 갖는 등의 문제는 여전히 남아있다.

신노동당은 저소득층에게 지급되는 연금이 불충분하다는 문제와 더불어 민간부문에 대한 규제가 잘 이루어지지 않는다는 문제에 직면하였으며, 이로 인해 많은 사람들에게 연금의 안정성을 보장해주는 데 실패하였다. 민간연금에 대한 규제의 일환으로서 2001년 설치된 금융위원회<sup>Financial Service Agency</sup>가 이 문제를 다루도록 하였으며, 이렇게 함으로써 투명성, 보상, 징계권을 좀 더 강화시켰다. 기업이 자발적으로 수행하는 '불완전 판매'<sup>mis-selling</sup>에 대한 검토는 더욱 강화되었으며, 그 결과 170만 명의 소비자들이 거의 115억 파운드에 달하는 보상금을 받게 되었다(Financial Services Authority, 2002: 19). 강제적인 국가소득비례연금[SERP]이라는 전통적인 사민주의적 접근은 1996년 전당대회에서 과감히 철회되었으며, 그 이후 재론되지 않았다. 정부는 초기에 혁신적 아이디어를 개발하기 위해 프랭크 필드[Frank Field]를 임명하였지만, 주로 노조에 의해 관리되는 상호부조적인 '스테이크홀더연금'[SHP: Stake-Holder Pension] 안은 거부하였다. 이 안은 (이로 인해 손실을 입게 될)보험업계의 반발뿐만 아니라 영국 노동운동의 취약성, 필드가 지지해줄 것이라고 믿었던 주요 이해집단들에 대해 오판하였다(Economist, 1998: 39-41 참조).

정부는 세 가지 핵심적인 정책을 제안하였다(Department of Social Security, 1998). 첫 번째는 부조성격의 연금을 소득에 연동시켜 급여율을 높이는 것이다. 두 번째는 새로운 기여와 조세보조, 두 가지 방식을 통해 재원이 마련되는 국가 2차연금[State Second Pension]인데, 저소득층에서 중산층까지를 대상으로 하며 장애나 돌봄 책임으로 인해 연금을 납입할 수 없는 사람들에게 세금을 통해 소득을 일부 지원해줌으로써 연금을 받을 수 있도록 해주는 제도이다. 세 번째는 새로운 스테이크홀더연금제도[Stake-Holder Pension regime]의 도입이다. 이는 중산층을 대상으로 하고 있으며, 좀 더 향상되고 투명성을 갖춘 기관이 저렴한 관리비용과 강력한 이동권, 정해진 비율까지 급여율을 자율적으로 연동시킬 수 있는 자율권을 갖고 규제하도록 설계되었다.

이러한 제안들은 가장 중요한 사적연금이던 기업연금이 하락하고 개인연금이 정체되어 있는 상황에서 제시되었다. 기업연금을 지탱해 주던 기금의 주식시장 가치가 하락하고 미래의 인구학적 압력에 대한 우려 때문에 대부분의 기업이 기업연금을 폐지 또는 감소시켰으며, 가장 결정적으로 고용주 부담금은 임금의 약 11.1%에서 5.1%까지 축소되었다 (Government Actuary's Department, 2002; National Association of

Pension Funds, 2002). 이와 더불어, 1990년대의 사건들 때문에 사적 개인연금에 대한 투자를 꺼리는 상황이 발생하였다. 근로자의 22%만이 개인연금에 기여하며, 젊은 노동자일수록 연금 가입시기가 점차 늦어지고 있다(Pension Policy Institute, 2003: 38-40). 평균 기여규모는 2001년 평균소득의 7.8%에서 2002년 7.7%로 다소 감소하였다 (Hansard, 29.10.02, WA, col.689). 한편, 정부의 새로운 연금인 스테이크홀더연금에 관한 규정은 이윤창출 행위를 제한하기 때문에, 기업은 연금 제공을 꺼리고 있다고 밝혀졌다. 지금까지 기업연금이 1,000만, 개인연금이 3백만 이상 판매된 것과는 대조적으로 스테이크홀더연금은 80만 개만 판매되었다(Financial Service Authority, 2002: 56).

이러한 발전은 자산조사를 통해 최저소득을 보장하는 방법에 부가적인 압박이 가해진다는 것을 의미한다. 2003년 세액공제의 일환으로서 도입된 부조적 성격의 연금크레디트Pension Credit제도는 자격기준을 기여연금(국가 2차연금과 소규모의 기업 혹은 개인연금)을 통해 얻는 소득의 40%에서 시작하여 단계적으로 하향 확대하고 있다. 그대신 자산기준선을 초과했을 때 자격을 박탈하지 않는다. 이러한 방법을 통해 연금크레디트제도는 연금수급자의 빈곤율을, 평균 가구소득의 60%를 기준으로 할 때, 11%에서 6%로 감소시킬 것으로 예상된다. 시간이 경과함에 따라 이러한 최저소득 보장성 연금을 받는 사람의 수는 늘어날 것이다. 정부가 이의 인상률을 평균임금과 연동시킨 반면 1차연금은 물가와 연동시킴으로써 두 제도 간 격차는 점점 커지고 사적연금에 대한 매력은 점차 줄어들 것이기 때문이다(Clark, 2002: 16-17, 표 1). 공식적인 예상에 따르면, 부조성 연금의 수급자는 현재 연금수급자의 절반에서 2040년경에는 2/3 정도로 증가할 것이다. 한편 IFS는 이 숫자가 4/5까지 늘어날 것으로 예견하였다(Department for work and Pension,

2002a: Clark and Emmerson, 2002).

노동당은 민간연금을 60%까지 확대하겠다는 목표의 달성이 어렵다는 사실을 알게 되었다. 한 가지 해결책은 좀 더 강한 강제력을 도입하여[5] 고용주로 하여금 위험분산의 효과가 있는 프로그램을 제공케 하거나 소득이 있는 사람들에게 개인저축을 강요하는 것이다. 정부는 위원회를 구성하여 이 사안을 검토하였지만 지금까지 이 분야에서 구체적인 정책이 개발되지는 못했다. 2002년 샌들러 조사위원회[Sandler review]는 강제적인 고용주 기여제를 제안하였는데, 노동조합은 이를 적극 지지했지만 정부에 의해 무시되었다. 또 하나의 조사는 산업계의 주요 로비단체인 국립연기금협회 전 회장의 지도에 따라 진행되었다. 이 조사에서는 규제완화와 더불어 적정 연금을 받지 못한 사람들은 정부가 책임져야 한다고 권고하였다(Pickering, 2002). 그러나 이러한 제안은 이행되지 않았다.

2002년 정부의 녹서(Department for Work and Pensions, 2002b)는 이러한 문제를 해결할 수 있는 안들이 포함될 것으로 예상되었다. 그러나 단순히 최선의 실행계획들을 나열한 것에 불과했으며, 개입정책을 지양하고 특히 국가연금의 증가 또는 강제적 기업연금제도의 도입을 배제하였다. 또 하나의 조사가 산업계의 고위인물인 어데어 터너[Adair Turner]의 책임 아래 진행 중이다. 이 보고서는 2005년 발표될 예정인데, 더 긴 유예기간이 필요함을 주장할 것으로 예상된다.

국가연금의 확대나 강제적인 비국가연금의 도입 중 어느 것에도 의지를 보이지 못하는 것은 자유주의 시장 지향적 환경에서 연금수급자들에게 적절한 소득을 보장해주길 원하는 정부가 직면하는 문제이다.

---

5) 이는 노동시장 참여를 확대하기 위해 도입된 전략이다.

이는 자산조사 확대라는 전통적인 자유주의적 해결책으로 표류하는 결과를 초래할 것이다.

복지를 이용하여 경쟁력을 향상시키겠다는 신노동당의 결심으로 인해 새로운 사회적 위험이 집중적인 관심을 받아왔다. 이상에서 살펴본 일·가정 양립, 노동시장에 대한 접근, 연금개혁 분야에서 제시된 정책적 방안들은 세 가지 특징을 지닌다. 첫째, 가능한 많은 국민들을 유급노동으로 유입시키는 것, 둘째 선별적 국가개입을 과거 수동적인 자유주의 보수당 정부보다 훨씬 더 큰 규모로 실행하는 것, 셋째 정책 목표를 달성하기 위해 가능한 모든 분야에서 민간부문을 활용하는 것이다. 이제 이러한 정책들의 성공 여부를 평가해 보고자 한다.


## 7. 신노동당 정책: 잠정적 평가

신노동당 정책들은 상당한 성공을 거두었다. 현대 복지국가의 역할이 국가경쟁력의 강화에 있다는 관점은 노동력 동원과 민간부문 확대라는 자유주의 목표를 강조한다. 복지 목표에 대한 강조는 기회의 확대(특히 취약계층을 위한)와 시장에서 실패한 사람들의 빈곤 감소에 관심을 갖도록 한다.

그림 15-1은 영국의 고용률이 1990년대 초반의 침체기 이후 상당히 증가했음을 보여준다. 정부정책은 특정집단을 대상으로 하는데, 특히 청년과 한부모가 이들이다. 이들에 대한 지원은 현재 자원을 집중하고 있는 두 개의 뉴딜 프로그램과 저임금노동자(좀 더 광범위하게는 부양아동이 있는 여성)에게 보육비를 지원하는 국가아동보육전략을 통해 이루어진다. 특히, 한부모의 고용률은 급속히 증가하였다. 이러한 증가

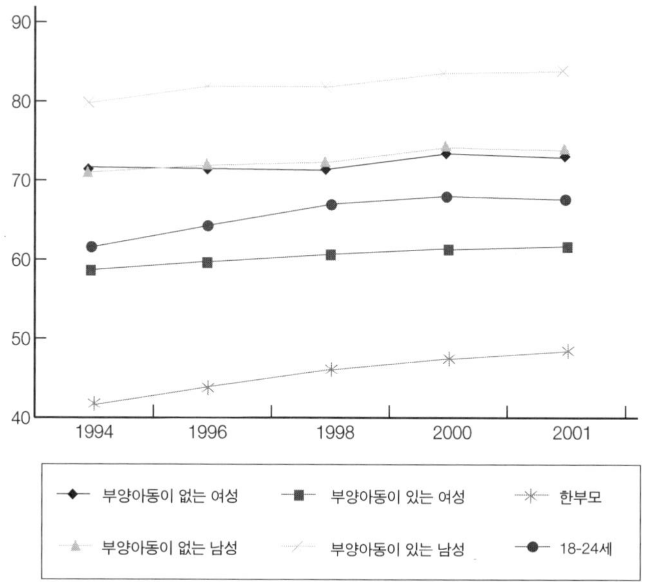

* 자료: HM Treasury/DTI(2003), "Balancing Work and Family Life", 차트 2.4, 2.5; Labour Force Survey, Office for National Statistics.

율은 2010년까지 70%[6]를 달성하겠다는 정부의 야심찬 목표를 충족시키기에는 부족하지만, 한부모집단을 유급노동에 참여시키는 데 성공하였음을 보여준다. 청년뉴딜은 성공적이었으며, 2001년 선거 시기까지 250,000명의 청년들을 유급노동시장에 진입시킨다는 우선목표도 달성하였다. 이는 과거 영국정부가 실시한 다른 어느 정책보다 우수한 것이다 (Department for Work and Pension, 2001: 82). 감사원[National Audit Office]과 국립경제·사회조사협회[National Institue, of Economic and Social Research], 그리고 정책연구협회[Policy Studies Institute]는 사중[dead weight]효과와 대체효과를 고려한 다

---

6) 부양아동이 없는 여성의 고용률과 비슷한 수치임.

양한 방법론을 이용하여 이를 계측하였다. 이에 따르면 청년들을 위한 일자리의 순증가량은 연 15개에서 40,000개에 이른다(White and Riley, 2002: 2; Riley and Young, 2001: 2; National Audit Office, 2002: 6).[7] 한편, 그림 15-1은 청년들의 고용 증가율이 2000년 이후 점차 하락하고 있음을 보여준다. 어린 자녀가 있는 여성의 고용은 증가하여 어린 자녀가 있는 남성의 고용률과 유사한 수준에 이르고 있지만, 수렴속도가 매우 느리다. 한 가지 원인이 바로 현재 제한적으로 제공되는 보육지원 규모이며, 보육시설의 상당 부분을 민간에서 충당하려는 정부의 움직임 때문이기도 하다.

좀 더 일반적인 측면에서 볼 때, 실업률은 하락하였지만 근로연령에 속하는 사람들의 비경활률은 거의 변하지 않았다(1994년 21.6%에서 2002년 21.4%로 변화함 — Social Exclusion Unit, 2003: 10). 이 결과, 가족원 중 노동시장에 참여하는 사람이 없는 가구의 비율은 16%로 여전히 높게 나타난다. 비경제활동과 그로 인해 빈곤이라는 위험에 빠지는 주요 원인은 남성과 여성에 따라 다르다. 남성은 질병과 장애이지만 여성은 가정 내 책임 때문이다(Office for National Statistics, 2002b: 69). 한부모, 여성, 청년들을 위한 노동시장 기회는 증가하였지만, 빈곤 완화라는 복지 목표는 제한적 성과를 거두었다.

재무장관은 세액공제제도와 최저임금 개혁을 통해 '상대적 빈곤'을 상당히 감소시키고, 특히 중위소득의 60%를 기준으로 할 때 빈곤아동을 120만 명 정도 감소시킬 것이라고 예견하였다(HM Treasury, 2001: box 5.3). 그러나 빈곤 관련 급여와 크레디트의 대폭적인 확대에도 불구하고 기대했던 수준만큼 감소시키지는 못했다. 주거비 지불 후 빈곤

---

7) PSI는 "이러한 현상이 지속되지 못할 것이다."라고 논평한다.

선 이하로 하락하는 가구의 수가 1996/1997년 1,390만 명에서 2001/2002년 1,240만 명으로 150만 명 정도 감소하였다. 빈곤감소가 두드러진 계층은 노동가능 연령 성인(30만 명 감소), 연금수급자(50만 명 감소), 아동(50만 명 감소)이다(Department for Work and pension, 2003: 248, 표 4.1). 하지만 가장 두드러진 성과를 보인 집단은 가장이 실업상태인 비노동 가구로서, 전체적으로 230만 명에서 110만 명으로 감소하였다. 이들은 유급노동으로 옮겨간 것이다(Piachaud & Sutherland, 2002 참조). 연금수급자와 아동에 대한 급여 확충은 빈곤 위험을 감소시키는 데 중요한 역할을 하였다. 그러나 가장 또는 그 배우자가 실업자로 분류되지 않지만 다른 이유(질병, 장애, 학생신분 또는 가사책임 등)로 경제활동을 하지 못하는 가구는 390만에서 400만으로 그 규모가 오히려 증가하였다.

2003년 개혁, 특히 새로운 세액공제제도의 도입은 빈곤아동의 수를 60만 명 감소시키는 데 많은 영향을 미쳤다. 그러나 아동빈곤을 2004년까지 1/4 정도, 2010년에는 절반 정도 감소시키겠다는 정부의 목표는 더 많은 자원이 확보되지 않는 한 달성되기 어렵다(Sutherland et al., 2003). 이와 같은 감소량이 실망스러운 가장 큰 이유는 소득불평등의 증가 때문이다. 중위소득을 기준으로 했을 때 불평등이 증가할수록 빈민층도 증가하게 된다(Institute for Fiscal Studies, 2003a: 4장, 표 4.1). 노동력을 동원하겠다는 신노동당의 정책은 고용을 증가시킴으로써 저소득층에는 많은 영향을 미쳤다. 그러나 일을 하지 않은 사람들의 소득은 여전히 낮게 유지되고 있으며, 이러한 문제는 경기 침체기에 더욱 심각해질 것이다. 빈곤가정 아동에게 제공되는 급여는 실제로 많이 향상되었다. 하지만 소득이 점점 더 불평등하게 증가함에 따라 불평등의 문제를 해결하기 위한 상당량의 자원투입이 필요하다. 노동시장 외부에 있는 사람들에게는 빈곤이 가장 해결하기 어려운 문제이며, 정부 역시 노동시장 외부에 있는 사람들의 빈곤문제를 해결할 수 있는 정책을 찾는 것이 쉽지 않다. 이러한 사실은 자유주의적 접근에 따른 문제점을 더욱 극명하게 보여준다. 자유주의적 접근은 유급노동으로 통합함으로써 노동시장에서 소득을 획득할 수 있도록 하는 데 초점을 두는 반면, 후기산업사회로의 이행은 많은 사람들(요구하는 기능을 수행할 수 없는 사람들, 또는 돌봄 책임을 가지고 있는 사람들)이 유급노동으로 진입하는 것을 점점 더 어렵게 한다.

연금개혁, 특히 새로운 연금크레디트제도는 저소득층 연금수급자의 빈곤을 감소시킬 것이며, 현재의 절반 수준까지도 가능하다는 가능성을 보여주었다. 그러나 새로운 정책이 민간부문의 실질적인 확대라는 자유주의적 목표를 달성했는지의 여부는 아직 불분명하다. 정부는 민간부문의 확장을 위한 노력과 이를 규제하기 위한 규제체제 실행 사이에서의 갈등을 해결하지 못했다. 또한 연금 투자가 증가하지 않는 상황에서 연금수급자의 세대간 혹은 고용주와의 위험분산 문제를 해결하지 못했다.

## 8. 결론: 자유주의적 복지국가의 한계

신노동당 정부는 야심차게 계획했던 목표를 달성하지는 못했지만, 빈곤지역 내 시간제 취학전 교육과 아동보육시설, 자녀가 있는 여성과 한부모의 유급노동으로의 이동, 그리고 빈곤의 감소 등에 있어 성공을 거두었다고 주장할 수 있다. 그러나 아동보육의 전반적인 확대에는 실질적인 한계가 있어 보인다. 특히 어머니들을 전일제 유급노동에 참여시킴으로써 규모면에서 대부분의 여성들이 대부분의 남성들과 마찬가지로 노동기회를 확보할 수 있도록 해주었는가라고 질문한다면, 이러한 한계는 명확히 드러난다. 고용전략은 비노동workless 인구의 규모를 줄이는 데 실패했으며, 연금정책은 고용주와 다른 민간 공급자, 개별 시민들이 지지하는 매력적인 사적 연금체계를 만들어내는 데 실패하였다. 한편, 시장지향적인 공공정책의 틀 속에서 복지국가를 발전시키고자 했던 실험은 복지 목표를 향한 실질적인 진보를 이룩하였다. 하지만 이러한 실험은 이에 상응하는 한계도 노출하였다. 가장 중요하게 (아동보육, 노인수발, 연금영역에서) 사적시장 급여를 촉진하고 규제하는 문제와 (무노동집단을 위한 고용창출 방안을 모색하는 데 있어) 사적 행위자들의 행동을 관리하는 문제에 있어 한계를 보였다. 한편, 시장의 자유를 추구함으로써 규제를 제한하고 청년 실업자와 같이 정치적 힘이 약한 집단들에게 강제력을 행사하는 데는 성공을 거두었다.

영국은 정책방향이 여당에 의해 결정되고 신속한 개혁이 가능한, 고도로 중앙화된 자유주의 성향의 체제이다. 권력을 쥔 노동당은 신노동당의 정책담론에 따라 혁신과제를 추구해 왔다. 즉, 새로운 사회적 위험을 해결하고, 경제적 목적과 사회적 목적을 통합함으로써 빈곤을 감소시킴과 동시에 경쟁을 극대화하는 것이다. 이를 위해 어머니, 한부모, 장애인 및 그 외 실업자들을 동원하여 최저임금이 보조금을 통해 보완되는 유연한 노동시장에 참여토록 하였다. 사적 서비스의 확대를 통해 영리부문은 증가하였으며 국가지출은 억제되었다. 정부는 고용주집단과 노동조합으로부터 핵심정책에 대한 지속적인 지지를 확보해 왔다.

이러한 접근은 고도의 활성화와 '역동적인, 지식기반경제'를 추구한다는 EU정책의 일환으로 해석된다. 하지만 이는 권력이 행정부에 집중되어 있을 때만 가능할 것이다. 영국에서의 사회정책은 시장 친화적인 수단과 중도좌파적인 목적을 조화시키고자 하는 담론에 의해 실천 범위가 결정된다. 이는 하나의 정책프로그램이 새로운 사회문제를 강조하지만 부분적 해결만이 가능한 자유주의적 의제와 양립하고 있음을 보여주는 예이다. 그러나 이는 다수주의적, 시장지향적인 민주주의체제에서 좌파성향을 지닌 정당이 선거에서 승리하고 기업주와 같은 강력한 이익집단의 지지를 확보할 수 있는 접근이기도 하다.

* 이 글은 Journal of Social Policy(2004, Vol. 33, No.4)에 실린 피터 테일러-구비 교수 외 2인의 논문 "Market Means and Welfare Ends: The UK Welfare State Experiment"를 완역한 것임.

## 참고문헌

Blair, T.(1999). "Beveridge revisited: a welfare state for the 21th century", in R. Walker(ed.), *Ending Child Poverty: Popular Welfare for the 21th Century?*, Bristol: Policy Press.

Clark, T.(2002). "Rewarding saving and alleviating poverty", *Institute for Fiscal Studies Briefing Note No. 22.*

Clark, T. & Emmerson, C.(2002). "The Tax and Benefit System and the incentive to Invest in a Stake-Holder pension", *Institute for Fiscal Bulletin 28.*

Commission on Social Justice(1994). *Social Justice, Strategies for Social Renewal*, London: Vintage Books.

Darling, A.(2002). *Pioneer*(Interview), Issue 7.

Daycare Trust(2003). *Evidence to the Work and Pensions Select Committee Inquiry into Childcare*, Daycare Trust.

Deakin, N. & Parry, R.(2000). *The Treasury and Social Policy*. Basingstoke: Macmillan.

Department for Education and Science(1998). *Meeting the childcare challenge* Cm 3959, HMSO, London.

Department of Social Security(1998). *A new contract for welfare*, Cm 3805, HMSO, London.

Department for Work and Pensions(2000). *Opportunity for All: Second Annual Report*, Cm 3805, HMSO, London.

________________________________(2001). *Low-income families in Britain*, Report 138, HMSO, London.

________________________________(2002a). *Pension credit: the long-term projections*, HMSO, London.

________________________________(2002b), *Simplicity, security and choice*, Cmnd 5677, HMSO, London.

Department for Work and Pensions(2003). *Households below average income statistics 1994/5-2001/1*, HMSO, London.

Economist(1998). "Field of dreams", 28 march, pp. 39-41.

Esping-Anderson, G.(1990). *The Three Worlds of Welfare Capitalism*. Cambridge: Polity Press.

________________________(1999). *The Social Foundations of Post-Industrial Economies*. Oxford: Oxford University Press.

European Union(1998). *The 1998 Employment Guidelines Council Resolution of 15 December 1997*. Brussels: European Union.

________________(2002a). *Social Projection in Europe*. Brussels: European Union.

________________(2002b). *Employment in Europe, 2001*. Brussels: European Union.

________________(2002c). *Employment in Europe, 2000*. Brussels: European Union.

Eurostat(2003). *General Statistics, Women in Employment 2001*. Brussels: European Union.

Evans, M.(2001). *Welfare to Work and the Organization of Opportunity*, Lessons from Abroad, CASE, London: LSE.

Ferrera, M. & Rhodes, M.(2000). "Recasting European Welfare States" and "Building a Sustainable Welfare State", *West European Politics 23: 2, 1-10, 257-282.*

Financial Services Authority(2002). *UK national strategy report.*

Government Actuary's Department(2002). *Occupational pension schemes 2000.*

Goode, R.(1994). *Pensions law reform*, Cmnd 2342-1, HMSO, London.

Hasluck, C.(2001). *Lessons from the New deal*, New Economy, pp. 230-234.

HM Treasury(2000). *Prudent for a purpose*, HC 346, HMSO, London.

____________(2001). *Building a stronger, fairer Britain in an uncertain World*, HMSO, London.

__________(2002). *Opportunity and security for all*, 2002 Comprehensive Spending Review, HMSO, London.

__________(2003). *The strength to take the long-term decisions for Britain*, Cm 6042, HMSO, London.

HM Treasury/Department for Trade and Industry(2003). *Balancing work and family life*, HMSO, London.

Institute for Fiscal Studies(2003a). *Green budget, Institute for Fiscal Studies*, London.

__________(2003b). *How can child-care be provided?*, Briefing No. 34, Institute for Fiscal Studies, London.

__________(2003c). *The new tax credits, Briefing No. 35*, Institute for Fiscal Studies, London.

Jessop, B.(2002). *The Future of the Capital State*. Cambridge: Polity Press.

Kuhnle, S.(ed)(2000). *The Survival of the European Welfare State*. London: Routledge.

Labour Party(1992). *It's Time to Get Britain Working Again*. London: Labour Party.

__________(1997). *Because Britain Deserves Better*. London: Labour Party.

__________(2001). *Ambitions for Britain*. London: Labour Party.

Lijphart, A.(1999). *Patterns of Democracy*. New Haven: Yale University Press.

Lintner, V.(2001). "European Monetary Union", in J. Richardson(ed.), *European Union*. London: Routledge.

McNamara, K.(1998). *The Currency of Ideas*. Ithaca: Cornell University Press.

National Audit Office(2002). *The new deal for young people*. HCP 639 2001-2.

National Association of Pension Funds(2002). *Survey of occupational pension funds*, National Association of Pension Funds. London.

New Policy Institute/Rowntree(2003). *Monitoring poverty and social exclusion, New Policy Institute*. London.

Office for National Statistics(2002a). *Social Trends, 32*. London: HMSO.

__________(2002b). *Economic inactivity and the labour market*, Labour Market Trends, 110: 69-77.

Organization for European Cooperation and Development(1994). *The OECD Jobs Strategy*. Paris: OECD.

__________(1998). *The Battle against Exclusion*. Paris: OECD.

__________(2000). *Reforms for an Ageing Society*. Paris: OECD.

__________(2003). *Employment Outlook 2002*. Paris: OECD.

Pfaller, A., Gough, I. & Therborn, T.(1990). *Can the Welfare State Compete?* London: Macmillan.

Piachaud, D. & Sutherland, H.(2002). *Changing poverty post-1997, Casepaper 63*. LSE, London.

Pickering, A.(2002). *A simpler way to better pensions*, Department for Work and Pensions. London.

Pierson, P.(1994). *Dismantling the Welfare State?* Cambridge: Cambridge University Press.

Pierson, P.(ed.)(2001). *The New Politics of the Welfare State*. Oxford: Oxford University Press.

Pensions Policy Institute(2003). *The Pensions Landscape*. London: Pensions policy Institute.

Riley, R. & Young, G.(2001). *The Macro-economic Impact of NDYP*. London: National Institute for Economic and Social Research.

Rowthorne, R.(1997). *Economic issue paper 10*, International Monetary Fund. Washington, DC.

Sandler, J.(2002). *Medium and long-term retail savings in the UK*, Treasury, London.

Scharpf, F. & Schmidt, V.(eds.)(2000). *Welfare and Work in the Open Economy: Diverse Responses to Common Challenges*. Oxford: Oxford University Press.

Social Exclusion Unit(2003). *The future of social exclusion, Discussion Paper*. Cabinet Office.

Sutherland, H., Sefton, T. & Piachaud, D.(2003). *Poverty in Britain: The Impact of Government Policy Since 1997*. Cambridge: Cambridge University Press.

Taylor-Gooby, P.(2001). *Welfare States under Pressure*. London: Sage.

Waine, B.(1995). "A disaster foretold?", *Social Policy and Administration 29: 4*. 317-334.

Weaver, K.(1986). "The politics of blame avoidance", *Journal of Public Policy 6*: 371-398.

White, M. & Riley, R.(2002). *Findings from the macro-evaluation of NDYP, Research Report 168*. Department for Work and Pensions, London.

# 영국의 사회투자국가 실험

- 이념, 정책, 성과와 한국에 주는 교훈 -

김영순 | 서울산업대 교양학부 교수

## 1. 머리말

이 글에서는 최근 한국에서 확산되고 있는 사회투자국가 social investment state 론을 선도적으로 실천했던 영국의 경험을 비판적으로 검토하고 그것이 우리에게 주는 교훈과 시사점을 정리해 보고자 한다.

최근 들어 '진보·개혁진영'의 학계 및 정치권을 중심으로 사회투자 국가론 바람이 제법 강하게 일고 있다. 노무현 정부의 '동반성장전략', '비전 2030' 등에서 간간이 언급되던 복지(국가)의 투자적, 생산적 성 격의 강화에 대한 논의는 2006년 하반기 이후 짧은 숙성과정을 거쳐 사회투자국가론의 타이틀을 달고 급속히 수면 위로 부상했다. 2007년 2월 참여연대가 "사회투자국가의 이해와 한국적 적용 가능성에 관한 토론회"를 개최했고, 곧 이어 한국사회복지학회 등 4개 학회가 보건복 지부의 후원으로 "한국사회의 미래와 사회투자정책"을 주제로 대규모 심포지엄을 열었다. 보건복지부, 재정경제부, 대통령자문정책기획위 원회 등도 사회투자국가의 한국에의 적용 가능성을 타진하는 연구 용 역을 이미 진행했거나 진행하고 있는 것으로 알려져 있다. 정치권에서는 대선주자로 거론되는 천정배 의원, 유시민 전 보건복지부 장관이 이 모델의 주창자들이라 한다(한겨레신문, 2007/03/06). 바야흐로 사회투자국가론이 성장산업으로 떠오르고 있는 것이다.

영국은 바로 이 사회투자국가라는 이름을 탄생시킨 나라이다. '제3의 길'의 이념적 대부, 기든스는 전통적 사민주의의 대표적 성과물인 복지국가가 지구화를 비롯한 급격한 사회경제적 변화 속에서 사회적 위험의 수습체계로도, 재분배체계로도 부적절한 것이 되었다고 진단했다. 그리고 사민주의의 새로운 아이콘으로 사회투자국가를 제시했다. 사회투자국가론의 핵심은 복지가 갖는 투자적 성격, 생산적 성격을 강조하며 복지와 성장, 사회정책과 경제정책의 상호 보완성을 강조한다는 것이다. 이 담론은 소비적 지출보다 투자적 지출을, 결과의 평등보다는 기회의 평등을, 시민의 복지권(사회적 시민권)보다 그에 상응하는 의무를 강조한다는 점에서 구좌파의 복지국가론과 다르지만, 여전히 시장의 부작용 교정과 평등화를 위해 국가 개입의 필요성을 인정한다는 점에서는 신자유주의와 다르다.

영국에서 사회투자국가론은 종이 위의 기획에 그친 것이 아니라 신노동당과 블레어 정부라고 하는 현실 정치세력에 의해 이미 10년 동안 정치적 실천에 옮겨졌다. 1996년, 무려 17년 만에 정권을 탈환한 노동당은 자신의 정치적 상표가 된 제3의 길의 구체적 실천전략으로 사회투자국가론의 내용을 담은 일련의 정책 패키지를 제시했다. 보육을 비롯한 아동복지에 대한 투자, 교육과 훈련의 혁신, 적극적 노동시장정책의 확대, 지역사회 네트워크를 비롯한 사회적 자본의 육성 등이 그것이다. 그렇다면 사회투자국가론을 선도적으로 주창했던 영국에서는 구체적으로 어떤 정책들이, 어떻게 수행되었는가? 그리고 노동당 정부 집권 10년을 넘어선 지금, 이 정책들은 어떤 성과를 거두었는가? 무엇보다, 이러한 영국의 경험이 현재 한국의 사회투자국가 논의에 주는 교훈과 시사점은 무엇인가? 먼저 영국에서 사회투자국가 전략이 등장하게 된 배경을 살펴보고 이 물음들에 순차적으로 답해보고자 한다.

## 2. 사회투자국가론의 등장배경

### 1) 사회 · 경제적 변화와 새로운 사회적 위험의 대두

영국에서 사회투자국가론의 등장배경은 사회 · 경제적인 것과 정치적인 것, 두 가지로 나누어 볼 수 있다. 우선 사회 · 경제적 배경부터 살펴보자. 영국 복지국가의 기본 골격은 제2차 세계대전 종전 전후에 이루어진 베버리지 개혁에 의해 형성되었다. 그러나 지구화는 다른 나라에서와 마찬가지로, 이 복지국가의 기반이 되었던 케인스주의적 거시경제 관리를 어렵게 만들었다. 더 큰 문제는 전후 반세기 동안 진행된 심대한 사회 · 경제적 변화들로서 이는 복지국가가 수습해야 할 사회적 위험의 성격과 범위를 크게 변화시켰다. 이른바 '새로운 사회적 위험들' 의 징후가 뚜렷해진 것이다. 이를 하나씩 살펴보자.

첫째, 고용구조의 변화에 따른 비경제활동인구의 증대와 일자리 양극화이다. 영국의 실업률은 대륙유럽 나라들에 비해 낮은 편이다. 그러나 비경제활동인구의 증대와 저임금의 불안정한 일자리 증대는 영국에서도 큰 문젯거리이다. 탈산업화와 '고용 없는 성장' 의 결과 영국의 비경제활동인구는 1986~2001년간 750만에서 790만으로 늘었다 (Wicks, 1990; Blair, 1997). 또한 무취업가구의 비율은 2003년 14.2%에 달했는데 이는 EU국 중 벨기에를 제외하면 가장 높은 수준이었다

(Taylor-Gooby & Larsen, 2004: 58). 탈산업화와 지식기반경제로의 이행은 또한 일자리의 양극화도 초래했다. 학력과 기술 수준이 낮은 사람들은 취업이 어려워졌을 뿐만 아니라 취업 후에도 고용 불안정과 낮은 임금에 시달리게 되었다.  둘째, 가족구조와 가족구성원의 역할 변화를 지적할 수 있다. 여성의 고용률은 꾸준히 늘어 2001년에는 65%에 이르렀다. 이는 EU 평균인 55%를 훨씬 상회하는 것으로 영국 가족이 전통적인 남성생계부양자모델에서 벗어나 있음을 보여준다. 이렇게 여성 취업률이 높아지자 가족 내 여성에 의해 무급으로 행해지던 보살핌 노동, 특히 보육의 사회화가 필요해졌다. 가족의 변화에 따른 빈곤 증대와 보살핌의 위기 역시 새로운 사회적 위험의 중요한 측면을 이룬다. 현재 영국은 유럽에서 한부모가 가장 많은 나라로서 다섯 중 한 명의 아이는 한부모가정(대개는 독신모가정)에서 살고 있다. 영국에서 한부모됨은 빈곤과 밀접한 관련을 맺고 있다. 보육시설이 부족하고 보육비가 매우 비싸서 한부모들은 유급노동을 하기 어렵기 때문이다. 한부모의 유급노동 참여율은 EU 평균 59%인데 비해 영국은 47% 밖에 되지 않는다. 또 영국에서 한부모가구의 빈곤율(중위소득의 60% 이하)은 일반가구의 5배나 되는데 이는 EU 평균(아일랜드, 포르투갈, 스페인을 제외)인 1.6배보다 월등히 높은 수치이다. 또 이들의 공공부조성 복지 수급률도 유럽의 최고(약 70%로 적은 나라의 2~3배에 이른다)를 기록하고 있다(Taylor-Gooby & Larsen, 2004: 57-58; Dean, 1997: 2; DSS, 1998; Blair, 1998: 2).

셋째, 인구고령화 역시 새로운 사회적 위험을 이룬다. 베버리지 모델이 탄생했던 50년 전 평균수명은 남성 50세, 여성 57세였으나 1990년대 중반에는 남성 79세, 여성 84세가 되었다. 이에 따라 연금 수급자와 경제활동 인구의 비율은 50년 전 1 : 5에서 약 1 : 3으로 떨어졌다. 이 비율은 2040년까지는 약 1 : 2까지 줄어들 것으로 예상된다(DSS, 1998). 하지만 영국의 경우 인구고령화에 따른 새로운 사회적 위험은 다른 나라들에서처럼 재정적 지속 가능성의 위기보다는 불충분한 소득보장이라는 형태를 띤다. 대처 정부 시기 두 번의 연금개혁(1980년, 1986년)으로 공적연금의 비중이 크게 줄고, 공적연금의 소득대체율은 매우 낮아져 연금재정은 매우 '건전하고' 안정적인 것이 되었다. 이렇게 공적연금의 소득보장 기능이 형해화되자 중산층들은 직업연금이나 민간연금을 통해 이를 보완했으나 그럴 여력이 없는 저소득층은 경제적으로 불안한 노후를 맞닥뜨리게 될 것으로 예상된다.

이와 같은 엄청난 인구변화, 사회변화를 감안하면 50년 전에 탄생한 베버리지 모델이 제 구실을 하지 못한 것은 너무나 당연한 일이었다. 복지국가가 수습해야 할 사회적 위험의 성격이 크게 변했으나 복지국가는 그것이 탄생했던 제2차 세계대전 직후의 사회구조에나 알맞았던 형태를 여전히 유지하고 있었다. 게다가 대처의 신자유주의적 개혁은 이런 새로운 위험에 부응하지 못하는 시대에 뒤떨어진 복지국가의 문제점을 더욱 심화시켰다. 그 결과 복지지출이 재정에 가하는 부담은 만만치 않았지만 빈곤과 불평등은 점차 심화되어 왔다.[1] 바로 이것이 영국에서 사회투자국가론이 대두하게 된 사회·경제적 배경이다. 기든스도 이런 사회·경제적 변화를 복지국가가 변해야만 하는 이유로 역설했다. 그러나 사회투자국가가 이런 사회·경제적 변화에 대한 기능적 대응의 성격만 가지고 있었던 것은 아니다.

---

1) 빈곤인구(중위소득의 1/2선 이하 가구의 인구들)는 대처가 집권했던 1979년 5백만에서 1994년에는 1천4백만으로 3배 가까이 증대했다. 불평등도 심각한 수준이었다. 또한 지니계수는 1979년 24.8%에서 1991년 33.7%로 증대하여, 영국은 1980년대 동안 뉴질랜드를 제외한 OECD 국가 중 가장 급속히 불평등이 심화된 나라가 되었다(Dean, 1997: 1-2; Atkinson, 1996; Blair, 1997).

## 2) 정치적 배경

사회투자국가로의 복지국가 재편이 지향하는 또 하나의 명백한 목적, 사실상 더 중요한 목적은 노동당의 집권이었다. 대처 정부 11년을 포함한 보수당 정부 17년의 지배는 영국사회를 이전과는 크게 다른 모습으로 바꾸어 놓았다. 케인스주의적 복지국가에 대한 신뢰는 시장의 자기조절적 메커니즘이라는 신화로 대체되었고, 경쟁과 효율성, 소유하는 민주주의property-owning democracy, 자조self-help의 고무와 복지 의존성 및 도덕적 타락에 대한 공격 등이 대중적 이데올로기로 자리잡았다. 무엇보다도 증세는 이제 어느 정당에서도 정치적으로 거의 불가능한 것으로 인식되었다(김영순, 1999: 101-104).

제3의 길은 이런 정치적 상황에서 이제 수권 가능성까지 의심받게 된 노동당이 택한 노선의 대전환이었다. 토니 블레어는 그의 정치이념의 스승인 기든스의 정의에 따라 제3의 길을 재래식 사민주의와 신자유주의의 사잇길로 규정한다. 제3의 길은 경제에 대한 광범한 국가개입 · 집산주의 · 케인스주의적 수요관리 · 코포라티즘 · 완전고용 · 강한 평등주의 · 포괄적 복지국가 · 단선적 근대화론과 낮은 생태의식으로 요약되는 전후 사민주의와, 최소정부 · 개인주의와 도덕적 권위주의 · 자유시장 근본주의 · 사회발전의 원동력으로서의 불평등의 수용 · 최소 안전망으로서의 복지로 요약되는 신자유주의의 중간길인 것이다(Giddens, 1998: 7-8; Blair, 1998: 1).

제3의 길로의 전환을 통한 노동당 재집권 프로젝트의 핵심은 신자유주의 정책 중 중간계급에 인기 있는 정책들을 수용하여 중도로 이동하는 것이었다. 노동당은 생산수단의 사적소유의 폐지를 규정한 당 강령 4조를 폐지하고 노조와의 특수관계를 정리했다. 그리고 경제, 범죄, 복지 등 전통적으로 노동당이 중간층에 취약했던 이슈들을 앞질러 제기하고 신자유주의적 노선을 분명히 하면서 공세적으로 중간층 공략에 나섰다(King & Wickham-Jones, 1999). 무엇보다 노동당은 '과세와 지출' tax and spending이라는 전통적 전략에서 탈피했다. 노동당은 집권 후 2년간 공공지출을 동결하여 보수당의 지출 프로그램을 그대로 유지하고 정부지출의 대 GDP 비중을 유지하겠으며 5년간 소득세를 인상하지 않겠다고 공약했다. 또한 인플레를 2.5% 이내로 억제하겠다고 공약했고, 이를 뒷받침하기 위해 이자율 통제권을 영국은행 Bank of England에 양도했다(Daniel, 1997: 32; Economist, 1997). 이렇게하여 '신노동당' New Labour으로 거듭난 노동당은 1996년 총선에서 마침내 승리한다.[2) 그리고 이런 정책들은 모두 실행에 옮겨진다.

사회투자국가론은 이렇게 제3의 길로 전환한 신노동당의 새로운 복지국가 비전이었다. 영국에서 이 아이디어의 직접적 기원은 1994년 노동당 사회정의위원회의 보고서 Social Justice: Strategies for National Renewal이다. 1992년, 오랜 야당생활 끝에 마침내 권력이 눈앞에 다가온 것 같았으나 노동당은 다시 총선에서 패했고 14년차 야당생활에 들어갔다. 그리고 이제 영영 수권 가능성이 없어진 것 아닌가라는 당 안팎의 의구와 우려 속에서 당의 이념과 노선에 대한 고통스러운, 근본적 재검토에 착수했다. 그복지부문에 대한 결론이 바로 베버리지 보고서 50주년을 기념해 만들어진, 1994년 사회정의위원회 보고서이다. 이 보고서의 새로운 복지관은 1996년 선거강령에 이르기까지의 일련의 당 문건들을 거치면서

---

2) 1997년 투표 결과는 노동당의 중간층 공략이 상당 정도 성공했음을 보여준다. 1992년 선거에서 19%만이 노동당을 지지했던 경영직 및 전문직 종사자들은 1997년 선거에서는 33%가 노동당을 지지했고, 25%에 그쳤던 사무회계직 화이트칼라 역시 이 선거에서는 무려 49%가 노동당에 표를 던졌다. 이런 중간층의 전향 투표가 노동당 선거 승리에 결정적 역할을 했다(김영순, 1996).

사회투자국가론으로 구체화되었다. 이 보고서가 '사회투자국가' 라는 용어를 직접적으로 사용하고 있는 것은 아니다. 그러나 "경제정책과 사회정책이 불가결하게 연결되는 것은 바로 투자를 통해서" 이며, "숙련, 연구, 기술, 보육, 그리고 커뮤니티의 발전 등에 대한 높은 수준의 투자야 말로", "지속 가능한 발전의 선순환구조의 첫걸음이자 마지막 걸음"(Commission on Social Justice, 1994: 97, 103)이라고 주장함으로써 후에 기든스에 의해 주창된 사회투자국가론의 핵심적 내용을 제시하였다. 그리고 이 보고서의 내용들은 블레어의 적극적 지지 속에서 노동당 집권 이후 개혁의 지침으로 채택되었다. 그렇다면 사회투자국가는 전통적 복지국가와 어떤 점에서 다른가? 그리고 사회투자국가의 비전 속에서 어떤 정책들이 어떻게 실시되었는가?

## 3. 영국의 사회투자국가 실험: 이념, 정책, 성과

### 1) 사회투자국가의 이념

사회투자국가라는 이름을 만들어낸 것은 앤서니 기든스이지만, 생산적 혹은 투자적 사회정책이라는 사고$^{idea}$의 등장은 적어도 스웨덴에서는 1930년대로 거슬러 올라간다(김영순, 2007). 사실 교육, 훈련, 보육, 적극적 노동시장정책 등 이른바 사회투자적 복지정책은 매우 오래전부터 북구국가들이 모범적으로 실천해왔던 것이고 지금도 여전히 가장 잘하고 있지만 이 나라들은 그때나 지금이나 자신들의 복지체제를 사회투자국가로 칭한 바 없다. 이들은 또한 이런 특정의 복지정책들만 사회투자적이라고 주장한 적도 없다. 북구적 전통 속에서는 모든 복지정책이 기본적으로는 투자적인 것으로 간주되며, 강력한 소득보장 프로그램과 보편적 사회서비스 프로그램은 모두 보편적·제도적 복지국가의 유기적 구성요소일 뿐이다.

반면 기든스에 의해 제창되고, 이후 다른 이름으로 변주된 사회투자국가론[3]은 복지국가의 소득보장 프로그램과 인적자원 형성에 집중하는 프로그램들을 구분하고 주로 후자만을 투자적인 것으로 상정한다. 그리고 이제 복지국가는 시장에서 빠져나온 사람들에게 소극적으로 소득보장을 하는 역할에서 벗어나 시민들로 하여금 노동을 통해 스스로를 부양할 수 있도록 무장시키고 기회를 제공하는 기회 재분배자 역할을 해야 한다고 주장한다(Giddens, 1994; 1997; 1998). 기든스는, 사회투자국가의 지침은 "가능한 한 모든 부문에서 경제적으로 직접적인 소득보장을 하기보다는 '인적자본'에 투자하는 것이다. 복지국가가 차지하는 자리를 우리는 '사회투자국가'로 채워야 한다."(Giddens, 1998: 117, 강조는 원저자의 것)라고 주장함으로써 사회투자국가가 전통적 복지국가의 보완재가 아니라 대체재임을 분명히 했다. 요컨대, 사회투자국가란 복지지출을 소비적인 것과 투자적인 것으로 나누고 소비에 해당하는 소득보장 '대신' 투자적인 인적자본과 사회적 자본의 육성에 집중함으로써 복지가 갖는 생산주의적 성격을 극대화하고자 하는 복지국가라고 할 수 있다

---

3) 기든스는 1998년 저작, 『제3의 길』에서 전통적 사민주의 복지국가를 대체할 제3의 길의 복지국가 비전으로 사회투자국가를 제시했지만 이후 이 용어를 자주 사용하지는 않았다. 그는 한때는 '보증국가'(ensuring state)라는 개념을 선호하기도 했다. 보증국가란 그가 주도적으로 조직한, 2003년 런던에서 열린 국제회의, 〈Progressive Governance Conference〉에서 쇼퍼트(Folke Schppert)가 제시한 개념으로, 국가 아닌 행위자가 공적 서비스의 주된 제공자가 되는 경우에도 국가는 그 영역에서 그 서비스를 보증하는 최종적 책임자이어야 함을 강조한다. 사회투자국가는 신노동당 정부의 복지국가 개혁에서 전면에 내세워진 구호도 아니었다. 블레어나 브라운은 이 용어를 자주 사용하지 않았다. 그러나 리스터(Lister, 2004: 160)가 지적하듯 이 용어의 명시적 사용이나 강조 여부와 무관하게 기든스의 사회투자국가의 아이디어들, 나아가 사회정의위원회 보고서의 사회투자에 대한 아이디어들은 기든스나 신노동당의 복지개혁 담론에서 계속 핵심적 역할을 담당했다.

전통적 복지국가와 구분되는 사회투자국가의 특징들을 정리하면 다음과 같다(Giddens, 1994; 1997; 1998; Blair, 1997; 1998: 3~4). 첫째, '과세와 지출'tax and spending 대신 사회투자를 강조한다. 투자는 수익return을 상정하는 개념이므로(Perkins et al., 2004: 33), 이제 복지지출은 명확한 수익을 낳는 것이어야 한다. 둘째, 사회투자국가는 경제정책 우위 하의 경제정책과 사회정책의 통합성을 강조한다. 사회정책은 성장과 효율에 복무할 때 의미를 갖게 되며 사회정책과 경제정책이 충돌할 때 전자는 후자에 맞춰 조정되어야 한다(Lister, 2004: 163). 셋째, 사회투자의 핵심은 인적자본 및 사회적 자본에 대한 투자이다. 인적자본에 대한 투자와, 투자의 핵심 대상으로서 아동의 중요성에 대한 강조는 이미 국내 논의에서 많이 언급되었다. 사회투자국가론은 또한 좋은 인적자원을 만들어내는 사회적 맥락, 경제활동의 포괄적 기반으로서의 사회적 자본을 강조한다(Williams & Roseneil, 2004: 185). 넷째, 사회투자국가론에서는 사회지출을 소비적 지출과 투자적 지출로 이분하고 소득보장성의 소비적 지출을 가능한 한 억제하려 하며, 자산조사를 동반하는 표적화된 프로그램targeted program을 선호한다. 단, 신자유주의 정부들보다는 표적화집단을 조금 더 넓게 잡으며 급여도 좀 더 관대해진다. 영국의 경우 이는 '진보적 보편주의'progressive universalism라는 이름으로 정당화되었다(Lister, 2004: 168). 다섯째, 시민권을 주로 권리의 측면에서 바라봤던 구좌파와 달리 신노동당은 시민의 권리는 의무와 균형을 이루어야 한다고 주장한다. 경제적 기회의 제공, 복지의 제공이 국가의 의무라면, 유급노동을 통해 스스로를 부양하는 것은 시민의 의무라는 것이다(Lister, 2002: 2-4; Williams & Roseneil, 2004: 185-187). 여섯째, 사회투자국가는 결과의 평등보다는 기회의 평등에 관심을 가지며 불평등의 해소보다는 사회적 포섭social inclusion에 더 관심을 갖는다. 기든스는 이제 복지국가는 '소득'이 아니라 '기회'를 재분배하는 존재가 되어야 한다고 본다. 즉, 국가는 이제 시장의 실패자들에게 사후적으로 소득을 보장해주기보다는<sup>passive risk system</sup> 인적자원에 투자하여 사람들이 새로운 지식기반경제에 적응하고 시장에서 승리자가 될 수 있도록 도와주는 적극적 복지<sup>positive welfare</sup>의 제공자가 되어야 한다는 것이다(Giddens, 1998). 이렇게 기회를 재분배함으로써 경쟁지반을 평평하게<sup>levelling</sup>하기 때문에, 결과의 불평등은 받아들일 수 있는 것이 된다. 국가는 경쟁의 패자들이 사회 밖으로 튕겨져 나가 사회적 배제<sup>social exclusion</sup> 상태에 빠지는 것은 막아야 하지만, 일단 사회 내로 포섭된<sup>social inclusion</sup> 사람들 사이의 불평등은 그리 중요한 문제가 아니다.

## 2) 사회투자국가의 대표적 정책들: 성과와 한계

투자적 사회정책의 핵심은 인적자본과 사회적 자본의 육성이다. 이 글에서는 지면 부족으로 이 모든 정책들을 살펴보지는 못하고 블레어 정부에서 가장 많은 예산이 투여된 두 분야, 즉 아동복지 및 가족정책과 적극적 노동시장정책에 초점을 맞추어 정책의 내용, 성과, 한계를 평가해 보도록 하겠다.

### (1) 아동복지와 가족정책[4]

아동은 신노동당의 사회투자국가의 아이콘이다. 아동이야말로 미래지향성, 예방적 개입, 투자적 지출과 고수익<sup>high return</sup>, 평등·재분배가 아닌 포섭·기회균등을 강조하는 사회투자국가의 이상에 가장 잘 들어

---

4) 이 부분은 김영순(2006)의 일부를 수정, 보완한 것이다.

맞는 대상이기 때문이다(Esping-Andersen, 2002b; Lister, 2004: 162). 노동당 집권 후인 1999년 블레어는 한 강연에서, "우리는 어린이를 모든 정책의 가장 우선순위에 놓고 있다. 어린이는 현재 우리의 20%에 불과하지만 미래 우리의 100%이기 때문이다."라고 설파했다. 재무장관이 된 고든 브라운(현 총리) 역시, "우리가 한 민족으로 할 수 있는 가장 중요한 투자는 모든 우리나라 어린이의 잠재력을 개발하는 것"이며, "……아동빈곤을 퇴치하는 것이야말로 가장 효과적인 마약 예방책, 범죄예방책, 빈곤예방책"이라고 주장했다(Lister, 2002: 8에서 재인용).[5]

그러나 제2차 세계대전 이후 영국은 사실상 선진자본주의 국가 중 '아동에게 최악의 장소' 중 하나였다. 영국의 아동빈곤율은 미국과 이탈리아를 제외하면 OECD국 중 가장 높았고, 보육서비스는 유럽에서 가장 후진적인 축에 속했다. 이에 따라 브라운의 '나라의 미래'에 투자하기 위한 일련의 정책들은 이 두 문제에 대한 대응, 즉 아동 관련 급여의 확대를 통한 아동빈곤의 근절과 공공보육의 확대를 전략적 포인트로 했다. 이를 차례로 살펴보자.


① 보육지원정책의 확대

노동당 정부가 아동복지 쪽에서 가장 역점을 두어 추진한 것은 공공보육서비스의 확대였다. 보육서비스의 확대는 초등교육 전 단계에서 인지적 자극의 평등화를 꾀한다는 점에서 빈곤층 아동에게 기회를 확대하는 대표적인 투자적 정책으로 간주되었다. 보육서비스는 여성의

---

5) 이런 관점은 상당히 일반적인 것이다. 뮈르달 등 초기 스웨덴 복지국가의 건설자들도 이런 사고를 공유했다. 또 복지지출을 소비와 투자로 나누는 것에 호의적이지 않은 에스핑-안데르센 같은 연구자 역시 아동에 대한 지출이 갖는 투자적 성격을 적극적으로 인정한다 (Esping-Andersen, 2002a: 9).

경제활동 참여를 지원한다는 점에서도 투자적 복지의 성격을 지녔다고 할 수 있다.[6] 그러나 영국은 제2차 세계대전 이후부터 블레어 정부 직전까지 공공 보육서비스를 통해 돌보는 아동수가 계속해서 2% 선에 머물러 있었던 악명 높은 보육 후진국이었다(Randall, 2002: 219, 222).

사회투자국가를 기치로 하고 보육을 상위의제로 설정한 블레어 정부는 보육지원 확대를 위해 1998년 「아동보육이라는 도전을 해결하기 위하여」라는 정책문건을 발표하고 제1차 '국가보육전략'<sup>National Childcare Strategy</sup>을 제시했다. 2004년 블레어 정부는 다시 「부모들에게 선택지를, 아동에게 최선의 출발을」이라는 문건을 통해 보육 10개년계획을 발표했다. 이 두 계획에서는 보육서비스의 지속적 확대와 더불어 선택과 유연성, 서비스의 이용 가능성<sup>availability</sup>, 질<sup>quality</sup>, 가격 적정성<sup>affordability</sup>이 강조되었다. 블레어 정부는 실제로 새로운 어린이집들이 만들어지도록(특히, 빈곤지역에) 초기자금을 지원하고, 보육의 질을 향상시키며, 파트타임 무상 유아교육을 모든 3~4세아에게 보장함으로써, 그리고 저소득근로가구에게는 보육서비스 이용보조금을 지원함으로써 제2차 세계대전 이래 유례없는 보육서비스 확대정책들을 실시했다. 그렇다면 보육서비스에서는 그동안 어떤 성과가 있었는가?

영국의 보육시설은 크게 유아교육시설과 탁아시설로 구분되는데, 전자에는 3~4세를 대상으로 하는 유치원<sup>nursery school</sup>과 초등학교의 유치반<sup>nursery classes</sup>(3세) 및 준비반<sup>reception classes</sup>(4세)이 포함된다. 이 시설들은 대부분 전일제가 아니며 따라서 일하는 부모들에게 부적합한 서비스를 제공한다. 탁아시설로는 영유아들을 돌보는 어린이집<sup>day nursery</sup>, 8세 이상을 상대로 학기 중에 운영되는 방과후 학교, 8세 이상을 상대로 한 학교 밖 보육시설, 그

---

6) 게다가 대부분의 나라에서 여성 취업률은 아동빈곤율과 반비례 관계에 있는 것으로 알려져 있다(Esping-Andersen, 2002b; Taylor-Gooby, 2004).

표 16-1_보육시설의 이용가능 자릿수(childcare places) 변화(1997-2006)

| 연도 | 합계 | 전일제 어린이집 | 학기 중 프로그램 | 학교밖 프로그램 | 개인보모 | 고아원 |
|---|---|---|---|---|---|---|
| 2006 | 1,559,400 | 588,300 | 230,100 | 372,100 | 321,700 | 47,200 |
| 2005 | 1,509,600 | 542,900 | 244,200 | 358,100 | 319,700 | n/a |
| 2004 | 1,466,300 | 507,700 | 256,300 | 341,500 | 318,100 | |
| 1997 | 1,021,400 | 193,800 | 383,700 | 78,700 | 365,200 | |

* 자료: Daycare Trust, 2006. p.5.

리고 감독관청에 등록하고 규제를 받는 개인보모childminder가 있다.

표 16-1이 보여주듯 아동들이 이용할 수 있는 보육시설의 정원childcare places 총수는 블레어 정부 집권 이후 급속히 늘었다. 특히 학기 중에만 제공되는 학기 중 프로그램과, 서비스의 질이 표준화되기 어려운 개인보모의 비중이 줄어든 대신 전일제 어린이집이 크게 증가한 것이 눈에 띈다. 실제로 전일 보육서비스를 이용하는 아동들의 수도 정확하게는 파악되지 않으나, 2003년에서 2005년 사이에만도 약 8%(약 649,400명에서 2005년 704,200명으로)가 늘었다고 보고되고 있다(Bryson et al., 2006; Daycare Trust, 2006: 7에서 재인용).[7] 영국의 보육서비스 수준이 제2차 세계대전 이후 블레어 정부 등장 전까지 거의 변치 않았음을 고려한다면 실로 단기간에 획기적인 변화가 일어난 셈이다. 유아교육 쪽의 성과는 더욱 두드러져 2006년까지 3세아의 99%가 하루 중 일정 시간을 학교에서 유아교육을 받게 되었으며(앞의 초등학교 유치반, 준비반 형태), 이 중 88%는 국공립학교에서 무상 유아교육을 받게 되었다.

한편, 저소득층의 보육지원을 위해서는 특별한 몇 가지 조치들이 부

---

7) 영국의 대표적인 독립적 보육운동재단인 〈보육재단〉(Daycare Trust)에 의하면 보통 한 개의 자리는 1.4명의 아동에 의해 이용된다고 추정된다. 등록한 아동 중 일부는 파트타임 서비스만을 받기 때문이다(Daycare Trust, 2006: 6).

가되었다. 빈곤지역의 4세 이하 아동 대상의 신체적·지적·사회적 개발을 위한 프로그램인 슈어스타트<sup>Sure Start</sup>가 새롭게 시작되었고 2006년 말까지 전국에 1,037개의 슈어스타트 어린이센터가 만들어졌다(Daycare Trust, 2006: 6). 또 탁아와 교육, 그리고 가족지원을 통합한 서비스인 조기교육센터<sup>Early Excellence Center</sup>의 시범사업이 시작되었다(Finch, 2003: 17). 빈곤가구 여성의 유급노동 지원을 위해서는 근로보전세제 *WTC*<sup>Working Tax Credit</sup> 내에 보육비용 지원 항목이 신설되었다.[8] 근로보전세제는 일하는 부모들이 보육시설을 이용할 경우 한 아이는 135파운드, 둘 이상의 아이는 200파운드 이내에서 이용료의 70%까지를 지원한다. 한부모가 이를 이용하기 위해서는 주당 16시간 이상만 일해야 한다.

한편 노동당 정부는 보육시설 확대 외에도 일과 가정의 양립 지원을 위해 출산휴가를 확대하고 육아휴가를 도입했다. 2003년 4월부터 여성의 법정 유급 출산휴가는 재직기간과 상관없이 18주에서 26주로 연장되었고, 출산 전 14주 시점에서 26주간 연속 재직한 노동자의 경우엔 무급으로 26주간을 더 연장할 수 있도록 했다. 출산휴가 동안 지급되는 급여는 첫 6주간은 재직 시 소득의 90%이고, 이후 20주간은 균등급여인데 이전의 주당 75파운드에서 주당 100파운드로 인상되었다. 또 하나의 중요한 변화는 같은 시점에서 8주간의 남성의 법정 출산휴가<sup>paternity leave</sup>가 사상 처음 도입된 것이다. 남성의 출산휴가 급여는 여성의 법정 휴가와 똑같은 100파운드 균등급여로 지급되며, 입양 시에도 8주간의 휴가를 낼 수 있게 되었다.[9] 한편 출산과 무관하게 5세 이하

---

8) 근로보전세제에 대해서는 적극적 노동시장정책 부분의 ② 근로장려성 급여 항목을 참고하라.
9) 2005년 10월, 영국정부는 2007년 4월부터 어머니의 유급 출산휴가를 36주로 연장하고 어머니가 출산휴가를 다 쓰지 않고 직장에 복귀하면 이 중 최대 3개월까지를 아버지가 유급으로 쓸 수 있도록 했다. 아버지의 유급 출산휴가 급여는 주당 106파운드이다. 또한 아버지의 무급 출산휴가도 12주로 늘어났다(한겨레신문, 2005/10/20).

(혹은 입양 5년이 안 된)의 자녀를 돌보기 위한 휴가인 육아휴가[parental leave]가 1999년 최초로 도입되었다. 육아휴가는 남성과 여성 모두가 무급으로 13주까지 가능했으나 2002년 1월부터는 18주까지로 연장되었다(Finch, 2003: 23-24). 남성들의 육아참여를 촉진하는 이런 시도들은 그동안 영국사회에서는 매우 낯선 것으로서 유급노동뿐만 아니라 보살핌 역시 여성과 남성(시민) 모두의 권리이자 의무라는 점을 확인시켰다는 점에서 큰 의미를 갖는 것이었다. 이는 남성생계부양자모델을 약화시키고 남녀 모두의 사회권을 개별화시켜 보편적 생계부양자모델의 형성을 촉진하는 것으로 받아들여졌다.

이러한 블레어 정부 시기에 이루어진 보육지원정책의 확대를 어떻게 평가할 것인가? 보육서비스는 서비스의 이용 가능성, 가격 적정성, 서비스의 질, 선택과 유연성 등에서 평가할 수 있는데, 이 중 좀 더 객관적이고 논란의 여지가 적은 앞의 두 가지 기준을 중심으로 간단히 평가해보자.

보육서비스의 확대는 영국 복지국가의 역사에서 유례가 없는, 그야말로 획기적인 것이었다. 특히 (파트타임이라는 한계는 있지만) 3~4세아에 대한 유아교육 형태의 공공보육을 획기적으로 확대한 것, 그리고 빈곤지역 보육시설인 슈어스타트센터의 확대는 평가할 만한 업적이다. 전일제 보육 역시 정부의 목표치만큼은 아니지만 짧은 기간에 급속히 확대되었다고 할 수 있다. 그러나 이런 정책들에도 불구하고 여전히 영국의 보육제도는 몇 가지 문제점을 안고 있고, 아동복지와 일·가족 양립에 그늘을 드리우는 것으로 나타났다.

첫째, 가격 적정성의 문제로, 보육료가 평균 가구소득의 25~30%에 이를 정도로 지나치게 높다는 것이다. 표 16-2가 보여주듯 2005년 2세 이하 아동의 어린이집 이용료는 주당 141파운드(주 50시간 기준),

| | 2세 미만 아동의 전형적 주당 보육비(£) | 물가 상승률(CPI) (%)* | 주당 평균소득(£)* |
|---|---|---|---|
| 2001 | 110** | 1.2 | 376 |
| 2002 | 120 | 1.3 | 391 |
| 2003 | 128 | 1.4 | 404 |
| 2004 | 134 | 1.3 | 419 |
| 2005 | 141 | 2.1 | 431 |

* 출처: Office for National Statistics
** 2세 미만과 2세 이상 아동의 보육비가 분리되지 않은 통계임.
※ 자료: Daycare Trust, 2006. p.21.

연간 7,300파운드를 상회했다. 같은 시기, 영국 가구의 주당 평균소득이 431파운드라는 점을 고려하면 이 비용이 얼마나 가구에 큰 부담이 되는지 쉽게 짐작할 수 있다(Daycare Trust, 2007). 이는 탁아시설의 상당 부분이 민간시설이기 때문에 나타나는 결과이다. 대처 시기 민영 보육시설의 확대라는 정책이 블레어 정부의 정책을 제약하는 일종의 경로 의존성 효과가 나타난 것이다. 영국의 부모들은 이 비싼 보육비의 대부분을 부담한다. 공공보육이 발달한 덴마크의 부모들이 보육비의 평균 30% 정도만을 부담하는 반면 영국의 부모들은 약 75%를 부담하는 것이다.[10] 게다가 최근 5~6년간 보육비용은 물가 상승률을 앞지르면서 꾸준히 치솟았다 (표 16-2).

둘째, 이용 가능성이라는 측면에서 볼 때 보육서비스 이용에 있어 뚜렷한 계층간 격차의 존재이다. 보육재단 조사에 의하면 연소득 32,000파운드 이상 가구의 75%가 보육서비스를 이용하는 반면, 10,000파운드 미만 가구들은 56%만이 보육서비스를 이용하는 것으로 나타났다.

---

10) 보육재단(Daycare Trust, 2006: 7, 9)에 따르면 최근 3~4세아들에 대한 파트타임 무상보육이 연간 33주에서 38주로 확대됨에 따라 이 비율은 좀 줄어들었을 수 있다고 설명한다. 그러나 이는 2세 미만의 경우에는 해당되지 않는 얘기다.

또한 지역적으로도 가장 낙후된 지역의 보육서비스 이용률이 58%(공식 보육서비스는 36%)인데 비해 가장 부유한 지역의 보육서비스 이용률은 68%(공식 보육서비스는 46%)에 이르렀다. 저소득, 낙후지역 가구의 보육서비스 비율을 높이고 이를 통해 빈곤지역 아동들의 건전한 발달을 돕는 한편 이들의 부모들의 노동시장 참여를 높이고자 하는 정부의 사회투자전략은 의도대로 추진되지 못하고 있는 것이다. 블레어 정부 등장 이후 가난한 지역의 서비스이용 증대율(5%)은 가장 부유한 지역의 그것(10%)의 절반 밖에 되지 않았다(Daycare Trust, 2006: 8-9).

셋째, 영국에서는 여전히 전체적으로는 비공식 보육의 비중이 높다는 사실이다. 최근 들어, 공식 보육서비스를 이용하는 비율이 급속히 늘기는 했지만(2001년 31%에서 2004년 41%로), 여전히 비공식 보육서비스(대개 조부모, 친척이나 친지, 이웃 등)를 이용하는 비율(2001년 36%에서 2004년 42%로)은 높게 나타났다. 이는 비싼 보육시설 이용료와 여전히 절대적으로 부족한 보육시설, 보육시설이 제공하는 일하는 어머니들에게 불편한 보육시간의 결과라고 할 수 있다(Bryson et al., 2000). 비공식 보육이 반드시 나쁜 것은 아니지만 질 높은 조기교육을 통한 (특히, 저소득층 아동의)인지적 능력의 개발이라는 사회투자국가의 이상과는 거리가 있는 것이다.


② 아동 관련 현금급여의 인상

블레어 정부 집권 직후 재무부장관 고든 브라운은 아동빈곤을 '영국의 영혼에 난 상처'라고 묘사하면서 20년 안에 아동빈곤을 완전히 근절하겠다고 선언했다. 그리고 다른 분야에서와 달리, 이 프로그램에서는 소득이전 프로그램을 확대시켰다.

첫째, 영국의 소득보장제도 중 유일한 정액 보편수당으로 하여, 소득에 상관없이 16세 미만 어린이가 있는 가정에 자동적으로 지급되는 아동급여child benefit가 인상되었다. 노동당 정부는 2003년 아동급여를 첫아이의 경우 주당 11.05파운드에서 16.05파운드로, 둘째 아이부터는 주당 9.00파운드에서 10.75파운드로 인상했다. 둘째, 자산형성전략의 일환으로 아동신탁기금Child Trust Fund이 새로 도입되었다. 아동신탁기금은 2002년 이후 출생한 아동 모두에게 2005년부터 이용 가능한 개인계정을 주고 각 계정에 빈곤가구 아동에겐 500파운드를, 보통가구 아동에겐 250파운드를 넣어준 다음 가족이나 아동 자신에 의해 3,000~4,000파운드가 될 때까지 증식하게 한 뒤 18세가 되면 원하는 방식으로 찾아쓸 수 있게 고안되었다. 이 제도의 목표는 소득의 불평등보다 더 심각한 부와 자산의 불평등을 감소시킴으로써 성인의 출발기를 순조롭게 시작하도록 하는 것이다. 셋째, 저소득가구의 청소년들을 위해서는 2004년 9월, 교육유지수당Educational Maintenance Allowances제도가 도입되었다. 이 제도는 부모의 자산조사를 거쳐 청소년들에게 매주 일정액을 직접 지급하되 청소년들에게 성실한 학교 출석 등 일정한 의무를 담은 학습동의서에 서명하도록 한다는 조건으로 지급하고 이를 어기면 수당을 감소시키는 제도이다. 이 제도의 목표는 저소득 가정의 청소년들이 교육을 중도 포기하지 않음으로써 고용잠재력을 갖추고 성인이 되어 제대로 유급노동을 하고 살아가게 하는 것이다(Finch, 2003).

　한편, 대처 시기 시작된 재정복지를 통한 아동지원은 블레어 정부 시기에 와서 더욱 확대되었다. 블레어 정부는 2003년 4월, 새로운 아동세액공제Child Tax Credit와 근로보전세제Working Tax Credit제도를 도입했다. 아동세액공제는 여러 제도에 들어있던 아동지원적 요소들을 통합해 일원화한 것이다. 이 세액공제는 부모가 일하든 그렇지 않든, 아동이 있는 경우에는 모두 지급됨으로써 부모가 취업하지 않을 경우 아동이 지원받을

표 16-3_영국의 아동빈곤율

| | 주거비용 합산 이후 | | 주거비용 합산 이전 | |
|---|---|---|---|---|
| | % | 백만 | % | 백만 |
| 1996/1997 | 34.1 | 4.3 | 26.7 | 3.4 |
| 1997/1998 | 33.2 | 4.2 | 26.9 | 3.4 |
| 1998/1999 | 33.9 | 4.3 | 26.0 | 3.3 |
| 1999/2000 | 32.7 | 4.2 | 25.6 | 3.3 |
| 2000/2001 | 31.1 | 3.9 | 23.3 | 3.0 |
| 2001/2002 | 30.8 | 3.9 | 23.1 | 2.9 |
| 2002/2003 | 29.8 | 3.9 | 22.6 | 2.9 |
| 2003/2004 | 28.7 | 3.7 | 22.1 | 2.9 |
| 2004/2005 | 28.4 | 3.6 | 21.3 | 2.7 |
| 2005/2006 | 29.8 | 3.8 | 22.1 | 2.8 |
| 변화 | | | | |
| 전체<br>(1996/1997-2005/2006) | -4.3 | - | -1.8 | - |
| 노동당 정부 1기<br>(1996/1997-2000/2001) | -3.0 | - | -1.0 | - |
| 노동당 정부 2기<br>(2000/2001-2004/2005) | -2.8 | - | -1.4 | - |

* 2001/02년까지는 북아일랜드 지역 제외, 그 이후로는 영국 전체
* 자료: Brewer et al., 2007. p.29, p.30. Table 5와 Table 6에서 발췌함.

수 없는 문제점을 제거했다. 그리고 아동이 있든 없든, 일하면서도 가난한 근로빈곤층에 대해서는 자산조사를 거쳐 WTC를 통해 지원하도록 했다. 이에 따라 이제 성인의 지원과 아동 관련 지원은 분리되었고, 동시에 일하는 가구와 그렇지 않은 가구의 아동에 대한 지원은 통합되었는데, 이 역시 대처 시기와 구분되는 아동 중심적 복지국가 재편의 흐름을 잘 드러낸다. CTC가 과거의 세액공제보다 훨씬 관대한 급여를 제공하는 것도 마찬가지로 해석할 수 있다.[11]

---

11) CTC는 소득이 일정 수준을 넘어갈수록 점점 더 적어지지만 연소득이 58,000파운드에 달할 때까지는(0세 아동이 있는 경우는 66,000파운드까지) 수급자격이 주어지기 때문에 약

그렇다면 블레어 정부가 이처럼 열정적으로 추진한 정책들에 의해 아동빈곤은 얼마나 감소했는가? 표 16-3을 보면 블레어 정부 10년 동안(1996/7~2005/6) 아동빈곤율(중위소득 60% 이하 소득가구에 거주하는 아동비율)은 34.1%에서 29.8%(주거비용 합산 이후 기준)로, 혹은 26.7%에서 22.1%(주거비용 합산 이전)로 상당히 줄었다. 어느 기준으로 보더라도 상당한 성과로서, 아동빈곤율의 감소는 블레어 정부가 성취한 가장 중요한 업적 중 하나라 할 만하다. 집중적 투자의 결과 비교적 단기간에 상당한 성과를 거둔 것이다.

그러나 빈곤감소 속도와 향후 전망에 관해서는 비관적인 얘기도 없지 않다. 블레어가 입각한 1996년 영국의 빈곤아동은 340만 명이었다. 블레어 정부는 2003/04 회계년도까지 아동빈곤을 230만 명으로 줄이겠으며 2010년에는 아동빈곤을 완전 근절하겠다고 약속했으나 2005/06 회계년도까지도 빈곤아동 수는 280만 명에 머물러 있다(표 16-3). 빈곤감소의 속도는 블레어 정부의 계획에 현지히 미치지 못한 것이다. 이런 속도 문제는 빈곤선 부근의 저소득가구에 급여와 각종 세금 크레디트가 집중되어 있으므로 빈곤층 중 상위 1/4 내지 1/3의 빈곤탈출은 상대적으로 쉽지만 그 밑 계층부터는 매우 어렵기 때문으로 분석되었다(Lister, 2004: 167-170). 이에 따라 향후 빈곤감소 속도는 다른 조건이 유사하다면, 이전보다 느려질 것으로 예측된다. 표 16-3에 나타나듯 2005/06년에는 아동빈곤 감소의 반전현상이 나타남으로써 향후 추세가 초미의 관심사가 되고 있다.

또 하나의 문제는 줄어든 이 수치가 지난 10년간(즉 노동당 집권기간 동안) 아동빈곤이 급격히 심화된 이탈리아, 스페인과 더불어 여전히

---

85~90%의 아동부양가구가 혜택을 볼 수 있다. 취업자 없는 가구와 취업자가 있는 가구의 급여율은 동일하며 순급여는 첫아이의 경우 주당 6파운드 정도이다.

유럽 최고 수준의 것이라는 점이다(Brewer et al., 2007). 여기서 아동 빈곤이 더 줄어들지 않는다면 영국은 여전히 아동에게 유럽 최악의 장소라는 오명에서 벗어나기 어렵다.[12]

## (2) 적극적 노동시장정책

### ① 뉴딜

블레어 정부 이후 영국의 노동시장정책은 소극적 정책에서 적극적 정책으로 선회한다. 블레어가 선거 대승 후 첫 연설에서, "이 정부는 '일을 위한 복지 정부'welfare to work government가 될 것이다"라고 선언한 대목이 선명히 드러냈듯, 일을 위한 복지, 혹은 더 간단하게 뉴딜New Deal이라고 불렸던 적극적 노동시장정책은 블레어 정부가 집권 후 가장 역점을 두어 추진한 신규사업이었다.

북구에서 생산적 복지정책의 표상처럼 여겨졌던 적극적 노동시장정책은 영국에서는 전통적으로 취약한 편이었다. 영국은 유럽국 중 적극적 노동시장정책에 가장 적은 재원을 투여해 온 나라 중 하나였고, 국가 주도의 노동력 훈련 및 재훈련도 매우 취약했다. 대처 정부 시기 동안 영국의 적극적 노동시장정책 지출은 더 떨어졌다. 노동당은 복지수급을 대가로 한 노동의무 부여에 오랫동안 반대해왔으나 1994년 이후 이를 전향적으로 검토하기 시작한다. 복지개혁을 위한 심층적 조사들은 사회보장 비용이 급격히 증대하고 있으며, 만성적인 복지의존자가 되어가는 장기실업자와 청년실업자 및 하층 독신부모의 복지급여를 줄이지 않고는 이를 해결할 수 없다는 판단으로 귀결되었다. 이들의 복지

---

12) 아동빈곤 퇴치 정책에 관해서는 이 장보다 나중에 발표된 이 책 제11장을 참고하라.

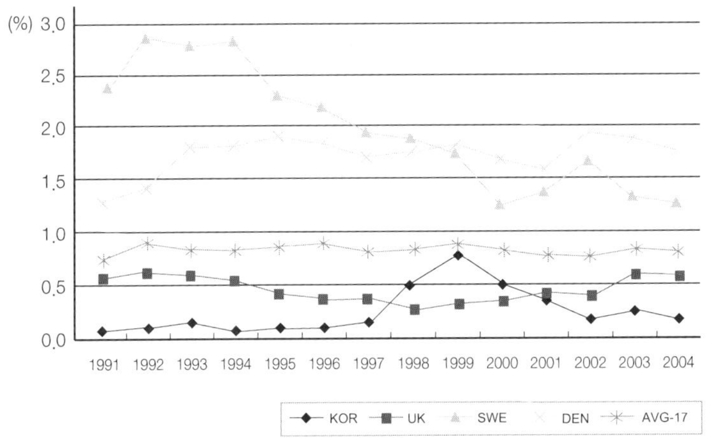


* AVG-17은 오스트리아, 캐나다, 뉴질랜드, 미국, 오스트리아, 벨기에, 프랑스, 독일, 핀란드, 아일랜드, 네
덜란드, 노르웨이, 그리스, 이탈리아, 포르투갈, 스페인, 일본의 단순평균임.
* 자료: OECD, 2004; OECD, 2006.

비를 줄일 수 있는 가장 근본적인 방책은 이들을 노동시장으로 복귀시
키는 것, 즉 복지급여가 아니라 자신의 노동에 의해 살아가도록 만드는
것이었다. 또한 이런 적극적 노동시장정책은 국가가 저소득층을 위해
해야 할 일은 소극적 소득재분배가 아니라 적극적 기회재분배이며, 고
용이야말로 최선의 복지라고 생각하는 신노동당의 사회투자국가 전략
에 가장 잘 부합하는 정책이기도 했다. 그것은 오늘의 복지 의존자들을
내일은 자립시킬 수 있는 '생산적' 복지정책이었고, 이를 통해 실업과
빈곤, 사회적 배제와 복지지출의 문제를 한꺼번에 해결할 수 있는 정책
으로 간주되었다.

이에 따라 블레어와 브라운을 중심으로 하는 신노동당 주류는 집권
직후인 1996년 11월 '뉴딜' 계획을 발표하고 새 정부의 간판정책으로
적극 추진했다. 정책의 골자는 민영화된 공기업에 초과이윤세$^{windfall\ tax}$를
부과하여 청년실업자들과 장기실업자들에게 일자리나 교육·훈련기

영국의 사회투자국가 실험 535

회를 제공하되, 이를 거부하는 사람들은 급여를 삭감함으로써 노동시장으로의 복귀를 최대한 고무하겠다는 것이었다. 뉴딜은 북구의 적극적 노동시장정책과 비교하면 교육, 훈련의 요소가 약하고, 미국의 근로연계복지workfare와 비교하면 징벌적 성격이 약한, 양자를 혼합한 성격을 가지고 있었다. 새 정부의 노력은 그림 16-1에 잘 드러난다. 계속 하락하던 GDP 대비 적극적 노동시장정책 지출은 뉴딜이 시작되는 1998년 이후부터 증대로 반전되고, 청년층에서 성인 장기실업자로 의무적 참여가 확대되는 2001년 이후에는 더욱 눈에 띄게 증대한다.

뉴딜 프로그램의 초기 계획은 25만 명에 이르는 16~24세까지의 청년실업자들에게 일자리나 교육훈련 기회를 제공하되, 이를 거부하는 사람들은 실업급여를 박탈한다는 것이었다. 이후 청년뉴딜NDYP: New Deal for Young People처럼 대대적이지는 않으나 기타 경제활동을 하지 않는 복지 의존자들의 취업을 고무하기 위한 조치도 취해졌다. 장기실업자를 위한 프로그램NDLTU : New Deal for the Long-Term Unemployed은 약 3억 5천만 파운드를 투여하여 실업기간이 2년 이상 된 25세 실업자들을 대상으로 이루어졌다. 또 하나의 거대한 복지 의존자군인 독신부모들에게도 탁아 프로그램을 제공하면서 청년실업자들과 유사한 취업기회를 제공하는 프로그램들이 마련되었으며 장애인과, 실업자들의 파트너들 역시 본인이 원할 경우 프로그램에 참여할 수 있도록 했다. 장기실업자 뉴딜은 시작된 지 3년이 지난 후인 2001년 4월 이후 프로그램 이름이 바뀌면서( '25세 이상 뉴딜' 로 바뀜: New Deal 25 Plus) 참여가 의무사항이 되었다. 독신부모의 경우 여전히 참여는 자발적이나, 일자리 복귀는 역시 강력히 권유되었다(DFEE 1998; DSS 1998).

그렇다면 뉴딜의 성과는 어떠했는가? 적극적 노동시장정책의 성과는 단기적으로는 프로그램 참여자들의 취업률로, 장기적으로는 취업

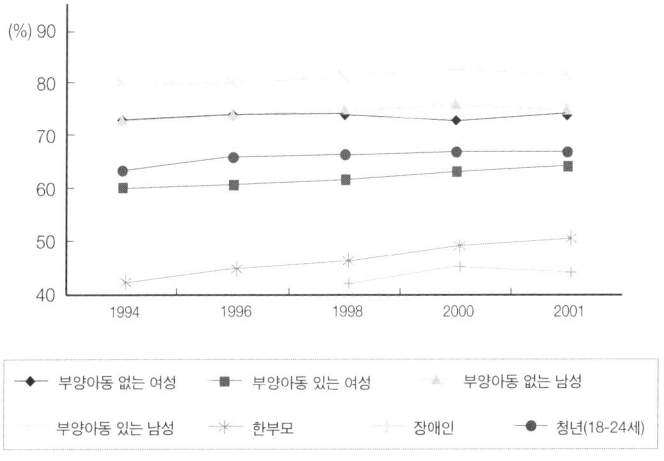


* 주: dep ch(dependent children: 0-16세 부양아동)
* 자료: Taylor-Gooby & Larsen, 2004. p.74.

자들의 고용의 지속성과 취업 후 이들의 경제적 삶의 질의 향상 정도로 평가할 수 있다. 미국에서와 마찬가지로, 뉴딜이 실시된 후 최근까지 계속 호경기가 유지되었기 때문에 뉴딜 자체의 취업효과를 가늠하기는 쉽지 않다. 가장 많은 재원이 투여되고 초기부터 강제가 행사된 NYDP의 성과를 간략히 살펴보면, 영국 회계국[National Audit Office]은 자중손실[dead weight] 및 전치효과[displacement]를 감안할 때 1998~2001년의 3년간 이 프로그램으로 인한 순수한 실업 감소효과는 25,000~45,000명이며, 여기에 더하여 약 10,000~20,000명의 신규 고용효과가 발생했다고 발표했다(NAO, 2002: 6). 이런 성과는 과거에 행하던 어떤 유사한 프로그램의 성과보다도 우수했다. 블레어 정부는 '복지에서 노동으로' 라는 생산적, 투자적 복지정책의 기치 아래 이전 정부들과 달리 적극적 노동시장 정책에 막대한 재원을 투여했고, 그 결과 단기간에 상당한 성과를 보여주었다. 이런 성과는 노동당 정부 자신에 의해 대단한 것으로 선전되었다. 또한 참여자들의 반응 역시 예상보다 긍정적인 쪽이어서 초기의 징벌적 근로연계복지와 관련된 정치적 논란을 잠재우는 데 기여했다.

그러나 비판적 평가도 적지 않다. 1996~2004년간의 집단별 고용률 변화를 보여주는 그림 16-2는 이런 뉴딜의 효과가 얼마나 지속적인가에 의문을 품게 한다. 청년층(앞 그림의 18~24세 집단)의 실업률이 줄고 신규고용이 늘었다고 하지만 그림 16-2는 이 집단의 고용률이 전체적으로 크게 증가하지 않았음을 보여준다. 아마 늘어난 고용이 오랫동안 유지되지 않은 채 노동시장에 진입한 청년들이 다시 퇴장했거나, 아니면 다른 청년들이 퇴장했음을 의미한다고 보아야 할 것이다. 그림 16-2에 나타난 1998년 이후 고용률 증가가 두드러진 집단은 부양아동을 둔 남성집단, 장애인집단(노동시장에서 퇴출된 중고령자집단의 상당수가 이 범주에 속한다), 그리고 한부모집단이다. 의외로 초기부터 가장 많은 재원이 투여된 뉴딜의 대상인 청년집단의 경우 정책효과는 매우 완만한 것으로 나타났다.

이 외에도 뉴딜은 다음과 같은 문제점을 가지고 있다. 첫째, 프로그램 이수 후 취업자들의 임금은 너무 낮아 경제적으로 자립하기보다는 복지 의존빈민에서 근로빈민<sup>working poor</sup>으로 전환될 뿐이라는 것(Mcknight, 2002)은 흔히 제기되는 비판 중 하나이다. 뒤에 제시될 크게 향상되지 않은 빈곤율과 지니계수가 이를 뒷받침하는 근거로 자주 거론된다. 둘째, 인종적 소수자거나 저학력, 전과, 알코올 및 약물 등 다중적 문제를 가진 집단(소위 실업자들의 '하드 코어')은 취업이 어렵고, 훈련을 통해 고용 가능성을 높이는 것도 쉽지 않은 것으로 드러나 심각한 문제점으로 지적되고 있다. 정책의 첫 단계에서 반응한 집단은 상대적으로 활성화가 쉬운 사람들이었던 반면(Millar, 2000), 그리고 정책성과로 금방 반영된 반면, 이제는 어지간한 처방으로는 활성화가 어려운 집단이 남아있는 것이다. 그림 16-2와 같이 2000년 이후의 뉴딜 참여자들의 취업률과 고용률의 증가가 완만해진 현상은 이를 뒷받침하는 것으로 보인다. 마지막으로 뉴딜이 북구형 적극적 노동시장정책처럼 충실한 교육과 훈련을 통해 고용 잠재력을 확대하지 못하고 그렇기 때문에 참여자들의 안정적 취업과 소득향상에 기여하지 못한다는 점이다. 뉴딜은 근로연계복지정책의 두 가지 모델 중 인적자본 형성전략보다는 노동시장 연결모델을 택했고, 취업우선전략을 추진해왔으며, 그 결과 참여자들에게 괜찮은 일자리를 제공하기보다는 그저 노동시장으로 밀어내기에 급급하다는 것이다. 실제로 뉴딜과 관련된 영국의 한 대규모 고용주조사_Employer Survey_를 보면, 고용주들은 뉴딜에 그리 적극적으로 참여하지 않았고, 참여한 고용주들마저도 구인난을 겪는 중소기업이 많았다. 이들의 참여동기는 대부분 정부의 보조금 지급으로 인한 값싼 노동력 이용이었고, 훈련의 제공에는 인색했거나 또는 제공할 능력이 없었다(Hales et al., 2000: 45-47).

② 근로장려성 급여 확대

뉴딜이 처벌적 워크페어가 아니라 사람들의 경제적 자립을 지원하는 장치라는 근거로 자주 동원되는 것 중 하나가, 노동당 정부 집권 이후 확대된, 근로빈민들의 소득을 보전해주는 각종 근로장려성_making work pay_재직 급여들이다. 이 급여들은 복지 의존에서 자립으로 이행한, 일하는 사람들에게만 주어지는 일종의 재정적 인센티브라고 할 수 있다.

이에 속하는 첫 번째 정책은 최저임금제의 도입이라고 할 수 있다. 블레어 정부는 1999년 4월 비정규노동자의 생활을 보장하기 위해 최저임금제를 도입하여 2000년 4월부터 법정 최저임금이 시간당 3.70파운드가 되게 했다. 이는 2001년 10월에는 4.10파운드로, 2002년 10월

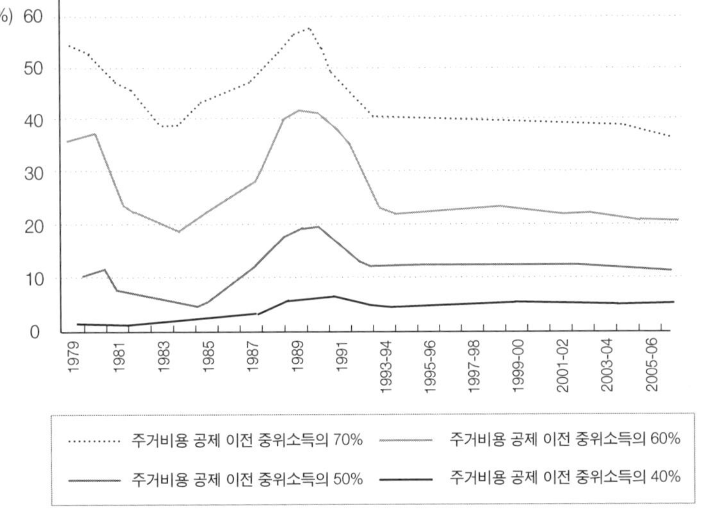



* 2001/02년까지는 북아일랜드 지역 제외, 그 이후로는 영국 전체
* 자료: Brewer et al., 2007. p.26.

에는 4.20파운드로 인상되었다.

둘째로 블레어 정부는 2003년 근로빈민가구에 대한 재정적 인센티브 프로그램이던 근로가구보전세제[WFTC : Working Family Tax Credit]를 개혁한 근로보전세제[WTC]를 도입했다. WTC는 근로활동을 함에도 불구하고 가난한 저소득층이 신청하면 자산조사를 거쳐 조세제도를 이용하여 정해진 기준에 의해 현금을 지급하는 미국의 EITC와 유사한 제도이다. 부양아동이 있는 가구는 주당 16시간 이상, 부양아동이 없는 경우는 주당 30시간 이상 근로활동에 참여해야 신청할 수 있다. 아동이 있는 가구는 보육비용으로 추가급여를 더 받을 수 있다. 블레어 정부는 뉴딜을 추진하면서 빈곤층의 경제적 자립을 위해 이 제도를 단순화하여 잠재적 수급자의 이해와 접근성을 높였으며, 수급대상을 확대하고 급여 수준 역시 인상했다. 개혁된 제도 내에서는 2003~2004년 기준으로 아동이 없는 독신일 경우 연간소득 10,857파운드 이내, 아동에 상관없이 주당 16~30시간 미만으로 근로활동에 참여하는 부부 또는 한부모가구의 경우 연간소득 13,239파운드 이내까지, 그리고 주당 30시간 이상 일하는 부부 또는 한부모가구의 경우 연간소득 14,911파운드까지도 WTC 혜택을 받을 수 있게 하였다. 블레어 정부는 또한 이 제도에서 — 그리고 앞서 언급한 CTC에서도 — 근로유인을 강화하고 빈곤트랩을 제거하기 위해 취업한 후 소득이 늘어도 상당 정도까지는 소득으로 잡지 않고 공제해줌으로써(연간 첫 2,500파운드의 소득증대까지 무시) 취업을 촉진하도록 하였다. 이는 실업자들을 취업시키고, 취업한 후에는 더 많은 소득을 올리게 하기 위한 유인책이다. 보전세제들은 가족 내 파트너 중 일하지 않는 사람(보통은 여성)의 취업을 촉진하기 위한 인센티브도 제공하고 있다(김영순 외, 2003: 104-110).

그렇다면 이런 비노동인구의 활성화를 위한 적극적 노동시장정책들과 근로장려성 급여들이 빈곤층의 빈곤 탈출과 경제적 삶의 질 향상에 얼마나 기여했는가? 간단히 말하면 빈곤 감소에는 약간의 효과가 있었으나 불평등은 심화되었다. 그림 16-3에 나타나듯 빈곤율을 중위소득 60% 이하(주거비용 합산 이전)로 잡으면 빈곤율은 블레어 정부 출범 후 10년 동안(1996/7-2005/06) 약 1.8%(19.4%에서 17.6%로) 하락했다. 그러나 빈곤선을 중위소득의 50%나 40%로 잡으면 빈곤율은 거의 변화하지 않은 것으로 나타나며, 가장 최근 수치인 작년(2005/06)에는 미세한 반등경향을 보였다. 그리고 여전히 전 인구의 17~20%가 빈곤층에 속한다. 게다가 불평등은 오히려 심화되었다. 지니계수는 1996/7년 0.33에서 2005/6년 0.35로 오히려 증대했다. 불평등은 이미 2003/04년부터 반등경향을 보였다(그림 16-4).

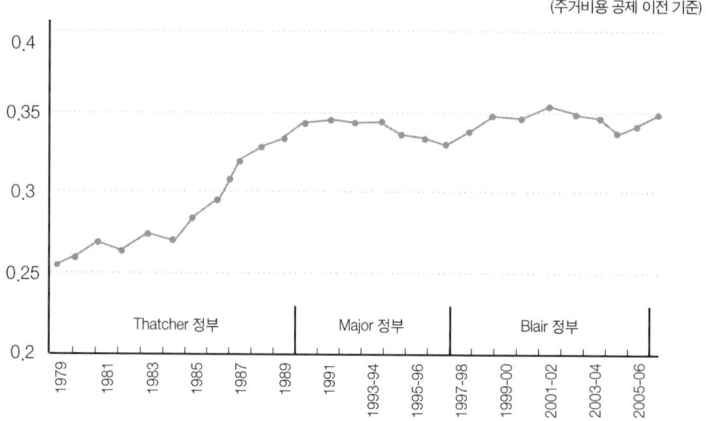


* 북아일랜드지역 제외,
* 자료: Brewer et al., 2007. p.19.

물론 이런 지표들이 사회투자적 정책들의 무용성을 말해주는 것은 아닐 것이다. 빈곤율은 상대빈곤율인데다, 이런 정책들이 없었더라면 아마 빈곤과 불평등은 심화되었을 것이다. 그러나 다른 한편 이 지표들은 사회투자전략이 빈곤 제거에 획기적 효과를 거두기는 어렵다는 것을, 그리고 불평등과 양극화를 해소하기는 더더욱 어렵다는 것을 보여준다. 사회투자국가는 빈곤층, 비경제활동인구 중 노동능력과 노동의욕이 가장 높은 층들의 활성화와 빈곤 탈출에는 어느 정도 도움이 되지만, 그 이하 실업과 빈곤의 핵심부hard core를 건드리기는 어려우며, 불평등 감소와는 별 상관이 없을 수 있다는 것을 보여준다고 하겠다.

## 4. 결론: 한국에 주는 시사점

영국에서 사회투자국가의 건설은 평등을 위해 여전히 국가의 개입이 필요하다고 믿었던, 그러나 과거 방식의 복지국가를 통한 소득재분배는 가능하지도 바람직하지도 않다고 생각했던 신노동당 주류의 복지국가 쇄신전략이었다. 블레어 정부는 전임 보수당 정부의 재정정책을 계승해 공공지출을 동결했다. 그리고 소득재분배 대신 기회재분배를 새로운 복지국가의 역할로 설정한 다음, 전통적인 소득보장성 현금급여 지출을 억제하는 대신 사회투자적 성격이 매우 강한 복지 프로그램들에 지출을 집중했다.

사회투자국가 10년의 결과는 긍정적인 측면과 부정적인 측면이 모두 있다. 블레어 정부는 사회투자정책들을 통해 대처 정부 시기 극단적 자유주의적 사회정책들의 폐해를 어느 정도 완화하고 새로운 사회적 위험들에 대응하는 새로운 사회정책의 틀을 마련하는 데는 성공했다고 할 수 있다. 블레어 정부는 아동빈곤율을 크게 낮추었고 제2차 세계대전 이후 답보상태를 거듭하던 보육지원제도를 획기적으로 개선했다. 적극적 노농시상성책 역시 제2차 세계대전 이래 가장 대대적인 것이었다. 이린 정책들이 없었을 경우 분명히 영국의 저소득층, 빈민들의 삶은 지금보다 훨씬 어려웠을 것이고 사회문제는 더 심각했을 것이다.

그러나 이런 성과에도 불구하고 그것이 영국식의 자유시장경제가 만들어내는 빈곤과 양극화 경향을 수습하기엔 역부족이었던 것도 분명한 사실이다. 블레어 정부가 핵심적 목표로 제시했던 아동빈곤의 감소는 정부 목표치를 크게 밑돌았고 아동빈곤율은 여전히 유럽 최고 수준이다. 늘어난 보육시설들은 인지적 자극의 평등화를 통한 기회의 평등 제공이라는 사회투자국가의 근본 목표와 달리 비싼 보육료로 인해 저소득층보다는 중산층들이 더 이용하는 추세이다. 실업률은 감소했지만 고용률, 특히 가장 핵심적 목표집단이던 청년층의 고용률은 크게 늘지 않았다. 빈곤율은 약간만 감소했고, 불평등은 증대했다. 게다가 빈곤감소 속도나 고용률 증대는, 추세적으로 보면 완만해지고 있다.

이런 상황은 비유하자면, '반 잔의 물'이라 할 만하다. 긍정적인 쪽을 높이 사는 관찰자는 반 잔이나 물이 찼다고 할 수 있지만, 한계에 주목하는 쪽에서는 반 잔밖에 차지 않았다고 할 수 있다. 결국 사회투자국가 실험이 10년간 진행된 현재 영국의 복지국가는 대처리즘의 신자유주의적 잔여적 복지국가로부터는 한 걸음 벗어났지만 복지국가의 이상, 혹은 블레어 정부가 애초에 제시했던 목표와는 여전히 거리가 먼, 대처 식의 잔여주의적 복지국가와 전통적 사민주의 복지국가의 사잇길 어딘가에 있다고 보아야 할 것이다.[13] 그렇다면 영국의 경험이 우리에게 주는 교훈과 시사점은 무엇인가?

우선, 영국의 경험은 사회투자정책들로 소득보장을 대체하고자 했던 블레어 정부의 열망에도 불구하고 사실상 적절한 소득보장책 없이는 사회투자전략이 실현되기 어렵다는 것을 보여준다. 대대적인 뉴딜정책으로 실업이 줄고 고용률이 늘었으나 빈곤율은 크게 줄지 않았다. 이는 늘어난 지출이 최저임금제와 각종 근로장려성 급여 등 일단 취업한 층, 즉 근로빈곤층에 집중되었기 때문에 여전히 취업하지 못한(혹은 않은) 층은 시장으로부터도 아무 것도 얻지 못하고 국가로부터도 별 지원을 받지 못하기 때문이다. 이는 시민의 권리와 의무는 균형을 이루어야

_______

13) 리스터는 이를 자유주의/신자유주의에 사민주의적 요소가 혼합된 새로운 혼성 자유주의 복지례짐(a new hybrid model of liberal regime)이라고 보았다. 테일러-구비와 라슨은 리스터의 평가와 달리 오히려 이 복지국가야말로 "진실로 자유주의적인 복지국가"(genuinely liberal welfare state, Taylor-Gooby & Larsen, 2004: 63)라고 표현하였다. 이는 "진짜로 자유주의적"(genuinely liberal)이라는 의미, 즉 시장의 작동을 방해하는 것이 아니라 지원하는 복지국가라는 의미와, "진짜로 복지국가"(genuinely a welfare state)라는 의미, 즉 (새로운 사회적 위험들에 대응함으로써)시민의 욕구에 효과적으로 부응하는 복지국가라는 이중의 의미를 지닌다. 그러나 테일러-구비와 라슨은 신노동당이 새로운 사회적 위험을 수습하는 데 상당한 성과를 거두었으나 시장자유주의와 사회복지를 동시에 추구하는 데서 오는 모순은 해결 불가능한 문제들을 만들어낸다고 평가한다(Taylor-Gooby & Larsen, 2004: 56, 77-78).

하며 따라서 노동시장에 참여할 때만 국가도 지원할 수 있다는 사회투자국가의 원칙의 당연한 결과인데, 문제는 테일러-구비와 라슨의 지적처럼 탈산업사회의 고용구조가 상당수의 사람들을 유급노동에 진입하지 못하게 하는 방향으로 발전해 간다는 점이다(Taylor-Gooby & Larsen, 2004: 76). 그리고 이런 사정은 빈곤과 불평등을 감소시키고자 한다면 결국 소득보장을 위한 지출을 증대시킬 수밖에 없다는 것을 의미한다. 실제로 전체 빈곤율에 비해 아동빈곤율이 크게 감소한 것은 아동에 대한 지출은 모두 투자적이라는 암묵적 전제 아래 아동들에게는 현금급여를 단기간에 크게 늘렸기 때문이기도 하다.[14]

에스핑-안데르센(Esping-Andersen, 2002a: 5)은 제3의 길의 사회투자전략이란 "북구 사민주의에 대한 매우 지체된 영국적 발견"이며 사민주의 모델의 자의적, 선택적 수용에 불과하다고 반박한 바 있다. 특히 영국식 사회투자국가론에서 문제가 되는 것은 활성화에 기반한 사회투자적 접근이 전통적인 소득보장의 '대체물'이 될 수 있다고 생각하며 복지지출의 축소 수단으로 생각하는 경향인데, 이는 순진한 낙관주의일 뿐만 아니라 심지어 비생산적일 수 있다는 것이다. 그리고 빈곤과 소득 불안정의 최소화는 효과적인 사회투자전략의 전제조건이라고 주장한다. 이는 영국보다 훨씬 더 취약한 소득보장제도를 지닌 한국에서는 경청해야 할 충고라고 생각한다.

최근 한국의 사회투자국가론들은 사회투자국가론을 한국에서도 수용해야 한다고 주장한 다음, 한국의 취약한 소득보장체계가 마음에 걸

---

14) 이런 아동 관련의 소득재분배적 급여들은 사회투자국가의 기본 방침, 즉 현금급여가 아니라 서비스에의 집중, 의존성의 고양이 아니라 자력화(empowerment)를 위한 재직급여(in-work benefits)의 증대라는 지침에서 벗어나는 것처럼 보였다. 그리고 그렇기 때문에 실제로 신노동당 정부는 이를 보육확대나 뉴딜처럼 열심히 '업적'으로 선전하지는 않았는데, 이런 이유에서 리스터는 이를 일종의 '은밀한 재분배'(redistribution by stealth)라고 칭하였다(Lister, 2002: 9).

리는 듯 소득보장체계의 강화도 필요하다고 주장한다(대표적으로 김연명, 2007). 즉, 사회투자국가론의 핵심적 주장들을 열거하고 그 위에 소득보장을 올려놓는[topping] 것이다. 그러나 사회투자국가론은 소비적 지출과 투자적 지출을 구분하고 후자로 전자를 대치하고자 하는 데서 출발한다. 그리고 소득보장은 소비적 지출을 대표한다. 따라서 정의상[by definition] 모순적인 개념인 이 두 가지를 병행해야 한다고 말하는 것은 사회투자국가론의 고유한 내용을 흐려버리는 것이며, 이런 자의적 개념 사용은 학문적 의사소통을 어렵게 만든다.[15] 투자적 복지정책들과 소득보장정책들을 동시에 높은 수준으로 실시했던 북구국가들이 스스로를 사회투자국가로 칭하지 않은 것은 결코 우연이 아니다.

사회문제의 성격과 복지국가 구조에서의 한국과 영국의 차이점은 한국에서 소득보장 및 사회투자적 정책들과 관련하여 사회투자국가론의 유효성에 더 큰 의문을 제기하게 한다. 한국은, 영국에서 사회투자정책들의 주 표적이었던 근로능력을 가진 비활성화된 복지 의존층(청년실업자, 독신모, 장기실업자)이 많지 않다. 그동안 복지국가의 우산이 튼튼하지 않았기 때문에 근로능력을 가지고도 복지에 의존해 산다는 것이 불가능했기 때문이다. 우리에겐 오히려 적절한 소득보장의 혜택을 제대로 받지 못한 채 사각지대에 방치되고 있는 빈곤층과 저소득층이 더 큰 문제이다. 한국은 영국보다 사회보험 가입률도 낮고 공공부조의 혜택을 받는 빈곤층의 수도 훨씬 적다. 그렇기 때문에, 소비적 지출과 투자적 지출을 양분하는 사회투자국가론은 결국 현실에서는 소비적인

---

15) 기든스가 소득재분배와 기회 확대를 상호 보완적이라고 말할 때 이는 전통적 소득보장책과 사회투자적 정책들을 병행해야 한다는 의미가 아니라, 자산 불평등과 재능의 선천적 분배 상태를 개선할 기회재분배에 의해 결과적으로 소득도 재분배될 수 있다는 의미이다 (Diamond & Giddens 2005). 그러나 '어떤 사람들'에게는 사회투자가 효과적이지 않으며(Esping-Andersen, 2001: 151), 이런 경우 기회재분배는 소득재분배와 무관해진다.

소득보장 지출을 줄이자는 얘기로 귀결될 위험이 있다는 반덴부로크(Vandenbrouke, 2001: 167)의 경고는, 한국이 특히 경청해야만 할 얘기라고 생각한다.

둘째, 사회투자국가론의 담론으로서의 유용성과 관련하여 영국이 주는 시사점을 생각해 볼 수 있다. 영국에서 과거 복지국가의 유지 불가능성을 논할 때 기든스가 염두에 두었던 것이 1970년대 이후 자본주의가 경험한 역전 불가능한 변화들이었다면, 블레어에게 좀 더 절박한 문제는 증세 - 지출증대라는 전통적 노동당전략이 가진 정치적 난점이었다. 블레어가 보기에 중간층의 주머니로부터 자꾸 세금을 긁어내야 하는 지출 증대전략으로는 선거 돌파가 불가능했다. 반면 지출을 늘리지 않고 소득보장 대신 투자적 지출로 자원을 집중시키는 사회투자전략은 정치적으로 팔릴 만한, 중간층에게도 매력적인 공약이었다.

한국에서도 사회투자국가를 주창하는 사람들은 이와 유사한 정치적 유용성을 고려하는 듯 보인다. 양재진(2007)의 주장처럼 한국사회는 사회적 연대의 역사적 경험이 부족하며, 자유주의적 · 성장지상주의적 담론이 헤게모니를 차지한 사회이므로, 적어도 중단기적으로는 조세증대에 기반한 재분배는 지지를 얻기가 쉽지 않을 것이다. 이런 상황에서 사회투자 담론은 한국사회에서도 비교적 수용 가능성이 높고, 따라서 복지국가 확대를 용이하게 하는 정치적으로 유용한 담론이 될 수도 있다는 것이 그의 주장이다. 사실 사회투자국가론은 미래지향성, 예방적 개입, 투자적 지출과 고수익<sup>high return</sup>, 평등 · 재분배가 아니라 포섭 · 기회균등 등 한국사회의 신자유주의적 담화지형에서도 낯설지 않고 대중적으로 인기 있는 요소들을 포함하고 있다.

그러나 다른 한편 이 담론은 그렇지 않아도 반복지 이데올로기가 강한 우리 사회에서 복지의 소득보장 기능에 대해 부정적 사고( '퍼주기식 복지')를 더 확산시킬 위험성이 있는 양날의 칼이다. 즉 사회투자국 가론은 전통적 복지국가 = 소비적 = 낭비적 = 나쁜 복지국가, 사회투 자국가 = 투자적 = 생산적 = 좋은 복지국가라는 이분법을 유포시킴으 로써 궁극적으로 복지 담론에서 신자유주의의 헤게모니를 더욱 강화시 키는 역할을 할 수도 있는 것이다. 이는 그렇지 않아도 취약한 우리 사 회의 친복지국가적 담론을 약화시키고 보편적·제도적·연대적 복지 국가정책의 설 자리를 좁힐 수 있다.

그렇다면 사회투자국가가 아닌 그 무엇이 우리의 대안이 되어야 하 나? 필자가 명확한 해답을 가지고 있는 것은 아니다. 그러나 이 대안의 이름이 무엇이든 간에[16] 출발은 사각지대 해소를 통한 소득보장체계의 내실화와 보편적 사회서비스를 결합하는 것, 이를 통해 '공동화된 복 지국가' a hollow welfare state (Kim, 2007)를 극복하고 복지국가의 기본을 내실 화하는 것이라고 할 수 있다. 사회투자국가처럼 멋지게도 새롭게도 들 리지 않는 진부한 얘기인지 모르지만 그것만이 신·구사회적 위험에 동시에 직면한 한국사회의 황폐화를 방지하고 사회통합을 달성할 수 있을 것이다.

* 이 글은 『사회보장연구』 제23권 제3호(2007년 9월)에 실린 논문을 전재한 것이다.

---

16) 사회투자국가론에 비판적이고 이 용어를 싫어하는 반덴부로크는 과거의 소득보장 기능을 여전히 중시하면서도 복지지출의 생산적, 투자적 측면을 강화하는 복지국가를 '적극적 복 지국가'(active welfare state)로 칭하였다(Vandenbrouke, 2002: x).

**참고문헌**

김연명(2007). 「사회투자정책과 한국 사회정책의 미래」, 한국사회복지학회 · 한국사회정책학
　　회 · 한국행정학회 · 한국산업사회학회 공동 심포지엄, 『한국사회의 미래와 사회투자정
　　책』 발표문. 한국프레스센터 국제회의장. 2007. 2. 21. (이 논문의 수정본이 이 책의 제1장
　　에 실려 있음)
김영순(1996). 「1996년 영국 총선 리포트」, 『정치비평』 봄/여름호.
　　　　(1999). 「제3의 길: 인간의 얼굴을 한 대처리즘? 혹은 사민주의 부활의 유일한 길?」, 『국
　　제정치논총』 제39집 3호.
　　　　(2006). 「블레어 정부 이후 영국 여성 사회권의 권리자격 변화: 보육지원제도를 통해 본
　　노동자로서의 사회권을 중심으로」, 『한국정치학회보』 제40집 2호.
　　　　(2007). 「사회서비스체제의 발전과정과 현황」 정경희 · 이현주 · 박세경 · 김영순 · 최
　　은영 · 이윤경 · 최현수 · 방효정, 『한국의 사회서비스 쟁점 및 발전전략』, 한국보건사
　　회연구원.
　　　　(2007). 「사회투자국가가 우리의 대안인가? 최근 한국의 사회투자국가 논의와 그 문제
　　점」, 『경제와 사회』 제74집 여름호. (이 논문은 이 책의 제7장에 실려 있음)
김영순 · 박능후 · 김미곤 · 최현수(2003). 『근로유인 제고방안에 관한 연구』, 한국보건사회연
　　구원.
양재진(2006). 「사회투자국가론과 한국에의 적용가능성 검토」, 한국행정학회 동계학술대회
　　발표문. 서울대학교 행정대학원. 2006. 12. 8.
주은선(2001). 「영국 보수당정부와 노동당 정부의 공적연금 개혁의 성격에 관한 연구: 연속성
　　과 단절」, 『사회복지연구』 제17집.
한겨레신문 2005/10/20; 2007/03/06.
Atkinson, A. B.(1996). "Seeking to Explain the Distribution of Income", in John Hills(ed.),
　　*New Inequality: Changing Distribution of Income and Wealth in the United
　　Kingdom*. Cambridge: Cambridge University Press.
Blair, Tony(1997). "Welfare Reform: Giving People the Will to Win", Vital Speeches of
　　the Day 63(18). http://gw4.global.ebscohost.com.
　　　　　　(1998). *The Third Way: New Politics for the New Century*. London: The
　　Fabian Society.
Brewer, Mike, A. Goodman, A. Muriel, & L. Sibieta(2007). *Poverty and Inequality* in the
　　UK: 2007. London: The Institute for Fiscal Studies(IFS Briefing Note No. 73).
Bryson, C., T. Budd, J. Lewis, & G. Elam(2000). *Women's Attitudes to Combining Paid
　　Work and Family Life*, London: HMSO.
Commission on Social Justice, IPPR(1994). *Social Justice: Strategies for National
　　Renewal*. London: Vintage.
Daniel, Caroline(1997). "What They Want to Do?", *New Statesman (March 21)*.
Daycare Trust(2003). *Making Childcare Work: Changing Childcare for a Better Work-
　　Life Balance*. London: Daycare Trust.
　　　　　　(2006). *Childcare Today: A Progress Report on the Government's Ten
　　Year Childcare Strategy*. London: Daycare Trust.
Dean, Malcolm(1997). "Government Starts to Tackle Inequalities in Britain" Lancet 350:
　　9077.
Department for Education and Employment(DfEE)(1998). *A New Contract for Welfare:
　　The Gateway to Work(Cm 4102)*. London: DfEE.
Department of Social Security(DSS)(1998). *Ambitions for Our Country: A New Contract
　　for Welfare*. London: DSS.
Diamond, Patrick & Anthony Giddens(2005). "The New Egalitarianism", in Patrick
　　Diamond & Anthony Giddens(eds.), *The New Egalitarianism*. Cambridge: Polity
　　Press.

Economist(1997). *Election Briefing.* London: Economist.

Esping-Andersen, G.(1996). "After the Golden Age? Welfare State Dilemmas in a Global Economy", in G. Esping-Andersen(ed.), *Welfare States in Transition: National Adaptation in Global Economies.* London: Sage.

______________(2001). "A Welfare State for the 21st Century", in Anthony Giddens(ed.), *The Global Third Way Debate.* Cambridge, UK: Polity.

______________(2002a). "Towards the Good Society, Once Again?", In G. Esping-Andersen(ed.), *Why We Need a New Welfare State.* London: Oxford University Press.

______________(2002b). "A Child-Centered Social Investment Strategy", *Why We Need a New Welfare State.* Oxford: OUP.

Finch, N.(2003). "Family Policy in the UK", Social Policy Research Unit. York. http://www.york.ac.uk/inst/spru/research/summs/welempfc.htm. 2002/2001.

Giddens, Anthony(1994). *Beyond Left and Right: The Future of Radical Politics.* Cambridge: Polity.

______________(1997). "Center Left at Center Stage", *New Statesman(May. special edition).*

______________(1998). *The Third Way: The Renewal of Social Democracy.* Cambridge: Polity.

______________(2001). "Introduction", *The Global Third Way Debate.* Cambridge: Polity.

Hales, J., D. Collins, C. Hasluck & S. Woodland(2000). *Evaluation of New Deal for Young People and New Deal for Long-Term Unemployed People: Survey of Employers*(ESR 58). London: Employment Service, UK.

Hasluck, C.(2001). "Finding Work, Promoting Employability: Lessons from the New Deal" (Paper), presented to Cambridge Econometrics Conference on 'Skills, Performance and Social Inclusion: Making Skills Policy Work at the Regional and Local Level'. Robinson College. Cambridge, 5th-6th July 2001.

Kim, Yeong-Soon(2007). "How Politics Matters: Institutions of Interest Representation and Welfare Politics in South Korea since Democratization", 고려대학교 아세아문제연구소 50주년 기념 국제학술대회 발표문. 고려대학교 인촌기념관. 2007. 3. 16.

King, Desmond & Mark Wickham-Jones(1999). "From Clinton to Blair: The Democratic (Party) Origins of Welfare to Work" *Political Quarterly 70(1).*

La Valle, I. & S. Finch, A. Nove, C. Lewin(2000). *Parent's Demand for Childcare.* DfES Research Report 17. London: DfES, UK.

Lewis, Jane(2001). "The Decline of Male Breadwinner: Implications for Work and Care", *Social Politics Vol. 8.*

Lister, Ruth(2002). "Investing in the Citizen-Workers of the Future: New Labour's 'Third way' in Welfare Reform", *The 2002 Annual Meeting of APSA.* Boston. August.

__________(2004). "The Third Way's Social Investment State", in Jane Lewis and Rebecca Surender(eds.), *Welfare State Change: Towards a Third Way?, Oxford: OUP.*

McKnight, A.(2002). "Low-paid Work: Drip Feeding the Poor", in J. Hills, J. Legrand, & D, Piachchaud(eds.), *Understanding Social Exclusion.* Oxford: OUP.

Merkel, Wolfgang(2001). "The Third Ways of Social Democracy", *The Global Third Way Debate.* Cambridge: Polity.

Midgley, J.(1999). "Growth, Redistribution, and Welfare: Toward Social Investment?" *Social Service Review 73(1).*

Millar, J.(2000). *Keeping Track of Welfare Reform: The New Deal Programmes* York: Joseph Rwontree Foundation.

OECD(2004). *Social Expenditure Database*(SOCX, www.oecd.org/els/social expenditure).

______(2005a). *How Active Social Policy Can Benefit Us All*. Paris: OECD

______(2005b). *The Active Social Policy Agenda*.(www.oecd.org/dataoecd/39/10/ 34485709.pdf).

______(2006). *Employment Outlook*. Paris: OECD.

Perkins, Daniel, Lucy Nelms & Paul Smyth(2004). "Beyond Neo-liberalism: the Social Investment State?", *Social Policy Working Paper No. 3*. The Center for Public Policy, University of Melbourne.

Randall, Vicky(2002). "Child Care in Britain, or How Do You Restructure Nothing?", in Sonya Michael & Rianne Mahon(eds.), *Child Care Policy at the Crossroads*. London: Routledge.

Taylor-Gooby, Peter(2004). "New Risks and Social Change", in Peter Taylor-Gooby(ed.), *New Risks, New Welfare: The Transformation of the European Welfare State*. Oxford: OUP.

Taylor-Gooby, Peter & Trine P. Larsen(2004). "The UK--A Test Case for the Liberal Welfare State?", in Peter Taylor-Gooby(ed.), *New Risks, New Welfare: The Transformation of the European Welfare State*. Oxford: OUP.

Vandenbroucke, Frank(2001), "European Social Democracy and the Third Way: Convergence, Divisions and Shared Questions", in Stuart White(ed.), *New Labour: The Progressive Future?* New York: Palgrave.

______________________(2002). " Foreword: Sustainable Social Justice and Open Co-ordination in Europe", in G. Esping-Andersen(ed.), *Why We Need a New Welfare State*. Oxford: Oxford University Press.

Wicks, Malcom(1990). "Back to Beverage's Basic", *New Statesman 127: 43-69*.

Williams, Fiona & Sasha Roseneil(2004). "Public Values of Parenting and Partnering: Voluntary Organizations and Welfare Politics in New Labour's Britain", *Social Politics 13(2)*

# 영국 복지개혁의 사회투자전략에 관한 연구

박순우 | 공주대학교 사회복지학과 교수
최영 | 중앙대학교 사회복지학과 교수

## 1. 들어가는 말

최근 전개되고 있는 복지개혁을 둘러싸고 국내외적으로 사회투자국 가라는 담론이 한창이다. 이는 저출산·고령화, 신빈곤의 출현과 사회 적 양극화, 세계화, 지식기반사회의 도래 등 현대사회에서 새롭게 등장 한 사회적 위험을 과거 소득보장 중심의 복지국가로는 해결할 수 없다 는 인식에서 출발하였다. 따라서 미래의 복지정책 방향은 세입과 지출 을 강조하는 전통적 사민주의 정책에서 탈피하여 인적자본(아동)과 사 회적 자본(지역사회)에 집중적인 투자를 강조하는 방향으로 추진되어 야 한다고 본다. 이를 위해 소득재분배를 통한 평등 달성이라는 전통적 접근보다는 기회의 재분배를 통한 사회적 포용<sup>social inclusion</sup>의 원칙을 강조 한다. 개인은 세계적 경쟁력을 확보하고 지식기반사회에 적응할 수 있 도록 교육과 노동의 의무를 다하는 적극적 시민으로서 거듭나야 하며, 국가의 복지프로그램은 선택적이고 때로는 자산조사를 통해 제공될 수 있다. 이러한 맥락에서, 사회정책과 경제정책은 선순환적 관계를 유지하며 통합적으로 추진하되, 전자는 여전히 후자의 보완적 위치를 차지한다(The Commission on Social Justice, 1994; Giddens, 1998: Ch. 4; Lister, 2004: 160).

주지하다시피 이 담론은 1990년대 중반 이후 영국 노동당이 추진해 온 복지개혁을 특징짓는 용어로서, 크게 3가지 맥락에서 기원을 추적할 수 있다. 정치적 맥락에서 볼 때 이는 1994년 영국 보수당의 18년 장기집권을 종식시키고 재집권을 위해 절치부심하던 노동당이 사회정의위원회The Commission on Social Justice를 통해 발표한 보고서인 「사회정의: 국가재건전략」Social Justice: Strategies for National Renewal에 뿌리를 두고 있다.[1] 학문적으로는 1998년 제기된 기든스의 제3의 길 논의에 기원을 두고 있으며, 정책적으로는 1997년 현 노동당 집권을 기점으로 하여 추진돼 온 일련의 복지개혁 정책을 지칭한다. 이러한 점에서, 사회투자국가론은 노동당의 재집권 프로젝트에 기든스의 제3의 길 논의가 접목됨으로써 형상화되었고, 이를 블레어 정부가 실천함으로써 구체화된 것이라고 할 수 있다. 이러한 맥락에서 볼 때, 사회투자국가론은 아이디어의 탄생에서 실천에 이르기까지 지극히 영국적인 것으로 간주될 수 있다.

하지만 이는 단순히 영국만의 현상은 아닌 것 같다. 학자에 따라서는 사회투자라는 용어가 직접적으로 언급되지 않았더라도 이러한 성격의 복지정책이 이미 스웨덴을 중심으로 한 스칸디나비아 국가들에서 나타났다고 주장한다(Esping-Andersen, 2002: 5; 조영훈, 2007: 15). 또한 사회투자와 생산적 복지를 동일시하는 논리에 따르면, 제2차 세계대전 이후 케인스주의적 거시경제 관리정책이나 미국의 뉴딜 프로그램에서 발견되는 생산적 요소뿐만 아니라(Midgley, 1999: 6), 신경제new economy

---

1) 여기에서는 '사회투자'라는 현재적인 용어보다는 (미래를 위한) '투자'라는 좀 더 일반적인 표현을 사용하고 있다.

에서 선진복지국가들이 채택해 왔던 다수의 적응전략들이 사회투자적 성격을 갖는 것으로 해석된다(Midgley & Sherraden, 2000).[2] 이러한 탈영국적 현상은 사회투자국가의 개념을 좀 더 엄격히 적용하더라도 그 실례를 찾아볼 수 있다. 예를 들어, 캐나다 역시 영국과 비슷한 아동 투자전략을 실시하고 있으며(Lister, 2004), 유럽연합 뿐만 아니라 덴마크, 호주 등에서도 사회투자적 성격의 정책들이 발견된다(Perkin, Nelms & Smyth, 2004; 양재진, 2007). 따라서 사회투자전략은 영국에서부터 시작되어 상당히 보편적으로, 혹은 최소한 자유주의 복지국가에서 실천되는 정책으로 이해될 수 있다(Lister, 2004: 158).

이러한 이해는 두 가지 사항을 고려하게 한다. 먼저, 사회투자국가론과 결부되는 프로그램으로서 사회투자전략이 기존의 복지국가 프로그램과 어떤 차이를 보이는가이다. 뒤에서 좀 더 구체적으로 언급되지만, 여기에는 아동과 여성 친화적 정책, 근로연계복지welfare to work와 노동시장 정책, 자산형성asset building정책 등이 핵심이다(Perkins, Nelms & Smyth, 2004; Esping-Andersen, 2002; Lister, 2004). 소득보장에서 주택에 이르기까지 기존 복지국가의 모든 프로그램을 대상으로 취급하지는 않는 것이다. 여기에서 유념해야 할 점은, 한 국가가 사회투자전략을 취한다고 해서 기존의 복지패러다임에 속한 다른 프로그램을 폐기하거나 방임하지는 않는다는 사실이다. 본 논문의 대상인 영국의 경우를 보더라도 사회투자전략 외에 현대화modernisation라는 기치 아래 연금, NHS 등을 과감히 개혁해오고 있다. 환언하면, 최근 진행되는 복지개혁의 모든 내용이 사회투자적 성격을 갖는다고 주장할 수는 없다. 다만, 다수의 학자들이 주장하는 바와 같이, 이는 복지정책의 무게중심이 기존의 소

---

2) 물론 이러한 주장은 사회투자국가론이 '새로울 게 없다' 는 비판의 근거로서 이용되기도 한다.

득보장 중심에서 투자의 방향으로 이동하였다고 이해해야 할 것이다.

다른 하나는, 사회투자국가 혹은 사회투자전략의 보편화 현상이다. 이는 사회투자국가를 소득보장 중심의 고전적 복지국가와 다른 새로운 복지국가 패러다임으로 설정하거나(Esping-Andersen, 2002; Lister, 2004; Taylor-Goodby, 2006), 복지국가를 대체할 수 있는 새로운 용어로 받아들이려는(Giddens, 2004: 3) 학자들의 움직임 속에서 발견된다. 한국사회 역시 지난 1년여 동안 이러한 새로운 경향에 민감하게 반응해 왔다. 2006년 8월, 정부가 "사회투자국가 비전을 중심으로 한국형 복지국가 모형을 구체화하겠다."는 발표 이후, 다수의 사회복지 관련 학회 및 토론회가 이를 기획주제로 다룰 만큼 그 파장은 컸다. 사회투자국가의 개념에서부터 출발하여 이데올로기적 특성, 새로운 복지패러다임으로서 한국사회에 적용 가능성의 타진에 이르기까지 폭넓게 진행되고 있다.

본 논문은 영국에서 시작된 사회투자론이 깊은 파장을 불러일으키고 있음에도 불구하고 아직까지 이의 프로그램을 체계적이고 종합적으로 고찰한 연구가 국내에는 부재하다는 데서 출발한다. 물론 지금까지 블레어 정부 이후 영국의 복지개혁에 대한 연구들은 근로연계복지정책에 대한 연구에서부터(문진영, 2004; 신동면, 2004) 빈곤정책의 변화(신동면, 2001; 강욱모, 2004), 의료보장제도의 개혁(박순우, 2006), 연금제도의 개혁(주은선, 2001), 슈어스타트<sup>Sure Start</sup>제도에 대한 연구(백선희, 2006)에 이르기까지 많다. 하지만 이들은 개별 프로그램을 중심으로 한 연구이기 때문에 사회투자국가의 관점에서 최근의 복지개혁을 전체적으로 조망할 수 없는 한계를 안고 있다.

따라서 본 연구는 영국 사회투자국가 프로그램을 전체적으로 고찰한다. 이를 위해 사회투자전략이 대두하게 된 사회정책적 환경을 먼저 살

퍼본다. 다음으로 사회투자정책의 구체적 프로그램을 고찰하며, 마지막으로 이의 성과와 한계, 한국사회에 대한 함의를 간략히 논한다.

## 2. 새로운 사회정책 환경

현재 영국을 비롯한 서구 복지국가가 경험하는 사회문제는 과거와 명백한 차이를 보인다. 베버리지 세대가 해결하고자 했던 사회문제 중 빈곤 등은 여전히 해결되지 못했지만 질병, 무지, 불결, 나태 등의 문제는 그간의 복지제도를 통해 어느 정도 해결되었다고 볼 수 있다. 이에 반해, 현대사회는 저출산·고령화, 계층간 불평등의 심화, 가족 기능의 변화, 복지에 대한 시민들의 기대 수준의 변화, 신빈곤층의 출현과 사회적 배제 등 과거에 경험하지 못한 새로운 문제들에 직면하였다 (Esping-Andersen, 1999: Ch. 8; Glennerster, 1999). 이러한 상황에서, 인간의 기본적인 욕구 해결이라는 베버리지식의 복지국가 패러다임은 새로운 사회적 위험을 해결하기 위한 패러다임으로 전환이 필요하였다.

먼저, 저출산·고령화와 관련하여 가장 심각한 영향을 받는 부분은 연금, 보건의료, 장기요양보호이다. 과거 낮은 기여금과 부과방식을 통한 기금운영은 더 이상 정치적으로 안정된 장치가 되지 못한다(World Bank, 1994). 보건 및 장기요양 부분은 더욱 심각한 문제를 발생시키는데, 영국의 경우 85세 이상 노인들에 대한 의료비는 젊은층의 20배에 달한다(Glennerster, 1999). 장기요양보호는 공공부조를 통해 재원을 충당하게 되어 있는데, 지방정부가 비용 부담을 감당하기 힘든 경우가 많다. 결국 무료의 의료서비스에 자산조사 등의 방법으로 제한을 가하는 모습이 나타난다. 일본과 같이 사회보험 방식으로 연금을 운영하는 경우, 상대적으로 높은 급여체계 및 적립방식의 기금운용은 연금에 대한 불확실성을 증가시키고, 가족제도의 변화는 노인부양의 책임을 약화시키며, 발달된 기업복지는 기업의 경쟁력을 약화시키는 결과가 발생하고 있다(OECD, 2006: 140-142).

둘째, 절대적 빈곤의 문제는 어느 정도 해결되었지만 사회계층간 불평등 문제가 새롭게 대두되었다. 전후 복지국가는 경제성장을 통한 완전고용 유지라는 호조건이 뒷받침되었지만 이는 1970년대 이후 변화되었다. 1973년경 미국을 필두로 하여 1977년 영국, 그리고 1980년대 초 호주, 뉴질랜드, 프랑스, 네덜란드, 그리고 1980년대 중반 독일(서독)에서 나타난 현상들이 그러하다. 이러한 불평등의 문제는 노동시장 참여자와 비참여자 사이에서뿐만 아니라, 노동시장에 참여하는 임금근로자 사이에서도 발생하였는데(Esping-Andersen, 1999: Ch. 8), 영국의 경우 1980년부터 1995년 사이 1/10의 소득군에서 실질임금의 증가는 보이지 않았다(OECD, 2005: 55).

셋째, 이러한 문제를 해결하기 위해 사회보장 및 빈민가족에 대한 지출은 줄곧 증가했지만 시민들은 서비스의 개선을 실감하지 못하였다. 복지에 대한 시민들의 기대 수준이 변화한 것이다. 여기에는 여러 가지 이유가 있다. 공공부문 서비스 질이 개선되기는 했지만 시장에서 제공되는 서비스 질의 향상 속도를 따라가지 못함으로써 발생한 상대적 기대의 위기, 전후 지속적으로 조세가 증가하였거나 조세감면이 전혀 이루어지지 않은 문제, 그럼에도 불구하고 이들 생활에 직접적 영향을 미치는 교육, 보건서비스는 향상되지 않았다는 점 등이다(Glennerster, 1999). 1980년대와 1990년대 영국의 사회조사 자료를 보면 국민들은 복지서비스의 향상을 위해 기꺼이 좀 더 많은 세금을 납부하겠다고 하지만, 실제로 조세 증가를 공약으로 내세운 정당이 집권에 성공한 적은 없었다(Glennerster, 2000: 205; Lowe, 2005: 334-338). 결국 1997년 신노동당은 정권 획득을 위해 세금을 인상하지 않으면서 복지서비스를 개선하겠다는 힘든 공약을 제시해야만 했다.

넷째, 가족 기능의 변화이다. 베버리지 세대가 상정했던 고전적 복지국가는 남성생계부양자모델에 기반을 두었지만, 이러한 복지국가 성장전략은 실효성을 상실하였다. 이와 더불어 여성의 교육기회 확대와 노동시장 참여율의 증가는 자녀양육, 노인부양 등 사회적 돌봄의 책임을 다른 곳(남성, 사적 부분, 국가 등)에서 찾도록 요구한다(Esping-Andersen, 1999: Ch. 4, 8). 그럼에도 불구하고 여성의 사회적 돌봄역할은 여전히 높았다. 20~49세 여성의 경우 아동양육에 보내는 시간이 주 46시간으로 남성의 22시간에 비해 2배이며, 50~64세 여성의 경우 배우자 보호에 소요하는 시간이 주 22시간으로, 남성의 16시간에 비혜 높게 나타났다. 이러한 여성들의 욕구와 현실 간의 괴리는 고용 및 소득에 영향을 미치는데, 어린 자녀가 있는 젊은 부부의 경우 남편의 취업률은 90%인 반면 아내의 취업률은 57%에 불과하며, 노령부부(50~64세)의 경우 남편은 47%, 아내는 29%의 취업률을 보이고 있다. 이러한 현상으로 인해 대표적으로 나타나는 문제가 빈곤가정의 발생이다. 한 자료에 의하면, 부부 중 한 사람만이 노동시장에 참여하는 경우 부부 모두가 참여하는 가정보다 빈곤률은 3~6배 차이가 난다(Taylor-Gooby, 2004: 1-3).

마지막으로 신빈곤의 출현과 사회적 배제의 문제이다. 세계화를 특징으로 하는 현대 자본주의는 자본의 자유로운 이동에 따른 국가 간 경쟁시스템의 강화를 수반한다. 개별 국가는 국제자본을 유치, 지속시킬 수 있는 정치경제학적 메커니즘을 유지시켜야 하기 때문에 높은 조세

부담률을 조건으로 하는 복지국가는 후퇴할 수밖에 없는 입장에 처한다는 것이다. 이와 더불어 자본에 비해 국가 간 이동이 상대적으로 제약되는 노동은 지식기반사회에서의 기술발달과 노동시장 유연화 전략에 능동적으로 대처하지 못하게 된다. 결국 이들은 비정규직 파트타임 노동 등 불안전성에 노출되면서 노동시장에 참여함에도 불구하고 빈곤으로부터 자유롭지 못하거나, 장애나 편견 등으로 인해 사회의 주변에 위치하게 되는 사회적 배제의 문제를 발생시킨다(Mishra, 1999; Esping-Andersen, 2002; Rieger & Liebfried, 2003).

이러한 새로운 문제 속에서 노동당 정부가 집권 초기 보여준 복지국가 재편 방향을 한마디로 표현하자면 '핵심프로그램으로의 후퇴' retreating to the core 혹은 '선택적 보편주의' selective universalism 였다(Glennerster & Hills, 1998; Glennerster, 2000). 과거 정부가 담당했던 광범위한 복지서비스 중 사회안전망의 보장, 교육, 의료 등 핵심 서비스에만 집중한 것이다. 예를 들어, 사회안전망의 보장만을 위해 정부는 소득비례 연금인 SERPS State Earning Related Pensions 를 폐지하고 이의 책임을 기업 부문에 위임함과 동시에 저소득 근로계층을 위한 국가 2차연금 State Second Pension 제도를 신설하였을 뿐이다(DSS. 1998). 교육은 학교교육뿐만 아니라 성인을 대상으로 한 기술훈련, 직업교육에 대한 집중적 투자를 통해 '근로연계복지' welfare to work 라는 아이디어를 실현하기 위한 메커니즘을 창출하기 위해 강조되었다(Glennerster, 1998). NHS는 사회화된 국가의료제도로서 국민들의 기대와 비판을 한 몸에 받았다. 이러한 이유 때문에 국가복지의 축소를 지향했던 보수당 정부조차도 이 제도에 대한 예산을 완만하나마 지속적으로 증가시킬 수밖에 없었다(Le Grand & Vizard, 1998). 즉, 국민들은 이미 '무상의료' 라는 인식이 있었기 때문에 여기에 사적 요소가 도입되는 것을 용인할 수 없었을 뿐만 아니라, 대기자 명단의 증가 등 악화되는 서비스 질이 개선되기를 갈망하고 있었다. 즉, 자신이 부담하는 세금이 자신의 복지향상을 위해 이용되기를 원했던 것이다(박순우, 2006).

이렇게 몇 가지 핵심적인 프로그램에 집중할 수 밖에 없었던 것은 소득세를 인상하지 않겠다는 공약을 통해 집권에 성공하였기 때문이었을 것이다. 재정적 제약이 가해진 상태에서 새로운 사회문제를 해결해야 하는 구조적 한계를 반영한 것이다. 실제로 블레어 정부는 집권 직후 1년 동안 '정부지출 종합검토' Comprehensive Spending Review를 통해 각 부처들로 하여금 현행사업을 재검토하고 중단할 수 있는 사업이나 새로운 방식으로 전개될 수 있는 방안들을 강구토록 하였다. 이 결과 의료와 교육에 대한 지출은 매년 약 5%의 세출 증가를 결정한 반면, 다른 모든 공공프로그램은 1.8%를 증가시키기로 하는 데 그쳤다(Glennerster, 2000: 208).

이렇듯 초기 노동당 정부가 관심을 기졌던 프로그램 중 교육을 제외한 나머지 부분에서는 사회투자적 성격이 명확히 드러나지 않는다. 하지만 이러한 블레어 정부의 집권 초기 복지정책은 최근 약간 다른 형태를 보이고 있다. 집권 초기의 정책이 '선택과 집중'의 형태를 띤 소극적 재편과정이었다면, 최근의 경향은 '사회투자'의 개념이 주축을 이루는 적극적 모습이다. 소득과 의료보장 프로그램에 일정의 수정을 가하던 기존의 경향에서 탈피하여 인적자본과 사회적 자본에 대한 투자, 적극적 노동시장정책의 강화를 모색하는 방향으로 정책의 중심이 이동하였다.

# 3. 사회투자전략

현재 영국에서 진행되고 있는 복지정책의 변화는 행정체계의 개편에 서부터 기존 제도의 통합, 새로운 제도의 도입에 이르기까지 매우 다양하고 복잡한 패턴을 보인다. 이러한 변화 모두를 사회투자의 틀로 해석할 수는 없겠지만, 이 중에는 사회투자적 성격이 강한 개혁들이 포착된다. 미래 사회를 위한 투자와 더불어 소극적 시민의 적극적 시민화를 위한 개인의 역량강화<sup>empowerment</sup>라는 개념에서 볼 때 이러한 정책 변화는 크게 두 가지 방향으로 진행되고 있다. 첫째는 미래 사회의 책임감을 갖춘 시민근로자<sup>citizen-worker</sup>로서 아동에 대한 투자이다. 이는 아동기의 경험이 생애주기 전체에 깊은 영향을 미칠 뿐만 아니라 미래 사회의 동력이 된다는 인식에서 출발한다. 따라서 단순히 학령기의 아동에 대한 교육뿐만 아니라 인지능력을 갖춘 학령전 아동에 대한 양질의 보육서비스 등도 포함되며, 이를 통해 빈곤 등 사회의 부정적 유산의 전승을 예방하고 책임 있는 후속세대를 육성하는 것이 목적이다(Esping-Andersen, 2002: ch.2). 이를 위해 영국에서는 다양한 프로그램들이 운영되고 있다. 전통적으로 사용되는 소득지원<sup>Income Support</sup>, 아동수당제도<sup>Child Benefit</sup> 등을 포함하여 3~4세 아동을 위한 보육시설의 확대, 저소득층 지역을 대상으로 하는 슈어스타트<sup>Sure Start</sup> 프로그램의 실시, 아동신탁기금<sup>CTF: Child Trust Fund</sup>제도의 신설 등이 대표적인 예이다.

두 번째는 현재 근로연령층에 속하지만 실업, 저소득, 인종, 장애 등 여러 가지 이유로 인해 사회적 배제를 겪는 집단에 대한 투자이다. 이들은 전통적으로 복지급여의 소극적 수급자로서 투입에 비해 산출이 없는<sup>something for nothing</sup> 집단으로 간주되면서(Lister, 2003: 432), 경제의 유연화 및 효율화를 저해하는 요인 중 하나로 인식되기 시작했다

(Jessop, 2003). 사회투자국가의 개념에서 이들에 대한 정책은 교육 및 경제적 기회 확대를 통해 지식기반사회에서 경쟁력을 확보하고 자신 및 가족의 미래를 책임질 수 있는 시민으로서 능력을 배양하는 데 초점을 둔다. 이로써 궁극적으로 경제적 생산성을 증진하고 사회적 비용을 절감하려는 것이다(Perkins et.al., 2004).

이러한 취지와 목적으로 영국에서 실시되는 정책은 '뉴딜'New Deal로서 통칭된다. 이 정책은 '채찍과 당근'의 두 가지 접근법을 취하는데, 채찍의 방법은 근로능력이 있는 사람들을 의무적으로 노동시장에 참여시키는 것이다. 당근의 방법은 노동으로 얻게 되는 소득의 양을 증대시킴으로써 노동시장 참여를 위한 재정적 유인책을 강화하는 것이다(Glennerster, 2000: 210-214; 신동면, 2001). 전자의 방법은 청년실업자, 장기실업자, 한부모 가정, 장애인, 50세 이상의 고령자 등을 주요 대상으로 한다. 이에 반해 후자의 방법은 특정 인구집단을 대상으로 하기보다는 저소득 근로자를 위한 세제혜택을 통해 이루어진다. 1999년에 도입된 최저임금제Minimum Wage 및 근로가구보전세제WFTC: Working Family Tax Credit제도와 더불어 2001년에 도입된 아동세액공제Children's Tax Credit제도 등이 대표적이다.[3]

여기에서 주의해야 할 점은 아동에 대한 대책과 현재의 근로연령층에 대한 대책이 반드시 분리될 수 없다는 것이다. 예를 들어, 근로가구보전세제와 같은 세제지원정책은 아동이 있는 근로가정을 염두에 둔 것이므로 아동과 성인 모두가 해당된다. 마찬가지로 보육시설의 확대는, 한편으로 아동에 대한 투자이지만 가정 내 양육이라는 전통적 역할

---

3) 근로가구보전세제(WFTC)와 아동세액공제(CTC)제도는 2003년 4월 합리화과정을 거쳐 근로보전세제(Working Tax Credit: WTC)와 다른 하나의 아동세액공제(Child Tax Credit: CTC)로 변화되었다. 이에 관한 구체적인 내용은 뒤에서 설명한다.

로부터 여성을 자유롭게 함으로써 일 · 가정 양립정책을 통해 노동시장 참여를 높이려는 의도가 깊게 스며있다. 따라서 본고에서와 같이 인구학적 특성을 기준으로 한 정책 분류는 정책구조를 이해하는 데 편리할 수 있지만 지나친 이분화의 위험을 안고 있다.

### 1) 아동과 사회투자

전술한 바와 같이, 현 노동당 정부가 사회투자의 우선대상으로 아동을 택한 것은 미래 사회의 책임 있는 노동력을 확보한다는 궁극적 목적이 있지만, 근저에는 종식되지 않는 빈곤아동의 문제가 원인이었다. 즉, 빈곤한 가정에서 성장한 아동은 성인이 되어서도 빈곤의 덫에서 탈출하지 못한다는 인식에 근거한다. 실제로 1998/9년의 기간 동안 빈곤아동의 수는 1979년에 비해 3배 이상 증가하여 전체아동의 1/3에 달하는 약 4.5백만 명이 빈곤상태에 있는 것으로 나타났다. 한 연구에 따르면(Piachaud & Sutherland, 2000: 8), 이는 자료 이용이 가능한 25개 국가 중에서 세 번째로 높은 수치였다.

이는 두 가지 반향을 일으켰다. 한편으로 영국정부는 2004년까지 아동빈곤을 현재의 1/4로, 2010년까지는 1/2로 감소시키며, 2020년까지는 완전히 해결한다는 야심찬 계획을 발표하게 된다(DSS, 1999). 다른 한편으로, 이는 빈곤의 개념에 대한 논의를 점화시켰다. 즉, 빈곤의 개념을 주거비용 지출 이전의 가계소득을 기준으로 하던 기존의 방식과 달리, 지출 이후를 고려한 방식을 사용해야 한다는 것이었다. 이는 2001년 선거기간 동안 재무장관 고든 브라운[Gordon Brown]이 빈곤아동의 수를 1.2백만 명 감소시켰다는 발표에 대한 의구심에서 촉발되었다. 특히 런던과 같이 주거비용이 높은 지역에 거주하는 사람들에게 주거비

표 17-1_아동의 빈곤율(1996/7-2001/02)

| 연도 | 총빈곤율 | | 아동빈곤율 | |
|---|---|---|---|---|
| | 주거비용 이전 | 주거비용 이후 | 주거비용 이전 | 주거비용 이후 |
| 1996-1997 | 18 | 25 | 25 | 34 |
| 1997-1998 | 18 | 24 | 25 | 33 |
| 1998-1999 | 18 | 24 | 24 | 33 |
| 1999-2000 | 18 | 23 | 23 | 32 |
| 2000-2001 | 17 | 23 | 21 | 31 |
| 2001-2002 | 17 | 22 | 21 | 30 |

* 주: 빈곤은 중위소득 수준의 60% 이하임.
* 자료: Lowe, 2005. p. 407. Table 15.1에서 재구성함.

용을 포함한 총액으로 빈곤율을 계산하게 되면 이들의 실제 빈곤율을 과소평가하게 된다는 것이다. 결국, 이러한 새로운 개념을 적용한 결과 2000년 영국의 아동빈곤율은 32%로 유럽국가 중 가장 높은 수치를 나타냈다(Lowe, 2005: 407-408).

이러한 경향의 이면에는 근로소득자가 없는 가구의 증가라는 하나의 중요한 사실이 숨어 있었다. 이러한 가구에 속해 있는 아동의 비율은 1979년 8%에 불과했지만 이후 지속적으로 상승하여 1997년에는 20%에 이른 것이다. 이는 한부모와 생활하는 아동이 1979년 10%에서 1995/6년에 22%로 증가한 것에 기인한다. 이와 더불어 1980년대와 1990년대 사이에 부부가 모두 있는 가족들 간에도 양극화가 나타났다. 이는 부부가 모두 노동시장에 참여하는 가족의 수와, 노동시장에 참여하는 사람이 전혀 없는 가족의 수가 모두 증가하면서 발생한 것이다 (Gregg & Wadsworth, 2001).

하지만 가구 내 임금소득자가 없다는 것이 모든 이유는 아니었다. 저임금 및 확대되어 가는 임금불평등 역시 또 하나의 원인으로 나타났다. 1995/6년 동안 빈곤아동 중 54%는 한부모 가구나, 양친이 모두 있더라도 노동시장에 참여하지 않는 가구에 살고 있었다. 나머지 46%는 자영업자나 저임금 혹은 시간제 노동에 종사하는 가구에 살고 있었다 (Gregg, Harkness & Machin, 1999). 부부가 모두 존재하고 노동시장 에 참여하더라도 빈곤의 위험은 증가한 것이다.

이와 더불어 여러 연구들은(예: Hobcraft, 1998) 빈곤가정에서 자란 아동은 자긍심이나 기대 수준이 낮다고 지적하였다. 또한 이들은 교육 성취도 및 노동시장 수행성이 열악하고 조기임신, 저소득, 복지급여에 대한 의존, 부랑인으로 전락할 가능성이 높은 것으로 나타났다.

결국 아동빈곤의 문제를 해결하는 것은 성인빈곤의 문제를 해결하기 위한 장기계획의 핵심 쟁점으로 부각되었다. 실제로 재무장관은 아동 빈곤을 "영국의 영혼을 손상하는 상처"<sup>a scar on Britain's soul</sup>로 표현하였으며 (Lister, 2004: 167), 수상인 블레어는 "우리의 역사적 목표가 아동빈곤 을 영원히 종식시키는 첫 세대가 되는 것" 이라고 선언하였다(Blair, 1999). 또한 그는 종종 미국의 경험에 바탕을 둔 통계를 이용하여, 국 가가 학령전 아동에 1달러를 투자할 경우 사회는 범죄율 감소, 교육성 취도 상승, 10대 임신율의 저하 등을 통해 7달러의 비용을 절감할 수 있다고 주장하였다(예: Blair, 2002). 이러한 배경 가운데 진행된 아동 에 대한 투자정책은 세 가지 형태가 혼합되어 나타났다. 아동이 있는 가정에 대한 현금급여의 확대, 보육시설의 확충, 그리고 저소득 지역의 아동에 대한 투자이다.


### (1) 현금급여의 확대

현재 영국에서 자녀가 있는 가정이 받을 수 있는 가장 일반적인 급여 는 아동수당<sup>Child Benefit</sup>이다. 이는 보편적 급여로서 16세 이하의 아동(학생 인 경우 20세)에 대한 양육을 책임지는 부모에게 지급된다(CPAG,

표 17-2_현금급여 및 가구소득의 변화(1991~2003)　단위: 주당, 파운드(£)

| 구분 | 1991.4월 | 1997.4월 | 2003.4월 | 변화율(%) : '91-'97 | 변화율(%) : '97-'03 |
|---|---|---|---|---|---|
| 아동수당 | | | | | |
| 첫째 자녀 | 11.23 | 12.81 | 16.05 | 14.1 | 25.3 |
| 둘째 이후 | 9.87 | 10.43 | 10.75 | 5.7 | 3.1 |
| 소득지원 | | | | | |
| 11세 이하 아동1명인 한부모 | 87.70 | 91.18 | 108.90 | 4.0 | 19.4 |
| 11세 이하 아동1명인 부부 | 112.03 | 116.87 | 140.00 | 4.3 | 19.8 |
| 11세 이하 아동2명인 부부 | 129.93 | 135.71 | 178.50 | 4.4 | 31.5 |
| 주거비용을 제외한 순소득 | | | | | |
| 평균소득, 자녀2명인 부부 | 297.18 | 311.73 | 352.00 | 4.9 | 12.9 |
| 평균소득, 자녀1명인 한부모 | 217.64 | 229.33 | 266.22 | 5.4 | 16.1 |
| 평균의1/2소득, 자녀2명인 부부 | 165.13 | 177.61 | 239.90 | 7.6 | 35.1 |
| 평균의1/2소득, 자녀1명인 한부모 | 146.01 | 156.95 | 193.55 | 7.5 | 23.3 |

* 자료: Stewart, 2005a. p.147. Table 7.2.

2006: 80). 이와 더불어 이동이 있는 저소득층 가정이 접근할 수 있는 또 하나의 현금급여제도는 소득지원제도이다. 이는 공공부조 프로그램이기 때문에 자산조사를 전제로 하며 노령, 질병, 장애, 부양책임 등으로 인해 노동시장에 참여할 수 없는 16세 이상의 저소득층에게 지급된다(CPAG, 2006: 298-303).

블레어 정부는 이들의 급여액을 상향시켰다. 아동수당의 경우, 특히 첫째 아동에 대한 급여액을 인상시켰는데, 2000년 4월부터 첫아이는 주당 15파운드, 둘째 이후로는 10파운드를 지급하게 되었다. 소득지원의 경우 무노동 가정의 11세 이하 아동에 대한 급여가 상향 조정되었다. 이의 이면에는 1997년 집권과 더불어 과거 보수당정부가 추진했던 한부모가정에 대한 지원One Parent Benefit 및 한부모가정 특별수당lone parent premium 제도를 폐지하는 작업이 있었다. 즉, 이들을 폐지하면서 상실된 부분을 보완해준다는 정책의지가 담겨있었다.

이러한 급여인상 결과 평균소득 가구 및 평균의 1/2 소득가구의 주거비용을 제외한 순소득이 실질적으로 증가하였다. 표 17-2는 보수당 정부 집권 말기 6년과 노동당 정부 집권 초기 6년 동안의 급여 변화를 비교함으로써 현재 노동당 정부가 어느 정도 아동에게 집중적으로 투자하고 있는지 설명한다.

자녀 있는 가정에 대한 급여는 과거 보수당 정부 시기에도 증가하였다. 그러나 그 규모는 현 노동당 정부의 시기와 대조해 현저한 차이를 보인다. 전체적으로, 둘째 아동 이하에 대한 수당에서만 증가율이 하락했을 뿐 다른 모든 분야에서 2~7배 이상의 차이가 있다. 구체적으로 살펴보면, 아동수당의 경우 첫째 아동에 대한 급여가 괄목할 만한 증가를 보였으며, 소득지원의 경우 11세 이하의 자녀를 2명 둔 부부가정에 대한 급여가 무려 7배나 증가하였다. 이 결과 평균소득의 1/2에 속한 가정으로서 부부가 함께 2자녀를 양육하는 가정의 순소득 증가율이 가장 높게 나타나고 있다. 이는 한편으로 자녀가 많은 저소득 가정에 대한 급여율을 상대적으로 높임과 동시에 한부모보다는 부부가 함께 생활하도록 하는 정책 지향의 반영이라고 볼 수 있다. 이렇게 아동에 대한 급여를 인상한 결과 이에 대한 정부지출은 1999년 약 150억 파운드에서 2003년 약 220억 파운드로 급격히 증가하였다(Stewart, 2005a: 164).

아동에 대한 급여인상은 아동빈곤 완화의 효과를 뚜렷이 보여준다(표 17-3참조). 노동당 집권 초기와 최근의 결과를 비교해 보면, 전반적인 빈곤율은 과거의 빈곤측정법과 새로운 측정법 양자를 모두 준거로 삼더라도 비슷한 수준에서 하락하였다. '주거비용 지출 이전' 의 방법을 따를 경우, 1996/7년 25%에서 2002/3년 21%로 16% 하락하였으며, '주거비용 지출 이후' 의 방법을 따를 경우, 동 기간 동안 34%에서

표 17-3_가족형태 및 고용상태에 따른 아동빈곤의 변화(1996/7-2002/03) (단위: %)

| 구　분 | 주거비용 지출 이전 | | 변화율 | 주거비용 지출 이후 | | 변화율 |
|---|---|---|---|---|---|---|
| | 1996/7 | 2002/03 | | 1996/7 | 2002/03 | |
| 전체 아동 | 25 | 21 | -16 | 34 | 28 | -18 |
| 한부모, 시간제 | 11 | 11 | 0 | 16 | 15 | -6 |
| 한부모, 종일제 | 23 | 19 | -17 | 37 | 33 | -11 |
| 편모, 무직 | 50 | 48 | -4 | 82 | 76 | -7 |
| 부부, 1명 시간제, 1명 무직 | 21 | 15 | -29 | 27 | 21 | -22 |
| 부부, 1명 혹은 2명 모두 시간제 | 54 | 51 | -6 | 61 | 58 | -5 |
| 부부, 두 명 모두 무직 | 68 | 70 | +3 | 77 | 80 | +4 |
| 1-2명의 자녀 있는 가구 | 17 | 16 | -6 | 26 | 24 | -8 |
| 3자녀 이상의 자녀 있는 가구 | 41 | 31 | -24 | 49 | 37 | -24 |

* 자료: Stewart, 2005a, p.149. Table 7.3

28%로 18% 하락하였다. 이는 4.3백만 명의 빈곤아동 중 700,000명 정도가 축소된 것이다(Stewart, 2005a: 149).

특히 가장 괄목한 만한 하락률을 보인 것은 자녀가 3명 이상인 대가족, 부부 중 한 명만이 시간제 노동에 참여하는 가족, 그리고 한부모가족으로서 종일제 노동에 종사하는 가족이다. 이에 반해 유일하게 증가세를 보인 경우는 부부가 모두 일을 하지 않는 가정인데, 이는 현 정부에서 진행된 현금급여의 증가가 성인보다는 아동에게 초점이 맞추어져 있음을 의미한다.

### (2) 보육시설의 확충

아동에 대한 또 하나의 투자방향으로서 보육시설의 확충은 현금급여나 세제감면정책과 달리 지방정부의 사업에 해당한다. 이는 현 정부가 추진하고 있는 지방분권화<sup>evolution</sup>정책과 맥을 같이한다. 따라서 이 정책은 크게 잉글랜드, 웨일즈, 스코틀랜드지역으로 구분하여 고찰할 수 있지만, 본 고에서는 대표적 지역인 잉글랜드를 중심으로 살펴본다.

보육시설의 확충은 1998년에 '국가아동보육전략' National Child Care Strategy 수립과 더불어 시작되었다. 이는 그동안 영국정부가 아동을 중요시함에도 불구하고 사회적 투자가 낮았다는 인식에서 이루어졌는데(Lowe, 2005: 414), 보육시설의 확충을 통해 보육의 질을 높이고 비용과 접근성을 용이하게 함으로써 부모의 선택권을 확대하고 아동의 미래전망을 증진시키는 데 목적이 있었다. 초기 이 사업의 중점 분야는 세 가지였다. 첫째는 '협력적인' 서비스 제공이었다. 이를 위해 정부의 각 부처 간 업무조정뿐만 아니라 민간(영리) 및 비영리 시설과 협력체계를 구축하는 것이었다. 둘째는 서비스 수혜자에게 노동과 자립 양자를 권장함으로써 권리와 의무 사이 균형을 유지하는 것이었다. 마지막으로 거시경제학적 변화에 주목하는 것이었다. 즉, 여성의 노동시장 참여 증가, 저숙련 노동자에 대한 수요 감소, 고급인력에 대한 상여금 증가, 외국인력의 유입과 같은 문제에 대한 인식이 고조된 것이다(Secretary of State for Education and Employment, Secretary of State for Social Security, and Minister for Women, 1998).

이러한 인식의 정책적 표현은 먼저 보육의 책임부서를 보건부에서 교육고용부로 이전하는 데서 나타났다. 하지만 좀 더 직접적이고 가시적인 변화는 보육시설의 확충이었다. 특히 영국정부는 박탈 정도가 강한 20% 지역을 중점 대상으로 삼았는데, 이를 위해 1999년 9월부터 3~4세 아동을 위해 약 5만 개의 보육시설을 확충하고, 2004년에는 90만 개, 2006년에는 25만 개의 시설을 추가 확대한다는 계획을 세웠다. 이에 대한 재정 역시 'New Opportunity Fund'와 같은 새로운 재정조달방식을 통해 이루어지도록 설계하였다. 이와 더불어, 제한적이나마 보육시설의 질적 향상을 위한 노력도 나타났다. 보육시설 및 보육교사는 교육감사기관인 OFSTED<sup>Office for Standards in Education in the UK</sup>의 감독을 받
도록 하였으며, 보육교사의 등록요건도 더욱 강화시켰다. 그리고 이를
위해 아동 관련 예산을 1997/8년 15억 파운드에서 2002/03년 35억 파
운드로 증가시켰으며(Stewart, 2005a: 148), 새로운 재정조달방식을
통해 2003/04년에 2억 파운드 이상의 기금을 확보하였다(Daycare
Trust, 2006: 3).

하지만 보육시설의 양적 · 질적 확충계획은 목표를 달성하지 못했다.
예를 들어, 2004년까지 90만 개의 새로운 시설을 설립한다는 목표에
비해 2003년 불과 35만 개만 증가하였다. 여기에는 두 가지 이유가 있
다. 첫째는, 정부가 보육시설의 총수를 산정하면서 1일 2시간 30분만
의 서비스를 제공함으로써 부모들에게 실질적으로 도움을 주지 못하는
시간제 보육시설을 포함시킨 것이다. 둘째, 2003년 626천 개의 보육시
설을 신규로 설립하였지만 보육시설에 대한 지나친 감독과 보육교사의
이지으로 인해 1998~2003년 기간 동안 약 30만 개가 사라진 것이다
(Stewart, 2005a: 155).

그럼에도 불구하고 노동당 정부 이후 보육시설의 수는 과거 정부에
비해 괄목할 만한 증가를 보였다. 이러한 현상은 특히 2001년 이후 두
드러지게 나타났는데, 2001년 전국적으로 약 70만 개에 이르던 보육시
설이 2002년에는 80만 개를 넘어섰으며 2003년에는 100만 개에 육박
하였다(Setwart, 2005: 156). 표 17-4는 잉글랜드 지역에서의 최근 변
화를 보여준다.

이 결과 보육시설은 노동당 집권 이후 시간제를 제외한 전 유형에서
증가하였다. 이 중에서도 특히 종일제보육과 방과후클럽의 증가는 괄
목할 만하다. 이렇듯 시간제 보육시설의 감소와 더불어 종일제보육 및
방과후클럽의 수가 증가하는 것은 여성들의 노동시장 참여를 유도하기

표 17-4_1997년 이후 아동보육시설의 증감(잉글랜드 지역)

(단위: 개소, 명)

| 연도 | 전체 | 종일제보육 | 시간제보육 | 방과후클럽 | 보육교사 | 놀이방 |
|---|---|---|---|---|---|---|
| 2006년 9월 | 107,600 | 13,600 | 9,400 | 10,700 | 71,200 | 2,700 |
| 2005년 9월 | 106,500 | 12,600 | 10,000 | 10,200 | 71,100 | - |
| 2004년 12월 | 105,600 | 12,000 | 10,500 | 9,700 | 71,000 | - |
| 1997년 | - | 6,100 | - | 2,600 | - | - |

* 이 표는 신규시설의 변화만을 나타냄. 2006년 9월 현재 보육시설의 총수는 1,559,400여 개이며, 이 중 전일제 588,300, 시간제 230,100, 방과후클럽 372,100여 개소가 운영되고 있으며, 보육교사는 321,700여 명이 종사하고 있음.
* 자료: Daycare Trust, 2006. p.11. Table. 2.

위한 정책적 반영이라고 볼 수 있다.

현재 보육시설을 이용하는 전체 아동의 정확한 수는 파악되지 않는다. 하지만 한 자료에 따르면 종일제 보육시설을 이용하는 아동의 수는 2003년 649,400명에서 2005년 704,200명으로 2년 동안 8% 증가하였다. 2005년 잉글랜드 지역에는 4세 이하의 아동이 약 289만 명, 5~7세의 아동이 약 177만 명인 것으로 추정된다(Office for National Statistics, 2006). 이는 8세 이하의 아동 3명당 1명이 등록된 보육시설을 이용하고 있음을 의미한다.

이러한 노력의 결과 3~4세의 아동 중 초기교육에 참여하는 수가 지속적으로 증가하고 있다. 표 17-5는 1997년 이후 아동들의 초기교육 참여율 변화를 보여준다.

표 17-5에서 보는 바와 같이, 전반적으로 아동들의 초기교육 참여율은 지속적으로 증가하였다. 3세 아동의 경우 2000년 86%에서 2003년에는 99%로 증가하였으며, 4세 아동의 경우에는 이미 100%를 넘어섰다. 이러한 증가세는 정부의 보조금을 받지 않는 독립시설보다는 공립이나 민간시설에서 주도하였다. 2003년 1월을 기준으로 볼 때, 3세 아동 중 약 88%, 4세 아동 중 약 98%가 보조금을 지원받는 보육시설을

표 17-5_초기교육 참여율

(단위: %)

| 구 분 | 1997 | 1998 | 1999 | 2000 | 2001 | 2002 | 2003 |
|---|---|---|---|---|---|---|---|
| 3세 아동 | | | | 86 | 90 | 90 | 99 |
| 공립 보육시설/학급 | 34 | 35 | 37 | 38 | 38 | 38 | 38 |
| 독립시설 | 4 | 4 | 4 | 4 | 5 | 5 | 5 |
| 민간 혹은 자발적 시설 | | | | 44 | 47 | 48 | 56 |
| 4세 아동 | | | 99 | 100 | 101 | 101 | 104 |
| 공립 보육시설/초등학교 | 77 | 78 | 79 | 79 | 79 | 80 | 79 |
| 독립시설 | 4 | 4 | 5 | 5 | 5 | 5 | 5 |
| 민간 혹은 자발적 시설 | | | 15 | 16 | 17 | 16 | 19 |
| 3세아 중 보조금을 받는 시설 이용 | | | | 44 | 59 | 71 | 88 |
| 공립 보육시설/학급 | | | | 38 | 38 | 38 | 38 |
| 민간 혹은 자발적 시설 | | | | 6 | 20 | 33 | 50 |
| 4세아 중 보조금을 받는 시설 이용 | | | | 93 | 94 | 95 | 98 |
| 공립 보육시설/초등학교 | 77 | 78 | 79 | 79 | 79 | 80 | 79 |
| 민간 혹은 자발적 시설 | | | | 14 | 15 | 15 | 19 |

* 자료: Stewart, 2005a. p.159. Table 7.6.

이용하고 있다. 특히 3세 아동의 경우 이 비율은 2000년 44%에서 2년 사이 두 배로 증가하였다.

이러한 증가는 그동안 노동당 정부의 보육시설 공급 확대가 성공적임을 나타낸다. 이와 더불어 보다 많은 아동들이 보육에 필요한 비용을 정부로부터 보조받고 있음을 말해준다. 물론 이러한 시설 확대를 통해 저소득층 아동보다는 부유층 아동이 더 많은 혜택을 받는다는 지적이 있다(Stewart, 2005a: 159). 하지만 과거 저소득층 아동이 학령전 교육을 받을 수 없었다는 점을 고려한다면 보육시설 확대를 통해 이들과 부유층 아동 간의 기회 격차를 줄이는 데 기여하고 있음을 알 수 있다. 이와 더불어 부모들은 보육시설을 선택하는 데 있어 보다 많은 선택과 유연성을 확보하게 되었을 뿐만 아니라 궁극적으로 노동시장에 참여할

수 있는 기회도 확대되었다.[4]

### (3) 슈어스타트<sup>Sure Start</sup>

1998년에 시작된 이 프로그램은 블레어 정부의 사회투자국가 정책
방향을 가장 상징적으로 나타내는 제도이다. 이는 상대적으로 부유한
지역의 아동은 보육시설을 이용할 수 있는 기회가 많은 반면 박탈이 심
각한 지역의 아동은 초기교육의 기회에 대한 접근성이 현저히 낮다는
데서 출발한다(Daycare Centre, 2006: 8). 따라서 이 프로그램의 목적
은 박탈이 심각하여 초기교육을 적절히 시작할 수 없는 지역에 거주하
는, 4세 이하의 아동이 있는 가족을 원조하는 것이다. 이렇게 함으로써
취학전 아동에 대한 준비에서부터 재학과정 중 성공적인 학업성취, 사
회적 적응, 그리고 성인이 되었을 때 직업적 성공을 확보하기 위한 것
이다(NESS, 2004: 4). 이와 더불어 이 프로그램의 또 하나의 목적은 임
금근로자가 없는 가정에서 성장하는 아이들의 수를 감소시키는 것이
다. 이러한 맥락에서 이 프로그램은 교육기술부와 더불어 고용연금부
Department of Work and Pensions가 함께 담당하고 있다.[5]

이러한 준거틀 아래 지역사회에 기반을 둔 슈어스타트센터가 1998년
250개 지역에 설치되었다. 이는 학부모들의 적극적인 지지로 더욱 확
대되어 2004년 522개 지역에서 실시되었으며, 빈곤지역에 거주하는
4세 이하 아동의 1/3에 해당하는 40만 명의 아동을 대상으로 하였다
(Stewart, 2005a: 147). 그리고 2004년 12월 발표된 '아동보육 10년전
략' the Ten-year Childcare Strategy과 결부되면서 2008년 2,500개, 2010년에는
3,500개의 아동센터를 신설할 계획이다. 이렇게 되면 2010년까지 박

---

4) 이에 관한 내용은 뒤, 뉴딜(New Deal) 편에서 다룬다.
5) 구체적인 내용은 백선희(2006)를 참조할 것.

탈 정도가 높은 지역을 포함하여 모든 지역에 최소한 1개의 아동센터가 설치될 수 있을 것으로 기대한다(DWP, 2004: 20).

이 프로그램에 대한 평가는 아직까지 양면적인 특성을 보여준다. 이 프로그램의 초기평가에 따르면 해당 지역 아동 및 가족에 대한 긍정적 혹은 부정적 효과는 거의 없는 것으로 나타났다(NESS, 2005). 하지만 이 프로그램이 실시되고 있는 지역과 앞으로 실시될 지역을 비교한 연구결과는 다른 양상을 보여준다. 이 프로그램을 실시하고 있는 지역에서 아동의 인지능력, 언어구사능력, 사고발생률은 다른 지역에 비해 점차 개선되고 있다는 것이다. 이와 더불어 프로그램 실시 지역에서는 아버지의 참여율이 좀 더 높으며, 가정 내 평온한 분위기 등을 통해 가정교육 환경이 더 건전해졌다고 평가되었다(NESS, 2004: 7-8: HM Treasury, 2005: 27). 결국, 이러한 양면적 평가에도 불구하고 아동센터 등의 확충을 통해 정부가 아동의 생활환경 개선에 더욱 집중함으로써 보다 긍정적인 평가들이 나타날 것으로 기대된다.

## 2) 노동시장과 사회투자: 경제정책과 사회정책의 융합

현 노동당 정부가 사회정책과 경제정책을 통합적으로 인식하면서 추진해온 개혁정책은 뉴딜로 나타났다. 현대화라고 통칭되는 이 정책은 "근로능력이 있는 사람에게 일자리를, 근로능력이 없는 사람에게 사회보장" (DSS, 2000)을 제공하는 것과 더불어, "근로장려성"making work pay(HM Treasury, 2002)이라는 두 가지 방향으로 대별된다. 전술한 바와 같이 '채찍' 과 '당근' 으로도 표현되는 이 정책은 수급자들로 하여금 복지에서 노동으로 전환하도록 유도함으로써 아동빈곤 및 사회적 배제의 문제를 해결함과 동시에, 다양한 세제혜택을 통해 소득을 현실화시킴으로써 노동에 대한 유인책을 강화하는 것이다. 이는 과거 보수당 정부가 구직자수당<sup>Jobseekers Allowance</sup>을 강화시켰던 단순한 방법과 구분된다.

### (1) '채찍'으로서 New Deal

전술한 바와 같이 여기에는 복지 의존성이 높은 5개 인구집단, 즉 청년실업자, 장기실업자, 한부모, 장애인, 50세 이상의 고령자가 해당되며, 이들이 사회부조 급여에 의존하지 않고 노동을 통하여 자립할 수 있도록 하는 데 뉴딜의 목적이 있다.

첫째, 청년실업자에 대한 정책은 18~24세 사이의 청년 중 6개월 이상 구직자수당을 지급받았음에도 불구하고 아직까지 직장을 구하지 못한 사람들을 대상으로 한다.[6] 맥나이트(McKnight, 2005)가 지적하는 바와 같이, 이는 단순히 근로연계복지<sup>welfare to work</sup> 프로그램으로서 이해되어서는 안 되며, 청년실업자를 위한 장기간의 결과를 증진시키려는 투자프로그램으로 인식되어야 한다.

둘째, 장기실업자에 대한 뉴딜로서 장기적 투자보다는 근로연계복지적 성격이 강하다. 이는 25세 이상의 성인으로서 18개월 동안 실업상태에 있으면서 구직수당을 받는 사람들을 대상으로 한다. 기본적으로 청년실업자에 대한 뉴딜과 비슷하지만 게이트웨이<sup>Gateway</sup> 기간이 끝나면 최장 6개월 동안의 집중 활동기간<sup>Intensive Activity Period</sup>에 의무적으로 참여해야 한다. 이를 통해 장기실업자들은 보조금을 통한 6개월 고용, 12개월 동안의 교육 및 훈련에 참여할 수 있다. 그리고 이러한 교육훈련에 참여하는 실업자는 자산조사 기준을 충족하는 한 구직수당을 계속 받을 수 있다(McKnight, 2005: 34-5; CPAG, 2006: ch.16).

---

6) 이에 대한 구체적인 내용은 맥나이트 등(McKnight, 2005: 32; CPAG, 2006: ch.16)을 참조할 것.

셋째는 한부모가정에 대한 뉴딜이다. 이는 2010년까지 한부모의 고용률을 70%까지 증가시킨다는 정부의 의지를 반영한 것으로서, 이들이 사회부조제도인 소득지원에 의존하기보다는 일을 통해 자신의 소득에 기초하여 살 수 있도록 유도하기 위한 것이다. 실업상태에 있는 모든 한부모들뿐만 아니라 주당 16시간 이하를 근무하는 사람들이 자발적으로 참여할 수 있는 제도이다. 여기에 참여하는 사람들은 구직준비, 직업소개, 훈련, 아동보호 등의 원조뿐만 아니라 주당 16시간 이상 일할 수 있는 직장을 찾을 수 있도록 각종 세제나 근로와 연계된 급여를 신청하는 방법에 대해 도움을 받는다. 청년이나 장기실업자에 대한 대책과 달리 보조금 지급을 통한 고용서비스는 제공되지 않는다. 자발적 프로그램이기는 하지만 소득지원을 신청하는 한부모들은 2001년에는 급여신청 시, 그리고 2002년 10월부터는 6개월마다 직업상담을 받아야 한다(McKnight, 2005: 37).

넷째, 장애인에 대한 뉴딜이다. 이의 핵심은 장애인이나 만성질환자들 자신이 원하는 경우, 일자리를 권장하는 고용촉진사업이다. 이는 상해급여, 소득지원, 중증장애수당, 주택수당, 장애생계수당, 산재급여를 받는 자를 대상으로 한다. 구체적인 프로그램으로는 일자리개발사업, 직업상담, 장애인 고용촉진을 위한 홍보사업, 연구 및 평가사업 등이 운영된다. 이러한 프로그램들은 직업센터를 통해 선별된 직업소개소<sup>Job Broker</sup>가 담당하는데, 이들은 민간, 공공, 자발적 단체들로 이루어져 있으며 전국적으로 약 65개가 설치되어 있다. 주목할 점은 이 프로그램에 참여하더라도 정부로부터 받고 있는 복지급여는 변하지 않는다는 것이다(DSD: 2006).

마지막으로 50세 이상 고령자에 대한 뉴딜로서 연금 수급연령[7]까지

---

7) 남성 65세, 여성 60세임.

의 인구층을 대상으로 한다. 여기에는 50세 이상의 고령자와 그들의 배우자로서 26주 이상 실업수당을 받고 있거나 주당 16시간 이하의 노동에 종사하는 사람이 해당한다. 참여는 자발적이지만 18개월 이상 동안 구직수당을 받고 있는 사람은 이 프로그램에 의무적으로 참여해야 한다. 구체적인 프로그램으로는 구직에 필요한 정보와 조언서비스를 제공하는 것인데, 정해진 기간 동안 개별상담사를 통해 이루어진다. 2003년 4월 이전까지 여기에 참여한 사람들은 1년 동안 정액으로 지급되는 고용지원혜택Employment Credit 8)을 받을 수 있었다. 이후로 일반 고령노동자들은 근로지원Working Tax Credit을 받을 수 있게 되었으며, 뉴딜에 참여하여 1주일에 16시간 이상 일할 수 있는 직업을 구한 사람이 근로 시작 전 6개월 이상 구직수당 등 노동과 관련 없는 급여를 받은 경우에는 최장 52주 동안 세제지원을 받을 수 있게 되었다(McKnight, 2005: 42; DSD, 2006).

뉴딜정책에 대한 평가를 보면 전체적으로 복지기만의 문제를 해결하고 고용률을 높이는 데 기여한 것으로 나타났다. 예를 들어, 2001년 32,000명 이상의 수급자들이 노동시장 참여를 거부한 이유로 급여자격을 상실하였으며(Lowe, 2005: 403), 2006년에는 실업급여를 신청한 사람의 수가 221,000명 정도 감소하였다(DWP, 2007). 하지만 이러한 성과를 각 프로그램에 따라 더 구체적으로 살펴볼 경우, 조금 더 지켜봐야 한다는 관망세가 보이기도 한다.

먼저 청년실업자에 대한 뉴딜은 청년실업률을 감소시키는 효과를 보여준다(예를 들어, Wilkinson, 2003). 좀 더 구체적으로, 이 정책을 통해 매년 약 17,000명의 청년실업자가 실업상태를 벗어났으며(McKnight,

---

8) 종일제 근로자에게는 60파운드, 시간제 근로자에게는 40파운드가 지급되었다.

2005: 32), 이 결과 250,000명의 청년실업자들을 노동시장에 참여시키겠다는 노동당의 선거공약은 2001년에 이미 성취되었다(Lowe: 2005; 403). 하지만 이러한 청년실업률 감소가 단지 뉴딜로 인한 것은 아니라는 해석도 있다. 예를 들어, 영국의 청년실업률은 1993년 이후 지속적으로 하락하였는데, 이는 뉴딜보다는 전반적인 경기 상승에 기인한다고 보는 견해가 있다. 이와 더불어 이 프로그램에 참여한 상당수의 청년들은 실제 노동시장 참여보다는 교육 및 훈련프로그램을 선택하고 있기 때문에 단기적 효과를 쉽게 판단하기 어렵다는 견해도 있다(McKnight, 2005: 32-33).

둘째, 장기실업자에 대한 뉴딜 역시 이들의 실업률을 완화시키는 데 기여한 것으로 나타났다. 이들의 실업률은 1992년 약 39%에서 1995년 약 49% 정도로 증가한 이후 지속적인 감소세를 보였다. 하지만 가장 높은 하락률을 보인 것은 1997년과 1998년 사이로 약 10% 감소하였다. 이와 더불어 1998년 여름과 2002년 사이에 다시 한 번 10%가 하락했다(Mcknight, 2005: 36). 이러한 변화는 특히 52주 이상의 장기실업자에게서 두드러 졌는데, 이들의 실업률은 1997년 약 30%에서 2002년 약 18%로 급감하였다(Pissarides, 2003: Appendix Figure 4). 이렇게 현저한 실업률 감소가 뉴딜정책의 영향을 받은 결과라는 점은 부인할 수 없다. 하지만 처음 10%가 하락하였던 것은 이 정책이 실시되기 이전이라는 점에 주목해야 한다. 더욱이 2002년 이후 이들의 실업률은 25% 선에서 커다란 변화 없이 지속되고 있다. 결국, 염두에 두어야 할 점은 장기실업의 문제가 어느 정도 해소된 것은 뉴딜의 영향이 크지만 이것이 모든 이유는 아니라는 사실이다.

셋째, 한부모에 대한 뉴딜은 이들의 소득지원 수급률을 낮추고 취업률을 증가시키는 데 실질적으로 기여한 것으로 평가된다. 수급률의 경우, 한부모들이 이 프로그램 참여한 9개월 후 약 26%가 소득지원 신청을 중단하였으며, 24%가 직업을 찾은 것으로 나타났다. 1992년 이후 완만한 증가세를 보이면서 블레어 정부 집권 초기까지 40% 대에 머물렀던 취업률은 2000년 이후 50%를 넘어 2003년에는 약 53%에 이르렀다(McKnight, 2005: 38). 하지만 이 프로그램의 가장 심각한 문제는 한부모 중 이 프로그램에 참여하는 수가 전체의 10%로 극히 낮다는 점이다. 물론 2001년부터 소득지원 신청 시 직업상담을 의무적으로 받도록 하였기 때문에 이들의 참여율이 향상될 것이지만 그 효과가 어느 정도인지는 아직 알 수 없다. 실제로 한부모로서 직업을 갖게 된 사람들 중 약 25%는 이 프로그램의 도움 없이도 구직이 가능하였을 것이라는 주장도 있다(Millar & Ridge, 2002: 95). 뿐만 아니라, 이 프로그램을 통해 직업을 갖게 된 한부모 중 상당수가 저임금 직종에 종사하기 때문에 여전히 소득지원의 수급자로 남아있는 경우가 많다. 결국, 이 프로그램 역시 어느 정도 성공을 거두고는 있지만 2010년까지 한부모의 고용률을 70%까지 높이겠다는 정부의 계획을 실현시킬 수 있는 기제로 작용할지는 의문이다.

넷째, 장애인에 대한 뉴딜은 괄목할 만한 성과를 거두지 못한 것으로 평가되고 있다. 2001년부터 2003년 사이에 여기에 참여한 장애인 중 많은 수가 직업을 갖게 된 것으로 나타났다. 이와 더불어 이 프로그램은 장애인들의 건강 및 자존감 향상에 기여한 것으로 판단된다(DWP, 2004). 하지만 전체 장애인 중 이 프로그램에 참여한 비율은 3%에 불과하기 때문에 이러한 평가가 의미 있다고 할 수 없다. 이와 더불어 노동시장에 참여를 원하는 장애인의 비율은 남성의 경우 44%, 여성의 경우 70%로 여전히 높아 노동참여 욕구는 충족되지 못했을 뿐만 아니라 빈곤율도 여전히 높게 나타났다(McKnight, 2005: 41).

마지막으로, 50세 이상의 고령자에 대한 뉴딜정책은 이들의 취업률과 평균 취업률 간의 차이를 비교함으로써 평가할 수 있다. 2003년 50세 이상부터 연금 수급연령 범위에 해당하는 고령자 중 노동시장에 참여한 사람의 비율은 70%였다. 이는 1997년 약 64%에서 점증적으로 증가한 수치이며, 2005년에 이르러 70.7%까지 증가하였다. 이러한 결과 평균 취업률과의 차이는 점차 축소되었다. 2003년 이들의 취업률과 평균 취업률의 차이는 4.6%이었지만, 2005년에는 4.0%로 감소하였다. 마찬가지로, 50세 이상 69세 이하의 고령자 취업률 역시 2004년 54.3%에서 1년 후 54.8%로 증가하면서, 평균 취업률과의 차이를 20.8%에서 19.9%로 약 1% 축소시켰다(DWP, 2006: 50-51). 이러한 고령자들의 취업률 증가는 이들에 대한 뉴딜이 비교적 짧은 시간에도 불구하고 긍정적인 성과가 있음을 의미한다.

### (2) '낭근' 으로서 New Deal

전술한 바와 같이 여기에 속하는 프로그램은 '근로장려성' 에 초점을 맞추고 있다. 따라서 특정 인구집단을 대상으로 하기보다는 복지급여를 받는 사람들이 노동시장에 참여할 경우 재정적으로 더 많은 유인책을 제공하기 위한 것이다. 하지만 주목해야 할 점은 이러한 정책은 주로 부양아동이 있는 가정에 집중된다는 사실이다. 따라서 근로동기의 고취 차원을 넘어 미래를 위한 사회투자의 인식이 동시에 자리잡고 있다고 볼 수 있다.

이 정책에 대한 노동당 정부의 출발점은 사회보장세 납부의 출발점을 상향 조정하여 소득세 수준과 동일하게 맞추는 것이었다.[9] 하지만

---

9) 1주일에 64파운드에서 66파운드로 상향 조정되었으며, 이를 통해 약 90만 명의 저임금 근로자들이 사회보험 납부 예외의 혜택을 받게 되었다(The Observer, 2001: 3. 11).

좀 더 구체적인 방법은 세제지원제도의 개혁을 통해 나타났다. 대표적인 예가 근로가구보전세제[WFTC]제도와 아동세액공제[CTC: Children's Tax Credit]이다. 이 두 제도는 2003년 기존의 산만한 급여제도를 노동 관련 요소와 아동 관련 요소로 분리, 통합하는 과정에서 근로보전세제[WTC]와 다른 하나의 아동양육지원[CTC: Children's Tax Credit]으로 변모되어 오늘에 이르렀다. 이러한 조세지원제도 외에 최저임금제도 역시 여기에 해당된다.

① 근로보전세제[WTC]

이 제도의 전신인 근로가구보전세제[WFTC]는 1999년 10월 가족소득지원[FC: Family Credit]제도를 대체하면서 실시되었다. WFTC와 FC는 부양아동이 있는 전일제 저소득 근로자를 대상으로 한다는 점에서 동일한 기준을 적용하고 있다. 하지만 근로동기를 강화하기 위한 몇 가지 조치들이 추가되었다. 먼저 신청가능 소득기준액[10]을 주당 80.65파운드에서 90파운드로 인상함으로써 적용 대상자를 확대하였다. 둘째, 소득공제 항목 중 육아비용의 아동 연령 기준을 12세에서 15세로 상향 조정하였으며, 소득공제액 또한 한 명의 아동인 경우 60에서 100파운드로, 두 명인 경우 100에서 150파운드로 상향하였다. 셋째, 급여액 산정 시 주당 소득이 신청가능 소득기준액을 초과하는 경우 적용하는 급여 감소율을 70%에서 55%로 감소시켰다(신동면, 2001: 197-198).

2003년 WFTC를 대체한 WTC는 자산조사를 통해 제공되는 여러 가지 고용 관련[in-work] 급여를 하나의 단일체계로 통합시킨 일종의 합리화 과정이었다. 즉, 기존의 WFTC에 포함되지 않았던 무자녀 독신 및 부부, 장애인, 고령자 등을 포함하면서 현재의 명칭으로 변경한 것이다.

---

10) 이는 한국의 최저생계비와 같은 것으로서 영국의 공식적 빈곤선을 규정하는 개념임.

표 17-6_WTC 가족 특성별 연간 최대 추가지원액(2006/07)

| 구분 | 금액(파운드) |
| --- | --- |
| 기초지원 | 1,665 |
| 장애 | 2,225 |
| 한부모/부부 | 1,640 |
| 30시간 이상 근로(주당) | 680 |
| 중증장애 | 945 |
| 50세 이상 고령자 | 16-29시간 근로 시 1,140; 30시간 이상 근로 시 1,705 |
| 보육 | 보육료의 80%* |

* 보육료에 대한 지원은 최대 80%를 감안하되 최대지원액은 자녀가 1명인 경우 주당 175파운드, 2명 이상인 경우 주당 300파운드이다.
※ 자료: CPAG, 2006, ch.50.

따라서 변화의 핵심은 지원채널의 단일화와 대상범위의 확대였다(Lowe: 2005: 405; CPAG, 2006: ch.48).

WTC를 통해서 현재 개인이 1년 동안 받을 수 있는 기초지원액의 최대 금액은 1,665파운드이다. 이와 더불어 가정의 개별적 특성도 고려함으로써 이에 따른 추가지원도 받을 수 있도록 하였다. 이를 구체적으로 살펴보면 표 17-6과 같다.

이러한 기준에서 한 가정이 받을 수 있는 지원액은 해당되는 각 요소를 모두 포함한다. 예를 들어, 부부가 30시간 이상 일을 하면서 1명의 아동을 양육하는 경우 1년 동안 받을 수 있는 최대 지원액(파운드)은 기초지원액 1,665 + 부부요소 1,640 + 30시간 이상 근로요소 680 + 보육요소 주당 175파운드의 합계이다. 하지만 WTC는 보충성의 원리를 따르기 때문에 임금소득을 포함한 총액이 신청가능 소득기준액을 초과하게 되면 55%의 급여 감소율을 적용받는다. 결국 자녀 있는 저소득 가정에 대해 조세부담을 더욱 경감시킴으로써 근로동기를 자극함과 동시에, 세금을 납부하지 못하는 가정에 대해서는 동일한 양을 현금으로 되돌려 받을 수 있도록 하여 최소한의 소득을 보장하기 위한 것이다.

이러한 변화를 통해, 아동이 많고 1주일에 부부합산 30시간 노동시장에 참여하는 저소득 가정은 보다 많은 지원을 받을 수 있게 되었다.

사회투자와 관련하여 특히 주목해야 할 점은 30시간 이상 근로가정에 대한 인센티브와 보육비용에 관한 것이다. 먼저, 30시간 이상 근로란 주당 부부통합 근로시간을 합산한 것이며, 둘 중 한 사람은 최소한 종일제 근무의 기준인 16시간 이상 일하는 것을 말한다. 이러한 가정에 추가지원을 하는 것은 장기간의 노동시장 참여를 유도하려는 정책의지와 함께 가족에 대한 책임을 부부 모두에게 균등하게 부담시키려는 의지의 표현이라고 할 수 있다. 이와 더불어, 아동에 관련된 요소는 아동양육지원<sup>CTC</sup>을 통해 체계화되어 있음에도 불구하고 보육요소를 여전히 WTC의 내용으로 남겨놓았다. 이는 부모가 노동을 해야 한다는 조건을 전제하기 위한 것으로 판단된다.

### ② 아동양육지원<sup>CTC</sup>

블레어 정부에서 아동을 대상으로 실시한 대표적 조세정책은 2001년 4월부터 2003년 4월까지 시행된 아동세액공제<sup>Children's Tax Credit</sup>였다. 이는 기본적으로 16세 이하 자녀가 있는 가정에 대한 소득세 감면제도로서, 자녀수에 관계없이 1가정 당 1아동에게만 적용되었다(HM Revenue and Customs, 2003). 하지만 이 제도와 더불어 아동에 대한 세제지원은 근로가구보전세제<sup>WFTC</sup>, 장애인소득지원<sup>Disabled Person's Tax Credit</sup>, 아동양육지원<sup>CTC</sup>, 소득지원<sup>IS</sup>, 구직자수당<sup>JS</sup> 등 다양한 채널을 통해 비체계적으로 제공되고 있었다. 새로운 CTC의 도입은 이러한 비체계성을 수정하여 아동에 대한 단일한 세제지원체계를 구축하기 위한 노력의 산물이었다. 하지만 이러한 변화는 제도 정비의 차원을 넘어 급여 수준을 상향 조정하였을 뿐만 아니라 노동시장의 참여 여부와 관계없이 아동의 1차

표 17-7_CTC 가족 특성별 연간 최대 추가지원액(2006/07)

| 구분 | 금액(파운드) |
| --- | --- |
| 기본가족 요소 | 545 |
| 추가아동가족 요소 | 545 |
| 아동 요소 | 1,765 |
| 장애아동 요소 | 2,350 |
| 중증장애아동 요소 | 945 |

* 출처: CPAG, 2006, ch.47.

보호자도 포함시킴으로써 대상자를 확대하는 방향으로도 나타났다. 결국, 이러한 변화의 목적은 가족의 소득 기반을 안정화시켜 복지에서 노동으로의 전환을 원활히 하기 위한 것이었다. 제도의 초기, 영국정부는 약 130억 파운드를 이 프로그램에 투자하여 580만 정도의 가정에 이 혜택이 돌아갈 것을 기대했다(HM Treasury, 2002: 31).

새로운 CTC는 WTC와 마찬가지로 개별가족의 특수한 여건을 고려하여 시원총액을 산정한다. 이러한 요소에는 가족요소, 아동요소, 장애아동 요소가 해당되는데, 이를 구체적으로 살펴보면 표 17-7과 같다. 각 요소를 결정하는 방식은 앞에서 통합된 각종 아동 관련 지원들의 규정을 일반적으로 따른다. 여기에서 주목할 만한 것은 기본가족 요소와 더불어 새로운 아동이 태어날 경우 추가로 545파운드를 지급하는 것이며, 장애아동 요소도 중증장애와 구별시킴으로써 가족의 개별적 특성을 최대한 반영하고자 노력한다는 점이다.

WTC와 CTC에 대한 평가는 실시 초기 회의적인 면을 보여주었다. 주된 원인은 이 제도의 수혜율이 낮았기 때문이다. 예를 들어, 2000/01년 동안 WFTC를 받을 수 있는 사람들 중에 50만 명 이상이 지원신청을 하지 않았다. 이의 주된 이유는 홍보 미비로 인해 유자격자들이 이 제도에 대해 정확한 정보를 갖지 못했기 때문이다. 이와 더불어, 담당부

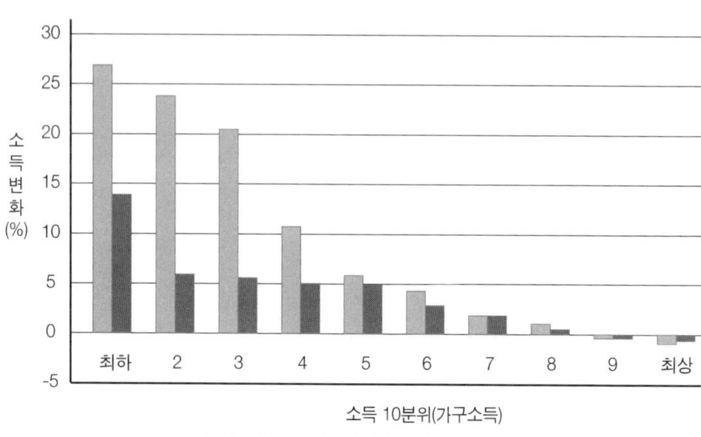



* 자료: Sefton and Sutherland, 2005. p.245. Figure11.4에서 재구성.

서인 재무부의 행정 능력이 이 제도들을 관장할 수 있을 만큼 갖추어지지 못했다. 하지만 이러한 문제들은 새로운 전산체계의 도입 등을 통해 해소된 것으로 나타나고 있다(Lowe, 2005: 405).

하지만 이들의 근본적인 목적인 '자녀가 있는 저소득층 가정에 현금급여를 확대함으로써 소득 불평등을 완화시킨다' 는 측면에서 보면 상당히 긍정적인 성과를 보였다. 예를 들어, 2004년 자녀가 있는 WTC 수급자 중 20%는 1주일에 평균 50파운드를 지급받아 현실적인 도움을 얻은 것으로 나타났다(HM Treasury, 2004).

그림 17-1은 자녀가 있는 가족과 자녀가 없는 근로연령의 성인을 기준으로 WTC 및 CTC를 통한 소득재분배 효과를 보여준다. 전체적으로, 하위소득계층으로 갈수록 이러한 효과는 크게 나타나고 있으며, 상위 20%는 부의 방향을 보여준다. 이를 가족 유형별로 구분하면 자녀가 있는 가족에게 좀 더 가시적인 재분배효과가 발생하고 있다. 이는

세제지원이 저소득층에 집중되지만 그 중에서도 자녀가 있는 가정이 핵심대상임을 말해준다. 이러한 효과는 지니계수의 변화를 통해서도 확인된다. 즉, 1997년 아동에 대한 지니계수는 0.328이었지만 2004/05에는 0.288로 불평등이 12% 완화되었다. 이에 반해 아동이 없는 성인가족은 0.334에서 0.322로 4% 완화되는 데 머물렀다(Sefton & Sutherland, 2005: 246).

### ③ 최저임금제

이 제도 또한 '근로장려성'이라는 목적 달성을 위해 고안된 대표적 '당근' 정책 중 하나이다. 1999년 4월 이 제도가 도입되기 전까지 영국은 최저임금제가 없었다. 그 전에 저임금 산업분야의 임금 수준을 설정하는 임금위원회가 존재하였지만 대처 정부에서 모두 폐지하였다. 따라서 이 제도의 도입은 두 가지 목적이 있었다. 첫째, 최저급여 수준을 설성함으로써 득히 지임금 근로자를 보호할 뿐만 아니라 복지수급자가 노동시장에 참여하도록 자극하기 위한 것이다(DTI, 2006: 1). 둘째, 최저임금이 설정되지 않은 상태에서 고용주들은 피용자들의 저임금을 보충하기 위해 정부에 의존하려는 경향이 있었기 때문에 이를 예방하기 위한 것이다. 이를 위해 도입된 최저임금제는 다른 국가들의 사례를 검토한 다음 중간 정도의 수준에서 최저임금을 결정하였다. 최저임금을 너무 높게 책정할 경우 저숙련 혹은 청년 근로자들이 일자리를 잃을 수도 있다는 우려 때문이었다(Glennerster, 2000: 214).

이러한 취지에서 실시된 최저임금제는 근로자의 연령에 따라 22세 이상 main rate, 18-21세 development rate, 16-17세 development rate 등 세 종류로 구분되어 적용된다. 각각에 대한 최저임금은 제도 도입 이후 지속적으로 상승해 왔다. 22세 이상의 근로자를 위한 최저임금은 도입 당시 3.60파운드이던 것이 2005년에는 5.05, 2006년에는 5.35, 2007년에는 5.52 파운드로 상향되었다. 16-17세, 18-21세를 위한 최저임금도 마찬가지로 증가되고 있다. 16-17세를 위한 최저임금은 2005년 3.00에서 2006년 3.30으로, 2007년 3.40파운드로 증가하였으며, 18-21세에 대한 최저임금은 같은 기간 동안 4.25에서 4.45, 4.60파운드로 인상되었다(DTI, 2007).

최저임금제에 대한 평가는 비교적 긍정적이다. 1999년 말에 발표된 자료에 따르면, 이 제도를 통해 최하소득인 9/10 및 10/10의 층에 속하는 사람들의 소득이 증가한 것으로 나타났다(Glennerster, 2000: 214). 비슷한 맥락에서 최근에 발표된 자료(가령, Forth and O'Mahony, 2003; McKnight, 2005: 33)는 최저임금제가 미용사, 청소, 경비, 도우미 같은 저숙련 청년근로자들의 임금증가와 직업안정에 기여하며, 결국 노동생산성을 높이고 단위노동 비용을 절감시키는 효과가 있는 것으로 평가되고 있다.


## 4. 맺음말: 평가 및 논의

지금까지 우리는 영국 노동당이 1997년 이후 추진해 온 복지개혁 중 사회투자전략과 관련된 것들을 고찰하였다. 구체적으로 보면, 아동에 관한 정책은 주로 저소득층 아동에 초점을 둔 현금급여의 인상, 보육시설의 확대, 슈어스타트 프로그램 등이었다. 노동시장정책은 두 가지로 분리하여 살펴보았다. 먼저 전통적인 복지수급자인 청년실업자, 장기실업자, 한부모, 장애인, 고령자 등을 대상으로 하여 근로연계복지의 개념을 강조하는 뉴딜정책들을 살펴보았다. 다음으로 노동동기 강화를 목적으로 하는 각종 세제지원의 개혁과 최저임금제의 도입을 고찰하였다.

하지만 이러한 분류는 논리 전개의 편의를 위한 다소 '무리한' 분류가 될 수 있다. 예를 들어, 아동에 대한 정책에는 본 고에서 다른 범주에 포함시키고 있는 한부모에 대한 뉴딜, WTC, CTC 제도 등이 직·간접적으로 관련된다. 노동시장정책의 분류 역시 마찬가지이다. 보육시설의 확대 등은 궁극적으로는 부모의 노동시장 참여 기회를 확대하는데 기여한다는 측면에서 아동정책이자 노동시장정책의 특성을 동시에 갖는다고 할 수 있다.

각각의 개별 프로그램들이 이렇게 서로 깊은 관련성을 맺고 있기 때문에 노동당 정부의 사회투자적 개혁정책을 전체적으로 평가하기란 쉽지 않다. 그럼에도 불구하고 앞서 살펴본 개혁의 근본 목적을 염두에 둔다면 다음과 같은 접근이 가능할 것이다. 아동의 경우는 빈곤문제의 해결을 통한 미래 일꾼의 육성에 목적이 있기 때문에 이들의 가족환경과 빈곤율의 변화를 고찰함으로써 평가될 수 있을 것이다. 노동시장정책의 경우, 기존의 소극적 복지수급자를 노동시장에 참여시키는 데 목적이 있기 때문에 가족성원의 노동시장 참여의 변화, 실업률 혹은 고용률의 변화 등을 통해 평가될 수 있을 것이다.

이러한 기준에 따라 아동 관련 정책을 종합적으로 평가해 보면 다음과 같다. 먼저 가족환경적 요인을 볼 경우 부모가 일을 하지 않는 가정에 생활하는 아동의 수는 지속적으로 감소해 왔다. 표 17-8에서 보는 바와 같이 1993년 이후 무직가정에 거주하는 아동의 비율은 정체와 감소를 나타낸다. 주목할 만한 점은, 감소가 현 정부 집권 이후인 1998년부터 발생하기 시작했다는 점이다. 하지만 이 시기 감소율은 정권 초기의 특징을 반영한 듯 1.1%로 괄목할 만한 것은 아니다. 하지만 집권

표 17-8_저소득층 아동의 가정환경 변화

| | 16세 이하 무직가정 아동 | | 16세 이하 무직가정 아동: 가구 유형별 | |
| --- | --- | --- | --- | --- |
| | 천 명 | % | 한부모(%) | 양친(%) |
| 1993 | 2,300 | 19.9 | 53.8 | 9.5 |
| 1996 | 2,300 | 19.6 | 53.9 | 8.8 |
| 1998 | 2,200 | 18.5 | 51.2 | 7.4 |
| 2001 | 1,900 | 16.2 | 46.9 | 6.2 |
| 2003 | 1,900 | 16.2 | 45.7 | 5.8 |

* 자료: Stewart, 2005a. p.153. Table 7.5.

3년 이후 결과는 16.2%로 2.3% 감소하였으며, 집권 이전의 시기와 비교해 3.4% 하락했다. 2001년과 2003년에는 감소율이 변화하지 않았지만 이는 다시 감소하기 시작하여 2005년에 15.7%에 이르렀다(DWP, 2006: 35). 1993년과 1996년 보수당 집권 동안 아동빈곤율이 전혀 변하지 않았다는 점을 고려하면 노동당의 이러한 성과는 괄목할 만한 성공적 정책사례로 인정될 수 있다.

가구 유형에 따른 분석 결과 역시 마찬가지다. 보수당 정부 시절 한부모와 함께 사는 빈곤아동의 비율은 증가하였지만 노동당 집권 이후 감소하기 시작하여 2003년 45.7%까지 하락하였다. 현 정부 집권 초기와 비교하여도 5.5%가 하락한 것이다. 감소 정도는 약하지만 양친 모두 존재하는 저소득층 아동의 비율도 2003년 5.8%로 1993년에 비해 3.7% 하락하였으며, 이 역시 보수당보다는 현재의 노동당 정부에서 더 두드러진 현상이다. 특히 앞에서 밝힌 바와 같이, 양친이 모두 존재하는 가정보다는 한부모 가정의 감소폭이 크다는 점은 현 정부의 정책이 후자에 맞춰져 있음을 의미한다.

이러한 변화는 아동의 빈곤율에도 영향을 미쳤다. 그림 17-2는 블레어 정부 시절, 아동 빈곤율의 변화를 주거비용 고려 이전과 이후의 두

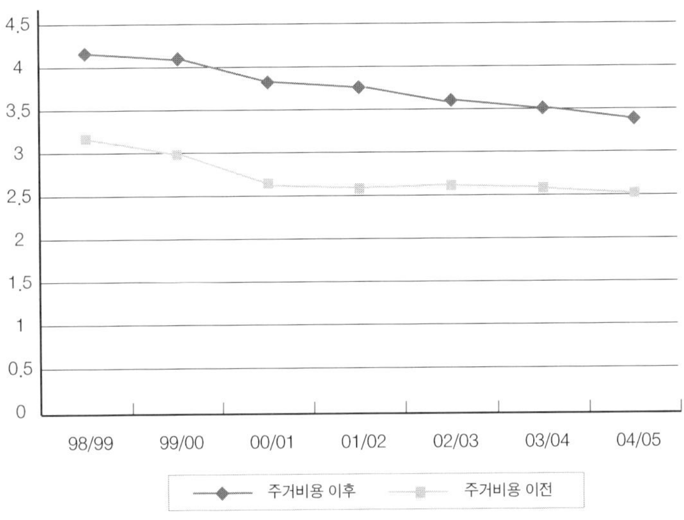


* 자료: DWP, 2006.

개념을 기준으로 보여주고 있다.

아동의 빈곤율은 어느 개념을 사용하더라도 지속적인 하락을 보이고 있다. 주거비용 이후의 기준을 적용할 경우 1998/9년 약 4백 십만 명의 아동이 상대적 빈곤상태에 있었던 반면 이들에 대한 지원정책이 효과를 보이기 시작하는 2000/01년 이후에는 급격히 감소하기 시작하여 2003년 약 3백 6십만 명, 2005년에는 3백 십만 명 이하로 감소하였다. 주거비용 이전의 개념을 이용한 결과 역시 비슷한 양상을 보였다. 즉, 1998/9년 약 3백 십만 명이던 아동의 숫자 역시 2000/01년부터 현저히 하락하였다. 이후 2003/04년까지 정체과정을 거쳐 2004/05년에 다시 감소하여 약 2백 5십만 명으로 축소되었다. 이러한 모든 결과는 노동당 정부의 빈곤아동정책이 특히 2000/01년 이후 실질적인 효과를 나타내고 있음을 의미한다.

표 17-9_노동시장의 변화(1975-2002)

(단위: %)

| | 고용률 | 모든 성인이 노동을 하는 가구 |
|---|---|---|
| 1975 | 76.6 | 56.2 |
| 1981 | 72.9 | 51.8 |
| 1985 | 71.6 | 51.8 |
| 1990 | 76.9 | 60.9 |
| 1996 | 74.6 | 60.7 |
| 2002 | 77.3 | 65.7 |

* 자료: Sefton and Sutherland, 2005. p. 242. Table11.3에서 재구성.

노동시장의 변화 역시 노동당 정부 이후 긍정적인 평가를 내릴 수 있다. 표 17-9는 1975년 이후 영국 노동시장의 변화를 간략히 설명해 준다.

먼저, 영국의 고용률은 1975년 76.6%에서 대처 정부 초기 71.6%까지 현저한 하락을 보였다. 이는 1990년에 76.9%로 다시 상승하였지만 집권 말기 74.6%로 다시 하락하였다. 하지만 블레어 정부가 집권한 이후 이는 다시 상승세를 보이기 시작하여 2002년 77.3%까지 상승함으로써 1975년 이후 어느 시기보다 높은 성과를 보였다. 성인 모두가 노동시장에 참여하는 가구의 비율 역시 이와 비슷한 경향을 보인다. 1975년 56.2%였던 이 비율은 1980년대 중반까지 약 5% 감소하였다가 1990년에 60.9%에 도달함으로써 이전 수준 이상으로 회복하였다. 하지만 이는 노동당 집권 전까지 0.2% 정도 하락세를 보이다 2002년에 65.7%로 상승함으로써 과거 보수당 정부보다 훨씬 높은 성과를 보였다.

물론 이러한 긍정적 변화가 전적으로 노동당이 실시하고 있는 정책의 결과라고 할 수 없다. 특히 1990년에 고용률 및 성인의 노동시장 참여율이 현저히 높아졌다는 점을 고려하면 현 노동당 정부의 성과는 1990년대 이후 영국 경제의 전반적인 호전에 힘입은 바가 클 것이다.

그럼에도 불구하고 2002년의 지수가 과거 약 30년 동안에 가장 높은 비율을 보여주고 있다는 것은 현재 추진 중인 영국의 사회투자전략이 상당히 긍정적인 효과를 발휘하고 있음을 말해준다. 즉 앞에서 살펴본 바와 같이 전통적으로 소극적인 복지수급자로만 인식되었던 뉴딜정책의 주요대상들을 좀 더 적극적으로 노동시장에 참여시킨 결과가 이러한 긍정적 효과를 발생시키고 있음을 부인할 수 없을 것이다.

최근에 나타난 가장 주목할 만한 변화는 2005년 1월 '아동신탁기금' Child Trust Fund 제도의 도입이다. 이는 2002년 8월 31일 이후 출생하는 모든 아동에게 250파운드를, 저소득층 자녀에게는 500파운드를 일회성으로 지급하는 것인데,[11] 아동은 이를 적립하였다가 18세가 되었을 때 대학등록금이나 교육훈련비, 주택담보금 등으로 활용할 수 있도록 하는 데 목적이 있다. 이러한 생각은 현재 영국 대학생들이 졸업할 무렵 평균 1,200파운드의 빚을 지고 있다는 사실에서 출발하였으며, 현재의 500파운드는 경제 성장률이 연 5%일 경우 18년 후 1,000파운드, 7%일 경우 1,410파운드, 9%일 경우 1,970파운드가 되어 실질적인 도움이 될 수 있을 것이라는 계산에서 이루어진 것이다(BBC, 2005.9.21). 이 정책은 시행 초기단계에 있기 때문에 아직 평가를 내리기는 어렵다. 하지만 이는 미래지향적 사회투자국가의 전형적 접근방법인 '자산 중심적 접근' asset-based approach 의 핵심이어서 장차 발생할 효과성에 대한 기대는 높다(Sherraden, 2002).

전체적으로 볼 때, 아동에서 노동시장정책에 이르기까지 다양한 프로그램들은 처음 노동당 정부가 목표로 했던 바를 완전히 달성하지는 못했다(DWP, 2006). 이와 더불어, 국제비교는 지금까지 영국의 빈곤

---

11) 이와 더불어 가족과 친구들은 연 1,200파운드까지 기여할 수 있다.

및 불평등 완화 노력이 아직까지 만족할 만한 수준에 이르지 못하고 있음을 지적한다(Stewart, 2005b). 하지만 지난 10여 년 동안 사회투자정책을 실시한 결과 사회 전체의 평등 수준은 점차 향상되고 있다. 1997년 소비자물가지수를 기준으로 0.338이던 지니계수는 2004/5년에 0.310으로 완화되었다(Sefton & Sutherland, 2005: 245). 만일 현 정부가 설정한 목표들이 모두 달성됨과 동시에 아동신탁기금 등 새로운 제도가 효과를 나타내는 시기가 되면 이러한 불평등은 더욱 완화될 것이다. 결국, 사회정책과 경제정책을 하나의 틀에서 바라보기 시작한 노동당 정부의 다양한 복지개혁정책이 장기적인 효과를 나타낼 가능성이 높아지는 것이다. 여기에 사회투자정책의 기본 이념이 자리잡고 있다.

최근 사회투자국가론의 한국사회 적용 가능성과 관련하여 많은 논의가 진행되고 있다. 이러한 논의들은 크게 두 가지로 정리될 수 있는데, 첫째는 현재 서구 복지국가가 겪고 있는 '새로운 사회적 위험'을 한국사회 역시 동일하게 경험하고 있기 때문에 사회투자국가론을 적극 수용해야 된다는 입장이다(예: 김연명, 2007; 윤홍식, 2007). 둘째는 이와 상반된 입장이다. 원래 서구 복지국가의 경우 사회투자정책의 등장은 고전적 복지국가가 완성된 단계에서 다음 단계로 이행하는 과정을 의미한다. 하지만 한국사회는 새로운 사회문제와 더불어 고전적 복지국가단계에서 해결해야 할 문제가 공존하고 있다. 사회보장제도의 광범위한 사각지대의 존재 및 낮은 급여수준, 노동시장의 양극화, 사교육으로 인한 고등교육 접근성의 제한 등 결과의 평등을 성취할 수 있는 기제가 완성되어 있지 않은 상태에서 사회투자적 기회의 평등을 강조하는 것은 시기상조라는 주장이다(예: 이주희, 2007; 조영훈, 2007).

두 주장 모두 타당성이 있다. 하지만 사회투자국가론의 수용을 논할 때 이를 규범적 차원과 분석적 차원으로 분리해서 접근해야 하며, 규범

적 잣대로 분석적 차원을 평가해서는 안 된다는 주장은 상당한 설득력
이 있어 보인다(홍경준, 2007). 즉, 규범적 차원에서 파악되는 사회투
자국가론은 아직 그 형체가 영국에서조차 완성된 것이 아니기 때문에
이를 한국사회에 수용 가능 혹은 수용 불가능을 주장하는 것은 지나치
게 조급한 것일 수 있다. 하지만 분석적 차원에서 볼 때, 최근 한국의
노동시장은 고용형태가 변화되면서 저임금 일자리의 증가와 함께 근로
계층 간의 불평등이 확대되고 있다. 또한 한국은 저출산·고령화, 세계
화, 지식사회로의 전환, 여성의 경제활동 참가율 증가 등 이미 서구사
회가 직면한 문제를 동일하게 겪고 있다. 이는 이론으로서 사회투자국가
론은 아니더라도 정책으로서 사회투자전략이 제도적 상보성이라는 난
제를 극복한다면 제한적이나마 한국사회에 적용될 수 있음을 의미한다.

　마지막으로, 영국의 사례에서 보았듯이 사회투자라는 새로운 패러다
임이 적용된다고 하더라도 고전적 복지국가에서부터 실시돼 온 프로그
램들이 폐기되거나 방임되는 것은 아니다. 전술한 바와 같이 사회투자
전략은 정책의 무게중심이 이동하는 것이다. 보다 근본적으로, 사회투
자전략은 단기성 효과보다는 장기적 효과를 강조한다고 보아야 할 것이
다. 영국에서 진행된 사회투자정책의 결과는 10년이 지났음에도 아직
까지 초기에 설정했던 목표를 달성하지 못했다. 그렇다고 향후 영국정
부가 지금까지 시도해 온 새로운 정책들을 폐기하지는 않을 것이다. 사
회투자전략의 수용 여부를 고민하는 입장에서 단기적 목표와 장기적
목표를 구분하는 고민이 필요한 시기이다.

* 이 글은 한국사회복지정책학회에서 발간하는 『사회복지정책』 제30권(2007년 9월)에 게재된
　논문을 수정·보완한 것임.

## 참고문헌

강욱모(2004). 「한부모 가족과 빈곤: 영국에서의 정책변화」, 『한국사회복지학』 56(1): 127-153.
김연명(2007). 「사회투자국가, 새로운 사회복지패러다임인가?」, 『사회투자국가, 한국 사회복지의 대안인가?』, 비판과 대안을 위한 사회복지학회 춘계학술대회 자료집, pp.1-37. (이 논문의 수정본이 이 책의 제1장에 실려 있음)
문진영(2004). 「영국의 근로복지(workfare) 개혁에 관한 연구: 노동당의 이념적 변화를 중심으로」, 『한국사회복지학』 56(1): 45-70.
박순우(2006). 「이데올로기와 개별 복지정책의 관계에 관한 연구」, 『사회복지정책』, 25: 363-391.
백선희(2006). 「영국의 국가아동보육전략 연구를 통한 우리나라 보육정책의 발전방안 모색: Sure Start를 중심으로」, 『사회복지정책』 27: 79-113. (이 논문의 수정본이 이 책의 제18장에 실려 있음)
신동면(2001). 「영국 사회보장제도의 개혁: 사회부조(social assistance)를 중심으로」, 『한국사회복지학』 46: 178-209.
______(2004). 「영국의 근로연계복지에 관한 평가: 신노동당 정부의 NEW Deal을 중심으로」, 『한국사회복지학』 56(1): 23-43.
양재진(2007). 「사회투자국가의 사회정책 패러다임과 사회투자정책: 영국과 덴마크의 사례」, 한국노동연구원, 『국제노동브리프』 5(5).
윤홍식(2007). 「사회투자국가와 한국 여성가족정책의 과제: 비전 2030을 중심으로」, 『사회투자국가, 한국 사회복지의 대안인가?』, 비판과 대안을 위한 사회복지학회 춘계학술대회 자료집, pp.105-149.
이주희(2007). 「비교적 관점에서 본 사회투자국가, 신자유주의의 대안인가 확장인가?」, 『사회투자국가, 한국 사회복지의 대안인가?』, 비판과 대안을 위한 사회복지학회 춘계학술대회 자료집, pp.83-96. (이 논문은 이 책의 제19장에 실려 있음)
조영훈(2007). 「사회투자국가의 한계」, 『사회투자국가, 한국의 복지국가 발전에의 대안인가?』, 한국사회복지연구회 하계 학술세미나 자료집, 13-20쪽.
주은선(2001). 「영국 보수당 정부와 노동당 정부의 공적연금 개혁의 성격에 관한 연구: 연속성과 단절」, 『사회복지연구』 17: 219-45.
홍경준(2007). 「사회투자 국가론」 분석, 『사회투자국가, 한국의 복지국가 발전에의 대안인가?』, 한국사회복지연구회 하계 학술세미나 자료집, 27-34쪽.
BBC(2005), Sep. 21, "Q&A: Child Trust Fund". 접근일: 2007.3.15.
Blair, T.(1999). "Beveridge Speech", London: Toynbee Hall, 18 March.
______(2002). "Speech on tackling poverty and social exclusion", Anne Taylor Centre, Hackney, 18 September.
CPAG(Child Poverty Action Group)(2006). *Welfare benefits and tax credits handbook: 2006/2007.* London: CPAG.
Daycare Trust(2006). *Childcare Today: A progress report on the Government's Ten-year Childcare Strategy*, 접근일: 2007.3.10
DSD(Department for Social Development)(2006). "New Deal for Disabled People". 접근일: 2007.3.12.
______(2006). "New Deal 50 plus". 접근일: 2007.3.12.
DSS(Department of Social Security)(1998), *A New Contract for Welfare, cm3805.* London: HMSO.
______(1999). *Households below average household income 1994/5-1997/9.* Leeds: Corporate Document Services.
______(2000). *The Changing Welfare State: Social Security Spending.* London: DSS
DTI(Department for Trade and Industry)(2006). "Final Regulatory Impact Assessment: National Minimum Wage RIA Increasing adult and youth rate in October 2006",

http://www.dti.gov.uk/file30361.pdf. 접근일: 2007.3.14.

DTI(2007). "National Minimum Wage", http://www.dti.gov.uk/emplovment.pav.national-minimum-wage/index.html. 접근일: 2007.3.14.

DWP(Department of Work and Pensions)(2004). *Opportunity for All: Sixth Annual Report*. London: TSO cm6329.

______(2004). "New Deal for Disabled People(NDDP): First Synthesis Report", 접근일: 2007.3.13.

______(2006). *Departmental Report 2006*. London: DWP.

______(2007). "News from DWP" http://www.dti.gov.uk/aboutus.news/#fall. 접근일: 2007.3.12.

Esping-Andersen, G.(1999). *Social Foundations of Postindustrial Economies*. Oxford: Oxford Univ. Press.

______________________(2002). *Why we need a New Welfare State*. Oxford: Oxford Univ. Press.

Forth, J. and O'Mahony, M.(2003). "The Impact of the National Minimum Wage on Labour Productivity and Unit Labour Costs", London: National Institute of Economic and Social Research, http://www.dti.gov.uk/lowpav/research/pdf/forth.pdf. 접근일: 2007.3.14.

Giddens, A.(1998). *The Third Way: The Renewal of Social Democracy*. Cambridge: Polity Press.

______________(2004). "The Welfare State in a Modern European Society", a lecture note for a conference organised by Caixa Manresa for the IX Jornada d'Economia Caixa Manresa on 25th May, 2004.http://www.uoc.edu/symposia/caixamanresa/iornadaeconomia/eng/giddens.pdf. 접근일: 2007. 7. 20

Glennerster, H. & Hills, J.(eds.)(1998). *The State of Welfare: the Economics of Social Spending(2nd)*. Oxford: Oxford Univ. Press.

Glennerster, H.(1999). "Which welfare states are most likely to survive?", *International Journal of Social Welfare 8: 2-13*.

Glennerster, H.(2000), *British Social Policy since 1945(2nd)*, Oxford: Blackwell.

Gregg, P., Harkness, S. & Machin, S.(1999). "Poor kids: trends in child poverty in Britain, 1968-96", *Fiscal Studies 20(2): 98-115*.

Gregg. P. & Wadsworth, J.(2001). "Everything you ever wanted to know about measuring worklessness and polarization at the household level but were afraid to ask", *Oxford Bulletin of Economics and Statistics 63: 777-806*.

HM Revenue and Customs(2003). "Children's Tax Credit",http://www.hmrc.gov.uk/taxcredits/childrens-tax-credit. htm#babies. 접근일: 2007.3.14.

HM Treasury(2002). *The Child and Working Tax Credit: the Modernisation of Britain's Tax and Benefit System*. London: HM Treasury.

______________(2004). *The Child and Working Tax Credit: Quarterly statistics April 2004*, London: HM Treasury.

______________(2005). *Support for Parents: the Best Start for Children*. London: HM Treasury.

Hobcraft, J.(1998). *Intergeneration and life-course transmission of social exclusion: Influence of childhood poverty, family disruption, and contact with the police*. CASE Paper 13, London: CASE.

Jessop, B.(2003). "From Thatcherism to New Labour: Neo-Liberalism, Workfarism, and Labour Regulation", Department of Sociology, Lancaster University, http://www.lancs.ac.uk/fss/sociology/papers/jessop-from-thatcherism-to-new-labour.pdf. 접근일, 2007. 3. 9.

Le Grand, J. & Vizard, P.(1998). "The Natioanl Health Service" in Glennerster, H. & Hills, J.(eds.), *The State of Welfare: the Economics of Social Spending(2nd)*. Oxford: Oxford Univ. Press, pp.75-121.

Lister, R.(2003). "Investing in the Citizen-workers of the Future: Transformations in Citizenship and the State under New Labour", *Social Policy and Administration 37(5): 427-443.*

Lister, R.(2004). "The Third Way's Social Investment State", in Lewis, J. & Surender, R.(eds.), *Welfare State Change: towards a Third Way?* Oxford: Oxford Univ. Press.

Lowe, R.(2005). *The Welfare State in Britain since 1945(third ed.)*. Hampshire: Palgrave.

McKnight, A.(2005). "Employment: Tackling Poverty through work for those who can", in Hills, J. & Stewart, K.(eds.), *A More Equal Society?* Bristol: Policy Press.

Midgley, J. & Sherraden, M.(2000). "The Social Development Perspective in Social Policy" in J. Midgley, M. Tracy & M. Livermore(eds.), *The Handbook of Social Policy*. London: Sage.

Midgley, J.(1999). "Growth, Redistribution, and Welfare: toward Social Investment", *Social Service Review 73(1): 3-21.*

Millar, J. & Ridge, T.(2002). "Parents, children, families and New Labour", in M. Power(ed.), *Evaluating New Labour's Welfare Reform*. Bristol: The Policy Press.

Mishra, R.(1999). *Globalization and the Welfare State*. Cheltenham: Edward Elgar

NESS(National Evaluation of Sure Start)(2004). "The Impact of Sure Start Local Programmes on Child Development and Family Functioning: A Report on Preliminary Findings", London: Birbeck University of London, Institute of the Study of Children, Families, and Social Issues, http://www.ness.bbk.ac.uk/documents/activities/impact/397.pdf. 접근일: 2007.3.11

_____(2005). "National Evaluation Report, Early Impacts of Sure Start Local Programmes on Children and Families: Report of the Cross-sectional Study of 9-and 36-month Old Children and their Families", http://www.surestart.gov.uk/_doc/p0001867.pdf/. 접근일: 2007.3.11.

OECD(2005). *Society at a Glance*. Paris: OECD.

_____(2006). *Pension at a Glance*. Paris: OECD.

Office for National Statistics(2006). *Mid-2005 Population Estimates*. http://www.statistics.gov.uk, 접근일: 2007.3.10.

Perkins, D., Nelms, L., & Smyth, P.(2004). "Beyond Neo-liberalism: the Social Investment State?", Social Policy Working Paper No. 3, The Center for Public Policy, University of Melbourne.

Piachaud, D. & Sutherland, H.(2000). *How effective in the British government's attempt to reduce child poverty?* CASE Paper 38, London: CASE.

Pierson, P.(eds.)(2001). *The New Politics of the Welfare State*. Oxford: Oxford Univ. Press.

Pissarides, C. A.(2003). *Unemployment in Britain: A European Success Story*. London: Centre for Economic Performance, London School of Economics.

Rieger, E. and Liebfried, S.(2003). *Limits to Globalization*. Cambridge: Polity.

Secretary of State for Education and Employment, Secretary of State for Social Security, and Minister for Women(1998). *Meeting the Childcare Challenge: A Framework and Consultation Document*. http://www.surestart.gov.uk/publications/?Doucument=523 접근일: 2007. 3. 9.

Sefton, T. & Sutherland, H.(2005). "Inequality and poverty under New Labour", in Hills, J. & Stewart, K.(eds.), *A More Equal Society*. Bristol: Policy Press.

Sherraden, M.(2002). "CSD Speech: Asset-based Policy and the Child Trust Fund, Washington: Center for Social Development", http://gwbweb.wustl.edu/csd/Publications/2002/UK_speech2002.pdf.

접근일: 2007.3.16.
Stewart, K.(2005a). "Towards an equal start?: Addressing Childhood poverty and deprivation", in Hills, J. & Stewart, K.(eds.), *A More Equal Society*. Bristol: Policy Press.
__________(2005b). "Changes in Poverty and Inequality in the UK in international Context", in Hills, J. & Stewart, K.(eds.), *A More Equal Society*. Bristol: Policy Press.
Taylor-Gooby, P.(eds.)(2004). *New Risks, New Welfare: The Transformation of the European Welfare State*. Oxford: Oxford Univ. Press.
________________(2006). "European Welfare Reforms: the Social Investment Welfare State", the East-West Center(미간행 논문). (이 논문의 수정본이 이 책의 제2장에 번역되어 실려 있음)
The Commission on Social Justice(1994). *Social Justice: Strategies for National Renewal*. London: Vintage.
The Observer(2001.3.11). "Measure by measure: Brown's budgets 1997-2001"
Wilkinson, D.(2003), *New Deal for Young People: Evaluation of Unemployment Flows, Policy Studies Institute Research Discussion Paper 15*. London: Policy Studies Institute.
World Bank(1994). *Averting the Old Age Crisis: Policies to Protect the Old and Promote Growth*. Oxford: Oxford Univ. Press.

# 영국의 아동에 대한 사회투자전략의 성과와 한국에의 함의

- 국가아동보육전략과 슈어스타트 프로그램을 중심으로 -

백선희 | 서울신학대학교 사회복지학과 교수

## 1. 서론

구 복지체계에서 아동은 복지국가의 우선순위나 프로그램에서 중심이 아니었다. 기존의 복지프로그램과 그 수단은 임노동자가 겪는 전형적인 위험으로부터 님성부양지를 보호하였고, 남성부양자는 그 가족의 물질적 생활을 보장할 수 있었다. 사회지출에서도 이와 같은 현상이 반영되어, 연금, 의료보장, 실업보험 예산이 가장 큰 비중을 차지하였고, 아동과 가족을 위한 사회지출은 상대적으로 적었다. 그러나 최근 복지체계에서 근본적인 변화가 목격되고 있다. 아동과 가족에 대한 사회적 책임이 강조되고 있는 것이다(Olk, 2006). 기존 복지국가의 변화 필요성을 역설한 기든스(Giddens, 1998)는 복지체제의 재구조화를 위한 새로운 우선순위와 수단을 능동적 사회정책 또는 사회투자국가의 비전과 개념에서 찾고 있다. 그것은 국가가 단지 위험에 직면한 사람에게 사후적으로 대처해서는 안 되며, 개인에 대한 투자를 통해 인적 자본 또는 사회적 자본을 만들어가야 한다는 것을 강조하는 개념이다.

사회투자정책은 후기산업사회의 경제·사회 구조적 변화 속에서 전통적인 복지국가가 포괄하지 못하는 신사회위험이 등장하면서 그에 대한 대응으로 출현하였다. 테일러-구비는 신사회위험의 발생 경로로 여성의 노동시장 참여가 급증하면서 일과 가정을 양립하기 어려운 문제, 노인인구의 증가로 인해 나타나는 노인수발의 문제, 노동시장 구조의 변화로 인해 교육수준이 낮은 사람이 사회적으로 배제되는 문제, 그리고 민영화된 공적연금이나 의료보험 등에서 소비자가 선택을 잘못하거나 민영보험에 대한 규제를 잘 하지 못하여 발생하는 문제를 들고 있다(Taylor-Gooby, 2004: 3-5). 기존의 재분배 중심의 전통적 사회정책으로는 새로운 사회적 위험에 대비할 수 없으므로, 사회적 위험에 적응할 수 있는 능력을 길러주는 기회의 재분배, 경제정책과 사회정책을 통합한 사회투자적 정책이 필요하게 되었다. 따라서 근로연계복지와 적극적 노동시장정책 등을 포괄하는 활성화 정책, 아동, 여성친화적 정책 등의 사회복지서비스 프로그램, 자산형성 접근법 등과 같은 정책이 주요한 사회투자 프로그램으로 대두되었다(김연명, 2007). 특히 아동과 여성의 복지정책에 대한 사회투자정책은 전통적 사회복지 접근법과 구분시키는 중요한 특징 중의 하나라고 할 수 있다.

사회투자정책에서는 왜 아동을 강조하는가? 아동에 대한 사회적 투자를 강조한 에스핑-안데르센은 전통적인 복지국가가 소득의 재분배와 빈곤을 감소시키는데 효과적이었을지 모르나 평등한 기회를 강화하는 데는 실패하였다고 평가하였다. 그리고 향후 지식경제사회에서는 더욱 강력한 기술 능력, 교육 및 인지 능력을 필요로 하므로, 이를 위해 아동에 대한 투자가 있어야 한다고 보았으며, 특히 빈곤아동에 대한 사회적 투자는 차세대의 빈곤이나 사회적 배제 등의 문제를 해결할 수 있는 효과적 도구로 보았다(Esping-Andersen, 2002, 2007). 제3의 길을 표방한 영국 신노동당의 토니블레어는 저출산, 고령화, 계층 간 불평등의 심화, 가족기능의 변화, 복지에 대한 시민들의 기대 수준의 변화, 신 빈곤층의 출현과 사회적 배제 등 과거에 경험하지 못한 새로운 문제들에 직면하면서 미래 사회의 시민근로자citizen-worker가 되는 아동에 대한 투자와 실업, 저소득, 인종, 장애 등의 이유로 사회적으로 배제된 근로연령집단에 대한 투자라는 새로운 방향의 복지정책을 추진하게 된다(박순우·최영, 2007). 이와 같이 아동에 대한 투자는 미래의 생산성을 위한 인적자본에 대한 투자이며, 지식기반 사회에서 더욱 요구되는 기회의 평등을 제공하여 신사회위험에 대처하기 위한 사회적 노력인 것이다. 이에 따라 아동에 대한 정책은 사회정책과 사회지출에서 우선순위를 갖게 되었으며, 그 중에서도 미래의 노동력에 대한 투자인 동시에 현재 또는 잠재적 근로계층인 여성에 대한 투자라고 할 수 있는 보육정책은 저출산·고령화라는 인구 구조의 위기 속에서 대표적인 사회투자정책으로 주목받게 되었다.

실제로 영국의 신노동당은 집권과 동시에 '국가아동보육전략'을 수립하였다. 리스터는 이것을 정부 최초로 아동보육에 대한 공적 책임을 수용하였다는 의미로 보면서, 영국 사회정책의 대표적인 획기적 발전으로 평가하고 있다(Lister, 2003: 432). 국가아동보육전략은 아동수당, 보육시설 확대, 슈어스타트 등에 대한 계획을 포괄하고 있는데, 이 전략은 미래사회에서의 양질의 노동력을 확보하고, 일·가정 양립 지원으로 여성의 노동시장 참여를 유도하여 생산성을 높이기 위한 전략이다. 동시에 국가아동보육전략은 슈어스타트 프로그램을 통해 아동빈곤[1]을 근절시켜 사회통합을 이루려는 대표적인 영국의 사회투자전략이다.

한국의 보육정책은 영국과 같은 사회투자 전략의 일환이라기보다는

---

1) 1998/1999년의 빈곤 아동은 전체 아동의 1/3을 차지할 정도로 심각한 아동빈곤율을 보이고 있다. 심각한 아동빈곤으로 인해 영국 정부는 2020년까지 아동 빈곤율을 0%로 만들겠다는 야심찬 목표를 수립하게 되는데, 슈어스타트는 이것의 전략으로 채택된 사업이다.

90년대에는 여성의 노동시장 참여를 지원한다는 명분으로 시작되어 저출산·고령화의 위기를 인식하기 시작한 2000년대에는 저출산 문제 해결을 위한 육아지원 정책으로 관심의 대상이 되어왔다. 보육정책은 다른 어떤 사회정책보다도 사회투자적 속성을 갖고 있지만, 한국의 보육정책에서는 이러한 성격이 강조되지 않았으며, 그렇다고 해서 북유럽의 정책처럼 보편주의적 성격을 갖고 있지도 않다. 비판적으로 평가하자면 한국의 보육정책은 체계적인 목표와 전략 없이 사회환경의 변화에 따라 점증적으로 확대 재생산하여 왔다고 해도 과언이 아니다. 보육을 통한 탈빈곤의 전략도, 일·가정 양립을 위한 전략도, 미래 인적자본에 대한 투자의 개념도, 교육권이나 복지권의 개념도 취약하기 때문이다. 비록 김영순(2007) 등과 같이 영국의 사회투자전략이 한국사회에 적합하지 않다는 비판적 견해도 있으나, 영국의 국가아동보육전략은 정책을 통해 복지와 노동, 사회와 경제의 선순환을 어떻게 이루어갈 수 있는지에 대한 긍정적 함의를 주고 있다.

이 글은 영국의 아동을 위한 사회투자전략의 성과를 국가아동보육전략과 슈어스타트를 중심으로 살펴보면서 정책적 함의를 찾아보는데 있다. 영국의 보육정책을 사회투자전략의 대표적 프로그램으로 인식하는 것이 현재의 아동의 복지보다는 미래의 노동력의 생산성을 중시하는 것이 아니냐는 비판이 있을 수도 있지만, 보육정책은 분명 현재의 아동과 그 가족에게 제공되는 진행형의 정책이다. 따라서 이념적 논쟁을 넘어서 영국이 당면 문제에 어떻게 대처하고 있는지, 국가아동보육전략과 슈어스타트의 성과는 무엇인지에 대해 관심 있게 접근할 필요가 있다. 이 글은 영국의 대표적 아동투자 정책 중 아동수당과 아동신탁기금<sup>Child Trust Fund</sup>에 대해서는 다루지 않고, 아동보육정책을 중심으로 한다는 것을 밝힌다.

## 2. 국가아동보육전략

### 1) 1998년의 국가아동보육전략

전통적 복지국가에 대한 합의가 붕괴되면서 신노동당은 국가의 역할을 노동시장 참여와 개인의 고용기회를 증진시키기 위하여 교육과 평생학습을 통해 개인의 인적자본에 투자하는 국가로 재정의 하였다(Lister, 2003). 이는 기든스가 말한 사회투자국가의 역할이나 또한 많은 학자들이 사회투자의 중심에는 아동이 있다(Dobrowolsky, 2002; Lister, 2003; Dobrowolsky · Jenson, 2005)는 견해와 맥을 같이하고 있다. 영국의 국가아동보육전략의 여러 프로그램 그리고 특히 슈어스타트 프로그램은 바로 신자유주의적 접근에서 사회투자적 접근으로의 사회정책의 전환을 상징적으로 보여주는 예이다.

영국이 아동에 대해 관심을 갖기 시작한 주요 배경 중의 하나는 아동빈곤의 재발견이었다. 전에 없던 양상의 아동빈곤이 나타났고[2] 영국판 근로연계복지정책welfare to work도 자녀를 둔 여성을 일터로 유인하는데 한계를 갖고 있었다. 노동시장의 변화와 가족구조의 변화로 인해 자녀양육환경은 악화되어 갔고, 아동보육서비스의 질은 보육시설마다 천차만별이고,[3] 보육료는 너무 비싸 많은 부모들이 이용하기 어려웠으며,[4]

---

2) Gregg · Harkness · Machin(1999)은 평균소득의 50%이하로 살고 있는 아동이 1968년 1백3십만 명에서 1995/96년에 4백3십만 명으로 급속히 증가하였다고 밝혔으며, Lucinda(2005)는 전후 가족 소득과 삶의 수준이 증가했어도 아동 빈곤이 재발견되었고, 복지정책들이 이 문제를 해결하지 못하고 있다고 주장했다.

3) 영국은 아동법(1989)에 따라 보육종사자의 자격, 성인 대 아동비율, 물리적 환경 기준에 관한 최소기준만을 제시하고 있었을 뿐이다. 보모의 70%, 유치원(pre-school) 종사자의 20%가 무자격자였다.

4) Daycare Trust는 양질의 보육을 위해 보모가 5세 미만의 아동을 하루 종일 돌보는 비용이 50~120파운드, 민간 어린이집의 종일서비스 비용이 70~180파운드라고 추정하였다. 이것은 두 자녀를 둔 평균소득의 가정이 자녀 보육을 위해 소득의 1/3을 지출하여야 한다는

일부 지역에서는 보육시설이 부족할 뿐만 아니라 정보부족으로 인해 보육시설에 접근하기 어려웠다.[5]

토니 블레어는 국가아동보육전략의 기본 틀을 제시한 1998년 녹서의 서문에서 가족은 영국사회의 핵심임에도 불구하고 압박을 받아왔다고 하면서, 가족 친화적 고용, 양질의 아동보육, 적정 수준의 보육료 부담이 이루어져야 함을 강조하였다. 그리고 이와 관련된 모든 정책들이 국가아동보육전략이라는 하나의 단일 정책으로 추진되어야 하고, 모든 주체들이 이를 위해 함께 협력해야 하고, 특히 정부가 주도적 역할을 해 나가야 한다고 밝혔다(The Secretary of State for Education and Employment et al., 1998). 이에 따라 신노동당 정부는 아동보육문제를 정부 녹서「우리의 새로운 야망: 새로운 복지 계약」Welfare Reform Green Paper 'New Ambitions for Our Country: A New Contract for Welfare'의 첫 번째 복지개혁 프로그램으로 포함시켰으며, 1998년 5월에는 국가아동보육전략 정부계획(안)「아동보육 도전에 대한 대응」The National Childcare Strategy Green Paper: Meeting the Childcare Challenge을 발표하였다. 그동안의 보육정책에 대한 시장의 실패를 배경으로 고안된 개혁의 목적은 아동, 가족, 국가의 장기적 이익을 꾀하고, 여성의 노동시장 참여를 지원하며, 가족형태의 변화에 따른 육아부담을 지원하기 위한 것이었다.

국가아동보육전략에 채택된 4대 원칙은 부모의 선택권 확대, 보육의 질에 대한 부모의 신뢰 향상, 부모와 아동의 욕구에 맞는 아동보육시설 이용 보장과 저렴하게 서비스를 이용할 수 있도록 보장하는 것이었는데, 이와 같은 계획은 상당한 성과를 거두었다. 노동당 정부는 녹서 발

---

의미이다.
5) 5명 중 4명의 비취업모는 선택할 아동보육시설이 있다면 일을 할 것이라고 말하고, 일을 하고 싶으나 일자리가 없는 7명 중 1명의 어머니들은 일자리를 찾는데 육아문제가 걸림돌이었다고 한다.

표이후 2004년까지의 정책성과를 다음과 같이 평가하고 있다(HM Treasury · DfEE · DWP · Dti. 2004).

첫째, 노동은 유연해지고 부모 선택의 기회가 높아졌다. 노동과 가족생활 균형 정책The Early years, Childcare and Work-life Balance Policies의 영향으로 영국은 보편주의에 기초한 지원을 실시하기 시작했고, 특히 취약아동에 더 많이 지원함으로써 아동빈곤을 예방하는 효과가 있었다고 평가하였다. 아동세액공제Child Tax Credit 이외에 근로세액공제 항목으로 보육료 공제the childcare element of Working Tax Credit를 도입하였고,[6] 아동수당Child benefit을 증액하고,[7] 신생아가 있는 저소득 가족을 지원하는 슈어스타트 모성보조금the Sure Start maternity grant을 500파운드까지 증액하였다. 그 결과 유자녀 가족에게 연간 1,350파운드 이상, 특히 5분위의 저소득층에게 연간 3,790파운드 이상을 지원할 수 있었다. 이외 모성 · 부성급여와 부모휴가의 확대,[8] 영유아를 둔 부모들에게 탄력적 노동을 요구할 권리 부여, 아동보육료 지원증가, 보육시설 확충, 정보제공 확대, 근로연계복지 프로그램을 통해 노동 또는 훈련받을 기회를 증가시켜 부모들에게 더 많은 선택의 기회를 주었다. 또한 524개의 지방슈어스타트 프로그램을 통해 취약지역의 약 40만 명의 아동과 가족에게 보육, 교육, 보건, 부모 및 가족지원서비

---

6) 세액공제는 아동이 있는 가족 또는 아동보육료를 지불해야 하는 가족을 지원하는 효과가 있다. 아동세액공제는 주양육자의 근로여부와 상관없이 연간 최고 58천 파운드(1세 미만인 경우 66천 파운드, 2006년 기준)를 지원하는 자녀양육지원금이다. 근로세액 보육료 공제는 보육서비스를 이용하고 있거나 이용하는 것으로 인정되는, 일하는 부모(주당 16시간 기준)들을 위한 것으로 주당 최고 175파운드(자녀 한 명) 또는 330 파운드(2명 이상)의 70%를 지원하였고, 2006년 4월부터 80%를 지원하고 있다. 아동이 있는 10가족 중 9가족이 세액공제를 받고 있다(http://www.surestart.gov.uk).

7) 아동수당은 기본적으로 16세 미만의 아동이 있는 모든 보호자에게 주어진다. 2004년까지 1997년 대비 25%가 증액(첫째 자녀 기준)되었다(HM Treasury · DfEE · DWP · Dti, 2004). 2006년 기준으로 첫째 자녀의 경우 주당 17파운드, 둘째 자녀 이상 11.4파운드, 그리고 한부모의 경우에는 6.3파운드의 급여가 더해졌다. 부모가 아닌 법적 보호자는 보호자수당(Guardians allowance)이 제공 되었다(HM Revenue & Customs, 2006).

8) 유급모성휴가를 18주에서 25주로 확대하고, 이후 26주의 무급휴가의 권리를 주었으며, 2003년에는 유급부성휴가가 도입되어 자녀 출생 후 2주의 유급휴가를 받게 되었다.

스 등을 통합적으로 제공하기 시작하였다.

둘째, 이용 즉 접근성의 보장을 위해, 1997년 이후에 52만 5천 명 정원의 보육시설을 추가 설치하여 총 정원 1백2십만 명의 보육시설을 확충하였다. 지역어린이집 설치사업[9]에 따라 1,279개소(45천 명 정원)의 지역어린이집neighbourhood nurseries과, 방과후 보육시설을 확충하였을 뿐만 아니라 보모도 가정환경에서 보육과 유아교육을 제공하는 역할을 담당하였다. 또한 반일제 무상유아교육제도를 도입해 모든 만 3, 4세 아동들이 연간 33주, 주당 2시간 30분의 교육을 받게 되었다.

셋째, 양질의 서비스의 제공을 위해 2000년 9월에 국가교육과정의 첫 번째 단계인 기초단계교육과정을 도입하는 한편, 아동보육에 관한 규정을 만들어 보육공급자가 아동을 안전하게 보살피도록 최소한의 질적 규제를 해왔다. 2001년부터는 보육시설 규제와 감사의 책임이 교육표준국Ofsted: The Office for Standards in Education으로 이양되면서 시설감사와 교육감사가 통합되었다. 교육표준국은 정부의 지속적인 투자가 양질의 서비스 기반을 조성해 거의 모든 보육이 최소한 이상의 만족상태를 유지할 수 있었다고 평가하였다.

넷째, 적정 비용부담을 보장하기 위해, 정부는 공급자에게 지원되는 공급측면의 지원과 부모에게 보조금을 주는 수요측면의 지원을 조화시켜 더욱 저렴하게 보육을 이용할 수 있도록 하였다. 2004/05년에 공급자에게 지원한 3.8억 파운드는 보육계획 수립 이전인 1996/97년의 1.1억 파운드보다 3.5배 증가한 액수이다. 또한 일하는 부모를 위한 근로세

---

9) 지역어린이집설치사업(The Neighbourhood Nurseries Initiative)은 가장 취약한 지역에, 새로운 형태의 아동보육서비스를 제공하여 아동과 가족을 지원하는 사업이다. '신기회기금'이 투입되었고, 2004년까지 45,000명분의 시설을 확충한다는 것이 목표였다. 가장 취약한 20%의 지역에 지역어린이집을 설치하여 잘 사는 지역과의 격차를 줄이고, 부모에게 노동, 학업, 취업훈련의 기회를 제공하였다.

액아동공제를 통해 보육료의 70%까지 지원하여 2004년 7월 기준으로 34만 가족이 연간 700백만 파운드 이상의 급여를 받게 되었는데, 1997년 과 비교해 재정은 12배, 급여수급자는 50%가 증가하였다. 이와 같이 약 5년에 걸쳐 영국의 아동보육전략은 모성보호, 보육시설 확충과 질, 그리고 보육료 지원에 이르기까지 전에 없던 정책의 발전을 이루어 놓 았다.

## 2) 2004년의 '아동보육 10년 전략'

신노동당 정부는 2004년에 「부모를 위한 선택, 아동을 위한 가장 좋은 출발」 Choice for parents, the best start for children 이라는 제목의 아동보육 10년 전략을 다시 마련하게 된다. 1998년 국가아동보육전략 수립 이후 아동보육은 상당한 정도의 진전이 있었지만, 여전히 부모들은 일과 가정생활의 균형을 찾기 어려웠고, 보육료 지원에도 불구하고 비용은 높았으며, 보육시설이 늘어났어도 적절한 곳을 찾기 어려웠다. 또한 새로 부모가 된 사람들은 고립감을 느끼기도 하고, 아버지들은 자녀들과 시간을 보내기 어려웠으며, 부모들은 여전히 서비스의 질에 대해 염려하고 있었다. 노동당은 이와 같은 문제를 직시하면서 새로운 10년 전략을 수립하였다(HM Treasury · DfEE · DWP · Dti, 2004).

새로운 10년 전략은 부모휴가제도의 개선을 통한 부모의 선택권 보장, 아동보육시설 및 보육시간 확대를 통한 아동보육의 접근성 제고, 아동보육의 질적 향상 그리고 적절한 비용으로 보육서비스를 이용할 수 있도록 하는 네 가지를 주요 목표로 설정하였다(자세한 내용은 Box 1 참조).

아동보육 10년 전략에서 드러난 노동당 정부의 아동을 위한 사회투
자전략은 복지정책과 경제정책의 고도의 통합이었다. 무상유아교육에
투자함으로써 미래의 양질의 노동력을 확보하고, 빈곤아동과 가족에

**Box 1_아동보육 10년 전략의 주요 내용**

1. 부모의 선택권 보장

  - 유급 모성휴가를 2007년 4월까지 9개월로, 다음 국회 때 12개월로 확대

  - 모성급여와 모성휴가의 일부를 아버지에게 이전시킬 수 있는 권리 부여

  - 탄력적 노동을 요구할 수 있는 권리를 영유아 자녀를 둔 부모에서 그 이상
    의 자녀를 둔 부모에게까지 확대


2. 아동보육의 접근성 제고

  - 2010년까지 3~14세의 모든 연령에게 적정비용의 등교 전, 방과후 보육
    제공

  - 2010년까지 모든 지역사회에 슈어스타트 아동센터 설치, 5세 미만 아동과
    그 가족들을 위한 통합적 서비스 제공

  - 3, 4세 아동을 위한 무상 유아교육 및 보육시간을 확대, 2006년부터 현재
    연간 33주에서 연간 38주, 주당 12.5시간 제공, 2007년에 주당 15시간으
    로 확대, 장기적으로는 주당 20시간까지 확대


3. 아동보육의 질적 향상

  - 양질의, 지속적인, 적정 비용의 서비스 공급을 보장하기 위한 투자

  - 보육종사자 및 훈련 구조 문제 개혁, 보다 좋은 환경 제공

  - 보모와 가정환경의 보육종사자들에 대한 전문적 지원

  - 부모들에게 보육공급자의 질에 대한 보다 정확한 정보 제공, 보육 규제 및
    감사제도의 개혁

> **4. 적정부담의 아동보육**
>
> - 모든 3, 4세 아동을 위한 무상 유아교육과 보육시간의 연장
>
> - 전형적인 보육시간초과 가족의 보육료 부담 감소
>
> - 근로세액 보육공제 금액 상향 조정: 2005년 4월부터 주당 200파운드(한 자녀는 135파운드)에서 300파운드(한 자녀는 175파운드)로 증액, 2006년 4월부터 부모가 청구할 수 있는 비용을 아동보육료의 70%에서 80%로 상향 조정

*자료: HM Treasury · DfEE · DWP · Dti(2004)

투자함으로써 미래의 사회적 지출을 경감시키고,[10] 보육시설 확충을 위한 투자로 여성의 일과 가정생활의 양립 기반을 확보하고, 또한 일하는 부모의 보육료를 지원함으로써 여성의 노동을 장려하는, 현재와 미래의 생산성 제고를 위한 종합적 투자의 면모를 보여주고 있다. 그 중 저소득지역의 저소득 아동을 위한 투자, 슈어스타트 프로그램은 새로운 실천 전략을 선보이고 있다.

---

10) 슈어스타트는 아동빈곤율 제로작전 프로젝트이다. 빈곤아동이 청소년 비행이나 성인범죄를 유발할 가능성이 상대적으로 높고, 빈곤의 세습화로 인해 성인이 되어 공공부조 수급 대상이 되면 이에 대한 사회적 비용이 증가하기 때문이다. 토니블레어가 국가가 학령 전 아동에게 1달러를 투자하면 범죄율 감소, 교육성취도 제고, 10대 임신율의 저하 등을 통해 7달러의 비용 절감을 할 수 있다고 언급하였던 것에서 알 수 있듯이(Blair, 2002), 빈곤아동에 대한 투자의 주요 이유 중 하나는 사회적 비용의 절감이라고 할 수 있다.

## 3. 슈어스타트 프로그램

### 1) 슈어스타트 프로그램과 국가전략과의 관계

슈어스타트는 신노동당의 사회아젠다의 핵심으로(Moss, 2004), 사회적 배제 방지와 아동빈곤 감소를 위해 범부처 차원에서 마련한 장기적 전략의 프로그램이다(Clarke, 2006; Morrow · Malin, 2004). 이 프로그램은 초기의 포괄적이고 지속적인 아동지원이 성공적인 학교생활과 범죄, 실업, 십대 임신, 기타 사회 · 경제적 문제를 감소시킨다는 증거를 기초로(DfES, 2002), 빈곤지역에 사는 영유아를 둔 가족을 지원함으로써 빈곤과 사회적 배제의 문제를 효과적으로 해결하기 위해 기획되었다. 1998년 7월 14일 재무장관은 하원에서 예산 개요를 발표하면서, 0~3세 아동과 그들의 부모들을 위한 양질의 서비스를 제공하는 슈어스타트 프로그램 계획을 보고하였다. 의회기간 내에 250개 지역프로그램이 만들어졌고, 이 사업에 향후 3년간 452백만 파운드를 지출하기로 결의하면서 사업이 본격화되었으며, 노동당 정부의 대표적인 정책이 되었다(Ball et. al., 2002). 이 프로그램은 1999년 1월에 첫 사업을 시작하면서 국가보육전략의 한 부분이 되었으며 2004년에는 10년 보육전략의 주요 사업으로 통합되었다.[11]

슈어스타트는 영국의 보육정책과 관련하여 크게 두 가지 의미를 갖고 있다. 하나는 슈어스타트 프로그램이 높은 수준의 통합적 서비스를 제공하기 위한 서비스 전달전략으로서의 의미이며, 다른 하나는 슈어

---

11) 앞에서 다룬 아동보육 10년 전략의 주요 내용을 보면 슈어스타트 프로그램(슈어스타트 아동센터 설치와 통합적 서비스 제공 부분)은 아동보육의 접근성 제고를 위한 전략의 하나로 포함되어 있다.

스타트가 추구하는 가치가 영국의 아동보육정책 전체의 가치를 만들어 간다는 의미이다. 슈어스타트의 궁극적 목적은 모든 아동들은 그들의 배경이나 환경에 관계없이 가장 좋은 인생의 출발을 할 가치가 있으므로 이를 확실히 보장하겠다는 것인데, 이것이 곧 영국 보육정책이 지향하는 가치이기도 한 것이다.

국가아동보육전략의 목표와 슈어스타트의 목표는 상당히 중첩되어 있다. 아동보육전략의 목표가 부모의 선택권 보장, 보육의 접근성 보장, 양질의 서비스 보장, 그리고 적정 수준의 비용부담 보장이라는 네 가지 차원으로 구성되어 있다면(HM Treasury · DfES · DWP · Dti, 2004), 슈어스타트의 목표는 아동이 가정과 학교에서 잘 살아갈 수 있도록 아동과 그 가족의 건강과 안녕을 증진시킨다는 목적을 달성하기 위하여 설정된 사회정서적 발달의 증진, 건강 증진, 학습 능력 증진, 그리고 가족과 지역사회의 강화이다(Sure Start, 2002). 이를 위한 슈어스타트 프로그램이 크게 유아부상교육과 더 좋은 보육서비스, 그리고 지역특성 프로그램이라는 세 영역으로 구분된다고 하는데(DfES · DWP, 2003), 그렇다면 슈어스타트의 핵심은 지역프로그램에 있다고 할 수 있다. 이것은 곧 협의의 슈어스타트의 개념이라고도 할 수 있다.

### 2) 슈어스타트 프로그램의 체계와 내용

슈어스타트를 이해하기 위해서는 슈어스타트 체계와 슈어스타트 핵심 전달체계인 슈어스타트아동센터와 지역의 욕구와 특성이 반영된 지방슈어스타트 프로그램<sup>Sure Start Local Program</sup>을 살펴보아야 한다.

**(1) 중앙정부, 지방정부, 민간의 새로운 협력체계**

구체적인 슈어스타트 프로그램은 지역의 욕구와 환경에 따라 다양한 지방슈어스타트로 전개된다. 그렇다고 모든 프로그램이 전적으로 지역에 의해 결정되는 것은 아니며 중앙정부의 지도 감독을 받아야 한다. 중앙정부는 지방슈어스타트 프로그램에 몇 가지 핵심 프로그램을 반드시 포함시키도록 하고 또한 모든 지방슈어스타트는 반드시 슈어스타트 원칙을 따르도록 지도, 감독하는 등 그 기본 방향과 전략을 제시하고 관리하는 역할을 한다. 이와 같은 중앙정부의 신국가주의적 전략으로 슈어스타트 프로그램은 전국 차원의 통일성과 지방 차원의 다양성을 조화시킬 수 있게 되었다.

국가아동보육전략 중 아동수당, 보육시설 확충, 무상유아교육, 모성급여 등은 상당부분이 중앙정부의 입법화나 행·재정적 결정으로 이루어지는 반면, 슈어스타트 프로그램은 지방정부 차원의 자발적 노력과 중앙정부의 방향 제시와 관리의 역할이 강조되는 새로운 파트너십에 기반 한다. '슈어스타트는 가족들을 위해 지역사회 서비스들을 함께 묶는 풀과 같은 역할을 할, 지역사회뿐만 아니라 중앙정부에게도 완전히 새로운 방법' 인 것이다(Ball et al., 2002: 11). 배글리와 동료들(Bagley et.al., 2004) 역시 슈어스타트는 신노동당의 새로운 거버넌스를 보여주고 있다고 하면서, 사회적 배제 문제에 대처하기 위해 사회정책 방향이 보다 긴밀한 기관 간 공동작업과 이용자 중심, 성과운영체계를[12] 필요로 하게 되었다고 설명하고 있다. 사회복지에 대한 정부 역할이 거버넌트에서 거버넌스로 즉, 통치에서 사회복지의 민-관 파트너십과 이용자 참여를 통합적으로 관리하는 형태로 옮겨지고 있다는 분석

---

12) 성과운영체계의 주요 요소는 새로운 형태의 위에서부터 밑으로의 모니터링과 목표 설정 그리고 심층 조사라고 설명하고 있다.

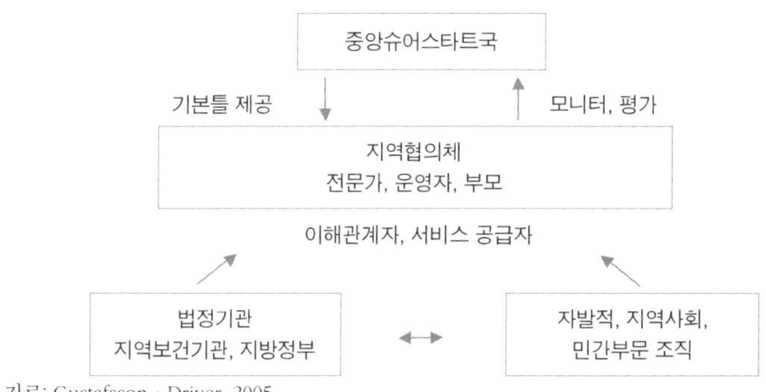


* 자료: Gustafsson · Driver, 2005

이다.

실제로 슈어스타트 프로그램에는 파트너십, 이용자 참여, 관리형 정부라는 새로운 거버넌스의 특징이 잘 드러나 있다. 가장 큰 특징인 파트너십은 그림 18-1에서 보는 것처럼 세 가지 차원이 있는데, 첫째는 중앙정부(슈어스타트국Sure Start Unit)와 시역단위(슈어스타트지역협의체 Local Sure Start Partnerships)의 파트너십, 둘째 슈어스타트 지역협의체와 서비스 공급자[13]와의 파트너십, 셋째 지역협의체 내부의 협의체 운영자, 전문가, 부모간의 파트너십이다(Gustafsson · Driver, 2005). 특히 전문가 또는 서비스 공급자간의 협력은 슈어스타트의 기본 토대를 이룬다 (Morrow, Malin and Jennings, 2005; Edgley and Avis, 2006). 슈어스타트에서 이용자 참여는 매우 중요한데, 슈어스타트 원칙에 '이용자인 부모와 아동과 함께 일하기'가 포함되어 있는 것에서 알 수 있다. 따라서 부모위원회 또는 부모포럼을 통하여 부모들이 슈어스타트 계획의 수립과 실행에 참여할 수 있도록 보장하고 있다. 한편, 중앙정부는

---

13) 지역의 법정기관(지방정부와 보건기관 등), 자발적 조직, 지역사회조직, 민간부문조직 등이 포함된다.

지방 프로그램의 자율성을 보장하면서도, 기본 계획을 수립하여 프로그램 기본 틀을 제공함으로써 중앙정부의 계획을 지방에 적용하고, 지방의 재정 운영과 서비스 전달계획에 대한 동의, 프로그램 모니터와 평가, 재정 지원을 하는 등의 통합적 관리 역할을 수행한다.

### (2) 지방슈어스타트 프로그램과 통합적 전달체계

지방슈어스타트 프로그램은 지역사회 특성과 욕구를 고려하여 다양하게 전개되지만, 기본적으로는 중앙단위에서 규정하는 다음의 몇 가지 프로그램 즉, 현장방문 및 가정방문서비스, 가족과 부모에 대한 지원, 양질의 놀이ㆍ학습ㆍ보육, 1차 지역보건 및 아동 건강과 발달을 위한 조언, 특별한 욕구를 가진 아동과 부모에 대한 지원이 포함되어 있다(Ball et al., 2002). 동시에 모든 지방슈어스타트 프로그램은 반드시 슈어스타트 원칙 즉, 부모와 아동과 함께 하기, 모두를 위한 서비스, 유연한 전달체계, 어린나이에서 시작<sup>Starting very early</sup>, 존중과 투명성, 지역사회 참여와 전문적 조정, 결과 지향이라는 원칙을 따라야 한다(DfES ㆍ DWP, 2003). 이것은 지역 내 모든 활동들이 슈어스타트 목표와 전략을 공유할 수 있는 것은 물론, 정부가 계획을 효과적으로 추진하고 관리하는데도 도움을 준다.

지방슈어스타트 프로그램의 기본 내용과 서비스 제공 원칙을 따르는 일은 기본적으로 지역사회 내 공공과 민간, 공급자와 수요자간의 긴밀한 협력 관계가 이루어져야 가능하다. 그림 18-2를 통해 파트너십에 기반한 지방슈어스타트 프로그램의 통합적 전달체계를 파악해 볼 수 있다. 지방슈어스타트 프로그램의 첫 번째 작업은 지역사회 비영리기관, 민간기관, 보건기관, 고용기관, 지역커뮤니티 등 지역사회관련 자원들이 모두 참여하는 가운데 계획을 수립하는 것이다. 이어 지방정부는 이

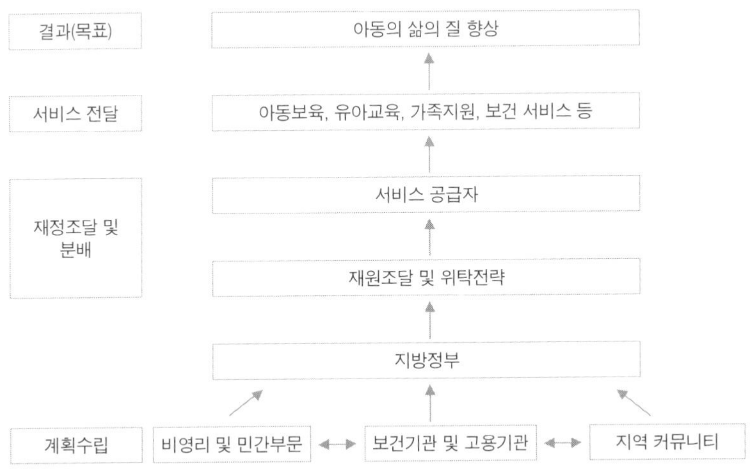


* 자료: Sure Start, 2003a.

계획을 확정하고, 다시 지방협의체와 함께 재정조달 계획과 분배 즉, 서비스 위탁 전략을 수립한 후 각 서비스 공급자에게 재정을 배분한다. 공급자들은 슈어스타트 재정으로 아동의 삶의 질 향상을 위하여 아동보육, 유아교육, 가족지원, 보건서비스 등 아동과 가족에게 필요한 서비스를 통합적으로 전달한다.

지방슈어스타트 프로그램 전달체계에서 지방협력체, 지방정부 그리고 슈어스타트 센터는 중요한 역할을 담당한다. 지방당국은 슈어스타트 전달을 위한 전략 수립, 자문과 협력, 서비스 전달 지원, 재정적 책임, 성과 모니터, 아동발달을 증진하는 책임을 가지고(Sure Start, 2003b), 아동과 가족지원에 필요한 모든 지역자원으로 결성된 지역사회협력체[14]는 지역계획 수립 등 그 지방의 슈어스타트 프로그램을 실

---

14) 협력체에 참여하는 파트너들은 영유아와 가족서비스에 관련된 주체(EYDCPs, 보건전문가, 도서관, 등록보모, 레저서비스기관 등), 가족지원과 관련된 주체(가족센터, 부모지원단체, 아웃리치서비스 등), 지역사회대표(부모, 지역사회단체, 소수인종조직 등), 기타 지

질적으로 이끌어가는 역할을 한다. 슈어스타트 센터는 아동과 가족을 위한 직접서비스는 물론, 지역 전문가와 조직의 허브역할을 수행하면서 슈어스타트 프로그램을 전달하는 핵심적 역할을 수행한다.

### (3) 슈어스타트아동센터의 통합적 서비스

슈어스타트센터는 지역 내 아동과 가족들이 통합적 서비스를 받을 수 있는 원스탑 기관이다. 지방정부 캄덴<sup>Camden</sup>의 슈어스타트센터 계획에 의하면 그림 18-3에서 보듯이 유아교육, 보육, 시간제 보육을 기본으로 하여, 가족지원서비스, 정보제공서비스, 보건서비스, 학령아동을 위한 서비스, 전문가 지원서비스, 지역사회참여 서비스, 훈련 및 고용 기회를 제공하는 서비스, 방문서비스 등 자녀가 있는 가구에게 필요한 거의 모든 서비스를 총체적으로 제공하는 것으로 설계되어 있다.

그림 18-3_슈어스타트 아동센터의 아동과 가족을 위한 통합적 서비스

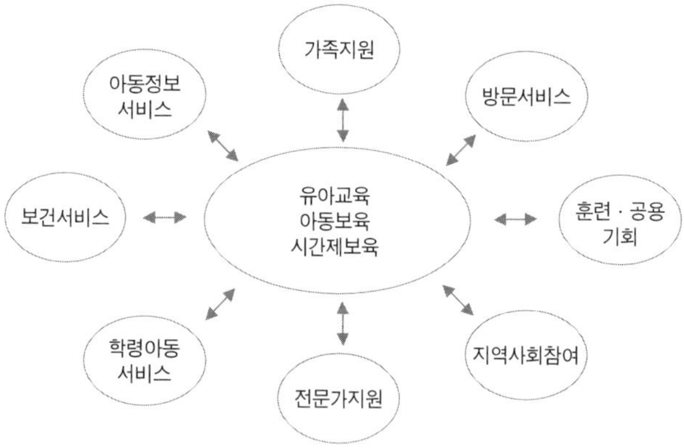

* 자료 : Camden Council. 2003.

---

역 주체(교육행동존, 지방전략협의체 등), 법적 또는 관련 단체(지방정부, 보건당국, 경찰 등), 고용과 학습관련 주체(고용센터, 지방공무원, 교육기관 등) 등 매우 다양하다(Sure Start, 2002).

슈어스타트센터는 원스탑의 통합적 서비스 제공을 가능하게 하는 독특한 조직구조를 갖고 있다. 그림 18-4는 킹스크로스와 홀본King's Cross & Holborn에 소재한 슈어스타트센터의 조직도인데, 이 조직을 보면 센터는 지역사회협력체나 부모포럼 등과 직접적으로 연계되어 있으며, 아동과 가족에게 필요한 거의 모든 서비스 영역들의 전문가 또는 담당자가

그림 18-4_슈어스타트 킹스크로스 · 홀본의 조직도

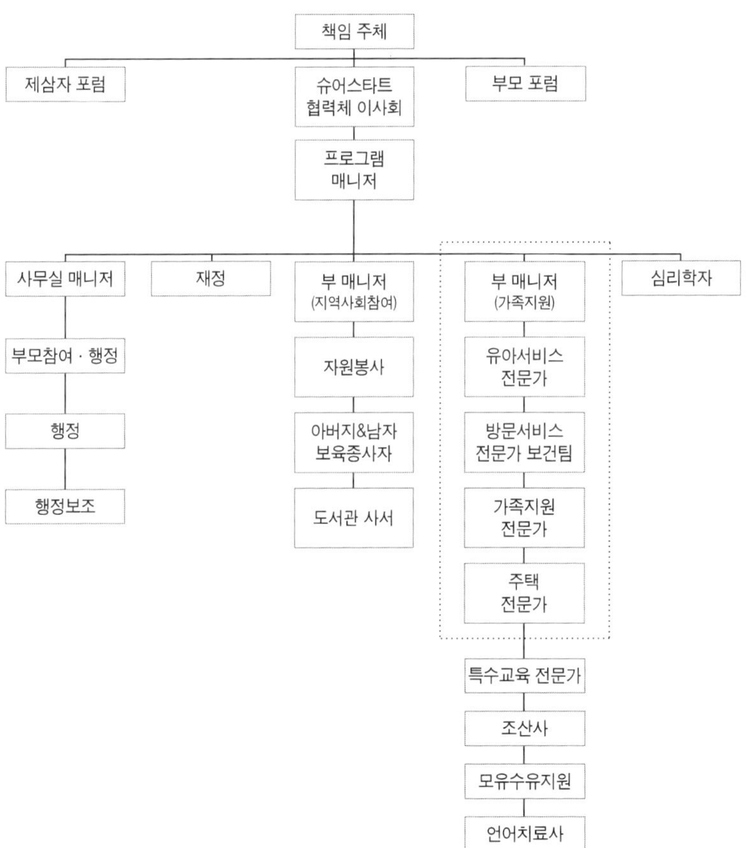


* 주: ……가족지원 및 방문서비스 팀
* 자료: Sure Start King's Cross & Holborn, 2005.

20명이 배치되어 있다는 사실을 발견하게 된다. 슈어스타트센터 담당자와의 인터뷰에 따르면 "대개의 슈어스타트센터에는 약 20여 명의 직원이 배치되어 있는데 그 중 5명이 상근직원이고, 나머지는 비상근직원이다. 비상근 직원은 지역사회 특정 기관에 소속된 전문가로 지역사회 슈어스타트 프로그램에 따라 슈어스타트센터에 일주일에 1~2일 정도 파견근무를 한다".[15] 즉, 슈어스타트센터는 아동 특히 영유아의 삶과 관련된 거의 모든 자원이 집결하는 집결체의 역할을 하며, 서비스 욕구가 있는 아동과 가족에게 슈어스타트센터라는 한 지점에서 지역사회의 거의 모든 자원을 접할 수 있게 한다. 슈어스타트센터는 아동과 가족에 대한 지원뿐만이 아니라, 지역사회의 보모, 지방슈어스타트프로그램을 수행하는 기관들, 그리고 부모들에게 폭넓은 지원을 제공한다. 슈어스타트센터는 2002년 이후 아동센터<sup>Children's Centre</sup>로 발전하면서 아동보육과 교육을 기본으로 하여[16] 보건서비스, 가족지원, 부모아웃리치, 고용지원, 정보제공, 부모에 대한 조언과 지지, 네트워크의 포괄적, 통합적 기관의 역할을 하고 있다(Sure Start Unit, 2005; Moss, 2006).

## 4. 국가아동보육전략과 슈어스타트 프로그램의 성과

영국 정부는 영유아를 위한 유아교육, 아동보육 그리고 지방슈어스타트 프로그램에 막대한 예산을 투자하였다. 1999/2000년에 약 2억

---

15) 킹스크로스와 홀본(Sure Start King's Cross & Holborn)의 프로그램 매니저인 Liam Hall 과 2005년 2월에 실시한 인터뷰의 내용이다.
16) 이전에는 킹스크로스 홀본 슈어스타트센터와 같이 아동보육서비스를 제공하지 않는 곳도 있었다.

파운드에서 2005/06년에 약 15억 파운드 이상으로 7.5배 이상 증가하였으며(DfES · DWP, 2003), 10년 전략이 완결되는 2010년까지 정부 재정을 계속 확충한다는 계획을 수립하고 있다. 국가아동보육전략과 슈어스타트는 어떠한 성과를 가져왔는가? 사회투자전략으로서의 목표를 달성하였는가? 앞에서 1998년의 국가아동보육전략의 성과에 대해서 간략하게 살펴보았지만, 다시 한 번 국가아동보육전략의 종합적 성과와 더불어 슈어스타트 프로그램의 성과를 살펴보도록 한다.

### 1) 국가아동보육전략의 성과

영국은 블레어 정부 이전까지만 해도 공공보육을 통해 아동을 돌보는 비율이 2%에 지나지 않는 보육후진국이었지만(Randall, 2002) 국가아동보육전략 수립 이후 상당한 진전을 이루었다.

국가보육전략 10년의 성과를 네 가지 영역의 목표에 따라 다음과 같이 평가할 수 있다. 먼저, 첫 번째 목표인 노동의 유연성과 부모의 선택권에 관한 성과이다. 모성휴가와 급여, 무급부모휴가, 6세 미만 또는 18세 미만 장애아동을 둔 부모의 탄력적 근무를 요청할 수 있는 권리 등이 확대되면서 6세 미만 아동이 있는 부모의 22%가 탄력적 근무를 요청하였고, 그 중 81%가 탄력적 근무를 하게 되었으며, 이 중 1/3이 보육욕구를 충족할 수 있었고 모성휴가가 확대되었다. 이러한 변하는 고용주에게도 도움이 되어 일하는 부모를 지원하는 고용주의 79%가 근로자와의 관계가 개선되는 등의 효과가 있었다고 한다. 그러나 아직까지 많은 저소득층 부모에게 모성휴가는 종이 위의 권리인 경우도 있고, 한부모는 일 · 가정 양립에 상당한 스트레스를 받는다는 보고가 있기도 하다.

(단위: 명, 개소 또는 명)

| 연도 | | 전체 | 종일보육<br>(full daycare) | 반일보육<br>(sessional<br>provider) | 방과후보육<br>(our of<br>school) | 가정보육모<br>(child<br>minders) | 시간제보육<br>(creches) |
|---|---|---|---|---|---|---|---|
| 2006 | 보육정원 | 1,559,400 | 588,300 | 230,100 | 372,100 | 321,700 | 47,200 |
| | 공급자 | 107,600 | 13,600 | 9,400 | 10,700 | 71,200 | 2,700 |
| 2005 | 보육정원 | 1,509,600 | 542,900 | 244,200 | 358,100 | 319,700 | n/a |
| | 공급자 | 106,500 | 12,600 | 10,000 | 10,200 | 71,100 | - |
| 2004 | 보육정원 | 1,466,300 | 507,700 | 256,300 | 341,500 | 318,100 | - |
| | 공급자 | 105,600 | 12,000 | 105,000 | 9,700 | 71,000 | - |
| 1997 | 보육정원 | 1,021,400 | 193,800 | 383,700 | 78,700 | 365,200 | - |
| | 공급자 | - | 6,100 | - | 2,600 | - | - |

* 비고: 보육시설 수는 9월 현재임.
* 자료: Daycare Trust. 2006. pp.4-5

두 번째 목표, 접근성 확보를 위해 요구되었던 보육시설의 공급에도 상당한 성과가 있었다. 먼저, 총 보육정원은 국가아동보육전략 수행 이전인 1997년의 102만 명 정원에서 2006년에는 156만 명 정원으로 65%가 증가하였다. 종일보육의 정원은 3배 가까이 증가한 반면 반일보육은 상대적으로 줄었고, 방과후보육은 5배 가까이 증가하였다. 더불어 가정보육모와 시간제보육도 증가하여 보육의 접근성이 높아졌다.

보육정원의 증가는 곧 보육공급자 수의 증가를 의미한다. 보육공급자는 표 18-1에서 보는 바와 같이, 2006년 현재 가정보육모를 포함하여 107,600개/명으로 증가하였다. 보육유형별로 볼 때 종일보육 공급자와 방과후보육 공급자가 증가하고, 반일보육 공급자는 감소하였다. 우리는 여기서 공급자의 성격을 살펴볼 필요가 있다. 지난 2001년에서 2005년까지 공급자 유형의 변화를 비교한 표 18-2를 보면, 단 4년 동안 종일보육의 민간보육시설비율이 81%에서 60%로 감소한 반면 비영리 보육시설이 5%에서 20%로 증가했고 지방정부가 제공하는 공공보육

(단위: 명)

| 공급자 | 종일보육 | | 반일보육 | | 방과후보육 | |
|---|---|---|---|---|---|---|
| | 2005 | 2001 | 2005 | 2001 | 2005 | 2001 |
| 민간부문 | 60% | 81% | 30% | 28% | 36% | 37% |
| 비영리부문 | 20% | 5% | 60% | 55% | 39% | 32% |
| 지방정부 | 9% | 6% | 7% | 4% | 14% | 13% |
| 학교/대학 | 4% | 1% | 2% | 4% | 11% | 19% |
| 기타 | 6% | 9% | 3% | 14% | 4% | 7% |

* 자료: Daycare Trust, 2006. pp.11-12.

시설이 6%에서 9%로 증가하였으며, 교육기관에서 설치하는 종일보육 시설도 1%에서 4%로 증가하였다. 이와 같은 결과는 사회투자전략인 국가아동보육전략 이전에는 상상할 수 없었던 공공부문의 확대이다. 반일보육시설이나 방과후 보육시설 부문에서도 비영리부문, 지방정부, 학교 설립이 증가하였다.

이와 같은 보육시설의 확충 결과 2004년에 잉글랜드 지역에서 0~14세 아동 중 약 350만 명이 보육을 이용하게 되었는데, 이것은 2001년과 비교해 이용률이 8% 증가한 것이다. 이 기간 동안 공식보육은 10% 증가한 41%, 비공식보육은 6% 증가한 42%, 방과후보육은 6% 증가한 12%를 기록하였다(Bryson · Kazimirski · Southwood, 2006: 52~53). 증가율은 정부의 무상유아교육 확대의 영향을 받았다. 종일보육시설 이용 아동 중 21%는 2세 미만인 반면 72%는 2~4세의 아동이었으며, 반일보육시설 이용아동 중에는 95%가 2~4세의 아동이라는 데서 알 수 있듯이 취학전 2~4세 이용률이 매우 높다. 그리고 3~4세의 무상유아교육을 추진한 결과 3세 아동만 하더라도 98%(2006년 기준)가 무상유아교육 수급 자격을 갖고 있었다.

세 번째 목표인 보육의 질과 관련해서도, 교육표준국[Ofsted]의 관리감독

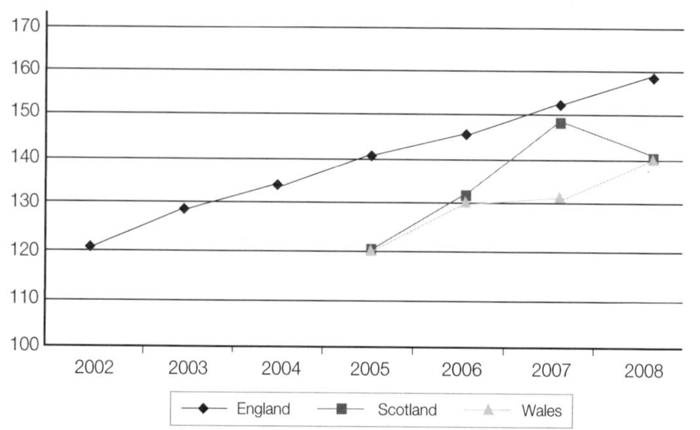



* 자료: Daycare Trust, 2008, p.3



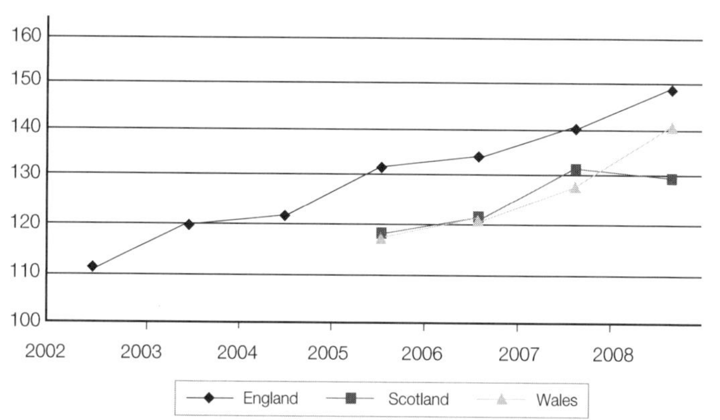



* 자료: Daycare Trust, 2008, p.3

을 통해 서비스의 질을 향상시켰다. 이곳에서 2005/2006년에 실시한 평가 결과 3%만이 부적절 판정을 받았고, 부적절 판정을 받은 기관 중 재평가에서 다시 부적절 판정을 받은 경우는 13%였다. 이와 같은 보육시설 평가를 통해 서비스 질을 관리하는 것 외에 보육종사자의 자격관리를 강화하는 방안으로 보육의 질을 향상시키고 있다(Daycare Trust, 2006).

마지막으로 적정비용이라는 목표와 관련하여, 보육비용에 대한 지원은 정부가 무상유아교육을 확대하고 각종 세액공제를 확대하였지만, 여전히 부모 부담률은 75%(2004/2005년 기준)(Daycare Trust, 2004)로 높은 수준이다. 무상유아교육과 조세를 통한 보육료 지원이 확대되어가고 있어 그 비율이 점차적으로 감소하겠지만, 부모 부담률이 30% 정도에 불과한 덴마크와 같은 국가에 비교할 때 가족의 부담이 매우 높다. 영국의 높은 부모부담률의 또 다른 이유는 지속적으로 상승하는 보육료에 있다. 그림 18-5와 그림 18-6에서 보듯이 2세 미만의 보육료는 2002년부터 2008년까지 6년 사이에 잉글랜드지역에서 33% 이상 증가하였으며, 2세 이상의 보육료는 35% 이상 증가하였다. 2005년 잉글랜드 지역의 2세 미만 보육료는 주당 141파운드였는데, 이것은 주당 평균소득 431파운드의 무려 30%에 이르는 매우 높은 비용이었으며, 당시 인플레이션이 2004년에 1.3%, 2005년에 2.1%였던 것에 비해 보육료는 한 해 동안 5% 이상 증가하는 등(Daycare Trust, 2006), 보육료 상승은 정부의 보육료 지원에도 불구하고 가족의 부담을 크게 경감시키지 못하고 있다.

## 2) 슈어스타트 프로그램의 성과

슈어스타트 프로그램 수행 3년이 경과하자 이에 대해 연구자들의 본격적인 평가가 시작되었다. 프로그램의 특정 부분에 초점을 맞춘 초기 평가연구부터 슈어스타트 프로그램 전반을 평가한 연구에 이르기까지 다양하다.

브라운과 딜렌버거(Brown · Dillenburger, 2004)는 행동장애아동 가족에 대한 개입 효과 연구를 통해 슈어스타트 프로그램이 대체로 단기간 내에 성공적으로 수행되었고, 대부분의 아동의 행동을 개선시켰다고 분석하였다. 그러나 부모가 높은 스트레스를 받고 있는 등의 다문제 가족에서는 개입 효과가 낮았다고 평가하면서, 다양한 기관의 개입이 요구되는 가족들을 위해 슈어스타트와 핵심 서비스간의 긴밀한 연계가 필요하다고 제안하였다. 모로우와 마린(Morrow · Malin, 2004)은 부모위원회 참여와 관련하여 부모들의 임파워먼트에 기여하였다고 하면서, 부모들은 그들의 역량을 강화하고 실천기술을 개발할 기회를 가졌으며 긴밀한 사회네트워크를 형성하고 전문가와 새로운 관계를 창출하게 되었다고 평가하였다. 동시에 다양한 기관이 함께 일하는 것은 긴장과 딜레마가 일어날 수 있으므로 지원, 훈련, 공공서비스의 현대화 등과 같은 조직의 재구조화가 필요하다고 제안하였다. 모로우, 마린과 제닝스(Morrow · Malin · Jennings, 2005)는 지방슈어스타트의 전문가 팀워크에 관한 연구에서, 초기단계에서는 전문가 팀원들이 출석하지 않거나 시간과 빈도에 대해 계속 불만을 갖거나 상호 신뢰하지 않는 등의 명백한 또는 보이지 않는 갈등도 있었다고 밝히면서, 서비스 공급자가, 과거 전문가나 기관이 갖고 있던 경계를 허물고 가족과 지역사회의 욕구에 보다 집중하는 새로운 방법의 팀워크 활동이 필요하다고 하였다. 에글리와 아비스(Edgley · Avis, 2006) 역시 18명의 지역전문가를 인터뷰한 결과를 바탕으로, 슈어스타트의 근본이라고 할 수 있는 전문가 협력은 지역 내 자원에 따라 제한받을 수 있고, 또 많은 주류 전문가들이 자신의 업무에 혁신을 가져다주지 못한다고 생각하기도 하지만, 슈어스타트는 새로운 서비스와 활동을 수용하고, 가족과 함께 작업하는 새로운 기술을 개발하고 무엇보다 서비스 제공에 있어서 기존 서비스와 구조적 차이점을 가지고 있다고 평가하였다. 벨스키 등(Belsky et. al., 2006)은 슈어스타트 지역과 비지역에 사는 아동(9개월 또는 36개월)의 어머니를 대상으로 그 효과를 연구한 결과 지방슈어스타트 프로그램의 효과는 가족의 사회적 박탈의 정도에 따라 다양하게 나타나는데, 가족박탈이 적은 가족에게는 상대적으로 긍정적 효과가 나타났으나 박탈의 정도가 심한 미혼모 자녀, 한부모 자녀, 실업가정 아동에게는 그렇지 못했고, 지방슈어스타트 프로그램 운영 기관별로는 보건기관이 주도하는 지방슈어스타트 프로그램이 다른 기관이 주도하는 경우보다 효과가 컸다고 분석하였다. 루터(Rutter, 2006) 역시 150개 지방슈어스타트 프로그램 실시 지역과 50개 미실시 지역에 사는 아동(9개월 또는 36개월)의 부모를 대상으로 한 비교연구에서, 대체로 슈어스타트 지역에 사는 3세 아동과 가족들에게 약간의 의미 있는 차이는 있었지만, 가장 박탈이 심한 가족들 사이에서는 일부 지표에서 부정적 효과가 나타나기도 하였다고 분석하였다. 그의 의견에 따르면, 연구결과들이 슈어스타트의 가치를 지지해주기를 바라지만 실상은 그렇지 않다는데 정부의 딜레마가 있고, 우파언론계는 이미 슈어스타트의 실패를 이야기 하는 상황이지만, 사실상 연구의 결론은 아직 나지 않은 것이라고 하면서 향후 정부 역할에 주목하고 있다. 이외 보육과 고용의 관계를 연구한 밀러(Miller, 2006)는 영국에서 아동보육의 불안정이

미취업의 원인의 하나이지만 주요 원인은 아니라고 밝혔다. 그러면서, 불안정한 아동보육은 어느 정도는 불안정한 고용의 원인이지만 대개의 여성들은 안정적인 보육서비스를 받고 있기 때문에 그것이 실직의 주요 원인으로 나타나지 않는다고 설명하였다.

바네스를 중심으로 한 런던대학의 '아동·가족과 사회이슈 연구소'는 슈어스타트 4년의 성과에 대한 가장 광범위한 효과 평가를 실시하였다(Barnes, Cheng, Howden, Frost, Harper, Dave, and Finn, 2006). 이 연구는 260개 슈어스타트 실시 지역의 변화와 잉글랜드 전체의 변화를 7개 영역에 걸쳐 분석하였는데, 그 중 영유아와 관련된 지표의 결과는 표 18-3에서 보는 바와 같다. 지방슈어스타트 지역은 잉글랜드 전체와 비교해, 0~3세 아동의 비율이 증가하였고, 무직가구 또는 급여수급가구의 아동 비율이 감소하였으며, 위장이나 저호흡증 아동비율에는 유의미한 차이가 없었지만 심한 상해를 입은 아동 비율은 감소하였고, 아동복지 등록률이 증가하였다. 그리고 지역 내 보육서비스 규모의 변화는 전체 잉글랜드와 비교해 반일보육 정원이 줄어든 것을 제외하고는 유의미한 차이가 없었다. 이외 영유아와 직접 연관된 것은 아니지만, 학업성취도의 변화는 긍정적인 편이었고, 지역사회 무질서와 관련하여 차량범죄는 줄어들었지만 폭력, 약물 문제가 증가하는 등의 문제가 여전히 남아있었다. 슈어스타트 4년의 성과가 치안문제를 해결하지는 못했어도 아동인구의 유지, 빈곤완화, 아동과 가족을 위한 서비스 확대의 측면에서 성공적이었다는 평가이다.

정부의 자체 평가는 긍정적이다. 무엇보다 250개 지역에서 시작한 이 프로그램을 2010년 내에 영국 전역으로 확대하고 지역사회 내 한 개 이상의 슈어스타트센터를 설치하겠다는 10년 보육전략이 그 효과에 대한 자신감을 보여준다. 정부의 설명에 따르면, 슈어스타트의 성공

표 18-3_지방 슈어스타트 프로그램 실시 지역 특성의 변화(2000/01~2003/04)

(단위: %)

| 영역 | 주요 지표 | 슈어스타트 실시 지역 | | 잉글랜드 전체 지역 | | 슈어스타트 지역 대 잉글랜드 전체의 변화 |
|---|---|---|---|---|---|---|
| | | 2003/04 평균 | 2000/01~ 2003/04 변화 | 2003/04 평균 | 2000/01~ 2003/04 변화 | |
| 아동인구 | 0~3세 아동 비율 | 15.3 | +0.9** | 10.4 | -0.3 | ** |
| | 인구1천 명당 출생률 | 16.1 | +0.1 | 12.0 | +0.5 | - |
| 가족박탈 | 직업이 없는 가구에 사는 0~3세아 | 40.4 | -3.8** | 22 | -1.2 | ** |
| | 소득지원 가구에 사는 0~3세아 | 37.2 | -1.8** | 19.8 | 0.5 | ** |
| | 구직수당 수급가구에 사는 0~4세아 | 3.1 | -1.1** | 1.5 | -0.5 | ** |
| 아동보건 | 위장염이 있는 0~3세아 | 12.8 | -0.3 | 9.3 | 0.7 | - |
| | 저 호흡증의 0~3세아 | 24.6 | +0.5 | 19.5 | +1.6 | - |
| | 심한 상해를 입은 0~3세아 | 13.4 | -2.1** | 10 | -0.3 | ** |
| 아동복지 | 0~4세, 아동보호등록률 | 80.5 | +1.1 | 37.8 | -0.8 | - |
| | 0~4세, 연간등록률 | 100.0 | +81.4** | 48.5 | +7.1 | ** |
| | 돌보고 있는 0~4세아 | 79.0 | +18.9 | 43.0 | +1.5 | - |
| 지역 서비스 (아동 보육) | 0~7세 1천명당 가정보육 정원 | 33.6 | +2.3* | 71.5 | +4.2 | - |
| | 0~7세 1천명당 종일보육 정원 | 50.6 | +3.3 | 102.0 | +16.2 | - |
| | 0~7세 1천명당 반일보육 정원 | 24.2 | -5.4** | 61.3 | -2.6 | ** |
| | 0~7세 1천명당 방과후보육 정원 | 37.4 | +4.2 | 73.1 | +6.0 | - |
| | 0~7세 1천명당 시간제보육 정원 | 12.7 | +3.1 | 8.7 | -1.1 | - |

* 비고: 1)** : 통계적으로 의미 있는 변화가 나타났음을 의미함.
    2) 이 연구는 인구, 가족박탈, 아동보건, 아동복지, 학교성취도, 지역서비스, 지역사회 무질서 7개 영역에서 각각 8~26개의 세부 지표를 갖고 평가하고 있다. 이 중 0~4세 아동(신생아 지표 및 0~4세 아동이 있는 가구와 의료기관과의 거리 지표 제외)에 관한 지표만을 정리한 것이다. 또한 잉글랜드 지역과 비교 불가능한 몇 개의 지표도 생략되었다.
    3) 지방슈어스타트 프로그램이 본격적으로 시행된 첫 해가 2000/01년이다. 이 해를 Round 1로 하여, 20003/04년까지 Round 4가 진행되었다.
* 자료: Barnes et. al., (2006: 15, 21, 29, 35, 51)에서 재구성

요인은 다음의 여섯 가지에 있다. 그것은 지역사회 기반의 파트너십, 슈어스타트 원칙, 가장 취약한 지역에 대한 집중 지원, 학교를 보육ㆍ보건ㆍ가족지원서비스를 제공하는 슈어스타트의 장으로 확대하는 것, 훈련된 아동전문가 양성, 그리고 고용주들이 아동보육에 참여할 수 있

도록 장려하는 것이다(DfES · DWP, 2003).

슈어스타트 효과에 대한 연구를 통해 슈어스타트는 어느 정도의 성과를 보이고 있다 하더라도, 더불어 몇 가지 문제점이 공존한다는 것을 알 수 있다. 대표적으로 과정의 측면에서 볼 때, 슈어스타트 프로그램의 핵심 접근방법인 전문가 팀워크가 결코 쉬운 작업은 아니라는 것과, 결과의 측면에서 볼 때 가장 박탈당한 가족에 대한 효과가 미비하거나 나타나지 않는다는 점이다.


## 5. 결론

이 글은 영국의 사회투자전략의 상징이라고 할 수 있는 슈어스타트와 국가아동보육전략의 배경과 내용, 성과를 살펴본 것이다. 국가아동보육전략의 주요 목표인 부모의 선택권(모성보호와 탄력적 근로 등)과 접근성(보육시설 확충), 서비스 질, 적정 비용(가족의 비용 부담 완화)은 사회투자적 전략으로서 고유한 성격을 갖고 있다기보다는 많은 국가들이 채택하고 있는 보육정책의 일반적 목표이며 한국의 보육정책의 목표이기도 하다. 다만, 빈곤지역의 빈곤아동을 위한 포괄적 보육이라고 할 수 있는 슈어스타트 프로그램은 영국의 독특한 실천모델을 보여주고 있다. 사회투자전략이라는 담론은 보육정책의 발달을 가속화시키는 영향력 있는 촉매 역할을 하였다고 볼 수 있다.

사회투자론에 대해 우려하는 대표적 학자인 김영순(2007)은 사회투자국가론이 전통적 복지국가 = 소비적 = 낭비적 = 나쁜 복지국가, 사회투자국가 = 투자적 = 생산적 = 좋은 복지국가란 이분법을 유포시킴으로써 궁극적으로 복지담론에서 신자유주의 헤게모니를 더욱 강화시켜, 우리 사회의 친복지국가적 담론을 약화시키고 보편적, 제도적, 연대적 복지국가정책의 설 자리를 좁힐 수 있다는 것을 경계하고 있다. 그러나 보육정책에서는 생산적 가치를 강조하는 미래 '노동력'으로서의 아동, 그리고 현재 또는 잠재적 '노동력'으로서의 여성에 대한 지원이 강조될수록, 보육정책에 대한 투자는 확대됐고 또한 그러한 경향이 있다. 보육정책은 정책문제의 표적과 정책의 수혜자가 정확히 일치하지 않는 특성이 있다. 미래 노동력에 대한 사회적 투자는 결과적으로 현재의 아동에게 귀착되고, 부모의 노동시장 참여를 위한 사회적 투자 역시 현재의 아동에게 귀착되며, 또한 미래의 사회보장 지출 증가를 예방하기 위한 투자도 현재의 아동에게 귀착된다. 보육정책의 이와 같은 특성들은 사회투자정책으로서의 성격을 강조하면 강조할수록 사회적 관심과 재정 확대를 바탕으로 소득보장 기능이 공고해지고(보육료 지원), 보편주의적 복지가 되고(무상 유아교육), 복지서비스의 수준을 높이며(서비스 질과 다양성),[17] 연대의 필요성(슈어스타트에서 나타난 중앙정부 · 지방정부 · 자원 · 주민의 연대)을 높인다. 이처럼 보육정책은 다른 근로연계복지와는 차별적인 속성을 갖고 있다.

보육정책에 대한 이와 같은 영국의 사회투자적 접근방법은 한국의 보육정책을 발전시키고 정교화하기 위한 전략을 찾는데 긍정적 함의를 제공한다. 또한 한국에서 발견되는 몇몇 유사한 사례들은 한국형 슈어스타트의 적용가능성을 보여준다. 첫째, 포괄적 보육의 개념과 실천이 확산되어가고 있다. 포괄적 보육의 필요성을 주장하는 연구들이 축적되어 있고, 실제 일부 보육시설에서 포괄적 보육을 시도한 바 있으며,

---

17) 육아나 아동발달은 매우 복잡하다. 따라서 양질의 미래 노동력을 만들어야 한다는 과제는, 슈어스타트 프로그램에서 보듯이 매우 구체적인 서비스 전략과 내용을 만들어 냈다. 빈곤지역에서 시작한 슈어스타트 프로그램을 전 지역으로 확대할 계획에 있어, 이 프로그램은 발달된 형태의 보육서비스의 새로운 모델을 만들어 낼 것으로 보인다.

포괄적 보육에 대한 인식과 교육이 확산되어 가고 있다.[18] 둘째, 우리[We] 모두가 나서 빈곤층 아동들의 새로운 삶의 출발을 도와주자는 의미로 2004년에 시작된 위스타트[We Start] 운동은 영국의 슈어스타트, 미국의 헤드스타트[Head Start], 캐나다의 페어스타트[Fair Start]와 기본 아이디어가 동일하다(We Start 운동본부, 2006). 이 사업들은 교육, 복지, 보건, 가족지원을 포괄적으로 연계하고 지역자원의 네트워크 즉, 협력을 바탕으로 한다는 데서 유사한 측면이 있다. 셋째, 참여정부시절 정책기획단 빈부격차별시정위원회(2004)는 희망투자전략이라는 이름의 빈곤대물림차단을 위한 빈곤아동·청소년 종합대책(안)을 마련한 바 있다. 희망투자전략(안)은 슈어스타트를 사례로 들어 통합적 서비스를 제공할 것이며, 효과적인 서비스 전달을 위해 지역사회 중심의 통합서비스 네트워크를 구축하겠다는 안을 포함하고 있다. 희망투자전략은 본격화되지 않았지만 아동빈곤에 대한 정부의 새로운 대응방식을 보여주었다. 이와 같은 경험을 바탕으로 한국형 슈어스타트를 실시한다면, 한국에서도 모든 아동과 가족을 위한 포괄적 서비스 지원과 육아비 지원, 그리고 지방정부와 민관협력과 지역사회네트워크가 강조되는 지방중심의 통합적 육아지원 전달체계를 핵심으로 하는 포괄적 육아지원정책을 이루어 갈 수 있을 것이다.

한국에서 슈어스타트와 같은 사회투자적 접근 전략을 실시할 때 몇

---

18) 관련 연구로는 표갑수·백선희(1998), 삼성어린이개발센터(2001), 황미혜(2002) 등이 있다. 삼성복지재단(2006)은 저소득층 지역의 삼성어린이집들에 포괄적 보육을 실시한 성과를 발표한 적이 있으며, 지방자치단체 중에서는 사회복지사를 배치하여 포괄적 보육을 시행하기도 하였으며(고양시보육정보센터, 2006), 포괄적 보육을 위한 지역네트워크 자원조사를 실시한 적도 있다(백선희, 2006). 한편 한국보육교사회에서는 포괄적 보육의 필요성과 실천방안에 대한 보육교사교육을 실시하였다(한국보육교사회, 2003). 이와 같은 다방면의 노력으로 보육계에서는 포괄적 보육에 대한 이해가 높아졌고, 그 필요성을 인식하기 시작하였다. 또한 한국의 사회복지 전달체계와 관련 통합적 서비스 제공체계에 대한 연구는 물론(이태수 외, 2005) 실제로 통합적 서비스 제공을 위한 노력이 이루어지고 있다.

가지 경계해야 할 것이 있다. 첫째, 사회투자론의 유용성에도 불구하고 우리는 아동복지정책으로서의 보육정책에 사회투자 또는 미래 인적 자본이라는 접근이 전면에 서는 것에 대해 신중할 필요가 있다. 리스터 (2006)는 아동의 가치는 현재의 존재 자체에 있는가, 잠재적 성인이라는데 있는가? 현재의 시민인가, 미래의 시민인가? 를 질문하면서 사회투자를 넘어서 인간의 권리, 안녕, 사회정의를 이루도록 해야 한다고 주장한다. 그러므로 사회투자전략으로서의 보육정책이 현재의 아동의 가치를 축소시켜서는 안 될 것이다. 둘째, 사회투자전략의 이름으로 여성을 인구생산의 도구, 경제적 생산의 도구로 전락시키는 것을 경계하여야 한다. 무엇의 도구가 아닌 인간의 가치, 가족의 가치가 잘 반영될 수 있다면 영국의 사회투자전략으로서의 보육정책과 슈어스타트는 아동과 가족의 복지를 위한 효과적인 전략일 수 있다. 셋째, 형평성 있는 기회를 제공하기 위한 사회투자의 효과가 실제로 모든 대상자들에게 형평성 있게 나타나는지에 대해 세심하게 살펴야 할 것이다. 영국 보육정책에서 일부 저소득층 취업모나 사회적 박탈이 더 심한 가족과 아동들에게 정책 결과가 효과적이지 않은 예가 있었다. 사회투자적 접근이 갖고 있는 지향성의 문제일수도 있지만 불충분한 급여, 가족 및 근로환경 등 다양한 원인에서 비롯되기도 한다. 이와 같은 문제를 경계하여 복지정책의 궁극적 목적과 수단을 전치하지 않는다면 보육정책을 통해 복지적 측면, 즉 빈곤아동과 가족의 사회적 배제 극복과 모든 영유아들의 삶의 질 향상과 경제적 측면, 즉 현재노동력인 여성의 일·가정 양립지원과 미래의 양질의 노동력 확보를 위한 투자의 상생으로 현재와 미래의 복지사회에 기여할 수 있으리라 본다.

* 이 글은 『사회복지정책』 27권 (2006: 79~113)에 실린 필자의 글 "영국의 국가아동보육전략 연구를 통한 우리나라 보육정책의 발전 방안 모색: 슈어스타트를 중심으로"를 대폭적으로 수정·보완한 것이다.

**참고문헌**

고양시보육정보센터(2006). www.echild.or.kr/child.
김연명(2007). 「사회투자론의 한국적 적용 가능성과 쟁점」, 『사회복지정책』 30권, 한국사회복지정책학회 (이 논문은 이 책의 제1장에 실려 있음)
김영순(2007), 「사회투자국가가 우리의 대안인가? 최근 한국의 사회투자국가 논의와 그 문제점」『경제와 사회』 74호 여름. (이 논문은 이 책의 제7장에 실려 있음)
박순우·최영(2007). 「영국복지개혁의 사회투자전략에 관한 연구」. 한국사회복지정책학회. 『사회복지정책』 30: 187-218. (이 논문은 이 책의 제17장에 실려 있음)
백선희(2004). 『인천지역 아동보육자원 현황과 지역사회 네트워크 형성』. 인천광역시.
빈부격차 차별시정위원회(2004). 『빈곤대물림 차단을 위한 희망투자전략: 빈곤 아동·청소년 종합대책』.
삼성복지재단(2006). 『포괄적 보육서비스』. 다음세대.
삼성어린이개발센터(2001). 『보육시설에서의 포괄적 보육서비스』. 삼성복지재단.
이태수·이인재·강혜규·백선희·김주섭·이상구·류정아·김형용·남찬섭·강수진·이지전(2005). 『지역주민통합서비스 제공체계 구축방안』. 저출산고령사회위원회·한국보건복지인력개발원
표갑수·백선희(1998). 「아동보육 사회서비스 프로그램의 기본 모형」. 『한국영유아보육학』 제 13집. 139-175.
한국보육교사회(2003). 『보육시설의 사회복지기능 강화와 지역복지 네트워크 형성을 위한 실무자 훈련』 자료집.
황미혜(2002). 「보육시설종사자의 포괄적 보육서비스 수행 결정 요인」 연세대학교 석사학위 논문.
We Start 운동본부(2006). http://westart.joins.com.
Bagley, Carl, Clare L. Ackerley, Julie Rattray(2004). "Social exclusion, Sure Start and organizational social capital: evaluating inter-disciplinary multi-agency working in an education and health work programme." *Journal of Education Policy* Vol. 19, No. 5: 595-607.
Ball, Mog, Edward Melhuish, Jay Belsky, Alistair Leyland, Alice McLeod, Jacky Saul, Alyson Ashton(2002). *Getting Sure Start Started*. Nottingham: DfES Publication. NESS/FR/02.
Barnes, Jacqueline, Helen Cheng, Beth Howden, Martin Frost, Gillian Harper, Sapna Dave, and Jacqui Finn(2006). *Changes in the Characteristics of SSLP Areas between 2000/1 and 2003/04*. Nottingham: DfES, NESS/2006/FR/016.
Belsky, Jay, Edward Melhuish, Jacqueline Barnes, Alastair H. Leyland, Helena Romaniuk(2006). "Effects of Sure Start local programmes on children and families: early findings from a quasi-experimental, cross sectional study". *BMJ(The British Medical Journal)*. http://www.bmj.com/cgi/content/full/332/7556/1476
Blair, T. (2002). Speech on tackling poverty and social exclusion. Anne Taylor Centre, Hackney, 18, September.
Brown, Eleanor A., Karola Dillenburger(2004). "An Evaluation of the Effectiveness of Intervention in Families with Children with Behavioral Problems within the Contest of a Sure Start Programme." *Child Care in Practice* 10(1): 63-77.
Bryson, Caroline, Anne Kazimirski, Helen Southwood(2006). *Childcare and early years provisions: a study of parents' use, views and experiences*, Department for Education and Skills Research Report 723. London: DfES.
Camden Council(2003). *Camden's Children's Centres Plan 2004-2006*. London: Camden.
Clarke, Karen(2006). "Childhood, parenting and early intervention: A critical examination of the Sure Start national programme." *Critical Social Policy* 26(4): 699-721.

Daycare Trust(2004). *Universal Early Education and Care in 2020: costs, benefits and funding options.* London: Daycare Trust.

___________(2006). *Childcare Today: A Progress report on the Government's Ten-year Childcare Strategy.* London: Daycare Trust.

___________(2008). *Childcare costs survey 2008.* London: Daycare Trust.

DfES(2002). *Sure Start: making a difference for children and families.* Nottingham, DfES Publicaions

DfES, DWP(2003). *Sure Start.* Nottingham: DfES Publications.

Dobrowolsky, A, J. Jensen(2005). "Social Investment Perspectives and Practices: A Decade in British Politics", Powell, M., L. Bauld and K. Clarke (eds) *Social Policy Review 17.* Bristol: The Policy Press.

Dobrowolsky, A.(2002). "Rhetoric versus Realty: The Figure of the Child and New Labour's Strategic 'Social Investment State' ", *Studies in Political Economy* 69(Autumn): 43-73.

Edgley, Alison, Mark Avis(2006). "Interprofessional collaboration: Sure start, uncertain futures." *Journal of Interprofessional Care* 20(4): 433-435.

Esping-Andersen Gosta(2002). "A Child-Centred Social investment Strategy". Esping-Andersen Gosta et. al., *Why We Need a New Welfare State*, Oxford University Press.

___________________(2007). "Towards a Child Centred Social investment Strategy". Wellchi Network Conference: How can the well-being of children in a knowledge-based society be ameliorated? Convergence and Divergence Patterns in a European Perspective (8-10 Feb. 2007, Barcelona: Institute of Childhood And Urban World)

Giddens, A.(1998). *The Third Way: The Renewal of Social Democracy.* Cambridge: Polity

Gregg, Paul, Susan Harkness, Stephen Machin(1999). *Child development and family incomes,* York: Joseph Rowntree Foundation.

Gustafsson, Ulla, and Stephen Driver(2005). "Parents, Power and Public Participation: Sure Start, an Experiment in New Labour Governance." *Social Policy & Administration* 39(5): 528-543.

HM Revenue & Customs(2006). "Content of Child Benefit Technical Manual". http://www.hmrc.gov.uk/manuals/cbtmanual/index.htm.

HM Treasury · DfEE · DWP · Dti(2004). *Choice for parents, the best start for children: a ten year strategy for childcare.* Norwish: HMSO.

HMSO(ed.)(1998). *New Ambitions for Our Country: A New Contract for Welfare,* Stationery Office Books (TSO)

Lister, Ruth(2003). "Investing in the Citizen-Workers of the Future: Transformations in Citizenship and the State under New Labour". *Social Policy and Administration* 37(5): 427-433.

___________(2006). " Children(but not women) first: New Labor, child welfare and gender." *Critical Social Policy* 26(2): 315-335.

Lucinda, Platt(2005). *Discovering Child Poverty.* Bristol: The Policy Press University of Bristol.

Miller, Cynthia(2006). "Stability and Change in Childcare and Employment: Evidence from the United States." *National Institute Economic Review* 195: 118-132.

Morrow, Gillan, and Migel Malin(2004). "Parents and professionals working together: turning the thetoric into reality." Early Years: *An International Journal of Research and Development* 24(2): 136-177.

Morrow, Gillian, Nigel Malin, and Trudie Jennings(2005). "Interprofessional teamworking for child and family referral in a Sure Start local programme." *Journal of Interprofessional Care* 19(2): 93-101

Moss, Peter(2006). "Farewell to Childcare?" *National Institute Economic Review* 195: 70-83.

Olk, T.(2006). Children in the Social Investment State. WELLCHI Network Conference: Well-being of children and labour markets in Europe Different kinds of risks resulting from various structures and changes in the labour markets. (University of Hamburg, 31 March - 1 April 2006)

Randall, Vicky(2002), "Child Care in Britain, or How Do You Restructure Nothing?" Sonya Michael and Rianne Mahon, eds., *Child Care Policy at the Crossroads*, London: Routledge.

Rutter, Michael(2006). "Is Sure Start an Effective Preventive Intervention?" Child and *Adolescent Mental Health* 11(3): 135-141.

Sure Start King's Cross & Holborn(2005). *Organization chart*

Sure Start Unit(2005). *A Sure Start Children's Centre for Every Community*. Phase 2 Planning Guidance(2006-2008),

Sure Start(2002). *Making a difference for children and families-Sure Start*, Nottinghamshire: DfES publications

__________(2003a). *Sure Start Guidance 2004-2006: Overview and local deliverly arrangements*, Nottinghamshire: DfES publications.

__________(2003b). *Sure Start Guidance 2004-2006: Deliverly Guidance*, Nottinghamshire: DfES publications.

Taylor-Gooby(2004). "New Risks and Social Change". Peter Taylor-Gooby (ed.). *New Risks, New Welfare: the Transformation of the European Welfare State*. Oxford University Press.

The Secretary of State for Education and Employment, The Secretary of State for Social Security & Minister for Women(1998). *Meeting the Childcare Challenge: A Framework and Consultation Document*. London: DfEE.

# 비교적 관점에서 본 영국의 사회투자국가

- 신자유주의의 대안인가? 확장인가? -

이주희 | 이화여대 사회학과 교수

## 1. 서론

　최근 사회정책분야에서는 사회투자국가에 대한 관심이 두드러진다. 학술적 소개(임채원, 2006)와 한국적 맥락에 적용하려는 분석적 노력(임채원, 2007; 김연명, 2007; 양재진, 2007; 윤홍식, 2007), 그리고 이에 대한 문제점을 지적하는 논문(김영순, 2007)에 이르기까지 사회투자국가에 대한 다학문적인 관심도가 매우 높아지고 있다. 또한 실천적 차원에서도 이 개념의 파급력은 점차 확산되는 추세이다. 노무현 정권의 미래전략인 2030은 물론, 보수와 진보를 아우르는 다양한 정당의 지난 대선 후보전략에도 이를 원용한 정책들이 다양하게 포함되었다.

　사회투자국가의 개념은 영국의 사회학자 기든스(Giddens, 1998)가 신자유주의의 장점을 받아들여 낡은 사회민주주의의 병을 치료하려는 목적으로 쓴 『제3의 길』에서 처음 소개되었다. 사회투자국가를 포함하여 그가 이 저서에서 한 제안들이 나쁜 것이거나 가치가 없는 것은 전혀 아니다. 오히려 그 반대이다. 투명하고 개방적이며 효율적인 정부, 공공부문과 민간부문의 상승효과를 추구하는, 공익을 염두에 두고 시장의 역동성을 추구하는 신혼합경제, 인적자본에 투자하여 부의 창조에 기여하고 복지제공이 경제발전과 연계되는 적극적 사회정책, 생태적 관심이 묻어있는 성찰적 근대화의 추구, 민주주의를 초국가적 수준으로 확대하는 세계주의와 다문화주의의 확립 등은 어떤 이데올로기적 지향을 가진 사람도 저항할 수 없을 만큼 매력적이다. 그러나 기든스가 아쉽게도 그의 저서에서 구체적으로 밝히지 않은 사실은 이 모든 훌륭한 정책을 수행하기 위해서는 재원이 필요하다는 점이다. 공공지출을 축소하고 민간의 효율성을 지향하는 세계화된 자본주의는 세계를 자유롭게 돌아다니는 자본의 이윤을 세금으로 거두어들이는 일을 무척이나 어렵게 한다. 게다가 자본주의사회는 정치적, 경제적 권력이 불균등하게 분배된 사회며, 세계화된 자본주의가 그 추세를 더욱 강화하고 있다. 이러한 신자유주의의 원칙에 근본적인 문제를 제기하지 않으면서 사회투자국가의 여러 프로그램의 실행을 위해 필요한 재정을 마련하기는, 그리고 그것을 가능하게 하는 정치적 지지를 이끌어내기는 쉽지 않다.

이 글에서는 이러한 사회투자국가가 과연 1997년 외환위기 이후 신자유주의적 변환의 큰 충격을 겪은 우리 사회가 지향할 만한 바람직한 대안인지의 여부를 판단해 보고자 한다. 판단의 기준은 효율성과 형평성, 이 두 차원이며 주로 사회투자국가와는 다른 복지모형을 유지해 온 조정시장국가들과 비교하면서 이 주제를 탐구할 것이다. 이어서 이러한 사회투자국가의 모형이 한국의 복지국가 발전에 주는 함의를 논의하는 것으로 결론을 대신한다.

## 2. 사회투자국가 모형 개관: 영국을 중심으로

에스핑-안데르센(Esping-Andersen, 1990)의 복지체계 분류에서 자유주의 및 보수주의 복지국가의 경계에 위치한 영국은 기든스가 버리고자 했던 "낡은 구식 사회민주주의"의 이념을 구현하고자 했던 복지국가가 아니었다. 그런 만큼, 영국의 사회정책은 전 인구를 대상으로 한 보편적 적용을 중시하는 북유럽에 비해 저소득층의 복지증진에 중점을 두어왔다. GDP 대비 공공지출의 비중이 2001년 기준 23%로, 그다지 높은 편은 아니다. 좀 더 발전된 사회민주주의적 복지국가인 스웨덴의 경우 이 비율은 30% 이상이다. GDP 대비 조세부담은 영국이 35.8%이고, 스웨덴은 50.2%이다. 그런 점에서, 영국의 사회보호체제는 아직도 확장 중인데, 최근에는 주로 건강과 가족 분야의 지출이 두드러지고 있다. 이렇듯 공공지출이 이 분야에서 확장되는 이유는 영국에서 아동의 빈곤, 그리고 아동발달 문제의 정치적 중요성이 매우 크기 때문이다. 이러한 맥락에서 1997년부터 상당한 비용이 요구되는 아동양육 보조금을 제공해 왔고, 이와 동시에 (소득에 기초한) 아동에 대한 세금공제를 통해 아동빈곤문제를 좀 더 직접적으로 해결하려고 하였다. 영국의 2000년 아동빈곤율은 OECD 평균에 가까운 8명 중 1명이었다. 영국은 이러한 아동빈곤을 줄이기 위해 2010년까지 빈곤상태에 있는 아동의 수를 반으로 줄이며, 특히 2020년까지는 아동빈곤 자체를 없앨 것을 목표로 하고 있다(OECD, 2005).

1997년 이후 영국 사회정책을 특징짓는 가장 주요한 추세는 일을 통한 복지의 추구, 즉 워크페어*workfare*이다. 영국정부는 1999년 최저임금제도, 그리고 저임금가구를 위한 근로보전세제*WTC: Working Tax Credit* 등의 도입을 통해 일자리가 중요한 복지의 근간임*make work pay*을 보여준 바 있다.

특히 2001년 선거 이후 영국정부는 복지확대 및 아동빈곤 퇴치의 가장 중요한 도구로서 고용률을 높이기 위한 여러 가지 작업에 착수하였다. 중·저소득가구에 세금공제혜택을 확대하였으며, 강제적인 직업면담[WFI: Work Focused Interviews] 제도를 신설하였다. 직업센터플러스[Jobcenter Plus]가 고용안정기관과 실업급여 지급기관 등의 역할을 통합하여 마련되었다. 이 직업센터플러스가 운영되는 방식은 기든스의 제3의 길이 상정했던 바와 같이, 영국의 사회정책이 다양한 민·관 협력체제를 통해 작동하고 있음을 보여준다. 직업센터플러스는 전국적, 또 지역적으로 상당히 다양하고 복잡한 파트너십을 통해 운영되는데, 이 기관과 지방정부, 지역발전기관[Regional Development Agencies], 학습훈련위원회[Learning and Skills Councils], 그리고 기타 조직들의 협력을 이끌어낸 지역전략 파트너십[Local Strategic Partnership]이 가장 대표적인 사례이다. 이 기관은 또한 약 2,000개의 영리 혹은 비영리 조직과의 계약관계를 맺고 있다(OECD, 2005).

영국의 노동시장정책 역시 이러한 맥락에서 이해된다(Finn, 2005).[1] 1970년대 영국은 조합주의적 제도 개혁을 통해 경제성장을 꾀하던 시기였다. 이러한 조합주의의 전통에 따라, 1974년 노사정 인력서비스위원회[Manpower Services Commission]가 부적절한 산업훈련체제와 인력수급 네트워크를 개선하기 위해 만들어졌다. 이 위원회는 공공부문의 기술센터[skill-centers] 네트워크, 그리고 23개의 부문별 산업훈련위원회[Industrial Training Board]를 관장할 책임을 졌다. 인력서비스위원회는 새로운 전국 직업센터 네트워크를 형성하여야 했는데, 이들 직업센터들은 주로 구직자와 구인자를 연결시키는 서비스를 제공하였다. 1979년 보수당 정부의 등장에도 불구하고, 위원회는 점차 실업문제에 대한 직접적 관리에 관여하게 되

---

1) 이 문단의 내용은 핀(Finn, 2005)의 논문의 주요 내용을 요약, 발췌한 것이다.

었고, 직업센터들은 급격하게 증가하는 임시직 일자리와 훈련제공의 책임을 맡게 되었다. 이러한 추세는 1981년 산업훈련위원회의 폐쇄 등 보수당 정부의 탈규제정책에도 불구하고 계속되었다. 1987년 선거 이후 보수당 정부는 실업과 복지, 그리고 경제성장과 삼자협의기구에 대한 기존의 입장을 바꾸었다. 그러한 변화의 일환으로, 인력서비스위원회는 해산되었으며, 그대신 미국의 사부문 산업위원회Private Industry Council를 모방한 사용자 주도의 훈련 및 기업위원회TEC: Training and Enterprise Councils가 청년 및 성인의 훈련프로그램에 대한 재정적 통제권을 가지게 되었다. 노동당 정부가 들어선 1997년 이 TEC는 정치적 압력 가운데 소멸되었고, 그대신 좀 더 광범위한 노사간 파트너십에 기반한 학습훈련위원회가 새로이 만들어졌다. 새로운 노동당 정부는 청년실업자에 대한 뉴딜의 도입을 약속한 바 있었다. 정권을 잡은 지 채 몇 주가 되기 전에 정부는 공공 고용서비스기관에 청년층을 위한 뉴딜을 수행할 권한을 주었고, 이 기관은 이 기회를 활용하여 전반적인 조직혁신을 시행하였다. 공공 고용서비스기관은 상당량의 시간과 자원을 투자하여 뉴딜 자문단을 도입하였고, 다양한 공공부문, 사부문, 그리고 자발적 조직체들과의 계약을 통해 새로운 서비스 및 고용과 훈련 선택권을 제공하였다. 1997년 부터 2001년까지 노동당 정권은 이 기관을 통해 청년층, 장기실업자, 한부모, 장애인, 50인 이상 고령자 등에 대한 고용서비스를 제공하였다. 이 과정에서 가장 두드러진 점은 개인 자문단을 활용하여 고용의 장애를 파악한 후 “개별화”된 고용지원을 제공하였다는 점이다. 여기서 영국의 사회정책과 노동시장정책은 철저하게 시장에서의 개인의 경쟁력 상승에 초점이 맞추어져 있다는 사실을 확인할 수 있다.

제3의 길이 본격적으로 시행된 2000년을 전후로 한 기간 동안 영국의 적극적 노동시장정책 및 교육정책과 관련된 사회지출은 북구의 사회민주주의 조정시장국가는 물론, 대륙형 조정시장국가와 비교하여도 뒤떨어지는 수준이었다(Pontusson, 2005). 이런 관찰은 과연 우리가 양재진(2007)과 같이, 사회투자국가를 영미형과 북구형으로 이분할 수 있을지 의문을 갖게 한다. 사회투자국가의 주창자들이 철저히 수정하려 한 구식 사회민주주의는 이미 사회주의를 의회 민주주의 내에서 이루어보려는 역사적 타협의 소산이었다. 쉐보르스키(Przeworski, 1985)의 냉소 섞인 분석처럼 다수지배의 정치법칙에서 살아남기 위해 노동당으로서의 선명성을 포기한 사회민주주의가 자본주의의 한계를 벗어나기에는 역부족이었다 할지라도, 신자유주의의 공격 이전의 사회민주주의는 적어도 평등에 대한 일관된 추구와 집념을 보여주었다. 영미식 사회투자국가 혹은 정책과 사회민주주의의 적극적 노동시장정책은 — 그것이 유럽통합이나 세계화 이후 어느 정도 시장 친화적이 되었다 하더라도 — 근본적으로 다른 원칙에 기반한 정책이라 여겨진다.

## 3. 사회투자국가의 효율성과 형평성: 조정시장국가와의 비교

### 1) 효율성

1980년대 이후로 본격화된 자본주의의 다양성 논쟁(Whitley, 1999)은 같은 자본주의 국가 내에서도 시장을 규율하는 제도적 맥락이 크게 다르며, 그로 인해 경제적 성과 역시 매우 차이날 수 있음을 보여준 바 있다. 경제세계화와 더불어 신자유주의적 탈규제가 진전됨에 따라 영국이 속한 영미권의 자본주의 국가의 경제사회모델이 좀 더 경쟁력이 큰 것으로 여겨졌는데, 그러한 추세는 바로 시장의 역할에 대한 다음과

**표 19-1_주요 경제지표**

| | 1. 구매력기준 GDP (미 달러화) | 2. GDP 성장률 1960~1980 | 3. GDP 성장률 1980~2000 | 4. 평균실업률 2000~2003 | 5. 근로시간에 따른 1인당 GDP 2002 |
|---|---|---|---|---|---|
| **조정시장국가 평균** | 28,883 | 3.1% | 1.9% | 5.5% | 37.15 |
| 오스트리아 | 28,872 | 3.7 | 2.0 | 4.0 | - |
| 벨기에 | 27,716 | 3.6 | 2.0 | 7.3 | 41.11 |
| 덴마크 | 29,328 | 2.7 | 1.7 | 4.8 | 36.77 |
| 핀란드 | 26,478 | 3.7 | 2.4 | 9.3 | 31.08 |
| 독일 | 25,917 | 3.1 | 1.6 | 8.4 | 37.33 |
| 네덜란드 | 29,009 | 2.9 | 1.9 | 3.0 | 32.18 |
| 노르웨이 | 35,482 | 3.7 | 2.5 | 3.9 | 50.51 |
| 스웨덴 | 27,209 | 2.7 | 1.6 | 5.3 | 34.37 |
| 스위스 | 29,940 | 2.1 | 1.0 | 3.2 | 33.82 |
| **자유시장국가 평균** | 29,483 | 2.5% | 2.3% | 5.6% | 33.32 |
| 호주 | 28,068 | 2.5 | 1.9 | 6.4 | 30.55 |
| 캐나다 | 30,303 | 3.2 | 1.5 | 7.3 | 31.97 |
| 아일랜드 | 32,646 | 3.5 | 4.7 | 4.3 | 41.87 |
| 뉴질랜드 | 21,783 | 1.4 | 1.3 | 5.3 | 23.99 |
| 영국 | 27,976 | 2.0 | 2.0 | 5.1 | 32.38 |
| 미국 | 36,121 | 2.1 | 2.1 | 5.1 | 39.17 |

* 자료: 1. OECD, *Main Economic Indicators*, May 2004. pp.252-255
2. OECD, *National Accounts*, 2000. vol. 1.
3. OECD, *Historical Statistics*, 2001. p.48.
4. OECD, *Employment Outlook*, 2004. p.293.
5. OECD, *Main Economic Indicators*, May 2004. pp.252-255; *Labor Force Statistics*, 2003. p.13; *Employment Outlook*, 2004. p.312; Pontusson, Jonas, 2005. p.5, p12에서 재인용.

같은 이해에 기인한다. 시장은 불평등을 구조화할 수 있으나, 바로 그러한 불평등이 자본주의적 효율성의 근간이라는 것이다. 이러한 시장의 불평등과 보상의 차이는 개인에게 더 투자하고 혁신하며, 열심히 일하고자 하는 강한 동력으로 작용하여, 결국 경쟁이 악화되고 있는 세계시장에서 효율성 높은 경제를 갖게 한다.

그러나 표 19-1은 이러한 일반적 인식이 오류임을 보여준다. 구매력기준으로 측정된 GDP의 경우, 영미권의 자유시장국가와 조정시장국가의 평균은 큰 차이가 나지 않지만, 이들 국가의 장시간 근로를 감안하여 근로시간에 따른 1인당 GDP를 계산한 결과는 조정시장국가의 경우가 시간당 37.15달러로, 자유주의시장국가의 33.32달러보다 상당히 높은 편이다. 특히 다른 성장률 지표들이 약 20년의 긴 기간 동안의 평균을 보여주는 데 비해, 시간당 GDP 격차 지표는 2002년을 기준 시점으로 하고 있어 좀 더 시의성이 크다고 판단된다. 1980년대 이후 2000년까지 GDP 성장률의 경우, 자유시장국가의 평균이 더 높은 것으로 드러났지만, 이는 전적으로 평균 4.7%의 압도적으로 높은 성장률을 기록한 아일랜드의 기록에 기인한 바 크고, 영국을 비롯한 여타 국가들의 경우 조정시장국가의 평균인 1.9%와 크게 차이나는 경향을 보이지 않는다.

### 2) 형평성

복지국가의 사회정책은 시장의 실패를 예방, 혹은 수정하고 사회구조의 여러 차원에서 발생하는 불평등을 좀 더 평등하게 재구조화하는 것을 주목적으로 한다. 그런 점에서, 비록 사회투자국가론의 경우처럼 시장의 긍정적 힘을 그대로 인정한다 하더라도, 국가 전체적으로 얼마나 불평등을 감소시켰는가는 이 국가모델의 적합성을 판단하는 중요한 기준으로 남는다.

사회투자국가 복지정책의 핵심적 특징은 결과의 평등이 아닌 기회의 평등에 대한 강조이다. 그러니까 사회민주주의당이나 노동당과 같은 과거 좌파와는 달리, 결과의 평등보다는 '기회의 평등' 을 통해 불평등을 해소하겠다는 것이다. 그러나 이러한 관점이 간과한 문제는 진정한 기회의 평등은 불가피하게 상당한 수준의 '결과' 의 평등을 요구한다는 점이다. 현재의 불평등한 부와 소득의 분배상황은 다음 세대의 기회의 불평등을 야기하기 마련이다. 어른이 '기회' 의 평등으로 가지게 된 엄

표 19-2_지니계수와 임금불평등(하위 90% 대비 상위 10% 임금비)

| | 지니계수<br>2000년대 초기 | 1980년대 초기<br>(1) | 2000년 전후<br>(2) | (1)~(2)시기<br>연평균 변동률 |
|---|---|---|---|---|
| **북유럽조정시장국가** | | 2.18 | 2.23 | |
| 덴마크(1980-1990) | | 2.13 | 2.16 | .003 |
| 핀란드(1980-2000) | | 2.47 | 2.41 | -003 |
| 노르웨이(1980-2000) | | 2.07 | 2.03 | -.002 |
| 스웨덴(1980-1998) | .257 | 2.03 | 2.30 | .014 |
| **대륙형조정시장국가** | | 2.66 | 2.64 | |
| 벨기에(1986-1994) | | 2.40 | 2.24 | -.022 |
| 독일(1984-1995) | | 3.00 | 2.86 | -.013 |
| 네덜란드(1980-1997) | | 2.54 | 2.83 | .017 |
| 스위스(1991-1997) | | 2.71 | 2.62 | -.013 |
| **자유시장국가** | | 3.31 | 3.77 | |
| 호주(1980-2000) | | 2.83 | 3.07 | .010 |
| 캐나다(1981-1994) | | 4.02 | 4.18 | .012 |
| 아일랜드(1997) | .330 | - | 3.93 | - |
| 뉴질랜드(1984-1997) | | 2.89 | 3.41 | .040 |
| 영국(1980-2000) | | 2.98 | 3.40 | .021 |
| 미국(1980-2000) | | 3.83 | 4.64 | .039 |

* 자료: 지니계수 - Luxembourg Income Study: www.lisproject.org/keyfigures/ineqtable.htm, November 2004.
기타 - OECD, *Employment Outlook*, 2004. p.141; Pontusson, 2005. p.5, p.45에서 재인용 및 재구성.

청난 결과의 불평등이 자녀에게는 곧 기회의 불평등으로 이어지기 때문이다. 표 19-2에 나타난 바와 같이, 영미권의 자유시장국가는 북유럽 및 대륙형 조정시장국가에 비해 지니계수나 하위 90% 대비 상위 10%의 임금비의 불평등 정도가 현저히 높은 편이다. 일반적으로 알려진 추세와는 달리 1980년부터 2000년까지의 기간 동안 과반수 이상의 조정시장국가의 경우, 하위 90/상위 10 임금비는 오히려 감소하는 경향을 보여준 데 반해, 자유시장국가 대부분은 대체로 악화되었는데, 이들 국가의 임금비가 1980년대에도 이미 조정시장국가의 그것보다 상당히 높았다는 점을 감안한다면, 이들 국가군 간의 전체적인 불평등도의 격차는 더욱 벌어졌다고 결론지을 수 있다.

물론 영국과 같은 사회투자국가는 바로 이러한 이유로 빈곤층 대상의 생애초기 교육지원프로그램을 특히 강조한다. 예를 들어, 영국에서의 보육지원 확산은 우선 사부문의 보육제공자에게 취약 지역에서의 보육지원을 증가하게 하도록 유도한 슈어스타트<sup>Sure Start</sup> 프로그램으로부터 시작되었는데, 이는 이후 아동센터<sup>Children's Centers</sup>에 의해서도 보완되면서, 확장되고 통합된 가족지원서비스의 발전을 가져오는 계기가 되었다.[2]

슈어스타트 프로그램은 영국정부가 취약지역 및 취약집단에 대한 보육제공에 노력을 집중한 결과 나타난 정책으로, 1998년 250개의 지역프로그램으로 시작되었으나, 곧 영국의 최고 취약지역에 거주하는 약 40만 명의 아동과 그 가족에 혜택을 주는 524개의 프로그램으로 발전하였다. 이 프로그램을 운영하는 비용은 총 3억 4백만 파운드였다. 2005년 말까지 모든 슈어스타트 프로그램은 아동센터로 바뀌어 여성이 임신했을 때부터 아동이 학교에 들어갈 연령에 이를 때까지 필요한 조기교육, 보육, 그리고 건강 및 전반적인 가족지원서비스 지원 등을 모두 통합하여 제공하게 된다. 이러한 서비스들은 경제적인 취약지역에 국한되어 시작되었으나 2010년까지 영국 전체에 3,500개의 아동센터를 세울 계획이 예정되어 있을 만큼 영국 전 지역으로 확산하도록 기획되었다.

영국정부는 또한 직접적인 보조금과 세제지원을 통해 3~4세 아동에 대해 1일당 2.5시간의 무료보육을 지원하고 있다. 무료로 지원되는 이 단시간 초기교육프로그램은 이 연령대의 전 아동에게 지원할 것을 목표로 한다. 또한 주당 15시간(1일당 3시간)으로 1년당 38주를 제공하도록 확장될 예정이며, 2010년까지 영국정부는 3~11세까지의 아동이

---

2) 영국의 슈어스타트 및 보육정책에 대한 내용은 2006년 10월 영국의 여성평등부(Women and Equality Unit) 방문 시 수잔 오스틴(Susan Austin)이 제공한 자료「성평등 및 차별 전략」Gender and Diversity Strategy, 그리고 OECD(2005)에 기초하여 작성되었다.

있는 모든 부모들에게, 원하는 경우 전일제 보육서비스를 제공할 계획을 가지고 있다. 이러한 집중적인 노력의 결과, 영국의 보육지원 수준은 1998/99의 GDP의 0.2%에서 2003/04년 0.4%로 증가하였다. 물론 영국은 전통적으로 여타 유럽국가보다 보육에 대한 국가의 지원이 뒤떨어지는 국가였기 때문에, 아직도 GDP의 2%를 보육에 투자하는 스웨덴이나 1.1%를 투자하는 핀란드에는 못 미치는 수준이다. 슈어스타트 프로그램에서 살펴볼 수 있듯이, 영국정부는 지역 NGO, 부모, 기업과의 파트너십 형성에 중점을 두고 있는데, 특히 지방정부의 지원이 증가하고 있다. 영국의 보육정책은 주로 사부문의 데이케어<sup>day-care</sup> 기관에 의존하였기 때문에, 그 정책을 수행하는 기관과 서비스의 종류가 매우 다양하다. 예를 들어, 1일유아원, 아동센터, 가족센터, 그리고 교육표준청에 등록된 보모들을 통한 가족 데이케어서비스 등이 있다. 기간 보육은 주로 2세 이상의 어린이들에게 1일당 4~5시간씩 제공된다. 전일제 데이케어서비스는 대부분 사부문에서 제공되며(75%), 놀이집단<sup>play groups</sup>은 주로 비영리기구 및 교회를 통해 제공된다. 방과후 보육은 역시 비영리기구나 지방정부에 의해 조직되는데, 무료로 제공되는 조기교육 프로그램은 주로 해당 지방기관에서 제공하게 된다. 특이하게도, 영국에서는 3세 미만 아동의 보육시설 사용률이 낮은 편이다. 3세 미만의 전체 해당 아동 중 1/4을 약간 넘는 수만이 공식적인 보육시설을 이용하고 있다. 그와 대조적으로 학령기 전의 상대적으로 연령이 높은 아동들의 보육시설 이용률은 90%를 넘는 수준이다.

영국의 슈어스타트 프로그램의 효과를 측정하기에는 아직 이르지만, 미국에서 1965년 이후 '빈곤과의 전쟁' 프로그램의 일부로 진행된 유사한 헤드스타트 프로그램의 효과에 대한 연구(Ludwig & Miller, 2007)를 통해 그 가능성을 점칠 수는 있다. 대부분 이와 관련된 연구가 일관성 있게 보고하는 내용을 보면, 시험성적을 미미하게 증가시키는 효과는 있었으나, 장기적으로 성장기에도 긍정적인 영향을 미쳤는지에 대한 정확한 결과는 없다. 특히 흑인 아동의 경우 헤드스타트 이후의 낮은 교육의 질로 인해 이러한 효과는 점차 사라지는 것으로 나타났다.

이처럼 초기 교육지원프로그램의 평등 향상 효과가 미미한 것은 대부분의 발전된 산업국가에서 노동시장을 통해 발생되는 불평등을 노동력 '공급' 상의 개입만을 통해 치유하기는 매우 어렵기 때문이다. 대부분의 청년층이 대학에 진학하는 미국이 세계에서 가장 높은 수준의 불평등한 노동시장을 갖고 있다는 사실은 이를 반증한다(Wright, 2000). 특히 신자유주의적인 주주자본주의 모델에 충실한 사회투자국가의 경우 노동시장에서 발생한 소득 불평등은 곧바로 자본소득상의 불평등, 그리고 세대간 불평등 악화로 이어진다는 점에서 과연 '기회의 평등'이 가져올 수 있는 실질적인 사회불평등 완화 효과는 어느 정도나 될지 의심스럽다.

결국 노동시장 참여를 촉진하는 교육과 훈련, 그리고 기타 프로그램을 활용하여 시장 참여를 통한 복지의 해결을 강조하는 사회투자국가는 그 시장 자체의 문제점에 대해서는 무관심한 편이다. 오히려 그러한 경쟁적 시장을 가져온 경제세계화, 그리고 훈련받은 노동력을 더 많이 고용할 수 있는 유연한 노동시장을 선호한다. 이러한 이유로 사회투자국가는 사회복지정책이 경제발전에 순기능을 할 수 있다는 입장에서 출발하나, '최소한의 사회안전망' 만을 주장하는 신자유주의적 접근과 결과적으로 큰 차이가 없었다는 것이 영미형 서구 선진복지국가의 경험에서 발견되는 주요 사실이었다. 빈곤율은 여전히, 발전된 사회민주주의적 혹은 조합주의적 복지국가보다 현저히 높은 채로 남아 있다. 여성의 빈곤 — 사실 아동빈곤을 방지하기 위해서 관심을 두게 된 분야이지만 — 을 막고 경제활동 참여율을 높인다 해도 직무분리나 임금차별 수준, 돌봄노동의 사회화 수준은 서유럽의 조정시장국가와 큰 차이를 보인다.

## 4. 한국 복지국가론에 주는 함의

그럼에도 불구하고, 현 시점에서 사회투자국가에 대한 논의가 곳곳에서 제기되는 이유는 무엇일까? 한국에서 사회투자국가에 대한 담론이 사회복지분야에서 설득력을 얻은 것은 세금기피형 고소득자와 세금낼 능력이 없는 영세자영업자가 서구보다 많아 복지저항이 큰 한편, 성장과 분배에 대한 이분법적인 논리 및 개발지상주의가 지배적인 상황에서 불가피하게 복시에 대한 논의에 성장을 위한 투자를 끌어들이지 않을 수 없는 현실 때문이다. 또한 우리의 복지국가 발전의 수준이나 정부의 전반적인 경제정책의 기조, 그리고 노동과 자본의 권력 불균형 등에 비추어 생각해 볼 때, 북구의 조정시장국가가 추구한 정책보다는 영미형의 자유주의 시장국가의 정책에 대한 제도화 가능성institutional feasibility 이 높다고 판단되었기 때문이기도 하다.

그러나 과연 그러한지는 의문이다. 폴라니(Polanyi, 1957[1944]: 141)는 자유주의 경제는 오히려 의도적인 국가행위의 결과이며, 이러한 시장경제가 만들어내는 긴장과 모순을 극복하기 위한 노력은 자연발생적으로 나타난다고Laissez-faire was planned, planning was not 오히려 정반대로 논의한 바 있다. 실제로 우리가 아는 영미권의 대표적 국가인 영국은 산업혁명의 발생지로서 수많은 식민지를 통해 우월한 지위를 누린 바 있으며, 미국 역시 봉건제의 경험이 없어 유럽식의 계급타협을 학습할 기회를 갖지 못한 한편, 무한한 이민노동력과 광활한 대지라는 독특한 조건을 지닌 국가이다. 이들이 장기간에 걸쳐 이룩한 신자유주의적 시장경제를 뒷받침하는 제도적 맥락을 한국에 이식하는 것은 북유럽의 사회민주주의적 조합주의를 실행하고자 하는 것에 비해 결코 쉬운 일로 간주될 수 없다. 따라서 사회투자국가의 전략을 일부라도 발전적으로 수용하기 위해서는 우리가 처한 사회 · 경제적 맥락에 대한 충분한 이해에 기초하여, 이러한 전략이 제대로 효과를 발휘할 수 있도록 인프라를 구축하고 시장 경쟁이 좀 더 공정하게 이루어질 수 있도록 시스템을 정비하는 작업이 병행되어야 할 것이다. 복지제공에 있어서도 민과 관의 시너지 효과를 중시하는 사회투자국가의 정책은, 시장원칙이 제대로 작동하지 않는 자본 및 노동시장이 있는 한국사회의 경우 기존의 특혜, 독점, 부정부패와 연계되어 '시장경제와 복지의 연계' 가 시너지효과보다는 오히려 혼란과 불평등을 악화시킬 우려가 있기 때문이다.

그와 더불어, 서구와는 전혀 다른 경제 및 복지의 발전단계에 있는 한국의 경우 재원 마련 문제, 그리고 재원이 마련된다 하더라도 새로운 사회투자정책에 필요한 재원을 고전적 소득보장프로그램과 어떻게 나누어야 하는가의 문제가 대두된다. 상대적으로 낙후된 복지국가라 여겨지는 영국과 미국의 소득보장 프로그램도 우리보다는 앞선 상태이며, 북유럽의 조정시장국가의 경우에는 '사회투자' 로 여겨지는 적극적 노동시장정책이나 고용지원서비스가 이미 광범위한 보편적 복지의 한 부분으로 제도화되어 있는 상황이다. 여기서 한국과 서구의 차이점이 다시금 부각된다. 서구에서는 재분배정책을 통해 어느 정도의 결과의 평등을 확보한 후, 기회의 평등으로 나아가겠다는 것이지만, 우리는 결과의 평등에 대한 일차적 노력 없이 기회의 평등을 더 강조하게 될 우려가 있다. 특히 사회투자국가의 경우 시장을 일차적 복지창출의 원천으로 간주하는 만큼 노동시장의 경쟁에 끼어들 수조차 없는 가장 취약한 집단에 대한 복지제공의 방안 마련이 무엇보다도 우선시되어야 할 것이다.

또한 불평등을 확대 재생산하는 신자유주의적 경제정책 기조를 유지한 채 인적자본에 대한 투자를 강조해 보았자, 이미 학력이나 기타 생산성과 무관하게 여러 요인에 기인한 기회와 소득의 차별 또는 차이가 매우 심한 한국의 경우 이러한 문제가 지속될 수 있으며, 이런 경우 차별받는 인구집단은 인적자본에 대한 투자 욕구를 높이기 어렵다. 결국 평등과 형평성 부족이 다시 노동시장의 효율성을 저해하게 될 우려가 있는 것이다. 따라서 올바른 시장원리가 작동할 수 있도록 시장에서의 차별과 비효율을 없애는 작업이 선행되어야, 즉 기존의 인센티브구조를 바꾸어야 경제적 성과를 거둘 수 있다는 사실을 모든 정책입안자가 고려하여야 한나.

한국에서도 기초생활수급자나 차상위계층 등 빈곤층 가정의 영유아 대상 생애초기 교육지원프로그램 실시가 기획되어 있으나, 이러한 조치를 생애초기에 실시하는 것만으로는 '기회의 평등' 이 높아지는 효과를 크게 기대할 수 없다. 특히 우리 사회와 같이 중, 고교시기의 사교육이 대학진학률에 미치는 효과가 높은 경우, 그리고 대학 등록금 지불능력이 거의 전적으로 부모의 경제력에 달려있는 경우 초기 지원의 효과는 중등교육 이전에 사라지기 쉽다. 공교육의 정상화와 함께 장학금 및 학자금 대부를 전면적으로 확대하는 대학교육비에 대한 지원이 병행되어야 할 것이다.

대학교육을 받는 인구가 늘어나도 소득 불평등이 오히려 악화되는 것은 노동시장에서 발생하는 불평등이 시정되지 않기 때문이며, 이는

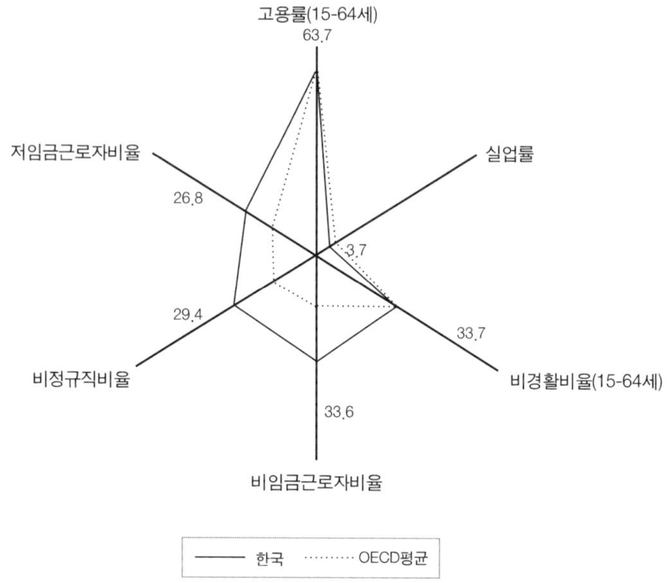


* 자료: 전병유(2007).

신자유주의의 원칙을 그대로 받아들이는 한, 영원히 바뀌기 어렵다. 서구, 특히 영국에서 사회투자국가가 논의되던 맥락에서는 고실업이 가장 중요한 문제였지만, 우리 사회는 현재 비정규직이 문제이다. 그림 19-1에 나타나듯이, 한국의 실업률은 OECD국가 중에서 가장 낮은 편이나, 고용률은 OECD국가 평균에도 못 미치고, 중소영세업체, 비정규직, 비경제활동, 그리고 비임금 근로자 비율은 OECD평균을 훨씬 상회하는 수준으로 고용구조가 좋지 못하다.

이는 한국의 노동시장이 대기업, 정규직을 중심으로 한 핵심부문과 중소기업, 비정규직을 중심으로 한 주변부문으로 분절화되어 있는 한편, 제조업 대기업 부분에서는 고용 없는 성장이 지속되고 있고, 대부분의 노동력은 비정규직으로 고용되고 있기 때문이다. 대기업과, 특히 상대적으로 좋은 일자리가 있는 공공부문은 외주화와 비정규직 채용전략을 남발하고 있다. 한편으로는 비정규직화, 특히 저임금직이면서 능력이나 경력 개발에 전혀 도움이 되지 않는 간접고용을 확대하면서 다른 한편으로는 인적자원에 대한 투자를 확대한다면 이러한 인적자본에 대한 투자는 낭비되기 십상이다. 신자유주의적 원칙에 투철한 구조조정정책이 지속되는 한, '인적자본에 대한 투자'는 사회에 과연 변화를 가져올 수 있을까? 평등의 실현에 도움이 될까? 비정규직은 인적자원이 부족해서 비정규직으로 고용되고 있는가? 이들에 대한 인적자본 투자가 확대되면 기업이 모두 정규직으로 바꾸어줄 것인가? 적어도 공공부문에서라도 비정규직에 대한 사용사유 제한, 최저가 입찰제 개선, 상시업무 외주화 금지 등 현재 실시 중인 신자유주의적인 탈규제와는 반대되는 정책이 필요하며, 이는 인적자원에 대한 투자보다 훨씬 더 높은 우선순위에 놓여야 한다.

하이로드형 경제는 '지식노동자'나 '정부의 돈'으로 살 수 없는 것이다. 노동자에게 숙련 형성의 인센티브 및 기회가 주어지고, 고성과 작업장의 팀 작업을 넘어서는 참여와 협력의 문화가 정착될 때에만 가능하다. 임금체제 개편, (중소기업)기술훈련 산학연계, 노사관계시스템 개혁 등등 조밀하게 연계된 구체적인 방안들이 어떻게 실행될 수 있는지와 관련된 내용이 보충되어야 할 것이다.

효율성과 형평성은 서로 상충되는 가치가 아니라는 명제는, 영미형 사회투자국가의 주창자가 아닌 사회민주주의가 오히려 훨씬 더 오래 품어왔다. 그렇다고 우리가 사회투자국가보다는 사민주의형 모델을 따라야 한다는 이야기는 아니다. 솔직히 따르라고 권한다고 해도 따를 수 있는 사안도 아니다. 진정한 평등과 정의는 이해가 다른 여러 생산자집단들이 정치 영역에서 길고 험한 갈등과 타협의 과정에서 얻어진다. 아직 한국사회에는 이렇게 발전되고 조직된 시민사회의 역량이 부재하다. 그런 만큼, 적어도 국가는 이 과정을 정의롭게 이끌어가기 위해서 사회투자국가가 상정하는 것보다는 훨씬 더 결과의 평등에 대한 확고한 입장을 가져야 할 것이며, 시민사회 및 학계에서는 사회투자보다 한 단계 높은 진보적이고 평등주의적인 대안적 모델들에 대해 고민할 필요가 있다. 비록 이러한 논의의 실현 가능성이 사회투자국가보다 뒤떨어진다 할지라도, 신자유주의에 대한 진정한 대안의 범위와 지형을 확대하기 위해 꼭 필요한 과정이 될 것이다.

* 이 글은 『상황과 복지』 제24호(2007년 7월)에 실린 필자의 글을 수정 · 보완한 것이다.

**참고문헌**

김연명(2007). 「사회투자정책과 한국 사회정책의 미래」, 한국사회복지학회 · 한국사회정책학
　　회 · 한국행정학회 · 한국산업사회학회 공동 심포지엄, 『한국사회의 미래와 사회투자정
　　책』 2. 21. (이 논문의 수정본이 이 책의 제1장에 실려 있음)
김영순(2007). 「사회투자국가가 우리의 대안인가?: 최근 한국의 사회투자국가 논의와 그 문제
　　점」, 비판사회학회 하계 워크숍 발표문, 한림대학교. (이 논문은 이 책의 제7장에 실려
　　있음)
양재진(2007). 「사회투자국가는 사민주의의 새로운 경제사회 패러다임인가? - 영국, 스웨덴,
　　그리고 덴마크의 성과분석과 한국에의 함의」, 사회투자국가의 이해와 한국적 적용가능
　　성에 관한 토론회. 참여연대 사회복지위원회 · 참여사회연구소 주최.
윤홍식(2007). 「사회투자국가와 한국 복지국가의 과제」, 사회투자국가의 이해와 한국적 적용
　　가능성에 관한 토론회. 참여연대 사회복지위원회 · 참여사회연구소 주최. (이 논문의 수
　　정본이 이 책의 제5장에 실려 있음)
임채원(2006). 『신자유주의를 넘어 사회투자국가로』, 한울아카데미.
＿＿＿(2007). 『사회투자국가: 미래 한국의 새로운 길』, 한울아카데미.
전병유(2007). 「일자리창출과 사회통합을 위한 국가 고용전략」, 『월간 노동리뷰』, 한국노동연
　　구원.
Esping-Andersen, Gosta(1990). *The Three World of Welfare Capitalism*. Princeton:
　　Princeton University Press.
Finn, Dan(2005). "'Contracting Out' and Contestability: Modernizing the British Public Employment
　　Service", in Bredgaard, Thomas & Flemming Larsen(eds.), *Employment Policy from
　　Different Angles*. Copenhagen: DJOF Publishing.
Giddens, Anthony(1998). *The Third Way: The Renewal of Social Democracy*.
　　Cambridge: Polity.
Ludwig, Jens & Douglas L. Miller(2007). "Does Head Start Improve Children's Life Chances?:
　　Evidence from a Regression Discontinuity Design", *The Quarterly Journal of Economics*.
OECD(2005). *Babies and Bosses: Reconciling Work and Family Life. Vol. 4:* Canada,
　　Finland, Sweden, and the United Kingdom.
Polany, Karl(1957[1944]). *The Great Transformation: the political and economic origins
　　of our time*. Beacon Press.
Pontusson, Jonas(2005). *Inequality and Prosperity*. Ithaca: Cornell Univ. Press.
Przeworski, Adam(1985). *Capitalism and Social Democracy*. Cambridge: Cambridge
　　University Press.
Whitley, Richard(1999). *Divergent Capitalisms: the social structuring and change of
　　business systems*. Oxford: Oxford University Press.
Wright, Erik Olin(2000). "Reducing Income and Wealth Inequality: Real Utopian Proposals",
　　*Contemporary Sociologogy 29:1*.

필자소개

**김연명(金淵明) Kim, Yeon-Myung · Professor, Department of Social Welfare, Chung-Ang University.**

중앙대 사회복지학과 교수(현), 중앙대 사회복지학과 및 동대학원 박사 (사회정책전공). 주요 연구물로는 『한국복지국가성격논쟁I』(2002) (편), "Beyond East Asian Welfare Productivism in South Korea"(2008), "시장의 복지화가 필요하다: 국민연금과 건강보험에서 시장화의 쟁점" (2008), "동아시아 복지체제론의 재검토 (2005)" 등이 있다. 연구관심 분야는 복지국가, 사회보장(연금과 의료보장), 동아시아 복지체제 등이다. ymkim@cau.ac.kr

**김교성(金敎誠) Kim, Kyo-seong · Associate Professor, Department of Social Welfare, Chung-Ang University.**

중앙대 사회복지학과 교수(현), University of Pennsylvania, School of Social Policy and Practice, Ph.D. 주요 연구물로는 『동아시아 사회복지 연구』(2007) (공저), "A Qualitative Comparative Analysis of Strategies for an Aging Society" (2008), "도시 근로자 가구의 빈곤 추이와 원인에 관한 연구" (2007) 등이 있다. 연구관심 분야는 복지국가, 비교사회정책, 소득보장 등이다. kyoseong@cau.ac.kr

**김 영순(金 榮 順) Kim, Yeong-Soon · Professor, The School of Liberal Arts, Seoul National University of Technology**

서울산업대 기초교육학부 교수(정치학), 서울대 정치학과 및 동대학원 졸업. 주요연구물은 『복지국가의 위기와 재편: 영국과 스웨덴의 경험』(1996), "On the Edge of Corporatism: The Role of Swedish Women's Associations in Promoting 'Decent Work'" (2001), "연금개혁의 정치: 서구 3개국 사례를 통해 본 구조적 개혁의 정치적 조건들" (2006), "민주화와 복지정치의 변화: 국민기초생활보장법 제정과정을 중심으로" (2006) 등이 있다. 연구관심 분야는 복지국가와 사회정책, 복지태도, 복지정치, 여성과 복지국가 등이다. isola@snut.ac.kr

**마이클 쉐라든(Michael Sherraden)**. Youngdahl Professor of Social Development and Director of the Center for Social Development at Washington University in St. Louis.

미국 세인트루이스 소재 워싱톤 대학 교수 · 동 대학 '사회발전연구소' 소장. 주요 연구물로는 *Asset Building and Low-Income Families/*(Urban Institute Press, 2008, Signe-Mary McKeman와 공편), *Can the Poor Save?*(Transaction, 2007, Mark Schreiner 와 공저), *Inclusion in the American Dream: Assets, Poverty, and Public Policy* (Oxford University Press, 2005, 편), *Alternatives in Social Security: An International Inquiry* (Auburn House, 1997, James Midgley 와 공편), *Assets and the Poor* (M.E. Sharpe, 1991) 등이 있다. 쉐라든 교수는 다양한 연구방법을 사용하여 사회정책과 관련된 대규모의 시범사업들을 설계하고 주도하고 있다.

**박순우(朴純祐) Park, Soon-Woo · Professor, Department of Social Welfare, Kongju National University**

공주대학교 사회복지학과 교수(현), London School of Economics 박사(사회정책전공). 주요 연구물로는 "T. H. Marshall 시민권론 재해석" (2004), "이데올로기와 개별 복지정책의 관계에 관한 연구" (2006) 등이 있으며 역서로서 『급진사회복지실천』(2007)이 있다. 연구 분야는 복지국가, 비교사회정책, 사회권 등이다. swpark@kongju.ac.kr

**백선희(白仙姬) Baek, Sun-Hee · Associate Professor, Department of Social Welfare, Seoul Theological University**

서울신학대 사회복지학과 교수(현), 중앙대 사회복지학과 및 동대학원 박사. 주요 연구물로는 「보육제도 개선을 위한 정책과제 대안 연구」(2004)(공저), 『아동복지론』(2006) (공저), "The Impact of Social Transfers on Children in Female-Headed Households: A Comparison Between Korea and the United States (2008)(공저)", "성주류화 관점에서의 생산적 여성 복지정책 연구" (2006)(공저) 등이 있다. 연구관심 분야는 아동 · 가족복지(보육정책, 저출산), 여성정책 등이다. shbaek@stu.ac.kr

성은미(成恩美) Seoung Eun-Mi · lecturer, Department of Social Welfare, Chung-Ang University

중앙대학교 사회복지학과 강사(현), 중앙대학교 사회복지학과 및 동대학원 박사(사회정책 전공). 주요 연구물로는 "정규직과 비정규직 노동자의 사회보험 수급율과 급여수준 비교연구"(2007) 등이 있다. 연구관심 분야는 비정규노동자의 사회보장, 한·일 비교사회정책 연구 등이다. sseemm@empal.com

양재진(梁在振) Yang, Jae-jin · Associate Professor, Department of Public Administration, Yonsei University.

연세대 행정학과 부교수(현), 미국 Rutgers대학 정치학과 박사(비교정치경제학 전공). 주요 연구물로는 『사회정책의 제3의 길: 한국형 사회투자정책의 모색』(2008) (공저), 『한국의 복지정책 결정과정: 역사와 자료』(2008) (공저) 등이 있다. 연구관심 분야는 복지국가이론, 비교사회정책, 그리고 연금정책 등이다. jjyang@yonsei.ac.kr

우명숙(禹明淑) Woo, Myung-sook · Researcher, Chung-Ang Sociology Institute. Chung-Ang University

중앙대학교 중앙사회학연구소 연구원(현), 미국 브라운 대학교 사회학 박사. 주요 저작으로 *The Politics of Social Welfare Policy in South Korea: Growth and Citizenship*(UPA, 2004), 『한국복지국가 성격논쟁 II』(2009, 공저), 『한국의 복지정책 결정과정: 역사와 자료』(2008, 공저), "한국의 복지제도 발전에서 산재보험 도입의 의의: 복지제도 형성과 발전주의적 국가개입"(2007) 등이 있다. 주요 연구 분야는 복지국가정책, 여성노동정책 등이다. urijari@hanafos.com

윤홍식(尹洪植) Yoon, Hong-sik · Assistant Professor, Department of Public Administration, Inha University.

인하대 행정학과 교수(현), MSW and Ph.D. in Washington University in St. Louis (사회정책 전공). 주요 연구물로는 "노르딕 4개국 가족정책의 보편성과 상이성"(2007), "남성일인 생계부양자가구와 이인생계부양자가구의 소득특성과 빈곤실태"(2007), "How economically disadvantaged are American elderly women?" in Handbook of Families and

Poverty (2008) 등이 있다. 연구관심 분야는 가족과 젠더관점에서 본 복지국가, 가족정책(보육과 아동양육관련 휴가 정책) 등이다. hsyoon@inha.ac.kr

**이주희(李周禧) Lee, Joo-hee · Associate Professor, Department of Sociology, Ewha Womans University**

이화여대 사회학과 부교수(현), 미국 위스콘신대(University of Wisconsin-Madison) 사회학박사(노사관계전공). 주요 연구물로는 *The New Structure of Labor Relations: Tripartism and Decentralization* (2004) (공저), 『유리천장 깨뜨리기』 (2004) (공저), 『21세기 한국노동운동의 현실과 전망』 (2002) (편) 등이 있다. 연구관심분야는 국제비교노사관계, 단체교섭구조의 변화, 비정규직과 노동유연성, 여성노동 등이다. j.lee@ewha.ac.kr

**최영(崔榮) Choi, Young · Assistant Professor, Department of Social Welfare, Chung-Ang University.**

중앙대학교 사회복지학과 조교수(현), 미국 Washington University in St. Louis 사회사업대학원 석사, University of California at Berkeley 사회복지대학원 박사. 주요 연구물로는 "위딕아동이 인지한 사회적 지지와 심리사회적 적응" (2007), "대리양육가정 청소년의 학교적응에 관한 연구" (2007) 등이 있다. 연구관심 분야는 사회서비스정책(아동, 노인), 빈곤정책 등이다. yc01@cau.ac.kr.

**한창근(韓昌瑾) Han Chang-Keun · Assistant Professor, Department of Social Work, National University of Singapore**

싱가폴 국립대학 사회사업학과 조교수(현). 서울대학교 사회복지학과 졸업. 미국 Washington University in St. Louis, Ph.D. 주요 연구물로는 "Fostering low-income homeownership through Individual Development Accounts: A longitudinal, randomized experiment" (2008), "Do institutions really matter for saving among low-income households? A comparative approach" (2009), "Unemployment, financial hardship, and saving in Individual Development Accounts" (2009) 등이 있다. 연구관심 분야는 사회정책 평가분석, 저소득층을 위한 자산형성지원정책 개발 및 평가, 자산효과분석, 그리고 아시아 국가들의 사회복지서비스 및 정책 비교분석 등이다. swkhck@nus.edu.sg

**피터 테일러-구비**(Peter Taylor-Gooby), Professor of Social Policy at the University of
Kent.

최근의 주요 연구물은 다음과 같다. *Making a European Welfare State* (edited) (Blackwell,
2003), *European Welfare States under Pressure* (edited) (Sage, 2001), *European Welfare
Future* (with Vic George and Giuliano Bonoli) (Polity, 2000), *New Risks and New
Welfare* (edited) (Oxford University Press, 2004), *End of The Welfare State?* (edited)
(Taylor & Francis, 2007), *Risk in Social Science* (edited with Jens O. Zinn) (Oxford
University Press, 2007), *Reframing Social Citizenship* (Oxford University Press, 2008). 테
일러-구비교수는 'The Economic Beliefs and Behaviour and Social Contexts and
Responses to Risk programmes for the ESRC' 등을 포함하여 여러 개의 주요 연구프로젝
트의 책임자로 일하고 있다. 그는 또한 'The 2008 UK Research Assessment Exercise in
Social Policy and Social Work' 위원장을 역임했으며 현재 'The British Association for the
Advancement of Science Sociology and Social Policy section for 2007-8' 의 의장을 맡고
있다.

# 찾아보기

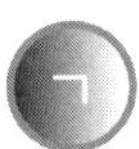

# 사회투자와 한국 사회정책의 미래
- 사회투자론의 한국적 적용 가능성 논쟁

초판 1쇄 인쇄 2009년 11월 20일
초판 1쇄 발행 2009년 11월 27일

엮은이 / 김연명
펴낸곳 / 사회복지전문출판 나눔의집
펴낸이 / 박정희
주   소 / 152-777 서울시 구로구 구로3동 222-7
         코오롱디지털타워빌란트 Ⅰ 703호
전   화 / 02-2103-2480
팩   스 / 02-2103-2488
www.ncbook.co.kr

값 23,000원
ISBN 978-89-5810-161-1 (93330)

● 파본은 구입하신 곳에서 바꿔 드립니다.